국어 개념 완성

교재 개발에 도움을 주신 모든 선생님들께 깊이 감사드립니다.

가유림 경기 안산	강영애 경기 일산	강지수 부산 해운대	강혜진 부산 사하구	고경은 경기 일산
고기정 서울	고영옥 서울 마포구	곽정숙 경북 포항	구민경 대구	구해수 경기 파주
권성환 경북 영양	기경민 서울	김건용 서울 종로구	김경애 서울 성북구	김경주 순천, 여수
김나경 경기 과천	김남수 경기 구리	김라희 경기 부천	김명선 경기 인천	김미정 부산 북구
김상언 경남 창원	김서준 서울 강남구	김성태 경기 이천	김소솜 서울 노원구	김수진 서울 노원구
김영대 경기 수원	김영웅 천안 서북구	김예곤 전북 전주시	김옥경 강원 원주	김윤정 경기 남양주
김은옥 서울 강남구	김정옥 전남 남악	김정욱 용인 수지	김정은 서울 관악구	김정준 서울 성북구
김종극 경북 경산	김종덕 광주	김종영 경기 고양	김지은 인천 논현	김 진 대치
김진홍 서울 도봉구	김하안 부산	김 현 성남 분당	김현철 경기 수원	김 흙 성남 분당
김희정 부산 금정구	김희진 경기 광명	남민정 서울, 남양주	노현선 인천, 김포	문소영 경남 김해
문아람 서울 서초구	민순기 경기 파주	박경아 부산 해운대	박상준 전북 김제	박서현 경기 화성
박성혜 서산, 대구	박세진 서울	박소미 서울 강남구	박수영 서울 은평구	박여진 부산 서구
박 원 서울, 춘천	박유경 서울 마포구	박윤선 광주 남구	박은영 서울 송파구	박은영 전남 나주
박은정 서울 성북구	박하섬 경남 양산	박향화 경기 안산	박호현 대구	백승수 서울 송파구
백승재 경남 김해	서가영 서울 대치	서미정 부천 원미구	서정욱 인천 연수구	성부경 울산
성요신 경기 의정부	성태진 강원 태백	송경님 판교, 이천	송화진 김해 장유	신새희 경기 수원
신영수 서울 광진구	신혜섭 대전 서구	신혜영 부산 동구	신혜원 경기 군포	안경순 경기 수원
안려인 경기 안산	안세연 안양, 과천	안소연 용인 죽전	안정광 순천, 광양	안혜지 부산 남구
양예라 성남 분당	양주영 충남 천안	양회영 서울 서초구	오무환 경기 부천	오은경 경기 안양
오은정 서울	오정화 서울 서초구	오지희 제주	옥성훈 부천	우승완 성북
원녹견 서울	유미정 경기 과천	유승기 경남 양산	유진아 대구 달서구	윤기한 광주, 나주
윤선중 충남 천안	윤장원 충북 청주	윤진서 부산	윤현호 서울 중랑구	윤희정 충북 청주
이강국 경기 평택	이경원 충북 청주	이근배 대전	이기연 강원 원주	이동수 서울 관악구
이명진 서울 노원구	이상명 인천 연수구	이석호 산본	이성우 경기 일산	이성훈 경기 마석
이수진 경기 광주, 용인	이순형 경기 평택	이 슬 전북 군산	이승우 경북 포항	이애리 경남 거제
이영완 서울	이영지 경기 안양	이유림 울산광역시	이윤정 충북 충주	이은애 성남 분당
이정선 서울	이주연 경기 의정부	이지훈 전북 전주	이지희 서울 강남구	이창열 서울 성동구
이태환 경기 일산	이홍진 서울 성북구	임인순 서울 강서구	임지혜 경남 거제	임현락 경기 광명
장연희 대구 수성구	장지연 강원 원주	장태욱 경기 분당	전용희 서울 목동	전준호 충남 부여

전하윤 대전 유성구　　전희재 동탄　　정기수 경기 안성　　정대승 충남 홍성　　정서은 부산 동래구

정선례 경기 광명　　정세영 베트남 호찌민시　　정세형 광주 북구　　정소현 서울 관악구　　정유정 서울 강남구

정윤선 인천 남동구　　정재현 은평, 일산　　정지용 대전　　정지윤 안양 평촌　　정해연 전남 순천

정희숙 서울 구로구　　조동윤 경북 고령　　조미연 노원　　조섭안 광주 광산구　　조승연 대전

조용아 서울 목동　　조원덕 경기 양주　　조효준 서울, 천안　　지상훈 대구　　지영은 서울 목동

지현서 서울 대치　　진유나 경기 이천　　차금호 전남 순천　　차민기 경남 창원　　차주원 서울

채송화 서울, 제주　　천정은 세종　　최　강 대전　　최수연 인천 남동구　　최영진 경북 영천

최원용 경기 수원　　최윤미 서울, 부천　　최준용 동대문, 하남　　최현주 서울 송파구　　최홍민 경기 평택

표윤경 서울　　하　랑 서울 송파구　　하영아 창원, 김해　　한광희 세종　　한상철 충북 청주

홍경원 서울 성북구　　홍만나 서울　　홍보영 서울, 구리　　홍선희 인천 부평　　홍영순 서울

홍재연 서울 영등포구　　홍현숙 경기 광명　　황병식 경북 경산　　황성원 경기 부천　　황은영 서울

〈국어 개념 완성〉
자기 주도 학습 방법 안내

〈국어 개념 완성〉을 자기 주도 학습 교재로 활용하는 방법입니다.

하나, 〈학습 영상〉 활용하기

• 꿈틀 홈페이지(www.ggumtl.co.kr)에 접속하여 학습 영상(가제) 배너 클릭
• 공부할 학습 영상을 선택하여 장바구니에 담기
• 선택 영상 결제 후 자기 주도 학습 실시

둘, 〈학습 지도서〉 활용하기

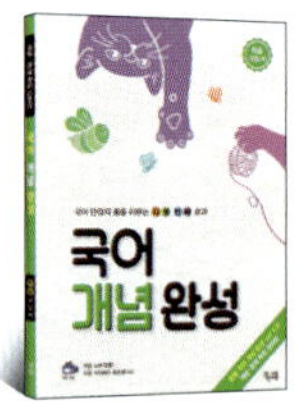

• 〈국어 개념 완성(학습 도서)〉은 '학습 지도서'가 개발된 교재입
니다. '학습 지도서'를 자습서처럼 활용하여 자기 주도적 학습을
진행할 수 있습니다.

국어 개념 완성

이 책은 누가 봐야 하나요?

❶ 국어를 본격적으로 공부하고 싶은 학생

- 국어 개념에는 국어를 관통하는 원리가 담겨 있습니다.
- 국어를 본격적으로 공부하려면 개념부터 확실하게 잡아야 합니다.

❷ 수업 내용이 잘 이해되지 않는 학생

- 개념을 모르는데 선생님의 수업 내용이 귀에 들어올까요?
- 개념에 대한 이해가 높아야 학습 효과도 올라갑니다.

❸ 공부해도 국어 성적이 잘 오르지 않는 학생

- 열심히 공부해도 국어 성적이 잘 오르지 않는 이유는 무엇일까요?
- 하나하나 개념을 익히면서 기초를 튼튼히 쌓아 나가야 합니다.

❹ 내신과 수능 시험에서 만점을 바라는 학생

- 국어는 문제만 많이 푼다고 해서 고득점을 받을 수는 없습니다.
- 만점을 받기 위한 첫걸음, 국어 개념 학습부터 시작해야 합니다.

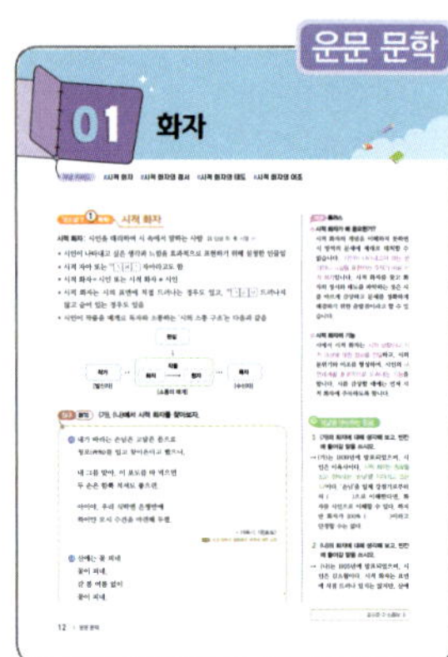

이 책의 장점은 무엇인가요?

❶ 필수 국어 개념 총망라

- 운문 문학, 산문 문학, 문법, 독서의 필수 개념을 총망라했습니다.
- 학생들이 어려워하는 개념, 헷갈리는 개념을 빠짐없이 설명하였습니다.

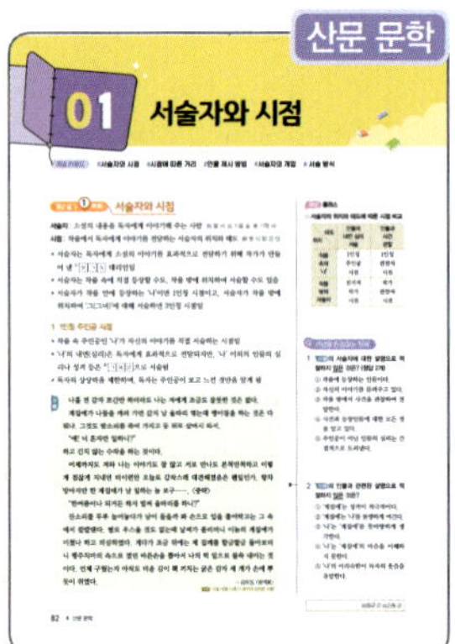

❷ 풍부한 예문과 다양한 활동

- 개념을 암기만 하려고 하지 말고 이해하려고 노력해야 합니다.
- 개념이 잘 드러난 예문을 통해 개념의 의미를 쉽게 이해할 수 있습니다.

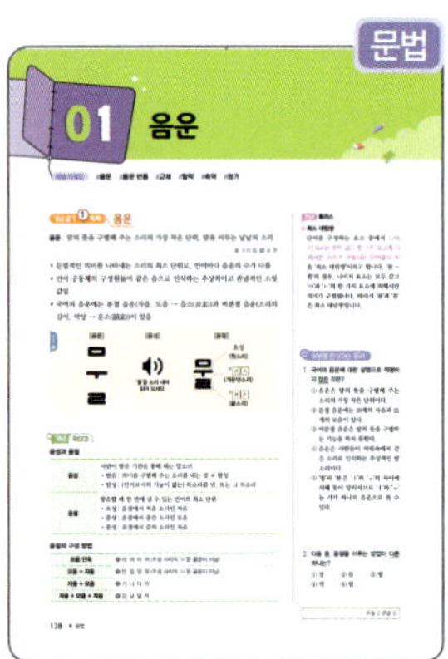

❸ 바로바로 문제 확인과 적용

- 개념 설명과 예문 바로 옆에 다양한 확인 문제를 배치하였습니다.
- 단원의 끝에 실전 문제를 배치하여 실전 감각을 익히도록 하였습니다.

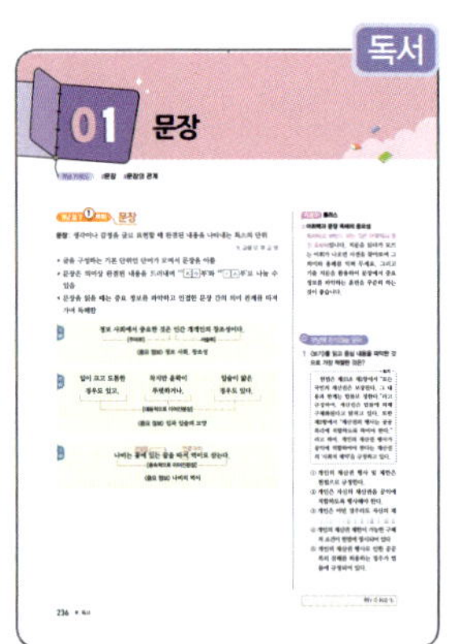

개념을 완성하는 교재 활용법

개념의 뜻과 의미 정리

- 필수 개념의 뜻과 의미를 자세히 설명하였습니다.
- 더 알아야 할 보충 개념을 '개념 확대경', '개념 돋보기', '개념 플러스'에 알차게 정리하였습니다.
- 빈칸을 스스로 채우며 개념을 익힙니다.
- 어려운 개념은 필요한 내용을 암기해 두세요.

활동을 통한 개념 익히기

- 문학, 독서 단원은 개념과 연관된 예문을, 문법 단원은 개념을 익힐 수 있는 용례를 함께 제시하였습니다.
- 해당 개념이 예문(용례)에 어떻게 구현되어 있는지 확인합니다.
- 개념과 예문(용례)을 묶어 이해하고, 공부한 개념을 다른 예문(용례)에 적용할 수 있는 능력을 길러야 합니다.

개념을 완성하는 문제

- 개념과 예문의 바로 옆에 개념을 응용한 확인 문제를 배치하였습니다.
- 다양한 유형의 문제를 풀면서 해당 개념을 완전히 자기 것으로 만들어야 합니다.
- 문제를 틀렸을 때는 개념과 예문(용례)을 복습하세요.

개념으로 푸는 실전 문제

- 소단원이 끝날 때마다 내신과 수능 기출로 이루어진 실전 문제를 배치하였습니다.
- 시간을 정해 놓고 문제를 풀면서 실전 감각을 익히세요.
- 문제를 틀렸을 때는 앞으로 돌아가 해당 개념과 예문(용례)을 반복해서 공부하세요.

이 책의 차례

Ⅲ. 문법

Ⅳ. 독서

※ 일러두기

　문학 작품은 감상하는 사람에 따라 해석이 다를 수 있으며, 문법 규정에 대한 판단도 전문가마다 견해가 다를 수 있습니다.

　내신 대비를 할 때는 반드시 학교에서 수업한 내용에 따라 문제를 해결하세요.

개념 돋보기(확대경) & 개념(독해력) 플러스

I

운문 문학

01 화자

개념 열기 ① 톡톡! · 시적 화자

시적 화자: 시인을 대리하여 시 속에서 말하는 사람　話 말씀 화, 者 사람 자

- 시인이 나타내고 싶은 생각과 느낌을 효과적으로 표현하기 위해 설정한 인물임
- 시적 자아 또는 ① ㅅ ㅈ ㅈ 자아라고도 함
- 시적 화자 = 시인 또는 시적 화자 ≠ 시인
- 시적 화자는 시의 표면에 직접 드러나는 경우도 있고, 겉으로 드러나지 않고 숨어 있는 경우도 있음
- 시인이 작품을 매개로 ② ㄷ ㅈ 와 소통하는 '시의 소통 구조'는 다음과 같음

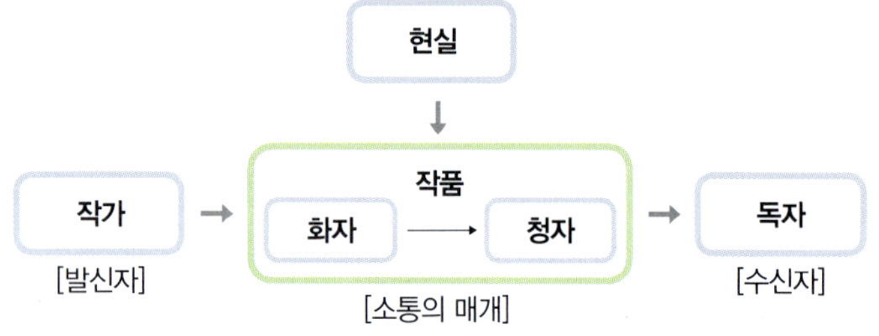

탐구 하기 (가), (나)에서 시적 화자를 찾아보자.

※ 화자에는 ○, 대상에는 □, 화자 또는 대상의 행위와 정서에는 ◇ 표시

가　내가 바라는 손님은 고달픈 몸으로
　　　　화자가 기다리는 대상 – 조국 광복
청포(靑袍)를 입고 찾아온다고 했으니,　　▶ 손님이 찾아올 것이라는 믿음
청색 이미지 – 희망, 상서로움

내 그를 맞아, 이 포도를 따 먹으면
두 손은 함뿍 적셔도 좋으련.　　▶ 손님을 맞는 기쁨을 누리고 싶은 소망
화자의 태도 – 희생적, 의지적

아이야, 우리 식탁엔 은쟁반에
　　　　　　　백색 이미지 – 정성
하이얀 모시 수건을 마련해 두렴.　　▶ 손님을 맞을 준비
백색 이미지 – 순수, 순결　　손님이 올 것을 확신함 – 예언자적 태도

　　　　　　　　　　　　　　　　　　– 이육사, 〈청포도〉
주제 조국 광복과 평화로운 세계에 대한 소망

나　산에는 꽃 피네
존재의 생성
존재가 생성하고 소멸하는 공간
꽃이 피네.

갈 봄 여름 없이
가을, 봄, 여름에 걸쳐
꽃이 피네.　　　　　　　　　　　　▶ 존재의 생성

개념 플러스

◈ 시적 화자가 왜 중요한가?

시적 화자의 개념을 이해하지 못하면 시 영역의 문제에 제대로 대처할 수 없습니다. 시인이 나타내고자 하는 생각이나 느낌을 표현하는 주체가 바로 시적 화자입니다. 시적 화자를 찾고 화자의 정서와 태도를 파악하는 것은 시를 바르게 감상하고 문제를 정확하게 해결하기 위한 출발점이라고 할 수 있습니다.

◈ 시적 화자의 기능

시에서 시적 화자는 시적 상황이나 시적 대상에 대한 정보를 전달하고, 시의 분위기와 어조를 형성하며, 시인의 내면세계를 효과적으로 드러내는 기능을 합니다. 시를 감상할 때에는 먼저 시적 화자에 주목하도록 합니다.

⊕ 개념을 완성하는 활동

1 (가)의 화자에 대해 생각해 보고, 빈칸에 들어갈 말을 쓰시오.

⋯▶ (가)는 1939년에 발표되었으며, 시인은 이육사이다. 시적 화자는 청포를 입고 찾아오는 '손님'을 기다리고 있는 '나'이다. '손님'을 일제 강점기로부터의 (해방)으로 이해한다면, 화자를 시인으로 이해할 수 있다. 하지만 화자가 100% (시인)이라고 단정할 수는 없다.

2 (나)의 화자에 대해 생각해 보고, 빈칸에 들어갈 말을 쓰시오.

⋯▶ (나)는 1925년에 발표되었으며, 시인은 김소월이다. 시적 화자는 표면에 직접 드러나 있지는 않지만, 산에

① 서정적 ② 독자

산에 / 산에

피는 꽃은

저만치 혼자서 피어 있네.　　　　　　　　　　　▶ 존재의 고독
① 화자와 꽃 사이의 거리 → 인간과 자연의 거리
② 꽃들 사이의 거리 → 근원적 고독

산에서 우는 작은 새여,
감정 이입의 대상 – 고독한 존재

꽃이 좋아

산에서 / 사노라네.　　　　　　　　　　　　　　▶ 존재 사이의 교감

　　　　　　　　　　　　　　　　　　　　　　　　– 김소월, 〈산유화〉
　　　　　　　　　　　주제 생성과 소멸을 거듭하는 대자연의 섭리와 존재의 고독감

[문제] 다음과 같이 시적 화자와 관련된 내용을 정리하며 시를 감상해 보자.

청포도	제목	산유화
이육사	작가	김소월
'나'	시적 화자	직접 드러나지 않음
(손님)을 기다림, 손님과 포도를 함께 먹고자 함	시적 상황	산에 피는 (꽃)과 산에서 우는 새를 봄
손님, 포도, 아이	시적 대상	꽃, 새
기다림, 희망, (당부)	정서와 태도	근원적 (고독감)

개념 확대경

시에서 화자와 청자의 설정

① 화자가 시의 표면에 직접 드러남
　예 그리고 나한테 주어진 길을 / 걸어가야겠다. – 윤동주, 〈서시〉
② 화자가 시의 표면에 드러나지 않음
　예 우물 속에는 달이 밝고 구름이 흐르고 하늘이 펼치고 파아란 바람이 불고 가을이 있고 추억처럼 사나이가 있습니다. – 윤동주, 〈자화상〉
③ 청자가 명확히 설정됨
　예 황혼(黃昏)아, 네 부드러운 손을 힘껏 내밀라. / 내 뜨거운 입술을 맘대로 맞추어 보련다. – 이육사, 〈황혼(黃昏)〉
④ 청자가 명확하지 않음
　예 남들은 기뻤다는 젊은 날이었건만 / 밤마다 내 꿈은 서해를 밀항(密航)하는 정크와 같아 / 소금에 절고 조수(潮水)에 부풀어 올랐다. – 이육사, 〈노정기〉

개념 돋보기

- **시적 상황**: 화자나 시적 대상이 접하고 있는 일, 형편, 분위기 등
- **시적 대상**: 화자가 바라보는 구체적 사물이나 시의 제재(인물, 자연물, 관념 등) 또는 화자가 말을 건네는 청자 등
- **표면적 화자**: 시 속에서 '나', '내', '우리' 등의 시어를 통해 겉으로 드러나 있는 화자
　↔ 이면적 화자　　　　　　　　　　　　　　　　表 겉 표. 面 낯 면
- **이면적 화자**: 시 속에서 화자를 지칭하는 시어가 없어 겉으로 드러나 있지 않은 화자
　↔ 표면적 화자　　　　　　　　　　　　　　　　裏 속 리. 面 낯 면

피는 (꽃)과 산에서 우는 작은 새를 보고 있다는 것을 알 수 있다. 시적 대상을 통해 근원적 고독감을 노래하고 있는 화자를 시인으로 이해할 수도 있다. 하지만 이 시에서도 화자가 100% (시인)이라고 판단할 만한 근거가 있는 것은 아니다.

3 (가)와 (나)에 대한 설명으로 적절하지 <u>않은</u> 것은?

① (가)는 화자가 기다리는 대상이 직접 제시되어 있다.
② (나)는 종결 어미 '–네'를 통해 리듬감을 형성하고 있다.
③ (가)는 (나)와 달리 특정한 청자가 설정되어 있다.
④ (나)는 (가)와 달리 색채를 드러내는 시어가 사용되고 있다.
⑤ (가)와 (나)는 정해진 형식이나 운율에 구애받지 않고 자유로운 형식으로 이루어져 있다.

답 ④ 해 색채를 드러내는 시어가 사용된 것은 (나)가 아니라 (가)이다.

개념 플러스

❖ 소설의 서술자와 시의 화자

서술자는 독자에게 소설의 이야기를 효과적으로 전달하기 위해 작가가 만들어 낸 허구적 인물을 말합니다. 반면 시에서는 시인을 대리하여 말하는 사람을 서술자라고 하지 않고 시적 화자라고 합니다.

먼저 시적 화자에 대해 공부한 다음, 서술자에 대해서는 산문 문학 개념을 공부할 때 자세하게 설명하겠습니다.

❖ '대상의 부재'란?

대상과의 이별, 대상의 죽음 등으로 대상과 함께 하지 못하는 상황을 노래한 작품들이 많습니다. 이러한 작품이 제시될 때 문제의 선택지에 '대상의 부재'라는 표현이 종종 등장합니다. 대상이 부재하는 상황에서 시적 화자는 대체로 '슬픔, 그리움, 안타까움' 등의 정서를 표현한다는 것도 기억해 둡시다.

시적 화자의 정서

시적 화자의 정서: 시에 나타난 상황이나 대상에 대해 느끼는 화자의 기분, 감정이나 심리적 자세 情 뜻 정. 緖 실마리 서

- 시적 화자의 정서는 시의 전반적인 ①[ㅂ][ㅇ][ㄱ]와 어조를 형성하기 때문에, 화자의 정서는 시의 정서와 직접적으로 연관되어 있음
- 자주 접할 수 있는 시적 화자의 정서에는 '기쁨↔②[ㅅ][ㅍ]', '즐거움↔괴로움', '사랑스러움↔미움, 분노', '③[ㅎ][ㅁ], 소망↔절망, 체념', '외로움(쓸쓸함)', '그리움', '안타까움', '한' 등이 있음

(↔: 대립되는 정서 표현, 100% 대립되는 관계는 아님)

개념 플러스

✿ 시적 화자의 정서를 파악하는 방법

이야기의 전달을 중시하는 소설과 달리, 시는 정서의 표현을 중시합니다. 시를 이해한다는 것은 곧 시에 나타난 시적 화자의 정서를 이해하는 것이기도 합니다. 시적 화자의 정서를 파악하기 위해서는 시적 화자의 심리가 직접 드러난 시어, 시적 화자의 감정이 이입된 대상이나 객관적 상관물에 주목해야 합니다.

탐구 하기 문제를 통해 시적 화자의 정서를 이해해 보자.

먼 훗날 당신이 찾으시면
그때에 내 말이 "잊었노라."
   미래 상황에 대한 가정
   □: 결코 잊지 못하겠다는 속마음을 반어적으로 드러냄 – 반복을 통해 운율 형성

▶ 1연: 먼 훗날 임과 만날 때의 화자의 반응

당신이 속으로 나무라면
"무척 그리다가 잊었노라."
   화자의 주된 정서 – 그리움

▶ 2연: 임의 질책에 대한 화자의 반응

그래도 당신이 나무라면
"믿기지 않아서 잊었노라."
   당신이 다시 돌아올 것이라 믿어지지 않아서

▶ 3연: 임의 계속되는 질책에 대한 화자의 반응

오늘도 어제도 아니 잊고
   줄곧 당신을 잊지 않고 그리워하다가 – 화자의 본심이 드러남
먼 훗날 그때에 "잊었노라."

▶ 4연: 임을 잊지 못하는 화자의 애절한 마음

– 김소월, 〈먼 후일〉

주제 떠나간 임에 대한 간절한 그리움

[문제] 이 시의 화자에 대한 설명으로 적절한 것은?

① 과거 상황에 대해 반성적으로 성찰하고 있다.
② 이상과 현실의 조화로운 상태를 염원하고 있다.
③ 현재의 삶에 충실하겠다는 의지를 다지고 있다.
④ 자연물을 매개로 하여 외로움을 표출하고 있다.
⑤ 임과의 재회에 대한 간절한 소망을 드러내고 있다.

답 ⑤ **해** 이 시는 떠나간 임을 잊지 못하는 마음을 반어적으로 표현한 작품으로, 화자는 임이 부재한 상황에서 임과의 만남을 간절히 소망하고 있다.

🌐 개념을 완성하는 활동

1 이 시의 시적 화자는 누구인가?
답 내(나)

2 시적 화자의 정서를 직접 드러낸 시어를 2연에서 찾아 쓰시오.
답 그리다가

3 임을 잊지 못하는 시적 화자의 마음을 반어적으로 표현한 시어를 찾아 쓰시오.
답 잊었노라

4 화자의 현재 상황을 고려하여 작품을 감상한 내용으로 가장 적절한 것은?

① 화자는 '먼 훗날'에야 '당신'을 잊을 수 있을 것으로 생각하고 있다.
② 화자는 '당신'과 이별했던 '그때'를 현재인 '오늘'로 인식하고 있다.
③ 화자는 자신을 '나무라'는 '당신'과의 대결 의지를 드러내고 있다.
④ 화자는 '어제'처럼 '먼 훗날'에도 '당신'을 추억하지 않을 것이라고 다짐하고 있다.
⑤ 화자는 이별 상황을 인정하고 싶지 않아 미래인 '먼 훗날 그때'에 '잊었노라'라고 말하고 있다.

답 ⑤ **해** 화자가 '잊었노라'라는 반어적 표현을 반복하는 것은 지속되고 있는 이별 상황을 인정하고 싶지 않기 때문이다.

① 공감각 ② 즐거움 ③ 행복

 ## 시적 화자의 태도

시적 화자의 태도 : 시에 나타난 상황이나 대상에 대한 화자의 심리적 자세나 대응 방식 態 모습 태, 度 법도 도

1 긍정적 태도 肯 옳이 여길 긍, 定 정할 정

- 현실이나 미래의 상황이 잘 풀릴 것이라고 전망함
- 상황이나 대상을 옳다고 인정하거나 ① ㅂㄹㅈ 하다고 받아들임

> **예❶**
> 북쪽 툰드라에도 찬 새벽은 / 눈 속 깊이 꽃맹아리가 움직거려
> 극한 상황, 혹독한 현실　　고난과 시련　　꽃망울 – 강인한 의지와 생명력, 희망
> 제비 떼 까맣게 날아오길 기다리나니.
> 밝은 미래
> 마침내 저버리지 못할 약속이여.
> 조국 광복에 대한 확신　　　　　　　　　　　– 이육사, 〈꽃〉
> **주제** 밝은 미래에 대한 소망과 신념

2 부정적 태도 否 아닐 부, 定 정할 정

- 현실이나 미래의 상황을 부정적으로 보며 ② ㅂㅎ 시킬 수 없다고 생각함
- 부정적인 상황에 슬퍼하거나, 절망하거나, 체념하는 모습을 보임

> **예❷**
> 새와 짐승은 슬피 울고 강산은 찡그리네.
> 망국의 슬픔을 자연물에 감정 이입함
> 무궁화 세계는 이미 사라지고 말았구나.
> 우리나라(대유법)　　1910년 국권 피탈의 상황
> 가을 등불 아래 책 덮고 역사를 생각하니
>
> 세상에서 글 아는 사람 노릇 하기 어렵구나.
> 지식인으로서의 사회적 역할이나 책무　　– 황현, 〈절명시(絕命詩)〉
> **주제** 나라를 잃은 지식인의 절망과 슬픔

3 자연 친화적 태도 親 친할 친, 和 화할 화

- 자연에 의지하거나, 자연과 하나가 되거나, 자연과 어우러지는 모습을 보임
  귀의　　　　　　합일　　　　　친화
- 자연 속의 삶에 대한 지향이나 ③ ㅁㅈㄱ 을 드러냄

> **예❸**
> 짚방석 내지 마라 낙엽엔들 못 앉으랴.
> 인위적 소재　　　　자연적 소재
> 솔불 켜지 마라 어제 진 달 돋아 온다.
> 아이야 박주산채(薄酒山菜)일망정 없다 말고 내어라.　　– 한호의 시조
> 맛이 변변하지 못한 술과 산나물　　**주제** 산촌 생활에서의 안빈낙도(安貧樂道)

4 관조적 태도 觀 볼 관, 照 비칠 조

- 어떤 사건, 사물의 현상, 내·외적 상황을 절제된 감정으로 차분히 관찰하거나 대상을 ④ ㄱㄱㅈ 으로 살핌
- 고요한 마음으로 대상에 거리를 두고 대상을 바라보거나 묘사함

> **예❹**
> 새악시 볼에 떠오르는 부끄럼같이
> '새색시'의 방언　　　아름답고 순수함
> 시의 가슴에 살포시 젖는 물결같이
> 포근하고 평화로움
> 보드레한 에메랄드 얇게 흐르는
> 꽤 보드라운 느낌이 있는
> 실비단 하늘을 바라보고 싶다.　　　– 김영랑, 〈돌담에 속삭이는 햇발〉
> 화자가 동경하는 세계　　**주제** 밝고 맑은 세계에 대한 동경

☆ **개념을 완성하는 문제**

1 예❶에서 끈질긴 생명력을 상징하며 긍정적 이미지를 형성하는 4음절의 시어는?
답 꽃맹아리

2 예❶에서 고난과 시련을 의미하며 '북쪽 툰드라'와 함께 부정적 이미지를 형성하는 1음절의 시어는?
답 눈

3 예❷에서 시적 화자의 슬픈 감정이 이입된 대상을 모두 쓰시오.
답 새, 짐승, 강산

4 예❷에서 부정적 현실 상황을 구체적으로 묘사한 시행을 찾아 쓰시오.
답 무궁화 세계는 이미 사라지고 말았구나.

5 예❸에 대한 설명으로 적절하지 않은 것은?
① 초장에 사용된 설의적 표현은 화자의 태도를 드러낸다.
② 초장에 언급된 대조적 의미의 소재는 화자의 정서를 짐작하게 한다.
③ 초장, 중장의 명령적 어조는 화자의 의지를 강조한다.
④ 종장에서 시적 대상인 청자는 화자의 정서 변화에 영향을 준다.
⑤ 종장에 나타난 음식물은 화자가 지향하는 삶의 가치를 드러낸다.
답 ④ 해 화자는 일관되게 안분지족, 안빈낙도의 태도를 보일 뿐 정서가 변화하고 있지 않다.

6 예❹에서 시적 화자가 관조하고 있는 대상인 2음절의 시어는?
답 하늘

7 예❹에서 시적 화자가 포근하고 평화로운 내면세계를 소망하고 있음을 보여 주는 3어절의 시구는?
답 살포시 젖는 물결같이

5 예찬적 태도 禮 예도 예, 讚 기릴 찬

- 대상의 ① [ㅈㅈ]을 높이 평가하여 그것을 우러러 기리는 모습을 보임
- 대상이 훌륭하거나 좋거나 아름답다고 찬양함

예⑤
구름 빛이 좋다 하나 검기를 자로 한다.
　　가변성　　깨끗하다　　　　자주
바람 소리 맑다 하나 그칠 적이 하노매라.
　　　　　　　　　　　　　　　많도다
좋고도 그칠 때 없기는 물뿐인가 하노라.
'물'의 속성　　　　　　불변성

꽃은 무슨 일로 피면서 쉬이 지고
　　　순간성
풀은 어이하여 푸르는 듯 누르나니

아마도 변치 아닐손 바위뿐인가 하노라.
'바위'의 속성　　　영원성
－ 윤선도, 〈오우가(五友歌)〉
주제 자연의 다섯 벗에 대한 예찬

개념 돋보기

❖ 동경적 태도 : 시적 대상을 간절히 그리워하고 그것만을 바람 憧 그리워할 동, 憬 그리워할 경
- 대상을 동경하면서 찬양의 모습까지 드러내면 예찬적 태도임
  예 〈엄마야 누나야〉(김소월)의 '강변' → 동경, 〈오우가〉(윤선도)의 '물' → 예찬

6 반성적 태도 反 돌이킬 반, 省 살필 성

- 자신의 잘못을 되돌아보며 ② [ㄴㅇㅊ]
- 과거나 현재의 삶에 일정한 거리를 두고 자신이 한 일을 되짚어 생각함

예⑥
내일이나 모레나 그 어느 즐거운 날에
　　　　　　밝은 미래 – 조국 광복의 날
나는 또 한 줄의 참회록(懺悔錄)을 써야 한다.
　　　　　　지난날 잘못을 고백하는 기록
— 그때 그 젊은 나이에
　　왜 그런 부끄런 고백(告白)을 했던가.
역사적 현실에 적극적으로 대응하지 못했던 현재의 삶에 대한 참회
－ 윤동주, 〈참회록〉
주제 자기 성찰을 통한 현실 극복 의지

개념 돋보기

❖ 성찰적 태도 : 자신의 내면(사상, 신념)이나 대상을 곰곰이 살펴봄 省 살필 성, 察 살필 찰
- 반성적 태도와 성찰적 태도는 함께 드러나는 경우가 많음
  예 〈참회록〉(윤동주)의 시적 화자 → 자신의 삶을 되돌아보는 성찰적 태도, 자신의 과거를 뉘우치는 반성적 태도를 보임

7 의지적 태도 意 뜻 의, 志 뜻 지

- 부정적인 상황에 적극적으로 대응하여 자신의 뜻이나 목표를 이루려 함
- ③ [ㅈㅁㅈ] 상황을 이겨 내려 하는 극복 의지, 부당한 상황과 맞서 싸우려 하는 대결 의지를 보임

예⑦
별을 노래하는 마음으로
희망, 이상적 삶, 순수한 소망과 양심
모든 죽어 가는 것을 사랑해야지
억압받는 모든 대상(일제 강점기의 우리 민족)
그리고 나한테 주어진 길을
　　　부끄러움 없는 삶 – 소명 의식
걸어가야겠다.
의지적 태도
－ 윤동주, 〈서시〉
주제 부끄러움 없는 삶에 대한 소망과 의지

---

8 예⑤에서 시적 화자가 예찬하고 있는 자연물 2개를 찾아 쓰시오.
답 물, 바위

9 예⑤에서 시적 화자가 예찬하고 있는 자연물의 속성으로 적절한 것은?
(정답 2개)
① 가변성　　② 과묵함
❸ 불변성　　④ 순간성
❺ 영원성
답 ③, ⑤ 해 시적 화자는 '물'의 불변성과 '바위'의 영원성을 예찬하고 있다.

10 예⑥에서 시적 화자가 자신의 삶을 반성하고 있음을 단적으로 드러내는 3음절의 시어는?
답 참회록

11 예⑥의 '부끄런 고백'에서 알 수 있는 시적 화자의 태도로 알맞지 않은 것은?
① 반성　　② 성찰　　❸ 관조
④ 자책　　⑤ 참회
답 ③

12 예⑦에 나타난 시적 화자의 태도를 고려할 때, '별'의 내포적 의미와 거리가 먼 것은?
① 꿈　　　　② 희망
③ 이상적 삶　❹ 미지의 세계
⑤ 순수한 소망과 양심
답 ④

13 예⑦에서 부끄러움이 없는 삶을 살아가겠다는 화자의 의지적 태도가 드러나는 시행을 찾아 쓰시오
답 걸어가야겠다

① 장점 ② 반성하다 ③ 부정적

8 냉소적 태도 冷 찰 냉, 笑 웃음 소

- 차갑고 ① ㅆ ㅆ한 태도로 업신여기거나 비웃음
- 시적 대상이나 현실, 자기 자신을 못마땅하게 여길 때 나타남

> **예 ⑧**
> 하하 허허 한들 내 웃음이 정말 웃음인가.
> 부정적인 현실에 대한 쓴웃음   정말 우스워서 웃는 것인가
> 하 어처구니 없어서 울다가 그렇게 된 것을.
>
> 사람들아 웃지를 말구려 입이 찢어지리라.
> 부정적인 현실을 야기한 사람들   현실에 대한 냉소적, 비판적 태도
>
> — 권섭, 〈소의(笑矣)〉
> 주제 어이없는 세상사에 대한 비판과 풍자

14 **예 ⑧** 에서 부정적 현실에 대한 쓴웃음인 '하하 허허'에 드러나는 시적 화자의 태도는?

① 교훈적　　② 냉소적
③ 의지적　　④ 체념적
⑤ 해학적
답 ②

개념 돋보기

✦ **비판적 태도** : 대상 또는 상황의 잘못을 지적하여 옳고 그름을 가림
批 비평할 비, 判 판단할 판

✦ **자조적 태도** : 자기 자신을 비웃거나 조롱함　自 스스로 자, 嘲 비웃을 조
- 냉소적, 비판적, 자조적 태도는 대상(또는 자기 자신)을 부정적으로 바라봄

탐구 하기 **문제를 통해 시적 화자의 태도를 이해해 보자.**

> **가** 이화우(梨花雨) 흩날릴 제 울며 잡고 이별한 임,
> 비처럼 흩날리는 배꽃, 계절적 배경 – 봄
> 추풍낙엽(秋風落葉)에 저도 나를 생각하는가.
> 계절적 배경 – 가을　『 』: 시간의 비약(봄 → 가을) – 이별의 정서 심화
> 천 리(千里)에 외로운 꿈만 오락가락 하노매.
> 정서적 거리감　정서의 직접 표출, 임에 대한 그리움
>
> — 계랑의 시조
> 주제 임을 그리워하는 마음

1 (가)에서 시적 화자의 정서가 직접적으로 드러난 3음절의 시어는?
답 외로운

> 조국 광복의 날
> **나** 그날이 오면 그날이 오면은
> 상황의 가정, 반복 → 화자의 간절한 염원 표현
> 삼각산(三角山)이 일어나 더덩실 춤이라도 추고
> 의인법을 사용하여 광복의 환희를 역동적으로 표현
> 한강 물이 뒤집혀 용솟음칠 그날이
>
> 이 목숨이 끊기기 전에 와 주기만 할 양이면
>
> 나는 밤하늘에 나는 까마귀와 같이
> 암담한 시대 현실　화자의 고독한 모습 – 자기희생의 이미지
> 종로의 인경(人磬)을 머리로 들이받아 울리오리다.
> 종　자기희생의 실천적 의지 표현
> 두개골은 깨어져 산산조각이 나도
> 『 』: 광복을 향한 간절한 염원
> 기뻐서 죽사오매 오히려 무슨 한(恨)이 남으오리까.
>
> — 심훈, 〈그날이 오면〉
> 주제 조국 광복의 '그날'에 대한 간절한 염원

2 (가)에 나타난 시적 화자의 태도로 알맞은 것은?

① 낭만적　　② 달관적
③ 비판적　　④ 애상적
⑤ 반성적
답 ④ 해 (가)에는 임과의 이별을 슬퍼하며 임을 간절히 그리워하는 화자의 애상적 태도가 나타나 있다.

[문제] (가)와 (나)에 대한 설명으로 적절한 것은?

① (가)의 화자는 현실의 문제를 꿈을 통해 회피하려고 한다.
② (가)에서 하강적 이미지의 소재는 임의 부재 상황을 부각한다.
③ (나)의 화자는 차분한 어조로 자기희생적 자세를 강조한다.
④ (나)에서 '밤하늘'은 화자의 염원이 실현되는 날을 의미한다.
⑤ (가)와 (나)의 화자는 미래의 상황을 긍정적으로 인식한다.
답 ② 해 (가)에서 '이화우'와 '추풍낙엽'은 하강적 이미지의 소재로, 임이 부재한 상황에서 임을 그리워하는 화자의 정서를 심화하고 있다.

3 (나)에서 '그날'이 의미하는 바를 3어절로 쓰시오.
답 조국 광복의 날

4 (나)에서 시적 화자의 자기희생적 태도가 잘 드러난 시구를 찾아 3어절로 쓰시오.
답 머리로 들이받아 울리오리다

쓸쓸 ①

시적 화자의 태도 더 보기

회고적(回顧的)	지나간 일을 돌이켜 생각함 예 산천은 의구하되 인걸은 간 데 없다. – 길재의 시조 → 고려 왕조에 대한 회고와 인생무상
달관적(達觀的)	세속의 크고 작은 일에 연연하지 않음 예 평생을 이리하였으니 무슨 근심 있으리. – 안민영의 시조 → 인생에 대한 달관
애상적(哀傷的)	슬퍼하거나 가슴 아파함 예 다정도 병인 양하여 잠 못 들어 하노라. – 이조년의 시조 → 봄밤의 애상적 정감
사색적(思索的)	어떤 것에 대하여 깊이 생각하고 이치를 따짐 예 시(詩)가 이렇게 쉽게 씌어지는 것은 / 부끄러운 일이다. – 윤동주, 〈쉽게 씌어진 시〉 → 어두운 시대 현실 속에서의 고뇌와 자기 성찰
체념적(諦念的)	희망을 버리고 아주 단념함 예 가실 때에는 / 말없이 고이 보내 드리우리. – 김소월, 〈진달래꽃〉 → 이별의 상황에 대한 체념
고백적(告白的)	마음속에 생각하고 있거나 감추어 둔 것을 숨김없이 말함 예 산모퉁이를 돌아 논가 외딴 우물을 홀로 찾아가선 가만히 들여다봅니다. – 윤동주, 〈자화상〉 → 자아 성찰과 자신에 대한 애증
낭만적(浪漫的)	사물을 감상적이고 이상적으로 대하여 감미롭고 감상적인 분위기를 드러냄 예 얇은 단장하고 아양 가득 차 있는 / 산봉우리야 오늘 밤 너 어디로 가 버리련? – 김영랑, 〈오월〉 → 오월에 느끼는 봄의 생동감
우의적(寓意的)	다른 사물에 빗대어 비유적인 뜻을 나타내거나 풍자함 예 거북이야! / 다시는 용궁의 유혹에 안 떨어진다. – 윤동주, 〈간〉 → '구토지설'을 활용하여 고난 극복의 의지를 우의적으로 형상화
풍자적(諷刺的)	현실의 부정적 현상이나 모순을 비웃으면서 폭로하고 공격함 예 아마도 겉 희고 속 검은 이는 너뿐인가 하노라. – 이직의 시조 → 위선적 인물에 대한 풍자
해학적(諧謔的)	부정적 대상을 익살스럽게 그려 웃음을 유발함 예 건너편 산 바라보니 백송골이 떠 있거늘 가슴이 섬뜩하여 펄쩍 뛰어 내닫다가 두엄 아래 자빠졌구나. – 작자 미상의 사설시조 → 강자에게 약한 두꺼비의 비굴한 모습을 해학적으로 풍자
탈속적(脫俗的)	현실적인 이익을 추구하는 마음으로부터 벗어남 예 바깥 손님 와서야 문 열어 보니 / 온 산의 송화는 이미 쇠었네. – 이달, 〈불일암 인운 스님에게〉 → 자연 속에서 시간조차 잊고 사는 탈속적 삶의 경지
지사적(志士的)	나라와 민족을 위하여 제 몸을 바쳐 일하려는 뜻을 가짐 예 이 광야에서 목놓아 부르게 하리라. – 이육사, 〈광야〉 → 조국 광복에의 신념과 의지
기원적(祈願的)	원하는 일이 실현되도록 빌고 바람 예 약자의 가슴에 눈물을 뿌리는 자비의 보살이 되옵소서. – 한용운, 〈찬송〉 임에 대한 송축과 기원

◇ **시적 화자의 태도를 파악하는 방법**
- 시적 화자의 성별, 연령대, 직업, 사는 곳, 관심사 등을 확인합니다.
- 시적 화자가 처한 상황이 드러나거나 추측할 수 있는 시어를 찾습니다.(이별, 사랑, 유랑, 가난, 고난, …)
- 시적 화자가 노래하는 대상을 확인합니다.(조국, 가족, 자연, 자기 자신, 고향, …)
- 시적 화자의 정서가 직접 표출된 시어를 찾습니다.
- 시적 화자의 정서가 직접 표출되지 않았으면 대상에 대한 화자의 생각이 담긴 시어를 확인합니다.
- 시적 대상에서 화자의 감정이 이입된 대상물이나 객관적 상관물을 파악합니다.
- 시적 화자의 의도, 입장, 의지 등을 드러내는 서술어에 주목합니다.
- 이렇게 확인한 내용을 종합하여 시적 상황과 대상에 대한 화자의 태도를 정리합니다.

◇ **작가를 알면 화자의 태도가 보인다?**
현대시에 비해 고전 시가는 작가와 화자가 일치하는 경우가 많아 작가에 대한 이해가 선행되면 수월하게 작품을 감상할 수 있습니다.
양반층이 작가(화자)인 작품은 우국충절이나 안빈낙도, 자연에서의 풍류를 노래하는 경우가 많습니다. 또 서민층이 작가(화자)인 작품은 지배층에 대한 비판이나 자신들의 생활을 직설적으로 노래하는 경우가 많습니다. 다만 이러한 화자의 태도와 정서가 모든 작품에 기계적으로 적용되는 것은 아니라는 점도 기억해야 합니다.

시적 화자의 어조

시적 화자의 어조: 시에서 화자 특유의 말하는 방식이나 억양, 화자의 말에 드러나는 특징적인 말투나 말의 가락 語 말씀 어, 調 고를 조

- 어조는 억양, 성량, 말의 속도 등과 함께 ① [ㅈ ㅇ ㅇ ㅈ] 표현에 해당함
- 어조는 시적 상황과 대상, 청자 등에 대한 화자의 태도를 고려하여 파악함

1 시적 상황을 고려한 어조 파악

- 긍정적 ↔ 부정적, 희망적 ↔ 절망적, 애상적, 비관적 등의 시적 상황에 대한 화자의 감정을 파악함
- 밝음, 어두움, 따뜻함, 차가움, 가벼움, 무거움, 상승, 하강, 희망, 고통, 동경, 체념 등 분위기나 정서를 환기하는 시어에 주목함

> **예❶**
> 당신은 해당화 피기 전에 오신다고 하였습니다. 봄은 벌써 늦었습니다.
> (약속의 매개물 / 봄은 다 지나가는데 임이 오지 않음)
> 봄이 오기 전에는 어서 오기를 바랐더니, 봄이 오고 보니 너무 일찍 왔나
> (임과의 재회에 대한 기대 / 임이 오지 않은 상태에서 봄이 온 것에 대한 불안감)
> 두려워합니다.
> – 한용운, 〈해당화〉
> **주제** 오지 않는 임에 대한 간절한 그리움

2 청자를 고려한 어조 파악

- 청자 없이 혼자서 말하면 ② [ㄷ ㅂ ㅈ], 청자와 대화를 나누면 대화적 어조임
- 청자가 있고 의문형, 명령형, 청유형, 감탄형의 종결 어미가 쓰이면 해당하는 어조가 형성됨

> **예❷**
> 푸른 하늘에 닿을 듯이 / 세월에 불타고 우뚝 남아 서서
> (이상과 염원의 세계 / 일제 강점하의 혹독한 현실)
> 차라리 봄도 꽃 피진 말아라.
> (부정어 사용, 명령형 어미 – 화자의 강한 저항 의지 표현)
> – 이육사, 〈교목〉
> **주제** 암담한 현실에 굴하지 않는 강인한 의지

3 대상을 고려한 어조 파악

- 화자의 시적 대상에 대한 대응 방식이나 대상을 향한 ③ [ㅁ ㅌ]를 확인함
- 긍정적, 부정적, 냉소적, 비판적, 친화적, 예찬적, 동경적, 풍자적, 해학적 말투 등이 드러나는지 화자의 자세를 살펴봄

> **예❸**
> 두터비 파리를 물고 두엄 위에 치달아 앉아
> (탐관오리 / 힘없는 백성 / 백성들에게 수탈한 재물)
> 건너편 산 바라보니 백송골(白松鶻)이 떠 있거늘 가슴이 끔찍하여 펄쩍 뛰
> (중앙의 고위 관리, 외세 / 두꺼비의 행동 희화화 – 해학적, 풍자적)
> 어 내닫다가 두엄 아래 자빠졌구나.
> (마침)
> 모쳐라 날랜 나이니 망정이지 피멍 들 뻔했구나.
> (두꺼비의 변명 – 자기 합리화, 자화자찬, 허장성세)
> – 작자 미상의 사설시조
> **주제** 탐관오리의 횡포와 허장성세 풍자

개념 돋보기

✦ **시적 화자의 태도와 어조의 관계**
- 시적 화자의 태도는 어조를 통해 드러남
- 어조와 태도가 1 : 1로 대응하는 것은 아님 📌 반어적 어조 ≠ 반어적 태도
- 어조와 태도를 반드시 구분할 필요는 없음. 시적 화자가 누구이고 그의 정서가 어떠한지 생각해 보고, 시의 어조를 통해 드러나는 태도를 유추하도록 함

개념 플러스

⚙ **어조를 파악할 때 주목해야 할 요소**

시적 화자의 성별과 연령대, 서술어의 종결 어미, 시어에 주로 쓰인 음운, 어투 등을 확인합니다. 성별과 연령대에 따라 차분한 어조, 강인한 어조, 해맑은 어조 등이 나타납니다. 종결 어미에 따라 사색적이거나 의지적인 어조, 명령하거나 권유하는 어조, 영탄적인 어조가 나타납니다. 또 울림소리 자음이 사용되면 부드러운 어조가, 거센소리 자음이 쓰이면 딱딱하고 거친 어조가 나타납니다.

☆ 개념을 완성하는 문제

1 예❶ 에서 임의 부재라는 시적 상황과 임을 기다리는 화자의 모습을 통해 알 수 있는 시의 어조는?

① 관조적　② 단정적
③ 애상적　④ 영탄적
⑤ 예찬적

📌 ③ **해** 약속한 기한이 지나도 돌아오지 않는 임에 대한 간절한 그리움이 담겨 있으므로, [예1]에서는 슬퍼하거나 가슴 아파하는 느낌의 애상적 어조가 느껴진다.

2 예❷ 에서 명령형 어미가 사용되어 화자의 의지적 어조를 확인할 수 있는 시어는?

① 닿을 듯이　② 불타고
③ 남아 서서　④ 피진
⑤ 말아라

📌 ⑤

3 예❸ 의 초장에서 해학과 풍자의 대상을 찾아 쓰시오.

📌 두터비

4 예❸ 의 중장에서 구체적인 해학적 상황을 찾아 3어절로 쓰시오.

📌 두엄 아래 자빠졌구나

[01~02] 다음 시를 읽고 물음에 답하시오.

매운 계절(季節)의 채찍에 갈겨
일제 강점하의 가혹한 현실
마침내 북방(北方)으로 휩쓸려 오다.
　수평적 극한 – 만주, 북간도 등지　　▶ 1연: 현실의 수평적 한계 상황(기)

하늘도 그만 지쳐 끝난 고원(高原)
　　　　　　　수직적 극한
서릿발 칼날진 그 위에 서다.　　▶ 2연: 현실의 수직적 한계 상황(승)
생존의 극한 – 절정의 상황

「어데다 무릎을 꿇어야 하나
「 」: 절대적 존재에게 구원을 빌 수도 없는 상황
한 발 재겨디딜 곳조차 없다.」　　▶ 3연: 극한 상황에 대한 인식(전)
발끝이나 발뒤꿈치만으로 땅을 디딜

이러매 눈 감아 생각해 볼밖에
시상 전환　극한 상황을 정신적으로 초극하려는 태도
겨울은 강철로 된 무지갠가 보다.　▶ 4연: 극한 상황에 대한 초극 의지(결)
'절망 + 희망'의 역설 – 비극적 삶에 대한 인식과 그에 대한 초월 의지
　　　　　　　　　　　　　　　– 이육사, 〈절정〉
　　　　　　　　　　　주제 극한의 현실에 대한 초극 의지

01

이 시의 화자에 대한 설명으로 적절한 것은?

① 극한 상황을 이겨 내려 하고 있다.
② 현실을 긍정적으로 인식하고 있다.
③ 시련과 고난 앞에서 후회하고 있다.
④ 힘겨운 현실에서 도피하려 하고 있다.
⑤ 사색적 어조로 과거의 행동을 반성하고 있다.

답 ① 해 4연에서 눈 감아 생각해 보는 행위의 주체가 시적 화자라고 할 때, 화자는 한 발 재겨디딜 곳조차 없는 극한 상황에서도 절망하지 않는다. 이러한 화자의 의지는 '겨울'을 '강철로 된 무지개'라고 말하는 부분에서 확인할 수 있다.

02

현실에 대한 시적 화자의 태도로 적절하지 <u>않은</u> 것은?

① 저항적　　② 순응적　　③ 참여적
④ 의지적　　⑤ 미래 지향적

답 ② 해 시적 화자는 현실을 이겨 내려는 모습을 보이고 있을 뿐, 자신의 운명에 순응하는 태도는 보이지 않는다.

[03~04] 다음 시를 읽고 물음에 답하시오.

「그립다

1, 2연	3, 4연
내적 갈등	외적 상황
(짧은 시행, 느린 호흡)	(긴 시행, 짧은 호흡)

말을 할까
행간 걸침 – 망설임의 감정 표현
하니 그리워」　　▶ 1연: 이별하는 순간의 아쉬움과 그리움
「 」: 그립다는 말을 하려고 하니 그리움이 왈칵 치솟는다는 의미

그냥 갈까 / 그래도
내적 갈등과 망설임
다시 더 한 번……　　▶ 2연: 이별하는 순간의 망설임과 미련
미련과 여운

□: 화자에게 이별을 재촉하는 존재(객관적 상관물)
저 산에도 까마귀, 들에 까마귀,

서산에는 해 진다고 / 지저귑니다.　▶ 3연: 이별을 재촉하는 까마귀
갈 길이 바쁘다고, 시간이 없다고

앞 강물, 뒤 강물, / 흐르는 물은
끝없이 흐르는 시간 및 이별의 이미지
어서 따라오라고 따라가자고
갈 길이 멀고 시간적으로 촉박함을 나타냄
흘러도 연달아 흐릅디다려.　　▶ 4연: 이별을 재촉하는 강물
'흐릅디다그려'의 준말(평북 방언)
　　　　　　　　　　　　– 김소월, 〈가는 길〉
　　　　　　주제 이별의 순간에 느끼는 아쉬움과 망설임

03

이 시의 화자에 대한 설명으로 적절한 것은?

① 영탄적 어조로 자신의 처지를 한탄하고 있다.
② 현실에 거리를 둔 채 냉소적 태도를 보이고 있다.
③ 대상에 대한 동정과 연민의 정서를 드러내고 있다.
④ 내면과 외적 상황 간의 괴리 속에서 망설이고 있다.
⑤ 자연물을 객관화하여 내적 평정심을 유지하고 있다.

답 ④ 해 '까마귀'와 '강물'은 이별을 재촉하고 있는데, 화자는 이별의 상황에서 망설이며 아쉬워하고 있다. 따라서 내면 심리와 외적 상황 사이에 괴리가 존재한다고 볼 수 있다.

04

〈보기〉를 참고하여 이 시를 감상할 때, 적절하지 <u>않은</u> 것은?

> ● 보기 ●
> 　이 시는 사랑하는 사람을 두고 떠나야 하는 상황에서 화자의 정서가 드러난다. 이 '머뭇거림'의 정서는 '행동'과 '행동의 멈춤'의 이미지 대립을 통해 드러나며, 화자의 상황과 정서는 행의 배열 기법을 통해서도 드러난다.

① '말을 할까'와 '그냥 갈까'에 사용된 어미를 통해 행동과 행동의 멈춤에 대한 내적 갈등을 드러낸다.
② '다시', '어서'의 부사는 화자가 떠남의 결단을 내린 것을 보여 준다.
③ '까마귀'와 지는 '해'는 화자에게 떠나가야 하는 상황임을 환기시킨다.
④ 의도적 행갈이를 통해 낭송 속도를 조절함으로써 화자의 머뭇거림의 정서를 드러낸다.
⑤ 1, 2연은 짧은 시행율, 3, 4연은 보다 긴 시행을 배열하여 화자의 심리 변화를 드러낸다.

답 ② 해 2연의 '다시'는 화자가 여전히 떠나지 못하고 망설이고 있음을 나타내는 시어이고, 4연의 '어서'는 행동을 지체 없이 빨리 하기를 재촉하는 표현이다. 따라서 두 시어는 모두 화자가 떠남의 결단을 내린 것을 보여 주는 것으로 볼 수 없다.

님이 오마 하거늘 저녁밥을 일찍 지어 먹고,
그리움의 대상
중문(中門) 나서 대문(大門) 나가 지방 위에 올라가 앉아
임에 대한 화자의 간절한 그리움
손을 이마에 대고 오는가 가는가 건넌 산 바라보니 거머횟들
검은 듯 흰 듯한 것
서 있거늘 저것이 님이로구나. 버선 벗어 품에 품고 신 벗어
손에 쥐고 곰븨님븨 님븨곰븨 천방지방 지방천방 진 데 마
엎치락뒤치락(의태어)   허둥지둥(의태어)
른 데를 가리지 말고 워렁퉁탕 건너가서 정(情)엣말 하려 하
우당탕퉁탕(의성어)   다정한 말
고 곁눈으로 흘깃 보니 작년 칠월 사흗날 껍질 벗긴 주추리
밭머리에 모아 세워 둔 삼의 줄기 – 임으로 착각한 대상
삼대가 얄밉게도 날 속였구나.
『모쳐라 밤이기에 망정이지 행여나 낮이런들 남 웃길 뻔하
마침, 그만두어라
였어라.』『』: 화자의 독백 – 허탈감과 자기 위로
　　　　　　　　　　　　　　　　　　　－ 작자 미상, 사설시조
주제 임을 기다리는 애타는 마음

05

〈보기〉에 근거하여 이 시를 분석한 것으로 적절하지 <u>않은</u> 것은?

> 이 작품에는 타인의 시선을 전혀 의식하지 않고 꾸밈없
> 이 행동하는 모습(Ⅰ)과 타인의 시선을 의식한 뒤에 보이
> 는 모습(Ⅱ) 등 화자의 상이한 모습이 동시에 나타나 있다.

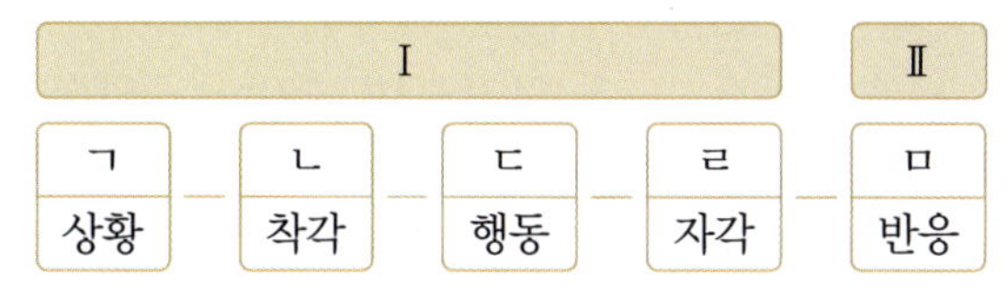

① ㄱ: '님이 ~ 바라보니'는 임을 기다리는 상황이다.
② ㄴ: '거머횟들 ~ 님이로구나'는 간절한 그리움으로 인해 생
　　긴 착각이다.
③ ㄷ: '버선을 ~ 건너가서'는 타인의 시선을 의식하지 않고
　　취한 행동이다.
④ ㄹ: '정(情)엣말 ~ 속였구나'는 사랑하는 임에게 속았음을
　　자각하는 부분이다.
⑤ ㅁ: '모쳐라 ~ 뻔하였어라'는 타인의 시선을 의식하며 자신
　　의 행동을 애써 합리화하는 반응이다.

답 ④ 해 정(情)엣말 ~ 속였구나'는 '주추리 삼대'를 임으로 착각했음을 자각하는 부
분이지, 화자가 사랑하는 사람에게 속았다는 사실을 깨닫는 부분은 아니다.

06

이 시에 대한 설명으로 가장 적절한 것은?

① 대상이 부재하는 상황이 드러나 있다.
② 자신의 처지에 대한 원망이 표출되어 있다.
③ 상대에 대한 연민의 정서가 노출되어 있다.
④ 화자가 처한 참담한 생활상이 나타나 있다.
⑤ 자연에 대한 친화적 태도가 부각되어 있다.

답 ① 해 화자는 초조한 마음으로 임을 기다리다가 주추리 삼대를 임으로 착각하였으
므로, 화자가 임이 부재하는 상황에 놓여 있음을 알 수 있다. / ② 화자는 자신의 착각
에 대해 겸연쩍어하고 있을 뿐, 자신의 처지를 원망하고 있지는 않다.

07

〈보기〉를 참고하여 다음 시를 감상한 내용으로 적절하지 <u>않은</u> 것은?

적객(謫客)*에게 벗이 없어 공량(空樑)의 제비로다
화자의 외로운 처지   들보   화자의 처지와 유사 – 감정 이입
종일 하는 말이 무슨 사설 하는지고
제비의 의인화
어즈버 내 풀어낸 시름은 널로만 하노라
　　제비와의 비교를 통해 유배지에서 느끼는 시름을 강조
　　　　　　　　　　　　　　　　　　　　　　〈4장〉
　　　　　　　　　▶ 4장: 유배 생활의 외로움과 시름

인간(人間)에 유정한 벗은 명월밖에 또 있는가
　　　　　　　　　　　　　　유배객을 위로해 주는 존재
천 리를 멀다 아녀 간 데마다 따라오니
항상 함께해 주는 진정한 벗의 모습을 보임
어즈버 반가운 옛 벗이 다만 너인가 하노라
　　　　　　　　　　　　　　명월
　　　　　　　　　　　　　　　　　　　　　　〈5장〉
　　　　　　　　　　　▶ 5장: 시름을 위로해 주는 명월

설월(雪月)에 매화를 보려 잔을 잡고 창을 여니
　　　　지조와 절개를 잃지 않는 화자를 상징
섞인 꽃 여읜 속에 잦은 것이 향기로다
유배 생활로 피폐한 화자의 모습   변함없는 지조와 충절
어즈버 호접(胡蝶)이 이 향기 알면 애 끊일까 하노라
나비 – 화자의 충절을 몰라 주는 임금을 상징   몹시 슬퍼할 것임
　　　　　　　　　　　　　　　　　　　　　　〈6장〉
　　　　　　　　　▶ 6장: 자신의 충정을 알아주기를 소망함
　　　　　　　　　　　　　　　　　　　－ 이신의, 〈단가육장〉
　　　　　　　　　주제 임금에 대한 그리움과 변함없는 충절

* 적객: 귀양살이하는 사람

> 이신의는 충절과 신의를 중시했던 사대부로, 인목대비
> 폐위에 반대하는 글을 올렸다는 이유로 귀양을 가게 된다.
> 〈단가육장〉은 그가 귀양살이를 하면서 느낀 생각과 감정
> 을 풀어낸 작품으로, 화자는 자연물을 친화적인 시선으로
> 바라보며 자신의 감정을 투영하기도 한다. 또한 자연물에
> 자신이 지향하는 유교적 이념을 투사하기도 한다.

① '풀어낸 시름'은 '적객'으로 살아가는 화자의 처지와 관련이
　　있다고 볼 수 있군.
② '간 데마다 따라오'는 '명월'은 화자가 지향하는 '신의'가 투
　　사된 자연물로 볼 수 있겠군.
③ '명월'을 '너'로 지칭하고 '매화를 보려 잔을 잡고 창을 여'는
　　행위에서 자연물에 친화적인 화자의 시선을 엿볼 수 있군.
④ '설월'에 핀 '매화'는 화자가 지향하는 '충절'의 이념과 관련
　　지을 수 있겠군.
⑤ '이 향기'에는 귀양살이를 오기 전의 삶에 대한 화자의 동경
　　이 투영되어 있군.

답 ⑤ 해 6장의 '이 향기'는 매화가 풍기는 향기로, 임금을 향한 화자의 변함없는 지조
와 충절을 상징한다. 화자는 자신의 충절을 몰라주는 임금을 원망하고 있을 뿐, 귀양살
이를 오기 전의 삶에 대해 동경하고 있지 않다. 〈보기〉에도 귀양살이를 오기 전 화자의
삶에 대한 내용은 나타나 있지 않다.

개념 키워드 #운율 #외형률 #내재율 #운율 형성 방법

개념 열기 ① 톡톡! 운율

운율: 시에서 느껴지는 말의 가락. 시의 음악성 音 소리 음. 韻 운 운

- 운율은 시에 반드시 필요한 본질적 요소임
- 특정한 위치에 같은 음운이 ① ㄱㅊㅈ 으로 반복되거나 음의 길이, 강약, 고저가 반복되어 만들어짐
- 소리의 ② ㅂㅂ 을 통해 만들어진 운율로 다양한 분위기나 어조를 형성하고, 특정 부분을 강조할 수 있음

탐구 하기 다음 시에서 운율을 확인해 보자.

※ 7·5조와 3음보의 민요적 율격, '–우리다'의 반복을 통해 운율 형성

나 보기가∨역겨워∨/ 가실 때에는
　　　　　몹시 싫어서　　이별의 상황 가정
말없이∨고이 보내∨드리우리다.　□: 각운을 통한 운율감 형성. 여성적 어조　▶ 1연: 이별의 상황에 대한 체념
이별에 대한 순종과 체념의 정서(소극적 태도)

　　　　　　　화자의 분신이자 사랑의 표상
영변에 약산 / 진달래꽃
진달래꽃으로 유명한 산
아름 따다 가실 길에 뿌리우리다.　　　　　　▶ 2연: 떠나는 임에 대한 축복
떠나는 임의 앞길을 축복함 – 산화공덕(散花功德)

가시는 걸음걸음 / 놓인 그 꽃을
　　　　　　　　임에 대한 화자의 희생적 사랑
사뿐히 즈려밟고 가시옵소서.　　　　　　▶ 3연: 임에 대한 희생적 사랑
자기희생을 통해 이별의 한을 숭고한 사랑으로 승화함

「나 보기가 역겨워 / 가실 때에는
「 」: 변형된 수미상관 – 운율감 형성, 의미 강조
죽어도 아니 눈물 흘리우리다.　　　　　　▶ 4연: 인고를 통한 이별의 슬픔 극복
슬픔을 참고 견디겠다는 의미(반어법, 도치법) – 애이불비(哀而不悲)의 정서

– 김소월, 〈진달래꽃〉
주제 이별의 정한(情恨)과 그 승화

[문제] 이 시에 대한 설명으로 적절하지 <u>않은</u> 것은?

① 7·5조의 음수율과 3음보의 민요적 율격으로 운율감이 느껴진다.

② '영변, 약산'이라는 특정 지명을 사용하여 향토적 정감을 조성한다.

③ 1, 2, 4연에서 종결 어미 '–우리다'를 반복하여 운율감을 형성한다.

④ 거센소리와 된소리의 반복으로 이별의 슬픔을 격정적으로 드러낸다.

⑤ 4연에 1연을 변형한 내용을 반복 배치하여 시적 화자의 정서를 강조한다.

답 ④ 해 이 시에는 거센소리(ㅊ, ㅋ, ㅌ, ㅍ)와 된소리(ㄲ, ㄸ, ㅃ, ㅆ, ㅉ)가 반복적으로 사용되지 않았다.

◇ 운율을 형성하는 음운의 반복

음운의 반복은 운율을 형성합니다. 'ㄴ, ㄹ, ㅁ, ㅇ'과 같은 울림소리가 반복되면 부드럽고 경쾌한 시적 분위기가 형성되고, 'ㅊ, ㅋ, ㅌ, ㅍ'과 같은 거센소리나 'ㄲ, ㄸ, ㅃ, ㅆ, ㅉ'과 같은 된소리가 반복되면 강하고 격정적인 시적 분위기가 형성됩니다. 또한 양성 모음의 반복은 밝고 가볍고 희망적인 분위기를, 음성 모음의 반복은 어둡고 무겁고 딱딱한 분위기를 형성합니다.

🌐 개념을 완성하는 활동

1 이 시의 시적 화자는 누구인가?
답 나

2 반어적 표현으로 화자의 내면적 슬픔을 함축적으로 제시하고 있는 시행을 찾아 쓰시오.
답 죽어도 아니 눈물 흘리우리다

3 이 시에 드러난 운율을 고려하여 1연의 3행을 끊어 읽어 보시오.
답 말없이∨고이 보내∨드리우리다

4 이 시에 나타난 화자의 정서를 설명하기에 알맞은 한자 성어는?
① 고진감래(苦盡甘來)
② 단순호치(丹脣皓齒)
③ 설상가상(雪上加霜)
④ 애이불비(哀而不悲)
⑤ 화룡점정(畫龍點睛)
답 ④ 해 '애이불비'는 '슬프지만 겉으로는 슬픔을 나타내지 아니함'을 뜻하는 말로, 인고의 자세로 이별의 슬픔을 참고 견디려는 화자의 정서를 설명하기에 적절하다.

보범 ② 반복조 ① 답장

외형률: 시의 겉에 드러나는 운율. 음수율, 음보율, 음위율 등 外 바깥 외, 形 모양 형

- 주로 ① [ㅈ][ㅎ][ㅅ](일정한 형식과 규칙에 맞추어 지은 시)에 나타남
- 글자 수, 음보 등의 규칙적인 반복에 의해 형성됨

1 음수율 音 소리 음, 數 셈 수

- 글자의 ② [ㅅ]를 규칙적으로 반복하여 생김
- 3·4(4·4)조, 7·5조 등이 대표적임

> **예❶**
>
> **가** 나 보기가 역겨워 / 가실 때에는
> 　　　 7　　　　　　 5
> 　　말없이 고이 보내 드리우리다.
> 　　　 7　　　　　　 5
> 　　　　　　　　　　　　　　　　　　 – 김소월, 〈진달래꽃〉
> 　　　　　　　　　　　　**주제** 이별의 정한(情恨)과 그 승화
>
> **나** 말 없는 청산(靑山)이요 태(態) 없는 유수(流水)로다.
> 　　 3　　　 3　　　　 3　　　　 3
> 　　값 없는 청풍(淸風)이요 임자 없는 명월(明月)이라.
> 　　 3　　　 3　　　　 4　　　　 4
> 　　이 중에 병 없는 이 몸이 분별(分別) 없이 늙으리라.
> 　　 3　　　 6　　　　 4　　　 4
> 　　　　　　　　　　　　　　　　　　 – 성혼의 시조
> 　　　　　　　　　　　　**주제** 자연을 벗 삼아 사는 즐거움

2 음보율 音 소리 음, 步 걸음 보

- 호흡 단위로 구분되는 운율의 단위인 ③ [ㅇ][ㅂ]를 규칙적으로 반복하여 형성됨
- 몇 개의 마디로 끊어 읽느냐에 따라 3음보 혹은 4음보가 나타남

> **예❷**
>
> **가** 산산히ᐟ부서진ᐟ이름이여! / 허공중에ᐟ헤어진ᐟ이름이여!
> 　　불러도ᐟ주인 없는ᐟ이름이여! / 부르다가ᐟ내가 죽을ᐟ이름이여!
> 　　　　　　　　　　　　　　　　　　 – 김소월, 〈초혼〉
> 　　　　　　　　　　**주제** 임의 죽음으로 인한 슬픔과 임에 대한 그리움
>
> **나** 이 몸이ᐟ죽고 죽어ᐟ일백 번ᐟ고쳐 죽어,
> 　　백골이ᐟ진토 되어ᐟ넋이라도ᐟ있고 없고,
> 　　임 향한ᐟ일편단심이야ᐟ가실 줄이ᐟ있으랴.
> 　　　　　　　　　　　　　　　　　　 – 정몽주의 시조
> 　　　　　　　　　　**주제** 고려 왕조에 대한 일편단심

3 음위율 音 소리 음, 位 자리 위

- 일정한 ④ [ㅇ][ㅊ]에 같거나 비슷한 음을 배치하여 생김
- 시구나 시행의 첫 부분에 같은 음을 반복하면 '두운', 중간 부분에 반복하면
　'요운', 끝 부분에 반복하면 '각운'이라고 함
　頭 – 머리 두　腰 – 허리 요　脚 – 다리 각

> **예❸**
>
> 남으로 창을 내겠소.　□: '-소, -요, -오'의 각운을 통해 운율 형성
> 밭이 한참갈이 / 괭이로 파고
> 호미론 김을 매지요. // 구름이 꼬인다 갈 리 있소.
> 　　　　　　 세속적 욕망
> 새 노래는 공으로 들으랴오.
> 자연이 주는 혜택
> 강냉이가 익걸랑 / 함께 와 자셔도 좋소. //『왜 사냐건 / 웃지요.
> 　　　　　　　　　　　　　　　 『 』 달관적 태도
> 　　　　　　　　　　　　　　　　　　 – 김상용, 〈남으로 창을 내겠소〉
> 　　　　　　　　　　**주제** 전원생활을 통한 달관적인 삶의 추구

개념 **플러스**

◈ **외형률 중 대표적인 율격**

음수율, 음보율, 음위율 중에서 음위율이 정확히 드러나는 현대시는 많지 않습니다. 또 음수율이 쓰였다고 하더라도 예외적인 경우가 많습니다. 따라서 우리 정형시의 대표적인 율격은 음보율로 보는 것이 일반적입니다.

☆ **개념을 완성하는 문제**

1 **예❶**의 (가), (나)에 대한 설명으로 적절하지 <u>않은</u> 것은?

① (가): 3행은 3개 마디로 끊어 읽는다.
② (가): 3·3조의 음수율이 나타난다.
③ (나): 한 행을 4음보로 끊어 읽는다.
④ (나): 초장은 3·4조의 운율이 느껴진다.
⑤ (가), (나): 글자 수의 규칙적 반복으로 음악성이 드러난다.
답 ② **해** (가)는 7·5조의 음수율이 나타난다.

2 **예❷**에서 (가)의 한 행은 몇 개의 단위로 끊어 읽어야 하는가?
답 3개

3 **예❷**의 (나)에 대한 설명으로 적절하지 <u>않은</u> 것은?

① 시조의 전통적 율격이 나타난다.
② 3음보의 민요적 율격이 나타난다.
③ 3·4(4·4)조의 음수율이 나타난다.
④ 초장과 중장은 끊어 읽는 마디 수가 같다.
⑤ 음보가 규칙적으로 반복하여 운율이 형성된다.
답 ② **해** 3음보가 아니라 4음보의 율격이 나타난다.

4 **예❸**에서 운율이 느껴지는 이유로 가장 적절한 것은?

① 음보를 규칙적으로 반복해서
② 향토적 소재를 반복 사용해서
③ 비슷한 문장 구조를 반복해서
④ 글자 수를 규칙적으로 반복해서
⑤ 일정한 위치에 비슷한 음을 배치해서
답 ⑤ **해** 각 행의 끝부분에 '-소, -요, -오'를 배치하여 운율을 형성하고 있다.

5 **예❸**에서 세 번 반복되어 각운을 형성하는 데 쓰인 종결 어미는?
답 -소

> 정답 ① 정형시 ② 수 ③ 음보 ④ 위치

내재율: 시의 표면이 아니라 시 속에 들어 있는 운율. 시어, 행, 연, 작품 전체를 통해 느껴지는 주관적이고 개성적인 운율 　內 안 내, 在 있을 재

- 산문이 아니라 자유시나 산문시를 읽으면서 느껴지는 특유의 호흡과 리듬감이 내재율임
- 내용이나 언어의 ① ㅂ ㅊ 를 통해 느낄 수 있는 잠재적 운율로 현대시의 대부분은 내재율임

 다음 시에서 운율을 느낄 수 있게 하는 요소를 확인해 보자.

> 『들가에 떨어져 나가 앉은 멧기슭의
> 　　　　산기슭
> 넓은 바다의 물가 뒤에,』
> 『 』 '나'가 집을 지으려는 곳 – 맑고 깨끗한 순수의 공간
> 「나는 지으리, 나의 집을,」
> 「 」 도치법　　　그대와 함께 살 곳. 화자가 소망하는 세계
> 다시금 큰길을 앞에다 두고.　　　　　　　▶ 1~4행: 집을 지으려는 소망
> 그대가 쉽게 찾아올 수 있도록 하기 위해
> 길로 지나가는 그 사람들은
>
> 제가끔 떨어져서 혼자 가는 길.　　　　　　▶ 5, 6행: 혼자 길을 가는 사람들
> 외로운 사람들의 모습 – 화자의 외로움 투영
> 하이얀 여울턱에 날은 저물 때.
> 색채어 ①　여울의 턱이 진 부분
> 나는 문간에 서서 기다리리.　　　　　　　▶ 7, 8행: 해가 저물녘 그대를 기다림
> 기다림에 대한 의지를 직접적으로 드러냄
> 새벽 새가 울며 지새는 그늘로
>
> 세상은 희게, 또는 고요하게,
> 　　　색채어 ②
> 번쩍이며 오는 아침부터,
>
> 지나가는 길손을 눈여겨보며,
>
> 그대인가고, 그대인가고.　　　　　　　　▶ 9~13행: 아침부터 일어나서 그대를 기다림
> '그대인가 하고'의 줄임말(반복법, 시적 여운 형성)
> – 이른 아침부터 날이 저물 때까지 그대를 기다리는 간절한 심정
> 　　　　　　　　　　　　　　　　　　　　– 김소월, 〈나의 집〉
> 　　　　　　　　　　　　　　　主題 '그대'에 대한 간절한 기다림

[문제] 이 시에 대한 설명으로 적절하지 않은 것은?

① 문장을 도치시켜 의미를 강조하고 있다.

② 음절의 수를 조절하여 리듬감을 살리고 있다.

③ 동일한 시어를 반복하여 정서를 심화하고 있다.

④ 색채어를 통해 작품의 분위기를 조성하고 있다.

✅ 토속적인 방언을 사용하여 향토적 정감을 환기하고 있다.

답 ⑤ 해 이 시에서 토속적인 방언을 사용하고 있지는 않다. '멧기슭'의 '메'가 '산'을 예스럽게 이르는 말이기는 하지만 방언은 아니다. ① '나는 지으리, 나의 집을'에서 도치법을 사용하였다. ② '하이얀'은 '하얀'의 음절 수를 늘린 것이며, '그대인가고'는 '그대인가 하고'의 음절 수를 줄인 것이다. ③ 마지막 행에서 동일한 시어를 반복하였다. ④ '하이얀', '희게' 등의 색채어를 사용하였다.

- **자유시**: 정해진 형식이나 운율에 구애받지 않고 자유로운 형식으로 이루어진 시
- **산문시**: 서정시의 특질을 담고 있으면서도 행을 나누지 않은 산문 형식의 시
- **서정시**: 개인의 감정이나 정서를 주관적으로 표현한 시
- **서사시**: 역사적 사실이나 신화, 전설, 영웅의 사적 등을 서사적 형태로 쓴 시. 서정시, 극시와 함께 시의 3대 형식 중 하나임

❖ **'정형시, 자유시, 산문시'의 운율**

정형시는 시조와 같이 일정한 형식에 맞춰 이루어진 시로, 외형률의 운율을 지닙니다. 이와 달리 자유시와 산문시는 내재율의 운율을 지닙니다. 특히 산문시는 행의 구분이 없이 산문처럼 되어 있지만, 내재된 운율을 기반으로 한다는 점이 산문과 다릅니다.

1 이 시의 시적 화자는 누구인가?
답 '나'

2 시적 화자가 간절히 기다리는 시적 대상은 누구인가?
답 그대

3 줄임말을 반복하여 리듬감을 살리면서 시적 여운을 주는 시행을 찾아 쓰시오.
답 그대인가고, 그대인가고

4 대상에 대한 시적 화자의 정서를 직접적으로 표현한 4음절의 시어를 찾아 쓰시오.
답 기다리리

5 새로운 세계를 건설하고자 하는 시적 화자의 염원이 담긴 공간은?

① 들가　　　② 멧기슭
③ 넓은 바다　✅ 나의 집
⑤ 큰길

답 ④ 해 시의 창작 시기를 고려할 때, '나의 집'은 화자가 소망하는 새로운 세계, 조국 광복에 대한 염원을 형상화한 공간으로 해석할 수 있다.

❖ **색채어**

색채어는 색깔을 나타내는 시어를 말합니다. 예를 들어 '하늘 밑 푸른 바다가 가슴을 열고 / 흰 돛단배가 곱게 밀려서 오면'에서 '푸른'과 '흰'이 색채어에 해당합니다. 색채어는 사물의 색깔뿐만 아니라 사람의 감정을 표현할 때도 쓰입니다. 시에 쓰인 색채어가 시의 분위기 및 화자의 정서와 어떻게 연관되어 있는지 살펴보세요.

① 빛깔

1 동일 음운의 반복 音 소리 음, 韻 운 운

- 특정한 ① ㅈㅇ, 모음을 반복하여 운율을 형성하는 방법임

> **예 ①**
>
> 여보소 공중에 / 저 기러기
> '소'의 반복
> 열십자(十字) 복판에 내가 섰소.
> 갈림길, 운명의 기로
>
> 갈래갈래 갈린 길 / 길이라도
> 'ㄱ, ㄹ' 음의 반복, 방향 상실감을 심화함
> 내게 바이 갈 길은 하나 없소.
> 유랑하는 삶의 비애와 절망감
> — 김소월, 〈길〉
> **주제** 유랑민의 비애와 정한

2 같은 음절이나 어절의 반복 音 소리 음, 節 마디 절 / 語 말씀 어, 節 마디 절

- 시행이나 특정한 위치에 같은 시어(음절이나 어절)를 반복하여 운율을 형성하는 방법임

> **예 ②**
>
> **가** 돌과 돌과 돌이 끝없이 연달아
> ○: 같은 음절을 반복하여 운율 형성
> 길은 돌담을 끼고 갑니다.
> 자아의 회복을 가로막는 장애물
> — 윤동주, 〈길〉
> **주제** 참된 자아의 회복과 현실 극복에 대한 의지
>
> **나** 가자 가자 / 쫓기우는 사람처럼 가자.
> □: 같은 어절을 반복하여 운율 형성
> 백골 몰래 / 아름다운 또 다른 고향에 가자.
> 현실적 구속이 없는 세계 – 화자가 추구하는 이상 세계
> — 윤동주, 〈또 다른 고향〉
> **주제** 이상 세계에 대한 동경과 자아 분열의 극복 의지

3 일정한 글자 수나 음보의 반복

- 어절 단위로 글자 수를 일정하게 하거나 시행에서 일정한 ② ㅇㅂ를 반복하여 운율을 형성하는 방법임

> **예 ③**
>
> 그립다∨ 말을 할까∨
>   7
> 하니 그리워
>   5
>   7 · 5조, 3음보
> 그냥 갈까∨ 그래도∨
>   7
> 다시 더 한 번……
>   5
> — 김소월, 〈가는 길〉
> **주제** 이별의 순간에 느끼는 아쉬움과 망설임

4 통사(문장) 구조의 반복 統 거느릴 통, 辭 말씀 사, 構 얽을 구, 造 지을 조

- 비슷하거나 같은 ③ ㅁㅈ 구조를 반복하여 운율을 형성하는 방법임

> **예 ④**
>
> 꽃가루와 같이 부드러운 고양이의 털에
> 촉각적 심상
> 고운 봄의 향기가 어리우도다.
> 후각적 심상 – 봄의 포근함
>   '~ 같이 ~에 ~도다'의 문장 구조가 반복됨
> 금방울과 같이 호동그란 고양이의 눈에
> 시각적 심상
> 미친 봄의 불길이 흐르도다.
> 시각적 심상 – 봄의 생명력
> — 이장희, 〈봄은 고양이로다〉
> **주제** 고양이의 모습을 통해 드러나는 봄의 분위기

⊙ **음운, 음절, 어절**

음운은 말의 뜻을 구별해 주는 소리의 가장 작은 단위로 자음과 모음이 이에 해당합니다. 음절은 발음할 때 한 번에 낼 수 있는 소리의 덩어리로, 한 글자가 음절입니다. 어절은 문장 성분의 최소 단위로 띄어쓰기의 단위입니다.

☆ **개념을 완성하는 문제**

1 예 ① 에서 운율을 형성하는 역할을 하는 음운은? (정답 2개)

✓① ㄱ ✓② ㄹ ③ ㅂ
④ ㅈ ⑤ ㅎ

답 ①, ② **해** '갈래갈래 갈린 길'에서 'ㄱ, ㄹ' 음이 반복되어 운율을 형성하고 있다.

2 예 ② 의 (가)와 (나)에서 운율을 형성하는 시어끼리 바르게 묶은 것은?

✓① 돌, 가자 ② 길, 가자
③ 돌담, 백골 ④ 돌담, 몰래
⑤ 돌, 고향

답 ①

3 예 ③ 에서 확인할 수 있는 운율 형성의 방법은?

① 3 · 4조, 3음보의 반복
✓② 7 · 5조, 3음보의 반복
③ 4 · 4조, 4음보의 반복
④ 같은 어절의 반복
⑤ 통사 구조의 반복

답 ②

4 〈보기〉에서 운율감이 느껴지는 이유로 알맞은 것은?

> ─────── 보기 ───────
> 별 하나에 쓸쓸함과
> 별 하나에 동경과
> 별 하나에 시와
> 별 하나에 어머니, 어머니,
> — 윤동주, 〈별 헤는 밤〉

① 특정한 시행을 반복해서
② 토속적 소재를 나열해서
③ 음성 상징어를 사용해서
④ 일정한 글자 수를 반복해서
✓⑤ 비슷한 문장 구조를 반복해서

답 ⑤ 〈보기〉의 시는 '별 하나에 ~와/과'를 반복하여 운율을 형성하고 있다.

[정답 ① ㅈㅇ ② 음보 ③ 문장]

5 시행이나 연의 반복

- 특정한 시행이나 연을 반복하여 운율을 형성하는 방법임

예⑤

넓은 벌 동쪽 끝으로

옛이야기 지줄대는 실개천이 휘돌아 나가고,
낮은 목소리로 자꾸 지껄이는

얼룩백이 황소가
해가 설핏 기울 무렵

해설피 금빛 게으른 울음을 우는 곳,
공감각적 심상(청각의 시각화)

─ 그곳이 차마 꿈엔들 잊힐 리야. 〈중략〉
□: 후렴구의 반복 – 시의 안정감과 통일성 확보, 고향에 대한 그리움의 정서 환기

흙에서 자란 내 마음

파아란 하늘빛이 그리워
꿈과 동경의 이미지

함부로 쏜 화살을 찾으려
미지의 세계에 대한 호기심

풀섶 이슬에 함추름 휘적시던 곳,
'함초롬'의 방언. 젖거나 서려 있는 모습이 가지런하고 차분한 모양

─ 그곳이 차마 꿈엔들 잊힐 리야.

– 정지용, 〈향수〉

주제 고향에 대한 그리움

6 의성어나 의태어의 사용과 반복 擬 헤아릴 의, 聲 소리 성 / 擬 헤아릴 의, 態 모양 태

- 소리를 흉내 내는 소리인 ①□□□나 모양을 흉내 내는 소리인 ②□□□, 즉 음성 상징어를 사용하여 운율을 형성하는 방법임

예⑥

가 보리피리 불며 / 봄 언덕
고향과 어린 시절, 인간사에 대한 그리움의 매개체

고향 그리워

피─ㄹ닐니리
비애와 한이 서린 애절한 피리 소리(의성어) – 애상적 정서 형성

보리피리 불며 / 꽃 청산(靑山)

어린 때 그리워
나병으로 떠돌기 이전의 삶

피─ㄹ닐니리

– 한하운, 〈보리피리〉

주제 어린 시절에 대한 향수와 방황하는 삶의 정한

나 찰찰 넘치도록

돌돌 굴르도록
넘실거리는 바다의 모습
의태어를 사용하여 경쾌하고 역동적인 느낌 조성 – 리듬감 형성

회동그란히 바쳐 들었다!
둥근 지구가 바다를 바쳐 든 모습

지구(地球)는 연(蓮)닢인 양 옴으라들고…… 펴고……
지구 위의 모든 바닷물이 육지로 밀려오고 밀려가는 모습

– 정지용, 〈바다 2〉

주제 생동감 넘치는 바다의 모습

개념 돋보기

- **시어**: 시에 쓰인 하나하나의 단어
- **시구**: 시의 구절. 두 개 이상의 어절이 모여 이루어짐
- **시행**: 운율적으로 배열되어 있는 시의 행. 하나의 시행은 한 개의 시어로 이루어질 수도 있고 여러 개의 시어가 결합하여 이루어질 수도 있음

☆ 개념을 완성하는 문제

5 〈보기〉에서 운율을 형성하는 방법으로 볼 수 없는 것은?

> **보기**
>
> 내 마음의 어딘 듯 한편에 끝없는
> 강물이 흐르네.
> 돋쳐 오르는 아침 날빛이 빤질한
> 은결을 도도네.
> 가슴엔 듯 눈엔 듯 또 핏줄엔 듯
> 마음이 도른도른 숨어 있는 곳
> 내 마음의 어딘 듯 한편에 끝없는
> 강물이 흐르네.
>
> – 김영랑, 〈끝없는 강물이 흐르네〉

① 울림소리를 사용함
② 일정한 글자 수를 반복함
③ 변형된 3음보의 율격을 사용함
④ 첫 2행을 마지막 2행에서 반복함
⑤ 특정한 위치에서 같은 소리를 반복함

답 ② **해** 일정한 글자 수가 반복되는 음수율은 나타나지 않는다. / ③ 의미상 3음보로 끊어지는 율격을 일부 행에서 의도적으로 '4음보 – 2음보'로 변형하였다. ⑤ 1행, 3행, 7행의 끝에서 '–ㄴ'이, 2행, 4행, 8행의 끝에서 '–네'가, 5행, 6행의 끝에서 '–ㅅ'이 반복되었다.

6 **예⑥**의 (가)와 (나)에 사용된 운율 형성 방법이 나타나 있지 않은 것은?

① 두둥실두둥실 떠가는 구름
② 햇살이 좌르르 빗물처럼 쏟아진다.
③ 이 마을 전설이 주저리주저리 열리고
④ 한 걸음, 또 한 걸음, 보이는 산비탈엔
⑤ 꿀벌이 잉잉거리고 어린 양이 음매 음매 하는 들녘

답 ④ **해** ④에는 의성어나 의태어와 같은 음성 상징어가 쓰이지 않았다.

개념 플러스

◇ **통사 구조**
통사 구조는 문장의 구성 요소들이 문장을 이루는 구조를 말합니다. 통사는 생각이나 감정을 말과 글로 표현할 때 완결된 내용을 나타내는 최소 단위로, 서술어가 생략될 수도 있습니다.

◇ **운율 형성 방법을 파악하는 방법**
운율은 규칙적 반복을 통해 형성됩니다. 따라서 음운, 음절, 시어, 통사 구조, 시행 등이 반복되는지 살펴 운율 형성 방법을 확인합니다. 통사 구조나 시행이 반복되면 당연히 음운이나 음절이 반복되므로 굳이 음운이나 음절이 반복된다고 할 필요는 없습니다.

① 의성어 ② 의태어

[01~02] 다음 시를 읽고 물음에 답하시오.

돌담에 속삭이는 햇발같이
의인법(청각적 심상) 직유법
풀 아래 웃음 짓는 샘물같이
의인법   직유법
내 마음 고요히 고운 봄 길 위에
오늘 하루 하늘을 우러르고 싶다. ▶ 1연: 봄 하늘을 우러르고 싶은 소망
화자의 이상, 동경의 대상

운율 형성 방법
① 대체로 3음보
② 같은 소리의 반복(△, ○, □)
③ 문장 구조의 반복(각 연의 1행과 2행, 1연과 2연)
④ 울림소리(ㄴ, ㄹ, ㅁ, ○)의 반복

새악시 볼에 떠오는 부끄럼같이
'새색시'의 방언 – 시적 허용   직유법
시(詩)의 가슴에 살포시 젖는 물결같이
직유법
보드레한 에메랄드 얇게 흐르는
촉각적 심상
실비단 하늘을 바라보고 싶다. ▶ 2연: 아름다운 하늘을 바라보고 싶은 소망

– 김영랑, 〈돌담에 속삭이는 햇발〉
주제 밝고 맑은 세계에 대한 동경

01

이 시의 특징으로 가장 적절한 것은?

① 선경후정의 구조로 구성되어 있다.
② 인생에 대한 깊은 성찰을 담고 있다.
③ 화자의 경험을 구체적으로 나타내고 있다.
④ 같은 음운을 반복하여 운율을 형성하고 있다.
⑤ 후각적, 미각적 이미지를 조화롭게 사용하고 있다.

답 ④ 해 'ㄴ, ㄹ, ㅁ, ○'과 '~같이', '~고 싶다' 등 같은 음운, 음절의 반복으로 운율을 형성하고 있다.

02

이 시에 대한 설명으로 적절하지 <u>않은</u> 것은?

① 1연과 2연은 통사 구조가 반복되고 있다.
② 화자의 회의적인 삶의 태도가 나타나 있다.
③ 부드러운 느낌의 유성음을 많이 사용하고 있다.
④ 각 연의 4행에서 화자의 소망이 제시되고 있다.
⑤ 운율적 효과를 높이기 위한 시어의 사용을 확인할 수 있다.

답 ② 해 밝고 순수한 세계에 대한 화자의 동경이 드러날 뿐, 회의적인 삶의 태도가 나타나 있지 않다.

[03~04] 다음 시를 읽고 물음에 답하시오.

『 』: 3·3·2조 3음보, a – a – b – a 구조
(가) 『살어리 살어리랏다 청산에 살어리랏다.』
      3   3   2   속세와 대조되는 이상향, 현실 도피처
멀위랑 ᄃ래랑 먹고 청산에 살어리랏다.
소박한 음식
얄리얄리 얄랑셩 얄라리 얄라   〈제1장〉
의미 없는 후렴구('ㄹ, ○' 음의 반복으로 밝고 경쾌한
리듬감 형성) → 화자의 정서(비애와 고독)와 상반됨
                                    ▶ 제1장: 청산에 대한 동경

우러라 우러라 새여 자고 니러 우러라 새여.
감정 이입의 대상 – 동병상련
널라와 시름 한 나도 자고 니러 우니로라.
보다 – 비교격 조사 화자 – ① 고뇌하는 지식인 ② 유랑민 ③ 실연당한 사람
얄리얄리 얄라셩 얄라리 얄라   〈제2장〉
                                    ▶ 제2장: 삶의 비애와 고독

대구법
어듸라 더디던 돌코/누리라 마치던 돌코.
인간의 운명적 비애 상징
믜리도 괴리도 업시 마자셔 우니노라.
미워할 사람도 사랑할 사람도   고통스러운 삶에 대한 운명적 체념
얄리얄리 얄라셩 얄라리 얄라   〈제5장〉
                                    ▶ 제5장: 삶에 대한 운명적 체념
– 작자 미상, 〈청산별곡(靑山別曲)〉
주제 삶의 고뇌와 비애에서 벗어나고자 하는 욕구

□: 다섯 벗(물, 바위, 소나무, 대나무, 달)
(나) 내 벗이 몇이나 하니 수석(水石)과 송죽(松竹)이라.
동산에 달 오르니 긔 더욱 반갑구나.
                                    그것이
두어라 이 다섯 밧긔 또 더하여 무엇하리. 〈제1수〉
다섯 벗(오우)   설의법
                                    ▶ 제1수: 다섯 벗의 소개

꽃은 무슨 일로 피면서 쉬이 지고,
– 순간성
풀은 어이하여 푸르는 듯 누르나니,
아마도 변치 아닐손 바위뿐인가 하노라. 〈제3수〉
않는 것은   영원성
                                    ▶ 제3수: 바위의 영원성

대구법
나무도 아닌 것이 /풀도 아닌 것이,
대구법
곧기는 뉘 시키며 /속은 어이 비었느냐.
곧은 절개와 청빈함   대나무 – 지조와 절개 상징
저렇게 사시(四時)에 푸르니 그를 좋아하노라. 〈제5수〉
사철, 사계절
                                    ▶ 제5수: 대나무의 청빈함과 절개
– 윤선도, 〈오우가(五友歌)〉
주제 자연의 다섯 벗에 대한 예찬

03

(가), (나)에 대한 설명으로 적절하지 <u>않은</u> 것은?

① (가)는 후렴구를 반복하여 운율감을 높이고 있다.
② (나)의 제1수는 전체 내용을 안내하는 역할을 하고 있다.
③ (나)는 (가)와 달리 4음보를 사용하여 안정감을 주고 있다.
④ (가)와 (나)는 각 연의 마지막 행에 시상이 집약되고 있다.
⑤ (가)와 (나)는 대구를 사용하여 시적 의미를 강조하고 있다.

답 ④ 해 시조는 종장에서 화자가 말하고자 하는 바가 집약되어 드러나므로, 연시조인 (나)는 각 수의 종장에 시상이 집약되어 있다고 할 수 있다. 하지만 고려 가요인 (가)는 마지막 행이 의미 없는 후렴구로 이루어져 있으므로, 시상이 집약되어 있다고 할 수 없다.

04

(나)의 표현상 특징으로 적절한 것은?

① 3음보를 중심으로 리듬감을 형성하고 있다.
② 시간의 흐름에 따라 시상을 전개하고 있다.
③ 어조의 변화를 통해 시상을 전환하고 있다.
④ 어순의 도치를 통해 긴장감을 고조시키고 있다.
⑤ 대조적인 소재로 대상의 속성을 부각하고 있다.

답 ⑤ 해 〈제3수〉에서 순간성을 지닌 '꽃, 풀'과 대조하여 영원성을 지닌 '바위'의 속성을 부각하고 있다.

05

다음 시는 『개벽』에 처음 발표되었을 때 〈보기〉와 같았다. 수정한 이유를 추측한 내용으로 적절하지 <u>않은</u> 것은?

이별의 상황 가정
나 보기가 역겨워 / 가실 때에는
몹시 싫어서
말없이 고이 보내 드리우리다.
이별에 대한 순종과 체념의 정서(소극적 태도)
각운을 통한 운율감 형성, 여성적 어조
화자의 분신이자 사랑의 표상
▶ 1연: 이별의 상황에 대한 체념

영변에 약산 / 진달래꽃
진달래꽃으로 유명한 산
아름 따다 가실 길에 뿌리우리다.
떠나는 임의 앞길을 축복함 – 산화공덕(散花功德)
▶ 2연: 떠나는 임에 대한 축복

가시는 걸음걸음 / 놓인 그 꽃을
사뿐히 즈려밟고 가시옵소서.
자기희생을 통해 이별의 한을 숭고한 사랑으로 승화함
임에 대한 화자의 희생적 사랑
▶ 3연: 임에 대한 희생적 사랑

나 보기가 역겨워 / 가실 때에는
변형된 수미상관 – 운율감 형성, 의미 강조
죽어도 아니 눈물 흘리우리다.
슬픔을 참고 견디겠다는 의미(반어법, 도치법)
– 애이불비(哀而不悲)의 정서
▶ 4연: 인고를 통한 이별의 슬픔 극복

– 김소월, 〈진달래꽃〉
주제 이별의 정한(情恨)과 그 승화

● 보기 ●

> 나보기가 역겨워 / 가실째에는 말업시
> 고히고히 보내들이우리다.
>
> 영변엔 약산 / 그 진달내꽃을
> 한아름 싸다 가실길에 쑤리우리다.
>
> 가시는길 발거름마다 / 쑤려노흔 그곳을
> 고히나 즈러밟고 가시옵소서.
>
> 나보기가 역겨워 / 가실째에는
> 죽어도 아니, 눈물흘니우리다.

① 1연의 '말업시'의 행갈이를 통해 4연과의 형태적 안정감을 부여하려 한 것이군.

② 2연의 '영변엔 약산'을 수정하여 낭독을 부드럽게 하려 한 것이군.

③ 2연의 '그', '한–'을 삭제하여 4음보를 형성하려 한 것이군.

④ 3연의 '발거름마다'의 일부 단어를 반복하여 리듬감을 살리려 한 것이군.

⑤ 4연의 반점을 제거하여 운율의 통일성을 형성하려 한 것이군.

답 ③ **해** 이 시는 '나 보기가∨역겨워∨가실 때에는', '말없이∨고이 보내∨드리우리다'와 같이 3음보의 민요조 율격을 형성하고 있다. 〈보기〉에서 2연의 '그'와 '한–'을 삭제한 것은 '영변에∨약산∨진달래꽃', '아름 따다∨가실 길에∨뿌리우리다'와 같이 3음보를 형성하기 위한 것이라고 추측할 수 있다.

06

〈보기〉를 바탕으로 다음 시를 감상한 내용으로 적절하지 <u>않은</u> 것은?

3 3 2 → 3·3·2조 3음보
가시리 가시리잇고 나는,
□: 운율을 맞추기 위한 의미 없는 여음
버리고 가시리잇고 나는 / 위 증즐가 대평성대(大平盛代)
b   a→a–a–b–a 구조
주제와 무관한 후렴구(여음구)
▶ 기: 떠나는 임에 대한 원망

날러는 어찌 살라 하고
절망이 가장 강렬히 표출됨
버리고 가시리잇고 나는 / 위 증즐가 대평성대(大平盛代)
1연 2행의 반복 – 절절한 심정 강조
▶ 승: 원망의 고조

잡사와 두어리마나는
♪: 임을 붙잡지 못하는 이유 – 소극적, 체념적 자세
주체: 화자
선하면 아니 올세라 / 위 증즐가 대평성대(大平盛代)
주체: 임
▶ 전: 감정의 절제와 체념

설온 님 보내옵나니 나는
① 주체: 임 → 이별을 서러워하는 임 ② 주체: 화자 → 화자를 서럽게 하는 임
가시는 듯 돌아오소서 나는 / 위 증즐가 대평성대(大平盛代)
소망의 직접 표출 – 간절한 기다림의 정서
▶ 결: 임과의 재회 소망
– 작자 미상, 〈가시리〉
주제 이별의 정한(情恨)

● 보기 ●

> [〈가시리〉의 형식상 특징]
> • 3음보를 기본 율격으로 하여 리듬감을 형성함
> • 음악적 효과를 높여 주는 역할을 하는 후렴구를 반복함
>
> [〈가시리〉의 내용상 특징]
> • 자신에게 닥친 부당한 상황을 어쩔 수 없이 받아들이는 데서 오는 한(恨)의 정서가 나타남
> • 이별의 상황에 적극적으로 대응하지 못하고 체념하는 소극적인 화자의 태도가 담겨 있음

① '가시리 가시리잇고'에서 3·3·2조의 3음보 율격을 확인할 수 있군.

② '위 증즐가 대평성대'는 음악적 효과를 높여 주는 후렴구라고 할 수 있군.

③ '날러는 어찌 살라 하고'는 임을 붙잡지 못하고 체념한 심정을 드러내고 있군.

④ '선하면 아니 올세라'에는 이별의 상황에 소극적으로 대응하는 이유가 드러나 있군.

⑤ '설온 님 보내옵나니'에는 어쩔 수 없이 이별을 받아들이는 한의 정서가 담겨 있군.

답 ③ **해** '날러는 어찌 살라 하고'는 임이 떠난다면 살지 못할 정도로 힘들 것이라는 의미로, 떠나는 임에 대한 하소연과 원망의 정서가 담겨 있다. 따라서 임을 붙잡지 못하고 체념한 심정이 드러나 있다는 설명은 적절하지 않다.

03 심상

개념 열기 ① 톡톡! 심상

심상: 시어를 통해 머릿속에 그려진 모양. 이미지 心 마음 심. 象 모양 상

- 시를 읽을 때 머릿속에 떠오르는 장면, 움직임, 느낌, 상태 등을 말함
- 감각적 ① ㅇㅅ 을 효과적으로 재현하고, 추상적 ② ㄱㄴ 을 구체적으로 제시하며, 정서를 환기하기도 함

탐구 하기   다음 시에서 심상을 확인해 보자.

넓은 벌 동쪽 끝으로
□ : 향토적 분위기를 형성하는 소재
옛이야기 지줄대는 실개천이 휘돌아 나가고,
평화로운 고향의 풍경 – 청각적 심상
얼룩백이 황소가
해가 설핏 기울 무렵
해설피 ㉠금빛 게으른 울음을 우는 곳,
공감각적 심상(청각의 시각화)

― 그곳이 차마 꿈엔들 잊힐 리야.
▶ 1연: 평화롭고 한가로운 고향의 정경
후렴구의 반복 – 시의 안정감과 통일성 확보, 고향에 대한 그리움의 정서 환기(설의법)

질화로에 재가 식어지면

비인 밭에 밤바람 소리 말을 달리고,
공감각적 심상(청각의 시각화)
엷은 졸음에 겨운 늙으신 아버지가

짚베개를 돋아 고이시는 곳,
『♪ 아버지의 가난하고 고단한 모습 – 아버지에 대한 그리움

― 그곳이 차마 꿈엔들 잊힐 리야.
▶ 2연: 겨울밤 풍경과 아버지에 대한 회상

– 정지용, 〈향수〉
주제 고향에 대한 그리움과 추억

[문제] 다음 중, 이미지를 드러내는 방식이 ㉠과 가장 유사한 것은?

① 별빛은 꽃보다 향기롭구나

② 싸늘한 초생달이 걸쳐 있고

③ 달콤한 바람이 옷깃을 스친다

④ 붉은 노을이 풍금 소리처럼 퍼지면

⑤ 파도처럼 밀려오는 푸른 뱃고동 소리

답 ⑤ 해 ㉠에는 청각을 시각화한 공감각적 심상이 사용되었다. 이미지를 드러내는 방식이 이와 가장 유사한 것은 ⑤이다. / ① 시각의 후각화 ② 시각의 촉각화 ③ 촉각의 미각화 ④ 시각의 청각화

추상적 관념(대상)의 구체화

시인이 화자를 통해 드러내려는 추상적 관념(사랑, 슬픔, 평화 등)을 감각으로 느낄 수 있게 구체화하여 표현하는 것입니다. 추상적 관념인 '밤(시간)'을 '기나긴 밤을 한 허리를 베어 내어'처럼 시각화하면 독자는 이 모습을 감각적으로 그려 보게 됩니다.

개념을 완성하는 활동

1 이 시에서 향토적 분위기를 조성하는 시어가 아닌 것은?

① 실개천 ② 얼룩백이 황소
③ 질화로 ④ 밤바람
⑤ 짚베개
답 ④

2 '옛이야기 지줄대는 실개천'에 활용된 심상은?

① 미각적 심상 ② 시각적 심상
③ 청각적 심상 ④ 촉각적 심상
⑤ 후각적 심상
답 ③

3 2연에서 청각을 시각화한 공감각적 표현을 찾아 4어절로 쓰시오.
답 밤바람 소리 말을 달리고

개념 플러스

형상화

형체로는 분명히 나타나 있지 않은 것을 어떤 방법이나 매체를 통하여 구체적이고 명확한 형상으로 나타내는 것입니다. 시인은 자신의 사상이나 정서를 시어를 이용해 구체적으로 그려 내는데, 이를 형상화라고 합니다.

답 ②염관 ①상이

감각적 심상: 시각, 청각, 후각, 촉각, 미각 등 감각과 관련된 이미지를 모두 아우르는 개념 感 느낄 감. 覺 깨달을 각

■ 시의 표현에서 떠오르는 이미지가 눈, 귀, 코, 피부, 혀 중에서 어느 감각 기관으로 느껴지는지 생각해 봄

1 시각적 심상 視 볼 시. 覺 깨달을 각

■ 모양, 빛깔 등 눈으로 느낄 수 있는 이미지. 시의 ①ㅎㅎㅅ을 잘 드러나게 함

□ : 시각적 심상

예①

가 우물 속에는 달이 밝고 구름이 흐르고 하늘이 펼치고 파아란 바람이 불고 가을이 있고 추억처럼 사나이가 있습니다.

빛깔 / 모양 / 모양 / 빛깔

– 윤동주, 〈자화상〉
주제 자아 성찰과 자신에 대한 애증

나 하늘 밑 푸른 바다가 가슴을 열고
빛깔
흰 돛단배가 곱게 밀려서 오면,
빛깔   모양

푸른색과 흰색의 색채 대비
– 선명한 이미지 형성

– 이육사, 〈청포도〉
주제 조국 광복과 평화로운 세계에 대한 소망

2 청각적 심상 聽 들을 청. 覺 깨달을 각

■ 소리와 같이 귀로 느낄 수 있는 이미지. ②ㅇㅅㅇ가 사용된 표현이 이에 속함

예②

오늘 아침 바다는 / 포돗빛으로 부풀어졌다. //
건강하고 싱그러운 바다의 모습 – 시각적 심상
철썩, 처얼썩, 철썩, 처얼썩, 철썩
역동적인 바다의 모습 – 청각적 심상
제비 날아들 듯 물결 사이사이로 춤을 추어.
생동감 넘치는 바다의 모습 – 시각적 심상

– 정지용, 〈바다 1〉
주제 아침 바다의 역동적인 아름다움

3 후각적 심상 嗅 맡을 후. 覺 깨달을 각

■ ③ㄴㅅ와 같이 코로 느낄 수 있는 이미지

예③

가 남당 봄물에 안개가 자욱한데
시각적 심상
늘어진 버들가지 갓 핀 꽃향기가 여객선을 덮네.
후각적 심상

– 작자 미상, 〈남당사〉
주제 임에 대한 그리움과 원망

나 지금 눈 내리고
일제 강점하의 시련, 고통 – 시각적 심상
매화 향기(梅花香氣) 홀로 아득하니
조국 광복의 기운 – 후각적 심상

– 이육사, 〈광야〉
주제 조국 광복에의 신념과 의지

4 촉각적 심상 觸 닿을 촉. 覺 깨달을 각

■ 감촉이나 온도와 같이 ④ㅍㅂ를 통해 느낄 수 있는 이미지

예④

가 비단 장막으로 찬 기운 스며들고 새벽은 멀었지만
촉각적 심상
텅 빈 뜨락에 이슬 내려 구슬 병풍은 더욱 차갑다.
임의 부재를 나타냄   촉각적 심상

임의 부재로 인한 외로움을 촉각적으로 표현함

– 허난설헌, 〈사시사(四時詞)〉
주제 임을 그리워하는 마음

나 딜은 강을 따르고 나는 자디잔 샅 밤에 느리느라
유랑의 이미지 환기   촉각적 심상

– 이육사, 〈자야곡〉
주제 고향 상실의 아픔

---

1 예① 의 (나)에 대한 설명으로 알맞은 것은?

① 청각을 시각으로 전이하여 참신하게 표현하였다.

② 상반된 색채를 사용하여 내적 갈등을 형상화하였다.

③ 시각적 이미지를 사용하여 계절의 변화를 나타내었다.

④ 색채 대비를 통해 선명한 시각적 이미지를 제시하였다.

⑤ 강렬한 색채 이미지를 통해 전원 생활의 풍요로움을 부각하였다.

답 ④ 해 푸른색과 흰색의 색채 대비를 통해 선명한 시각적 이미지를 제시하고 있다.

2 예② 에 사용된 심상과 종류가 다른 것은?

① 콜록콜록 기침 소리

② 푸시시 불 꺼지는 소리

③ 우르르 쿵쾅 비 오는 소리

④ 보리밭 사이로 종달새 노래

⑤ 두둥실 피어오르는 흐뭇한 미소

답 ⑤ 해 ①~④에는 모두 청각적 심상이 사용되었지만, ⑤에는 시각적 심상이 사용되었다.

3 〈보기〉의 (   ) 안에 들어갈 알맞은 말을 쓰시오.

보기
'짭조름한 미역 냄새'에는 미각적 심상과 (후각적) 심상이 함께 나타난다. 맛과 냄새는 대체로 혼합되어 느껴지기 때문이다.

답 후각적

4 예④ 에서 촉각적 심상이 나타나는 시구는? (정답 2개)

① 찬 기운

② 텅 빈 뜨락

③ 구슬 병풍

④ 딜은 강을 따르고

⑤ 차디찬 강

답 ①, ⑤ 해 피부를 통해 느낄 수 있는 촉각적 심상이 나타나는 것은 ①과 ⑤이다.

① 흐름소 ② 의성어 ③ 냄새 ④ 피부

5 미각적 심상 味 맛 미, 覺 깨달을 각

- ①ㅁ과 같이 혀를 통해 느낄 수 있고, 혀를 자극하는 이미지

6 공감각적 심상 共 한가지 공, 感 느낄 감, 覺 깨달을 각

- 하나의 감각적 대상을 다른 종류의 감각으로 전이(轉移)시켜 표현한 심상
- 두 가지 이상의 감각적 심상을 단순 ②ㄴㅇ하는 것이 아니라, 하나의 감각을 다른 감각으로 옮겨서 표현하는 것임. 이를 '감각의 전이'라고 함

개념 확대경

'감각의 전이'를 파악하는 방법
① 시의 표현에서 감각적 대상을 먼저 찾아 □ 표시를 함
② 감각적 대상과 수식 관계나 주술 관계에 있는 성분을 찾아 ○ 표시를 함
③ □으로 표시된 시어의 감각적 심상과, ○으로 표시된 시어의 감각적 심상을 확인함
④ 감각의 전이는 '□ 감각의 ○ 감각화'로 이해하면 됨

시각적 심상의 전이
- 청각화 : 울부짖는 가을 산
- 촉각화 : 싸늘한 해
- 후각화 : 향긋한 달
- 미각화 : 달콤한 별

청각적 심상의 전이
- 시각화 : 풀벌레 소리 가득하고
- 촉각화 : 차가운 울음소리
- 후각화 : 꽃보다 향기로운 목소리
- 미각화 : 고소한 속삭임

후각적 심상의 전이
- 시각화 : 마당엔 꽃향기 뛰놀고
- 촉각화 : 포근한 진달래 향기
- 청각화 : 바다 향기가 메아리치고
- 미각화 : 짭조름한 생선 냄새

촉각적 심상의 전이
- 시각화 : 쪽빛 바람
- 미각화 : 달콤한 봄바람

개념 돋보기

- **복합 감각** : 각각 다른 감각적 대상이 단순하게 나열되는 표현으로, 감각의 전이가 나타나지 않음 複 겹칠 복, 合 합할 합
- 각각 다른 감각적 대상이 대등적, 종속적으로 나열되는 구조를 보임
  예 '꽃 피는 봄이면 목련꽃 향기' → '시각적 심상(꽃 피는 봄)' + '후각적 심상(목련꽃 향기)'의 복합 감각

---

5 〈보기〉의 (   ) 안에 들어갈 알맞은 말을 쓰시오.
→ 보기

'소곤소곤 내리는 눈', '향기로운 눈꽃', '쓴 약', '시린 유리창'에서 소재에서는 모두 시각적 심상이, 밑줄 친 수식어에서는 각각 청각적, 후각적, (미각적), 촉각적 심상이 느껴진다.

답 미각적

6 다음 중, 감각의 전이가 나타난 것은?
① 풀벌레 우는 들판에
② 은은하게 울려오는 북소리
③ 초가집 추녀에 달빛이 내리고
④ 뭉게구름 사이에서 제비가 울고
⑤ 눈부신 산울림 소리 떠내려오고
답 ⑤ 해 ⑤에서는 청각을 시각으로 전이한 공감각적 심상이 나타난다.

7 다음의 각 시구에 드러나는 감각의 전이 양상을 찾아 그 기호를 쓰시오.
→ 보기

㉠ 시각의 청각화
㉡ 시각의 후각화
㉢ 시각의 촉각화
㉣ 청각의 시각화
㉤ 청각의 촉각화

(1) 온 몸을 적시는 어둠　　(㉢)
(2) 푸른 노래 붉은 울음　　(㉣)
(3) 짐승처럼 뜨겁게 울부짖었다.
　　　　　　　　　　　　(㉤)
(4) 노란 달이 향기롭게 출렁이고
　　　　　　　　　　　　(㉡)
(5) 금관 악기 소리로 퍼지던 노을
　　　　　　　　　　　　(㉠)

답 (1) ㉢ (2) ㉣ (3) ㉤ (4) ㉡ (5) ㉠

개념 플러스

❖ **회화적 이미지**

'회화적(繪畫的)'은 사전적으로 '평면상에 색채와 선을 써서 여러 가지 형상과 느낀 바를 표현하는'의 뜻입니다. 즉, '그림 같은'이란 의미입니다. 시각적 심상이 잘 표현된 시를 읽으면 한 폭의 그림을 보는 것 같은 느낌을 받게 됩니다. 따라서 시에서 '회화적 이미지'는 색채 이미지와 시각적 심상이 잘 표현된 경우를 말합니다.

입7 ② 입미 ①

1 역동적 이미지　力 힘 역, 動 움직일 동

- 힘차고 활발한 ① ○ ㅈ ○ 이 느껴지게 하는 이미지. 동적 이미지

예①
『모든 산맥(山脈)들이
『 』: 산맥들이 생겨나는 모습
바다를 연모(戀慕)해 휘달릴 때에도
역동적 느낌을 주는 시어
차마 이곳을 범(犯)하던 못하였으리라.　　　　　－ 이육사, 〈광야〉
광야 – 삶의 터전　　　　　　　　**주제** 조국 광복에의 신념과 의지

개념 돋보기

❖ **정적 이미지**: 시적 상황이 고요하거나 대상의 움직임이 적을 때 느껴지는 이미지

예 고요히 다문 고양이의 입술에 / 포근한 봄의 졸음이 떠돌아라. – 이장희, 〈봄은 고양이로다〉

2 긍정적 이미지　肯 옳게 여길 긍, 定 정할 정

- 시적 화자의 정서와 태도가 밝고 ② ㅎ ㅁ ㅈ 이고 긍정적일 때 느껴지는 이미지

예②
『민들레가 피고 까치가 날고
『 』: 길(인생)에서 만나게 되는 다양한 존재들
아가씨가 지나고 바람이 일고』

나의 길은 언제나 새로운 길
항상 새롭고 도전적인 인생길 – 삶에 대한 긍정적 태도
오늘도…… 내일도……　　　　　　　－ 윤동주, 〈새로운 길〉
　　　　　　주제 언제나 새로운 마음으로 인생을 살아가고자 하는 의지

개념 돋보기

❖ **부정적 이미지**: 시적 화자의 정서와 태도가 어둡고 부정적일 때 느껴지는 이미지
否 아닐 부, 定 정할 정

예 동방은 하늘도 다 끝나고 / 비 한 방울 내리잖는 그때에도 – 이육사, 〈꽃〉

3 상승적 이미지　上 윗 상, 昇 오를 승

- 낮은 데서 높은 데로 ③ ○ ㄹ ㄱ ㄴ 느낌을 불러일으키는 이미지
- 화자의 정서가 고양되며, 밝고 긍정적인 시어가 사용됨

예③
푸른 하늘에 닿을 듯이
이상과 염원의 세계
세월에 불타고 우뚝 남아 서서
일제 강점하의 혹독한 시련　굳은 의지 – 상승 이미지
차라리 봄도 꽃 피진 말아라.　　　　－ 이육사, 〈교목〉
일제에 아첨하여 이기적 행복을 누리지 않겠다는 의지　　**주제** 암담한 현실에 굴하지 않는 강인한 의지

개념 돋보기

❖ **하강적 이미지**: 위에서 아래로 내려오는 느낌을 불러일으키는 이미지. 화자의 정서가
가라앉으며, 어둡고 부정적인 시어가 사용됨　下 아래 하, 降 내릴 강

예 어느 운석 밑으로 홀로 걸어가는 / 슬픈 사람의 뒷모양 – 윤동주, 〈참회록〉

☆ **개념을 완성하는 문제**

1 다음 중, 역동성이 느껴지는 구절이 <u>아닌</u> 것은?

✔ ① 고요하게 오는 아침
④ 욕망들이 꿈틀거리는
② 바람이 소용돌이치고
⑤ 시냇물이 콸콸 흐르는
③ 벌떡 일어나 춤이라도 추고

답 ① **해** ①에서는 역동적 이미지가 아닌 정적 이미지가 느껴진다.

2 〈보기〉에서 역동적 이미지의 시어를 찾아 기본형으로 쓰시오.

→ 보기 ←
한바다 복판 용솟음치는 곳
바람결 따라 타오르는 꽃 성에는
나비처럼 취하는 회상의 무리들아.
　　　　　－ 이육사, 〈꽃〉

답 용솟음치다

3 **예②** 에 쓰인 시어의 이미지를 구분해 보시오.

(1) 민들레　[긍정 ‖ 부정]
(2) 까치　　[긍정 ‖ 부정]
(3) 아가씨　[긍정 ‖ 부정]
(4) 바람　　[긍정 ‖ 부정]
(5) 나의 길　[긍정 ‖ 부정]

답 (1) 긍정 (2) 긍정 (3) 긍정 (4) 긍정 (5) 긍정

4 **예③** 의 '우뚝 남아 서서'와 대립되는 이미지의 시어를 〈보기〉에서 찾아 2어절로 쓰시오.

→ 보기 ←
검은 그림자 쓸쓸하면
마침내 호수 속 깊이 거꾸러져
차마 바람도 흔들진 못해라.
　　　　－ 이육사, 〈교목〉

답 깊이 거꾸러져

5 다음 중, 하강적 이미지가 드러난 구절이 <u>아닌</u> 것은?

① 쓸쓸하게 내리는 비
② 차가운 눈 속에 잠긴다
✔ ③ 온 몸으로 밀고 올라간다
④ 꽃이 지고 열매가 떨어지고
⑤ 비명을 지르며 추락하는 폭포

답 ③ **해** ③에서는 하강적 이미지가 아닌 상승적 이미지가 드러난다.

정답 ① 움직임 ② 희망적 ③ 오르는

4 생성의 이미지 生 날 생, 成 이룰 성

- 없던 것이 새로 ① ㅅㄱㄴㄱㄴ 소망이 이루어지는 느낌을 주는 이미지

예④
산에는 꽃 피네 / 꽃이 피네.
존재가 생성하고 소멸하는 공간
갈 봄 여름 없이 / 꽃이 피네.
□ : 존재의 생성
– 김소월, 〈산유화〉
주제 생성과 소멸을 거듭하는 대자연의 섭리와 존재의 고독감

개념 돋보기
❖ 소멸의 이미지: 이미 있던 것이 없어지거나 소망이 사라지는 느낌을 주는 이미지
消 사라질 소, 滅 꺼질(멸할) 멸
예 산에는 꽃 지네 / 꽃이 지네. / 갈 봄 여름 없이 / 꽃이 지네. – 김소월, 〈산유화〉

5 계절적 이미지 季 계절 계, 節 마디 절

- 특정 계절과 관련한 소재나 표현으로 ② ㄱㅈㄱ을 불러일으키는 이미지

예⑤
"오매, 단풍 들것네."
계절적 배경(가을)을 알려 주는 시어
장광에 골 붉은 감잎 날아오아
누이는 놀란 듯이 치어다보며
쳐다보며
"오매, 단풍 들것네."
– 김영랑, 〈오매, 단풍 들것네〉
주제 가을이 오는 것에 대한 감회

6 비유적 이미지 比 견줄 비, 喩 깨달을 유

- 표현의 감각성과 구체성을 위해 비유적 언어 표현(직유, 은유 등)으로 만들어지는 이미지

예⑥
청(靑)무우밭인가 해서 내려갔다가는
나비가 동경하는 이상적 공간
어린 날개가 물결에 절어서
나비가 바다에서 겪는 시련
공주(公主)처럼 지쳐서 돌아온다.
세상 물정을 모르는 존재를 비유
– 김기림, 〈바다와 나비〉
주제 새로운 세계에 대한 동경과 좌절

7 상징적 이미지 象 모양 상, 徵 부를 징

- 상징적 표현을 통해 만들어지는 이미지
- 구체적 대상물의 의미를 특정 방향으로 고정시켜 ③ ㅊㅅㅈ 관념을 드러냄

예⑦
영변에 약산 / 진달래꽃
화자의 분신이자 사랑의 표상을 상징
아름 따다 가실 길에 뿌리우리다.
떠나는 임의 앞길을 축복함 – 산화공덕(散花功德)
– 김소월, 〈진달래꽃〉
주제 이별의 정한(情恨)과 그 승화

개념 돋보기
❖ 은유와 상징
- 은유: 원관념과 보조 관념이 유사성 또는 동일성에 근거하여 결합하며, 원관념과 보조 관념이 함께 제시됨 隱 숨을 은, 喩 깨우칠 유
  예 마음은 제 고향 지니지 않고 / 머언 항구로 떠도는 구름 – 정지용, 〈고향〉
- 상징: 원관념과 보조 관념이 동일성에 근거하지 않고 시인의 창조적 상상력에 의해 결합하며, 보조 관념만 제시됨 象 모양 상, 徵 부를 징
  예 밤이 어두웠는데 / 눈 감고 가거라. – 윤동주, 〈눈 감고 간다〉

6 예④ 에서 대자연의 섭리가 펼쳐지는 생성의 공간을 찾아 1음절로 쓰시오.
답 산

7 〈보기〉의 ( ) 안에 들어갈 알맞은 말을 쓰시오.

보기
'타고 남은 재가 다시 기름이 됩니다.'(한용운, 〈알 수 없어요〉)에서는 '타고 남은 재'라는 소멸의 이미지를 '(기름)'이라는 생성의 이미지로 연결하여 화자의 의지를 드러내고 있다.

답 기름

8 예⑤ 에서 계절감을 느끼게 하는 시어로 알맞은 것은? (정답 2개)

① 오매 ☑ 단풍
③ 장광 ☑ 붉은 감잎
⑤ 누이

답 ②, ④ 해 '단풍'과 '붉은 감잎'은 가을의 계절감을 느끼게 한다.

9 〈보기〉의 밑줄 친 부분에서 느껴지는 이미지로 알맞은 것은?

보기
강 건너 하늘 끝에 사막도 닿은 곳
내 노래는 제비같이 날아서 갔소.
– 이육사, 〈강 건너간 노래〉

☑ 비유적 이미지, 동적 이미지
② 상승적 이미지, 정적 이미지
③ 긍정적 이미지, 계절적 이미지
④ 생성의 이미지, 비유적 이미지
⑤ 소멸의 이미지, 상승적 이미지

답 ① 해 '제비같이'에서 비유적 이미지가, '날아서 갔소'에서 동적 이미지가 느껴진다.

10 예⑦ 에서 화자의 분신이기도 하며, 임에 대한 화자의 희생적 사랑을 상징하는 소재를 찾아 쓰시오.
답 진달래꽃

[01~03] 다음 시를 읽고 물음에 답하시오.

가 아무도 그에게 수심(水深)을 일러 준 일이 없기에
　　현실의 냉혹함
흰나비는 도무지 바다가 무섭지 않다.
순수하고 연약한 존재　냉혹한 현실, 거대한 문명　▶ 1연: 바다의 무서움을 모르는 나비

청(靑)무우밭인가 해서 내려갔다가는
나비가 동경하는 이상적 공간
어린 날개가 물결에 절어서
나비가 바다에서 겪는 시련
공주(公主)처럼 지쳐서 돌아온다.
　　　나비의 좌절　▶ 2연: 바다로 날아갔다가 상처 입은 나비

삼월(三月)달 바다가 꽃이 피지 않아서 서글픈
　　　　　　바다의 무생명성
나비 허리에 새파란 초생달이 시리다.
좌절한 나비의 모습 – 공감각적 심상　▶ 3연: 냉혹한 현실에 좌절된 꿈
　　　　　　　　　　　　　　– 김기림, 〈바다와 나비〉
　　　　　　　　　　　　　주제 새로운 세계에 대한 동경과 좌절

나 매운 계절(季節)의 채찍에 갈겨
일제 강점하의 가혹한 현실
마침내 북방(北方)으로 휩쓸려 오다.
　　　수평적 극한 – 만주, 북간도 등지　▶ 1연: 현실의 수평적 한계 상황(기)

하늘도 그만 지쳐 끝난 고원(高原)
　　　　　　　　　수직적 극한
서릿발 칼날진 그 위에 서다.
생존의 극한 – 절정의 상황　▶ 2연: 현실의 수직적 한계 상황(승)

「어데다 무릎을 꿇어야 하나
「 」: 절대적 존재에게 구원을 빌 수도 없는 상황
한 발 재겨디딜 곳조차 없다.」　▶ 3연: 극한 상황에 대한 인식(전)
발끝이나 발뒤꿈치만으로 땅을 디딜

이러매 눈 감아 생각해 볼밖에
시상 전환　극한 상황을 정신적으로 초극하려는 태도
겨울은 강철로 된 무지갠가 보다.　▶ 4연: 극한 상황에 대한 초극 의지(결)
'절망 + 희망'의 역설 – 비극적 삶에 대한 인식과 그에 대한 초월 의지
　　　　　　　　　　　– 이육사, 〈절정〉
　　　　　주제 극한의 현실에 대한 초극 의지

01

시인이 시를 창작하면서 시상을 떠올린 과정을 중심으로 (가)를 감상한다고 할 때, 감상한 내용으로 적절한 것을 〈보기〉에서 골라 바르게 묶은 것은?

　　　　　　　　　　　　　　　　　• 보기 •
> ㉠ '청무우밭'은 '바다'의 색채와 형태에서 연상된 걸 거야.
> ㉡ '물결'과 맞서고 있는 '나비'의 모습에서 '공주'의 속성을 떠올렸을 거야.
> ㉢ '꽃이 피지 않아서'는 '물결'이 일지 않는 '바다'의 모습에서 연상되었을 거야.
> ㉣ '새파란 초생달이 시리다'는 '나비 허리'와 '물결'을 연관 지어 연상한 공감각적 심상일 거야.

① ㉠, ㉡　　　　　　　　✔ ② ㉠, ㉣
③ ㉡, ㉢　　　　　　　　④ ㉡, ㉣
⑤ ㉢, ㉣

답 ② **해** ㉠ (가)에서 나비는 '바다'를 '청무우밭'으로 착각하는데, 이러한 연상은 '바다'와 '청무우밭'이 모두 푸른색이라는 색채적 공통점과 드넓게 펼쳐져 있다는 형태적 공통점을 기반으로 한다. ㉣ '새파란 초생달이 시리다'는 푸른 물결에 젖은 나비의 허리를 표현한 구절로, 시각을 촉각화한 공감각적 표현이다.

02

(가)에 대한 설명으로 가장 적절한 것은?

① 부정적 상황에 대한 극복 의지를 표출하고 있다.
② 화자의 시선이 근경에서 원경으로 이동하고 있다.
③ 대상에 대한 화자의 주관적 평가가 두드러지게 나타난다.
④ 급격한 시상의 전환을 통해 화자의 신념을 강조하고 있다.
✔ ⑤ 감각적 이미지를 활용하여 시적 상황과 주제를 드러내고 있다.

답 ⑤ **해** (가)는 흰색(흰나비)과 푸른색(바다)의 선명한 색채 대비를 통해 새로운 세계에 대한 동경과 좌절이라는 주제를 드러내고 있다. 또 '새파란 초생달이 시리다'에서는 시각을 촉각화한 공감각적 표현으로 좌절된 나비의 꿈을 표현하고 있다.

03

〈보기〉는 (나)를 읽은 학생이 쓴 감상문의 일부이다. ⓐ~ⓔ 중 적절하지 <u>않은</u> 것은?

　　　　　　　　　　　　　　　　　• 보기 •
> 　이 작품을 감상할 때, 계절의 이미지에 주목하여 읽으니 화자의 상황과 정서에 더 공감할 수 있었다. ⓐ작품 속 계절적 상황이 '매운'이라는 감각적 이미지로 제시되어 있으니 혹독한 추위가 실감나게 느껴졌고, ⓑ겨울을 연상시키는 '서릿발'이라는 시어에서는 겨울이 주는 시련의 의미가 더욱 분명하게 드러나는 것 같았다. ⓒ이러한 겨울의 이미지들이 '북방'과 '고원'이라는 극한적 공간의 이미지와 맞물리면서 화자가 처한 상황이 고통스럽다는 것에 쉽게 공감할 수 있었다. 그리고 ⓓ화자가 고난이 끝났음을 인지하고 '한 발 재겨디딜 곳'을 찾는 모습을 보면서 부정적 현실을 이겨 내려는 자세를 본받고 싶어졌다. 또한 ⓔ겨울을 '강철로 된 무지개'의 이미지로 전환하여 현실 상황을 다르게 인식하려는 화자의 모습이 인상적이었다.

① ⓐ　　　② ⓑ　　　③ ⓒ　　　✔ ④ ⓓ　　　⑤ ⓔ

답 ④ **해** (나)에서 '한 발 재겨디딜 곳조차 없다.'는 절대적 존재에게 구원을 빌 수조차 없는 극한 상황에 대한 인식을 나타낸 것일 뿐, 부정적 현실을 이겨 내려는 모습을 나타낸 것이 아니다.

[04~05] 다음 시를 읽고 물음에 답하시오.

청자: 순박하고 친근한 한국 여인의 표상

가 순이, 벌레 우는 고풍한 뜰에

복합 감각적 이미지(시각+청각)
달빛이 밀물처럼 밀려왔구나.
시각적 이미지
▶ 1연: 달빛이 넘치는 고풍스러운 뜰

달은 나의 뜰에 고요히 앉아 있다.
의인법 – '달'에 대한 친근감 유발
달은 과일보다 향그럽다.
공감각적 이미지(시각의 후각화)
▶ 2연: 고요하고 향기로운 달

동해 바다 물처럼

푸른

가을

밤
한 행씩 배열(입체적 구조)
– 시각적 이미지 강조
– 선명한 정경 제시
▶ 3연: 가을밤의 정취

「포도는 달빛이 스며 고웁다.
「 」: '포도'의 내적 성숙을 낭만적 분위기로 표현
포도는 달빛을 머금고 익는다.」
▶ 4연: 달빛 속에 익어가는 포도

순이, 포도 넝쿨 아래 어린 잎새들이

달빛에 젖어 호젓하구나.
고요하고 쓸쓸하구나
▶ 5연: 달빛에 젖은 호젓한 잎새들

– 장만영, 〈달·포도·잎사귀〉
주제 가을 달밤의 아름다운 정취

나 ㉠흙이 풀리는 내음새
계절의 변화(겨울 → 봄) – 후각적 이미지
강바람은

산짐승의 우는 소릴 불러
쓸쓸하고 적막한 분위기 – 청각적 이미지
㉡다 녹지 않은 얼음장 울멍울멍 떠내려간다.
울음이 터질 것 같은 화자의 마음 투영
▶ 1연: 강이 풀리는 이른 봄의 정경

「진종일
「 」: 고향에 대한 그리움 + 고향을 등진 자책감 → 망설임
나룻가에 서성거리다」
귀향의 통로
㉢행인의 손을 쥐면 따뜻하리라.
고향의 따뜻함에 대한 간접 경험
– 고향에 대한 그리움
▶ 2연: 고향을 그리며 나룻가를 서성임

고향 가까운 주막에 들러
고향 소식을 접하기 위한 일시적 위안의 공간
누구와 함께 지난날의 꿈을 이야기하랴.
고향에 관한 옛 추억
「양귀비 끓여다 놓고
「 」: 일제 강점기 고향의 상실은 개인적 문제이기보다 민족적 차원의 슬픔임
주인집 늙은이는 공연히 눈물짓운다.」
동병상련의 정서
▶ 3연: 주막에서 늙은 주인과 회한에 젖음

㉣간간이 잔나비 우는 산기슭에는
쓸쓸하고 적막한 분위기
아직도 무덤 속에 조상이 잠자고
존재의 근원으로서의 고향
설레는 바람이 가랑잎을 휩쓸어 간다. ▶ 4연: 쓸쓸한 고향의 모습
고향에 대한 그리움

예제로 떠도는 장꾼들이여!
여기저기로
상고(商賈)하며 오가는 길에
장사
혹여나 보셨나이까.

「전나무 우거진 마을
「 」: 고향의 모습과 지난날의 꿈을 감각적(시각, 청각, 후각)으로 형상화함 – 절실한 그리움 강조

㉤집집마다 누룩을 디디는 소리, 누룩이 뜨는 내음
새……」
술을 담그는 평화로운 분위기
▶ 5, 6연: 고향을 그리워하는 마음

– 오장환, 〈고향 앞에서〉
주제 잃어버린 고향에 대한 향수

04

(가)를 쓰기 위해 구상하는 과정에서 떠올렸을 생각으로 적절하지 **않은** 것은?

> '가을 달밤의 서정'을 시로 표현하고 싶어. 시란, 언어의 그림이라 해서 다양한 이미지의 활용이 필요해. 쉬운 단어로 참신하게 표현해야지.
>
> • 달빛을 동적인 이미지로 표현하면,
>   – 밀물처럼 밀려오다 ······························ ①
> • 달빛을 의인화하여 친근하게 표현하면,
>   – 고요히 앉아 있다 ····························· ②
> • 달빛을 신선하게 표현하면,
>   – 과일보다 향그럽다 ··························· ③
> • 달빛의 하강적 이미지를 강조하면,
>   – 동해 바다 물처럼 푸르다 ····················· ④
> • 달빛과 포도의 조화를 표현하면,
>   – 스며 고웁다 ································· ⑤

답 ④ **해** '동해 바다 물처럼 푸르다'는 달빛의 빛깔을 동해 바다에 빗대어 시각적으로 보여 주는 것이지, 어떤 대상이 떨어져 내리는 느낌을 주는 하강적 이미지를 드러내는 것이 아니다.

05

〈보기〉는 (나)에 대한 수업 장면이다. ㉠~㉤에 대해 학생이 발표한 내용으로 적절하지 **않은** 것은?

◆ 보기

> 선생님: 시에서는 감각적 심상이 많이 활용됩니다. 〈고향 앞에서〉에 사용된 다양한 심상들이 작품 속에서 어떤 효과를 나타내는지 발표해 보도록 합시다.

① ㉠에서는 후각적 심상을 활용하여 봄이라는 계절적 배경을 드러내고 있습니다.

② ㉡에서는 시각적 심상을 활용하여 현실과 대비된 과거의 삶을 회상하는 화자의 태도를 나타내고 있습니다.

③ ㉢에서는 촉각적 심상을 활용하여 고향의 정취를 느끼고 싶어 하는 화자의 심리를 표출하고 있습니다.

④ ㉣에서는 청각적 심상을 활용하여 고향의 처량하고 쓸쓸한 분위기를 표현하고 있습니다.

⑤ ㉤에서는 청각과 후각적 심상을 활용하여 화자의 의식에 잠재되어 있는 근원적 고향의 모습을 묘사하고 있습니다.

답 ② **해** ㉡의 '다 녹지 않은 얼음장 울멍울멍 떠내려간다.'는 봄이 되어서 얼음장이 녹아 떠내려가는 정경을 표현한 것이므로, 현실과 대비되는 과거의 삶을 회상하는 화자의 태도를 나타낸 것으로 볼 수 없다.

04 표현

개념 키워드 #시의 표현 #비유하기 #변화주기 #강조하기 #상징 #소재

개념 열기 ① 톡톡! 시의 표현

시의 표현: 시인이 언어를 이용해서 사상이나 정서를 시로 그려 내기 위해 사용하는 표현 방법들 表 겉 표, 現 나타날 현

1 압축, 함축 壓 누를 압, 縮 줄일 축 / 含 머금을 함, 蓄 모을 축

- ① ⎡ㅇㅊ⎤은 시인의 정서나 사상을 간결하고 짧게 표현하는 것임
- 함축은 한 가지 의미로 해석되지 않고 다양한 의미로 해석되게 표현하는 것임

예 ①

가 바람에 나부끼는 갈잎

여울에 희롱하는 갈잎

알 만 모를 만 숨 쉬고 눈물 맺은

내 청춘의 어느 날 서러운 손짓이여

4행의 간결하고 압축적인 구성으로 화자의 정서를 효과적으로 전달

– 김영랑, 〈바람에 나부끼는〉

흔들리는 갈잎에 화자의 서러운 마음을 담아 표현함

주제 청춘에 대한 심회

나 아무도 그에게 수심(水深)을 일러 준 일이 없기에

현실의 냉혹함, 근대 문명의 삭막함 등을 의미

흰나비는 도무지 바다가 무섭지 않다.

새로운 세계를 열망하는 존재, 순수하고 연약한 존재 등을 의미

– 김기림, 〈바다와 나비〉

주제 새로운 세계에 대한 동경과 좌절

개념 돋보기

❖ **내포적 의미**: 시어가 단어의 사전적 의미 외에 작품 속에서 시의 맥락에 의해 지니게 된 다양한 의미 內 안 내, 包 쌀 포

예 〈바다와 나비〉의 '바다' → 미지의 세계, 냉혹한 현실, 근대 문명의 삭막함 등 다양한 의미를 내포한 시어임

2 시적 긴장감 緊 팽팽할 긴, 張 베풀 장, 感 느낄 감

- 독자가 시를 끝까지 주의 깊게 감상하게 하는 힘
- 함축적 시어의 사용, 시적 표현 방법, 감정의 절제, 생략, 대조적 소재의 열거, 시적 분위기 조성 등으로 시적 ② ⎡ㄱㅈㄱ⎤이 형성됨

예 ②

※ 영탄, 명령, 어순 도치, 대립 구도 등으로 시적 긴장감을 조성함

내가 오래 기르던 여윈 독수리야! → 영탄법

양심적 삶을 지향하는 정신적 자아

와서 뜯어 먹어라, 시름없이 // → 명령, 어순 도치

양심을 지키기 위한 내적 고통

너는 살찌고 / 나는 여위어야지, 그러나 // → 대립 구도

정신적 자아   무기력한 육체적 자아

거북이야! / 다시는 용궁의 유혹에 안 떨어진다.

유혹하는 존재   양심을 저버리게 하는 것

– 윤동주, 〈간〉

주제 양심의 회복과 현실적 고난 극복의 의지

개념 플러스

◈ **시어의 다의성**

시어가 여러 가지 의미로 해석되는 것을 '다의성'이라고 합니다. 다른 말로 '모호성', '애매성'이라고도 합니다. 시어는 하나의 의미만을 지니지 않습니다. 한용운의 시 〈님의 침묵〉에서 '님'을 '조국, 연인, 절대자' 등으로 해석하는 것이 그 예입니다.

☆ 개념을 완성하는 문제

1 다음 시에서 〈보기〉의 ㉠, ㉡의 의미를 함축하고 있는 시어를 각각 찾아 쓰시오.

> 죽는 날까지 하늘을 우러러
> 한 점 부끄럼이 없기를,
> 잎새에 이는 바람에도
> 나는 괴로워했다.
> 별을 노래하는 마음으로
> 모든 죽어 가는 것을 사랑해야지.
> – 윤동주, 〈서시〉

보기

㉠ 윤리적 판단의 절대적 기준
㉡ 이상, 희망, 순수한 삶

답 ㉠ – 하늘, ㉡ – 별

2 예② 에서 시적 긴장감을 형성하는 데 사용된 표현 방법은?

① 대화 형식, 대조법
② 풍자, 해학, 반어법
③ 반복법, 의인법, 병치
④ 시적 허용, 관습적 표현
⑤ 영탄법, 명령법, 어순의 도치

답 ⑤ 해 '독수리야!', '거북이야!'에 쓰인 영탄법, '뜯어 먹어라'에 쓰인 명령법, '와서 뜯어 먹어라, 시름없이'에 쓰인 어순의 도치 등을 통해 시적 긴장감을 형성하고 있다.

1 압축 ② 긴장감

3 시상의 집약 集 모일 집, 約 묶을 약

- 시상을 한곳에 집중하여 강렬한 인상을 남기는 것임
- ① □ㄱ □ㅌ □ㅅ 나 감탄형 종결 어미, 명사나 명사형으로 끝맺을 때 시상이 집약되는 경우가 많음

개념 돋보기

◈ **시상**: 시를 짓기 위한 실마리가 되는 생각 또는 시인이 표현하려는 정서나 감정

詩 시 시, 想 생각 상

4 시적 허용 許 허락할 허, 容 얼굴 용

- 일상 언어의 규범(문법)에 어긋나지만 특정한 시적 효과를 위해 허용하는 표현으로, 리듬감을 살리는 효과를 주기도 함
- 문법적으로는 틀린 표현이지만 의미가 깊어지고 풍성해지는 효과를 주기 위한 ② □ㅇ □ㄷ □ㅈ 표현임

5 음성 상징어

- ③ □ㅇ □ㅌ □ㅇ 나 의성어를 사용하여 표현하는 방법임

정답 ① 종결사 ② 의도적 ③ 의태어

6 투영 投 던질 투. 影 그림자 영

- 시인의 감정을 다른 사물에 반영하여 나타내는 것임
- ① ㄱㅈㅇㅇ이 대표적인 투영에 해당함

> 예 ❻
> 붉은 해는 서산마루에 걸리었다.
> 이별의 시간, 삶과 죽음의 경계의 시간
> 사슴의 무리도 슬피 운다.
> 화자의 슬픈 감정을 사슴에 투영하여 표현함
> 떨어져 나가 앉은 산 위에서
> 고립·단절의 공간, 죽음에 대한 화자의 무력감
> 나는 그대의 이름을 부르노라.
> – 김소월, 〈초혼〉
> 주제 임의 죽음으로 인한 슬픔과 임에 대한 그리움

개념 돋보기
- 투사: 시인 또는 화자의 심리 상태나 생각을 다른 소재나 대상에 반영하여 나타내는 것 ≒ 투영　　投 던질 투. 射 쏠 사
- 의탁: 어떤 것에 몸이나 마음을 의지하여 맡김. 화자의 정서를 특정 소재에 투영하여 마치 소재가 그렇게 느끼고 있는 것처럼 표현할 때 사용함　依 의지할 의. 託 부탁할 탁

7 환기 喚 부를 환. 起 일어날 기

- 시를 읽고 어떤 느낌을 느끼게 하거나 어떤 ② ㅈㅁ이 떠오르게 하는 것임
- 특정 소재를 활용하여 시적 화자의 정서나 태도 등을 드러낼 때 사용함

> 예 ❼
> 가 저 산(山)에도 까마귀, 들에 까마귀,
> 이별을 재촉하는 객관적 상관물
> 서산(西山)에는 해 진다고
> 갈 길이 바쁘다고, 시간이 없다고
> 지저귑니다.
> – 김소월, 〈가는 길〉
> 주제 이별의 아쉬움과 미련
>
> 나 이화우(梨花雨) 흩뿌릴 때 울며 잡고 이별한 님
> 비 오듯이 떨어지는 배꽃 – 하강의 이미지 ①
> 추풍낙엽(秋風落葉)에 저도 날 생각하는가.
> 가을바람에 떨어지는 나뭇잎 – 하강의 이미지 ②
> 천 리(千里)에 외로운 꿈만 오락가락 하노매.
> 정서적 거리감　　　임에 대한 그리움　　주제 임을 그리워하는 마음
> – 계랑의 시조

8 관습적 표현 慣 익숙할 관. 習 익힐 습

- ③ ㅅㄱㅈ으로 쓰이는 표현
- 예로부터 오랫동안 통용되던 표현

> 예 ❽
> 가 고맙게 잘 자란 보리밭아,
> 국권 상실의 상황에서도 변함없는 자연
> 간밤 자정이 넘어 내리던 고운 비로
> 너는 삼단 같은 머리를 감았구나. 내 머리조차 가뿐하다.
> 숱이 많고 긴 머리를 이르는 관습적 표현
> – 이상화, 〈빼앗긴 들에도 봄은 오는가〉
> 주제 국권 상실의 울분과 국권 회복에 대한 염원
>
> 나 계교(計較) 이렇더니 공명이 늦었어라
> 견주어 헤아림
> 부급동남(負笈東南)해도 이루지 못할까 하는 뜻을
> 여기저기 다니면서 열심히 공부함
> 세월이 물 흐르듯 하니 못 이룰까 하여라
> 세월이 빨리 흘러감을 나타내는 관습적 표현
> – 권호문, 〈한거십팔곡(閑居十八曲)〉
> 주제 자연에 은거하는 삶의 즐거움과 벼슬길에 대한 미련

사이비 진술

‘사이비’는 사전적으로 ‘겉으로는 비슷하나 속은 완전히 다른 것’을 뜻합니다. 시에서 ‘사이비 진술’은 과학적 진실이나 상식에는 어긋나지만 시적으로 허용되는 표현을 말합니다. 윤동주의 〈서시〉에서 ‘오늘 밤에도 별이 바람에 스치운다.’는 과학적 관점에서 보면 거짓된 진술이지만 시에서는 시적 정서를 나타내기 위한 효과적 표현일 수 있습니다.

☆ 개념을 완성하는 문제

8 예 ❻에서 시적 화자의 슬픈 감정이 투영된 대상을 찾아 2어절로 쓰시오.
답 사슴의 무리

9 예 ❼의 (가)에서 '까마귀'와 지는 '해'는 화자에게 어떤 상황을 환기시키고 있는지 쓰시오.
답 떠나야 하는 상황

10 예 ❼의 (나)에서 하강의 이미지를 통해 이별의 쓸쓸함을 환기하고 있는 소재 2개를 찾아 쓰시오.
답 이화우, 추풍낙엽

11 예 ❽의 (가)에서 관습적 표현에 해당하는 시구를 찾아 3어절로 쓰시오.
답 삼단 같은 머리

12 〈보기〉의 (　) 안에 들어갈 알맞은 말을 쓰시오.

> 보기
> ‘역군은(亦君恩)’은 고전 문학에서 충군(忠君)을 직접적으로 드러내는 (　관습적　) 표현이다. 맹사성의 〈강호사시가〉와 송순의 〈면앙정가〉에도 ‘모든 것이 임금의 은혜에서 비롯된 것임’을 의미하는 ‘역군은(亦君恩)’이라는 표현이 쓰였다.

답 관습적

9 낯설게 하기

■ 친숙하거나 일상화된 내용이나 정서, 사물을 처음 보는 것처럼 ① ㄴㅅㄱ 하여 새로운 느낌이 들도록 하는 것임

> ※ 띄어쓰기를 무시하여 독자에게 낯설게 느끼도록 함
>
> **예❾**
> 거울속에는소리가없소
> 현실과 단절된 자의식의 세계
> 저렇게까지조용한세상은참없을것이오
>
> 거울속에도내게귀가있소
> 내면적, 무의식적 자아
> 내말을못알아듣는딱한귀가두개나있소
> 현실적, 일상적 자아
>
> 거울속의나는왼손잡이오
> 현실적 자아와 상반된 모습
> 내악수(握手)를받을줄모르는—악수를모르는왼손잡이오
> 화해가 불가능한 단절의 심화   — 이상, 〈거울〉
> **주제** 현대인의 자아 분열과 갈등

10 병치 竝 나란히 병, 置 둘 치

■ 서로 다른 대상이나 이미지를 그 인상이 선명하게 드러나도록 ② ㄴㄹㅎ 두거나 충돌하게 하는 것임

> ※ 변치 않는 '산'과 흘러가면 그뿐인 '물'을 대조적으로 병치시켜 주제를 형상화함
>
> **예❿ 가**
> 산은 옛 산이로되, 물은 옛 물이 아니로다.
> 영원성, 불변성   순간성, 가변성
> 밤낮으로 흐르니 옛 물이 있을쏘냐.
> 옛 물이 존재하지 않는 이유
> 인걸도 물과 같아서 가고 아니 오노매라.
> ① 유한성을 지닌 보편적 인간 ② 무정한 임(서경덕)
>   — 황진이의 시조
> **주제** 인생무상, 임에 대한 그리움
>
> ※ 과거 고향의 모습과 현재 고향의 모습을 병치시켜 고향 상실의 아픔을 드러냄
>
> **나**
> 수만 호 빛이래야 할 내 고향이언만
> 화자가 생각하는 밝고 풍요로운 고향의 모습
> 노랑나비도 오잖는 무덤 위에 이끼만 푸르러라.
> 폐허가 된 현재 고향의 모습
>   — 이육사, 〈자야곡(子夜曲)〉
> **주제** 고향 상실의 아픔

> **개념 돋보기**
>
> ✦ **중첩**: 거듭 겹치거나 포개어짐. 속성과 의미가 다른 대상이나 이미지를 겹쳐지게 하여 의미를 드러내는 것 重 거듭 중, 疊 겹쳐질 첩
>
> **예** 백화(白樺) 옆에서 백화가 촉루가 되기까지 산다. 내가 죽어 백화처럼 흴 것이 숭 없지 않다.
>   — 정지용, 〈백록담〉
>
> → '백화'와 '촉루(해골)'의 흰색 이미지를 중첩시켜 신비롭고 정갈한 이미지를 형성함

11 치환 置 둘 치, 換 바꿀 환

■ 모호하고 불확실한 것(원관념)을 이미 잘 알려져 있거나 구체적인 것(보조 관념)으로 ③ ㅂㄲㅇ 놓아 의미를 전이(轉移)시키는 것임

> **예⓫**
> 나는 나룻배,
> '나'의 보조 관념 – '당신'을 사랑하는 여인, 불도, 독립운동가
> 당신은 행인.
> '당신'의 보조 관념 – 연인, 중생, 조국
>
> 당신은 흙발로 나를 짓밟습니다.
> 무정한 '당신'의 태도
> 나는 당신을 안고 물을 건너갑니다.
> '당신'을 소중하게 생각함   — 한용운, 〈나룻배와 행인〉
> **주제** 참된 사랑의 본질인 희생과 믿음

---

13 〈보기〉의 밑줄 친 부분의 의미를 '누가 무엇을 어찌하다'의 한 문장으로 쓰시오.

> ─── 보기 ───
>
> 노주인(老主人)의 장벽(腸壁)에 무시(無時)로 인동(忍冬) 삼긴 물이 나린다.
>
> 자작나무 덩그럭 불이 도로 피어 붉고,
>   — 정지용, 〈인동차〉

답 노주인이 인동차를 마신다 **해** 〈보기〉의 밑줄 친 부분은 '노주인이 인동차를 마신다'는 평범한 사실을 낯설게 바꾸어 표현한 것이다.

14 〈보기〉에서 불변성과 가변성의 의미로 병치된 두 대상을 찾아 쓰시오.

> ─── 보기 ───
>
> 청산(靑山)은 내 뜻이오 녹수(綠水)는 임의 정이로다.
> 녹수 흘러간들 청산이야 변하겠는가.
> 녹수도 청산을 못 잊어 울면서 가는구나.
>   — 황진이의 시조

답 청산, 녹수 **해** 변치 않는 존재인 '청산'과 변화하는 존재인 '녹수'를 대비하여 임을 향한 화자의 변함없는 사랑을 노래하고 있다.

15 **예❿**의 (나)의 특징을 〈보기〉와 같이 정리할 때, ( ) 안에 들어갈 알맞은 말을 쓰시오.

> ─── 보기 ───
>
> 이 시는 화자가 생각하는 밝고 풍요로운 고향의 모습과 폐허가 된 현재 고향의 모습을 (병치) 하여 고향 상실의 아픔을 그리고 있다.

답 병치

16 **예⓫**에서 '나'와 '당신'의 보조 관념을 찾아 차례대로 쓰시오.
답 나룻배, 행인

12 주관적 변용 變 변할 변, 容 모양 용

- 시인의 상상력으로 사물이 원래 가지고 있는 모습, 속성 등을 자신의 관점에 따라 변화시키는 것임
- ①ㅊㅅㅈ 대상을 구체적 사물로 표현하는 것, 감각을 ②ㅈㅇ시키는 것 등이 있음

예⑫

㉮ 동짓달 기나긴 밤을 한 허리를 베어 내어 (□: 추상적 개념인 시간을 구체적인 사물처럼 시각화함)
춘풍 이불 아래 서리서리 넣었다가 (봄바람처럼 따스한 이불)
어론 님 오신 날 밤이여든 굽이굽이 펴리라. (정분을 맺은 임)
– 황진이의 시조
주제 임을 기다리는 애타는 마음

㉯ 청(靑)무우밭인가 해서 내려갔다가는 (나비가 동경하는 이상적 공간)
어린 날개가 물결에 절어서 (나비가 바다에서 겪는 시련)
공주(公主)처럼 지쳐서 돌아온다. (세상 물정을 모르는 존재)

삼월(三月)달 바다가 꽃이 피지 않아서 서글픈
나비 허리에 새파란 초생달이 시리다. (달의 모습을 피부로 느낄 수 있는 것처럼 표현 – 공감각적 심상(시각의 촉각화))
– 김기림, 〈바다와 나비〉
주제 새로운 세계에 대한 동경과 좌절

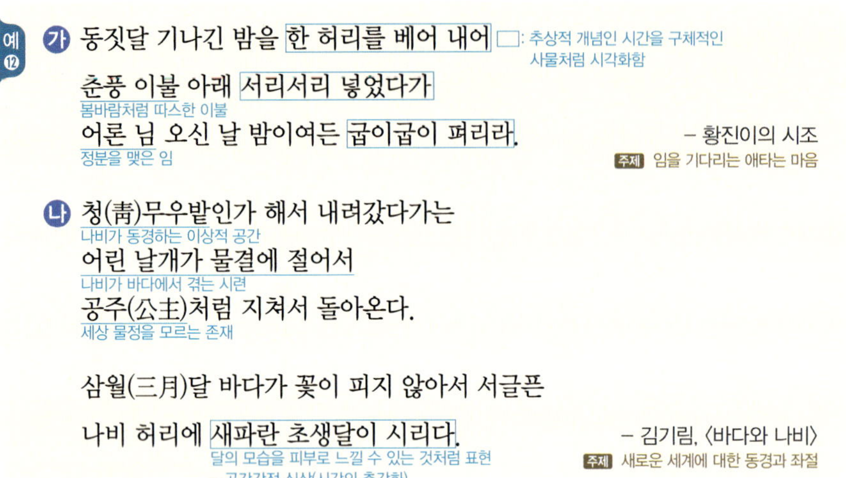

13 행간 걸침

- 의미상 한 행으로 배열해야 하는 시구를 의도적으로 행을 바꿔 배치함
- 서술의 단조로움을 피하고 ③ㄱㅈㄱ을 유발하거나 리듬감을 조성하며 주제 의식을 강조함

예⑬

그립다

말을 할까 (행간 걸침 – 망설임의 감정 표현)

하니 그리워

그냥 갈까 (내적 갈등과 망설임)

그래도

다시 더 한 번…… (미련과 여운)

– 김소월, 〈가는 길〉
주제 이별의 아쉬움과 미련

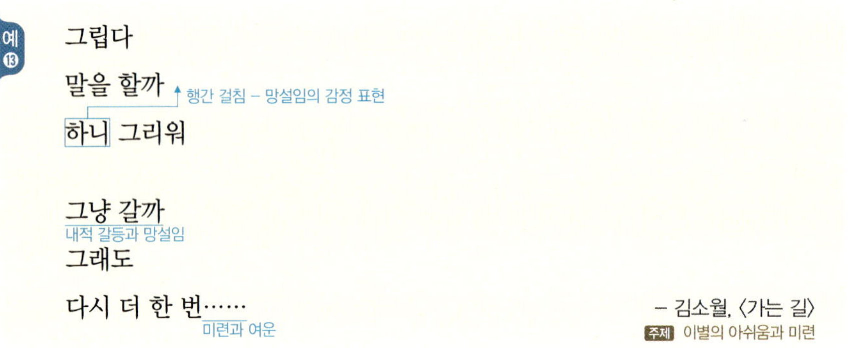

14 풍자 諷 풍자할 풍, 刺 찌를 자

- ④ㅂㅈㄹ한 것, 부당한 권위, 결점이나 악행, 비논리 등을 다른 대상에 빗대어 비웃으면서 폭로하고 공격하는 것임
- 세상 풍조, 정치적 현실, 생활의 결함, 허위와 병폐 등을 비꼬고 비판함

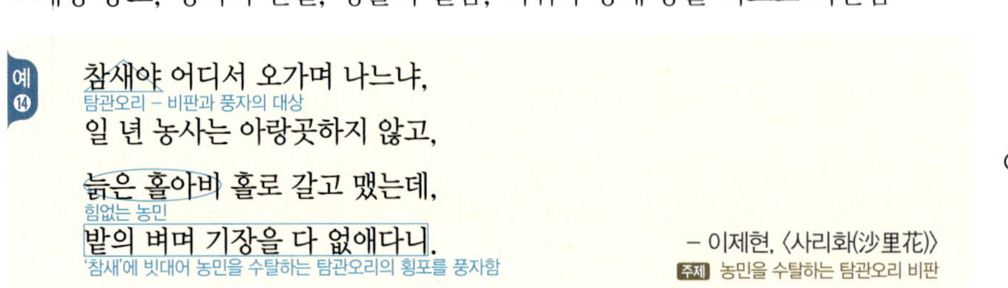

예⑭

참새야 어디서 오가며 나느냐, (탐관오리 – 비판과 풍자의 대상)
일 년 농사는 아랑곳하지 않고,
늙은 홀아비 홀로 갈고 맸는데, (힘없는 농민)
밭의 벼며 기장을 다 없애다니. ('참새'에 빗대어 농민을 수탈하는 탐관오리의 횡포를 풍자함)

– 이제현, 〈사리화(沙里花)〉
주제 농민을 수탈하는 탐관오리 비판

개념을 완성하는 문제

17 예⑫의 ㈎에서 주관적 변용을 통해 구체화된 추상적 관념이 무엇인지 쓰시오.

답 동짓달 기나긴 밤(시간) 해 추상적 관념인 시간을 마치 베어 낼 수 있는 형태가 있는 것처럼 구체적인 사물로 변용하여 표현하고 있다.

18 예⑫에서 감각의 전이가 나타나는 표현은?

① 한 허리를 베어 내어
② 서리서리 넣었다가
③ 물결에 절어서
④ 꽃이 피지 않아서
⑤ 새파란 초생달이 시리다

답 ⑤ 해 '새파란 초생달이 시리다'는 시각을 촉각으로 전이한 공감각적 표현이다.

19 〈보기〉에서 행간 걸침의 표현으로 볼 수 있는 것은?

보기

어져 내 일이야 그릴 줄을 몰랐더냐.
있으라 했더라면 가랴마는 제 구태여
보내고 그리는 정(情)은 나도 몰라 하노라.
– 황진이의 시조

① 몰랐더냐 ② 있으라
③ 제 구태여 ④ 보내고
⑤ 하노라

답 ③ 해 '제 구태여'의 주체를 화자로 볼 경우, 이는 종장에 있어야 할 구절을 중장으로 올린 행간 걸침으로 볼 수 있다. 다만 '제 구태여'의 주체를 임으로 볼 경우, 이는 '임이 굳이 가겠냐만'이라는 내용이 도치된 것으로 볼 수 있다.

20 〈보기〉의 밑줄 친 소재와 같은 의미의 소재를 예⑭에서 찾아 한 단어로 쓰시오.

보기

사또가 어질어도 헐떡일 생활인데
승냥이, 이리를 만났으니 가련하도다.
이고 진 유랑민 길마다 가득하니
굶주림과 추위가 어찌 흉년 탓이리오.
– 김시습, 〈영산가고〉

답 참새 해 〈보기〉의 '승냥이, 이리'와 [예14]의 '참새'는 모두 탐관오리를 의미하는 소재이다.

① 추상적 ② 전이 ③ 긴장감 ④ 부조리

15 해학 諧 화할 해, 謔 희롱할 학

- 대상의 엉뚱하고 모자란 면모, 비합리성, 상식의 파괴 등을 ① ○ㅅ스럽게 표현하여 웃음을 유발하는 것임
- 대상에 대해 악의를 드러내기보다 동정심을 유발하거나 호감과 연민을 느끼게 하는 경우가 많음

> **예❶⑤**
> 한 손에 막대 잡고 또 한 손에 가시 쥐고,
> 늙는 길 가시로 막고 오는 백발(白髮) 막대로 치려터니,
> 추상적 개념의 구체화
> 백발(白髮)이 제 먼저 알고 지름길로 오더라.
> 『 』: 흐르는 세월을 어찌할 수 없는 인간의 마음을 해학적으로 표현함
>
> – 우탁의 시조
> **주제** 늙음에 대한 한탄

16 언어유희 遊 놀 유, 戱 희롱할 희

- 소리나 의미의 ② ○ㅅㅅ을 이용하여 말놀이를 하듯 재미있게 표현하는 것임
- 동음이의어를 활용하는 방법, 유사한 음운의 반복을 활용하는 방법, 낱말의 배치를 바꾸는 방법, 발음의 유사성을 활용하는 방법 등이 있음

> **예❶⑥**
> 매미가 맵다 울고 쓰르라미가 쓰다 우니,
> 발음의 유사성을 이용한 언어유희
> 산채(山菜)를 맵다는가 박주(薄酒)를 쓰다는가.
> 산나물   변변치 못한 술
> 우리는 초야(草野)에 묻혔으니 맵고 쓴 줄 몰라라.
> 자연(↔ 속세)
>
> – 이정신의 시조
> **주제** 자연에 묻혀 지내는 한가로운 삶

> **개념 돋보기**
>
> ✦ **변주**: 주제는 그대로 두고, 시어나 시구에 변화를 주어 효과적으로 표현하는 것임
> 變 변할 변, 奏 아뢸 주
>
> **예** 먼 훗날 당신이 찾으시면
> 그때에 내 말이 '잊었노라.'
>
> 당신이 속으로 나무라면
> '무척 그리다가 잊었노라.'
>
> 그래도 당신이 나무라면
> '믿기지 않아서 잊었노라.'
>
> 오늘도 어제도 아니 잊고
> 먼 훗날 그때에 '잊었노라.'
>
> – 김소월, 〈먼 후일〉
>
> → 비슷한 문장 구조의 반복과 변주를 통해 운율을 형성하고 의미를 강조함

---

21 **예❶⑤**에 대한 설명으로 적절하지 않은 것은?

① 늙음에 대한 달관적 태도를 보인다.
② 사람이 아닌 것을 사람처럼 표현하였다.
③ 늙음이라는 추상적 개념이 구체화되었다.
④ 자연물에 빗대어 현실 상황을 우의적으로 나타냈다.
⑤ 늙음에 대한 체념적 인식을 해학적으로 표현하였다.

답 ④ **해** 늙음에 대한 인식을 드러내고 있을 뿐 현실 상황을 다른 사물에 빗대어 나타내고 있지 않다.

22 다음 중, **예❶⑥**과 같은 언어유희의 방법이 사용된 것은?

① 운봉의 갈비를 가리키며, "갈비 한 대 먹고지고."
② "내 듣건대 유(儒)는 유(諛)라 하더니 과연 그렇구나."
③ "어 추워라. 문 들어온다 바람 닫아라. 물 마르다 목 들여라."
④ "거 신 것을 그리 많이 먹어. 그 놈은 낯드라도 안 시건방질가 몰라."
⑤ "이 양반이 허리 꺾어 절반인지, 개다리소반인지, 꾸레미전에 백반인지"

답 ④ **해** [예16]의 초장에는 발음의 유사성을 활용한 언어유희가 사용되었다. ④에서도 '시다'와 '시건방지다'라는 발음의 유사성을 활용한 언어유희가 사용되었다. / ①, ② 동음이의어를 활용한 언어유희 ③ 언어의 도치에 의한 언어유희 ⑤ 유사한 음운의 반복을 활용한 언어유희

개념 플러스

◈ **시의 분위기**

'시의 분위기'는 시에서 느껴지는 느낌 등을 폭넓게 가리키는 개념입니다. 시어, 화자의 태도와 어조, 시의 표현 등 시를 구성하는 모든 요소의 결합으로 조성됩니다. 선택지에서는 목가적, 향토적, 애상적 분위기 등이 자주 언급됩니다. 목가적 분위기는 전원의 느낌이 나는 것, 향토적 분위기는 고향이나 시골의 정취가 풍기는 것, 애상적 분위기는 가슴 아프고 슬픈 느낌이 나는 것이라고 이해할 수 있습니다.

① 해학 ② 쌍사유

비유하기: 어떤 내용이나 현상을 직접 설명하지 않고 유사한 사물이나 현상에 빗대어 표현하는 방법 比 견줄 비, 喩 깨우칠 유

- ① ㅇㄱㄴ : 비유하여 표현하고자 하는 실제의 대상이나 의미
- ② ㅂㅈㄱㄴ : 원관념의 뜻이나 분위기가 잘 드러나도록 도와주는 대상
- 나타내려는 원관념과 빗대어지는 보조 관념의 결합으로 표현됨
- 원관념과 보조 관념 사이에는 유사성이 있어야 비유가 성립됨
- 추상적인 정서나 사상을 효과적으로 표현하는 기법임
- 직접 설명하는 것보다 선명하고 생동감 있게 표현할 수 있음

1 직유법 直 곧을 직, 喩 깨우칠 유

- '~처럼', '~같이', '~듯이', '~인 듯', '~인 양' 등과 같은 연결어로 원관념과 보조 관념을 ③ ㅈㅈ 연결하여 비유하는 방법임

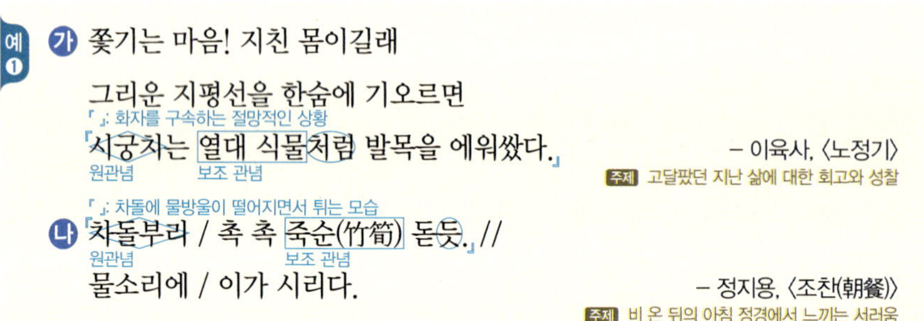

예① 가 쫓기는 마음! 지친 몸이길래

그리운 지평선을 한숨에 기오르면
「 」: 화자를 구속하는 절망적인 상황
「시궁치는 열대 식물처럼 발목을 에워쌌다.」
원관념　　보조 관념
　　　　　　　　　　　　　　　　　　 – 이육사, 〈노정기〉
주제 고달팠던 지난 삶에 대한 회고와 성찰

「 」: 차돌에 물방울이 떨어지면서 튀는 모습
나 「차돌부리 / 촉 촉 죽순(竹筍) 돋듯.」//
　 원관념　　　　　　보조 관념
물소리에 / 이가 시리다.
　　　　　　　　　　　　　　　　 – 정지용, 〈조찬(朝餐)〉
주제 비 온 뒤의 아침 정경에서 느끼는 서러움

2 은유법 隱 숨을 은, 喩 깨우칠 유

- 주로 'A(원관념)는 B(보조 관념)이다.'의 형태로 표현됨
- 원관념과 보조 관념의 ④ ㅇㅅㅅ을 겉으로 드러내지 않고, 원관념과 비슷한 성질을 가진 보조 관념을 끌어다 은근히 견주어 표현함

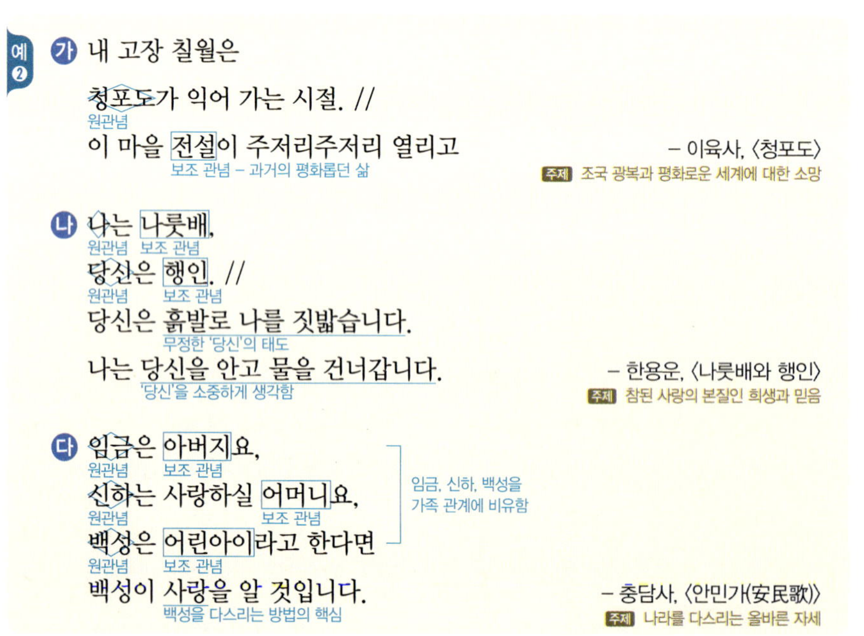

예② 가 내 고장 칠월은

청포도가 익어 가는 시절. //
원관념
이 마을 전설이 주저리주저리 열리고
　　　 보조 관념 – 과거의 평화롭던 삶
　　　　　　　　　　　　　　　　 – 이육사, 〈청포도〉
주제 조국 광복과 평화로운 세계에 대한 소망

나 나는 나룻배,
　 원관념 보조 관념
당신은 행인. //
원관념　보조 관념
당신은 흙발로 나를 짓밟습니다.
　　　　 무정한 '당신'의 태도
나는 당신을 안고 물을 건너갑니다.
'당신'을 소중하게 생각함
　　　　　　　　　　　　　　 – 한용운, 〈나룻배와 행인〉
주제 참된 사랑의 본질인 희생과 믿음

다 임금은 아버지요,
　 원관념　보조 관념
신하는 사랑하실 어머니요,
원관념　　　　　 보조 관념
백성은 어린아이라고 한다면
원관념　　보조 관념
백성이 사랑을 알 것입니다.
백성을 다스리는 방법의 핵심
임금, 신하, 백성을
가족 관계에 비유함
　　　　　　　　　　　　　　 – 충담사, 〈안민가(安民歌)〉
주제 나라를 다스리는 올바른 자세

❖ **표현법의 종류를 모두 알아야 할까?**

시인은 시에서 자신의 사상과 정서를 효과적으로 드러내기 위해 다양한 표현 기법을 사용합니다. 시험에 어떤 표현법이 쓰였는지를 직접 묻는 문제가 출제되는 경우는 드물지만, 시의 올바른 감상과 해석을 위해서는 표현법과 관련된 기본 개념을 정확하게 익혀 두어야 합니다.

☆ **개념을 완성하는 문제**

1 예① 의 (가)에서 직유법을 통해 형상화하고 있는 내용으로 적절한 것은?

① 고향에 대한 그리움
② 과거의 평화로웠던 삶
③ 전원적 삶에 대한 동경
④ 화자의 지치고 불안한 삶
⑤ 초월적 세계에 대한 지향
답 ④ 해 '시궁치'를 발목을 에워싸는 '열대 식물'에 비유하여 화자를 구속하는 불안하고 고통스러운 현실을 드러내고 있다.

2 예① 의 (나)에서 '차돌부리'의 보조 관념을 찾아 쓰시오.
답 죽순

3 예② 에서 원관념과 보조 관념을 바르게 연결한 것은?

　　　　　〈원관념〉　〈보조 관념〉
① (가)　청포도　　시절
② (나)　나　　　　나룻배
③ (나)　행인　　　당신
④ (다)　임금　　　신하
⑤ (다)　어린아이　백성
답 ② 해 (가)에서 보조 관념인 '전설'의 원관념은 '청포도'이다. (나)에서 보조 관념인 '행인'의 원관념은 '당신'이다. (다)에서 보조 관념인 '아버지', '어머니', '어린아이'의 원관념은 각각 '임금', '신하', '백성'이다.

4 다음 중, 은유법이 사용되지 <u>않은</u> 것은?

① 내 마음은 떠도는 구름
② 누나의 얼굴은 해바라기 얼굴
③ 가을 지난 마당은 하이얀 종이
④ 그믐밤 반딧불은 부서진 달 조각
⑤ 꽃가루와 같이 부드러운 고양이의 털
답 ⑤ 해 ⑤에는 직유법이 사용되었다.

3 대유법 代 대신할 대, 喩 깨우칠 유

- 어떤 사물의 ①ㅂㅂ으로 전체를 나타내거나, 사물의 ②ㅅㅅ이나 특징으로 그 사물 자체를 나타내는 표현임
- 원관념과 관련이 있는 보조 관념이 원관념을 대신하여 나타내는 표현임

구분	개념	제목
제유법 提 끌 제, 喩 깨우칠 유	사물의 한 부분으로 전체를 나타냄	**빵**이 아니면 죽음을 달라. → '빵'은 '음식물'의 한 부분인데 '빵'으로 '음식물 전체'를 나타내고 있음
		빼앗긴 들에도 봄은 오는가. → '들'은 '국토'의 한 부분인데 '들'로 '국토 전체'를 나타내고 있음
환유법 換 바꿀 환, 喩 깨우칠 유	사물의 속성이나 특성을 빌려 표현함	**요람**에서 **무덤**까지 → '요람'은 '탄생'을, '무덤'은 '죽음'을 의미함. '요람, 무덤'에 담긴 '탄생, 죽음'이라는 속성을 빌려 표현함
		펜은 **칼**보다 강하다. → '펜'은 '문화'를, '칼'은 '무력'을 의미함. '펜, 칼'에 담긴 '문화, 무력'이라는 속성을 빌려 표현함

예③
가 흰 수건이 검은 머리를 두르고

흰 고무신이 거친 발에 걸리우다. //

흰 저고리 치마가 슬픈 몸집을 가리고

흰 띠가 가는 허리를 질끈 동이다.

□ : 백의민족 = 우리 민족(환유)

– 윤동주, 〈슬픈 족속〉

주제 고달픈 현실을 살아가는 우리 민족의 모습

나 • 백두에서 한라까지

└ 국토(제유)

• 우리가 지켜야 할 아름다운 논밭

삶의 터전(제유)

• 삼천리 금수강산

우리나라(환유)

• 산하를 뒤덮은 증오의 쇠붙이들

군사적 대립과 긴장(환유)

4 활유법 活 살 활, 喩 깨우칠 유

- 무생물을 ③ㅅㅁ인 것처럼 나타내는 표현임
- 무생물이 숨을 쉬거나, 생명 현상을 드러내거나, 감정이 있는 것처럼 표현함

예④
가 질화로에 재가 식어지면

비인 밭에 밤바람 소리 말을 달리고,

바람 소리가 말 달리는 소리처럼 들림

– 정지용, 〈향수〉

주제 고향에 대한 그리움과 추억

나 모든 산맥(山脈)들이

바다를 연모(戀慕)해 휘달릴 때에도

산맥들이 생겨나는 모습을 휘달린다고 표현

– 이육사, 〈광야〉

주제 조국 광복에의 신념과 의지

다 • 파도는 뿔뿔이 달아나려고 한다.

파도가 밀려나가는 모습

• 바람은 수천의 날개를 달고 대지 위를 난다.

바람이 부는 모습

• 해가 앞마당에 살며시 내려와 앉아 있다.

앞마당에 해가 비치는 모습

⊗ 제유법과 환유법을 꼭 구분해야 할까?

수능에서 제유법과 환유법을 구분하는 것까지 묻지는 않습니다. 다만 대유법이 '부분으로 전체를, 속성이나 특성으로 사물 자체를' 표현하는 방법임을 알고 각각의 예를 정확히 이해할 필요가 있습니다.

☆ **개념을 완성하는 문제**

5 예③의 (가)에서 '흰 저고리 치마'의 원관념을 4음절의 한 단어로 쓰시오.

답 백의민족

6 다음 중, 대유법이 사용된 것은?

① 내 마음은 성난 파도
② 꿈속을 가듯 걸어만 간다.
③ 인생이 가을같이 익어 가오.
④ 할머니께 가갸거겨를 배웠지요.
⑤ 그는 내 영혼을 비추는 등불이다.

답 ④ 해 ④에는 한글의 한 부분인 가갸거겨를 사용해 한글 전체를 나타낸 대유법(제유법)이 사용되었다. / ①과 ⑤에는 은유법, ②와 ③에는 직유법이 사용되었다.

7 〈보기〉에 사용된 표현법이 아닌 것은?

보기

그날이 오면 그날이 오면은
삼각산이 일어나 더덩실 춤이라도 추고
한강 물이 뒤집혀 용솟음칠 그날이
이 목숨이 끊기기 전에 와 주기만 할 양이면
나는 밤하늘에 나는 까마귀와 같이
종로의 인경을 머리로 들이받아 울리오리다. – 심훈, 〈그날이 오면〉

① 대유법　② 반복법
③ 은유법　④ 의인법
⑤ 직유법

답 ③ 해 〈보기〉에서는 은유법이 사용된 표현을 찾을 수 없다. / ① '삼각산', '한강'(우리나라) ② '그날이 오면 그날이 오면은' ④ '삼각산이 ~ 춤이라도 추고' ⑤ '나는 ~ 까마귀와 같이'

8 예④에서 활유법으로 표현된 소재(대상)가 아닌 것은?

① 밤바람 소리　② 산맥들
③ 파도　④ 바람
⑤ 앞마당

답 ⑤ 해 '해가 앞마당에 살며시 내려와 앉아 있다.'에서 활유법으로 표현된 대상은 '앞마당'이 아니라 '해'이다.

① 곰곰 ② 능무 ⑤ 유론

5 의인법 擬 비길 의, 人 사람 인

- 사람이 아닌 대상에 ①[ㅇㄱ]을 부여하여 사람처럼 나타내려는 표현임
- 사물, 추상적인 관념 등을 사람처럼 나타내며 넓게는 활유법에 포함됨

예 ❺

가 넓은 벌 동쪽 끝으로

옛이야기 지줄대는 실개천이 휘돌아 나가고, — 정지용, 〈향수〉
실개천이 옛이야기를 한다고 의인화하여 표현함　**주제** 고향에 대한 그리움과 추억

나 붉은 해는 서산마루에 걸리었다.

사슴의 무리도 슬피 운다. — 김소월, 〈초혼〉
화자의 슬픔을 사슴의 무리에 감정 이입하고,　**주제** 임의 죽음으로 인한 슬픔과 임에 대한 그리움
사슴의 무리가 슬피 운다고 의인화하여 표현함

개념 돋보기

❖ **감정 이입과 의인법의 관계**: '감정 이입'은 화자의 감정을 대상물에 옮겨 넣어 서로 같은 감정이나 정서를 느끼고 있는 것처럼 표현하는 것임 → 사람이 아닌 대상에 인격을 부여하기 때문에 대상물에 감정을 이입하면 의인법임

6 중의법 重 거듭할 중, 義 뜻 의

- ②[ㅎㄴ]의 표현(단어)으로 두 가지 이상의 원관념을 표현하는 방법임
- 표현(단어)의 뜻이 여러 개이므로 해석도 다양해질 수 있음

예 ❻

청산리(青山裏) 벽계수(碧溪水)야 수이 감을 자랑 마라.
　　　　　　　① 푸른 시냇물 ② 왕실의 친족 중 한 사람
일도 창해(一到滄海)하면 돌아오기 어려우니.
① 한번 바다에 이르면 ② 한번 늙거나 죽으면
명월(明月)이 만공산(滿空山)하니 쉬어 간들 어떠하리. — 황진이의 시조
① 밝은 달 ② 황진이　**주제** 인생의 덧없음, 향락의 권유

7 의성법, 의태법 擬 비길 의, 聲 소리 성 / 擬 비길 의, 態 모습 태

- 사람이나 사물의 소리를 묘사하는 의성어로 표현하는 방법은 ③[ㅇㅅㅂ], 사물의 모양이나 태도를 의태어로 표현하는 방법은 의태법임

예 ❼

가 물도 마르기 전에 어미를 여윈 송아지는 움매— 움매— 울었다.
태어나자마자　　　　　　　　　　의성어를 사용하여 어미를 잃은 송아지의 슬픔을 부각함
— 정지용, 〈백록담〉
　주제 백록담 등정에서 느끼는 물아일체의 경지

나 이 앨쓴 해도(海圖)에
애를 쓴 바다의 지도 – 파도가 해안에 남기고 간 흔적을 비유
손을 씻고 떼었다. // 찰찰 넘치도록 / 돌돌 굴르도록 — 정지용, 〈바다 2〉
의태어를 사용하여 넘실거리는 바다의　**주제** 생동감 넘치는 바다의 모습
역동적인 느낌을 조성함

8 풍유법 諷 풍자할 풍, 諭 타이를 유

- 어떤 사실이나 개념을 직접 표현하지 않고 다른 것에 ④[ㅂㄷㅇ] 암시적으로 표현하는 방법으로, 속담이나 격언 등이 여기에 속함

예 ❽

범을 보고 개 그리고 / 봉을 보고 닭 그린다.
변화하는 실상(범, 봉)을 보지 못하고 허상(개, 닭)을 좇는 모습에 대한 안타까움
문명을 개화하려고 하면 / 실상(實狀) 일이 제일이라. — 이중원, 〈동심가〉
실제 일어나고 있는 일 ↔ 공허한 명분　**주제** 문명개화를 위한 민족의 일치단결

---

9 다음 중, 대상에 인격을 부여한 표현으로 보기 어려운 것은?

① 흰 꽃이 인정스레 웃고
② 바람이 나에게도 말을 걸며
❸ 눈 녹아 질척질척한 겨울 운동장
④ 겨울이 고뇌하며 산모퉁이를 넘는다.
⑤ 곱게 단장하고 아양 가득 차 있는 산봉우리야.

답 ③ **해** 나머지는 모두 대상에 인격을 부여한 의인법이 사용되었지만, ③에는 의인법이 사용되지 않았다.

10 **예 ❺**의 (나)와 같은 표현 방법이 사용되지 않은 것은?

① 서러운 노을이 빗속에 잠긴다.
② 잠 못 이루는 귀뚜라미 섧게 운다.
③ 산 그림자도 신이 나서 춤을 춘다.
❹ 뱃고동 소리가 분수처럼 흩어진다.
⑤ 밤을 새워 우는 벌레는 부끄러운 이름을 슬퍼한다.

답 ④ **해** 나머지는 모두 감정 이입의 표현 방법이 사용되었지만, ④에는 공감각적 표현이 나타날 뿐 감정 이입의 표현 방법이 사용되지 않았다.

11 〈보기〉의 ㉠에 담긴 중의적 의미를 정리할 때, ( ) 안에 들어갈 알맞은 말을 쓰시오.

▶보기◀

노주인(老主人)의 장벽(腸壁)에 무시(無時)로 ㉠인동(忍冬) 삼긴 물이 나린다. — 정지용, 〈인동차〉

〈㉠의 의미〉
① (　인동차　)를 마신다.
② (　겨울　)을 참고 견딘다.

답 ① 인동차 ② 겨울

12 **예 ❼**에서 음성 상징어를 사용한 효과로 가장 적절한 것은?

① (가): 정적인 이미지를 조성한다.
② (가): 시각적 이미지를 부각한다.
❸ (나): 역동적인 느낌이 들게 한다.
④ (나): 화자의 정서를 구체화한다.
⑤ (가), (나): 시적 긴장감을 고조시킨다.

답 ③ **해** [예7]의 (나)에 쓰인 '찰찰', '돌돌'과 같은 음성 상징어(의태어)는 바다의 역동적인 느낌을 극대화하고 있다.

13 **예 ❽**에서 '범, 봉'의 본뜻이 '실상'이라고 할 때, '개, 닭'의 본뜻이 무엇인지 한 단어로 쓰시오.

답 허상

---

① 인격 ② 하나 ③ 의성법 ④ 빗대어

변화주기: 표현의 단조로움을 피하고 신선함을 주기 위해서 어구나 서술에 변화를 주는 표현 방법 變 변할 변, 化 될 화

- 문장에 ① ㅅㄹㅇ 느낌을 주거나 의미를 강조하는 효과를 얻기 위해 기존의 형식에 변화를 줌
- 문장의 어순 바꾸기, 질문 형태 취하기, 비슷한 내용을 대칭적으로 배열하기 등 다양한 표현 방법이 있음

1 반어법 反 반대될 반, 語 말씀 어

- 나타내려는 뜻과는 ② ㅂㄷ가 되게 표현하는 방법으로 나타내려는 의미가 부각되는 효과가 있음
- 진술 자체에 ③ ㅁㅅ이 없고 겉으로 표현된 말과 그 표현에 담긴 뜻이 서로 반대가 됨
- 비난하기 위해 칭찬하거나 칭찬하기 위해 비난하는 표현임

> **예❶**
>
> **가** 먼 훗날 당신이 찾으시면
>
> 그때에 내 말이 "잊었노라."
>
> 당신이 속으로 나무라면
> "무척 그리다가 잊었노라."
> 이별을 받아들일 수 없는 심정
>
> 그래도 당신이 나무라면
> "믿기지 않아서 잊었노라."
> 당신이 다시 돌아올 것이라 믿어지지 않아서 잊음
>
> 잊을 수 없는 안타까운 마음의 반어적 표현
>
> – 김소월, 〈먼 후일〉
> **주제** 떠나간 임에 대한 간절한 그리움
>
> **나** 나 보기가 역겨워
>
> 가실 때에는
>
> 죽어도 아니 눈물 흘리우리다.
> 임이 떠날 때 매우 슬퍼할 것이라는 의미를 내포한 반어적 표현
>
> – 김소월, 〈진달래꽃〉
> **주제** 이별의 정한(情恨)과 그 승화
>
> **다** 귓도리 저 귓도리 어여쁘다 저 귓도리
> 감정 이입의 대상(화자와 동병상련의 관계)
> 어인 귓도리 지는 달 새는 밤의 긴 소리 짧은 소리 절절(節節)이 슬픈 소
> 살풋 든 잠
> 리 제 혼자 우러 녜어 사창(紗窓) 여윈 잠을 살뜰히도 깨우는구나.
> 귀뚜라미 울음소리 때문에 잠에서 깨어나게 된 상황을 반어적으로 표현
> – 작자 미상의 사설시조
> **주제** 독수공방의 외로움

개념 돋보기

- ❖ **상황적 반어**: 수사적 반어와는 다름. 실제 펼쳐지는 상황이 기대하거나 예상하는 상황과 반대가 되게 펼쳐지는 경우임. 아이러니라고 함
- 현진건의 〈운수 좋은 날〉에서 김 첨지가 '운수 좋은 날'이라고 여긴 날에 아내가 죽는 불행한 상황이 펼쳐지는 것이 대표적인 예임
- 수사적 반어와 달리 상황적 반어에는 풍자나 역설이 섞여 나타나기도 함
  예 추수한 곡식을 모두 지주에게 빼앗기고 신명나게 춤을 추는 농부
  → 상황적 반어이자, 상황적 역설임

개념 플러스

⊕ **반어법, 풍자, 해학의 차이점**

'반어법'은 나타내려는 뜻과 반대가 되게 표현하여 의미를 강조합니다. '해학'은 익살스럽게 표현하여 웃음을 유발하고, '풍자'는 대상의 부정적인 면을 비웃으면서 공격합니다. '반어법'에 풍자나 위트가 드러나기도 하지만, 그것이 필수적인 것은 아닙니다.

☆ **개념을 완성하는 문제**

1 **예❶**의 (가)에 나타난 표현상의 특징 및 효과로 적절하지 <u>않은</u> 것은?

① "잊었노라."의 반복으로 리듬감을 살렸다.
② 반어법을 사용하여 화자의 정서를 강조했다.
③ 유사한 문장 구조를 반복하여 시적 의미를 강화했다.
④ 과거와 현재를 대비하여 현실 극복 의지를 드러냈다.
⑤ 각 연을 2행으로 배열하여 형태적 안정감을 부여했다.

답 ④ **해** 과거와 현재를 대비하고 있지 않으며, 현실 극복 의지를 드러내고 있지도 않다.

2 〈보기〉의 ⓐ~ⓔ에 사용된 표현법이 바르게 연결되지 <u>않은</u> 것은?

> ─── 보기 ───
>
> 낮에는 ⓐ히히 허허 실없는 체
> 하건만
> ⓑ취죽은 듯한 깊은 밤은 사나
> 이의 통곡장이외다. 〈중략〉
>
> ⓒ사랑하는 그대여
> ⓓ조상에게 그저 받은 뼈와 살
> 이어늘
> 남은 것이라고는 벌거벗은 알몸
> 뿐이어늘
> 그것이 아까워 놈들 앞에 절하
> 고 무릎을 꿇는
> 나는 샤일록*보다도 더 인색한
> 놈이외다
> 쌀 삶은 것 먹을 줄이나 아니
> ⓔ그 이름이 사람이외다.
>
> – 심훈, 〈독백〉
>
> * 샤일록: 셰익스피어의 희곡에 나오는 욕심이 많고 인정 없는 인물

① ⓐ: 의성법 ② ⓑ: 직유법
③ ⓒ: 영탄법 ④ ⓓ: 대유법
⑤ ⓔ: 반어법

답 ③ **해** ⓒ에는 영탄법이 아니라, 사람이나 사물을 불러 주의를 환기하는 돈호법이 사용되었다.

2 역설법 逆 거스릴 역, 說 말씀 설

- ① □ㅅ되는 표현으로 그 속에 진리(진실)를 담는 표현 방법임
- 표현 자체가 모순된다는 점에서 사실(나타내려는 뜻)과 반대가 되게 표현하는 반어와는 구별됨

예②

가 모란이 지고 말면 그뿐, 내 한 해는 다 가고 말아,
　　화자에게 모란이 인생 그 자체임을 드러냄
　　삼백예순 날 하냥 섭섭해 우옵내다.
　　　　　　　　들, 한결같이
　　모란이 피기까지는
　　나는 아직 기다리고 있을 테요, 찬란한 슬픔의 봄을.
　　화자의 숙명적인 기다림　　　모란이 피었을 때의 환희 + 모란이 지고 났을 때의 설움 – 모순 형용
　　　　　　　　　　　　　　　　　　　　　　　– 김영랑, 〈모란이 피기까지는〉
　　　　　　　　　　　　　　　주제 모란(소망, 아름다움)에 대한 기다림

나 어데다 무릎을 꿇어야 하나
　　한 발 재겨디딜 곳조차 없다.
　　극한 상황에 몰린 화자의 심리

　　이러매 눈 감아 생각해 볼밖에
　　　　　극한 상황을 정신적으로 초극하려는 태도
　　겨울은 강철로 된 무지갠가 보다.
　　　　　　　　　　　　　　　　　　　　– 이육사, 〈절정〉
　　이질적 이미지를 결합한 역설적 표현(절망 + 희망)　　**주제** 극한의 현실 상황을 초극하려는 강한 의지

다 나는 향기로운 님의 말소리에 귀먹고, 꽃다운 님의 얼굴에 눈멀었습니다.
　　　　임의 절대성을 드러내는 역설적 표현
　　아아, ㉠님은 갔지마는 나는 님을 보내지 아니하였습니다.
　　이별이라는 객관적 사실을 주관적 의지로 극복하려는 역설적 표현
　　　　　　　　　　　　　　　　　　　　– 한용운, 〈님의 침묵〉
　　　　　　　　　　　　　　　　　　　주제 임을 향한 영원한 사랑

> **개념 돋보기**
>
> ❖ **모순 형용(≒모순 어법)**: 논리적으로 모순되고 상충되는 단어를 결합하여 표현하는 것으로 역설법에 포함됨
> **예** 소리 없는 절규, 찬란한 슬픔, 쾌락의 고통, 사랑의 증오, 어두운 눈부심, 밝게 빛나는 어둠, 외로운 황홀한 심사

3 도치법 倒 뒤집을 도, 置 둘 치

- 문법에 맞는 정상적인 문장의 ② ○ㅅ을 바꾸어 표현하는 방법임
- 긴박한 상황이나 감정을 나타낼 때, 표현의 신선함을 꾀하고자 할 때, 강조하는 바를 나타내려 할 때에 씀

예③

가 들가에 떨어져 나가 앉은 멧기슭의
　　　　　　　　　　　　　산기슭
　　넓은 바다의 물가 뒤에,
　　도치법을 사용하여 의미를 강조함
　　나는 지으리, 나의 집을,
　　　　　　그대와 함께 살 곳. 화자가 소망하는 세계
　　다시금 큰길을 앞에 두고.
　　　　　　　　　　　　　　　　　– 김소월, 〈나의 집〉
　　　　　　　　　　　　　　　주제 '그대'에 대한 간절한 기다림

나 산에 사는 스님이 달빛을 탐내어
　　　　　　　　　　　인간의 욕심
　　병 속에 물과 달을 함께 길었네.
　　　　　　달이 비친 물을 길었다는 의미
　　절에 돌아와 비로소 깨달았으리.
　　병을 기울이면 달도 따라 비게 되는 것을.
　　　　　　　　　　　　　　　　　– 이규보, 〈영정중월(詠井中月)〉
　　도치법을 사용하여 인간 욕심의 허망함을 강조함　　**주제** 인간 욕심의 허망함

---

3 **예②**의 ㉠에 담긴 의미를 바르게 이해한 것은?

① 임을 잃고 좌절하고 있다.
② 임을 잃은 현실을 부정하고 있다.
③ 임이 떠난 현실을 인정하고 있다.
④ 임을 향한 영원한 사랑을 다짐하고 있다.
⑤ 임과의 재회가 어려울 것임을 수긍하고 있다.

답 ④ **해** ㉠은 실제로는 임이 떠났지만 마음속으로는 임을 떠나보내지 않겠다는 사랑의 다짐을 역설적으로 표현한 것이다.

4 다음 중, 역설법이 사용된 표현이 아닌 것은?

① 가는 댓잎에 초승달 매달려 애틋한 밝은 어둠을 　– 김영랑, 〈두견〉
② 마음은 제 고향 지니지 않고 / 머언 항구로 떠도는 구름. 　– 정지용, 〈고향〉
③ 밤에 홀로 유리를 닦는 것은 / 외로운 황홀한 심사이어니, 　– 정지용, 〈유리창 1〉
④ 괴로웠던 사나이, / 행복한 예수 그리스도에게 / 처럼 / 십자가가 허락된다면 　– 윤동주, 〈십자가〉
⑤ 이 작은 주머니는 짓기 싫어서 짓지 못하는 것이 아니라 짓고 싶어서 다 짓지 않는 것입니다. 　– 한용운, 〈수의 비밀〉

답 ② **해** ②에는 은유법이 쓰였을 뿐, 모순되는 표현 속에 진리를 담는 역설법이 사용되지 않았다.

5 **예③**의 (가)에서 도치된 문장을 찾아 정상적인 문장의 어순에 맞게 바꿀 때, 문장의 맨 끝으로 이동하게 될 어절을 찾아 쓰시오.

답 지으리

6 〈보기〉는 도치된 문장이다. 이를 정상적인 문장의 어순에 맞게 고쳐 쓰시오.

> ─── **보기** ───
> 나는 아직 기다리고 있을 테요, 찬란한 슬픔의 봄을.

답 나는 아직 찬란한 슬픔의 봄을 기다리고 있을 테요.

ⓛ 어순 ② 이순

4 설의법 設 베풀 설, 疑 의심할 의

- 누구나 알고 있거나 예측되는 결과를 ① ㅇㅁㅁ 형식으로 표현하는 방법임
- 진짜 궁금해서 묻는 것이 아니라 독자 스스로 생각하거나 판단해 보게 하여 의미를 강조하려는 의도임

예 ④

가 숨 막힐 마음속에 ㉠어데 강물이 흐르느뇨
　　　　　　　　　강물이 흐르지 않는다 – 답답하고 절망적인 심정의 설의적 표현
　　달은 강을 따르고 나는 차디찬 강 맘에 드리느라 　– 이육사, 〈자야곡(子夜曲)〉
　　유랑의 이미지 환기　　　　　　　고향을 잃은 절망감으로 유랑함　　**주제** 고향 상실의 아픔

나 강산이 좋다 한들 내 분(分)으로 누웠느냐.
　　　　　　　　　나의 분수로 편안히 누워 있는 것이 아니다 – 임금의 은혜 덕분이라는 뜻
　　임금 은혜를 이제 더욱 아나이다.
　　유교적 충의 사상
　　아무리 갚고자 하여도 해올 일이 없어라. 　　　　　– 윤선도, 〈만흥(漫興)〉
　　　　　　　　　　　　　　할 수 있는 일　　　**주제** 자연에 묻혀 사는 즐거움과 임금의 은혜

5 인용법 引 끌 인, 用 쓸 용

- 남의 말이나 글을 따서 직접 인용하거나 간접 인용하는 표현 방법임
- 글의 내용을 풍부하게 하고 주제를 ② ㄷㅂㅊ하는 효과를 얻음

예 ⑤

가 "오매, 단풍 들것네."
　　누이의 말 인용 – 계절의 변화에 대한 감탄
　　장광에 골 붉은 감잎 날아오아
　　누이는 놀란 듯이 치어다보며
　　"오매, 단풍 들것네." 　　　　　　　　– 김영랑, 〈오매, 단풍 들것네〉
　　누이의 말 인용 – 가을에 대한 기대　　　　**주제** 가을이 오는 것에 대한 감회

나 밭고랑에서 이삭 줍는 시골 아이의 말이
　　　　　　　　　　　　　　농민
　　하루 종일 동서로 다녀도 바구니가 안 찬다네. 　농민의 말 인용
　　올해에는 벼 베는 사람들도 교묘해져서 　　　　 – 피폐한 농촌 현실
　　　　　농민과 관리의 중간자
　　이삭 하나 남기지 않고 관가 창고에 바쳤다네. 　– 이달, 〈습수요(拾穗謠)〉
　　　　　　　　　　　　　　주제 관가의 수탈과 농민들의 피폐한 삶

6 대구법 對 마주할 대, 句 글귀 구

- 같거나 비슷한 문장 구조를 ③ ㄴㄹㅎ 배열하여 표현하는 방법임
- 대칭적으로 배열하여 의미를 강조하거나 리듬감을 형성함

예 ⑥

가 누나가 손으로 다지고 나면
　　바둑이는 앞발로 다지고 　──┐ 대구
　　괭이가 꼬리로 다진다. 　──┘
　　고양이

　　우리가 눈 감고 한 밤 자고 나면
　　이슬이 내려와 같이 자고 가고 　┐ 대구　　　– 정지용, 〈해바라기 씨〉
　　해바라기 씨가 싹을 틔우는 데 도움을 주는 소재　**주제** 해바라기 씨를 심고 싹이 트기를 기다리는 순수한 마음

나 산이 멀어 하늘은 들에 드리웠고
　　강물 아득해 대지는 허공에 붙었네. 　┐ 대구　　– 김시습, 〈도중(途中)〉
　　♪ 자연의 풍경을 이용하여 화자의 쓸쓸한 심정을 형상화함　**주제** 늦가을 유랑의 길에서 느끼는 나그네의 쓸쓸함

☆ 개념을 완성하는 문제

7 **예④**(가)의 다음 연인 〈보기〉의 내용을 고려할 때, ㉠의 설의적 표현으로 강조하고자 하는 화자의 정서는?

> **▸보기◂**
>
> 　수만 호 빛이래야 할 내 고향이언만
> 　　노랑나비도 오잖는 무덤 위에 이끼만 푸르러라.

① 임에 대한 그리움
② 생명 탄생의 긴장감
③ 고향을 잃은 절망감 ✔
④ 세속을 벗어난 적막감
⑤ 자연과 교감하는 즐거움

답 ③ **해** ㉠은 고향을 잃고 유랑하는 화자의 답답하고 절망적인 심정을 설의적 표현으로 강조한 것이다.

8 **예⑤**의 (가)에서 인용된 말을 한 주체가 누구인지 2음절로 쓰시오.
답 누이

9 **예⑤**의 (나)에서 인용 표현을 통해 전달하고자 하는 내용은?

① 피폐한 농촌 현실 ✔
② 농민들의 건강한 삶
③ 학문 수양의 힘겨움
④ 유유자적한 전원생활
⑤ 백성들의 부지런한 생활

답 ① **해** '하루 종일 동서로 다녀도 바구니가 안 찬다'는 '시골 아이'의 말은 관가의 수탈로 인해 피폐해진 농촌의 현실을 드러낸 것이다.

10 **예⑥**의 (가)에서 '누나'와 대구를 이루고 있는 소재 두 개를 찾아 쓰시오.
답 바둑이, 괭이

11 다음 중, 대구법이 사용되지 <u>않은</u> 것은?

① 갈 때는 안개뿐이요 올 때는 달이로다.
② 부귀라 구(求)치 말고 빈천이라 염(厭)치 말라.
③ 소나무 아래 길을 내고 연못 위에 축대를 쌓으니
④ 청산은 어찌하여 만고에 푸르르며 유수는 어찌하여 주야에 그치지 않는가.
⑤ 한 잔(盞) 먹새그려 또 한 잔(盞) 먹새그려 꽃 꺾어 술잔 수를 세면서 무진무진(無盡無盡) 먹새그려. ✔

답 ⑤ **해** ⑤에는 비슷한 시어나 시구를 반복하는 반복법이 쓰였을 뿐, 비슷한 문장 구조를 나란히 배열하는 대구법이 사용되지 않았다.

> ① 의문문 ② 부각하 ③ 나란히

7 문답법 問 물을 문, 答 대답 답

■ 스스로 묻고 ① ㄷ ㅎ ㄴ 형식의 표현 방법임

예 ⑦ 가 오늘은 / 또 몇 십 리
유랑 생활의 반복
어디로 갈까.
물음

산으로 올라갈까

들로 갈까

오라는 곳이 없어 나는 못 가오. — 김소월, 〈길〉
스스로 답함
주제 유랑하는 삶의 비애와 정한

나 두류산(頭流山) 양단수(兩端水)를 예 듣고 이제 보니,
지리산 두 갈래로 흐르는 물줄기
도화(桃花) 뜬 맑은 물에 산영(山影)조차 잠겨 있구나.
무릉도원을 연상하게 함 산 그림자
아이야, 무릉(武陵)이 어디냐, 나는 옌가 하노라.
물음 스스로 답함 — 조식의 시조
주제 지리산 양단수의 경치 예찬

8 돈호법 頓 조아릴 돈, 呼 부를 호

■ 사람이나 사물의 이름을 불러 독자의 주의를 ② ㅎ ㄱ 하는 표현 방법임

예 ⑧ 가 청산(靑山)아 웃지 마라 백운(白雲)아 조롱 마라
백발(白髮) 홍진(紅塵)에 내 즐겨 다니는 것인 줄 아느냐.
속세 – 벼슬 늙도록 벼슬에 머물러 있는 것이 좋아서 하는 것이 아님을 강조
— 정구의 시조
주제 자연과 더불어 사는 삶에 대한 소망

나 아이야, 우리 식탁엔 은쟁반에
손님을 맞을 준비 – 순수하고 정결한 이미지
하이얀 모시 수건을 마련해 두렴.
손님이 올 것을 확신함 – 예언자적 태도 — 이육사, 〈청포도〉
주제 조국 광복과 평화로운 세계에 대한 소망

9 생략법 省 덜 생, 略 간략할 략

■ 문장의 끝을 말줄임표를 이용하여 줄이거나 빼 버리는 표현 방법임
■ ③ ㅇ ㅇ 을 주고 압축적 효과를 거두기 위한 표현으로, 생략한 내용은 독자의
상상이나 판단에 맡김

예 ⑨ 가 그립다 / 말을 할까
하니 그리워

그냥 갈까 / 그래도
내적 갈등과 망설임
다시 더 한 번…… — 김소월, 〈가는 길〉
미련과 여운 주제 이별의 아쉬움과 미련

나 나의 길은 언제나 새로운 길
늘 새로운 마음으로 살아가고자 함
오늘도…… 내일도……

내를 건너서 숲으로
시련, 고난 희망, 평화
고개를 넘어서 마을로
— 윤동주, 〈새로운 길〉
주제 늘 새로운 길을 가겠다는 다짐

12 예 ⑦ 의 (가)에서 자문자답을 통해 드러내고 있는 화자의 정서는?

① 임을 잃은 슬픔
② 현실 초극의 의지
③ 유랑 생활의 비애감
④ 이상향에 대한 동경
⑤ 자유로운 삶에 대한 소망

답 ③ 해 고향을 상실하고 갈 곳 없이 떠돌아다니는 나그네의 비애를 자문자답 형식의 독백체를 사용해 표현하고 있다.

13 예 ⑦ 의 (나)에 나타난 문답의 내용을 고려할 때, 시적 공간에 대한 화자의 반응으로 알맞은 것은?

① 감탄 ② 순응 ③ 실망
④ 체념 ⑤ 한탄

답 ① 해 무릉도원이 어디냐고 묻고 여기라고 대답한 것으로 볼 때, 화자는 시적 공간인 지리산 양단수의 뛰어난 경치에 감탄하고 있음을 알 수 있다.

14 다음 중, 표현 방법이 다른 하나는?

① 나비, 제비야, 깝치지 마라.
② 조국아, 내 사랑하는 조국아!
③ 부르다가 내가 죽을 이름이여!
④ 달아, 너는 나를 친구라 부르렴.
⑤ 황혼아, 네 부드러운 손을 내밀어라.

답 ③ 해 ③에는 영탄법이 사용되었고, 나머지는 모두 돈호법이 사용되었다.

15 〈보기〉에 사용된 표현법이 아닌 것은?

보기
‘마돈나’ 언젠들 안 갈 수 있으랴, 갈 테면 가자, 끄을려 가지 말고!
너는 내 말을 믿는 ‘마리아’ — 내 침실이 부활(復活)의 동굴임을 네야 알련만…… 〈중략〉

아, 어린애 가슴처럼 세월 모르는 나의 침실로 가자, 아름답고 오랜 거기로.
— 이상화, 〈나의 침실로〉

① 문답법 ② 생략법
③ 설의법 ④ 은유법
⑤ 직유법

답 ① 해 〈보기〉에 문답법은 사용되지 않았다. / ② 네야 알련만…… ③ 안 갈 수 있으랴 ④ 내 침실이 부활의 동굴 ⑤ 어린애 가슴처럼

① 하행 ② 극이주 ③ 상상 ④ 감탄

강조하기: 독자에게 선명한 인상을 주기 위해 표현하려는 부분을 강하고 두드러지게 하는 표현 방법 強 강할 강, 調 고를 조

- 글의 다른 부분과 구별이 되게 강조한 부분은 독자에게 선명한 인상을 줌
- 강조한 부분은 글의 ① ㅈㅈ 와 깊은 관련이 있음

1 비교법 比 견줄 비, 較 비교할 교

- 두 가지 이상의 사물의 성질, 모습, 내용 등을 견주어 그 ② ㅊㅇ 로 한쪽을 강조하는 방법임

예 ❶

가 밤은 옛일을 <u>무지개보다</u> 곱게 짜내나니
'밤'과 '무지개'의 이미지를 대응시켜 화자의 소망을 표출함
한 가락 여기 두고 또 한 가락 어디멘가
내가 부른 노래는 그 밤에 강 건너 갔소.   – 이육사, 〈강 건너간 노래〉
부정적 현실 극복에 대한 바람이 담겨 있는 소재   주제 부정적 현실에서도 희망을 잃지 않는 의지

나 백록담 조촐한 물을 그리어 산맥 우에서 짓는 <u>행렬이</u> <u>구름보다</u> 장엄하다.
'구름'과의 비교를 통해 자연과 하나가 된 일행의 모습을 형상화함   – 정지용, 〈백록담〉
주제 백록담 등정에서 느끼는 물아일체의 경지

다 다람쥐도 좇지 않고 묏새도 울지 않어 깊은 산 고요가 차라리 뼈를 저리우는데 눈과 밤이 <u>조히보담</u> 희고녀!   – 정지용, 〈장수산 1〉
'종이'와의 비교를 통해 눈으로 뒤덮인 장수산의 정경을 표현함   주제 장수산의 절대 고요와 탈속의 세계에 대한 염원

개념 돋보기

❖ **비교법과 직유법의 차이**: 두 대상을 견주어 차이점으로 한쪽을 강조하는 것은 '비교법', 하나의 대상을 유사한 다른 대상에 빗대어 속성을 드러내는 것은 '직유법'임
예 순이는 꽃처럼 어여쁘다. → 직유법 / 순이는 꽃보다 예쁘다. → 비교법

2 대조법 對 대할 대, 照 비칠 조

- 상반되는 대상이나 내용을 맞세워 서로 ③ ㄷㄹ 을 강조하거나 선명한 인상이 느껴지게 하는 방법임
- 장단(長短), 강약(强弱), 대소(大小), 고저(高低), 광협(廣狹) 등을 대립시켜 표현함

예 ❷

가 <u>수만 호 빛이래야 할 내 고향이언만</u>
화자가 생각하는 밝고 풍요로운 고향의 모습
<u>노랑나비도 오잖는 무덤 위에 이끼만 푸르러라.</u>
폐허가 된 현재 고향의 모습   과거와 현재의 모습을 대조하여 고향 상실의 아픔을 부각함
– 이육사, 〈자야곡〉   주제 고향 상실의 아픔

나 「사랑이 어떻더냐? 둥글더냐, 모나더냐?
」 질문
<u>길더냐</u>, <u>짧더냐</u>? 발[丈]로 재겠더냐, 자[尺]로 재겠더냐?
길고 짧음을 대조하여 사랑의 속성에 대한 궁금증을 드러냄
「특별히 긴 줄은 모르되 끝 간 데를 모르겠노라.」
」 대답 – 자신의 사랑이 영원함을 강조   – 작자 미상의 시조   주제 끝없는 사랑

개념 돋보기

❖ **대조법과 비교법의 차이**: '대조법'은 '서로 다름, 선명한 차이'를 나타내는 것이고, '비교법'은 '두 대상의 같거나 비슷한 점에서 정도의 차이(우열의 비교 등)'를 나타내는 것임

☆ **개념을 완성하는 문제**

1 예❶의 (가)~(다)에 대한 설명으로 적절하지 <u>않은</u> 것은?
① (가) : '밤'과 '무지개'를 견주었다.
✔② (가) : '무지개'가 '밤'보다 옛일을 곱게 짜낸다고 표현하였다.
③ (나) : '행렬'과 '구름'을 견주었다.
④ (나) : '행렬'이 '구름'보다 장엄하다고 표현하였다.
⑤ (다) : '눈과 밤'을 '종이'와 비교하여 눈 덮인 정경을 표현하였다.

답 ② 해 절망적 현실을 의미하는 '밤'이 희망을 의미하는 '무지개'보다 옛일을 곱게 짜낸다고 표현하여 부정적 현실에서도 희망을 잃지 않는 의지를 드러내고 있다.

2 다음 중, 표현 방법이 <u>다른</u> 하나는?
① 칠흑처럼 캄캄한 밤에
✔② 별은 과일보다 향기롭다.
③ 백옥(白玉)같이 흰 이를 하고
④ 나무는 소녀처럼 고개를 숙이고
⑤ 저녁에는 올빼미인 양 노래하네.

답 ② 해 ②에는 비교법이 사용되었고, 나머지는 모두 직유법이 사용되었다.

3 〈보기〉의 표현상 특징으로 적절한 것은?

> ▶ 보기
> 오백 년 도읍지를 필마(匹馬)로 돌아드니,
> 　산천은 의구(依舊)하되 인걸(人傑)은 간 데 없다.
> 어즈버, 태평연월(太平烟月)이 꿈이런가 하노라.   – 길재의 시조

✔① 자연과 인간을 대조하여 무상감을 드러내고 있다.
② 색채의 대비를 통해 시적 분위기를 환기하고 있다.
③ 명암의 대비를 통해 화자의 내면을 나타내고 있다.
④ 대조적인 공간을 제시하여 현실의 괴로움을 강조하고 있다.
⑤ 현실과 내면세계를 대비하여 지향하는 가치를 부각하고 있다.

답 ① 해 산천의 모습은 변함이 없으나 인걸(옛 고려의 신하들)은 사라지고 없다며, 자연과 인간을 대조하여 인생의 무상함을 드러내고 있다.

개념 플러스

❖ **대조와 대비의 차이점**
일반적으로 '대조'와 '대비'는 비슷한 의미로 사용됩니다. 각각 '맞세워 서로 다름을 강조'한다거나 '맞세워 차이를 비교'한다는 의미를 가집니다.

---

① 주제 ② 차이 ③ 다름 답글

3 반복법 反 되풀이할 반, 復 되돌릴 복

- 같거나 비슷한 표현(단어, 구절, 문장)이 ①ㅂㅂ적으로 나타나는 방법임
- 반복으로 의미를 강조하고, 운율을 형성하며, 구조의 안정감을 얻게 됨

예❸ **가** 별 하나에 추억과 / 별 하나에 사랑과

별 하나에 쓸쓸함과 / 별 하나에 동경과

별 하나에 시와 / 별 하나에 어머니, 어머니,
□: 반복법을 사용하여 별을 보며 느낀 상념을 표현함 — 윤동주, 〈별 헤는 밤〉
주제 아름다운 과거에 대한 추억과 자아 성찰

나 산산이 부서진 이름이여! □: 반복법을 사용하여 임을 잃은 화자의 애절한 심정을 강조함

허공중에 헤어진 이름이여!

불러도 주인 없는 이름이여!

부르다가 내가 죽을 이름이여!
 — 김소월, 〈초혼(招魂)〉
주제 임의 죽음으로 인한 슬픔과 임에 대한 그리움

4 열거법 列 벌일 열, 擧 들 거

- 어떤 분류나 계통상 같거나 비슷한 단어나 구절을 ②ㄴㅇ하는 표현 방법임
- 의미상 연관성이 있는 것들을 동일한 문장 성분으로 나열하는 것이 원칙임

예❹ **가** 가난한 이웃 사람들의 이름과, 비둘기, 강아지, 토끼, 노새, 노루, '프랑시스 잠', '라이너 마리아 릴케', 이런 시인의 이름을 불러 봅니다.
화자가 그리워하는 대상을 구체적으로 나열함
 — 윤동주, 〈별 헤는 밤〉
주제 아름다운 과거에 대한 추억과 자아 성찰

나 고모장지 세살장지 들장지 열장지 암톨쩌귀 수톨쩌귀 배목걸쇠 크나큰
장지문의 종류와 그 부속품들을 나열함 – 현실의 고통을 해학적으로 극복하려는 태도
장도리로 뚝딱 박아 이내 가슴에 창 내고자.
 — 작자 미상의 사설시조
주제 삶의 답답함으로부터 벗어나고 싶은 마음

5 과장법 誇 자랑할 과, 張 베풀 장

- 표현 대상을 ③ㅅㅈ보다 매우 크거나 작게 혹은 많거나 적게 표현하는 방법임

예❺ **가** 모란이 지고 말면 그뿐, 내 한 해는 다 가고 말아,
화자에게 모란이 인생 그 자체임을 드러냄
삼백예순 날 하냥 섭섭해 우옵내다.
 — 김영랑, 〈모란이 피기까지는〉
모란이 지고 난 후의 슬픔을 과장하여 표현
주제 모란(소망, 아름다움)에 대한 기다림

나 그리워해도 못 보니 하루가 삼 년 같도다.
임을 기다리는 간절한 마음을 과장하여 표현
원수(怨讐)가 원수 아니라 못 잊는 게 원수로다.
 — 박인로, 〈상사곡〉
주제 변함없는 연군(戀君)의 정

6 현재법 現 나타날 현, 在 있을 재

- 현장감과 현실감을 높이기 위해 ④ㅎㅈ처럼 나타내는 방법임

예❻ 살구나무 그늘로 얼굴을 가리고, 병원 뒤뜰에 누워, 젊은 여자가 흰옷 아
좁고 밀폐된 공간   시적 대상, 화자의 관찰 대상
래로 하얀 다리를 드러내 놓고 일광욕을 한다. 한나절이 기울도록 가슴을 앓
현재 시제를 사용하여 현장감을 줌
는다는 이 여자를 찾아오는 이, 나비 한 마리도 없다.
 — 윤동주, 〈병원〉
『 』: 아픈 여자의 외롭고 쓸쓸한 처지
주제 고통과 고독에 대한 연민 및 상황 극복의 기원

4 다음 중, 반복법이 사용되지 않은 것은?

① 돌과 돌과 돌이 끝없이 연달아
 — 윤동주, 〈길〉

② 가자 가자 / 쫓기우는 사람처럼 가자. — 윤동주, 〈또 다른 고향〉

③ 누이여, 종리 고을의 누이여 / 남편 잃고 자식들 모두 어리네.
 — 두보, 〈동곡칠가 4〉

④ 작은 아들 글 읽고 며늘아기 베 짜는데 어린 손자는 꽃놀이한다.
 — 오경화의 시조

⑤ 애타는 이내 마음 / 뵙게만 된다면 / 만나게만 된다면 / 이 마음 기쁘련만. — 작자 미상, 〈풀벌레〉
답 ④ 해 ④는 열거법을 사용하여 한가로운 가족의 일상을 나열하고 있다. / ① '돌'의 반복 ② '가자'의 반복 ③ '누이여'의 반복 ⑤ '된다면'의 반복

5 예❹의 (가)와 (나)에 나타난 표현상의 특징을 바르게 설명한 것은?

① (가): 그리움의 대상을 구체적으로 열거하고 있다.

② (가): 반복법을 사용하여 화자의 의지를 강조하고 있다.

③ (나): 화자의 감정이 이입된 소재를 장황하게 나열하고 있다.

④ (나): 뜻이 비슷한 시어를 반복하여 암울한 상황을 나타내고 있다.

⑤ (가), (나): 과장된 묘사를 통해 화자의 처지를 부각하고 있다.
답 ① 해 화자가 별을 헤아리며 떠올리고 있는 그리움의 대상들을 구체적으로 열거하고 있다.

6 예❺의 (가)와 (나)의 표현상 공통점으로 가장 적절한 것은?

① 화자가 느끼는 감정을 부풀려 표현하고 있다.

② 열거의 방식으로 화자의 의지를 강조하고 있다.

③ 동일한 시어를 반복하여 리듬감을 드러내고 있다.

④ 설의적 표현으로 안타까움의 정서를 부각하고 있다.

⑤ 과장된 표현으로 해학적 분위기가 느껴지게 하고 있다.
답 ① 해 (가)에서는 모란이 지고 난 후의 슬픔을, (나)에서는 임을 기다리는 간절한 마음을 부풀리고 과장하여 표현하였다.

7 예❻에서 현재법이 사용되었음을 보여 주는 서술어 2개를 찾아 쓰시오.
답 한다, 없다

정답 ① 반복 ② 나열 ③ 실제 ④ 현재

7 점층법 漸 점점 점, 層 층 층

- 문장의 뜻을 점점 강하게, 크게, 고조되게 표현하는 방법임
- 점층법과 반대로 점점 강도를 낮추는 표현 방법을 ① [ㅈㄱㅂ]이라고 함

예 ⑦

가 매운 계절(季節)의 채찍에 갈겨
일제 강점하의 가혹한 현실
마침내 북방(北方)으로 휩쓸려 오다. //
수평적 극한
하늘도 그만 지쳐 끝난 고원(高原)　□ : 극한 상황의 점층적 고조
수직적 극한
서릿발 칼날진 그 위에 서다.
생존의 극한　　　　　　　　　　　　　　　　　　－ 이육사, 〈절정〉
주제 극한의 현실 상황을 초극하려는 강한 의지

나 천세(千歲)를 누리소서 만세(萬歲)를 누리소서.
임이 천 년 동안 장수하기를 바람　임이 만 년 동안 장수하기를 바람
무쇠 기둥에 꽃 피어 열매 열어 따 드리도록 누리소서.
불가능한 상황의 설정 － 임이 오랜 세월 동안 장수하기를 바람　　－ 작자 미상의 시조
주제 임의 만수무강 기원

8 영탄법 詠 읊을 영, 歎 탄식할 탄

- 화자의 감정을 표출하여 슬픔, 놀라움, 공포 등을 ② [ㄱㅌㅅ], 조사, 감탄형
어미 등을 통해 강하게 표현하는 방법임

예 ⑧

가 고운 폐혈관이 찢어진 채로
아이가 죽은 원인
아아, 늬는 산새처럼 날아갔구나!
화자의 비애감을 집약하여 드러냄　　　　　　　－ 정지용, 〈유리창 1〉
주제 자식을 잃은 슬픔과 자식에 대한 그리움

나 어리고 성긴 매화 너를 믿지 않았더니
고결함, 고고한 마음을 상징
눈 기약(期約) 능히 지켜 두세 송이 피었구나.
눈이 오면 꽃을 피우겠다는 약속　　눈 속에 피어나는 매화에 대한 감탄　－ 안민영, 〈매화사〉
주제 매화에 대한 예찬

9 연쇄법 連 잇닿을 연, 鎖 쇠사슬 쇄

- 앞말의 꼬리를 물고 뒷말을 계속 연결하는 방법임
- 앞 구절의 끝부분을 다음 구절의 시작에서 ③ [ㄷㅍㅇ]하여 의미를 강조함

예 ⑨

고인(古人)도 날 못 보고 나도 고인(古人)을 보지 못하네.
고인(古人)을 보지 못해도 가던 길 앞에 있네.
가던 길 앞에 있거든 아니 가고 어찌할까.　　－ 이황, 〈도산십이곡〉
주제 자연에 묻혀 살고 싶은 소망과 학문 수양에 대한 변함없는 의지

10 미화법 美 아름다울 미, 化 될 화

- 나타내려는 대상을 실제보다 아름답게 표현하는 방법임. 완곡어법(婉曲語法)
이라고도 함.

예 ⑩

금강대(金剛臺) 맨 꼭대기에 선학(仙鶴)이 새끼 치니
금강대의 학을 신선이 탄다는 '선학'이라고 미화하여 표현
춘풍(春風) 옥적성(玉笛聲)에 첫 잠을 깨었던지
옥피리 소리
호의현상(縞衣玄裳)이 공중에 솟아 뜨니
흰 저고리와 검은 치마 － 학의 모습
서호(西湖) 옛 주인(主人)을 반겨서 넘노는 듯.　　－ 정철, 〈관동별곡〉
중국 송나라의 임포 → 화자 자신(정철)　　**주제** 관동 지방의 절경 유람과 연군 및 애민 정신

---

8 〈보기〉에서 점층법을 통해 나타내려는 상황과 어울리는 말은?

> ──● 보기
> 넓은 바다 한가운데 일천 석 실은 배가 노도 잃고 닻도 잃고 줄도 끊어지고 돛대도 꺾이고 〈중략〉 사나운 파도가 일어나는데 해적을 만난 도사공의 마음과,　－ 작자 미상

① 각주구검　② 감탄고토
③ 마부위침　④ 임기응변
☑ 설상가상

답 ⑤ **해** 〈보기〉에서 도사공은 노를 잃다가 해적까지 만난다. 도사공은 점점 강도가 높은 위기를 겪고 있으므로 '난처한 일이나 불행한 일이 잇따라 일어남'을 뜻하는 '설상가상'이 적절하다.

9 〈보기〉의 빈칸에 들어갈 알맞은 말을 쓰시오.

> ──● 보기
> 영탄법은 감탄사나 감탄형 어미를 활용해 감정을 강조하는 표현법이고, (돈호법)은 대상의 이름을 불러 주의를 환기하는 표현법으로 호격 조사가 붙는 경우가 많다.

답 돈호법

10 〈보기〉에 사용된 표현의 효과에 대한 설명으로 적절한 것은?

> ──● 보기
> 고생대로 할 지경엔 그른 사람이나 되지 말지. / 그른 사람 될 지경에는 옳은 사람이나 되지그려. / 옳은 사람 되어 있어 남에게나 칭찬 듣지.　－〈덴동 어미 화전가〉

① 영탄적 어조로 화자의 회한을 드러내고 있다.
② 열거법을 사용하여 시적 의미를 강화하고 있다.
③ 설의적 표현으로 독자의 공감을 유도하고 있다.
④ 도치법을 사용하여 시적 긴장감을 조성하고 있다.
☑ 연쇄법을 사용하여 '옳은 사람'이 되기를 강조하고 있다.

답 ⑤ **해** 〈보기〉는 그른 사람(개가한 여성)이 되지 말고 옳은 사람(수절한 여성)이 되라는 내용으로, 앞 구절의 끝부분을 다음 구절의 앞부분에서 되풀이하는 연쇄법을 사용하여 '옳은 사람'이 되기를 강조하고 있다.

11 **예 ⑩**에서 미화법으로 표현된 대상을 찾아 2음절의 한 단어로 쓰시오.
답 선학 **해** 금강대의 학을 신선이 탄다는 '선학'이라고 미화하여 표현하고 있다.

---

① 점강법 ② 감탄사 ③ 되풀이

상징: 추상적인 관념이나 의미를 구체적인 사물로 표현하는 방법

象 모양 상, 徵 부를 징

- 원관념과 보조 관념 사이의 유사성에 기초하는 것이 ①ㅂㅇ 라면, 원관념을 드러내지 않고 보조 관념만으로 의미를 표현하는 것이 ②ㅅㅈ 임
- 상징은 원관념과 보조 관념이 '다(多) : 1'로 대응하며, 원관념을 명확하게 드러내지 않으므로 모호하고 암시적임

비유	개념	상징
• 원관념을 직접 설명하지 않고 다른 사물에 빗대어 표현함 • 원관념 : 보조 관념 = 단일 대응 (A는 B이다.)	특징	• 작품 안에서 원관념이 구체적으로 드러나지 않음 • 원관념 : 보조 관념 = '다(多) : 1'의 대응
그는 내 영혼 안의 **고운 불** 원관념 · 보조 관념 ⇨ 원관념인 '그'를 보조 관념인 '고운 불'에 빗대어 표현함으로써 그가 '고결하고 높은 존재'임을 나타냄	예시	**등불**을 밝혀 **어둠**을 조금 내몰고, / 보조 관념 · 보조 관념 시대(時代)처럼 올 **아침**을 기다리는 보조 관념 최후(最後)의 나. ⇨ 보조 관념인 '등불, 어둠, 아침'만을 제시하여, 원관념인 '일제에 대한 저항 의지, 암담한 현실, 희망(광복)'을 암시적으로 나타냄

1 개인적 상징

- 개별 시인이 자신의 작품에서만 ③ㄷㅊㅈ 인 의미로 사용하는 상징
- 같은 시어라도 시인마다 다른 의미로 사용하여 시의 의미를 풍부하게 함

예❶

가 「내 마음에 때때로 어리우는 **티끌**과
　　　　　　　　　　　　　번뇌, 번민
속임 없는 **눈물**의 간곡한 방울방울,
　　　　순수, 진실
푸른 밤 고이 맺는 이슬 같은 보람을
　　　　　　　　　고귀한 가치
보밴 듯 감추었다 내어 드리지,」
　　　　　　　　　　　　　　　　　　　　　– 김영랑, 〈내 마음을 아실 이〉
「 」: '내 마음'의 번뇌와 순수, 고귀한 삶의 가치를
모두 임에게 바치겠다는 의미　**주제** 내 마음을 알아줄 임에 대한 간절한 그리움

나 파란 녹이 낀 **구리거울** 속에 / 내 얼굴이 남아 있는 것은
　　　　　　자아 성찰의 매개체　　망국민의 부끄러운 모습
어느 왕조(王朝)의 유물(遺物)이기에 / 이다지도 욕될까.
　　　　　　　　　　　　① 역사에 대한 반감 ② 무기력한 자신에 대한 혐오
　　　　　　　　　　　　　　　　　　　　　– 윤동주, 〈참회록(懺悔錄)〉
　　　　　　　　　　　주제 자기 성찰을 통한 현실 극복 의지

다 아아, **님**은 갔지마는 나는 님을 보내지 아니하였습니다.
　　　　조국, 민족, 연인, 부처, 진리 등
제 곡조를 못 이기는 사랑의 노래는 님의 침묵을 휩싸고 돕니다.
임에 대한 북받치는 사랑과 믿음　　　　　　　현실 – 임의 부재
　　　　　　　　　　　　　　　　　　　　　– 한용운, 〈님의 침묵〉
　　　　　　　　　　　주제 임을 향한 영원한 사랑

라 **북쪽 툰드라**에도 찬 새벽은 / **눈** 속 깊이 **꽃맹아리**가 옴작거려
　　　　　혹독한 현실　　　　　　강인한 의지와 생명력, 희망
제비 떼 까맣게 날아오길 기다리나니. / 마침내 저버리지 못할 약속이여.
밝은 미래, 조국 광복
　　　　　　　　　　　　　　　　　　　　　– 이육사, 〈꽃〉
　　　　　　　　　　　주제 밝은 미래에 대한 소망과 신념

개념 플러스

❖ **상징과 비유의 구별이 필요할까?**

시험에서 비유와 상징의 차이를 묻지는 않습니다. 그보다는 작품에서 비유 또는 상징을 통해 드러내려는 의미를 파악하는 것이 중요합니다. 예를 들어 김수영의 〈풀〉에서 보조 관념인 '풀'의 원관념은 작품의 표면에 드러나 있지 않습니다. 하지만 작품의 맥락을 통해 '풀'이 '민중의 강인한 생명력'을 의미한다는 것을 알 수 있습니다.

☆ **개념을 완성하는 문제**

1 〈보기〉의 (　) 안에 공통적으로 들어갈 말을 쓰시오.

● 보기 ●
상징은 (　원관념　)이 암시적이고 모호하다. 따라서 상징의 기법을 사용하면 하나의 보조 관념이 다양한 (　원관념　)을 함축할 수 있다.

답 원관념

2 〈보기〉의 밑줄 친 '좁은 방'의 상징적 의미로 적절한 것은?

● 보기 ●
세상으로부터 돌아오듯이 이제 내 좁은 방에 돌아와 불을 끄옵니다. 불을 켜 두는 것은 너무나 피로한 일이옵니다. 그것은 낮의 연장이옵기에— – 윤동주, 〈돌아와 보는 밤〉

① 휴식을 취할 수 있는 공간
② 세상과 소통할 수 있는 공간
③ 외부와 접촉을 시도하는 공간
④ 절망적 상황을 인식하는 공간
⑤ 고뇌에 시달리는 고통의 공간

답 ① 해 부정적 현실을 의미하는 '세상'과 차단하기 위해 불을 끈 채 있는 '좁은 방'은 화자가 휴식을 취하며 자기 성찰을 하는 공간으로 이해할 수 있다.

3 〈보기〉를 참고할 때, **예❶** (다)의 '님'의 상징적 의미로 알맞지 않은 것은?

● 보기 ●
• 한용운 : 불교계 혁신 운동을 일으킨 승려이자 3·1 운동에 주도적으로 참여한 독립운동가

① 민족　② 부처　③ 자아
④ 조국　⑤ 진리

답 ③ 해 '님'은 시인이 승려였음을 고려할 때 '부처, 진리' 등으로 이해할 수 있고, 독립운동가였음을 고려할 때 '조국, 민족' 등으로 이해할 수 있다.

① 비유 ② 상징 ③ 개념적

2 관습적 상징 慣 익숙할 관, 習 익힐 습

- 한 사회에서 오랫동안 쓰여 그 의미가 ① ㄱ ㅅ ㅈ 으로 보편화된 상징임
- 특정 문화, 역사, 자연적 배경 속에서 의미가 고정되어 사용됨
- 의미 전달은 쉽고 명확하나 참신성이 떨어짐

예 ②
가 님이여, 당신은 의(義)가 무거웁고 황금(黃金)이 가벼운 것을 잘 아십니다.
절대적이고 초월적 존재(개인적 상징) 세속적·물질적 가치
거지의 거친 밭에 복(福)의 씨를 뿌리옵소서.
약자, 중생
님이여, 사랑이여, 옛 오동(梧桐)의 숨은 소리여.
님(은유법) – 한용운, 〈찬송〉
주제 임에 대한 송축과 기원

나 이 몸이 죽어 가서 무엇이 될고 하니,
봉래산(蓬萊山) 제일봉(第一峯)에 낙락장송(落落長松) 되어 있어,
화자의 지조와 절개
백설(白雪)이 만건곤(滿乾坤)할 때 독야청청(獨也靑靑)하리라.
왕위를 찬탈한 수양 대군 일파 지조와 절개를 지키겠다는 굳은 의지
– 성삼문의 시조
주제 죽어서도 변함없는 지조와 절개

다 남(南)으로 창(窓)을 내겠소. / 밭이 한참갈이
이상향
괭이로 파고 / 호미론 김을 매지요. //
구름이 꼬인다 갈 리 있소. / 새 노래는 공으로 들으랴오.
세속적 욕망 자연이 주는 혜택
강냉이가 익걸랑 / 함께 와 자셔도 좋소. – 김상용, 〈남으로 창을 내겠소〉
타인과 더불어 소박하게 살고자 하는 마음 주제 전원생활을 통한 달관적인 삶의 추구

개념 돋보기
❖ 관습적 상징과 그 의미 : ·비둘기 → 평화 ·매난국죽(梅蘭菊竹) → 지조, 절개
·백합 → 순결 ·십자가 → 희생, 속죄, 기독교 ·촛불 → 희망

3 원형적 상징 原 근원 원, 型 모형 형

- 인류의 되풀이되는 체험이 쌓인 결과 인간의 잠재의식에 공통적 의미로 인식되어 보편성을 띄게 된 상징임
- "② ㅂ ㄷ"를 '죽음과 재생', '생명의 어머니', '무궁과 영원' 등으로 인식하는 것이 원형적 상징에 해당함

예 ❸
가 검은 그림자 쓸쓸하면 / 마침내 호수 속 깊이 거꾸러져
암울한 시대 상황 죽음(물)의 이미지
차마 바람도 흔들진 못해라.
외부의 시련과 억압 – 이육사, 〈교목〉
주제 암담한 현실에 굴하지 않는 강인한 의지

나 이 마을 전설이 주저리주저리 열리고,
과거의 평화롭던 삶
먼 데 하늘이 꿈꾸며 알알이 들어와 박혀,
소망, 동경, 이상 – 이육사, 〈청포도〉
주제 조국 광복과 평화로운 세계에 대한 소망

다 임이여, 물을 건너지 마오. / 임은 그예 물을 건너시네.
백수광부 화자의 충만한 사랑 임과 화자의 이별
물에 휩쓸려 돌아가시니 / 가신 임을 어이할꼬.
임의 죽음
– 백수광부의 아내, 〈공무도하가(公無渡河歌)〉
주제 임을 여읜 슬픔

개념 돋보기
❖ 원형적 상징과 그 의미 : ·물 → 탄생, 죽음, 부활, 정화 ·불 → 죽음, 파괴, 소멸
·해 → 밝음, 희망 ·별 → 이상, 꿈 ·땅 → 생명, 풍요 ·흰색 → 평화, 순수

---

4 예 ②의 (가)~(다)에 쓰인 상징에 대한 이해로 적절하지 않은 것은?
① (가)의 '님'은 '절대적이고 초월적인 존재'를 의미하는 개인적 상징에 해당한다.
② (가)의 '황금'은 '순수와 불변의 가치'를 의미하는 개인적 상징에 해당한다.
③ (나)의 '낙락장송'은 '지조와 절개'를 의미하는 관습적 상징에 해당한다.
④ (다)의 '남'은 '이상향'을 의미하는 관습적 상징에 해당한다.
⑤ (다)의 '구름'은 '세속적 욕망'을 의미하는 관습적 상징에 해당한다.
답 ② 해 (가)의 '황금'은 관습적 상징을 사용하여 '세속적·물질적 가치'라는 의미를 표현한 것이다.

5 예 ②의 (가)에서 '옛 오동의 숨은 소리'의 원관념을 찾아 쓰시오.
답 님

6 다음 중, 문학 작품에서 자주 접할 수 있는 원형적 상징만으로 묶은 것은?
보기
ⓐ 비둘기 : 평화
ⓑ 흰옷 : 죽음, 사별
ⓒ 사군자 : 지조, 절개
ⓓ 불 : 죽음, 파괴, 소멸
ⓔ 바다 : 죽음, 재생, 생명
ⓕ 까마귀 : 간신배, 불의한 존재
ⓖ 하늘 : 이상, 소망, 충만한 생명력

① ⓐ, ⓑ, ⓖ   ② ⓐ, ⓓ, ⓕ
③ ⓑ, ⓒ, ⓔ   ④ ⓒ, ⓔ, ⓕ
⑤ ⓓ, ⓔ, ⓖ
답 ⑤ 해 ⓓ, ⓔ, ⓖ는 원형적 상징에 해당하고, 나머지는 관습적 상징에 해당한다.

7 예 ❸의 (다)에 쓰인 '물' 중에서 '죽음'의 의미로 사용된 '물'은 몇 행에 제시된 것인지 쓰시오.
답 3행 해 1행의 '물'은 그것을 넘지 않기를 바라는 화자의 사랑, 2행의 '물'은 물을 건너 버린 임과 화자의 이별, 3행의 '물'은 임의 죽음을 의미한다.

① 관습적 ② 바다

소재: 어떤 것을 만드는 데 바탕이 되는 재료. 작가가 작품을 통해 말하려는 것을 나타내기 위해 선택하는 글의 재료 素 본디 소, 材 재목 재

- 일상의 모든 것이 시의 ① ㅅㅈ 가 될 수 있으나 시인은 주제를 효과적으로 표현할 수 있는 재료를 선택함
- 시인은 소재를 여러 방법으로 활용해 자신의 사상이나 감정을 드러냄

1 객관적 상관물 客 손님 객, 觀 볼 관, 的 과녁 적, 相 서로 상, 關 빗장 관, 物 만물 물

- 작가가 자신의 사상과 감정을 구체적인 사물을 통해 ② ㄱㅈㅈ 으로 나타낼 때 사용하는 사물
- 시적 화자는 객관적 상관물을 자신의 정서와 대비하여 자신의 정서를 심화시키는 사물로 사용하기도 하고, 화자 자신의 정서를 자극하거나 환기하는 사물로 사용하기도 하며, 화자 자신과 정서적으로 ③ ㄷㅇㅅ 하여 감정 이입물로 사용하기도 함

1-❶ 화자의 처지나 정서와 대비되는 객관적 상관물

예❶

가 공중에 떠다니는 / 저기 저 <u>새</u>여
　　　　　　화자의 처지(옷이 없음)와 상반되는 객관적 상관물
네 몸에는 털 있고 깃이 있지. //

<u>밭</u>에는 밭곡식 / <u>논</u>에는 물벼
　　　　　　화자의 처지(밭이 없음)와 상반되는 객관적 상관물
눌하게 익어서 수그러졌네! //

초산(楚山) 지나 적유령 / 넘어선다.
평안북도에 있는 지명　고개 이름
짐 실은 저 <u>나귀</u>는 너 왜 넘니?　　　　　– 김소월, 〈서도여운(西道餘韻)〉
화자의 처지(자유를 잃음)와
동일시되는 객관적 상관물　　　주제 일제 강점하에서 자유를 빼앗긴 우리 민족의 비참한 삶

나 훨훨 나는 저 <u>꾀꼬리</u> / 암수 정답게 노니는데,
　　　　　화자의 처지(외로움)와 상반되는 객관적 상관물
외로울사 이 내 몸은 / 뉘와 함께 돌아갈꼬.　　　– 유리왕, 〈황조가(黃鳥歌)〉
　　　　함께 돌아갈 사람이 없음을 탄식함　　　주제 임과 이별한 슬픔

1-❷ 화자의 정서를 자극하거나 환기하는 객관적 상관물

예❷

가 저 산(山)에도 <u>까마귀</u>, 들에 <u>까마귀</u>,
　　　□: 화자의 정서를 자극(이별의 재촉)하는 객관적 상관물
서산(西山)에는 해 진다고 / 지저귑니다. //
갈 길이 바쁘다고, 시간이 없다고
앞 <u>강물</u>, 뒤 <u>강물</u>, / 흐르는 물은

어서 따라오라고 따라가자고
시간의 촉박함 – 이별의 재촉
흘러도 연달아 흐릅디다려.　　　　　– 김소월, 〈가는 길〉
　　　　　　　　주제 이별의 아쉬움과 미련

나 홀연 들리는 이웃집 여인의 <u>다듬이 소리</u> 〈중략〉
　　　　□: 화자의 정서를 자극(고국에 대한 그리움 유발)하는 객관적 상관물
고국을 떠나온 뒤로는 듣지를 못하였건만
화자의 상황 – 일본에 사신으로 가 머물고 있음
지금 타향에서 들으니 소리 서로 비슷하네　– 양태사, 〈야청도의성(夜聽擣衣聲)〉
고국에서 듣던 다듬이질 소리와 비슷하여 화자의 그리움을 유발함　　　주제 가을 달밤에 고국을 그리워함

☆ 개념을 완성하는 문제

1 **예❶** 의 (가)에서 화자의 정서와 대비되는 객관적 상관물로 볼 수 <u>없는</u> 것은? (정답 2개)

① 새　　② 밭　　③ 논
④ 적유령　⑤ 나귀

답 ④, ⑤ **해** '새, 밭, 논'은 옷이 없고 밭이 없는 화자의 처지와 대비되는 객관적 상관물이다. '적유령'은 고개 이름일 뿐 객관적 상관물로 볼 수 없고, '나귀'는 자유를 잃은 화자의 처지와 동일시되는 객관적 상관물이다.

2 다음 밑줄 친 소재 중, 화자의 처지 및 정서와 대비되는 것은?

① 외로운 <u>기러기</u> 쓸쓸히 날아가니 나그네는 가는 길 머뭇거리네.
② 내 임을 그리워 울고 지내더니 산 <u>접동새</u>와 난 처지가 비슷합니다.
③ 정월 <u>냇물</u>은 얼려 녹으려 하는데 세상에 태어나 이 몸은 홀로 살아가는구나.
④ 강가에 혼자 서서 지는 해를 바라보는데 사공은 어디 가고 빈 <u>배</u>만 걸려 있는가.
⑤ 하늘거리는 창가의 <u>난초</u> 가을 찬 서리에 떨어지니 너를 보며 눈물 흘러 옷소매를 적시네.

답 ③ **해** 봄이 와서 녹으려 하는 '냇물'은 홀로 살아가는 고독한 화자의 처지와 대비되는 객관적 상관물이다. 나머지는 모두 화자의 정서를 심화하거나 화자의 감정이 이입된 객관적 상관물이다.

3 **예❷** 의 (나)에서 '다듬이 소리'가 환기하는 화자의 정서를 3음절로 쓰시오.

답 그리움 **해** 낯선 이국땅에서 살아가는 화자는 이웃집 여인의 '다듬이 소리'를 들으며 고국을 그리워하고 있다.

4 다음 밑줄 친 소재 중, 나머지와 성격이 이질적인 것은?

① 보슬보슬 <u>봄비</u>가 연못에 내리니 시름에 겨워 뜰에 나서네.
② <u>꾀꼬리</u> 울음소리 고향 꿈을 깨워 고향을 돌아보니 눈물이 쏟아지네.
③ 임의 소식은 아득한데 벽 가운데 <u>청사초롱</u>은 누구를 위하여 밝혀 놓았는가.
④ 어버이 그리워하는 뜻은 많기도 많은데 어디서 <u>외기러기</u>는 슬피 울며 가는가.
⑤ 강가의 <u>기러기</u> 높이 떠 북쪽으로 날아가니 만 리 밖의 나그네 애를 끊는구나.

답 ④ **해** ④의 '외기러기'는 어버이를 그리워하며 슬퍼하는 화자의 감정이 이입된 객관적 상관물이다. 나머지는 모두 화자의 정서를 자극하거나 환기하는 객관적 상관물이다.

① 소재 ② 간접적 ③ 동일시

1-❸ 화자의 정서가 이입된 객관적 상관물(감정 이입물)

2 자연물 自 스스로 자, 然 그럴 연, 物 물건 물

- 시에 등장하는 자연 또는 자연을 구성하는 사물
- 시에서 자연물은 ①ㅊㅎ의 대상, 삶의 교훈을 주는 대상, 인간의 삶과 대비가 되는 대상 등으로 사용됨
- 고전 시가에서 자연물은 주로 ②ㅎㅇ의 대상으로 사용됨

2-❶ 친화의 대상으로서의 자연물

- 화자가 자연에 ③ㄷㅎ되거나 자연과 하나가 되고 싶은 마음을 드러냄
- 고전 시가에 특히 많이 나타남. 현대시에서는 김관식의 〈거산호 2〉, 김상용의 〈남으로 창을 내겠소〉, 박목월의 〈산이 날 에워싸고〉, 조지훈의 〈파초우〉 등에 나타남

---

5 예❸의 (가)~(다)에서 객관적 상관물에 이입된 화자의 정서를 바르게 정리한 것은?

	(가)	(나)	(다)
✔	슬픔	슬픔	서러움
②	그리움	억울함	설렘
③	정겨움	행복함	그리움
④	서운함	원통함	고단함
⑤	아쉬움	그리움	애절함

답 ① 해 (가)의 '사슴의 무리'에는 임의 죽음으로 인한 화자의 슬픔이 이입되어 있고, (나)의 '물'에는 임(단종)과 이별한 화자의 슬픔이 이입되어 있으며, (다)의 '새'에는 암울한 현실로 인한 화자의 서러움이 이입되어 있다.

6 예❸(나)의 특징을 〈보기〉와 같이 정리할 때, ( ) 안에 들어갈 알맞은 말을 2음절로 쓰시오.

> ● 보기 ●
> 화자는 임과 이별한 비통한 심정을 흘러가는 '물'에 (의탁)* 하여 마치 '물'이 그렇게 느끼는 것처럼 표현하고 있다.
>
> * 어떤 것에 몸이나 마음을 의지하여 맡김

답 의탁 해 '어떤 것에 몸이나 마음을 의지하여 맡김'을 뜻하는 말은 '의탁'이다. 어떤 대상에 화자의 감정을 이입하여 표현할 때, 흔히 그 대상에 화자의 마음을 의탁했다고 표현하기도 한다.

7 예❹(가)의 종장에 드러난 화자의 태도를 나타내기에 적절한 한자 성어는?

- ✔ 물아일체(物我一體)
- ② 설상가상(雪上加霜)
- ③ 수신제가(修身齊家)
- ④ 청풍명월(淸風明月)
- ⑤ 화중지병(畫中之餅)

답 ① 해 자연과 하나 되어 근심 걱정을 잊고 살고자 하는 화자의 태도는 '물아일체'가 가장 적절하다. / ② 난처한 일이나 불행한 일이 잇따라 일어남 ③ 몸과 마음을 닦아 수양하고 집안을 다스림 ④ 맑은 바람과 밝은 달 ⑤ 그림의 떡

8 예❹의 (나)에 대한 설명으로 가장 적절한 것은?

- ① 역동적인 백록담의 모습을 그리고 있다.
- ✔ 자연과 합일된 화자의 모습을 드러내고 있다.
- ③ 인간과 자연의 대비를 통해 주제를 강조하고 있다.
- ④ 자연물을 활용하여 애상적 분위기를 자아내고 있다.
- ⑤ 자연물에 감정을 이입하여 반성적 태도를 부각하고 있다.

답 ② 해 화자는 백록담에서 기도도 잊을 만큼 자연에 도취되고 자연과 합일된 모습을 보이고 있다.

2-❷ 삶의 교훈을 주는 대상으로서의 자연물

- 화자가 자연을 통해 삶의 ①ㄱㅎ을 얻음
- 윤선도의 〈오우가〉 등 고전 시가에 많이 나타나며, 현대시에서는 김광섭의 〈산〉, 서정주의 〈무등을 보며〉, 황지우의 〈겨울-나무로부터 봄-나무에로〉 등에 나타남

예❺
무정(無情)히 서 있는 바위 유정(有情)하여 보이는구나.
　　　　　　　　　화자가 예찬하는 대상 – 인간의 삶에 교훈을 주는 자연물
최령(最靈)한 오인(吾人)도 직립불의(直立不依) 어렵건만
가장 신령스러운 우리　　　　　　　　　꼿꼿이 섬
오랜 세월 곧게 선 자태 변할 적이 없구나.
　　　　　　　　　　　　　　　　　　　　– 박인로, 〈입암이십구곡〉
인간보다 우월한 바위의 특성
주제 바위의 곧고 변함없는 모습 예찬

2-❸ 삶과 대비가 되는 대상으로서의 자연물

- 화자의 정서 및 인간의 삶과 자연의 속성을 ②ㄷㅂ하여 화자의 정서를 강조함
- 이색의 〈부벽루〉, 두보의 〈춘망〉 등 고전 시가에 많이 나타나며, 현대시에서는 김관식의 〈거산호 2〉, 김광규의 〈달팽이의 사랑〉, 김용택의 〈들국〉 등에 나타남

예❻
오백 년 도읍지를 필마(匹馬)로 돌아드니
　　　　　　고려의 옛 수도인 송도
산천(山川)은 의구(依舊)하되 인걸(人傑)은 간 데 없다.
　　　　자연과 인간을 대비하여 무상감을 드러냄
어즈버 태평연월(太平烟月)이 꿈이런가 하노라.
　　　　고려의 융성했던 시절
　　　　　　　　　　　　　　　　– 길재의 시조
주제 고려 왕조에 대한 회고와 인생무상

3 매개체 媒 중매 매, 介 (사이에) 낄 개, 體 몸 체

- 작가가 표현하려는 사상이나 정서를 다른 사물을 통해 ③ㄱㅈㅈ으로 표현할 때 사용하는 사물
- 객관적 상관물(감정 이입물)도 매개체임

예❼ 가
산모퉁이를 돌아 논가 외딴 우물을 홀로 찾아가선 가만히 들여다봅니다.
　　　　　　　　　자아 성찰의 매개체　　　　객관적 성찰

우물 속에는 달이 밝고 구름이 흐르고 하늘이 펼치고 파아란 바람이 불고 가을이 있습니다.
　　　　　순수하고 아름다운 풍경 – '사나이'의 초라한 모습과 상반됨

그리고 한 사나이가 있습니다.
　　　　　우물에 비친 자신의 모습 – 암담한 현실을 살고 있는 초라한 자아
어떤지 그 사나이가 미워져 돌아갑니다.
　　　　　현실에 안주하려는 자신에 대한 부끄러움
　　　　　　　　　　　　　　– 윤동주, 〈자화상〉
주제 자아 성찰과 자신에 대한 애증

나
묏버들 가려 꺾어 보내노라 님에게
화자의 사랑을 전하는 매개체
자시는 창밖에 심어 두고 보소서.
주무시는
밤비에 새잎이 나거든 날인가도 여기소서.
　　　　　　　　　　　　　　– 홍랑의 시조
자신을 잊지 말아 달라는 간절한 당부
주제 임에게 보내는 사랑

---

9 예❺에 나타난 시적 화자의 태도로 적절한 것은?

① 자연 속에서 유교적 충의를 다지고 있다.
② 자연물을 매개로 과거의 삶을 되돌아보고 있다.
③ 자연물을 활용하여 현실의 고단함을 드러내고 있다.
④ 자연물의 모습에서 본받을 만한 점을 이끌어 내고 있다.
⑤ 자연과 인간을 대비하여 인생의 덧없음을 한탄하고 있다.

답 ④ 해 [예5]에서는 인간도 꼿꼿이 서 있기가 어려운데 바위는 오랜 세월 곧게 선 모습이 변하지 않는다며, 바위(자연물)의 모습에서 인간이 본받을 만한 점을 이끌어 내고 있다.

10 예❻의 내용에 어울리는 한자 성어는?

① 감개무량(感慨無量)
② 맥수지탄(麥秀之嘆)
③ 조변석개(朝變夕改)
④ 청출어람(靑出於藍)
⑤ 풍수지탄(風樹之嘆)

답 ② 해 [예6]은 고려의 옛 도읍지를 돌아보며 느낀 애상감과 망국의 한을 노래한 작품이다. 이러한 내용에는 고국의 멸망을 한탄함을 이르는 말인 '맥수지탄'이 가장 어울린다. / ① 마음속에서 느끼는 감동이나 느낌이 끝이 없음 ③ 계획이나 결정 따위를 일관성이 없이 자주 고침 ④ 제자나 후배가 스승이나 선배보다 나음 ⑤ 효도를 다하지 못한 채 어버이를 여읜 자식의 슬픔

11 예❼의 (가)에서 '우물'을 바라보는 화자의 태도로 알맞은 것은?

① 낭만적　　② 성찰적
③ 의지적　　④ 저항적
⑤ 희망적

답 ② 해 이 시에서 '우물'은 자아 성찰의 매개체 역할을 하는데, 화자는 우물 속에 비친 자신의 모습을 객관적으로 성찰하며 부끄러움을 느끼고 있다.

12 예❼의 (나)에서 '묏버들'의 상징적 의미로 알맞은 것은?

① 가족애
② 굳은 절개
③ 변함없는 자연
④ 인생의 무상감
⑤ 임에 대한 사랑

답 ⑤ 해 화자가 임에게 보낸 '묏버들'은 비록 임과 떨어져 있더라도 마음만은 항상 임의 곁에 있겠다는 다짐을 표현한 것이다. 따라서 '묏버들'은 임에 대한 화자의 사랑을 의미한다.

개념 ① 교훈 ② 대비 ③ 간접적

[01~03] 다음 시를 읽고 물음에 답하시오.

가 슬프나 즐거오나 옳다 하나 외다 하나
    내 몸의 해올 일만 닦고 닦을 뿐이언정
    그 밖의 여남은 일이야 분별할 줄 이시랴.　〈제1수〉
    ▶ 제1수: 신념에 충실한 강직한 삶

    내 일 망령된 줄을 내라 하여 모를 것인가
    이 마음 어리석기도 임 위한 탓이로세
    아무가 아무리 일러도 임이 생각하여 보소서.　〈제2수〉
    ▶ 제2수: 억울한 심정의 하소연과 결백 주장

    추성(楸城)* 진호루(鎭胡樓) 밖에 울어 예는 저 시내야
    므음 호리라 주야에 흐르는가
    임 향한 내 뜻을 좇아 그칠 줄을 모르는가.　〈제3수〉
    ▶ 제3수: 임금을 향한 변함없는 충성심

    뫼는 길고 길고 물은 멀고 멀고
    어버이 그린 뜻은 많고 많고 하고 하고
    어디서 외기러기는 울고 울고 가느니.　〈제4수〉
    ▶ 제4수: 부모님에 대한 그리움

    어버이 그릴 줄을 처음부터 알아마는
    임금 향한 뜻도 하늘이 삼겨시니
    진실로 임금을 잊으면 그 불효인가 여기노라.　〈제5수〉
    ▶ 제5수: 연군지정(戀君之情)의 당위성
    – 윤선도, 〈견회요(遣懷謠)〉
    주제 유배지에서 느낀 우국충정과 부모님에 대한 그리움
    * 추성(楸城): 지은이가 유배되었던 함경북도 경원

나 제비는 물을 차고, 기러기 무리져서 거지중천(居之中天)
에 높이 떠서 두 나래 훨씬 펴고, 펄펄펄 백운 간(白雲間)에
높이 떠서 천 리 강산 머나먼 길을 어이 갈꼬 슬피 운다.
『원산(遠山)은 첩첩(疊疊), 태산(泰山)은 주춤하여, 기암(奇
巖)은 층층(層層), 장송(長松)은 낙락(落落), 에이구부러져 광
풍(狂風)에 흥을 겨워 우줄우줄 춤을 춘다.』
『층암 절벽상(層巖絶壁上)의 폭포수(瀑布水)는 콸콸, 수정
렴(水晶簾) 드리운 듯, 이 골 물이 주루루룩, 저 골 물이 쏼
쏼, 열에 열 골 물이 한데 합수(合水)하여 천방져 지방져 소
쿠라지고 펑퍼져, 넌출지고 방울져, 저 건너 병풍석(屛風石)
으로 으르렁 콸콸 흐르는 물결이 은옥(銀玉)같이 흩어지니,』
소부 허유(巢父許由) 문답하던 기산 영수(箕山潁水)*가 예 아
니냐.
    – 작자 미상, 〈유산가(遊山歌)〉
    주제 봄 경치 완상과 그 흥취
    * 기산 영수(箕山潁水): 중국 요임금 때 소부와 허유가 명리(名利)를 피하여
    은거한 곳

01

(가)에 대한 설명으로 적절하지 <u>않은</u> 것은?

① 불가능한 상황을 설정하여 현실을 도피하고 있다.
② 대구적 표현을 사용하여 운율감을 형성하고 있다.
③ 음보를 규칙적으로 사용하여 리듬감을 부여하고 있다.
④ 의문의 형식을 사용하여 화자의 생각을 강조하고 있다.
⑤ 동일한 시어를 반복함으로써 화자의 심화된 정서를 나타내
   고 있다.

답 ① **해** (가)에서는 불가능한 상황을 설정하거나 현실을 도피하는 모습을 찾아볼 수
없다. / ② '뫼는 길고 길고 / 물은 멀고 멀고'에서 대구적 표현을 확인할 수 있다. ③ 4
음보를 규칙적으로 사용하고 있다. ④ '분별할 줄 이시랴', '모를 것인가', '모르는가' 등
에서 의문의 형식을 확인할 수 있다. ⑤ '길고 길고', '멀고 멀고', '많고 많고', '하고 하
고' 등에서 동일한 시어의 반복을 확인할 수 있다.

02

(가)에 나타난 표현상 특징으로 적절한 것은?

① 반어적 표현을 통해 시적 긴장감을 높이고 있다.
② 설의적 표현을 통해 화자의 의지를 드러내고 있다.
③ 점강적 표현을 통해 대상의 특성을 강조하고 있다.
④ 과장된 표현을 통해 현실 비판 의식을 나타내고 있다.
⑤ 감각적 표현을 통해 대상의 아름다움을 나타내고 있다.

답 ② **해** 〈제1수〉의 '그 밖의 여남은 일이야 분별할 줄 이시랴.'에서 설의적 표현을 사
용하여 자기가 할 일 외에 다른 일은 염두에 두지 않겠다는 화자의 의지를 드러내고 있
다. 〈제2수〉의 '내 일 망령된 줄을 내라 하여 모를 것인가.'에서도 설의적 표현을 사용
하여 자신의 모든 행동이 임을 위한 행동이었음을 강조하고 있다. 또 〈제3수〉의 '임 향
한 내 뜻을 좇아 그칠 줄을 모르는가.'에서도 설의적 표현을 통해 임을 따르고자 하는
화자의 의지를 강조하고 있다.

03

(나)의 표현상 특징으로 적절하지 <u>않은</u> 것은?

① 시선의 이동에 따라 시상을 전개하고 있다.
② 대구를 활용하여 리듬감을 만들어 내고 있다.
③ 비유적 표현으로 대상의 이미지를 형상화하고 있다.
④ 역설적 표현을 사용하여 화자의 정서를 강조하고 있다.
⑤ 음성 상징어를 다채롭게 구사하여 생동감을 살리고 있다.

답 ④ **해** 역설적 표현은 겉으로는 이치에 맞지 않는 듯하지만 그 속에 진실을 담고
있는 표현법으로, (나)에는 역설적 표현이 사용되지 않았다. / ① '거지중천 → 원산
→ 태산(기암 → 장송 → 폭포)'으로 이어지는 시선의 이동에 따라 시상을 전개하였다.
② '기암은 층층 / 장송은 낙락', '이 골 물이 주루루룩 / 저 골 물이
쏼쏼' 등에서 대구를 활용하였다. ③ 의인법, 직유법 등의 비유적 표현을 사용하였다.
⑤ 의성어와 의태어를 사용하여 대상을 생동감 있게 묘사하였다.

(가) 나 보기가 역겨워
몹시 싫어서
가실 때에는
이별의 상황 가정
말없이 고이 보내 드리우리다.
이별에 대한 순종과 체념의 정서(소극적 태도)
□ : 각운을 통한 운율감 형성, 여성적 어조
▶ 1연: 이별의 상황에 대한 체념

영변에 약산
진달래꽃으로 유명한 산
진달래꽃
화자의 분신이자 사랑의 표상
아름 따다 가실 길에 뿌리우리다.
떠나는 임의 앞길을 축복함 – 산화공덕(散花功德)
▶ 2연: 떠나는 임에 대한 축복

가시는 걸음걸음
놓인 그 꽃을
임에 대한 화자의 희생적 사랑
사뿐히 즈려밟고 가시옵소서.
자기희생을 통해 이별의 한을 숭고한 사랑으로 승화함
▶ 3연: 임에 대한 희생적 사랑

『나 보기가 역겨워
『 』: 변형된 수미상관 – 운율감 형성, 의미 강조
가실 때에는
죽어도 아니 눈물 흘리우리다.』
슬픔을 참고 견디겠다는 의미(반어법, 도치법)
– 애이불비(哀而不悲)의 정서
▶ 4연: 인고를 통한 이별의 슬픔 극복

– 김소월, 〈진달래꽃〉
주제 이별의 정한(情恨)과 그 승화

(나) 죽는 날까지 하늘을 우러러
윤리적 판단의 절대적 기준 – 양심을 비추어 보는 거울
한 점 부끄럼이 없기를,
순수한 삶에 대한 의지 – 화자의 엄격한 윤리 의식
잎새에 이는 바람에도
화자의 내면적 갈등과 동요
나는 괴로워했다.
이상과 현실 사이의 갈등에서 오는 고뇌
▶ 1연 1~4행: 부끄러움 없는 삶에 대한 소망(과거)
별을 노래하는 마음으로
희망, 이상적 가치, 순수한 소망과 양심
모든 죽어 가는 것을 사랑해야지
억압받는 모든 대상(일제 강점기의 우리 민족)
그리고 나한테 주어진 길을
부끄러움 없는 삶 – 민족을 위한 화자의 소명 의식
걸어가야겠다.
의지적 태도
▶ 1연 5~8행: 순수한 삶에 대한 결의(미래)

오늘 밤에도 별이 바람에 스치운다.
부정적 현실(일제 강점기)   현실의 시련과 고뇌   ▶ 2연: 어두운 현실에 대한 자각(현재)
– 윤동주, 〈서시〉
주제 부끄러움 없는 삶에 대한 소망과 의지

04

(가), (나)의 공통점으로 적절한 것은?

① 자연물을 이용해 화자의 정서를 표현하고 있다.
② 대조적 이미지를 형성하여 시상을 전개하고 있다.
③ 역설적 상황을 통해 부정적 현실을 비판하고 있다.
④ 비유적 표현을 통해 대상에 대한 거부감을 나타내고 있다.
⑤ 음성 상징어를 사용하여 대상이 지닌 슬픔을 표현하고 있다.

답 ① 해 (가)에서는 '진달래꽃'이라는 자연물을 이용해 임을 향한 화자의 사랑과 이별의 슬픔을 드러내고 있다. 그리고 (나)에서는 '하늘, 바람, 별' 등의 자연물을 이용해 암울한 현실 속에서도 순수한 삶을 살겠다는 화자의 의지를 나타내고 있다.

05

(가)에 대한 설명으로 적절하지 않은 것은?

① 수미상관의 구성 방식으로 안정감이 느껴진다.
② 임과 이별하는 상황을 설정하여 시상을 전개하고 있다.
③ 여성적 어조로 이별의 아픔을 애절하게 드러내고 있다.
④ 급격한 시상 전환을 통해 화자의 심리를 나타내고 있다.
⑤ 특정 지명을 통해 토속적 · 향토적 정서를 조성하고 있다.

답 ④ 해 (가)는 우리 민족의 전통적 정서라고 할 수 있는 이별의 정한(情恨)을 애절한 여성적 어조로 일관되게 표현하고 있다. 따라서 급격한 시상의 전환이 나타난다고 볼 수 없다. / ①은 1연과 4연, ②는 1연의 '나 보기가 역겨워 / 가실 때에는', ③은 '–우리다'와 같은 전통적인 여인의 목소리, ⑤는 2연의 '영변에 약산'에서 각각 확인할 수 있다.

06

(나)에 대한 설명으로 알맞지 않은 것은?

① 고백적 어조로 엄숙한 분위기를 자아내고 있다.
② '별'과 '바람'의 이미지를 대조해 주제를 드러내고 있다.
③ '과거 → 현재 → 미래'의 순서로 시상이 전개되고 있다.
④ 상징적 표현으로 화자가 처한 상황과 정서를 표현하고 있다.
⑤ 역사와 현실 인식을 바탕으로 화자가 해야 할 일을 밝히고 있다.

답 ③ 해 (나)는 '과거 → 미래 → 현재'의 시간적 흐름에 따라 시상이 전개되고 있다. 1연의 1~4행에서 화자는 부끄러움이 없는 삶을 살고자 고뇌했던 과거의 경험을 드러내고 있고, 1연의 5~8행에서 화자는 자신에게 주어진 길을 꿋꿋하게 걸어가겠다며 미래에 대한 다짐을 드러내고 있다. 그리고 2연에서 화자는 자신이 처해 있는 현재의 암담한 현실에 대한 자각을 드러내고 있다.

(가) 강호(江湖)에 병이 깊어 죽림(竹林)에 누웠더니
전석고황, 연하고질   은거지(전남 창평)   : 화자의 여정
관동 팔백 리의 방면을 맡기시니
강원도 지역   관찰사의 소임
어와 성은(聖恩)이야 갈수록 망극하다.
임금의 은혜

(가)의 표현상 특징으로 적절하지 <u>않은</u> 것은?

① 대구의 방식을 활용하여 리듬감을 부여하고 있다.

② 대상을 점층적으로 강조하여 시적 긴장감을 높이고 있다.

③ 감각적 심상을 활용하여 대상을 생동감 있게 묘사하고 있다.

④ 비유의 방식을 사용하여 대상이 지닌 속성을 부각하고 있다.

⑤ 영탄법을 사용하여 화자의 감정을 직접적으로 표출하고 있다.

답 ② **해** 대상을 점층적으로 강조한 부분은 나타나 있지 않으며, 이를 통한 시적 긴장 감도 찾을 수 없다. / ① '은 같은 무지개 / 옥 같은 용의 꼬리', '들을 적에는 우레더니 / 볼 때는 눈이로다.'에서 확인할 수 있다. ③ '섞여 돌며 뿜는 소리 십 리에 잦았으니' 등 에서 확인할 수 있다. ④ '은 같은 무지개, 옥 같은 용의 꼬리'에서 확인할 수 있다. ⑤ '어와(아아)'라는 감탄사에서 확인할 수 있다.

연추문 들이달아 경회 남문 바라보며

하직하고 물러나니 옥절이 앞에 섰다.

평구역 말을 갈아 흑수로 돌아드니

섬강은 어디메요 치악이 여기로다.

소양강 내린 물이 어디로 흘러드나

고신거국(孤臣去國)에 백발도 많기도 많구나.

동주에서 밤 겨우 새워 북관정에 오르니

삼각산 제일봉이 어쩌면 보이리라.

궁예 왕 대궐 터에 오작 지저귀니

천고(千古) 흥망을 아는가 모르는가.

회양 옛 이름이 마침 같을시고.

급장유* 풍채를 고쳐 아니 볼 것인가.

영중(營中)이 무사(無事)하고 시절이 삼월인 적에

화천 시내 길이 풍악으로 뻗어 있다.

행장(行裝)을 다 떨치고 석경(石逕)에 막대 짚어

백천동 곁에 두고 만폭동 들어가니

　은(銀) 같은 무지개 옥(玉) 같은 용의 꼬리

[A] 섞여 돌며 뿜는 소리 십 리에 잦았으니

　들을 적에는 우레더니 / 볼 때는 눈이로다.

– 정철, 〈관동별곡〉

＊급장유: 한나라 무제 때의 충신. 회양 태수로 있으면서 백성들을 잘 다 스렸다고 함

[A]에 대한 설명으로 적절하지 <u>않은</u> 것은?

① 대상의 역동적인 모습을 묘사하고 있다.

② 구절과 구절이 율격적인 대응을 이루고 있다.

③ '무지개'와 '용의 꼬리'는 폭포를 비유한 것이다.

④ 공감각적 이미지를 통해 대상을 형상화하고 있다.

⑤ '은'과 '옥'은 대상의 고결한 이미지를 표현한 것이다.

답 ④ **해** [A]에서는 원경과 근경의 폭포를 '우레'와 '눈'으로 비유하여 각각 청각적 이 미지와 시각적 이미지를 드러내고 있을 뿐, 공감각적 이미지는 사용되지 않았다.

(나) 모란이 피기까지는

나는 아직 나의 봄을 기다리고 있을 테요.

모란이 뚝뚝 떨어져 버린 날,

나는 비로소 봄을 여읜 설움에 잠길 테요.

오월 어느 날, 그 하루 무덥던 날,

떨어져 누운 꽃잎마저 시들어 버리고는

천지에 모란은 자취도 없어지고,

뻗쳐 오르던 내 보람 서운케 무너졌느니,

모란이 지고 말면 그뿐, 내 한 해는 다 가고 말아,

삼백예순 날 하냥 섭섭해 우옵내다.

모란이 피기까지는

나는 아직 기다리고 있을 테요, 찬란한 슬픔의 봄을.

– 김영랑, 〈모란이 피기까지는〉

(나)의 표현상 특징과 효과에 대한 설명으로 적절하지 <u>않은</u> 것은?

① 대화의 형식을 통해 청자와의 친밀감을 드러내고 있다.

② 특정한 시어나 시구를 반복하여 운율감을 드러내고 있다.

③ 역설적 표현을 통해 대상에서 느끼는 모순된 감정을 강조 하고 있다.

④ 일반적인 문장 성분의 순서를 바꾸어 화자의 간절한 심정 을 나타내고 있다.

⑤ 작품의 처음과 끝에 유사한 시행을 배치하여 형태적인 안 정감을 주고 있다.

답 ① **해** (나)에서 화자인 '나'는 모란(소망, 아름다움)에 대한 간절한 기다림을 독백 형식으로 나타내고 있다. 대화 형식은 사용되지 않았다. / ② '모란', '봄' 등의 시어와 '모란이 피기까지는', '나는 아직 기다리고 있을 테요' 등의 시구가 반복되고 있다. ③ '찬란한 슬픔의 봄'에서 확인할 수 있다. ④ '나는 아직 기다리고 있을 테요, 찬란한 슬픔의 봄을.'에서 확인할 수 있다. ⑤ 1, 2행의 내용을 일부 변형하 여 끝부분에 배치하고 있다.

05 시상 전개 방식

개념 열기 ① 톡톡! 시상 전개 방식

시상 전개 방식: 시인이 시를 통해 자신의 생각이나 느낌을 잘 전달하기 위해 선택하는 시의 조직 방법　詩 시 시, 想 생각 상, 展 펼 전, 開 열 개

- 시를 짓기 위한 ① [ㅅ][ㅁ][ㄹ]가 되는 생각, 시인이 표현하려는 정서나 감정을 '시상'이라고 함
- 시인과 독자의 원활한 소통, 효과적인 표현을 위해 일정한 ② [ㅈ][ㅅ]와 규칙에 따라 시구나 소재 등을 배열함

탐구 하기　다음 시에서 시상 전개 방식을 확인해 보자.

모란이 피기까지는
　　화자가 추구하는 아름다움을 상징, 소망의 대상
나는 아직 나의 봄을 기다리고 있을 테요.
　　소망을 포기하지 않을 것임을 보여 줌　　　　　▶ 1, 2행: 모란이 피기를 기다림
모란이 뚝뚝 떨어져 버린 날,
　　깊은 절망감의 표현
나는 비로소 봄을 여읜 설움에 잠길 테요.
　　　　모란이 떨어진 슬픔 – 삶의 보람과 의미를 잃은 슬픔
오월 어느 날, 그 하루 무덥던 날,
　　　봄의 막바지 – 봄의 상실
떨어져 누운 꽃잎마저 시들어 버리고는

천지에 모란은 자취도 없어지고,

뻗쳐 오르던 내 보람 서운케 무너졌느니,
　　모란이 피었을 때의 보람을 잃고 화자의 소망도 무너짐
모란이 지고 말면 그뿐, 내 한 해는 다 가고 말아,
　　화자에게 모란이 인생 그 자체임을 드러냄 – 유미주의적 태도(아름다움을 최고로 여기는 태도)
삼백예순 날 하냥 섭섭해 우옵내다.　　　　　　　▶ 3~10행: 모란을 잃은 설움
　　서러운 정감의 깊이　　'늘'의 방언
모란이 피기까지는　　　　　　　　　　모란을 보는 기쁨과 모란이 지는
　　『 』: 수미상관과 도치를 통해 의미 강조　슬픔을 복합적으로 표현(역설법)
나는 아직 기다리고 있을 테요, 찬란한 슬픔의 봄을.
　　여전히 – 화자의 숙명적인 기다림　　　　　　▶ 11, 12행: 모란이 다시 피기를 기다림
　　　　　　　　　　　　　　　　　　　　　　– 김영랑, 〈모란이 피기까지는〉
　　　　　　　　　　　　　　　주제　모란(소망, 아름다움)에 대한 기다림

- -

[문제] 이 시의 시상 전개 방식에 대한 설명으로 적절한 것은?

① 공간의 이동에 따라 시상을 전개하고 있다.

② 계절의 변화를 통해 시상을 전개하고 있다.

③ 수미상관의 방식으로 시상을 전개하고 있다.

④ 화자의 상황 변화에 따라 시상을 전개하고 있다.

⑤ 화자의 시선의 이동에 따라 시상을 전개하고 있다.

답 ③　해 이 시는 처음 2행을 마지막 2행에서 변형하여 반복하는 수미상관의 방식으로 시상을 전개하고 있다.

개념 플러스

⊙ 시상 전개 방식이 왜 중요할까?

　시상 전개 방식을 물을 때는 보통 내용의 흐름, 주제 의식, 화자의 정서와 태도 변화 등을 함께 묻곤 합니다. 이는 시상 전개 방식이 시의 구성 요소 및 내용 요소와 긴밀하게 연관되어 있기 때문입니다. 따라서 시상 전개 방식을 파악하는 것은 곧 시의 내용과 주제, 시적 화자의 정서와 태도를 이해하는 과정이기도 합니다.

🌐 개념을 완성하는 활동

1　이 시의 시적 화자는 누구인가?
　답 나

2　이 시의 중심 소재를 2음절의 한 단어로 쓰시오.
　답 모란

3　화자의 안타까움을 강조한 표현이자 모란이 떨어지는 모습을 나타낸 2음절의 의태어를 찾아 쓰시오.
　답 뚝뚝

4　마지막 행에 사용된 표현법 두 개를 쓰시오.
　답 역설법, 도치법

5　이 시의 시상 전개 과정을 다음과 같이 정리할 때, ㉠에 들어갈 알맞은 말을 3음절로 쓰시오.

1, 2행	→	3~10행	→	11, 12행
기다림		㉠		기다림

　답 상실감　해 이 시는 '봄을 기다림 → 봄을 잃은 상실감 → 다시 봄을 기다림'의 순환 구조로 시상이 전개되고 있다.

정답 ① 밑바탕 ② 질서

시간의 변화

시간의 변화: 시간의 변화에 따라 시상을 전개하는 방식

1 시간의 순행적 변화 順 따를 순, 行 갈 행

- 하루 중의 시간의 변화, ①ㄱㅈ의 변화, 시제의 변화, 시대의 변화 등을 시간의 순행적 흐름에 따라 제시함
- '아침→점심→저녁→밤', '봄→여름→가을→겨울', '과거→현재→미래' 등과 같이 시간의 흐름에 따라 시상이 전개됨
- 김광규의 〈동서남북〉, 백석의 〈여우난골족〉, 신석정의 〈꽃덤불〉 등

예❶

가 까마득한 날에 / 하늘이 처음 열리고 〈중략〉
〔과거〕
지금 눈 내리고 / 매화 향기 홀로 아득하니 〈중략〉
〔현재〕
다시 천고(千古)의 뒤에
〔미래 – 고통스러운 현실(일제 강점기)이 극복된 때〕
백마(白馬) 타고 오는 초인(超人)이 있어
— 이육사, 〈광야〉

'과거 → 현재 → 미래'의 시간의 흐름에 따른 전개
주제 조국 광복에의 신념과 의지

나 봄 물은 사방 못에 가득하고
여름 구름이 기이한 봉우리에 모이네.
가을 달은 밝은 빛을 뿌리고
겨울 산마루턱에 외로운 소나무 우뚝하네.
— 도연명, 〈사시(四時)〉

계절의 변화에 따른 전개
주제 자연에서 느끼는 사계절의 변화

2 시간의 역순행적 변화 逆 거스릴 역, 順 따를 순, 行 갈 행

※ 시에서의 역순행적 시상 전개에 대해서는 이견이 있음. 내신에 대비할 때는 학교 수업 내용에 따르기 바랍니다.

- 시간의 순서를 뒤집어서 시상을 전개함
- 현재 다음에 과거가 오는 시간의 ②ㅇㅈ(逆轉)이 일어남

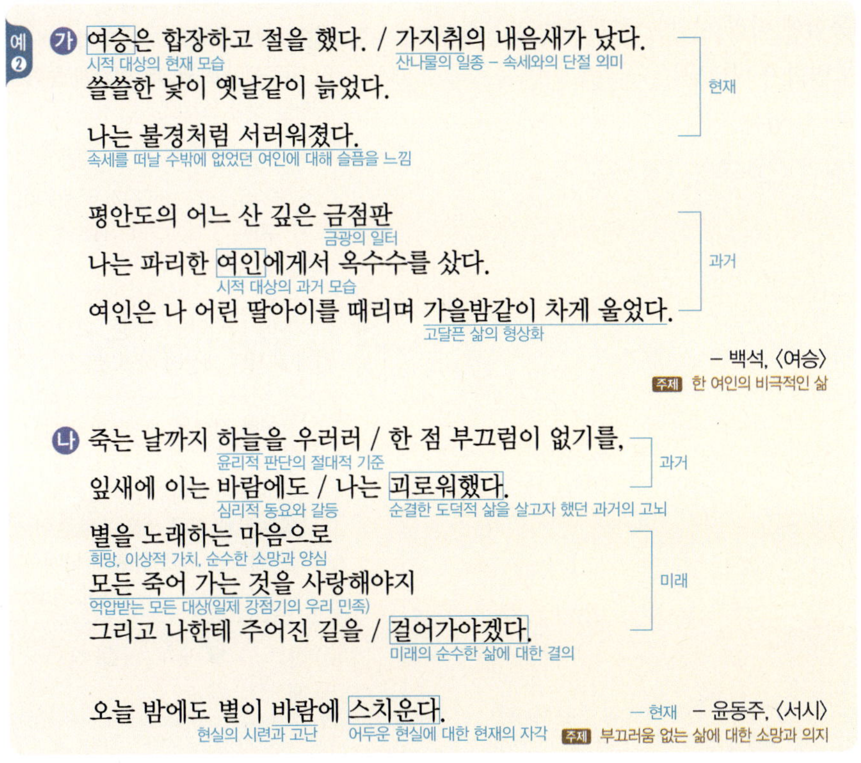

❖ '시간의 변화'와 관련된 선택지 구성

주어진 작품이 시간의 흐름에 따라 전개되고 있다는 점을 제대로 파악했는지 묻는 경우가 많습니다. 아울러 시간의 경과나 계절의 변화 등에 따라 시의 내용이나 화자의 정서가 어떻게 변화했는지를 함께 묻기도 합니다.

☆ 개념을 완성하는 문제

1 예❶의 (가)가 '과거 → 현재 → 미래'로 시상이 전개된다고 할 때, '미래'를 나타내는 시어를 찾아 2어절로 쓰시오.
답 천고의 뒤

2 예❶의 (나)에 대한 설명으로 가장 적절한 것은?
① 반복을 통해 의미를 강조하였다.
② 공간의 이동에 따라 시상을 전개하였다.
③ 사계절의 변화를 시각적으로 형상화하였다.
④ 인간과 자연을 대비하여 주제를 부각하였다.
⑤ 애상적 분위기를 자아내는 자연물을 나열하였다.
답 ③ 해 계절별로 '물', '구름', '달', '소나무' 등의 소재를 활용하여 자연에서 느껴지는 사계절의 변화를 시각적으로 형상화하고 있다.

3 예❷의 (가)에 대한 설명으로 가장 적절한 것은?
① 시각을 청각화한 공감각적 표현이 나타난다.
② 화자는 시적 대상을 냉소적으로 바라보고 있다.
③ 화자의 시선이 원경에서 근경으로 이동하고 있다.
④ 시간의 변화가 시상 전개에 중요한 역할을 하고 있다.
⑤ 계절의 변화를 통해 시적 상황의 전환을 드러내고 있다.
답 ④ 해 이 시는 현재 여승이 된 여인을 만난 시적 화자가 여인의 기구했던 과거의 삶을 떠올리는 구조로 이루어져 있다. 따라서 시간의 변화가 시상 전개에 중요한 역할을 하고 있다고 볼 수 있다.

4 예❷의 (나)에서 시간의 변화에 따른 화자의 태도를 다음과 같이 정리할 때, ㉠에 들어갈 알맞은 말을 2음절로 쓰시오.

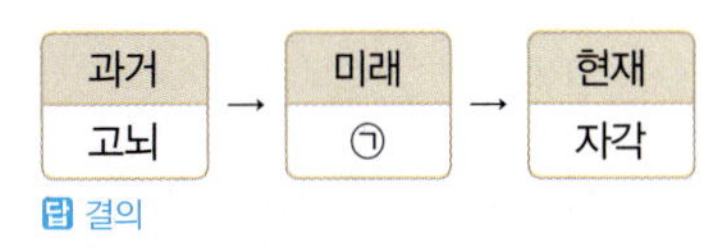

답 결의

1 게재 2 역전

공간·시선의 이동

공간·시선의 이동 : 공간(장소)이나 시선의 이동에 따라 시상을 전개하는 방식

1 공간의 이동 空 빌 공. 間 사이 간

- 화자 또는 시적 대상이 여러 ① ㄱㄱ 을 이동하며 시상을 전개하는 방식임
- '안 → 밖', '집 → 자연' 등으로 화자 또는 대상의 움직임이 드러남
- 김종삼의 〈누군가 나에게 물었다〉, 박목월의 〈나무〉, 신경림의 〈농무〉 등

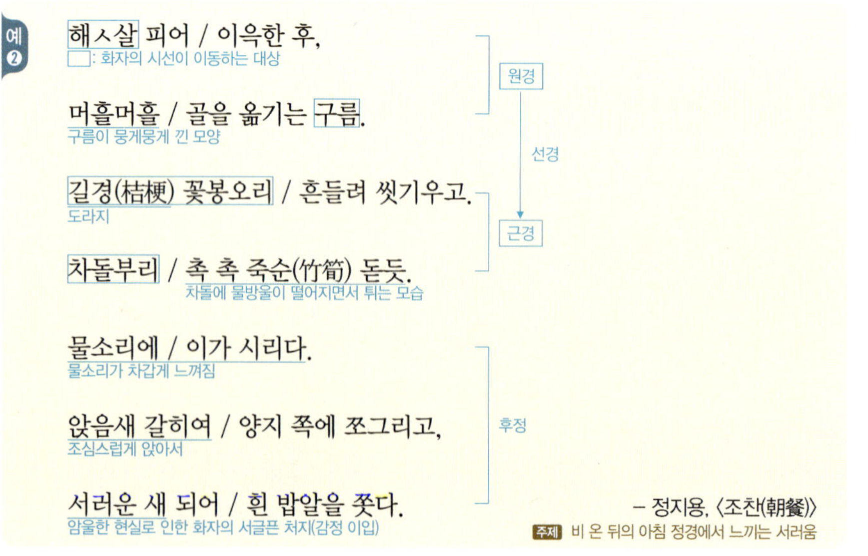

예 ①

1 절정에 가까울수록 뻐꾹채꽃 키가 점점 소모된다. 한 마루 오르면 허리
가 스러지고 다시 한 마루 우에서 모가지가 없고 나중에는 얼굴만 갸웃 내다
본다. 〈중략〉

4 귀신도 쓸쓸하여 살지 않는 한 모롱이, 도체비꽃이 낮에 혼자 무서워 파
랗게 질린다.

5 바야흐로 해발 육천 척 우에서 마소가 사람을 대수롭게 아니 여기고 산
다. 〈중략〉

6 첫 새끼를 낳노라고 암소가 몹시 혼이 났다. 얼결에 산길 백 리를 돌아
서귀포로 달아났다. 〈중략〉

7 물푸레 동백 떡갈나무 속에서 나는 길을 잘못 들었다가 다시 췱넌출 기
어간 흰 돌박이 고부랑길로 나섰다. 〈중략〉

9 가재도 기지 않는 백록담 푸른 물에 하늘이 돈다. 불구에 가깝도록 고단
한 나의 다리를 돌아 소가 갔다.

– 정지용, 〈백록담〉

주제 백록담 등정에서 느끼는 물아일체의 경지

2 시선의 이동 視 볼 시. 線 줄 선

- 화자가 직접 이동하지 않고 ② ㅅㅅ 이 이동함에 따라 시상을 전개하는 방식임
- '아래 ↔ 위', '근경 ↔ 원경' 등으로 시선의 변화가 나타남
- ③ ㅅㄱㅈ 이미지가 강조되는 효과를 거둘 수 있음
- 김광균의 〈데생〉, 김영랑의 〈오월〉, 박목월의 〈산도화〉, 〈청노루〉 등

예 ②

해ㅅ살 피어 / 이윽한 후,

□ : 화자의 시선이 이동하는 대상

머흘머흘 / 골을 옮기는 구름.

길경(桔梗) 꽃봉오리 / 흔들려 씻기우고.

차돌부리 / 촉 촉 죽순(竹筍) 돋듯.

물소리에 / 이가 시리다.

앉음새 갈히여 / 양지 쪽에 쪼그리고,

서러운 새 되어 / 흰 밥알을 쫏다.

– 정지용, 〈조찬(朝餐)〉

주제 비 온 뒤의 아침 정경에서 느끼는 서러움

☆ 개념을 완성하는 문제

1 예① 에서 화자의 여정에 해당하지 않는 것은?

① 한 모롱이 ② 해발 육천 척 우
③ 서귀포 ④ 고부랑길
⑤ 백록담

답 ③ 해 '서귀포'는 새끼를 낳느라고 혼이 난 암소가 달아난 곳일 뿐, 화자가 이동한 곳이 아니다.

2 예① 에 대한 설명으로 적절하지 않은 것은?

① 공간의 이동에 따라 시상을 전개하고 있다.
② 현재형 시제를 사용하여 현장감을 주고 있다.
③ 백록담 등반 과정을 구체적으로 제시하고 있다.
④ 자연을 파괴하는 인간의 문명을 비판하고 있다.
⑤ 등반 과정에서 본 풍경을 담담하게 묘사하고 있다.

답 ④ 해 [예1]에 자연을 파괴하는 인간의 문명을 비판하는 장면은 나타나 있지 않다.

3 예② 에서 화자의 시선이 다음과 같이 이동했다고 할 때, 빈칸에 들어갈 소재를 찾아 쓰시오.

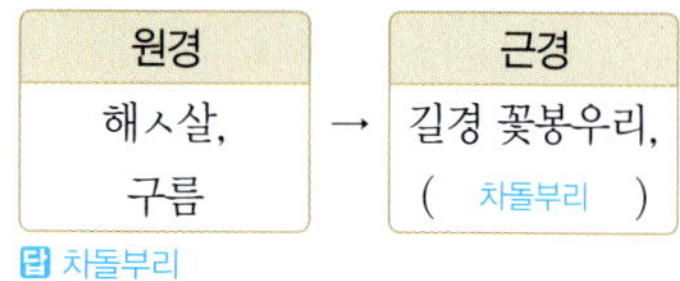

원경		근경
해ㅅ살, 구름	→	길경 꽃봉오리, (차돌부리)

답 차돌부리

4 〈보기〉에 나타난 소재 중, 화자의 시선에 포착된 대상이 아닌 것은?

> ─ 보기 ─
> 산이란 산에는 새 한 마리 날지 않고
> 길마다 사람 자취 끊어졌는데,
> 외로운 배 위에 삿갓 쓴 늙은이
> 눈 내리는 강에서 홀로 낚시질 하네.
> – 유종원, 〈강설〉

① 산 ② 새 ③ 길
④ 배 ⑤ 눈

답 ② 해 '새 한 마리 날지 않고'라고 하였으므로, '새'는 화자의 시선에 포착된 대상이 아니다.

정답 ① 공간 ② 시선 ③ 시각적

선경후정: 시의 앞부분에서는 풍경을 그리듯이 보여 주고(선경), 뒷부분에서는 화자의 정서를 표현(후정)하는 시상 전개 방식 先 먼저 선, 景 경치 경, 後 뒤 후, 情 뜻 정

- 시의 전반부 : 외적 요소의 묘사, ① ㄱ ㅊ 묘사 – 서경 敍 쓸 서, 景 경치 경
- 시의 후반부 : 화자의 내적 상태, 감정, 정서 표현 – 서정 敍 쓸 서, 情 뜻 정
- 한시의 전형적인 전개 방식임
- 유리왕의 〈황조가〉, 김광균의 〈추일서정〉, 조지훈의 〈봉황수〉등

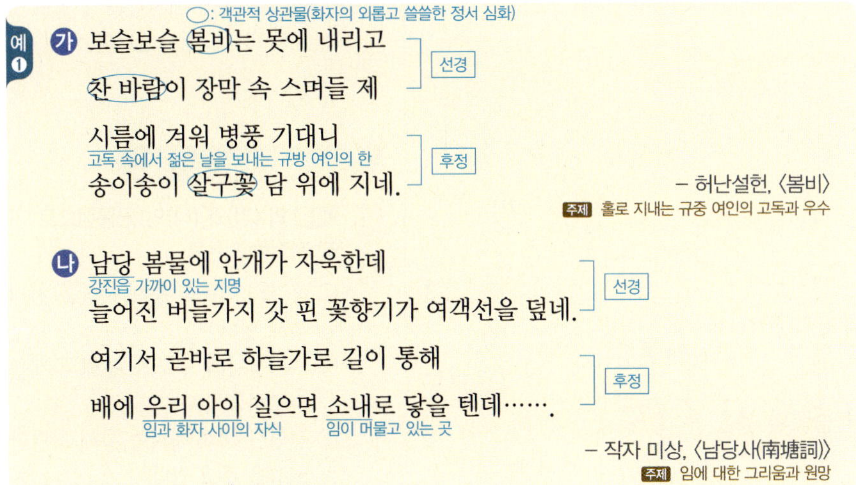

기승전결: '시상의 제시[기] — 시상의 발전, 심화[승] — 시상의 고조, 전환[전] — 시상의 마무리, 정서 제시[결]' 순으로 시상을 전개하는 방식

- 구성의 ② ㅇ ㄱ ㅅ 과 안정감을 느끼게 하는 전개 방식임
- 한시의 전개 방식에서 나온 것임
- 현대시 일부와 최치원의 〈제가야산독서당〉, 정지상의 〈송인〉, 이제현의 〈사리화〉, 허난설헌의〈빈녀음〉 등 절구(絕句)로 된 모든 한시가 해당됨

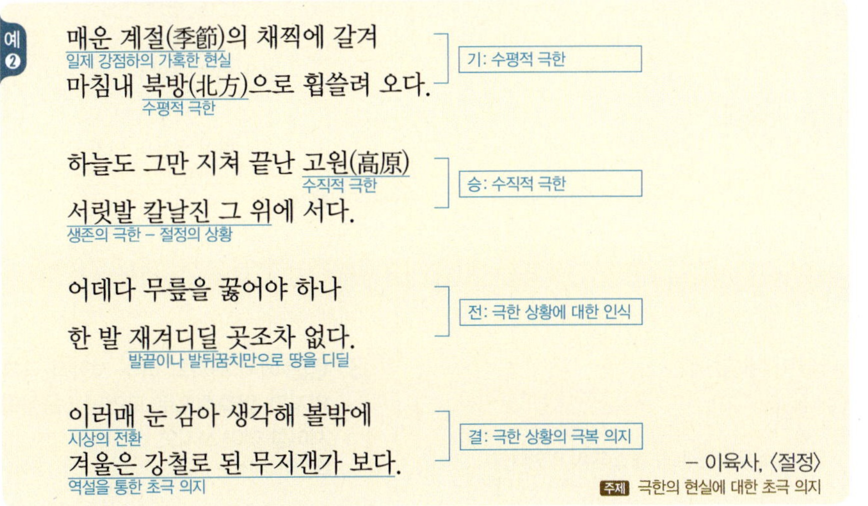

◎ **'선경 후정'과 관련된 선택지 구성**

기본적으로 작품에 나타난 선경후정의 시상 전개 방식을 제대로 파악했는지를 묻습니다. 아울러 작품의 뒷부분에 제시되는 화자의 정서와 태도를 바르게 이해했는지를 함께 묻는 경우가 많습니다.

☆ **개념을 완성하는 문제**

1 예①의 (가)와 (나)에 사용된 시상 전개 방식을 고려할 때, '후정'에 나타나는 화자의 정서로 적절한 것은?

① (가) : 가난한 삶의 한탄
② (가) : 탈속적 삶에 대한 갈망
③ (나) : 임에게 가고 싶은 마음
④ (나) : 현재의 삶에 대한 만족감
⑤ (가), (나) : 자식을 잃은 슬픔

답 ③ 해 '배에 우리 아이 실으면 소내로 닿을 텐데……'에는 아이를 데리고 임이 있는 곳으로 가고 싶은 소망이 담겨 있다.

2 예①의 (가)에서 화자의 정서를 환기하는 객관적 상관물로 볼 수 없는 것은? (정답 2개)

① 봄비   ② 못
③ 찬 바람   ④ 병풍
⑤ 살구꽃

답 ②, ④ 해 '봄비', '찬 바람', '살구꽃'은 화자의 외롭고 쓸쓸한 정서를 심화시키는 객관적 상관물이다.

3 예②에서 시상이 전환되면서 현실 초극의 의지가 제시되고 있는 연의 첫 어절을 찾아 쓰시오.

답 이러매

4 〈보기〉는 '기승전결'의 구조로 이루어진 5언 절구의 한시이다. '전'과 '결'에서 확인할 수 있는 '스님'의 태도는?

> ──── 보기 ────
> 절집이 흰 구름에 묻혀 있기에,
> 흰 구름을 스님은 쓸지를 않아.
> 바깥 손님 와서야 문 열어 보니
> 온 산의 송화는 하마 쇠었네.
> – 이달, 〈불일암 인운 스님에게〉

① 냉소적   ② 방관적
③ 비판적   ④ 탈속적
⑤ 체념적

답 ④ 해 손님이 와서 문을 열어 보고 나서야 계절의 변화를 알게 된다는 표현을 통해 '스님'의 탈속적 경지를 확인할 수 있다.

정답 ① 구체성 ② 긴밀함

수미상응: 시의 처음과 끝에 형태적, 의미적으로 동일하거나 유사한 시구를 배열하는 시상 전개 방식 首 머리 수, 尾 꼬리 미, 相 서로 상, 應 응할 응

- 시의 처음과 끝이 균형을 이루어 형태상의 ^①[ㅇㅈㄱ]을 얻을 수 있음
- 운율감 형성과 의미의 강조 효과를 얻을 수 있으며, 여운을 남김
- 곽재구의 〈새벽 편지〉, 김소월의 〈진달래꽃〉, 김수영의 〈사령〉, 이용악의 〈그리움〉, 조지훈의 〈승무〉, 한용운의 〈나룻배와 행인〉 등

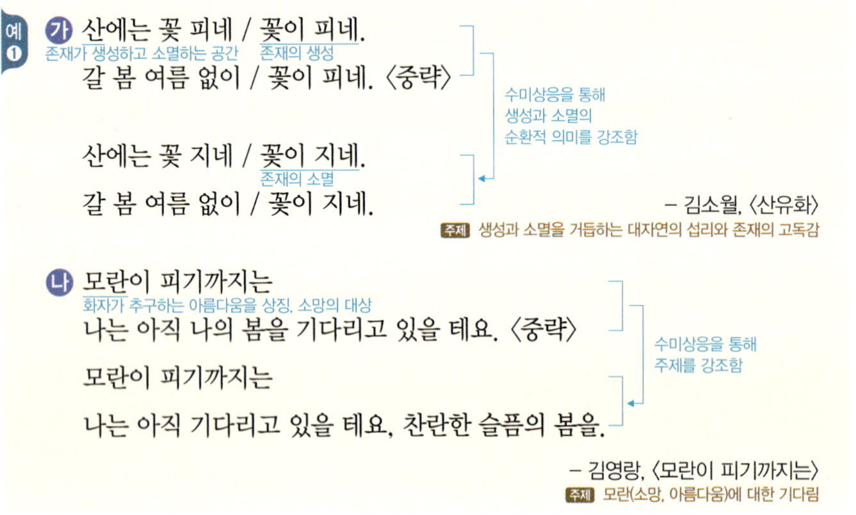

시상의 전환: 시의 분위기나 화자의 정서를 나타내는 어조가 급격하게 바뀌는 시상 전개 방식 轉 구를 전, 換 바꿀 환

- 부정적인 어조(슬픔, 절망, 고통 등)가 ^②[ㄱㅈㅈ]으로 전환되거나 분위기나 정서가 반전(反轉)됨
- 김영랑의 〈독을 차고〉, 신동집의 〈오렌지〉, 이수익의 〈결빙의 아버지〉, 이육사의 〈절정〉, 한용운의 〈님의 침묵〉 등

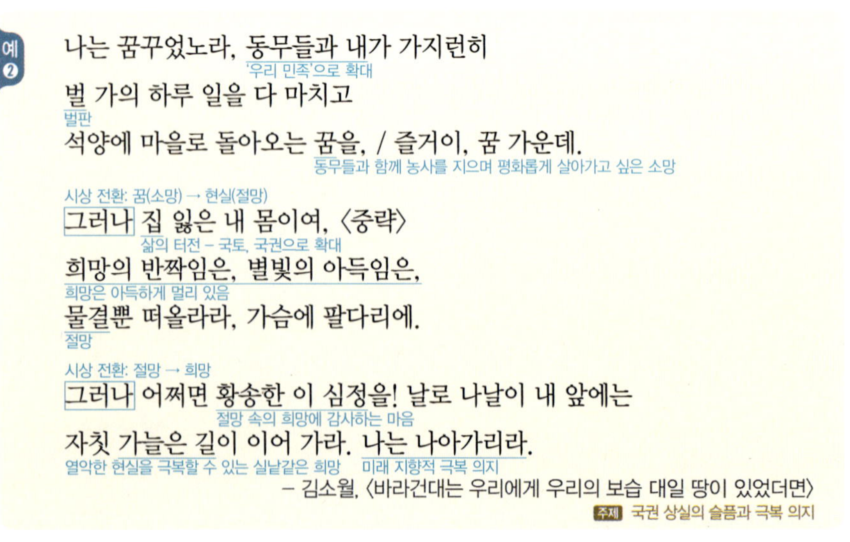

'수미상응'이라는 명칭의 이해

'수미상응'은 '수미상관(首尾相關)' 또는 '수미쌍관(首尾雙關)'이라고도 합니다. 머리[首]와 꼬리[尾]가 서로 관련이 있다는 뜻입니다. 기출 선택지에서는 '첫 연과 끝 연을 대응시켜', '처음과 끝을 유사하게 하여', '처음과 끝을 동일한 내용으로 상응시켜' 등과 같이 제시되기도 합니다. 특히 앞부분을 변형하여 끝부분에 배치하는 '변형된 수미상응'의 파악도 중요합니다.

☆ **개념을 완성하는 문제**

1 예①의 (가)와 (나)의 공통점으로 가장 적절한 것은?

① 공간의 이동을 통해 시상을 전개하고 있다.
② 수미상관의 구조를 통해 주제를 강조하고 있다.
③ 선명한 색채 대비를 통해 강렬한 느낌을 주고 있다.
④ 선경후정의 방식을 통해 화자의 정서를 드러내고 있다.
⑤ 어순의 도치를 통해 말하고자 하는 바를 부각하고 있다.

답 ② 해 (가)와 (나)는 모두 앞부분의 내용을 일부 변형하여 끝부분에 다시 배치하는 수미상관의 방식으로 주제를 강조하고 있다.

2 예②에 나타난 어조의 변화를 〈보기〉와 같이 정리할 때, (   ) 안에 들어갈 알맞은 말을 2음절로 쓰시오.

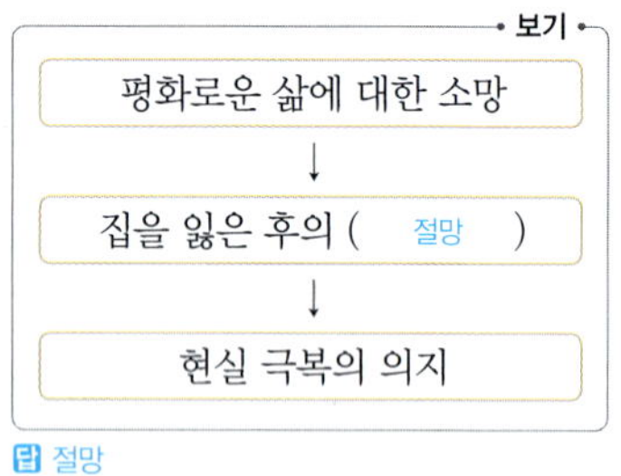

답 절망

3 예②에서 화자의 미래 지향적 극복 의지가 압축적으로 드러난 5음절의 시어를 찾아 쓰시오.
답 나아가리라

유사 구조의 반복

유사 구조의 반복: 같거나 비슷한 문장 구조를 반복하는 시상 전개 방식

類 무리 유, 似 닮을 사

- ① **통사** 구조의 반복이라고 하며, 운율을 형성하게 됨
- 문장 성분의 배열 관계가 같거나 비슷하게 반복됨
- 김광규의 〈대장간의 유혹〉, 김동명의 〈내 마음은〉, 신동엽의 〈산에 언덕에〉 등

예 ❶

산에나 올라서서
고향을 그리워하며 오르는 공간
바다를 보라

사면(四面)에 백열 리, 창파(滄波) 중에
백십 리 – 고향과의 거리감
객선(客船)만 둥둥…… 떠나간다
화자와 대조적인 존재 ① – 고향에 대한 그리움의 심화

명산대찰(名山大刹)이 그 어디메냐
이름난 산과 큰 절 – 기원의 공간
향안, 향탑, 대그릇에

석양이 산머리 넘어가고

사면에 백열 리, 물소리라 〈중략〉

들에나 내려오면
향수를 떨치지 못하는 공간
치어다보라

해님과 달님이 넘나든 고개
화자와 대조적인 존재 ② – 부러움의 대상
구름만 첩첩…… 떠돌아간다
화자와 대조적인 존재 ③ – 고향에 대한 그리움의 심화

'산에나 올라서서 ~ 보라 ~ 떠나간다'
≒ '들에나 내려오면 ~ 보라 ~ 떠돌아간다'
→ 유사한 통사 구조를 반복하여
   고향에 대한 그리움을 강조함

– 김소월, 〈집 생각〉
주제 고향을 그리워하는 애틋하고 안타까운 마음

대상의 열거

대상의 열거: 유사한 기능을 하거나 의미의 유사성을 가진 대상을 열거하여 시상을 전개하는 방식 列 벌일 열, 擧 들 거

- 소재의 열거를 통해 화자의 정서나 주제 의식을 ② **강조**함
- 소재를 열거하는 유사한 문장 구조가 반복되기도 함
- 기형도의 〈빈집〉, 백석의 〈모닥불〉 등

예 ❷

별 하나에 추억과 / 별 하나에 사랑과

별 하나에 쓸쓸함과 / 별 하나에 동경과

별 하나에 시와 / 별 하나에 어머니, 어머니.
□ : 별을 하나씩 세며 그리움의 대상들을 열거함

어머님, 나는 별 하나에 아름다운 말 한마디씩 불러 봅니다. 소학교 때 책상을 같이했던 아이들의 이름과, 패, 경, 옥, 이런 이국 소녀들의 이름과, 벌써 아기 어머니 된 계집애들의 이름과, 가난한 이웃 사람들의 이름과, 비둘기, 강아지, 토끼, 노새, 노루, '프랑시스 잠', '라이너 마리아 릴케', 이런 시인의 이름을 불러 봅니다.

– 윤동주, 〈별 헤는 밤〉
□ : 화자가 그리워하는 대상을 구체적으로 열거함
주제 아름다운 과거에 대한 추억과 자아 성찰

개념 플러스

◇ '표현 방법'인가 '시상 전개 방식'인가?
'반복'과 '열거'는 표현 방법에서도 다루었습니다. 표현 방법과 시상 전개 방식을 굳이 구분할 필요는 없습니다. 작품 전반에 어떤 표현이 두드러지게 나타난다면 그것을 시상 전개 방식으로 볼 수 있을 것입니다.

☆ 개념을 완성하는 문제

1 예 ❶ 에 대한 설명으로 적절한 것은?

① 선경후정의 구조로 이루어져 있다.
② 시선의 이동에 따라 시상이 점층적으로 고조되고 있다.
③ 자연물을 활용하여 문명에 대한 거부감을 표출하고 있다.
④ 유사한 통사 구조를 반복하여 화자의 정서를 부각하고 있다.
⑤ 음성 상징어의 사용으로 대상이 지닌 슬픔을 부각하고 있다.

답 ④ **해** '산에나 올라서서 ~ 떠나간다'와 '들에나 내려오면 ~ 떠돌아간다'에서 유사한 통사 구조를 반복하여 고향에 대한 그리움을 부각하고 있다.

2 예 ❷ 에서 대상의 열거를 통해 강조하고 있는 화자의 정서는?

① 설렘 ② 경건함
③ 그리움 ④ 허무함
⑤ 평화로움

답 ③ **해** 화자가 그리워하는 대상을 구체적으로 열거함으로써 화자의 그리움을 강조하고 있다.

3 〈보기〉의 종장에 나타난 표현의 효과로 가장 적절한 것은?

> **보기**
>
> 꾀꼬리 우는 소리에 낮잠 깨어 일어나 보니
> 작은아들 글 읽고 며늘아기 베 짜는데 어린 손자는 꽃놀이한다.
> 때마침 지어미 술 거르며 맛보라고 하더라. – 오경화의 시조

① 반복을 통해 소망을 드러내고 있다.
② 반복을 통해 고향에 대한 그리움을 강조하고 있다.
③ 열거를 통해 가족의 일상을 표현하고 있다.
④ 열거를 통해 서민의 삶을 해학적으로 그리고 있다.
⑤ 열거를 통해 부정적인 세태를 우의적으로 풍자하고 있다.

답 ③ **해** 열거법을 사용하여 글 읽고 베 짜고 꽃놀이하는 가족의 한가로운 일상을 표현하였다.

① 통사 ② 강조

점층적 강조 : 행이나 연의 확장과 함께 시의 의미를 심화시키는 전개 방식

漸 점점 점, 層 층 층

- 화자의 정서, 시적 상황 등이 점점 ① ㄱ ㅈ 되고, 시어의 의미가 구체화됨
- 김수영의 〈눈〉, 박목월의 〈이별가〉, 백석의 〈수라〉 등

> **예❶**
>
> 나는 온몸에 햇살을 받고,
>
> ㉠푸른 하늘 푸른 들이 맞붙은 곳으로,
> _{희망의 세계 – 해방된 국토}
> 가르마 같은 논길을 따라 ㉡꿈속을 가듯 걸어만 간다.
> _{몽환적 세계 – 감격의 표현}
>
> 각 연마다 행의 길이가 점층적으로 길어지면서 내용이 심화됨
>
> ㉢입술을 다문 하늘아, 들아,
> _{표현의 자유를 박탈당한 답답한 현실}
> 내 맘에는 나 혼자 온 것 같지를 않구나!
>
> 네가 끌었느냐, 누가 부르더냐, ㉣답답워라. 말을 해 다오. 〈중략〉
> _{국권 상실의 비애}
>
> 나는 온몸에 풋내를 띠고,
>
> ㉤푸른 웃음, 푸른 설움이 어우러진 사이로,
> _{봄에서 느낀 기쁨과 국권 상실의 현실이 주는 슬픔의 시각화}
> 다리를 절며 하루를 걷는다. 아마도 봄 신령이 지폈나 보다.
> _{기쁨과 슬픔이 교차하는 정서적 불균형 상태}
>
> – 이상화, 〈빼앗긴 들에도 봄은 오는가〉
> **주제** 국권 상실의 울분과 국권 회복에 대한 염원

대비 : 둘 이상의 대상이 지닌 상반되는 점(이미지, 의미, 색채, 과거와 현재, 자연과 인간 등)을 견주어 표현하는 시상 전개 방식 對 대할 대, 比 견줄 비

- 대비를 통해 대상의 상태와 주제를 ② ㅅ ㅁ 하게 부각함
- 1 : 1 대응 방식으로 시상이 전개됨
- 긍정적 · 부정적 이미지의 대비는 상반된 이미지의 소재가 대칭적으로 제시됨
- 색채의 대비는 ③ ㅅ ㄱ 적 이미지를 부각함
- 과거와 현재의 대비는 화자가 현재 상황에 만족하지 못하거나 과거를 추억하는 양상을 보이기도 함
- 인간과 자연의 대비는 인간의 삶과 자연물의 속성이 대조됨
- 계절의 대비는 서로 다른 두 계절이 지닌 특징을 활용하여 시상을 전개함 (봄 – 생동감, 여름 – 열정, 가을 – 차분하고 쓸쓸함, 겨울 – 시련과 고통 등)

> **예❷**
>
> **가** 북쪽 툰드라에도 찬 새벽은 / 눈 속 깊이 꽃맹아리가 옴작거려
> _{극한 상황, 혹독한 현실}　_{고난과 시련}　_{강인한 의지와 생명력, 희망}
> 제비 떼 까맣게 날아오길 기다리나니. / 마침내 저버리지 못할 약속이여.
> _{밝은 미래, 조국 광복}　_{조국 광복에 대한 확신}
>
> – 이육사, 〈꽃〉
> **주제** 밝은 미래에 대한 소망과 신념
>
> **나** 하늘 밑 푸른 바다가 가슴을 열고
> _{푸른색}
> 흰 돛단배가 곱게 밀려서 오면
> _{흰색}
>
> 푸른색과 흰색의 색채 대비 – 선명한 이미지 형성
>
> – 이육사, 〈청포도〉
> **주제** 조국 광복과 평화로운 세계에 대한 소망

☆ **개념을 완성하는 문제**

1 **예❶**에서 시행의 점층적 확장을 통해 표출되고 있는 화자의 정서를 고려할 때, ㉠~㉤의 의미로 알맞지 <u>않</u>은 것은?

① ㉠ : 희망의 세계
② ㉡ : 몽환적 도취
❸ ㉢ : 부정적 현실의 극복 의지
④ ㉣ : 국권 상실의 비애
⑤ ㉤ : 기쁨과 슬픔의 복합적 상태

답 ③ **해** ㉢은 자유를 박탈당한 암담한 현실을 나타낸 것일 뿐, 부정적 현실의 극복 의지를 나타낸 것이 아니다.

2 **예❶**에서 화자의 불안정한 심리 상태가 행동으로 표출된 시구를 찾아 4어절로 쓰시오.

답 다리를 절며 하루를 걷는다

3 **예❷**의 (가)에서 긍정적 의미를 가진 소재 두 개를 찾아 쓰시오.

답 꽃맹아리, 제비 떼

4 **예❷**의 (나)에 사용된 대비의 방식과 가장 유사한 것은?

① 산천은 의구하되 인걸은 간 데 없다.
❷ 흰나비는 도무지 바다가 무섭지 않다.
③ 산은 옛 산이로되 물은 옛 물이 아니로다.
④ 배꽃 같던 요 내 얼굴 호박꽃이 다 되었네.
⑤ 비 갠 긴 언덕엔 풀빛이 푸른데, 남포에서 임 보내며 슬픈 노래 부르네.

답 ② **해** [예]2의 (나)에는 푸른색과 흰색의 색채 대비가 사용되었다. 이와 마찬가지로 색채 대비가 사용된 것은 ②이다.

5 〈보기〉에 활용된 대비의 방법은?

> ┌─ **보기**
> 백옥같이 희던 살이 황금같이 누렇게 되었으며
> 　삼단같이 검은 머리 다박솔이 되었으며 〈중략〉
> 　단사같이 붉던 입술 외밭고랑 되었구나. – 작자 미상, 〈백발가〉

① 색채의 대비
❷ 과거와 현재의 대비
③ 자연과 인간의 대비
④ 희망과 시련이라는 의미의 대비
⑤ 동적 이미지와 정적 이미지의 대비

답 ② **해** 과거(소년 시절의 외모)와 현재(노인의 외모)를 대비하여 방탕하게 보낸 젊은 시절에 대한 회한과 늙음에 대한 탄식을 드러내고 있다.

┌──────────────────────┐
│ ① 구체화 ② 선명 ③ 시각 │
└──────────────────────┘

[01~02] 다음 시를 읽고 물음에 답하시오.

가 잃어버렸습니다.
참된 자아의 상실
무얼 어디다 잃었는지 몰라

두 손이 주머니를 더듬어
내면세계
길에 나아갑니다.
자아 탐색의 과정   ▶ 1연: 참된 자아의 상실

돌과 돌과 돌이 끝없이 연달아

길은 돌담을 끼고 갑니다.
자아의 회복을 가로막는 장애물 – 억압적 시대 상황

담은 쇠문을 굳게 닫아
참된 자아의 세계로 향하는 통로를 가로막는 장애물
길 위에 긴 그림자를 드리우고
암울한 상황

「길은 아침에서 저녁으로
「 」참된 자아의 회복을 위한 자기 성찰의 과정은 끊임이 없음
저녁에서 아침으로 통했습니다.」   ▶ 2~4연: 참된 자아를 찾는 과정

「돌담을 더듬어 눈물짓다
「 」참된 자아를 회복하지 못하는 것에 대해 부끄러움을 느낌
처다보면 하늘은 부끄럽게 푸릅니다.」   ▶ 5연: 부끄러움의 인식
현실적 자아를 일깨우는 존재 – 성찰의 매개체

풀 한 포기 없는 이 길을 걷는 것은
암담한 현실
담 저쪽에 내가 남아 있는 까닭이고,
화자의 지향점   참된 자아

「내가 사는 것은, 다만,
현실적 자아
잃은 것을 찾는 까닭입니다.」「 」참된 자아를 회복하려는 결의
참된 자아   ▶ 6, 7연: 참된 자아의 회복과 현실 극복에 대한 의지
– 윤동주, 〈길〉
주제 참된 자아의 회복과 현실 극복에 대한 의지

나 「내 가슴에 독(毒)을 찬 지 오래로다
일제 강점기의 암담한 현실에 대한 대결 의지
아직 아무도 해(害)한 일 없는 새로 뽑은 독

벗은 그 무서운 독 그만 흩어 버리라 한다
현실 순응적 인물
나는 그 독이 선뜻 벗도 해할지 모른다 위험하고」
「 」벗의 충고와 '나'의 대답   ▶ 1연: 독을 차고 살아가는 '나'의 태도

「독 안 차고 살아도 머지않아 너 나 마주 가 버리면
죽어 버리면
억만 세대(億萬世代)가 그 뒤로 잠자코 흘러가고

나중에 땅덩이 모지라져 모래알이 될 것임을
닳아 없어져
'허무(虛無)한듸!' 독은 차서 무엇하느냐고?」
「 」벗의 충고 – 허무주의적 세계관   ▶ 2연: 허무주의적 세계관을 가진 벗의 충고

아! 내 세상에 태어났음을 원망 않고 보낸

어느 하루가 있었던가, '허무한듸!' 허나
허무함에 대한 화자의 인정 시상 전환
앞뒤로 덤비는 이리 승냥이 바야흐로 내 마음을 노리매
일제   순결한 삶에의 의지

내 산 채 짐승의 밥이 되어 찢기우고 할퀴우라 내맡긴 신
화자가 처한 처참한 현실 – 일제 강점하의 삶
세임을   ▶ 3연: 독을 차고 살 수밖에 없는 '나'의 현실

나는 독을 차고 선선히 가리라

막음 날 내 외로운 혼(魂) 건지기 위하여.
죽는 날   일제에 저항하는 민족정신   ▶ 4연: 독을 차고 살아가려는 '나'의 의지
– 김영랑, 〈독을 차고〉
주제 식민지 현실에 대한 대결 의지

01

(가)의 시상 전개 방법으로 알맞은 것은?

① 시간의 변화에 따른 전개로 객관적 사실을 묘사하고 있다.

② 계절의 대비에 따른 전개로 사건의 변화를 제시하고 있다.

③ 동일한 시구의 반복적 배치를 통해 주제를 강조하고 있다.

④ 공간의 이동에 따른 전개로 화자의 심리 변화를 제시하고 있다.

⑤ 각 연의 점층적 구성을 통해 화자가 처한 현실을 제시하고 있다.

답 ④ **해** '길'을 걷는 여정을 통해 자아와 역사를 회복하려는 화자의 의지를 드러내고 있으므로, 공간의 이동에 따른 전개로 보는 것이 적절하다. / ① 시간의 변화가 나타난다고 볼 수도 있으나, 객관적 사실을 묘사하기보다는 여정에 따른 화자의 주관적인 심리 변화를 표현하고 있다. ② 특정 계절이 드러나지 않는다. ③ 동일한 시구의 반복적 배치는 '돌과 돌과' 등에 일부 나타나지만, 이를 통해 주제를 강조하고 있지 않다. ⑤ 연의 확장을 통해 시의 의미를 심화시키는 점층적 구성은 확인할 수 없다.

02

(나)의 시상 전개에 대한 설명으로 가장 적절한 것은?

① 1연에서 2연으로 전개되면서 시상이 반전되고 있다.

② 2연에서는 공간의 이동에 따라 화자의 인식이 바뀌고 있다.

③ 3연에서는 1연에서 벗이 화자에게 한 충고가 구체화되고 있다.

④ 4연에서는 시행에 변화를 주어 시상을 집약하고 있다.

⑤ 1연에서 4연으로 진행되면서 현재에서 과거로 시상이 전개되고 있다.

답 ④ **해** 1, 2, 3연은 4행으로 이루어진 데 비해, 4연은 2행으로 변화를 주고 있다. 또한 4연에서는 외로운 혼을 지키기 위하여 독을 품고 살아가겠다는 화자의 단호한 의지가 시행의 변화를 통해 집약적으로 나타나고 있다.

[03~04] 다음 시를 읽고 물음에 답하시오.

□ : 다섯 벗(물, 바위, 소나무, 대나무, 달)

(가) 내 벗이 몇이나 하니 수석(水石)과 송죽(松竹)이라.

동산에 달 오르니 그 더욱 반갑구나.
『 』: 문답법으로 시적 대상 소개

두어라 이 다섯 밧긔 또 더하여 무엇하리. 〈제1수〉
그것이 / 다섯 벗(오우) / 설의법 ▶ 제1수: 다섯 벗의 소개

구름 빛이 좋다 하나 검기를 자로 한다.
가변성 / 깨끗하나
바람 소리 맑다 하나 그칠 적이 하노매라. 대구법
자주 / 많도다
좋고도 그칠 뉘 없기는 물뿐인가 하노라. 〈제2수〉
불변성 ▶ 제2수: 물의 깨끗함과 불변성

꽃은 무슨 일로 피면서 쉬이 지고
순간성
풀은 어이 하여 푸르는 듯 누르나니 대구법

아마도 변치 아닐손 바위뿐인가 하노라. 〈제3수〉
않는 것은 / 영원성 ▶ 제3수: 바위의 영원성

대구법
더우면 꽃 피고 / 추우면 잎 지거늘
일반적인 자연물의 특징
솔아 너는 어찌 눈서리를 모르느냐.
지조와 절개 / 고난, 시련
구천(九泉)의 뿌리 곧은 줄을 글로 하여 아노라. 〈제4수〉
땅속 깊은 밑바닥 ▶ 제4수: 소나무의 지조와 절개

대구법
나무도 아닌 것이 / 풀도 아닌 것이
대구법
곧기는 뉘 시키며 / 속은 어이 비었느냐.
곧은 절개와 청빈함 / 대나무 - 지조와 절개 상징
저렇게 사시(四時)에 푸르니 그를 좋아하노라. 〈제5수〉
사철, 사계절 ▶ 제5수: 대나무의 청빈함과 절개

작은 것이 높이 떠서 만물을 다 비추니
달 / 온 세상의 사물
밤중에 광명(光明)이 너만한 이 또 있느냐.
달 - 광명과 과묵함
보고도 말 아니 하니 내 벗인가 하노라. 〈제6수〉
침묵의 미덕을 지닌 선비의 모습
▶ 제6수: 달의 밝음과 과묵함
– 윤선도, 〈오우가(五友歌)〉
주제 자연의 다섯 벗에 대한 예찬

(나) 형님 온다 형님 온다 분고개로 형님 온다. → a-a-b-a 구조
시집갔던 사촌 언니 / 4·4조, 4음보
형님 마중 누가 갈까 형님 동생 내가 가지.
형님의 사촌 동생 – 형님의 이야기를 이끌어 냄
형님 형님 사촌 형님 시집살이 어떱뎁까?
사촌 동생의 질문(대화체) ▶ 기: 형님의 시집살이에 대한 사촌 동생의 호기심
이애 이애 그 말 마라 시집살이 개집살이.
언어유희로 시집살이의 어려움을 해학적으로 표현
앞밭에는 당추(唐楸) 심고 뒷밭에는 고추 심어
고추의 한 종류
고추 당추 맵다 해도 시집살이 더 맵더라.
'고추', '당추'와 비교하여 시집살이의 고통을 표현
『둥글둥글 수박 식기(食器) 밥 담기도 어렵더라.
수박처럼 둥근 그릇
도리도리 도리소반(小盤) 수저 놓기 더 어렵더라.』
둥글게 생긴 작은 밥상 『 』: 상 차리는 예절의 어려움
오 리(五里) 물을 길어다가 십 리(十里) 방아 찧어다가,

아홉 솥에 불을 때고 열두 방에 자리 걷고,
대식구 뒷바라지의 어려움
『외나무다리 어렵대야 시아버니같이 어려우랴.
『 』: 시부모 모시기의 어려움
나뭇잎이 푸르대야 시어머니보다 더 푸르랴.』

『시아버니 호랑새요 시어머니 꾸중새요, 『 』: 시집 식구들과 자신을 새에
무서운 시아버지 / 꾸중을 잘하는 시어머니 / 비유하여 해학적으로 표현
동세 하나 할림새요 시누 하나 뾰족새요,
고자질을 잘하는 동서 / 성격이 날카로운 시누이
시아지비 뾰중새요 남편 하나 미련새요,
퉁명스러운 시아주버니 / 자신의 마음을 몰라주는 남편
자식 하난 우는 새요 나 하나만 썩는 샐세.』
울기를 잘하는 자식 / 속이 썩는 화자
귀먹어서 삼 년이요 눈 어두워 삼 년이요,

말 못해서 삼 년이요 석 삼 년을 살고 나니,
9년
『배꽃 같던 요내 얼굴 호박꽃이 다 되었네.

삼단 같던 요내 머리 비사리춤이 다 되었네.
싸리나무의 껍질
백옥 같던 요내 손길 오리발이 다 되었네.』
『 』: 결혼 전과 후를 대조하여 시집살이의 고충을 토로함
열새 무명 반물치마 눈물 씻기 다 젖었네.
고운 베 / 짙은 남색 치마
두 폭 붙이 행주치마 콧물 받기 다 젖었네. ▶ 서: 시집살이의 고충

울었던가 말았던가 베갯머리 소(沼) 이뤘네.
베갯머리가 눈물로 연못이 되었음(과장법)
그것도 소(沼)라고 거위 한 쌍 오리 한 쌍
자식들을 비유한 표현
쌍쌍이 때 들어오네. ▶ 결: 해학적인 체념
① 때를 맞추어 들어오다 ② 떼를 지어 들어오다 ③ 물에 떠서 들어오다
– 작자 미상, 〈시집살이 노래〉
주제 시집살이의 한(恨)과 체념

03

〈보기〉는 (가)의 시상 전개 과정을 나타낸 것이다. 이를 바탕으로 (가)를 이해한 내용으로 적절하지 <u>않은</u> 것은?

보기

제1수	제2, 3수	제4, 5수	제6수
A	B	C	D

① A에서는 중심 소재를 무생물, 생물, 천상의 자연물로 묶어 제시하고 있다.

② B에서는 대조의 방식을 활용하여 중심 소재를 예찬하고 있다.

③ C에서는 B와 유사하게 대구의 방법을 활용하여 시적 운율감을 이어가고 있다.

④ B와 C에서 중심 소재로 향했던 화자의 시선이 D에서는 내면으로 이동하고 있다.

⑤ B, C, D의 각 수에서는 A에서 언급된 중심 소재를 순차적으로 배치하고 있다.

답 ④ 해 (가)에서는 먼저 A에서 '물, 바위, 소나무, 대나무, 달'의 다섯 벗을 소개한 다음, B~D에서 각각의 벗이 지닌 덕성을 예찬하고 있다. B~D에서 화자의 시선은 각각의 벗을 향하고 있을 뿐, D에서 화자의 내면으로 이동하고 있지 않다.

04

(나)의 시상 전개에 대한 이해로 가장 적절한 것은?

① 감탄과 반성의 어조를 교차해 복잡한 감정을 나타내고 있다.

② 상황을 부정적으로 규정한 후 다양한 예들을 나열하고 있다.

③ 처음과 끝을 상응시켜 시상 전개에 안정감을 부여하고 있다.

④ 근경에서 원경으로 시선을 확대해 가면서 심리의 변화를 보여 주고 있다.

⑤ 외부 세계와 내면을 대비해 가며 이상적 세계에 대한 동경을 드러내고 있다.

답 ② 해 사촌 동생에게 시집살이에 대한 질문을 받은 형님은, 시집살이를 '개집살이'라고 부정적으로 규정하고 나서 상 차리는 예절의 어려움, 대식구 뒷바라지의 어려움, 시집 식구들을 대하는 어려움 등 다양한 사례를 나열하면서 시집살이의 고충을 드러내고 있다.

가 풀이 눕는다.
연약하지만 강인한 생명력을 지닌 '민중'을 상징
비를 몰아오는 동풍에 나부껴
　　　　'풀'을 억압하는 존재 ① – 독재 권력, 외세 상징
풀은 눕고 / 드디어 울었다.
바람에 시달리는 '풀'　　'풀'의 나약함
날이 흐려서 더 울다가 / 다시 누웠다.　　▶ 1연: 풀의 나약함(수동성)
암담한 현실 상황　　　　반복되는 '풀'의 수난

풀이 눕는다.

바람보다도 더 빨리 눕는다.
'풀'을 억압하는 존재 ② – '동풍'과 같은 의미
바람보다도 더 빨리 울고

바람보다 먼저 일어난다.　　　　▶ 2연: 풀의 강인함(수동성 → 능동성)
'풀'의 능동성, 강인함

날이 흐리고 풀이 눕는다.

발목까지 / 발밑까지 눕는다.
철저하게 고통받는 민중
바람보다 늦게 누워도 / 바람보다 먼저 일어나고
　　　　　　　'풀(민중)'의 강인한 생명력
바람보다 늦게 울어도 / 바람보다 먼저 웃는다.
　　　　　　　고난에 굴하지 않는 '풀'의 의연함
날이 흐리고 풀뿌리가 눕는다.　　▶ 3연: 풀의 끈질긴 생명력
'풀(민중)'의 고통이 지속되는 현실

– 김수영, 〈풀〉

주제 풀(민중)의 끈질긴 생명력

나 하늘이 만드시길 일정하게 고루 하련만
가난한 처지에 대한 원망의 대상
어찌 된 인생이 이토록 괴로운고
가난으로 인한 화자의 비관적 인생관
삼순구식(三旬九食)을 얻거나 못 얻거나
삼십 일에 아홉 끼 먹는 몹시 가난한 생활
십 년 동안 한 갓을 쓰거나 못 쓰거나
십년일관(十年一冠) – 십 년 동안 한 갓만 쓰는 가난한 생활
'안연*의 곳간이 비었다고 나같이 비었으며
『 』: 고사의 인물들을 들어 자신의 가난한 처지를 강조함
원헌*의 가난인들 나같이 심할까.』　　▶ 궁핍한 생활에 대한 한탄

봄날이 깊어져 뻐꾸기가 재촉커늘
　　　　　　　농사지으라고 재촉함
동쪽 이웃집에 쟁기 얻고 서쪽 집에 호미 얻고
농기구마저 없어 빌려야 하는 처지
집 안에 들어가 씨앗을 마련하니

『올벼 씨 한 말은 반 넘게 쥐 먹었고
제철보다 일찍 여무는 벼
기장 피 조 팥은 서너 되 심었거늘』
『 』: 궁핍한 생활을 사실적으로 묘사함
춥실 배고픈 식구 이리하여 어찌 살리. 〈중략〉
현실 타개의 어려움과 그로 인한 화자의 탄식
이 원수 이 가난 귀신을 어찌해야 여의겠나
　　　'가난'을 의인화 – 청자로 가정하고 대화 형식으로 서술함
술에 음식을 갖추어서 이름 불러 전송하여
　　　　　　　　　잔치를 베풀어 떠나보내려 함
좋은 날 좋은 때에 사방으로 가라 하니

시끄럽게 떠들며 화를 내며 하는 말이

『어려서부터 지금까지 희로애락을 너와 함께 하여
가난에서 벗어난 적이 없는 화자의 삶
죽거나 살거나 헤어질 줄이 없었거늘

어디 가서 뉘 말 듣고 가라고 말하는가』
『 』: 가난 귀신이 화자에게 하는 말
우는 듯 꾸짖는 듯 온 가지로 꾸짖거늘

도리어 생각하니 네 말이 다 옳도다.
가난 귀신

무정한 세상은 다 나를 버리거늘
세상을 향한 화자의 부정적 인식
너 혼자 신의 있어 나를 아니 버리나니
가난을 의인화하여 고통스러운 상황을 희화화함
일부러 피하여서 잔꾀로 여의겠나
가난을 피할 수 없다는 뜻
하늘이 준 이내 가난 설마한들 어찌하리
가난을 운명으로 받아들이는 태도
빈천(貧賤)도 내 분수니 서러워하여 무엇하리.
가난을 수용하는 화자의 체념적인 태도가 드러남　　▶ 가난에 대한 수용과 체념

– 정훈, 〈탄궁가(嘆窮歌)〉

주제 궁핍한 생활로 인한 고통과 이를 수용하려는 자세

＊ 안연, 원헌: 공자의 제자로 청빈한 인물들

05

〈보기〉를 바탕으로 (가)를 이해할 때, 적절하지 <u>않은</u> 것은?

━━━━━━━━━━━━━━━━━━ • 보기 •

이 시는 점점 강화되는 억압과 그 상황에 대처하는 풀의 움직임을 다양한 부사어를 활용하여 형상화하고 있다. 시상 전개에 따른 풀의 움직임을 도식화하면 다음과 같다.

1연		2연		3연
바람 때문에 눕고 우는 풀	⇨	바람보다 먼저 일어나는 풀	⇨	바람보다 먼저 웃는 풀

① 1연에서 '드디어'는 풀이 억압적인 상황에 대한 감정을 드러내기 시작했음을 나타낸다.

② 1연에서 '더', '다시'는 풀이 눕고 우는 모습을 수식하여 풀에 가해진 시련이 만만치 않음을 나타낸다.

③ 2연에서 '빨리'와 '먼저'는 풀이 자기 의지를 가지고 움직이기 시작했음을 의미한다.

④ 3연에서 '발목까지', '발밑까지'는 풀이 눕는 강도가 더 심해지는 것으로 풀에 대한 억압이 점점 심해지고 있음을 나타낸다.

⑤ 3연에서 '늦게', '먼저'는 억압적인 상황이 풀의 내적 성숙을 지연시키고 있음을 부각한다.

답 ⑤ 해 3연의 '늦게'와 '먼저'는 억압적인 외적 상황에 저항하며 고난에 굴하지 않는 '풀'의 강인한 생명력을 보여 주는 시어이다. 따라서 이 시어들이 억압적인 상황이 풀의 내적 성숙을 지연시키고 있음을 부각한다는 설명은 적절하지 않다.

06

(나)의 시상 전개를 〈보기〉와 같이 그릴 경우, 이에 대한 이해로 적절하지 <u>않은</u> 것은?

━━━━━━━━━━━━━━━━━━ • 보기 •

ⓐ 가난에 대한 한탄	➡	ⓑ 가난에 대한 수용

① ⓐ에서는 빈곤한 생활상을 구체적으로 서술하고 있다.

② ⓐ에서는 고사 속의 인물을 이용하여 빈곤을 강조하고 있다.

③ ⓑ에서는 빈천을 운명으로 받아들이고 있다.

④ ⓑ에서는 무력함을 꾸짖는 '가난 귀신'을 원망하고 있다.

⑤ ⓐ에서 ⓑ로 변화한 것은 '가난 귀신'과의 대화 때문이다.

답 ④ 해 '가난 귀신'은 평생을 함께한 자신을 쫓아내려고 하는 의리 없는 화자를 꾸짖은 것일 뿐, 화자의 무력함을 꾸짖은 것이 아니다. 또한 '가난 귀신'의 말을 들은 화자가 태도를 바꾸어 가난을 수용하고 있으므로, 화자가 '가난 귀신'을 원망하고 있다고 볼 수도 없다.

06 고전 시가의 이해

개념 열기 ① 톡톡! 고전 시가의 갈래 ①

고전 시가: 고대 원시 종합 예술의 개인 서정 시가에서부터 개화기 이전의 잡가 까지의 운문을 총칭함 　古 옛 고, 典 법 전, 詩 시 시, 歌 노래 가

1 고대 가요　古 옛 고, 代 시대 대, 歌 노래 가, 謠 노래 요

- 향가가 나타나기 이전까지 우리 민족이 향유하던 시가를 모두 가리켜 말하며, 우리 시가 형식의 초기 단계를 짐작할 수 있음
- 시 · 음악 · 무용이 분화되지 않은 ^① `ㅇㅅㅈㅎ ㅇㅅ`의 형태였던 집단 서사 시에서 개인 서정 가요로 변천됨
- 배경 설화 속에 삽입되어 구전되다가 후대에 한역(漢譯)되어 전함

> **예①**
> ※ 현전하는 가장 오래된 서정 시가임
>
> 임이여, 물을 건너지 마오. / 임은 그예 물을 건너시네.
> 백수광부　　화자의 충만한 사랑　　　　　　임과 화자의 이별
> 물에 휩쓸려 돌아가시니 / 가신 임을 어이할꼬.
> 임의 죽음　　　　　　슬픔, 원망, 체념이 집약됨
> － 백수광부의 아내, 〈공무도하가(公無渡河歌)〉
> 　주제 임을 여읜 슬픔

[배경 설화] 고조선 때 뱃사공 곽리자고가 배를 손질하고 있었는데, 머리가 하얗게 센 미친 사람(백수광부)이 술병을 긴 채 물을 건너가려 하였다. 그의 아내가 뒤따르며 만류했으나, 결국 그는 물에 빠져 죽고 말았다. 이에 그의 아내는 공후를 타며 노래를 부르고는 자신도 물에 몸을 던져 죽었다. 곽리자고가 집으로 돌아와 아내인 여옥에게 이 이야기를 하며 노래를 들려주자, 여옥이 슬퍼하며 그 노래를 불렀다.

2 향가　鄕 시골 향, 歌 노래 가

- 신라 때부터 고려 초까지 향유된 노래로, ^② `ㅎㅊ`로 표기된 우리 고유의 시가임
- 4구체, 8구체, 10구체 등의 형식이 있음. 10구체 향가는 가장 정제되고 세련된 형태로 '사뇌가'라고 불리며, 낙구(9, 10행) 첫머리에 감탄사가 놓임
- 주로 승려나 화랑과 같은 귀족 계층에 의해 창작됨
- 현전하는 향가는 《균여전》에 11수와 《삼국유사》에 14수로, 모두 25수임

> **예②**
> ※ 신라인의 미의식을 엿볼 수 있는 4구체 향가임
>
> 자줏빛 바위 가에 / 잡고 있는 암소 놓게 하시고,
> 　　　　　　생업을 버릴 만큼 노인이 수로 부인의 미모에 매료됨
> 나를 아니 부끄러워하신다면
>
> 꽃을 꺾어 바치오리다.
> 　　　　　　　　　　　　－ 견우 노옹, 〈헌화가〉
> 수로 부인에 대한 노인의 흠모의 정　　주제 수로 부인에 대한 사랑

[배경 설화] 성덕왕 때 순정공이 강릉 태수로 부임하는 길에 바닷가에 머물렀는데, 높은 산봉우리 위에 철쭉꽃이 피어 있었다. 순정공의 부인 수로가 누가 꽃을 꺾어다 바칠 것이냐 물었으나 나서는 사람이 없었다. 그때 소를 끌고 가던 한 노인이 그 꽃을 꺾어 바치면서 이 노래를 지어 불렀다.

◈ 고전 시가의 학습 방향은?

고전 시가를 별도로 학습하는 것은 고전 시가에서만 다뤄지는 개념이 있기 때문입니다. 먼저 고전 시가 각 갈래의 특징을 이해하고 작품을 통해 고전 시가에 익숙해져야 합니다. 고대 가요에서는 〈황조가〉와 〈정읍사〉, 향가에서는 〈제망매가〉와 〈안민가〉 등이 모의고사에 출제되었습니다.

◈ 향찰

문자가 없었던 신라는 한자의 음과 뜻을 빌려 국어 문장 전체를 표기했는데, 이러한 향찰로 기록한 가요를 '향가'라고 합니다. 향찰은 한문을 우리말 어순에 맞게 배열한 후 토를 붙인 '이두'보다 훨씬 적극적인 차자 표기법이라고 할 수 있습니다.

☆ 개념을 완성하는 문제

1 예① 의 4행에 담긴 시적 화자의 정서로 적절하지 않은 것은?

① 소망　② 슬픔　③ 원망
④ 체념　⑤ 애절함

답 ① 해 임을 잃은 화자의 슬픔과 원망, 체념 등이 드러날 뿐 소망의 정서가 드러나지는 않는다.

2 예② 에 대한 설명으로 적절한 것은?

① 한의 정서가 부각되고 있다.
② 가정적 상황이 설정되고 있다.
③ 청자의 슬픔이 강조되고 있다.
④ 화자와 청자의 처지가 대조되고 있다.
⑤ 화자를 공경하는 청자의 태도가 나타나고 있다.

답 ② 해 '나를 아니 부끄러워하신다면'에서 가정법을 사용하여 여인에게 구애하는 화자의 심리를 드러내고 있다.

개념 완성 TIP ① 인식 공동 이야기 ② 향찰

3 고려 가요 高 높을 고, 麗 고울 려, 歌 노래 가, 謠 노래 요

- 향가의 쇠퇴 후 새로이 나타나 고려의 ① ⃞ㅅㅁㅊ 에서 널리 향유된 노래
- '여요(麗謠), 장가(長歌), 속요(俗謠), 고속가(古俗歌)'라고도 함
- 구전되다가 한글 창제 후 《악장가사》, 《악학궤범》, 《시용향악보》 등에 문자로 기록되어 전해짐
- 사랑, 이별, 자연 등에 대한 서민층의 소박하고 꾸밈없는 정서가 잘 드러남
- 아름다운 우리말 표현, 유려(流麗)한 율조, 풍부하고 소박한 감정의 표출 등으로 인해 국문학 갈래의 백미(白眉)로 평가됨
- 3·3·2조, 3음보의 율격이 많고, 대체로 분절체이며, 독특한 후렴구가 발달함

예③

※ 우리 민족의 전통적 정서인 '이별의 정한'을 잘 나타낸 대표적 고려 가요

『가시리 가시리잇고 나는   ⃞ : 운율을 맞추기 위한 의미 없는 여음
『♪·3·3·2조, 3음보, a−a−b−a 구조
버리고 가시리잇고 나는 / 위 증즐가 대평성대(大平盛代)
　　　　　　　　　　주제와 무관한 후렴구(여음구)
　　　　　　　　　　− 궁중악의 가사로 수용되는 과정에서 덧붙여짐

날러는 어찌 살라 하고
떠나는 임에 대한 원망의 고조
버리고 가시리잇고 나는 / 위 증즐가 대평성대(大平盛代)

잡사와 두어리마나는
선하면 아니 올세라 / 위 증즐가 대평성대(大平盛代)
임을 붙잡지 못하는 이유 − 소극적, 체념적 자세

설온 님 보내옵나니 나는
가시는 듯 돌아오소서 나는 / 위 증즐가 대평성대(大平盛代)
소망의 직접 표출 − 간절한 기다림의 정서

　　　　　　　　　　− 작자 미상, 〈가시리〉
　　　　　　　　　　주제 이별의 정한(情恨)

개념 돋보기

- **분절체**: 여러 절 또는 연으로 나누어진 노래. 늑 분연체, 연장체   分 나눌 분. 節 마디 절
  - 고려 가요 때부터 우리나라 시가의 전통적 형식으로 자리 잡음
- **월령체(달거리)**: 한 해 열두 달의 순서에 따라 노래한 시가의 형식   月 달 월. 令 하여금 령
  - 주로 계절의 변화에 따른 세시 풍속과 화자의 정서 변화를 나열한 구조임 **예** 동동

4 악장 樂 풍류 악, 章 글 장

- 조선 건국 초기에 궁중의 여러 의식과 행사에 사용하던 음악 가사
- 조선 창업과 문물제도에 대한 찬양, 왕덕(王德)에 대한 기원을 다룬 송축가임
- 왕권을 강화하고 민습(民習)을 수습하려는 ② ⃞ㅁㅈㅅ 이 강하고 향유층이 제한적이어서 일반화되지 못함

예④

※ 훈민정음으로 기록된 최초의 작품이자 악장의 효시에 해당하는 작품

해동(海東) 육룡(六龍)이 나시어 일마다 천복(天福)이시니.
육조(목조, 익조, 도조, 환조, 태조, 태종): 이씨 왕조의 역대 조상 − 왕조의 정통성 강조
고성(古聖)이 동부(同符)하시니. 〈제1장〉
중국 고대 왕조의 창업주 조선 건국의 당위성과 합법성을 부여하기 위해 중국 사적과 비교함

뿌리 깊은 나무는 바람에 흔들리지 않으므로 꽃 좋고 열매 많나니.
기초가 튼튼한 나라　　　 ╱ 시련, 내우외환(內憂外患)　　 문화의 융성
샘이 깊은 물은 가뭄에 그치지 않으므로 내가 일어 바다에 가나니. 〈제2장〉
유서가 깊은 나라　　　　　　　　　　　무궁한 발전
　　　　　　　　　　− 정인지 등, 〈용비어천가(龍飛御天歌)〉
　　　　　　　　　　주제 조선 건국의 정당성과 후대 왕에 대한 권계

◆ '남녀상열지사'란?

조선 유학자들이 고려 가요를 낮추어 부른 명칭입니다. 남녀 간의 사랑과 이별을 솔직하게 읊은 고려 가요가 내용이 저속하다고 생각했기 때문입니다. 〈만전춘별사〉, 〈쌍화점〉, 〈이상곡〉 등이 대표적입니다.

◆ 경기체가(景幾體歌)

고려 중엽부터 조선 초까지 사대부 귀족층에서 향유되었던 노래입니다. 각 장의 중간이나 끝에 '경(景) 긔 엇더하니잇고', '경기하여' 등의 구절이 반복되어 '경기하여가'라고도 불립니다. 선비들의 학식, 체험, 경치 등을 노래하며 신흥 사대부의 호탕한 기상과 자부심을 드러내고 있습니다. 고려 말에서 조선 초에 발생한 가사 문학 형성에 영향을 주었습니다. 〈한림별곡〉, 〈죽계별곡〉 등의 작품이 있습니다.

☆ 개념을 완성하는 문제

3 **예③** 에 대한 설명으로 적절하지 않은 것은?

① 3·3·2조의 3음보 율격을 지닌다.
② 후렴구의 사용으로 음악적 효과를 높이고 있다.
③ 임을 잡지 못하는 화자의 소극적 태도가 나타난다.
④ 임과 다시 만날 수 있다는 화자의 믿음이 드러난다.
⑤ 어쩔 수 없이 이별을 받아들여야 하는 한의 정서가 담겨 있다.

답 ④ **해** 화자는 이별의 상황에 대해 체념하며 소극적 태도를 보이고 있을 뿐, 임과 다시 만날 수 있다는 믿음을 드러내고 있지는 않다.

4 **예④** 에 대한 설명으로 적절하지 않은 것은?

① 궁중 의식과 행사에 사용되었다.
② 훈민정음으로 된 최초의 작품이다.
③ 친근한 비유와 상징으로 서민들의 향유를 가능하게 했다.
④ 왕조가 교체된 조선 초기에만 나타나는 독특한 양식이다.
⑤ 건국의 당위성을 강조하기 위해 중국 사적과 비교하고 있다.

답 ③ **해** 악장 문학은 왕조 창업의 정당성을 드러내고 백성들을 교화하려는 목적성이 강했기 때문에 널리 향유되지 못하고 성종 때 소멸되었다.

① 사모곡 ② 송축가

고전 시가의 갈래 ② - 시조

시조: 고려 중엽에 발생하여 말엽에 완성된 우리 고유의 정형시 時 때 시, 調 고를 조

- '단가(短歌)', '신조(新調)' 등으로 불리다가 조선 영조 때 가객 이세춘에 의해 '시절가조(時節歌調)'라고 불린 것에서 명칭이 유래됨
- 고려 후기에 ① ㅅㅎ ㅅㄷㅂ 들이 유교적 관념과 주관적 정서를 표현하기에 적합한 양식을 찾는 과정에서 창안된 것으로 보임

1 고려 말의 시조

- 3장 6구 45자 내외의 글자로 구성된 평시조가 주류를 이룸
- 위국충절(爲國忠節), 고려에 대한 회고, 간신에 대한 풍자 등을 주로 다룸
- 우탁, 이조년, 정몽주, 이방원, 길재, 원천석 등의 작가가 있음

> **예❶**
> 눈 맞아 휘어진 대를 뉘라서 굽다턴고.
> 시련, 고난(신흥 세력)   절개 있는 충신
> 굽힐 절개라면 눈 속에 푸를쏘냐.
> 변함없는 지조와 절개 강조(설의법)
> 아마도 세한 고절(歲寒孤節)은 너뿐인가 하노라.   — 원천석의 시조
> 한겨울 추위도 이겨 내는 높은 절개   대나무(화자와 동일시됨)   **주제** 고려 왕조에 대한 굳은 지조

2 조선 전기의 시조

- 단형 시조가 주류를 이루었으나 점차 ② ㅇㅅㅈ 도 창작됨
- 유학자들의 검소함과 담백한 정서, 충의(忠義), 자연관 등을 주로 다룸
- 황희, 맹사성, 김종서, 유응부, 이황, 송순, 황진이 등의 작가가 있음

> **예❷**
> 어져 내 일이야 그릴 줄을 몰랐더냐.
> 화자가 임을 떠나보낸 일   후회의 정서
> 있으라 했더라면 가랴마는 제 구태여   → 주체가 화자일 경우: 내가 굳이 (보내고) → 행간 걸침
>   → 주체가 임일 경우: 임이 굳이 (가셨겠냐만) → 도치법
> 보내고 그리는 정(情)은 나도 몰라 하노라.   — 황진이의 시조
> 자존심과 연정 사이의 갈등   **주제** 임을 그리워하는 마음

3 조선 후기의 시조

- 산문 정신의 발달로 평시조에서 두 구절 이상 길어진 ③ ㅅㅅㅅㅈ 가 등장함
- 임진왜란과 병자호란과 관련한 우국충절(憂國忠節), 자연과 인정, 서민적이고 소박한 생활 감정 등을 주로 다룸
- 평민 가객들이 등장하여 시조창이 널리 불렸으며 시조집이 편찬됨

> **예❸**
> 귓도리 저 귓도리 어여쁘다 저 귓도리
> 감정 이입의 대상(화자와 동병상련의 관계)
> 어인 귓도리 지는 달 새는 밤의 긴 소리 짧은 소리 절절(節節)이 슬픈 소리
> 제 혼자 우러 사창(紗窓) 여읜 잠을 살뜰히도 깨우는구나.
> 비단 창문 – 여인이 거처하는 방   살풋 든 잠   귀뚜라미에 대한 원망을 반어적으로 표현
> 두어라 제 비록 미물(微物)이나 무인동방(無人洞房)에 내 뜻 알 이는 너뿐인가 하노라.
> 보잘것없는 존재   외로운 여인의 방(=독수공방)
> — 작자 미상의 사설시조
> **주제** 독수공방의 외로움

◈ '시조'와 '가사'의 중요성

'시조'와 '가사'는 고전 시가 중 수능에서 가장 많이 출제되는 갈래입니다. 이에 '시조'와 '가사'를 보다 자세하게 학습하기 위해 다른 갈래와 분리하여 별도로 정리하였습니다.

☆ 개념을 완성하는 문제

1 예❶에 대한 설명으로 적절하지 **않**은 것은?

① 형태상 평시조이다.
② 대나무를 예찬하고 있다.
③ 왕조의 몰락을 한탄하고 있다.
④ 절의를 다지는 태도가 나타난다.
⑤ 설의적 표현으로 주제를 강조하고 있다.

답 ③ **해** 눈 속에서도 푸르름을 잃지 않는 대나무를 통해 고려 왕조에 대한 굳은 지조를 드러내고 있는 작품이다. 하지만 왕조의 몰락을 한탄하는 내용은 나타나 있지 않다. / ⑤ '눈 속에 푸를쏘냐'에서 설의법을 사용해 변함없는 지조와 절개를 강조하고 있다.

2 예❷에 대한 설명으로 적절하지 **않**은 것은?

① 4음보의 율격이 나타난다.
② 달관의 경지를 엿볼 수 있다.
③ 종장의 주체는 화자 자신이다.
④ 중의적 의미의 표현이 나타난다.
⑤ 임을 붙잡지 못한 것을 후회하고 있다.

답 ② **해** 화자는 임과 이별한 후 임을 붙잡지 못했던 자신의 행동을 후회하고 있으므로 달관의 경지를 엿볼 수 있다는 설명은 적절하지 않다. / ④ '제 구태여'는 주체가 화자일 경우와 임일 경우에 따라 그 해석이 달라지는 중의적 표현으로 볼 수 있다.

3 예❸에 대한 설명으로 적절하지 **않**은 것은?

① 조선 후기 시조의 형태적 특징을 엿볼 수 있다.
② 임의 부재에서 비롯된 정서가 나타나 있다.
③ 화자가 동병상련을 느끼는 대상이 제시되어 있다 .
④ 대상에 감정을 이입하여 화자의 외로움을 표현하고 있다.
⑤ 음성 상징어를 사용하여 화자의 고조된 감정을 드러내고 있다.

답 ⑤ **해** 음성 상징어는 의성어나 의태어를 사용하여 표현하는 방법인데, 이 작품에는 음성 상징어가 사용되지 않았다.

> ① 신흥 사대부 ② 엇시조 ③ 사설시조

4 사육신 충의가 死 죽을 사, 六 여섯 육, 臣 신하 신, 忠 충성 충, 義 옳을 의, 歌 노래 가

- 세조의 왕위 찬탈에 반대하고 ①[ㄷㅈ]의 복위를 꾀하다 죽은 사육신(성삼문, 박팽년, 이개, 유성원, 유응부, 하위지)이 충성을 읊은 시조임

> **예❹**
> 방(房) 안에 켜 있는 촉(燭)불 ㉠누구와 이별하였기에
>   감정 이입의 대상   단종
> 겉으로 눈물 지고 속 타는 줄 모르는고. 『 화자의 애타는 마음을 촛불의 타는 심지와
>   촛농   조의 심지   흐르는 촛농으로 형상화함
> 저 촉(燭)불 나와 같아서 속 타는 줄 모르도다.   – 이개의 시조
>   촛불과 화자의 동일시   **주제** 임(단종)과 이별한 슬픔

5 강호 한정가 江 강 강, 湖 호수 호, 閑 한가할 한, 情 뜻 정, 歌 노래 가

- ②[ㅈㅇ] 속에서 한가로운 정취를 느끼며 부르는 노래임
- 인간과 대상(자연)의 조화와 공존을 지향하는 작품이 많음

> **예❺**
> 강호(江湖)에 봄이 드니 미친 흥(興)이 절로 난다.
>   자연(대유법)   계절적 배경 ①
> 탁료계변(濁醪溪邊)에 금린어(錦鱗魚)가 안주로다. 『 안빈낙도, 안분지족
>   막걸리를 마시며 노는 시냇가   쏘가리
> 이 몸이 한가하옴도 역군은(亦君恩)이샷다.   〈춘사(春詞)〉
>   임금의 은혜에 대한 감사 – 유교적 충의
>
> 강호(江湖)에 여름이 드니 초당(草堂)에 일이 없다.
>   계절적 배경 ②   초가집
> 유신(有信)한 강파(江波)는 보내나니 바람이로다. 『 자연과 혼연일체가 된 생활
>   믿음직스러운 강의 물결
> 이 몸이 서늘하옴도 역군은(亦君恩)이샷다.   〈하사(夏詞)〉
>
>   – 맹사성, 〈강호사시가(江湖四時歌)〉
>   **주제** 강호에서 안빈낙도하며 임금의 은혜에 감사함

> **개념** 돋보기
> ❖ **강호가도**: 자연에 귀의하여 자연을 예찬하는 시가 창작의 한 경향 ≒ 강호 한정가
> - 주로 사대부들, 특히 영남 출신의 문인들이 다수 창작함

6 안빈낙도(安貧樂道) 安 편안할 안, 貧 가난할 빈, 樂 즐길 락, 道 길 도

- 가난한 생활을 하면서도 편안한 마음으로 도를 즐기며 살아가는 삶의 태도임
- 속세를 벗어나 자연과 동화된 삶을 자랑스럽게 여기며 주어진 것에 ③[ㅁㅈ]하는 태도가 드러남

> **예❻**
> 산수간(山水間) 바위 아래 띠집을 짓노라 하니
>   자연(속세를 벗어난 곳)   움막, 초가집
> 그 모른 남들은 웃는다 한다마는
>   비웃는다   안분지족의 삶
> 어리고 향암(鄕闇)의 뜻에는 내 분(分)인가 하노라.   〈제1수〉
>   어리석고 시골에서 지내 사리에 어둡고 어리석은 사람
>   – 화자가 자신을 겸손하게 일컫는 말
>
> 보리밥 풋나물을 알맞게 먹은 후(後)에
>   소박한 음식
> 바위 끝 물가에 슬카지 노니노라. 『 안빈낙도의 삶
>   자연(속세를 벗어난 곳) 실컷
> 그 남은 여남은 일이야 부럴 줄이 있으랴.   〈제2수〉
>   그 나머지 다른 일 – 세속적 가치(부귀영화, 벼슬길 등)
>
>   – 윤선도, 〈만흥(漫興)〉
>   **주제** 자연에 묻혀 사는 즐거움

4 예❹의 ㉠과 〈보기〉의 ㉡이 공통적으로 가리키는 조선의 임금이 누구인지 쓰시오.

> ┈ 보기 ┈
> 천만리(千萬里) 머나먼 길에 ㉡
> 고운 임 이별하고
>   내 마음 둘 데 없어 냇가에 앉았으니
> 저 물도 내 안과 같아서 울며 밤길 가는구나.   – 왕방연의 시조

답 단종

5 예❺에 대한 설명으로 적절하지 않은 것은?

① 계절에 따라 한 수씩 전개된다.
② 임금의 은혜에 감사하는 태도가 나타나 있다.
③ 자연 속에서 한가롭게 지내는 삶을 노래하고 있다.
✔ ④ 자연을 즐기는 한편 속세에 대한 미련을 드러내고 있다.
⑤ 우리나라 최초의 연시조로, 강호 가도의 효시가 되는 작품이다.

답 ④ **해** 자연을 즐기며 한가롭게 지내는 삶을 노래하고 있을 뿐, 속세에 대한 미련은 드러나 있지 않다.

6 예❻의 〈제1수〉에 나타난 화자의 태도와 관계가 깊은 한자 성어는?

① 산해진미(山海珍味)
② 수구초심(首丘初心)
✔ ③ 안분지족(安分知足)
④ 일엽편주(一葉片舟)
⑤ 일편단심(一片丹心)

답 ③ **해** 〈제1수〉에서 화자는 자연 속에서 살아가며 분수를 지키는 모습을 보이고 있으므로, '편안한 마음으로 제 분수를 지키며 만족할 줄 앎'을 뜻하는 '안분지족'이 화자의 태도와 가장 관련이 깊다. / ① 진귀한 물건으로 차린 맛이 좋은 음식 ② 고향을 그리워하는 마음 ④ 한 척의 조그마한 배 ⑤ 진심에서 우러나오는 변치 아니하는 마음

7 예❻의 시구 중, 화자가 추구하는 삶에 어울리지 않는 것은?

① 띠집을 짓노라
② 내 분(分)인가
③ 보리밥 풋나물
④ 바위 끝 물가
✔ ⑤ 그 남은 여남은 일

답 ⑤ **해** '그 남은 여남은 일'은 부귀영화나 벼슬길과 같은 세속적 가치를 의미하므로 화자가 추구하는 삶에 어울리지 않는다. 나머지는 모두 화자가 추구하는 자연 속에서의 소박한 삶과 관련된 시구이다.

> ① 단종 ② 자연 ③ 만족

고전 시가의 갈래 ③ - 가사

가사: 고려 말에 발생하여 조선 후기까지 창작된 운문과 산문의 중간 형태의 노래 歌 노래 가, 辭 말씀 사

- 기존 시가의 제한된 형식에서 벗어나 감정을 자유롭게 표현하기 위해 창안됨
- 주로 4음보의 율격이며 행수에 제한이 없는 3(4) · 4조의 연속체 형식임

1 조선 전기의 가사

- 자연에서의 유유자적함이나 임금에 대한 ^①ㅇㅁ의 정을 다룬 작품이 주로 창작됨

> **예 ①**
> 홍진(紅塵)에 묻힌 분네 이내 생애 어떠한고.
> 속세
> 옛사람 풍류(風流)를 미칠까 못 미칠까.
> 자신의 삶을 옛사람들의 풍류적 삶에 견주어 자부심을 드러냄(설의법)
> 천지간(天地間) 남자 몸이 나만한 이 많건마는
> 산림(山林)에 묻혀 있어 지락(至樂)을 모를 것인가. – 정극인, 〈상춘곡(賞春曲)〉
> 자연   자연에 묻혀 사는 즐거움
> **주제** 봄날의 아름다운 경치 감상과 안빈낙도

> **개념 돋보기**
> ❖ 은일 가사: 자연에 묻혀 사는 선비의 생활을 다룬 가사 隱 숨을 은, 逸 잃을 일
>   **예** 정극인의 〈상춘곡〉, 송순의 〈면앙정가〉

2 조선 후기의 가사

- 작자층이 확대되면서 관념적인 내용에서 벗어나 ^②ㅇㅅ의 체험과 정서를 사실적으로 표현한 기행, 유배, 내방, 전쟁 가사 등이 창작됨

> **예 ②**
> 설빈화안(雪鬢花顔) 어디 두고 면목가증(面目可憎) 되었구나.
> 고운 머릿결과 꽃 같은 얼굴   얼굴 생김새가 밉살스러움
> 내 얼굴 내 보거니 어느 임이 날 괼소냐.
>   사랑할 것인가 – 자신의 모습에 대한 자괴감
> 스스로 참괴(慙愧)하니 누구를 원망(怨望)하리. – 허난설헌, 〈규원가(閨怨歌)〉
> 매우 부끄러워함   체념적 태도
> **주제** 봉건 사회에서 겪는 부녀자의 한(恨)

> **개념 돋보기**
> ❖ 기행 가사: 여행 중에 얻은 견문과 감상을 적은 가사 **예** 김인겸의 〈일동장유가〉
> ❖ 유배 가사: 귀양지에서 억울함이나 충의를 읊은 가사 **예** 안조환의 〈만언사〉
> ❖ 내방 가사: 부녀자에 의해 지어진 가사 ≒ 규방 가사 **예** 허난설헌의 〈규원가〉

3 충신연주지사 忠 충성 충, 臣 신하 신, 戀 사모할 연, 主 주인 주, 之 갈 지, 詞 글 사

- 충성스러운 신하가 ^③ㅇㄱ을 그리워하며 부른 노래
- 주로 정계에서 밀려난 신하가 자신의 억울함이나 임금에 대한 충의를 표현함

> **예 ③**
> 차라리 죽어서 범나비 되오리라. / 꽃나무 가지마다 간 데 족족 앉았다가
> 화자의 분신
> 향 묻은 날개로 임의 옷에 옮으리라.
> 화자의 변함없는 사랑, 충성심
> 임이야 나인 줄 모르셔도 내 임 좇으려 하노라. – 정철, 〈사미인곡(思美人曲)〉
> 화자의 일편단심 강조
> **주제** 연군(戀君)의 정

◈ '민요'와 '한시'의 이해

'민요'는 민중들 사이에서 자연스럽게 발생하여 오랫동안 전해오는 구전 가요로, 4음절 4음보가 많으며 대개 후렴구가 붙어 있습니다. 그리고 '한시'는 시험에 출제될 경우 보통 현대어로 번역되어 제시되기 때문에 작품 이해나 문제 해결이 어렵지 않습니다.

☆ 개념을 완성하는 문제

1 예① 에 대한 설명으로 적절하지 않은 것은?

① 자연에 묻혀 사는 즐거움을 노래하고 있다.

② 부정적인 공간과 긍정적인 공간이 대비되고 있다.

③ 화자 자신의 삶을 옛사람들의 풍류와 비교하고 있다.

☑ 대상에 감정을 이입하여 고조된 감정을 표현하고 있다.

⑤ 설의적 표현을 사용하여 풍류를 즐기는 삶에 대한 자부심을 강조하고 있다.

> **답** ④ **해** 제시된 부분에는 감정 이입의 표현이 나타나 있지 않다. / ② 속세를 의미하는 '홍진'과 자연을 의미하는 '산림'이 대비되고 있다. ③, ⑤ '옛사람 풍류를 미칠까 못 미칠까'에서 확인할 수 있다.

2 예② 에 나타난 화자의 태도와 관계가 깊은 한자 성어는?

① 설상가상(雪上加霜)

☑ 수원수구(誰怨誰咎)

③ 역지사지(易地思之)

④ 죽장망혜(竹杖芒鞋)

⑤ 천생연분(天生緣分)

> **답** ② **해** 화자는 누구를 원망하겠냐며 자신의 처지에 대해 한탄하고 있으므로, '남을 원망하거나 탓할 것이 없음'을 이르는 말인 '수원수구'가 화자의 태도와 가장 관련이 깊다.

3 예③ 의 화자에 대한 설명으로 적절한 것은?

① 소박한 생활에 만족해하고 있다.

② 유배의 억울함을 호소하고 있다.

☑ 임에 대한 일편단심을 강조하고 있다.

④ 자연 속에서의 삶을 즐거워하고 있다.

⑤ 반대 세력에 대한 복수심을 드러내고 있다.

> **답** ③ **해** 화자는 죽어서라도 임을 따르겠다는 일편단심의 태도를 보이고 있다.

> 정답 ③ 임금 ② 일상 ① 그리움

[01~03] 다음 시를 읽고 물음에 답하시오.

엇그제 겨울 지나 새봄이 돌아오니
계절적 배경
[A]
　─『도화행화(桃花杏花)는 석양리(夕陽裏)에 피어 있고
　　복숭아꽃과 살구꽃　　석양 속에
　─녹양방초(綠楊芳草)는 세우(細雨) 중에 푸르도다.』
　　푸른 버드나무와 향기로운 풀　가랑비 속에　『♩: 봄의 경치 묘사(대구법)
칼로 말아 냈나 / 붓으로 그려 냈나.
　　　　대구법
조화신공(造化神功)이 사물마다 야단스럽다.
조물주의 신비로운 솜씨
ⓐ수풀에 우는 새는 춘기(春氣)를 못내 겨워 소리마다 교
　　　　　　　　　　　감정 이입의 대상
태로다.『♩: 봄의 경치에 대한 예찬(감상)

물아일체(物我一體)어니 흥이야 다를쏘냐.
자연과 화자가 하나가 됨(자연과의 동화)　다를 바가 없다(설의법)
사립문 앞을 걸어 보고 정자에 앉아 보니　□: 공간의 이동에 따른
　　　　　　　　　　　공간①　　　　　시상 전개 방식
소요음영(逍遙吟詠)하여 산일(山日)이 적적한데
천천히 거닐며 시를 읊조림
한중진미(閒中眞味)를 아는 사람 없이 혼자로다.
한가로움 속에 느끼는 참된 즐거움　▶ 본사 1: 봄의 아름다운 경치와 봄을 맞이하는 흥취
ⓑ여보게, 이웃들아 산수 구경 가자꾸나.
　　산수 구경 권유(청유형)
[B]
　─산책은 오늘하고 / 목욕은 내일 하세.
　　　　　　　　대구법
　─아침에 산나물 캐고 / 저녁에 낚시하세.
　　　　　　　　대구법
[C]
　─이제 갓 익은 술을 갈건으로 걸러 놓고
　　　　　　　　　　　칡으로 짠 베로 만든 두건
　─꽃나무 가지 꺾어 수를 세며 마시리라.
[D]
　─화풍(和風)이 문득 불어 녹수(綠水)를 건너오니
　　화창한 봄바람　　　　　　　대구법
　─청향(淸香)은 잔에 지고 / 낙홍(落紅)은 옷에 진다.
　　자연 속에서 술을 마시는 모습(물아일체의 경지) – 후각과 시각의 복합
술동이가 비었거든 나에게 알리어라.

소동(小童) 아이더러 술집에 술을 물어
심부름하는 아이
어른은 막대 짚고 / 아이는 술동이 메고
　　　　　　　　대구법
미음완보(微吟緩步)하여 시냇가에 혼자 앉아
나직이 시를 읊조리며 천천히 걸음　공간②
ⓒ고운 모래 맑은 물에 잔 씻어 부어 들고

맑은 물을 굽어보니 떠오르는 것이 도화(桃花)로다.
　　　　　　　　　　　무릉도원을 연상시킴
ⓓ무릉(武陵)이 가깝도다 저 들이 그 곳인가.
자연 속에서의 흥취에 대한 만족감
소나무 사이의 좁은 길에 두견화(杜鵑花)를 붙들고
　　　　　　　　　　　　진달래꽃
산봉우리에 급히 올라 구름 속에 앉아 보니
공간③
수많은 촌락이 곳곳에 벌여 있네.

[E]
　─연하일휘(煙霞日輝)는 수놓은 비단을 펼쳐 놓은 듯
　　안개와 노을과 빛나는 햇살 = 자연
　─엇그제 검은 들이 봄빛도 넘치는구나.
　　　　겨울 들판　　　▶ 본사 2: 산수 구경을 권하며 술과 풍류를 즐김
ⓔ공명도 날 꺼리고 부귀도 날 꺼리니
화자가 공명과 부귀를 꺼리는 것을 반대로 표현(주객전도)
청풍명월(淸風明月) 외에 어떤 벗이 있겠는가.
자연
단표누항(簞瓢陋巷)에 헛된 생각 아니하네.
소박하고 청빈한 생활을 이름　속세에 대한 미련(공명, 부귀)
『아모타 백년행락(百年行樂)이 이만하면 어떠하리.』
한평생 즐겁게 지냄　▶ 결사: 안빈낙도하는 삶에 대한 만족감
　『♩: 정격 가사 – 시조 종장의 음수율과 일치
　　　　　　　　　　　─ 정극인, 〈상춘곡(賞春曲)〉
　　　　　　　　　▶주제 봄날의 아름다운 경치 감상과 안빈낙도

01

이 시에 대한 설명으로 적절하지 **않은** 것은?

① 마지막 행의 형식이 시조의 종장 형식과 유사하다.
② 양반 사대부에 의해 창작되어 한자어의 사용이 많다.
③ 연속된 4음보의 율격으로 안정된 리듬감을 형성한다.
④ 관념적인 주제에서 벗어나 생활과 밀착된 주제를 다룬다.
⑤ 자연에서 사는 삶을 노래하여 강호 가사에 영향을 끼쳤다.

정답 ④ **해설** 〈상춘곡〉은 생활과 밀착된 주제가 아니라, 봄을 즐기는 화자의 풍류와 안빈낙도의 추구라는 관념적 주제를 다루고 있다.

02

ⓐ~ⓔ에 대한 이해로 적절한 것은?

① ⓐ: 자연물을 이용하여 계절적 정서와 상반된 자신의 심정을 드러내고 있다.
② ⓑ: 명령형 어미를 활용하여 탈속적 삶에 동참할 것을 촉구하고 있다.
③ ⓒ: 공감각적 심상을 사용하여 자연과 동화된 기쁨을 표현하고 있다.
④ ⓓ: 관용적인 연상을 통해 이상향에 대한 갈망을 표현하고 있다.
⑤ ⓔ: 주체와 객체를 바꾸어 표현함으로써 자신의 가치관을 나타내고 있다.

정답 ⑤ **해설** ⓔ은 화자 자신이 '공명'과 '부귀'를 꺼리는 것을 반대로 말한 주객전도의 표현을 통해 부귀공명에 대한 화자의 가치관을 나타내고 있다. / ② ⓑ은 청유형 어미를 활용하여 봄에 대한 감흥을 드러내고 있다. ④ ⓓ은 '무릉'이 여기와 가깝다고 하면서 화자가 속한 공간에 대한 만족감을 나타내고 있다.

03

〈보기〉를 바탕으로 이 시를 감상한 내용으로 적절하지 **않은** 것은?

> ──● 보기
> 　가사 문학은 조선 전기 사대부들이 지녔던 삶의 양식이나 그들의 사유 체계를 잘 담고 있다. 〈상춘곡〉에는 '절제와 균형'이라는 유교적 세계관에 입각한 조선조 사대부들의 사고가 중요한 요소로 작용하고 있다.

① [A]: '석양'과 '세우'의 하강 이미지 속에 피어나는 '꽃'과 파랗게 돋는 '풀'의 상승 이미지는 조화를 이루고 있군.
② [B]: '오늘'과 '내일'로, '아침'과 '저녁'으로 봄놀이를 적절히 조절하여 안배하는 모습이 인상적이군.
③ [C]: 술을 과하게 마시지 않으려고 '꽃나무 가지'로 술잔을 세는 모습에서 사대부의 절제된 풍류가 느껴지는군.
④ [D]: 술과 더불어 '청향'과 '낙홍'에 취해 고조되는 감정을 '진다'는 표현을 통해 다스리는군.
⑤ [E]: '검은 들'이 '봄빛'으로 넘치는 것은 인간과 자연이 조화로운 합일을 이루어 감을 의미하는군.

정답 ⑤ **해설** [E]에서 '검은 들'이 '봄빛'으로 가득한 것은 겨울 들판에 봄기운이 충만해지는 계절의 변화를 나타내는 것으로, 인간과 자연이 조화로운 합일을 이루어 감을 의미하는 것이 아니다.

[04~06] 다음 시를 읽고 물음에 답하시오.

가 『방(房) 안에 켜 있는 촉(燭)불 누구와 이별하였기에
　　겉으로 눈물 지고 속 타는 줄 모르는고.』
　　저 촉(燭)불 나와 같아서 속 타는 줄 모르도다.

　　　　　　　　　　　　　　　　　　　　　　　– 이개의 시조

　주제　(단종과의) 이별의 슬픔

나 꿈에 다니는 길이 자취가 남는다면
　　님의 집 창(窓)밖에 석로(石路)라도 닳으리라.
　　꿈길이 자취 없으니 그를 슬퍼하노라.

　　　　　　　　　　　　　　　　　　　　　　– 이명한의 시조

　주제　임에 대한 간절한 그리움

다 님이 오마 하거늘 저녁밥을 일찍 지어 먹고,
　　중문(中門) 나서 대문(大門) 나가 지방 위에 올라가 앉아
　　손을 이마에 대고 오는가 가는가 건넌 산 바라보니 거머횟
　　들 서 있거늘 저것이 님이로구나. 버선 벗어 품에 품고 신
　　벗어 손에 쥐고 곰븨님븨 님븨곰븨 천방지방 지방천방 진
　　데 마른 데를 가리지 말고 워렁퉁탕 건너가서 정(情)엣말
　　하려 하고 곁눈으로 흘깃 보니 작년 칠월 사흘날 껍질 벗긴
　　주추리 삼대가 얄밉게도 날 속였구나.
　　　모쳐라 밤이기에 망정이지 행여나 낮이런들 남 웃길 뻔
　　하였어라. 『 』: 화자의 독백 – 허탈감과 자기 위로

　　　　　　　　　　　　　　　　　　　　　– 작자 미상의 사설시조

　주제　임을 기다리는 애타는 마음

04

(가)~(다)의 공통점에 대한 설명으로 가장 적절한 것은?

① 청각적 심상을 활용하여 애상적 분위기를 조성하고 있다.

② 영탄적 표현을 통해 시적 상황에 대한 화자의 정서를 부각하고 있다.

③ 자조적 어조를 통해 과거의 행동에 대한 화자의 자책감을 드러내고 있다.

④ 역설적 표현을 통해 부정적인 상황에 대한 화자의 극복 의지를 나타내고 있다.

⑤ 가정적 상황을 제시하여 현재에 비해 미래가 나아질 것이라는 기대감을 드러내고 있다.

답 ② 해 (가)에서는 '모르도다'와 같은 영탄적 표현을 통해 임과 이별한 화자의 슬픔을 강조하고 있다. (나)에서는 '슬퍼하노라'와 같은 영탄적 표현을 통해 임에 대한 화자의 간절한 그리움을 강조하고 있다. (다)에서는 '속였구나', '뻔하였어라'와 같은 영탄적 표현을 통해 '주추리 삼대'를 임이라고 착각한 상황에 대한 화자의 겸연쩍음과 실망감을 강조하고 있다.

05

(가), (나)에 대한 이해로 적절하지 **않은** 것은?

① (가)의 '겉으로 눈물 지고'에서 '눈물'은 촛농이 흘러내리는 모습을 비유한 것으로 화자의 슬픔을 형상화하고 있다.

② (가)의 '저 촉(燭)불 나와 같아서'에서 '촉(燭)불'은 화자와 동일시되는 대상이다.

③ (나)의 '꿈에 다니는 길'에서 '꿈'에는 화자의 소망이 투영되어 있다.

④ (나)의 '석로(石路)라도 닳으리라'에서 '닳으리라'는 임에 대한 화자의 간절한 그리움을 드러내고 있다.

⑤ (나)의 '그를 슬퍼하노라'에서 '슬퍼하노라'는 자신을 찾아 주지 않는 임에 대한 화자의 원망이 담겨 있다.

답 ⑤ 해 (나)의 화자가 '그를 슬퍼하노라'라고 말한 것은 꿈속의 길에 자취가 남는다면 임의 집으로 향하는 돌길이 수없이 다녀간 자신의 발자취로 인해 닳아 없어졌을 테지만, 꿈속에서는 흔적이 남지 않으므로 임이 화자의 마음을 알 수 없을 것이라고 생각하기 때문이다. 이런 화자의 생각은 임에 대한 간절한 그리움으로 인한 것이므로 화자가 임을 원망하고 있다는 설명은 적절하지 않다.

06

〈보기〉를 바탕으로 (다)를 감상한 내용으로 적절하지 **않은** 것은?

　　　　　　　　　　　　　　　　　　　　　• 보기 •

　　조선 후기에 등장한 사설시조는 형식 면에서 평시조와 달리 중장이 제한 없이 길어졌다. 내용 면에서는 실생활 소재들을 활용하여 일상에서 일어나는 문제를 주로 다루었는데 솔직함, 해학성, 애정을 서슴없이 표현하려는 대담성 등을 그 특징으로 하며 비유, 상징 등 다양한 표현 기법을 활용하여 대상을 생동감 있게 그려 냈다.

① '곰븨님븨', '천방지방' 같은 음성 상징어를 활용하여 화자의 행동을 생동감 있게 표현하고 있군.

② 일상에서 흔히 볼 수 있는 '버선', '신'이라는 소재를 활용하여 임의 소중함을 상징하고 있군.

③ '주추리 삼대'를 임으로 착각하여 달려가는 화자의 우스꽝스러운 모습에서 해학성을 느낄 수 있군.

④ 임을 그리워하는 절실한 마음을 드러내기 위해 화자의 행동을 구체적으로 제시하다 보니 중장이 길어졌군.

⑤ '진 데 마른 데를 가리지' 않고 임에게 가서 '정(情)엣말'을 하려는 모습에서 애정을 표현하려는 화자의 대담성을 엿볼 수 있군.

답 ② 해 〈보기〉에서 사설시조는 실생활 소재들을 활용하여 일상에서 일어나는 문제를 주로 다루었다고 하였다. (다)에서 '버선', '신'과 같이 일상에서 흔히 볼 수 있는 소재를 활용한 것은 맞지만, 이 소재들이 임의 소중함을 상징하고 있지는 않다.

문학 작품 감상의 관점

개념 키워드 #문학 작품 감상의 관점 #내재적 관점 #외재적 관점(표현론, 반영론, 효용론)

개념 열기 ① 톡톡! 문학 작품 감상의 관점

문학 작품 감상의 관점: 문학 작품 자체 또는 작품의 외적 요소(작가, 현실, 독자)를 기준으로 작품을 감상하고 해석하는 방법

- ① ㄴㅈㅈ 관점은 작품의 내적 요소를 중심으로, ② ㅇㅈㅈ 관점은 작품에 영향을 끼칠 수 있는 외적 요소를 근거로 하여, 종합적 관점은 어느 하나의 관점이 아니라 작품을 종합적으로 감상하는 방법임

작가〈표현론적 관점〉 → 작품〈내재적 관점〉 → 독자〈효용론적 관점〉
↑
사회 현실〈반영론적 관점〉

개념 열기 ② 톡톡! 내재적 관점

내재적 관점: 작품 자체의 내적 요소를 중심으로 작품을 분석, 비평, 감상하는 관점 內 안 내, 在 있을 재

- ③ ㅈㄷㅈㅇ적 관점, 구조론적 관점이라고도 함
- 운문에서는 화자, 시어, 운율, 심상, 표현 방법 등의 내용 요소에 집중함
- 산문에서는 인물, 사건, 서술자, 구성, 배경 등의 내용 요소에 집중함

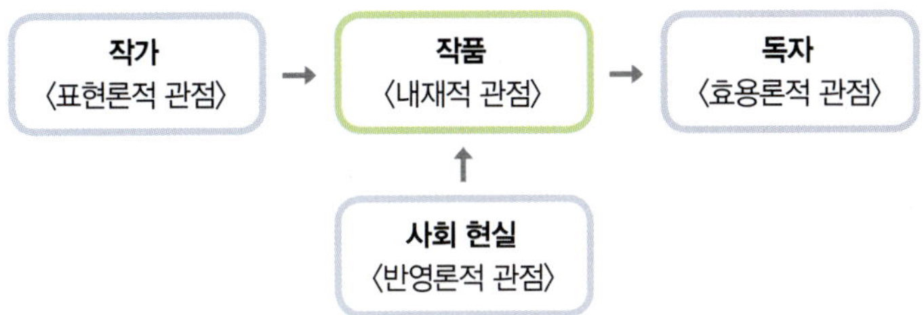

개념 플러스

작품 감상의 관점과 관련된 출제 형태
작품 자체의 특징을 물으면 '내재적 관점'과 관련된 유형입니다. 작품을 '외재적 관점'에서 해석하도록 요구할 때는 〈보기〉를 통해 관련 정보를 제공합니다. 〈보기〉의 내용이 작가와 관련되었는지 또는 시대 현실이나 독자의 감상과 관련되었는지 확인합니다.

작품 감상의 관점과 관련된 선택지 판단
선택지에 '일제 강점기'와 같은 시대적 배경이 언급되면 반영론적 관점, 작가와 관련된 정보가 언급되면 표현론적 관점, 독자의 주관적인 감상이 언급되면 효용론적 관점, 작품을 구성하는 내적 요소들을 다루면 내재적 관점의 감상으로 볼 수 있습니다.

☆ 개념을 완성하는 문제

1 예❶의 (가)를 내재적 관점에 따라 감상할 때, ( ) 안에 들어갈 내용을 쓰시오.

(1) 시적 화자: (나)
(2) 운율: 3장 6구, (4)음보
(3) 시어: (청산)과 녹수의 대비
(4) 감정 이입된 대상물: (녹수)
답 (1) 나 (2) 4 (3) 청산 (4) 녹수

2 예❶의 (나)를 내재적 관점에 따라 감상할 때, ( ) 안에 들어갈 내용을 쓰시오.

(1) 시점: (전지적 작가) 시점
(2) 인물: (춘향) － 도련님이 떠나는 상황 때문에 슬퍼함
(3) 서술상의 특징: (음성 상징어)를 사용해 인물의 심리를 부각함
답 (1) 전지적 작가 (2) 춘향 (3) 음성 상징어

외재적 관점

외재적 관점: 작품 밖의 요소인 작가, 현실, 독자를 기준으로 작품을 감상하는 관점임 外 바깥 외, 在 있을 재

1 표현론적 관점 表 겉 표, 現 나타날 현, 論 논할 론

- 작품을 지은 ① [ㅈㄱ]를 고려하여 작품을 비평, 감상하는 관점임
- 작가의 개인적 체험, 사상, 학력, 성격, 성장 환경, 행적 등이 고려 대상임

예 ❶

창밖에 밤비가 속살거려 / 육첩방(六疊房)은 남의 나라, 〈중략〉
암담한 시대적 상황 / 일본식 방의 명칭으로 다다미 6개 넓이의 작은 방 – 구속과 억압의 현실

대학 노트를 끼고 / 늙은 교수의 강의 들으러 간다. 〈중략〉
시대 현실과 괴리된 화자의 삶

등불을 밝혀 어둠을 조금 내몰고,
저항 의지 / 암담한 일제 강점기
시대처럼 올 아침을 기다리는 최후의 나,
희망, 광복 / 반성을 통해 성숙한 자아

작가의 삶을 조사해 보고 이를 바탕으로 화자의 정서와 태도를 유추해 볼 수 있음

– 윤동주, 〈쉽게 씌어진 시〉
주제 암울한 현실 속에서의 고뇌와 자기 성찰

2 반영론적 관점 反 돌이킬 반, 映 비칠 영, 論 논할 론

- 작품에 사회 현실이 반영된다고 믿으며 작품을 비평, 감상하는 관점임
- 작품 속에 반영된 ② [ㅎㅅ]에 주목하는 관점으로, 작품이 창작될 무렵의 현실, 사회·역사적 상황이 고려 대상임

예 ❷

검은 벽에 기대선 채로 / 해가 스무 번 바뀌었는디
부정적 현실 암시 / 주권을 잃어 자유를 빼앗긴 지가 오래되었음 – 시대적 현실을 조사해 봄
내 기린(麒麟)은 영영 울지를 못한다.
원관념: 거문고 (= 시적 화자; 우리 민족)

그 가슴을 퉁 흔들고 간 노인의 손
거문고(기린)를 울게 했던 존재 – 화자가 바라는 대상
지금 어느 끝없는 향연(饗宴)에 높이 앉았으려니
특별히 융숭하게 손님을 대접하는 잔치
땅 위의 외론 기린이야 하마 잊혀졌을라.
화자의 정서 투영

– 김영랑, 〈거문고〉
주제 암담한 시대 상황에 대한 비극적 인식

3 효용론적 관점 效 본받을 효, 用 쓸 용, 論 논할 론

- 작품과 ③ [ㄷㅈ]의 관계를 중심으로 작품을 비평, 감상하는 관점임
- 작품을 읽은 후 독자가 얻는 교훈, 감동, 깨달음과 변화 등이 고려 대상임

예 ❸

조국 광복의 날
그날이 오면 그날이 오면은 / 삼각산이 일어나 더덩실 춤이라도 추고
상황의 가정, 반복 → 화자의 간절한 염원 표현
한강 물이 뒤집혀 용솟음칠 그날이

이 목숨이 끊기기 전에 와 주기만 할 양이면

나는 밤하늘에 날으는 까마귀와 같이
암담한 시대 현실 / 화자의 고독한 모습 – 자기희생의 이미지
종로의 인경을 머리로 들이받아 울리오리다.
종 / 자기희생의 실천적 의지 표현
두개골은 깨어져 산산조각이 나도

기뻐서 죽사오매 오히려 무슨 한이 남으오리까.
화자의 결연한 의지가 독자에게 어떤 감동을 주는지 생각해 봄

– 심훈, 〈그날이 오면〉
주제 조국 광복에 대한 간절한 염원

1 〈보기〉를 참고하여 **예 ❶**을 감상한 내용으로 적절하지 **않은** 것은?

> ─● 보기 ●─
> 윤동주는 1943년 일본 유학 중에 독립운동 혐의로 체포되어 후쿠오카 형무소에서 사망한다.

① '남의 나라'는 작가가 유학 중인 일본이겠군.
② '대학 노트'에는 독립에 대한 작가의 열망이 담겨 있겠군.
③ '강의'를 들으러 가며 작가는 현실과 괴리된 삶을 괴로워했겠군.
④ '등불'은 일제에 대한 작가의 저항 의지로 이해할 수 있겠군.
⑤ '아침'은 긍정적 미래로, 작가가 바라는 광복으로 해석할 수 있겠군.

답 ② **해** '대학 노트'를 끼고 강의를 들으러 가는 것은 현실에 안주하는 삶의 모습으로, 독립에 대한 열망이 아니라 비극적인 시대 현실에 맞서지 못하는 자신의 모습에 대한 회의가 담겨 있다.

2 **예 ❷**를 감상하는 관점이 다른 하나는?

① '검은 벽'을 일제 강점기의 부정적인 현실 상황으로 해석한다.
② '거문고'를 '기린'에 비유하여 표현했다고 감상한다.
③ 울지 못하는 '거문고'를 통해 화자의 답답한 심정을 이해한다.
④ 현재 시제가 사용된 서술어로 대상의 현재 상황을 이해한다.
⑤ '노인'을 화자가 평소 동경하는 대상이라고 해석한다.

답 ① **해** ①은 당대의 사회 현실을 바탕으로 작품을 감상하는 반영론적 관점에 해당한다. 나머지는 모두 시어, 표현 방법 등에 주목하여 작품을 감상하는 내재적 관점에 해당한다.

3 **예 ❸**에 대한 효용론적 관점의 감상으로 볼 수 **없는** 것은?

① 광복의 그날을 상상하며 큰 감동과 교훈을 얻을 수 있었어.
② 대의를 위해 나 자신을 희생할 수 있을지 곰곰이 생각해 봤어.
③ 조국의 독립을 위해 희생한 이들을 생각해 보는 계기가 되었어.
④ 작가는 조국 광복의 상황을 가정하여 독립의 염원을 표현하고 있어.
⑤ 작품을 읽은 후에 읽기 전보다 조국의 소중함을 더욱 깨닫게 되었어.

답 ④ **해** ④는 작가의 생각을 고려하며 작품을 감상하는 표현론적 관점의 감상에 해당한다. 나머지는 모두 독자와의 관계를 중심으로 작품을 감상하는 효용론적 관점의 감상에 해당한다.

> ① 작가 ② 현실 ③ 독자

[01~02] 다음 시를 읽고 물음에 답하시오.

가
내 님믈 그리ᄉᆞ와 우니다니
고려 의종 / 임과 이별한 화자의 슬픔
산(山) 졉동새 난 이슷ᄒᆞ요이다.
한(恨)의 표상, 감정(서러움) 이입의 대상
아니시며 거츠르신 ᄃᆞᆯ 아으

잔월효성(殘月曉星)이 아ᄅᆞ시리이다. ▶ 기: 자신의 처지와 결백 토로
천지신명 → 화자의 결백을 증명해 줄 존재
넉시라도 님은 ᄒᆞᆫᄃᆡ 녀져라 아으
일편단심(一片丹心)
벼기더시니 뉘러시니잇가.
우기던 이 「 」: 자신을 모함한 사람에 대한 원망과 한탄
과(過)도 허믈도 천만(千萬) 업소이다.
전혀
ᄆᆞᆯ 힛마리신뎌
뭇 사람들의 참언입니다
ᄉᆞᆯ읏븐뎌 아으 ▶ 서: 자신의 결백함 해명

니미 나ᄅᆞᆯ ᄒᆞ마 니ᄌᆞ시니잇가.
자신을 불러 주지 않는 임에 대한 원망
아소 님하, 도람 드르샤 괴오쇼셔. ▶ 결: 임에 대한 애원
주제구 – 창작의 궁극적 목적
— 정서, 〈정과정(鄭瓜亭)〉
주제 자신의 결백과 임금에 대한 충절

나
까마득한 날에
과거
하늘이 처음 열리고
광야의 탄생 – 천지개벽
어데 닭 우는 소리 들렸으랴. ▶ 1연: 광야의 원시성(과거)
생명의 기적

「모든 산맥(山脈)들이
「 」: 산맥의 형성 과정을 역동적이고 시각적인 이미지로 표현
바다를 연모(戀慕)해 휘달릴 때도」

차마 이곳을 범(犯)하던 못하였으리라. ▶ 2연: 광야의 신성성(과거)
광야 – 삶의 터전   침범하지 못하였으리라 – 신성성

끊임없는 광음(光陰)을
세월
부지런한 계절(季節)이 피어선 지고
시간의 흐름을 꽃이 피고 지는 것으로 표현 – 추상적 관념의 시각화
큰 강물이 비로소 길을 열었다. ▶ 3연: 역사와 문명의 태동(과거)
문명, 역사

지금 눈 내리고
현재   일제 강점하의 시련과 고통
매화 향기(梅花香氣) 홀로 아득하니
조국 광복의 기운   그윽하니
내 여기 가난한 노래의 씨를 뿌려라.
조국 광복을 위한 자기희생의 의지   ▶ 4연: 암담한 현실 상황과 극복 의지(현재)
– 속죄양 모티프

다시 천고(千古)의 뒤에
미래
백마(白馬) 타고 오는 초인(超人)이 있어
조국 광복을 가져오는 민족의 구원자, 지도자, 후손
이 광야(曠野)에서 목놓아 부르게 하리라.
미래 지향적, 예언자적 태도   ▶ 5연: 미래에 대한 기대와 확신(미래)
— 이육사, 〈광야〉
주제 조국 광복에 대한 신념과 의지

01

〈보기〉에 제시된 관점에 따라 (가)를 감상한 내용으로 적절하지 <u>않</u>은 것은?

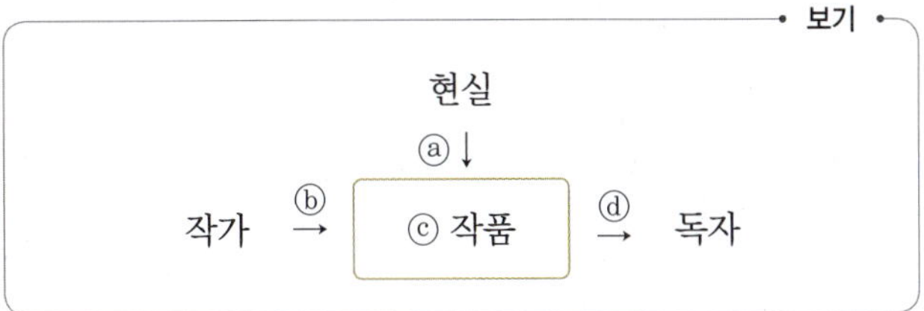

① ⓐ: 권력 다툼으로 혼란스러웠던 시대를 배경으로 한다.
② ⓑ: 임금에게 자신의 억울함과 결백을 밝히고자 한다.
③ ⓒ: 여성적 목소리로 자신의 처지를 호소하고 있다.
④ ⓒ: '잔월효성'은 화자의 결백을 증명해 줄 존재이다.
✔ ⑤ ⓓ: 작가의 창작 의도가 직접적으로 드러나 있다.

답 ⑤ **해** ⓓ는 작품과 독자의 관계에 주목하여 문학 작품을 감상하는 효용론적 관점이므로, 이 작품을 읽은 독자에 초점을 맞춰 감상해야 한다. 그러나 ⑤는 작가의 창작 의도에 대해 말하고 있으므로, 작품을 지은 작가를 고려하여 작품을 비평하고 감상하는 표현론적 관점에 따라 작품을 감상한 것이다. / ⓐ 반영론적 관점 ⓑ 표현론적 관점 ⓒ 내재적 관점

02

〈보기〉의 관점에 따라 (나)를 감상한 사람은?

> **보기**
>
> 문학 작품은 현실을 모방하고 반영하기 때문에 독자는 작품 속 현실과 실제 현실 사이의 관련성에 초점을 두고 작품을 감상해야 한다.

① 경은: 3연에는 시간의 흐름을 시각화한 표현이 제시되어 있어.
② 민재: 시행을 규칙적으로 배열하여 형태적 안정감을 얻고 있어.
③ 수지: 조금만 힘들어도 쉽게 좌절하는 우리의 삶을 반성하게 해.
④ 정현: 작품의 어조로 보아 시인은 강인한 의지를 지닌 사람이야.
✔ ⑤ 효승: 시어의 상징적 의미를 통해 어려운 시대 상황을 암시하고 있어.

답 ⑤ **해** 〈보기〉는 작품과 현실 사이의 관련성에 초점을 둔 반영론적 관점에 대해 설명하고 있다. ⑤는 어려운 시대 상황이라는 실제 현실을 끌어들여 작품을 이해하고 있으므로 〈보기〉의 관점에 따른 감상이라고 할 수 있다. / ①, ② 내재적 관점 ③ 효용론적 관점 ④ 표현론적 관점

[03~04] 다음 글을 읽고 물음에 답하시오.

하루는 심청이 부친 앞에 여쭙기를,

"아버님 들으시옵소서. 『말 못 하는 ㉠까마귀도 쓸쓸한 숲 저문 날에 효도할 줄을 알고,』곽거(郭巨)라 하는 사람은 부
『 』: '반포지효'(까마귀 새끼가 자라 어미에게 먹이를 물어다 주는 효)의 고사 인용
모 전 효도하여 반찬 공경 극진히 할 때 세 살 된 어린아
『 』: 집이 가난하여 노모가 굶주리자 자식을 땅에 묻으려 했다는 곽거의 고사 인용
이가 부모 반찬을 먹으므로 산 자식을 묻자고 양주가 의논
하였고, 『맹종(孟宗)은 효도하여 엄동설한에 죽순을 얻어
『 』: 어머니가 즐기는 죽순이 없음을 슬퍼하자 눈 속에서 죽순이 나왔다는 맹종의 고사 인용
부모를 봉양하였나이다.』소녀도 나이가 십여 세라, 옛 효
자만 못할망정 맛난 음식으로 아버님을 공양 못하겠나이
고사의 인물들처럼 효를 다하겠다고 말하는 심청
까. 아버지의 어두우신 눈으로 험로한 길을 다니시다가 넘
어져 상하기 쉽고, 비바람을 무릅쓰고 다니시면 병환이 날
까 염려가 되니, 아버지는 오늘부터 집 안에 계시옵소서.
소녀가 혼자 밥을 빌어 조석으로 근심을 덜겠나이다."
아침과 저녁을 아울러 이르는 말
〈중략〉　　　　　　　▶ 밥을 빌어 아버지를 봉양하겠다고 말하는 심청

심청이 그날부터 밥을 빌어 나설 적에, 먼 산에 해 비치고
앞마을 연기 나는데, 가련하다, 심청이 『베 중의(中衣) 옷에
대님 매고, 깃만 남은 헌 저고리, 자락 없는 청목 휘양을 볼
『 』: 심청의 볼품없는 옷차림 묘사
상 없이 숙여 쓰고, 뒤축 없는 헌신짝에 버선 없이 발을 벗
고,』헌 바가지를 손에 들고 건넛마을을 바라보았다.

천산(千山) 조비(鳥飛) 끊어지고, 만경(萬頃)에 인적이 전
심청의 처지와 어울리는 쓸쓸한 분위기 – 새가 날지 않고 사람의 발자취가 없음
혀 없다. 북풍으로 모진 바람이 살 쏘듯이 불어온다. 황혼에
가는 거동은, 눈 뿌리는 수풀 속을 외로이 날아가는 어미 잃
은 ㉡까마귀였다. 옆걸음쳐 손을 불고 옹그리며 건너갔다.
고달픈 삶을 살아가는 심청을 비유한 소재

건넛마을 당도하여 이집 저집 부엌문만 들어서며 가련히
비는 말이,

"모친이 돌아가신 후에 눈 멀으신 우리 부친 공양할 길이 없
어 왔사오니, 댁에서 잡수시는 대로 밥 한 술만 주옵소서."

보고 듣는 사람들이 마음이 감동하여 그릇밥, 김치, 장을
심청의 착한 마음을 알고 도와주려는 사람들의 모습
아끼지 않고 덜어 주며,

"아가, 어서 몸을 녹이고 많이 먹고 가거라."

하는 말은 가련한 정에 감동되어 고마운 마음으로 하는 말이
었다. 그러나 심청이는,

"추운 방에서 늙은 부친이 나 오기만 기다리시니 나 혼자
아버지 생각에 혼자 밥을 먹을 수 없다며 사양하는 심청
먹을 수 있나이까?" 〈중략〉　　　　　▶ 돌아다니며 밥을 구걸하는 심청

자식 아끼는 부모 마음같이 간절한 것은 없는 터이라 심
봉사 기가 막혀 훌쩍 눈물지으며,

"애닯구나 내 팔자야. 앞 못 보고 구차하여 쓰지 못할 이
고생 끝에 밥을 빌어 온 심청을 본 심 봉사의 한탄
목숨이 살면 무엇하자고 자식 고생시키느냐."

심청이의 장한 효성이 부친을 위로하여,

"아버지, 서러워 마사이다. 부모께 봉양하고 자식의 효 받
는 것이 이 천지에 떳떳하고 사리에 당연하니 너무 심화
(心火) 마옵소서."　　　　　　　마음속에서 북받쳐 나는 화

이렇게 봉양할 제, 『춘하추동 사시절을 쉴 날 없이 밥을 빌
고, 나이 점점 자랄수록 바느질과 길쌈질로 삯을 받아 부친
『 』: 정성을 다해 아버지를 봉양하는 심청의 모습
공경을 한결같이 하였다.』　　▶ 한결같은 마음으로 아버지에게 효도하는 심청

　　　　　　　　　　　　　　　– 작자 미상, 〈심청전〉
주제　부모에 대한 지극한 효성

03

〈보기〉의 관점에서 이 글을 감상한 것으로 가장 적절한 것은?

> ● 보기 ●
>
> 　문학 감상은 독자가 작품 해석의 주체로서 작품의 내용
> 을 일상의 삶과 연결 지어 읽으며 내면화하는 과정이다.
> 그런 점에서 문학 작품의 이해와 감상은 우리의 생활을 되
> 돌아보고 삶을 더욱 풍요롭게 해 주는 자양분이 된다.

① 어린 심청이 어려운 고사를 인용하는 것이 당시에 가능했
을지 의문이 생겼어요.

② 율문체로 된 부분을 읽으며 현대 소설에서 느끼지 못했던
리듬감을 느낄 수 있었어요.

③ 인물의 모습을 묘사한 부분을 통해 당시 사람들이 입었던
의복의 형태를 짐작할 수 있었어요.

④ 부모 봉양을 자식의 당연한 도리로 생각하는 심청의 말에
서 당시 사회의 가치관을 알 수 있었어요.

⑤ 어려운 상황에서도 꿋꿋하게 살아가는 심청의 모습을 보며
평소 쉽게 포기하는 나 자신이 부끄럽게 느껴졌어요.

답 ⑤　해 〈보기〉는 작품과 독자와의 관계를 중심으로 작품을 감상하는 효용론적 관
점에 대해 설명하고 있다. ⑤는 작품이 독자에게 미친 영향에 대해 진술하고 있으므로
〈보기〉의 관점에 따른 감상이라고 할 수 있다.

04

㉠과 ㉡을 비교한 것으로 적절한 것은?

① ㉠과 ㉡은 모두 인물이 원망하는 대상이다.

② ㉠과 ㉡은 모두 인물의 부정적 미래를 암시하는 대상이다.

③ ㉠은 인물이 의지하는 대상이고, ㉡은 인물이 거부하는 대
상이다.

④ ㉠은 인물이 연민하는 대상이고, ㉡은 인물이 동경하는 대
상이다.

⑤ ㉠은 인물이 본받고자 하는 대상이고, ㉡은 인물의 모습을
비유한 대상이다.

답 ⑤　해 ㉠은 반포지효(反哺之孝)와 관련된 고사에서 늙은 어미에게 먹이를 물어다
주는 존재로, 인물이 본받고자 하는 대상이다. 그리고 ㉡은 고달픈 삶을 살아가는 심청
의 모습을 비유한 대상이다.

II

산문 문학

01 서술자와 시점

개념 키워드   #서술자와 시점   #시점에 따른 거리   #인물 제시 방법   #서술자의 개입   # 서술 방식

개념 열기 ① 톡톡! 서술자와 시점

서술자: 소설의 내용을 독자에게 이야기해 주는 사람 敍 펼 서, 述 지을 술, 者 사람 자

시점: 작품에서 독자에게 이야기를 전달하는 서술자의 위치와 태도 視 볼 시, 點 점 점

- 서술자는 독자에게 소설의 이야기를 효과적으로 전달하기 위해 작가가 만들어 낸 ① ㅎ ㄱ ㅈ 대리인임
- 서술자는 작품 속에 직접 등장할 수도, 작품 밖에 위치하며 서술할 수도 있음
- 서술자가 작품 안에 등장하는 '나'이면 1인칭 시점이고, 서술자가 작품 밖에 위치하여 '그(그녀)'에 대해 서술하면 3인칭 시점임

1 1인칭 주인공 시점

- 작품 속 주인공인 '나'가 자신의 이야기를 직접 서술하는 시점임
- '나'의 내면(심리)은 독자에게 효과적으로 전달되지만, '나' 이외의 인물의 심리나 성격 등은 ② ㄱ ㅈ ㅈ 으로 서술됨
- 독자의 상상력을 제한하며, 독자는 주인공이 보고 느낀 것만을 알게 됨

예 ①

나흘 전 감자 쪼간만 하더라도 나는 저에게 조금도 잘못한 것은 없다.
　　　　　　　　　　　　　　주인공이자 서술자(1인칭)　　'나'의 내면 심리가 직접적으로 제시됨
계집애가 나물을 캐러 가면 갔지 남 울타리 엮는데 쌩이질을 하는 것은 다
　　　　　　　　　　　　　　　　　'나' 이외의 인물의 심리 전달이 제한적임
뭐냐. 그것도 발소리를 죽여 가지고 등 뒤로 살며시 와서,

　　「얘! 너 혼자만 일하니?」
　　　「」: 점순의 속마음을 직접 알 수 없음
하고 긴치 않는 수작을 하는 것이다.」
　　　필요하지 않은 말 걸기
　　어제까지도 저와 나는 이야기도 잘 않고 서로 만나도 본척만척하고 이렇
게 점잖게 지내던 터이련만 오늘로 갑작스레 대견해졌음은 웬일인가. 항차
　　　　　　　　　　　　　　　　　'나'가 느낀 것만 독자에게 전달됨
망아지만 한 계집애가 남 일하는 놈 보구…… 〈중략〉

　　"한여름이나 되거든 하지 벌써 울타리를 하니?"
'나'에 대한 점순의 관심이 점순의 말을 통해 간접적으로 제시됨
　　잔소리를 두루 늘어놓다가 남이 들을까 봐 손으로 입을 틀어막고는 그 속
에서 깔깔댄다. 별로 우스울 것도 없는데 날씨가 풀리더니 이놈의 계집애가
　　　　　　점순의 의도를 모르는 '나'의 반응 – '나'가 느낀 것만 독자에게 전달됨
미쳤나 하고 의심하였다. 게다가 조금 뒤에는 제 집께를 할금할금 돌아보더
　　　　　　　　　　　　　　'나'의 시각으로만 상황이 전달됨
니 행주치마의 속으로 꼈던 바른손을 뽑아서 나의 턱 밑으로 불쑥 내미는 것
이다. 언제 구웠는지 아직도 더운 김이 홱 끼치는 굵은 감자 세 개가 손에 뿌
듯이 쥐였다.　　　　　　　'나'에 대한 점순의 애정을 드러내는 소재
　　　　　　　　　　　　　　　　　　　　　　– 김유정, 〈동백꽃〉
　　　　　　　　　　주제 산골 마을 사춘기 남녀의 순박한 사랑

개념 플러스

❖ 서술자의 위치와 태도에 따른 시점 비교

위치 ＼ 태도	인물의 내면 심리 서술	인물과 사건 관찰
작품 속의 '나'	1인칭 주인공 시점	1인칭 관찰자 시점
작품 밖의 서술자	전지적 작가 시점	작가 관찰자 시점

☆ 개념을 완성하는 문제

1 **예 ①**의 서술자에 대한 설명으로 적절하지 <u>않은</u> 것은? (정답 2개)

① 작품에 등장하는 인물이다.
② 자신의 이야기를 들려주고 있다.
③ 작품 밖에서 사건을 관찰하여 전달한다.
④ 사건과 등장인물에 대한 모든 것을 알고 있다.
⑤ 주인공이 아닌 인물의 심리는 간접적으로 드러낸다.

답 ③, ④ **해** 〈보기〉는 1인칭 주인공 시점으로, 작품 속에 등장하는 인물 '나'가 자신의 관점에서 이야기를 전달하고 있다. ③은 작가 관찰자 시점, ④는 전지적 작가 시점에 대한 설명이다.

2 **예 ①**의 인물과 관련된 설명으로 적절하지 <u>않은</u> 것은?

① '계집애'는 성격이 적극적이다.
② '계집애'는 '나'를 불쌍하게 여긴다.
③ '나'는 '계집애'를 못마땅하게 생각한다.
④ '나'는 '계집애'의 마음을 이해하지 못한다.
⑤ '나'의 어리숙함이 독자의 웃음을 유발한다.

답 ② **해** 점순이는 '나'를 불쌍하게 여겨서가 아니라 '나'를 좋아하기 때문에 감자를 건넨 것이다.

① 형상화 ② 간접적

2 1인칭 관찰자 시점

- 작품 속 인물인 '나'가 관찰자의 입장에서 중심인물에 대해 서술하는 시점임
- '나'는 작품 속 다른 중심인물의 내면 심리를 서술할 수 없음
- 서술자인 '나'가 ① ㄱㅊ 한 것들만 서술하므로 서술의 한계가 존재함
- 주요 인물의 내면이 직접 제시되지 않으므로 긴장감을 자아낼 수 있음

> **예②** 성북동으로 이사 나와서 한 대엿새 되었을까, 그날 밤 나는 보던 신문을
> 머리맡에 밀어 던지고 누워 새삼스럽게, / "여기도 정말 시골이군!" 〈중략〉
>
> 삼산 학교에 급사로 있을 시대에 삼산 학교에다 남겨 놓고 나온 일화도 여
> 러 가지라는데, 그중에 두어 가지를 동네 사람들의 말대로 옮겨 보면, 〈중략〉
> 그는, / "너의 색시 달아난다."
> 하는 말을 제일 무서워했다 한다. 한번은 어느 선생이 장난엣말로,
> "요즘 같은 따뜻한 봄날엔 옛날부터 색시들이 달아나기를 좋아하는데 어
> 제도 저 아랫말에서 둘이나 달아났다니까 오늘은 이 동리에서 꼭 달아나
> 는 색시가 있을걸……."
> 했더니 수건이는 점심을 먹다 말고 눈이 휘둥그레졌다 한다. 그리고 그날
> 오후에는 어서 바삐 하학을 시키고 집으로 갈 양으로 오십 분 만에 치는 종
> 을 이십 분 만에, 삼십 분 만에, 삼산 학교에 함부로 다가서 쳤다는 이야기도 있다.
> — 이태준, 〈달밤〉
>
> **주제** 세상에 적응하지 못하는 황수건에 대한 연민

3 3인칭 작가 관찰자 시점

- 서술자가 작품 밖에서 관찰자로서 인물과 사건 등을 서술하는 시점임
- 서술자는 해설이나 평가를 자제하며 객관적 태도로 사실을 관찰하여 서술함
- 서술자가 객관적 입장에서 작품 속 인물과 사건에 대해 전달하므로 독자의 ② ㅅㅅㄹ 의 폭이 넓어짐

> **예③** "산제 지낸다구 꿔 온 것은 은제나 갚는다지유?"
> 풍하고 있는 남편을 향하여 말끝을 꼬부린다. 그러나 남편은 눈썹 하나 까
> 딱하지 않는다. 이번에는 어조를 좀 돋우며,
> "갚지도 못할 걸 왜 꿔 오라 했지유!" / 하고 얼추 호령이었다.
>
> 이 말은 남편의 채 가라앉지도 못한 분통을 다시 건드렸다. 그는 벌떡 일
> 어서며 황밤 주먹을 쥐어 낭창할 만큼 아내의 골통을 후렸다.
> "계집년이 방정맞게."
>
> 다른 것은 모르나 주먹에는 아찔이었다. 멋없이 덤비다간 골통이 부서진
> 다. 암상을 참고 바르르하다가 이윽고 아내는 등에 업은 어린애를 끌러 들었
> 다. 남편에게로 그대로 밀어 던지니 아이는 까르륵하고 숨 모는 소리를 친
> 다. 그리고 아내는 돌아서서 혼잣말로,
> "콩밭에서 금을 딴다는 숙맥도 있담." / 하고 빗대 놓고 비양거린다.
> — 김유정, 〈금 따는 콩밭〉
>
> **주제** 절망적 현실에서 허황된 욕망을 추구하는 인간의 어리석음

☆ **개념을 완성하는 문제**

3 **예②**에서 중심인물에 대한 서술자의 관찰 기회와 범위가 제한적임을 알 수 있는 서술이 **아닌** 것은?

✔ ① 한 대엿새 되었을까,
② 동네 사람들의 말대로 옮겨 보면,
③ 제일 무서워했다 한다.
④ 눈이 휘둥그레졌다 한다.
⑤ 함부로 다가서 쳤다는 이야기도 있다.

답 ① **해** [예2]는 1인칭 관찰자 시점의 작품으로, 서술자의 관찰 기회와 범위가 제한되어 있기 때문에 들은 내용을 전하는 형식으로 서술되고 있다. 하지만 ①은 '나'가 들은 내용이 아니라 직접 경험한 사실이다.

4 **예②**의 일화를 통해 알 수 있는 '수건'이라는 인물의 성격으로 알맞은 것은?

① 계산적인 인물
② 눈치가 빠른 인물
③ 자존심이 강한 인물
✔ ④ 우둔하고 천진한 인물
⑤ 속물적이고 탐욕스러운 인물

답 ④ **해** 봄날에 색시들이 달아나기를 좋아한다는 어느 선생의 말을 곧이곧대로 믿는 '수건'은 우둔하고 천진한 인물이다.

5 **예③**의 서술상의 특징으로 가장 적절한 것은?

① 같은 사건을 여러 인물의 시각에서 제시하고 있다.
② 서술자가 인물들의 심리를 자세하게 서술하고 있다.
✔ ③ 인물의 행동과 대화를 중심으로 사건을 서술하고 있다.
④ 서로 관련이 없는 사건을 삽화 형식으로 나열하고 있다.
⑤ 서술자가 자신의 이야기를 중심으로 사건을 전개하고 있다.

답 ③ **해** [예3]은 작가 관찰자 시점의 작품으로, 남편(영식)과 아내의 행동과 대화를 중심으로 사건을 서술하며 인물들의 심리를 간접적으로 드러내고 있다.

6 **예③**에서 인물들에게 '금'이 의미하는 바로 알맞은 것은?

① 노동의 정당한 대가
② 신분 상승을 위한 도구
③ 마을 공동체 참여의 도구
✔ ④ 가난에서 벗어날 수 있는 수단
⑤ 인간에 의해 파괴되어 가는 자연

답 ④ **해** 일제와 지주의 착취로 농민이 살기 어려운 현실에서, '금'은 남편(영식)과 아내에게 가난에서 벗어날 수 있는 수단이라고 할 수 있다.

① 경험 ② 상상력

4 전지적 작가 시점

- 작품 밖의 서술자가 신과 같은 능력으로 인물의 모든 것을 알고 서술하는 시점임
- 독자는 인물의 심리와 사건의 전모를 쉽게 알 수 있으나, 서술자의 관여로 상상력이 ① ㅈㅎ 되기도 함

예 ④

동이의 탐탁한 등어리가 뼈에 사무쳐 따뜻하다. 물을 다 건넜을 때에는 도
허 생원의 아들로 암시되는 인물
리어 서글픈 생각에 좀 더 업혔으면도 하였다.
서술자가 인물의 심리를 직접 서술함 – 동이에게 혈육의 정을 느낌
　　"진종일 실수만 하니 웬일이요, 생원."

　　조 선달은 바라보며 기어코 웃음이 터졌다. / "나귀야. 나귀 생각하다 실족
　　허 생원의 친구　　　　　　　　　　　　　　　　　　허 생원과 대응됨
을 했어. 말 안 했던가? 저 꼴에 제법 새끼를 얻었단 말이지. 읍내 강릉집 피
마에게 말일세. 귀를 쫑긋 세우고 달랑달랑 뛰는 것이 나귀 새끼같이 귀여운
성 서방네 처녀와 대응됨　　　　　　　　　　　　　　　　　동이와 대응됨
것이 있을까? 그것 보러 나는 일부러 읍내를 도는 때가 있다네."
『 』: 표면적 – 실수에 대한 변명 / 내면적 – 성 서방네 처녀와의 인연으로 동이를 얻었을 것이라는 기대
　　"사람을 물에 빠치울 젠 딴은 대단한 나귀 새끼군."

　　허 생원은 젖은 옷을 웬만큼 짜서 입었다. 이가 덜덜 갈리고 가슴이 떨리
　　주인공. 과거의 추억을 소중하게 간직하고 사는 인물
며 몹시도 추웠으나 마음은 알 수 없이 둥실둥실 가벼웠다.
서술자가 인물의 심리를 직접 서술함 – 동이가 아들일지 모른다는 기대감
　　　　　　　　　　　　　　　　　　　　　　　　　– 이효석, 〈메밀꽃 필 무렵〉
　　　　　　　　　　　　주제 떠돌이 삶의 애환과 인간 본연의 애정

4-❶ 제한적 전지적 작가 시점

- 서술자가 자신의 전지성을 특정 인물에 대해서만 ② ㅈㅎ 적으로 발휘함
- 작품 밖 전지적 서술자가 작품 속 특정 인물의 시각이나 입장에서 서술함

예 ⑤

　　그들은 밥상을 끼고 앉아서 즐거웁게 술을 마셨다. 몇 잔이 들어가고 보니
영식의 생각도 저으기 돌아섰다. 『딴은 일 년 고생하고 끽 콩 몇 섬 얻어먹느
주인공. 성실하고 우직한 농사꾼이었으나 수재의 꼬임에 넘어가 콩밭을 망침
니보다는 금을 캐는 것이 슬기로운 짓이다. 하루에 잘만 캔다면 한 해 줄곧
『 』: 영식의 입장에서 내면 심리가 서술됨. 시점 변화 (작가 관찰자 → 전지적 작가)
공들인 그 수확보다 훨씬 이익이다. 올봄 보낼 제 비룻값, 품삯, 빚에 빚진
　　　　　　　　　　　열심히 일해도 가난에서 벗어나기 힘든 농촌 현실
칠 원 까닭에 나날이 졸리는 이 판이다. 이렇게 지지하게 살고 말 바에는 차
라리 가로지나 세로지나 사내자식이 한번 해 볼 것이다.』
　　　전체적으로 작가 관찰자 시점이지만, 부분적으로 특정 인물의 입장에서 심리와 성격 등을 1인칭 시점처럼 서술함
　　　　　　　　　　　　　　　　　　　　　　– 김유정, 〈금 따는 콩밭〉
　　　　　　　　　　주제 절망적 현실에서 허황된 욕망을 추구하는 인간의 어리석음

개념 돋보기

❖ 시점별 서술상의 특징 비교

	장점	단점
1인칭 주인공	주인공의 내면 서술이 쉽고 독자가 주인공에게 감정 이입을 하기 쉬움	주인공이 아닌 인물의 감정을 직접 서술할 수 없음
1인칭 관찰자	주인공에 대한 관찰자의 추측과 감상을 서술할 수 있음	주인공의 내면을 직접적으로 제시할 수 없음
작가 관찰자	서술자의 주관이 배제되고 눈에 보이는 것만 객관적으로 서술함	이야기가 건조해지고 상황을 풍부하게 전달하지 못할 수 있음
전지적 작가	시·공간의 제약 없이 폭넓은 서술과 묘사가 가능함	독자의 상상력이 제한되고 이야기에 흥미를 잃게 될 수 있음

7 예 ❹ 에 대한 설명으로 가장 적절한 것은?

　① 작품 밖의 서술자가 등장인물의 심리를 서술하고 있다.
　② 서술자가 작품 안에서 사건을 구체적으로 묘사하고 있다.
　③ 작품 속의 주인공이 자신을 중심으로 한 사건을 서술하고 있다.
　④ 작품 밖의 서술자가 객관적인 태도로 인물과 사건을 전달하고 있다.
　⑤ 서술자가 특정 인물의 시선을 통해 다른 인물을 관찰하고 있다.

답 ① **해** [예4]는 전지적 작가 시점의 작품으로, 작품 밖의 서술자가 중심인물인 허 생원의 심리를 직접 서술하고 있다.

8 예 ❹ 에서 확인할 수 있는 내용이 아닌 것은?

　① 동이는 허 생원을 업고 물을 건넜다.
　② 허 생원은 하루에 여러 번 실수를 했다.
　③ 허 생원은 자신의 실수가 나귀 때문이라고 변명했다.
　④ 조 선달은 꼼꼼하지 못한 허 생원을 못마땅하게 여겼다.
　⑤ 허 생원은 동이에게 장돌뱅이 동료 이상의 특별한 감정을 느꼈다.

답 ④ **해** 조 선달은 장난스럽게 허 생원의 실수를 언급한 것일 뿐 허 생원을 못마땅하게 여긴 것이 아니다.

9 예 ❺ 의 서술상의 특징을 다음과 같이 정리할 때, (　) 안에 들어갈 인물을 쓰시오.

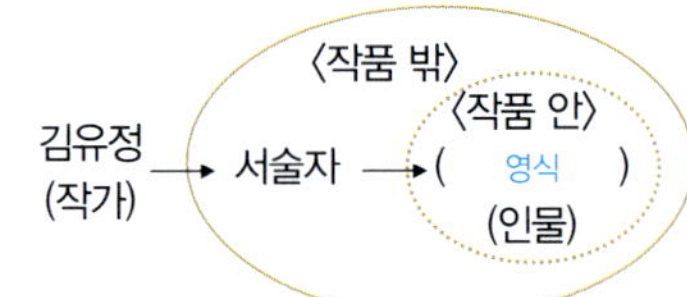

답 영식 **해** [예5]는 제한적 전지적 작가 시점의 작품으로, 서술자가 '영식'이라는 특정 인물의 시각에서 서술하고 있다.

개념 플러스

◈ 한 작품에 나타나는 '시점'은 단 하나?

보통 한 작품에 하나의 시점이 나타나지만 그렇지 않은 작품도 있습니다. 특히 작가 관찰자 시점과 전지적 작가 시점이 혼재되어 나타나는 경우가 많습니다. 또 액자식 구성의 작품에서는 외부 이야기의 시점과 내부 이야기의 시점이 다른 경우가 많습니다.

① 제한 ② 제한

시점에 따른 거리

시점에 따른 거리 : '서술자'와 '독자'와 소설의 '인물' 사이에 존재하는 심리적 거리감 距 떨어질 거, 離 떠날 리

- 공간적·물리적인 의미의 거리가 아니라 정서적으로 느껴지는 거리를 의미하며, 서술의 시점에 따라 거리가 다름

1 서술자와 독자의 거리

- 1인칭 주인공 시점, 전지적 작가 시점 : 서술자가 독자에게 소설의 정보를 직접 제시하므로 둘 사이의 심리적 거리는 가까움
- 1인칭 관찰자 시점, 작가 관찰자 시점 : 서술자가 독자에게 상황이나 내용을 ① ㄱㄱㅈ 으로 전달하므로 둘 사이의 심리적 거리는 멂

2 서술자와 인물의 거리

- 1인칭 주인공 시점 : 서술자가 작품 속의 중심인물 자신이면 둘 사이의 심리적 거리가 제일 ② ㄱㄲㅇ
- 전지적 작가 시점 : 서술자가 중심인물의 심리나 사건의 전모를 모두 파악하고 있으므로 둘 사이의 심리적 거리는 가까움
- 1인칭 관찰자 시점 : 서술자가 부차적 인물로, 중심인물을 관찰하는 입장이면 둘 사이의 심리적 거리가 멂
- 작가 관찰자 시점 : 서술자가 작품 외부에서 중심인물을 관찰하므로 둘 사이의 심리적 거리는 멂

3 독자와 인물의 거리

- 1인칭 주인공 시점, 전지적 작가 시점 : 독자와 인물 사이에 있는 서술자에 의해 인물의 심리 등이 독자에게 전달되므로 둘 사이의 심리적 거리는 멂
- 1인칭 관찰자 시점, 작가 관찰자 시점 : 독자와 인물 사이에 있는 서술자가 인물에 대해 객관적 태도를 보이므로 둘 사이의 심리적 거리는 ③ ㄱㄲㅇ

4 시점에 따른 거리 요약

거리	시점	시점	거리
서술자 — 인물: 가깝다 — 독자: 가깝다, 인물 — 독자: 멀다	1인칭 주인공 전지적 작가	1인칭 관찰자 작가 관찰자	서술자 — 인물: 멀다 — 독자: 멀다, 인물 — 독자: 가깝다

시점	서술자 — 독자	서술자 — 인물	독자 — 인물
1인칭 주인공 전지적 작가	가깝다	가깝다	멀다
1인칭 관찰자 작가 관찰자	멀다	멀다	가깝다

☆ **개념을 완성하는 문제**

1 '서술자와 독자의 거리'를 나타낸 다음 그래프에서 ㉠에 들어갈 시점을 쓰시오.

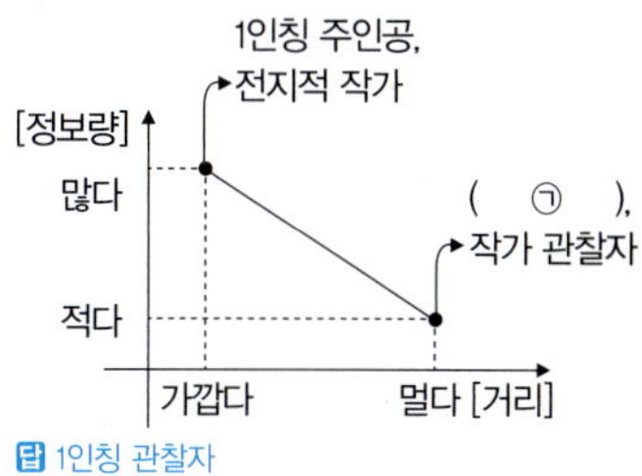

답 1인칭 관찰자

2 '서술자와 인물의 거리'를 나타낸 다음 그래프에서 ㉡에 들어갈 시점을 쓰시오.

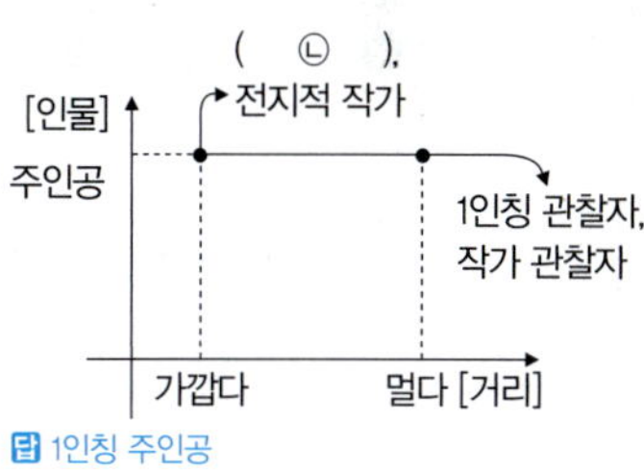

답 1인칭 주인공

3 '독자와 인물의 거리'를 나타낸 다음 그래프에서 ㉢에 들어갈 시점을 쓰시오.

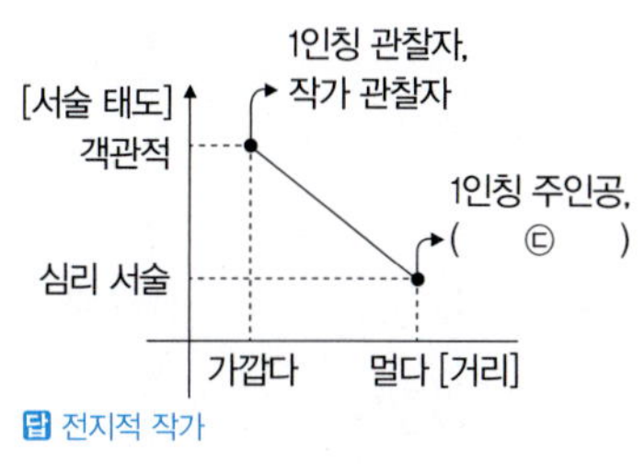

답 전지적 작가

① 객관적 ② 가깝다 ③ 가깝다

인물 제시 방법 : 서술자가 인물의 성격이나 심리를 독자에게 제시하는 방법

1 말하기(telling) 방식

- 직접적 제시, 분석적 방법, 요약적 방법, 해설적 방법이라고도 함
- 서술자가 인물의 성격이나 심리를 분석, 요약, 해설해 주는 방법임
- 사건 전개 속도가 ① 빠르고, 작가의 의도를 드러내기에 효과적임
- 내용 파악은 쉽지만 독자의 상상력이 제한되고 독자와 인물 간 거리가 멀어짐

예①

가 구 씨는 본래 활발하고 거칠 것 없이 수작하는 사람이라 옥련이를 물끄러미 보더니, "이애 옥련아, 어— 실체(失體)하였구. 남의 집 처녀더러 또 해라 하였구나."
인물의 성격을 직접 제시함
체면이나 면목을 잃었고
해라체의 말씨를 썼구나
– 이인직, 〈혈의 누〉
주제 신교육 사상과 개화 의식의 고취

나 부처의 사이는 좋았지만 — 아니 오히려 좋으므로 그는 아내에게 시기를 많이 하였다. 그리고, 그의 아내는 시기를 받을 일을 많이 하였다. 품행이 나쁘다는 것이 아니라, 그의 아내는 대단히 쾌활한 성질로서 아무에게나 말 잘하고 애교를 잘 부렸다.
인물의 평소 행실을 직접적·요약적으로 제시함
그의 성격을 직접 제시함
– 김동인, 〈배따라기〉
주제 오해가 빚은 형제간의 비극적 운명

2 보여 주기(showing) 방식

- 간접 제시, 극적 방법이라고도 하며, 서술자가 인물의 성격을 직접 말하지 않고 대화나 ② 행동으로 보여 주어 간접적으로 제시함
- 인물의 성격이 생생하게 드러나고 독자와 인물 간의 거리가 가까워짐
- 작가의 의도를 명료하게 드러내기에는 한계가 있음

예②

가 「군데군데 찢어진 경성드뭇한 눈썹이 올올이 일어서며 아래로 축 처지는 서슬에 양미간에는 여러 가닥 주름이 잡히고 광대뼈 위로 뺨 살이 실룩실룩 보이자 두 볼은 쪽 빨아든다. 입은 소태나 먹은 것처럼 왼편으로 비뚤어지게 찢어 올라가고, 조이던 눈엔 눈물이 괸 듯 삼십 세밖에 안 되어 보이는 그 얼굴이 십 년가량은 늙어진 듯하였다.」나는 그 신산스러운 표정에 얼마쯤 감동이 되어서 그에게 대한 반감이 풀려지는 듯하였다.
「 」: '그'의 얼굴을 묘사하여 '그'의 고생스러웠던 과거를 압축적으로 보여 줌 – 민족의 힘겨운 삶 암시
소태나무의 껍질. 약재로 쓰이며 맛이 매우 씀
힘들고 고생스러운
관찰자이자 서술자(1인칭)
– 현진건, 〈고향〉
주인공. 일제 강점하에 농토를 잃고 유랑함
주제 일제의 수탈로 인한 우리 민족의 비참한 삶

나 윤 직원 영감은 팔을 부르걷은 주먹으로 방바닥을 땅 치면서 성난 황소가 영각을 하듯 고함을 지릅니다.
풍자와 비판의 대상. 작품의 중심인물
소가 길게 우는 소리
「화적패가 있너냐아? 부랑당 같은 수령(守令)들이 있더냐?…… 재산이 있대야 도적놈의 것이요, 목숨은 파리 목숨 같던 말세(末世)년 다 지내 가고오…… 자 부아라, 거리거리 순사요, 골골마다 공명헌 정사(政事), 오죽이나 좋은 세상이여……. 남은 수십만 명 동병(動兵)을 히여서, 우리 조선 놈 보호히여 주니, 오죽이나 고마운 세상이여? 으응……? 제 것 지니고 앉어서 편안허게 살 태평 세상, 이걸 태평천하라고 허는 것이여, 태평천하!……"」
「 」: 말을 통해 윤 직원의 가치관을 드러냄 – 식민 사회를 '태평천하'로 바라보는 왜곡된 가치관을 가진 인물
보아라
군사를 일으킴
일제 강점기에 대한 윤 직원의 왜곡된 현실 인식 – 친일 지주 계층의 이기적인 삶의 모습 풍자
– 채만식, 〈태평천하〉
주제 윤 직원 일가의 몰락 과정을 통한 식민지 시대의 타락한 삶 비판

⊙ '말하기 방식'과 '보여 주기 방식' 중 더 중요한 것은?

소설에서는 '말하기 방식'과 '보여 주기 방식'이 함께 나타나기 때문에 무엇이 더 중요하다고 할 수는 없습니다. 다만 작품을 바르게 감상하고 문제를 해결해야 하는 학생의 입장이라면 먼저 '말하기 방식'을 통해 제시된 정보를 파악하는 것이 좋습니다. 왜냐하면 이러한 정보에는 서술자가 직접 제공하는 인물이나 사건에 대한 중요한 내용이 들어 있기 때문입니다.

☆ **개념을 완성하는 문제**

1 **예①**의 (가)와 (나)에서 확인할 수 있는 인물의 성격으로 적절한 것은?

① (가): '구 씨'는 외향적 성격의 인물이다.
② (가): '옥련'은 내성적 성격의 인물이다.
③ (나): '그'는 아내의 사랑을 거부하는 인물이다.
④ (나): '아내'는 침착한 성격의 인물이다.
⑤ (나): '아내'는 가부장적 권위를 존중하는 인물이다.

답 ① **해** '구 씨는 본래 활발하고 거칠 것 없이 수작하는 사람'이라는 내용을 통해 '구 씨'가 외향적 성격의 인물임을 알 수 있다.

2 **예②**(가)의 내용으로 볼 때, '그'의 과거의 삶을 나타내기에 가장 적절한 것은?

① 개과천선(改過遷善)
② 두문불출(杜門不出)
③ 유비무환(有備無患)
④ 파란만장(波瀾萬丈)
⑤ 표리부동(表裏不同)

답 ④ **해** 유랑을 하면서 힘들게 살아온 '그'의 삶을 나타내기에는 '여러 가지 곡절과 시련이 많고 변화가 심함'을 뜻하는 '파란만장'이 적절하다.

3 **예②**의 (나)에서 인물의 왜곡된 현실 인식과 잘못된 역사관을 짐작할 수 있게 하는 4음절의 말을 찾아 쓰시오.

답 태평천하

정답 ② 동작 ① 빠르고

 ## 서술자의 개입

서술자의 개입: 작품 밖 서술자가 자신의 생각을 직접 드러내는 것 介 낄 개, 入 들 입

- 전지적 서술자가 등장인물의 ①<u>ㅅㅣㄹ</u>를 분석해 주거나 사건에 개입하여 자신의 판단이나 견해(생각)를 제시함
- 고전 소설에 흔히 나타나며 '편집자적 논평'도 서술자의 개입에 속함

1 편집자적 논평 論 논할 논, 評 평할 평

- 주로 고전 소설에 많이 나타나며 '~보소', '-리오', '-이로다' 등의 ②<u>ㅇㅁ</u>형이나 감탄형으로 끝나는 경우가 많음

> **예 ①**
>
> **가** '이것이 양 승상이 여러 낭자로 더불어 놀던 곳이라. 승상의 부귀 풍류와 여러 낭자의 옥용화태(玉容花態) 이제 어디 갔느뇨.' 하리니, 어이 인생이 덧없지 아니리오?
> 옥같이 고운 얼굴과 꽃처럼 어여쁜 자태
> 서술자가 개입하여 주제 의식을 직접적으로 드러냄
> — 김만중, 〈구운몽(九雲夢)〉
> **주제** 인생무상(人生無常)의 깨달음
>
> **나** 춘풍이 이십 아리 돈을 여기저기 벌여 놓고 장사에 남긴 듯이 의기양양하니, 춘풍 아내 거동 보소. 주찬을 소담히 차려 놓고, / "자시오."
> 서술자의 직접 개입 / 술과 안주
> 하니, 저 잡놈 거동 보소. 없던 교만한 태도 지어 내어 제 아내 꾸짖으되,
> 서술자의 직접 개입 – 춘풍에 대한 서술자의 부정적인 시각이 드러남
> — 작자 미상, 〈이춘풍전〉
> **주제** 허위적인 남성 중심의 사회 비판과 진취적 여성상의 제시
>
> **다** "……멋 하러 오냐? 돈 달라러 오지?" / "동경서 전보가 왔는데요……."
> 아들 윤 주사에 대한 적대감 표현
> 『지체를 바꾸어 윤 주사를 점잖고 너그러운 아버지로, 윤 직원 영감을 속 사납고 경망스런 어린 아들로 둘러놓았으면 꼬옥 맞겠습니다.』
> 『 』: 서술자가 개입하여 윤직원 영감에 대한 부정적 시각을 드러냄 – 풍자적 어조
> — 채만식, 〈태평천하〉
> **주제** 윤 직원 일가의 몰락 과정을 통한 식민지 시대의 타락한 삶 비판

2 인물의 심리 분석

- ③<u>ㅅㅅㅈ</u>가 인물의 생각, 갈등 등을 꿰뚫고 있어 그것을 독자에게 직접 전달하는 것임

> **예 ②**
>
> "종학이가 사상 관계로, 경시청에 붙잽혔다는 뜻일 테지요!"
>
> "사상 관계라니?" / "그놈이 사회주의에 참예를……."
> 참여
>
> "으엉?" / 아까보다 더 크게 외치면서 벌떡 뒤로 나동그라질 뻔하다가 겨우 몸을 가눕니다.
>
> 윤 직원 영감은 먼저에는 몽치로 뒤통수를 얻어맞은 것같이 멍했지만, 이번에는 앉아 있는 땅이 지함을 해서 수천 길 밑으로 꺼져 내려가는 듯 정신이 아찔했습니다.
> 땅이 움푹하게 가라앉음
>
> 『그러나 그것은 결단코 자기가 믿고 사랑하고 하는 종학이의 신상을 여겨
> 『 』: 윤 직원의 내면 심리를 서술자가 분석하여 직접적으로 서술함 / 걱정해서가
> 서가 아닙니다. 윤 직원 영감은 시방 종학이가 사회주의를 한다는 그 한 가지 사실이 진실로 옛날의 드세던 불한당패가 백 길 천 길로 침노하는 그것보다도 더 분하고, 물론 무서웠던 것입니다.』
> 종학에 대한 배신감과 사회주의에 대한 두려움
> — 채만식, 〈태평천하〉
> **주제** 윤 직원 일가의 몰락 과정을 통한 식민지 시대의 타락한 삶 비판

❖ **신빙성 없는 서술자**

'1인칭 관찰자 시점'에서 서술자가 미성숙하거나 역사 인식이 왜곡된 인물이면 그 서술자가 관찰한 내용이나 논평 등을 독자가 신뢰하지 않게 됩니다. 주요섭의 〈사랑손님과 어머니〉에서 어린아이인 '옥희'나 채만식의 〈치숙〉에서 역사의식이 부재한 '나'가 이에 해당합니다. 이를 통해 통속적일 수 있는 이야기를 아름답게 승화하거나, 대상에 대한 반어적 인식을 유도하여 풍자의 효과를 얻기도 합니다.

☆ **개념을 완성하는 문제**

1 〈보기〉에서 편집자적 논평에 해당하는 서술을 찾아 쓰시오.

> ▸보기◂
>
> 천자 곤룡포를 찢어 떼고 손가락을 깨물었으나 차마 항서를 쓰지는 못하고 있었으니, 어찌 황천(皇天)인들 무심하리오.
> 이때 원수 금산성에서 적군 십만 명을 한칼에 무찌른 후, 곧바로 호산대에 진을 치고 있는 적의 구원병을 씨 없이 함몰하려고 달려갔다. 그런데 뜻밖에 월색이 희미해지더니 난데없는 빗방울이 원수 얼굴에 떨어졌다.
> — 작자 미상, 〈유충렬전〉

답 어찌 황천인들 무심하리오.

2 예② 의 내용을 통해 알 수 있는 '윤 직원'의 심리가 아닌 것은?

① 놀람   ② 분함
③ 두려움   ④ 배신감

✔ 부끄러움

답 ⑤ 해 [예②]에서는 종학이 사회주의에 참여했다는 사실에 대한 놀람, 종학에 대한 배신감과 분함, 사회주의에 대한 두려움 등이 나타난다. 하지만 윤 직원이 부끄러워하는 내용은 나타나 있지 않다.

개념 플러스

❖ **'제한적 전지적 작가 시점'과 '인물의 심리 분석'의 차이**

'제한적 전지적 작가 시점'은 서술자가 특정 인물의 시각에서 서술하는 것입니다. '인물의 심리 분석'은 서술자가 특정 인물의 시각에서 바라보는 것이 아니라, 직접 인물과 사건을 바라보고 서술한다는 점에서 차이가 있습니다.

> ① 심리 ② 어미 ③ 서술자

서술 방식 : 서술자가 사건이나 생각 등을 펼쳐 나가는 방식

- 서술의 방식을 사용하면 내용을 빠르게 전개할 수 있고, 대화나 묘사의 방식을 사용하면 내용의 전개 속도가 느려짐

1 서술

- 서술자에 의해 인물, 사건, 배경 등이 ① ㅈㅈ 제시되는 방식임
- 소설에서 묘사와 대화가 아닌 모든 표현이 서술임

예① **가** 반평생을 같이 지내 온 짐승이었다. 『같은 주막에서 잠자고, 같은 달빛에 젖으면서 장에서 장으로 걸어다니는 동안에 이십 년의 세월이 사람과 짐승을 함께 늙게 하였다.』
『 』 당나귀와 허 생원의 인연을 요약적으로 서술함
— 이효석, 〈메밀꽃 필 무렵〉
주제 떠돌이 삶의 애환과 인간 본연의 애정

나 『지금은 신문 배달을 하나 원배달이 아니라 보조 배달이라는 것, 저희 집 엔 양친과 형님 내외와 조카 하나와 저희 내외까지 식구가 일곱이란 것, 저 희 아버지와 저희 형님의 이름은 무엇무엇이며, 자기 이름은 황가인 데 가 목숨 수 자하고 세울 건 자로 황수건이기 때문에, 아이들이 노랑 수건이 라고 놀려서 성북동에서는 가가호호에서 노랑 수건 하면 다 자긴 줄 알리 라고』자랑스럽게 이야기하다가 〈중략〉 마지못해 나갔다.
신문 보급소로부터 신문을 받아 자신이 맡은 구역에 배달하는 정식 배달원
『 』 '그'의 얼굴 묘사 – '그'가 매우 고생했음을 알 수 있음
한집한집
— 이태준, 〈달밤〉
주제 세상에 적응하지 못하는 황수건에 대한 연민

2 묘사

- 서술자가 장면을 ② ㄱㄹ 그리듯이 감각적으로 표현하여 구체적이고 생동감 있게 제시하는 서술임

예② **가** 『군데군데 찢어진 경성드뭇한 눈썹이 올올이 일어서며 아래로 축 처지는 서슬에 양미간에는 여러 가닥 주름이 잡히고 광대뼈 위로 뺨 살이 실룩실룩 보이자 두 볼은 쪽 빨아든다.』
『 』 '그'의 얼굴 묘사 – '그'가 매우 고생했음을 알 수 있음
— 현진건, 〈고향〉
주제 일제의 수탈로 인한 우리 민족의 비참한 삶

나 『까스러진 목 뒤 털은 주인의 머리털과도 같이 바스러지고, 개진개진 젖은 눈은 주인의 눈과 같이 눈꼽을 흘렸다. 몽당비처럼 짧게 쓸리운 꼬리는 파리를 쫓으려고 기껏 휘저어 보아야 벌써 다리까지는 닿지 않았다.』
『 』 늙고 볼품없는 나귀의 모습을 사실적으로 묘사함 – 허 생원과의 동반자적 관계 강조
— 이효석, 〈메밀꽃 필 무렵〉
주제 떠돌이 삶의 애환과 인간 본연의 애정

3 대화

- 인물이 주고받는 ③ ㄷㅅ를 제시하여 표현하는 서술임

예③ 『"아비 어미란 말에 가슴이 터지는 것도 같았으나 제겐 아버지가 없어요. 피붙이라고는 어머니 하나뿐인 걸요." / "돌아가셨나?"

"당초부터 없어요." / "그런 법이 세상에."』
『 』 동이, 허 생원, 조 선달의 대화 – 동이의 출생과 성장에 관한 이야기
— 이효석, 〈메밀꽃 필 무렵〉
주제 떠돌이 삶의 애환과 인간 본연의 애정

☆ **개념을 완성하는 문제**

1 예①의 (나)에 제시된 인물 관련 정보로 알맞지 않은 것은?

① 보조 배달부임
② 식구가 일곱임
③ 이름은 황수건임
④ 아이들에게 존경을 받음
⑤ 성북동에서 노랑 수건으로 불림
답 ④ 해 아이들이 황수건을 노랑 수건이라고 놀리는 것으로 보아, 황수건이 아이들에게 존경을 받고 있다고 볼 수 없다.

2 예②의 (가)와 (나)에 대한 설명으로 가장 적절한 것은?

① (가) : 인물의 얼굴을 주관적 느낌에 따라 묘사하였다.
② (가) : 대상의 외양을 전체에서 부분의 순서로 묘사하였다.
③ (나) : 늙은 나귀의 모습을 사실적으로 묘사하였다.
④ (나) : '주인'의 외모를 나귀에 비유하여 묘사하였다.
⑤ (가), (나) : 대상을 통해 느낀 인상을 요약적으로 서술하였다.
답 ③ 해 (나)에서는 늙고 볼품없는 나귀의 모습을 사실적으로 묘사하고 있다.

3 예③과 같은 서술 방식을 사용한 효과로 가장 적절한 것은?

① 독자의 상상력을 제한한다.
② 인물 간의 갈등을 부각한다.
③ 사건의 전개 속도가 느려진다.
④ 인물의 무의식이 생생하게 드러난다.
⑤ 장면을 그림 그리듯이 감각적으로 표현한다.
답 ③ 해 대화의 방식을 사용하면 서술의 방식을 사용할 때보다 사건의 전개 속도가 느려진다.

정답 ① 직접 ② 그림 ③ 대사

[01~02] 다음 글을 읽고 물음에 답하시오.

이지러는 졌으나, 보름을 갓 지난 달은 부드러운 빛을 흐 붓이 흘리고 있다.

대화까지는 칠십 리의 밤길, 고개를 둘이나 넘고 개울을 하나 건너고 벌판과 산길을 걸어야 된다. 길은 지금 긴 산허 리에 걸려 있다. 밤중을 지난 무렵인지, 죽은 듯이 고요한 속 에서 『짐승 같은 달의 숨소리가 손에 잡힐 듯이 들리며, 콩 포 기와 옥수수 잎새가 한층 달에 푸르게 젖었다.』 산허리는 온 통 메밀밭이어서 피기 시작한 꽃이 소금을 뿌린 듯이 흐붓한 달빛에 숨이 막힐 지경이다. 붉은 대궁이 향기같이 애잔하고 나귀들의 걸음도 시원하다. 길이 좁은 까닭에 세 사람은 나 귀를 타고 외줄로 늘어섰다. 방울 소리가 시원스럽게 딸랑 딸랑 메밀밭께로 흘러간다. 앞장선 허 생원의 이야기 소리는 꽁무니에 선 동이에게는 확적히는 안 들렸으나, 그는 그대로 개운한 제멋에 적적하지는 않았다. ▶ 봉평에서 대화로 가는 밤길

"장 선 꼭 이런 날 밤이었네. 객줏집 토방이란 무더워서 잠 이 들어야지. 밤중은 돼서 혼자 일어나 개울가에 목욕하러 나갔지. 봉평은 지금이나 그제나 마찬가지지. 보이는 곳마 다 메밀밭이어서 개울가나 어디 없이 하얀 꽃이야. 돌밭에 벗어도 좋을 것을, 달이 너무도 밝은 까닭에 옷을 벗으러 물방앗간으로 들어가지 않았나. 이상한 일도 많지. 거기서 난데없는 성 서방네 처녀와 마주쳤단 말이네. 봉평서야 제 일가는 일색이었지."

"팔자에 있었나 부지."

아무렴 하고 응답하면서 말머리를 아끼는 듯이 한참이나 담배를 빨 뿐이었다. 구수한 자줏빛 연기가 밤기운 속에 흘 러서는 녹았다.

"날 기다린 것은 아니었으나, 그렇다고 달리 기다리는 놈 팽이가 있는 것두 아니었네. 처녀는 울고 있단 말야. 짐작 은 대고 있었으나 성 서방네는 한창 어려워서 들고날 판인 때였지. 한집안 일이니 딸에겐들 걱정이 없을 리 있겠나. 좋은 데만 있으면 시집도 보내련만 시집은 죽어도 싫다 지……. 그러나 처녀란 울 때같이 정을 끄는 때가 있을까. 처음에는 놀라기도 한 눈치였으나, 걱정 있을 때는 누그러 지기도 쉬운 듯해서 이럭저럭 이야기가 되었네……. 생각 하면 무섭고도 기막힌 밤이었어."

"제천인지로 줄행랑을 놓은 건 그다음 날이렷다."

▶ 허 생원의 추억담

– 이효석, 〈메밀꽃 필 무렵〉

01

이 글의 서술상 특징이 <u>아닌</u> 것은?

① 향토적이고 탐미적인 풍경 묘사가 나타나 있다.

② 과거의 일과 현재의 공간적 배경이 대응되고 있다.

③ 배경의 묘사는 앞으로 일어날 갈등을 암시하고 있다.

④ 감각의 전이를 통해 공감각적 이미지를 형상화하고 있다.

⑤ 배경을 묘사하여 과거의 사건에 사실감을 강화하고 있다.

답 ③ **해** 이 글의 배경은 허생원이 과거의 일을 떠올리기에 적합한 분위기를 만들어 줄 뿐 앞으로 일어날 갈등을 암시하지는 않는다. / ① 메밀꽃이 핀 달밤의 풍경을 서정 적이고 낭만적으로 묘사하고 있다. ② 과거 성 서방네 처녀와의 일과 현재의 달밤과 메 밀밭이라는 배경이 대응되고 있다. ④ '방울 소리가 ~ 흘러간다', '구수한 자줏빛 연기' 등의 공감각적 표현에서 감각의 전이를 확인할 수 있다. ⑤ '꼭 이런 날 밤이었네.'라고 하여 배경 묘사를 통해 과거 사건에 사실감을 강화하고 있다.

02

이 글에서 과거의 사건을 독자에게 제시하는 방법으로 적절한 것 은?

① 인물 간의 대화 ② 작가의 직접 서술

③ 서술자의 요약 제시 ④ 인물의 행동으로 암시

⑤ 인물의 독백을 통한 회상

답 ① **해** 달밤에 장돌뱅이인 인물들이 다음 장을 위해 이동하면서 대화를 나누고 있 는 장면으로, 인물 간의 대화를 통해 과거의 사건(성 서방네 처녀와의 인연)을 독자에 게 전달하고 있다.

[03~04] 다음 글을 읽고 물음에 답하시오.

[앞부분 줄거리] 한덕문은 빚을 갚고도 논을 더 구입할 수 있다는 속셈으로 일본인 길천에게 자신의 논을 판다. 하지만 길천으로 인해 땅값이 비싸지는 바람에 논을 더 구입하려던 계획은 수포로 돌아간다.

이리하여 한덕문은 논 일곱 마지기로 겨우 빚 쉰 냥을 갚 고는 아무것도 남은 것이 없이 손 싹싹 털고 나선 셈이었다. 친구가 있어 한덕문을 책하면서 물었다.

"어떡허자구 논을 판단 말인가?"

"인제 두구 보게나."

"무얼 두구 보아?"

"일인들이 다 쫓겨 가면, 그 땅 도로 내 것 되지 갈 데 있 던가?"

"쫓겨 갈 놈이 논을 사겠나?"

"저이 놈들이 천지 운수를 안다든가?"

"자네는 아나?"

"두구 보래두 그래."

『한덕문은 혼자 속으로는 아뿔사, 논이래야 단지 그것뿐 인 것을 팔고서 인제는 송곳 꽂을 땅도 없으니 이 노릇을 어

찌한단 말이냐고 심히 후회하여 마지아니하였다. 그러면서
도 남더러는 그렇게 배포 있는 장담을 탕탕 하였다. 한덕문
은 장차에 일인들이 쫓기어 가리라는 것을 확언할 아무런 근
거도 가진 것이 없었다. 따라서 자신도 없었다. 오직 그는 논
을 판 명예롭지 못함과 어리석음을 싸기 위하여 그런 희떠운*
소리를 한 것일 따름이었다.

  한덕문이, 일인들이 다 쫓기어 가면 그 논이 도로 제 것이 될
터이라서 논을 팔았다고 한다더라. 이 소문이 한 입 두 입 퍼지
자 듣는 사람마다 그의 희떠움을 혹은 실없음을 웃었다. 〈중략〉
  "체에, 내 논 내가 팔아먹는데, 죄 될 일 있나?"

  "걸 누가 죄라나?"

  "길천이한테 논 팔아먹은 놈이 한덕문이 하나뿐인감?"

  "누가 논 판 걸 나무래? 희떤 장담을 하니깐 그러는 거지."

  "희떤 장담인지 아닌지 두고 보잔 말야." 〈중략〉
  한 생원은 분이 나서 두 주먹을 쥐고 구장에게로 쫓아갔다.

  "그래 일인들이 죄다 내놓구 가는 것을 백성들더러 돈을
내구 사라구 마련을 했다면서?"

  "아직 자세힌 모르겠어두 아마 그렇게 되기가 쉬우리라구
들 하드군요."

  해방 후에 새로 난 구장의 대답이었다. 〈중략〉
  "암만 팔았어두, 길천이가 내놓구 쫓겨 갔은깐 도루 내 것
이 돼야 옳지, 무슨 말야. 걸 무슨 탁에 나라가 뺏을 영으
루 들어?"

  "한 생원한테 뺏는 게 아니라 길천이한테 뺏는 거랍니다."

  "흥, 둘러다 대긴 잘들 허이. 공동묘지 가 보게나. 핑계 없
는 무덤 있던가? 저 병신년에 원놈(군수) 김가가 우리 논
열두마지기 뺏을 제두 핑겐 다 있었드라네."

  "좌우간, 아직 그렇게 지레 염렬 하실 게 아니라, 기대리구
있노라면 나라에서 다 억울치 않두룩 처단을 하겠죠."

  "일없네. 난 오늘버틈 도루 나라 없는 백성이네. 제길, 삼
십육 년두 나라 없이 살아왔을려드냐. 아니 글쎄, 나라가
있으면 백성한테 무얼 좀 고마운 노릇을 해 주어야 백성두
나라를 믿구 나라에다 마음을 붙이구 살지. 독립이 됐다면
서 고작 그래, 백성이 차지할 땅 뺏어서 팔아먹는 게 나라
명색야?"

  그러고는 털고 일어서면서 혼잣말로,

  "독립 됐다구 했을 제 내 만세 안 부르기 잘했지."
                                              - 채만식, 〈논 이야기〉

  * 희떠운: 말이나 행동이 분에 넘치며 버릇이 없는

[앞부분 줄거리] 유연수와 사씨는 결혼 후 자식이 없자 교씨를 첩으로 들인다. 그러나 교씨는 천성이 간악하여, 사씨가 아들 인아를 낳자 자신의 자리가 위태로워질 것을 염려하여 십랑, 납매 등과 함께 사씨를 모함할 계략을 세운다.

몇 달이 지나 가을이 되었다. 장주가 감기에 걸려 때때로 토하며 놀라는 증세를 보였다. 십랑이 말한 계책을 실행할 때가 온 것이다. 장주가 병에 걸렸다는 소식을 듣고 한림이 백자당에 오자 교씨가 울며 말했다.

"장주가 갑자기 병에 걸려 크게 앓으니 이것은 심상치 않은 일이옵니다. 증세를 보니 예사 병이 아니라 분명 집안 누군가가 장주를 저주하여 생긴 병인가 하나이다."

한림이 교씨를 위로하고 나서 장주의 병세를 보니 증세가 가볍지 않았다. 매우 걱정하면서 약을 지어 먹였지만 별 차도가 없었다. 한림은 걱정하고 교씨는 곁에서 줄기차게 울었다. 한림은 교씨의 유혹에 빠져 총명이 점점 흐려져 사태를 제대로 판단하지 못하니 어찌 안타깝지 아니하랴. 〈중략〉

유 한림은 두(杜) 부인 모자를 집으로 초청했다. 큰 잔치를 열어 전별하려는 것이었다. 두 부인은 그 자리에 사씨가 없는 것을 보고는 온종일 언짢은 표정을 짓고 있다가 마침내 한림에게 말했다.

"오라버니께서 세상을 떠나신 후로 조카님을 의지해 지내 왔네. 이제 만 리 먼 작별을 앞두고 내가 한 마디 부탁을 하려고 하네."

유 한림은 무릎을 꿇고 물었다.

"무슨 말씀이신지요?"

"다른 일이 아니라 바로 사씨 문제라네. 사씨는 오라버니께서 아끼던 사람으로 성품이 본래 근실하고 신중하네. 그에게 죄과가 없으리라는 것은 백 번이라도 보장할 수 있지. 내가 떠난 후 다른 사람이 무슨 말을 해도 절대 그대로 믿지 말게. 설혹 그의 잘못을 눈으로 직접 보았더라도 반드시 내게 편지를 보내 의논해 주게. 부디 가볍게 처리하지 말게나."

"삼가 가르침을 받들겠습니다."

두 부인이 이어서 시비를 돌아보며 물었다.

"부인은 어디 계시냐? 내 직접 가 보아야겠다."

시비는 두 부인을 모시고 사씨가 있는 곳으로 갔다. 사씨는 누추한 방에 거적을 깔고 있어 보기에도 처참했다. 나무 비녀와 베치마에 다북쑥처럼 헝클어진 머리를 하고 있는데, 몸은 초췌하여 의복도 이기지 못할 듯했다.

[중간 부분 줄거리] 두 부인이 떠난 뒤, 사씨는 또다시 교씨의 흉계에 빠진다. 교씨는 울면서 사씨를 모함한다.

한림은 교씨를 위로하였다.

"오늘은 이미 저물었네. 날이 밝으면 일가들을 모아 사당에 고한 후에 투부*를 내칠 것이네. 그리고 자네를 부인으로 삼을 것이야. 쓸데없이 슬퍼하지 말게. 꽃 같은 얼굴만 상하겠네."

교씨는 눈물을 거두며 대답했다.

"그같이 조치하시다니…… 이제 첩의 원한이 거의 풀렸습니다. 하지만 부인의 자리를 첩이 어찌 감당하겠습니까?"

한림은 즉시 일가들에게 통지하여 아침에 모두 사당 아래로 모이게 했다.

아아! 유 소사는 지하에서 일어날 수 없고 두 부인도 만 리나 멀리 떠났으니, 누가 한림의 뜻을 돌릴 수 있겠는가?

여러 시비들이 달려가 사씨에게 그 전말을 고하고 통곡하였다.

▶ 교씨의 모함에 속아 사씨를 내쫓기로 결심한 유 한림
– 김만중, 〈사씨남정기〉

＊투부: 질투심이 많은 여자. 사씨를 가리킴

05

이 글의 서술상의 특징으로 적절하지 <u>않은</u> 것은?

① 사건이 사실적으로 서술되고 있다.
② 인물의 심리가 세밀하게 묘사되고 있다.
③ 대화를 중심으로 이야기가 전개되고 있다.
④ 시간의 흐름에 따라 사건이 진행되고 있다.
⑤ 서술자가 직접 개입하여 생각을 드러내고 있다.

06

이 글에 대한 설명으로 적절하지 <u>않은</u> 것은?

① 한 집안을 배경으로 하여 사건을 전개하고 있다.
② 전형적 인물 간의 갈등을 중심으로 이야기를 진행하고 있다.
③ 시간의 역전적 구성을 통해 사건을 입체적으로 조명하고 있다.
④ 작품 밖에 있는 서술자가 인물의 심리와 사건을 서술하고 있다.
⑤ 등장인물의 선악 대결과 삼각관계를 통해 흥미를 유발하고 있다.

02 인물

개념 열기 1 톡톡! 인물

인물: 작가의 상상력으로 창조되어 소설 속에 등장하는 사람   人 사람 인. 物 만물 물

- 인물은 사건과 행동의 주체로, 사람뿐만 아니라 동물이나 사물도 될 수 있음
- 소설은 인물의 생각과 행동, 인물 간의 갈등을 통해 ① ㅈㅈ 가 구현됨
- 인물은 소설 구성의 3요소인 인물, 사건, 배경 중 하나임

개념 열기 2 톡톡! 역할에 따른 인물의 유형

역할에 따른 인물의 유형: 작가가 구현하려는 주제와 일치하는 방향으로 움직이느냐 반대로 움직이느냐에 따라 주동 인물과 반동 인물로 나눔

1 주동 인물   主 주인 주. 動 움직일 동

- 작가가 구현하려는 주제와 ② ㄱㅇ 방향으로 움직이는 인물임
- 작품의 주인공이자 중심인물임

2 반동 인물   反 돌이킬 반. 動 움직일 동

- 작가가 구현하려는 주제와 ③ ㅂㄷ 방향으로 움직이는 인물임
- 주동 인물과의 대립과 갈등을 통해 주제 구현에 기여함

> 예①
> **변 사또**는 싱글벙글하며 **춘향**에게 분부를 내렸다.
> （반동 인물）　（주동 인물）
> "오늘부터 몸을 깨끗이 하고 수청을 거행하라."
> 명령을 통해 춘향이 수청을 드는 것을 이미 정해진 일로 못박음
> "사또 분부 고마우나 일부종사(一夫從事)라, 이미 인연을 맺은 분이 있으
> 한 남편만을 섬김　　　　지조와 절개를 지키려는 모습 – 유교적 가치관
> 니 못하겠사옵니다." 〈중략〉
> 형리 아뢰되, / "본관 사또 수청으로 불렀더니 수절(守節)이 정절(貞節)이
> 절의를 지킴　　여자의 곧은 절개
> 라 수청 아니 들려 하고, 관전(官前)에 포악한 춘향이로소이다."
> **어사또** 분부하되, / "너만 년이 수절한다고 관정 포악하였으니 살기를 바
> 주동 인물　　　　춘향의 마음을 떠봄 – 춘향의 정절을 강조하려는 의도
> 랄쏘냐? 죽어 마땅하되 내 수청도 거역할까?"
> 춘향이 기가 막혀 / "내려오는 관장마다 개개이 명관이로다. 층암절벽 높
> 반어적 표현 – 냉소적 어조　　　　　춘향의 절개 비유 ①
> 은 바위 바람 분들 무너지며 청송녹죽 푸른 나무 눈이 온들 변하리까? 그
> 춘향의 시련　　　춘향의 절개 비유 ②　　춘향의 시련
> 런 분부 마옵시고 어서 바삐 죽여 주오."
> － 작자 미상, 〈춘향전〉
> 주제 신분을 초월한 지고지순한 사랑

☆ **개념을 완성하는 문제**

1 예① 에 나타난 인물 간의 갈등 관계와 작품의 주제 의식을 고려할 때, 반동 인물은 누구인지 쓰시오.
답 변 사또　해 주동 인물인 춘향에게 수청을 요구하는 '변 사또'는 작가가 구현하려는 주제와 반대 방향으로 움직이는 반동 인물이다.

2 예① 의 주동 인물들이 구현하려는 주제 의식을 〈보기〉와 같이 정리할 때, (   ) 안에 들어갈 알맞은 말을 2음절로 쓰시오.

> ─── 보기 ───
> (신분)을 초월한 지고지순한 사랑

답 신분

정답 ① 주제 ② 같은 ③ 반대

중요도에 따른 인물의 유형

중요도에 따른 인물의 유형: 역할의 비중을 고려하여 중요 역할을 하는지 부차적 역할을 하는지에 따라 중심인물과 주변 인물로 나눔

1 중심인물 中 가운데 중, 心 마음 심

- 역할의 비중을 고려할 때 ① ㅈ ㅇ ㅎ 역할을 하는 인물임
- 소설 속에서 주인공이나 그와 비슷한 역할을 함
- 현대 소설의 중심인물은 입체적 인물이면서 개성적 인물인 경우가 대부분임

2 주변 인물 周 두루 주, 邊 가장자리 변

- 역할의 비중을 고려할 때 ② ㅂ ㅊ ㅈ 역할을 하는 인물임
- 대부분 소설 속에서 주인공을 돋보이게 하거나, 주인공의 개성적 면모를 드러내는 역할을 함
- 부수적 역할을 하지만 소설에서 사건 전개나 시대의 모습 제시 등을 위해 꼭 필요한 인물임

예 ❶

여름 장이란 애시당초에 글러서, 해는 아직 중천에 있건만 장판은 벌써 쓸쓸하고 더운 햇발이 벌여 놓은 전 휘장 밑으로 등줄기를 훅훅 볶는다. 마을 사람들은 거의 돌아간 뒤요, 팔리지 못한 나무꾼 패가 길거리에 궁싯거리고들 있으나, 석유 병이나 받고 고깃마리나 사면 족할 이 축들을 바라고 언제까지든지 버티고 있을 법은 없다. 춤춤스럽게 날아드는 파리 떼도 장난꾼 각다귀들도 귀찮다. 얼금뱅이요 왼손잡이인 드팀전의 **허 생원**은 기어코 동업의 **조 선달**을 나꾸어 보았다. / "그만 거둘까?" 〈중략〉

동이는 물속에서 어른을 해깝게 업을 수 있었다. 젖었다고는 하여도 여원 몸이라 장정 등에는 오히려 가벼웠다.

"이렇게까지 해서 안됐네. 내 오늘은 정신이 빠진 모양이야."

"염려하실 것 없어요."

"그래, 모친은 아비를 찾지는 않는 눈치지?"

"늘 한번 만나고 싶다고는 하는데요."

"지금 어디 계신가?"

"의부와도 갈라져서 제천에 있죠. 가을에는 봉평에 모셔 오려고 생각 중인데요. 이를 물고 벌면 이럭저럭 살아갈 수 있겠죠."

"아무렴, 기특한 생각이야. 가을이랬다?"

동이의 탐탁한 등어리가 뼈에 사무쳐 따뜻하다. 물을 다 건넜을 때에는 도리어 서글픈 생각에 좀 더 업혔으면도 하였다.

"진종일 실수만 하니 웬일이요, 생원."

조 선달은 바라보며 기어코 웃음이 터졌다.

"나귀야. 나귀 생각하다 실족을 했어. 말 안 했던가? 저 꼴에 제법 새끼를 얻었단 말이지. 읍내 강릉집 피마에게 말일세."

— 이효석, 〈메밀꽃 필 무렵〉

주제 떠돌이 삶의 애환과 인간 본연의 애정

개념 플러스

◈ '인물의 유형'과 관련한 선택지 구성

기출문제에서 등장인물이 어느 유형에 속하는지를 직접 묻지는 않습니다. 서술 방식, 인물 간의 관계나 갈등 양상, 주제 의식 등을 물을 때 인물의 유형이 함께 언급됩니다. '주변 인물을 통해 중심인물의 부정적 면모를 드러낸다.', '중심인물의 행동 변화에 따라 주요 갈등이 해결된다.'와 같은 식입니다. 따라서 중심인물과 주변 인물을 구분하고, 이러한 인물들이 얽혀 사건이 어떻게 전개되고 있는지 파악해야 합니다.

☆ 개념을 완성하는 문제

1 예❶에서 〈보기〉의 (   ) 안에 들어갈 인물을 찾아 쓰시오.

> ── 보기 ──
>
> 허 생원은 중심인물로, 장돌뱅이 생활을 하면서 만난 과거 성 서방네 처녀와의 추억을 잊지 못하는 인물이다. 그리고 (조 선달)은 주변 인물로, 친구인 허 생원과 함께 장돌뱅이 생활을 하며 허 생원의 말을 이끌어 내어 사건 전개를 돕는다.

답 조 선달

2 예❶에 대한 설명으로 적절하지 <u>않</u>은 것은?

① 중심인물인 허 생원의 외양과 신분을 제시하고 있다.
② 나무꾼 패나 장난꾼 등은 부수적인 역할을 하고 있다.
❸ 동이의 모친은 동이의 친부를 애타게 그리워하고 있다.
④ 허 생원은 동이와 나귀에게 각별한 감정을 느끼고 있다.
⑤ 허 생원은 모친을 모셔 오려는 동이의 계획을 달가워한다.

답 ③ **해** 동이의 모친은 동이의 친부를 한번 만나고 싶다고 했을 뿐이다. 동이의 모친이 동이의 친부를 애타게 그리워하고 있는지는 알 수 없다.

성격 변화에 따른 인물의 유형

성격 변화에 따른 인물의 유형: 사건이 전개되면서 인물의 성격이 변화하는지의 여부에 따라 평면적 인물과 입체적 인물로 나눔

1 평면적 인물 平 평평할 평. 面 낯 면

- 처음부터 끝까지 ① [ㅅ][ㄱ]이 변화하지 않는 인물로 고전 소설에 많이 등장함
- 행동이나 사고방식이 밋밋하고 성격의 변화가 없어 정적 인물이라고도 함
- 독자가 인물의 정체를 파악하기 쉬움

예 ①

심청이 부친을 붙들고 울어 위로하되,
평면적 인물 – 처음부터 끝까지 아버지에 대한 효성이 지극한 인물

"아버지, 어찌할 도리가 없소. 저는 이미 죽거니와 아버지는 눈을 떠서 밝은 세상 보시고, 착한 사람 구하셔서 아들 낳고 딸을 낳아 후사나 전하고, 못난 딸자식은 생각하지 마시고 오래오래 평안히 계십시오. 이도 또한 하늘의 명령이니 후회한들 어찌 하오리까."
가부장적 유교 이념 – 자식이 부모보다 먼저 죽는 것은 불효

뱃사람들이 그 딱한 형편을 보고 모여 앉아 의논하기를
심청이 떠나고 혼자 남을 심 봉사의 처지를 고려함

"심 소저의 효성과 심 봉사의 신세를 생각하여 봉사님 굶주리지 않고 헐벗지 않게 한 살림을 꾸며 주면 어떠하오?"
심청

"그 말이 옳소." / 하며, 쌀 이백 석과 돈 삼백 냥이며, 무명 삼베 각 한 동씩 마을에 들여놓는다.

– 작자 미상, 〈심청전〉
주제 부모에 대한 지극한 효성

2 입체적 인물 立 설 입. 體 몸 체

- 상황과 ② [ㅎ][ㄱ]의 변화에 따라 성격이 변하는 인물로 현대 소설에 많이 등장함
- 사건이 전개되면서 성격이 변화하여 극적 인물이라고도 함
- 독자는 인물의 성격이 어떻게 변화하고 변화의 계기가 무엇인지 파악해야 함

예 ②

싸움, 간통, 살인, 도둑, 구걸, 징역 이 세상의 모든 비극과 활극의 근원지
최소한의 생계마저 불가능했던 1920년대의 암담한 사회상을 암시   격렬한 사건이나 장면의 비유적 표현
인 칠성문 밖 빈민굴로 오기 전까지 복녀의 부처는 (사농공상의 제2위에 드는) 농민이었다.
하층민의 비참한 삶의 현장   부부   백성을 나누던 네 가지 계급

복녀는 원래 가난은 하나마 정직한 농가에서 규칙 있게 자라난 처녀였다.
중심인물, 입체적 인물   도덕적으로 타락하기 전 복녀의 원래 모습
이전 선비의 엄한 규율은 농민으로 떨어지자부터 없어졌다 하나, 그러나 어딘지 모르지만 딴 농민보다는 좀 똑똑하고 엄한 가율이 그의 집에 그냥 남아 있었다. 〈중략〉

복녀는 곧 뛰어가서 그의 팔에 늘어진다.
복녀의 적극적인 매춘 의지
"나한테 들긴 댐에는 뀌구야 말이요."

"난, 원 이 아즈마니 만나문 야단이더라. 자 쩨주디. 그 대신 응? 알아 있디?" / "난 몰라요 해해해해."

"모르믄, 안 줄 테야." / "글쎄 알았대두 그른다."

—— 그의 성격은 이만큼 진보되었다.
윤리 의식이 있었던 복녀가 돈과 애욕에 집착하는 인물로 변함

– 김동인, 〈감자〉
주제 불우한 환경으로 인해 타락해 가는 인간의 모습

☆ **개념을 완성하는 문제**

1 **예 ①** 의 내용을 바탕으로 '심청'의 인물 유형을 〈보기〉와 같이 정리할 때, ( ) 안에 들어갈 알맞은 말을 쓰시오.

> **보기**
>
> 심청은 아버지를 극진히 공양하며, 아버지의 눈을 뜨게 하기 위해 인당수에 뛰어들기까지 한다. 심청은 처음부터 끝까지 효성이 지극한 인물로 (평면적) 인물에 해당한다.

답 평면적

2 **예 ①** 의 '심청'에 해당하는 인물의 유형으로 알맞은 것은?

① 주변 인물
② 주동 인물 ✓
③ 반동 인물
④ 입체적 인물
⑤ 개성적 인물

답 ② **해** 심청은 일관되게 효를 실천하는 인물로, 작품의 중심인물이자 주동 인물 그리고 평면적 인물에 해당한다.

3 **예 ②** 에 대한 설명으로 적절하지 <u>않</u>은 것은?

① 작품 밖의 서술자가 인물에 대해 서술하고 있다.
② 말하기 방식과 보여 주기 방식이 모두 나타나고 있다.
③ 복녀는 빈민굴로 오면서 윤리 의식이 붕괴된 인물이다.
④ 사투리를 활용하여 상황을 사실감 있게 표현하고 있다.
⑤ 성격의 변화가 없는 주인공을 통해 주제를 강조하고 있다. ✓

답 ⑤ **해** 도덕적 윤리 의식을 가진 인물에서 돈에 눈이 멀어 타락한 인물로 성격이 변하는 주인공 '복녀'를 통해 불우한 환경으로 인해 타락해 가는 인간의 모습을 그리고 있다.

① 성격 ② 행동

대표성에 따른 인물의 유형: 인물이 어떤 집단이나 계층을 대표하느냐 혹은 개인으로 독자적 성격을 가지느냐에 따라 전형적 인물과 개성적 인물로 나눔

1 전형적 인물 典 법 전, 型 모형 형

- 어떤 집단이나 계층의 ①ㅌㅈ 을 가장 잘 나타내는 인물임
- 특정 계층(집단)과 생각하는 방식이 유사하며 비슷한 가치관을 추구함
- 〈춘향전〉의 '춘향'과 〈심청전〉의 '심청'과 같이 고전 소설에 흔히 등장함

> 예❶
> 　일찍이 윤 직원 영감은 그의 소싯적 윤 두꺼비 시절에, 자기 부친 말 대
> （일제 강점기에 부정적 면모를 보이는 전형적 인물）
> 리 윤용규가 화적의 손에 무참히 맞아 죽은 시체 옆에 서서, 노적이 불타느
> 　　　　　　　　　　　　　　　　　　　　　　　（곡식 따위를 한데 수북이 쌓아 놓음）
> 라고 화광이 충천한 하늘을 우러러,
> （불빛）
> 　"이놈의 세상, 언제나 망하려느냐?" / "우리만 빼놓고 어서 망해라."
> （윤 직원의 이기적인 태도와 비도덕적인 가치관을 단적으로 제시함）
> 하고 부르짖은 적이 있겠다요.
> （판소리 사설 투의 문체）
> 　이미 반세기(半世紀) 전, 그리고 그것은 당시의 나한테 불리한 세상에 대
> 　　　　　　　　　　（윤 직원에게 현재 일제 강점기는 자신의 재산을 보호하는 데 유리한 세상임）
> 한 격분된 저주요, 겸하여 웅장한 투쟁의 선언이었습니다. 〈중략〉
> 　　　　　　　（윤 직원을 비꼬는 말투）
> 　"남은 수십만 명 동병(動兵)을 히여서, 우리 조선 놈 보호히여 주니, 오죽
> （일본）　　　（군사를 일으킴）
> 이나 고마운 세상이여? 으응……? 제 것 지니고 앉어서 편안허게 살 태평
> 세상, 이걸 태평천하라고 허는 것이여, 태평천하!……"
> （일제 강점기에 대한 윤 직원의 왜곡된 현실 인식 – 친일 지주 계층의 반민족적인 삶의 모습 풍자）
> 　　　　　　　　　　　　　　　　　　　　　　　　　– 채만식, 〈태평천하〉
> 【주제】 윤 직원 일가의 몰락 과정을 통한 식민지 시대의 타락한 삶 비판

2 개성적 인물 個 낱 개, 性 성품 성

- 한 개인만의 ②ㄷㅌ 하고 분명한 성격을 가진 인물임
- 다양한 주제를 추구하는 현대 소설에 자주 등장함

> 예❷
> 　"너, 봄 감자가 맛있단다." / "난 감자 안 먹는다. 너나 먹어라."
> （'나'에 대한 점순의 애정 표현）　　　（'나'와 점순의 갈등 원인 – 점순의 호의를 거절하여 기분을 상하게 함）
> 나는 고개도 돌리지 않고 일하던 손으로 그 감자를 도로 어깨 너머로 쑥
> 밀어 버렸다. 그랬더니 그래도 가는 기색이 없고, 뿐만 아니라 쌔근쌔근하고
> 심상치 않게 숨소리가 점점 거칠어진다. 이건 또 뭐야 싶어서 그때에야 비로
> （자신의 정성과 애정이 거부되어 무안하고 화가 난 점순의 모습）
> 소 돌아다보니 나는 참으로 놀랐다. 우리가 이 동네에 들어온 것은 근 삼 년
> 째 되어 오지만, 여태껏 가무잡잡한 점순이의 얼굴이 이렇게까지 홍당무처
> 　　　　　　　　　　　　　　　（당돌하고 감정 표현에 솔직한 개성적인 인물）
> 럼 새빨개진 법이 없었다. 〈중략〉
> 　"이놈의 계집애! 남의 닭 알 못 낳으라구 그러니?"
> 하고 소리를 빽 질렀다.
> 　그러나 점순이는 조금도 놀라는 기색이 없고 그대로 의젓이 앉아서 제 닭
> 가지고 하듯이 또 죽어라, 죽어라 하고 패는 것이다. 이걸 보면 내가 산에서
> （감자를 줬다가 거절당한 점순의 앙갚음）
> 내려올 때를 겨냥해 가지고 미리부터 닭을 잡아 가지고 있다가, 너 보란 듯
> 이 내 앞에서 쥐지르고 있음이 확실하다.
> 　　　　　　　　　　（주먹으로 힘껏 내지르고）　　　　　　– 김유정, 〈동백꽃〉
> 　　　　　　　　　　　　　　　　　　【주제】 산골 마을 사춘기 남녀의 순박한 사랑

1 예❶에 대한 설명으로 적절하지 <u>않</u>은 것은?

① 인물의 별명을 언급하여 풍자의 효과를 얻고 있다.

② 윤 직원은 일제 강점기의 친일 지주 계층을 대변하고 있다.

③ 역사의식이 왜곡된 전형적 인물이 중심인물로 등장하고 있다.

④ 인물의 이기적 태도가 단적으로 드러나는 대화가 제시되고 있다.

☑ 성격이 변화하는 인물을 통해 부정적 현실의 극복을 암시하고 있다.

【답】 ⑤ 【해】 윤 직원은 일제 강점기의 친일 지주 계층을 대변하는 전형적 인물일 뿐 성격이 변화하지 않는다. 아울러 부정적 현실의 극복을 암시하는 내용도 나타나 있지 않다.

2 예❷에서 점순이가 '나'에게 애정을 표현하기 위해 건넨 것을 찾아 2음절로 쓰시오.

【답】 감자

3 예❷에 대한 설명으로 적절하지 <u>않</u>은 것은?

① '나'는 눈치가 없고 어수룩한 인물이다.

② '나'의 시각으로 사건이 독자에게 전달되고 있다.

③ 점순이는 호의를 거절당하면 화를 내는 인물이다.

④ 점순이는 적극적으로 자신의 마음을 표현하는 인물이다.

☑ 점순이는 피폐한 농촌 현실을 전형적으로 보여 주는 인물이다.

【답】 ⑤ 【해】 '점순'은 자신의 사랑을 당돌하고 적극적으로 표현하는 개성적 인물로, 피폐한 농촌 현실과는 관련이 없다.

늘늠 ② 욧늘 ①

[01~02] 다음 글을 읽고 물음에 답하시오.

『사실 이때만치 슬펐던 일이 또 있었는지 모른다. 다른 사람은 암만 못생겼다 해도 괜찮지만 내 안해 될 점순이가 병신으로 본다면 참 신세는 따분하다.』 밥을 먹은 뒤 지게를 지고 일터로 가려 하다 도루 벗어 던지고 바깥마당 공석 우에 드러누워서, 나는 차라리 죽느니만 같지 못하다 생각했다.

내가 일 안 하면 장인님 저는 나이가 먹어 못 하고 결국 농사 못 짓고 만다. 뒷짐으로 트림을 꿀꺽 하고 대문 밖으로 나오다 날 보고서, / "이 자식아, 너, 왜 또 이러니."

"관격이 났어유, 어이구 배야!"

"기껀 밥 처먹구 나서 무슨 관격이야, 남의 농사 버려 주면 이 자식아, 징역 간다, 봐라!"

"가두 좋아유, 어이구 배야!" 〈중략〉　▶ 장인과의 싸움이 시작된 이유

내가 머리가 터지도록 매를 얻어맞은 것이 이 때문이다. 그러나 여기가 또한 우리 장인님이 유달리 착한 곳이다. 여느 사람이면 사경을 주어서라도 당장 내쫓았지, 터진 머리를 불솜으로 손수 지져 주고, 호주머니에 희연 한 봉을 넣어 주고, 그리고,

"올 갈엔 꼭 성례를 시켜 주마. 암말 말구 가서 뒷골의 콩밭이나 얼른 갈아라."

하고 등을 뚜덕여 줄 사람이 누구냐.

나는 장인님이 너무나 고마워서 어느덧 눈물까지 났다. 점순이를 남기고 인제 내쫓기려니 하다 뜻밖의 말을 듣고,

"빙장님! 인제 다시는 안 그러겠어유!"

이렇게 맹세를 하며 부랴사랴 지게를 지고 일터로 갔다. 그러나 이때는 그걸 모르고 장인님을 원수로만 여겨서 잔뜩 잡아당겼다. 〈중략〉　▶ 장인의 회유에 다시 일하러 가는 '나'

이 악장에 안에 있었던 장모님과 점순이가 헐레벌떡하고 단숨에 뛰어나왔다.

나의 생각에 장모님은 제 남편이니까 역성을 할는지도 모른다. 그러나 점순이는 내 편을 들어서 속으로 고수해서 하겠지……. 대체 이게 웬 속인지(지금까지도 난 영문을 모른다.) 『아버질 혼내 주기는 제가 내래 놓고 이제 와서는 달겨들며,

"에그머니! 이 망할 게 아버지 죽이네!"

하고, 내 귀를 뒤로 잡아댕기며 마냥 우는 것이 아니냐.』 그만 여기에 기운이 탁 꺾이어 나는 얼빠진 등신이 되고 말았다. 장모님도 덤벼들어 한쪽 귀마저 뒤로 잡아채면서 또 우는 것이다.

　　　　　　　　　　　　　　　　　　　– 김유정, 〈봄·봄〉

01

이 글의 등장인물에 대한 설명으로 적절한 것은?

① 장인은 '나'를 징역 보낼 마음이 있다.
② 점순이는 이중적인 태도를 보이고 있다.
③ 점순이는 '나'를 도와 장인에게 대들었다.
④ '나'는 품삯을 받고 장인집에서 쫓겨났다.
⑤ 장모는 '나'와 점순이의 혼례를 지지하고 있다.

답 ② **해** 점순이는 '나'를 부추겨 싸움을 충동질하지만, 막상 장인이 곤경에 처하자 장인 편을 들고 있다. 즉 '나'에게 시집가고 싶은 마음과 아버지를 위하는 마음이 모두 있기 때문에, '나'를 충동질했던 것과 달리 싸움에서는 아버지 편을 드는 이중적인 태도를 보이고 있다.

02

등장인물에 대해 할 수 있는 말로 적절하지 <u>않은</u> 것은?

① '나' : 상황을 파악하지 못하는 숙맥불변(菽麥不辨)이로군.
② 장인 : 겉과 속이 전혀 다르니 표리부동(表裏不同)하군.
③ 장모 : 남편을 편드는 것 보니 초록동색(草綠同色)이로군.
④ '나'와 장인 : 각자 다른 생각을 하는 것이 동상이몽(同床異夢)이로군.
⑤ 점순과 장모 : 누구의 편도 들지 않는 것이 공평무사(公平無私)하군.

답 ⑤ **해** '공평무사'는 '공평하여 사사로움이 없음'을 뜻하는 말이다. 점순과 장모는 장인과 '나'의 싸움에서 장인 편을 들고 있으므로 공평무사하다고 볼 수 없다. / ① 숙맥불변: 사리 분별을 못 하고 세상 물정을 잘 모름 ② 표리부동: 겉으로 드러나는 언행과 속으로 가지는 생각이 다름 ③ 초록동색: 같은 처지에 있는 사람들끼리 같이 어울림 ④ 동상이몽: 겉으로는 같이 행동하면서도 속으로는 각자 딴생각을 하고 있음

[03~04] 다음 글을 읽고 물음에 답하시오.

일찍이 윤 직원 영감은 그의 소싯적 윤 두꺼비 시절에, 자기 부친 말 대가리 윤용규가 화적의 손에 무참히 맞아 죽은 시체 옆에 서서, 노적이 불타느라고 화광이 충천한 하늘을 우러러,

"이놈의 세상, 언제나 망하려느냐? 우리만 빼놓고 어서 망해라!"

하고 부르짖은 적이 있겠다요.

이미 반 세기(半世紀) 전, 그리고 그것은 당시의 나한테 불리한 세상에 대한 격분된 저주요, 겸하여 웅장한 투쟁의 선언이었습니다. 해서 윤 직원 영감은 과연 승리를 했겠다요. 그런데…….　　　　　　　　　　　　　　▶ 윤 직원의 과거

식구들은 시아버지 윤 직원 영감이 보기가 싫은 건넌방 고씨만 빼놓고, 서울 아씨, 태식이, 뒷채의 두 동서, 모두 안방에 모여 종수를 맞이하는 예를 표하고, 그들의 옹위 아래 윤 직원 영감과 종수는 각기 아랫목과 뒷벽 앞으로 갈라 앉았습니다. 방금 점심 밥상을 받을 참입니다.

"너 경손 애비, 부디 정신 채리라!……."

윤 직원 영감이 종수더러 곰곰이 훈계를 하던 것입니다.
안식구가 있는 데라 점잖게 경손 애비지요.

"……정신을 채리야 헐 것이, 늬가 암만 히여두 네 아우 종
학이만 못히여! 종학이는 그놈이 재주두 있고 착실히여서,
너치름 허랑하지두 않고 그럴뿐더러 내년 내후년이머넌
대학교를 졸업허잖냐? 내후년이지?" / "네."

"그렇지? 응, 그래, 내후년이먼 대학교 졸업을 하고 나와서,
삼 년이나 다직 사 년만 찌들어 나면은 그놈은 지가 목적헌,
요새 그 목적이란 소리 잘 쓰더구나, 응? 목적 …… 목적헌
경부가 되야 각구서 경찰서장이 된담 말이다! 응? 알겄어."

"네에." 〈중략〉 　　　　　　　　▶ 종수를 훈계하고 종학을 칭찬하는 윤 직원

"동경서 ㉠ 전보가 왔는데요……."
『지체를 바꾸어 윤 주사를 점잖고 너그러운 아버지로, 윤
직원 영감을 속 사납고 경망스러운 어린 아들로 둘러놓았으
면 꼬옥 맞겠습니다.』 / "동경서? 전보?"

"종학이 놈이 경시청에 붙잽혔다구요!" / "으엉?"
외치는 소리도 컸거니와 엉덩이를 꿍 찧는 바람에, 하마
방구들이 내려앉을 뻔했습니다. 모여 선 온 식구가 제각기
놀란 것은 물론이구요. 윤 직원 영감은 마치 묵직한 몽치로
뒤통수를 얻어맞은 양, 정신이 멍해서 입을 벌리고 눈만 휘
둥그랬지, 한동안 말을 못하고 꼼짝도 않습니다.

그러다가 이윽고 으르렁거리면서 잔뜩 쪼글뜨리고 앉습니다.
"거, 웬 소리냐? 으응? 으응?…… 거 웬 소리여? 으응? 으응?"

"그놈 동무가 친 전본가 본데, 전보가 돼서 자세히는 모르
겠습니다." 〈중략〉

"종학, 사상 관계로, 경시청에 피검!……이라니? 이게 무
슨 소리다냐?"

"종학이가 사상 관계로, 경시청에 붙잽혔다는 뜻일 테지요!"
　　　　　　　　　　▶ 손자 종학이 잡혔다는 소식에 놀라는 윤 직원
　　　　　　　　　　　　　　　　　　－ 채만식, 〈태평천하〉
　주제　윤 직원 일가의 몰락을 통한 식민지 시대의 타락한 삶 비판

03

내용과 인물의 반응을 고려할 때, ㉠의 기능으로 적절하지 <u>않은</u> 것은?

① 인물의 갈등을 증폭시키는 역할을 한다.

② 윤 직원 영감의 욕망이 좌절됨을 암시한다.

③ 구체적인 소재로 사건 전개의 우연성을 강조한다.

④ 가문의 앞날이 인물이 바라는 대로 되지 않을 것임을 암시
한다.

⑤ 소설에 직접 드러나지 않은 인물의 사상적 성격을 짐작하
게 한다.

답 ③ 해 '전보'는 동경으로 유학 가 있는 종학의 소식을 전하는 소재로, 윤 직원 집안
을 몰락으로 내몰게 되는 결정적 계기가 되기 때문에 사건 전개의 우연성을 강조한다
고 볼 수 없다. / ①, ②, ④ 윤 직원 영감에게 종학은 가문의 앞날을 책임질 인물이다.
따라서 종학이 경찰에 잡혔다는 소식을 전하는 '전보'는 윤 직원 영감의 욕망이 좌절되
고 가문의 앞날이 윤 직원 영감이 바라는 대로 되지 않을 것임을 암시한다. ⑤ 종학은
소설에 직접 드러나지 않는 인물로, 전보를 통해 사상적 성격을 짐작하게 한다.

04

**이 글에서 윤 직원 영감은 풍자의 대상이다. 이를 통해 작가가 드러
내고자 하는 바로 가장 적절한 것은?**

① 평등한 사회 건설의 필요성

② 당시 현실에 대한 긍정적 인식

③ 신분 상승의 욕망과 좌절의 고통

④ 억압받는 사회 현실에 대한 지식인의 분노

⑤ 식민지 사회에서의 올바른 가치관과 현실 대응 방식

답 ⑤ 해 일제 강점하에서 윤 직원 영감은 개인과 가문의 영달만을 추구하는 인물이
다. 작가는 식민지 사회에서 역사의식과 윤리 의식이 없는 인물의 행동을 풍자하여 올
바른 가치관과 현실 대응 방식이 어떤 것인지를 생각해 보게 하고 있다.

[05~06] 다음 글을 읽고 물음에 답하시오.

[앞부분 줄거리] 경상도 안동 땅에 사는 선비 백상군(白尙君)과 부인 정 씨는
명산대찰에 빌어 외아들 선군(仙君)을 얻는다. 장성한 선군은 숙영과 혼인하
여 행복한 세월을 보내는데, 백상군은 아들에게 과거 응시를 권유한다.

가 "나라에서 이번에 과거를 실시한다 하니 너도 꼭 응시하
여라. 다행히 급제하게 된다면 조상을 빛내고 부모도 영
화롭지 않겠느냐?"
부친의 타이름을 들은 선군(仙君)은 정좌(正坐)한 채로
여쭈었다.

"아버님, 불효한 자식 굽어 살피소서. 과거며 공명은 모
두가 한낱 속물이 탐하는 헛된 욕심이옵니다. 무슨 복이
또 부족하여 과거에 급제하여 벼슬아치 되기를 바라시나
이까? 만약에 제가 과거에 응시하고자 집을 나선다면 낭
자와는 이별하게 될 것이온즉 사정이 절박하옵니다."
하고는 동별당으로 돌아와 낭자에게 부친과 주고받은 말을
전하였다. 그 말을 듣고 낭자는 조용히 미소를 지으며 사랑
이 그윽한 눈길로 선군을 타일렀다.

"과거를 보시지 않겠다는 낭군님의 말씀이 그릇된 줄로 아
옵니다. 저 같은 규중처자에 얽매인 나머지 장부의 당당한
일을 포기하고자 하시니, 이것은 불효가 되고 그 욕이 마
침내 저에게 돌아오니 결코 마땅한 일이 아닌 줄로 아옵니
다. 하오니 낭군께서는 깊이 생각하시어 속히 과거 준비를
하시고 상경하여 남의 웃음을 면하시도록 유념하소서."
부모에게 듣던 말보다도 낭자에게 들으니 선군의 급제는
스스로 더욱 절실하게 생각되었다.
　　　　　　　▶ 숙영의 충고에 따라 과거를 보러 가기로 하는 선군

[중간 부분 줄거리] 과거를 보러 간 선군은 이틀 밤이나 몰래 숙영을 만나고
갔는데, 선군을 외간 남자로 오해한 백상군은 며느리의 정절을 의심하여 시비
매월을 시켜 숙영을 염탐하게 한다.

백공(白公)은 크게 노하여 큰소리로 꾸짖었다.

"무엄하구나, 닥쳐라! 내 두 귀로 직접 듣고, 또 내 두 눈으로 똑똑히 보았거늘, 네가 끝내 속이려 들다니, 너는 죄를 더욱 무겁게 만들려고 하느냐? 양반의 집안에 이런 해괴한 일이 있음은 참으로 망측한 변괴다. 너와 상통한 놈의 이름을 대라!"

죄가 없는 숙영 낭자는 안색이 조금도 변하지 않고 구김 없는 목소리로 말하였다.

> 절개가 곧고 지혜로운 인물

"빙옥(氷玉) 같은 굳은 정절로 살아오다가 어이 이런 더러운 말씀을 들을 수 있사오리까? 지난번에 낭군께서 길을 떠난 날 밤과 그 이튿날 밤 두 번을 삼십 리쯤 가다가 숙소를 정하였으나 저를 잊지 못하고 밤중에 집으로 몰래 돌아왔삽기에 제가 한사코 타일러서 다시 돌려 보낸 일은 있었사옵니다. 그때는 어린 제 소견으로 시부모님께 꾸중을 들을까 봐 겁을 내어 지금까지 고하지 않고 있었을 뿐이옵니다."

> 얼음과 옥, 맑고 깨끗하여 아무 티가 없음을 비유적으로 이르는 말
> 「 」: 자신의 경험을 들어 결백을 증명함

– 작자 미상, 〈숙영낭자전〉

▶ 자신의 누명을 벗기 위해 결백을 주장하는 숙영　　**주제** 현실을 초월한 남녀 간의 사랑

나 이 도령이 하는 말이,

> 이몽룡

"두 사람이 다정하니 천만세를 기약하겠구나. 나는 죽어 새가 되되 난봉, 공작, 원앙, 비취, 두견, 접동일랑 다 버리고 청조(靑鳥)라는 새가 되고, 너는 죽어 물이 되되 황하수, 폭포수, 구곡수 다 버리고, 음양수란 물이 되어 밤낮 없이 물에 떠서 둥실둥실 놀자꾸나." 〈중략〉

> 파랑새

이렇듯 즐기다가 날이 새면 몸을 숨겨 돌아오고, 어두우면 천방지방 달려가서 자취 없이 다니기를 여러 날이 되었더라.

> 남 몰래 춘향을 만나기 위해 숨어 다니는 이 도령 ①

이때 남원 부사 선치(善治)함을 성상께서 들으시고 승품으로 호조 판서를 제수하시고 부르시는 공문이 내려오니, 부사가 날을 정해 출발할 새, 이 도령 불러 이르기를,

> 백성을 잘 다스림
> 춘향과 이 도령이 이별하게 되는 직접적 원인

"너는 부녀자를 모시고 먼저 올라가라."

하니 이 도령이 이 말을 듣고 간담이 떨어지고 정신이 나가 목이 메어 겨우 대답하고, 안채에 들어가 떠날 차비를 차리는 체하고 바로 춘향의 집으로 가니, 춘향이 바삐 나와 이 도령의 손을 잡고 목이 메어 울며 두 손으로 가슴을 치며 하는 말이,

> 춘향과 이별하게 되어 충격을 받은 이 도령의 심리
> 남 몰래 춘향을 만나기 위해 숨어 다니는 이 도령 ②

"이 일이 어인 일고. 이 설움을 어찌 할꼬, 이제는 이별이 절로 될지라. 이별이야 평생에 처음이요, 다시 못 볼 임이로다. 이별마다 섧다 하되 살아 생이별은 생초목에 불이로다. 이승 이별이야 이별이 원수로다, 남북에 군신 이별, 역로에 형제 이별, 만 리에 처자 이별, 이별이 다 섧건만 우리같이 설운 이별 또 어디 있을쏜가. 답답한 이

> 역경과 고난

설움을 어이하리." 〈중략〉

이 도령 말하기를, / "사또께서 호조 판서를 아니하고 이 고을 사또나 하시더면 이 이별이 없을 것을. 내게는 이런 원수가 없다마는 울지 마라. 우리 연분은 청송녹죽(靑松綠竹) 같아서 무너지고 끊어질 줄 없을지니, 설마 후일 상봉하여 그리던 회포를 못 펴 볼까?"

> 푸른 소나무와 대나무 – 지조와 절개

슬픈 마음 달래 보며 마지못해 이별할 새, 눈물을 금치 못하는지라.

– 작자 미상, 〈춘향전(경판본)〉

▶ 원하지 않는 이별을 하는 이몽룡과 춘향　　**주제** 신분을 초월한 지순한 사랑

05

〈보기〉는 (가)에 등장하는 인물의 관계를 도식화한 것이다. ⓐ~ⓔ에 대한 설명으로 적절하지 <u>않은</u> 것은?

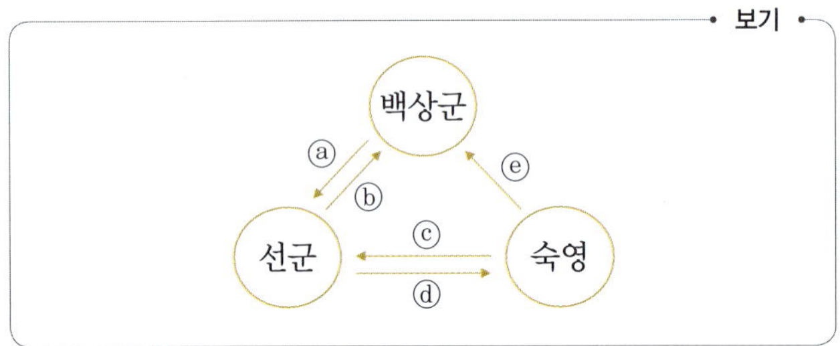

① ⓐ: 백상군은 가부장적 질서와 가문을 중시하는 가치관을 보인다.
② ⓑ: 선군은 자식으로서의 도리보다 부인과의 애정을 중시하는 태도를 보인다.
③ ⓒ: 숙영은 자신에 대한 선군의 믿음을 의심하지만 겉으로는 내색하지 않는다.
④ ⓓ: 선군은 숙영의 말을 듣고 과거 응시에 대한 자신의 태도를 바꾼다.
⑤ ⓔ: 숙영은 자신이 경험했던 일을 근거로 결백을 주장하고 있다.

답 ③　**해** 숙영은 선군에 대한 굳은 정절을 지키며 행복하게 살아왔다. 그리고 과거 응시와 관련하여 선군이 숙영의 당부에 태도 변화를 보인 것은 선군의 숙영에 대한 돈독한 믿음으로 볼 수 있다. 게다가 선군이 집을 떠난 후 밤중에 숙영을 찾아온 것은 부부 간의 애정이 돈독한 것이지, 선군을 의심할 만한 내용으로 볼 수 없다.

06

(나)의 인물에 대한 이해로 적절한 것은?

① 춘향은 이 도령과의 이별을 자신의 탓으로 돌리고 있다.
② 남원 부사는 이 도령과 춘향에게 이별할 것을 권하였다.
③ 춘향은 남원 부사가 이 도령에게 내린 명(命)을 못마땅하게 여기고 있다.
④ 성상이 남원 부사에게 높은 벼슬을 제수한 것은 그의 고매한 성품 때문이다.
⑤ 이 도령은 남원 부사인 부친에게 말하지 않고 춘향과의 만남을 유지하고 있었다.

답 ⑤　**해** '날이 새면 ~ 여러 날이 되었더라.'와 '안채에 들어가 ~ 집으로 가니'를 통해 이 도령이 춘향을 만날 때 사람들이 모르게 다니는 것을 알 수 있다. 그러므로 이 도령의 아버지인 남원 부사 역시 춘향과 이 도령이 만나는 것을 알 수 없었을 것이다.

03 갈등

개념 열기 ① 톡톡! 갈등

갈등: 인물이 사건을 겪으며 갖게 되는 대립적인 심리 상태 葛 칡 갈, 藤 등나무 등

- 갈등은 작가가 작품을 통해 전달하려는 ① ㅈㅈ 와 밀접한 관련이 있음
- 갈등은 인물 사이의 대립, 인물 내면의 대립된 심리 상태 등으로 나타나며, 독자의 흥미를 이끌어 내고 주제를 드러냄
- 갈등을 통해 인물의 ② ㅅㄱ 이 뚜렷이 제시되고 사건이 진행됨

탐구 하기 다음 글을 읽고 인물 간의 갈등에 대해 생각해 보자.

> 게다가 조금 뒤에는 제 집께를 할금할금 돌아보더니 행주치마의 속으로 꼈던 바른손을 뽑아서 나의 턱 밑으로 불쑥 내미는 것이다. 언제 구웠는지 더운 김이 홱 끼치는 굵은 감자 세 개가 손에 뿌듯이 쥐였다.
> "느 집엔 이거 없지?" / 하고 생색 있는 큰소리를 하고는 제가 준 것을 남이 알면 큰일 날 테니 여기서 얼른 먹어 버리란다. 그리고 또 하는 소리가
> "너 봄 감자가 맛있단다."
> "난 감자 안 먹는다. 니나 먹어라."
> 나는 고개도 돌리려 하지 않고 일하던 손으로 그 감자를 도로 어깨 너머로 쑥 밀어 버렸다.
> 그랬더니 그래도 가는 기색이 없고, 뿐만 아니라 쌔근쌔근하고 심상치 않게 숨소리가 점점 거칠어진다. 이건 또 뭐야 싶어서 그때에야 비로소 돌아다보니 나는 참으로 놀랐다. 우리가 이 동네에 들어온 것은 근 삼 년째 되어 오지만 여태껏 가무잡잡한 점순이의 얼굴이 이렇게까지 홍당무처럼 새빨개진 법이 없었다. 게다가 눈에 독을 올리고 한참 나를 요렇게 쏘아보더니 나중에는 눈물까지 어리는 것이 아니냐.
> — 김유정, 〈동백꽃〉
>
> 주제 산골 마을 사춘기 남녀의 순박한 사랑

[문제] 〈보기〉의 설명에 부합하는 소재를 이 글에서 찾아 2음절로 쓰시오.

> ─────── 보기 ───────
> - '나'에 대한 점순이의 관심과 애정을 드러내는 소재
> - '나'와 점순이의 갈등을 유발하는 매개체

답 감자

🌐 개념을 완성하는 활동

1 이 글에 드러난 점순이의 성격은?

① 계산적 ② 긍정적 ③ 낙천적
④ 적극적 ⑤ 탐욕적

답 ④ 해 점순이는 '나'에게 감자를 주며 적극적으로 호감을 표현하고 있다. 따라서 점순이는 적극적인 성격을 지녔음을 알 수 있다.

2 이 글의 내용을 고려할 때, 〈보기〉의 빈칸에 들어갈 말을 2음절로 쓰시오.

> ─────── 보기 ───────
> 서술자인 '나'는 독자들은 다 알고 있는 점순이의 마음을 알아차리지 못하여 점순이와 (갈등)을 겪으며 독자들의 웃음을 유발한다.

답 갈등

3 이 글의 서술상의 특징으로 가장 적절한 것은?

① 어수룩한 서술자가 자신이 체험한 이야기를 들려주고 있다.
② 전지적 작가가 주인공의 심리를 직접적으로 서술하고 있다.
③ 작품 속의 부수적 인물이 주인공의 이야기를 전달하고 있다.
④ 작품 밖의 관찰자에 의해 사건이 요약적으로 제시되고 있다.
⑤ 작품 밖의 서술자가 작품에 직접 개입하여 논평을 하고 있다.

답 ① 해 이 글은 1인칭 주인공 시점의 작품으로, 어수룩하고 순진한 '나'를 서술자로 내세워 해학적 분위기를 조성하고 있다.

① 소재 ② 성격

 내적 갈등

내적 갈등: 한 인물의 내면에서 일어나는 대립적인 심리 상태

- 인물의 마음속에서 일어나는 갈등으로 불안감, 방황 등의 모습으로 나타남
- 인물의 내면에서 ① ㅅㅂ 되는 두 심리가 충돌하여 갈등이 생김

> **예 ①**
> 성진이 여덟 선녀를 본 후에 정신이 자못 황홀하여 마음에 생각하되,
> _{불가에 회의를 느끼다 꿈을 꾸고 깨달음을 얻는 인물}
> '남자로 세상에 태어나서 어려서는 공맹(孔孟)의 글을 읽고, 자라서는 요순
> _{공자와 맹자의 글} _{고대 중국의 요임금과 순임금}
> (堯舜) 같은 임금을 섬겨, 나가서는 장수가 되고 들어와서는 정승이 되어,
> _{출장입상(出將入相)}
> 비단 옷을 입고 옥대를 차고, 옥궐에 조회하고, 눈에 고운 빛을 보고 귀에
> _{대궐} _{임금에게 문안드리고 정사를 아룀}
> 좋은 소리를 듣고, 은택(恩澤)이 백성에게 미치고 공명을 후세에 드리우는
> _{은혜와 덕택} _{공을 세워 세상에 널리 이름을 드러냄 - 유방백세(流芳百世)}
> 것이 또한 대장부의 일이라. 우리 부처의 법문(法門)은 한 바리때의 밥과
> 한 병의 물과 두어 권의 경문과 백팔 염주뿐이니 비록 그 도가 높고 아름
> _{부귀영화와는 거리가 먼 초라한 것들}
> 다우나 적막하기 심하도다.' 「 」: 성진의 내적 갈등(불도와 속세 사이에서 갈등)
>
> 생각을 이리하고 저리하여 밤이 이미 깊었더니, 문득 눈앞에 팔선녀가 서
> 있어 놀라서 다시 보니 이미 간 곳이 없더라.
> — 김만중, 〈구운몽(九雲夢)〉
> **주제** 인생무상(人生無常)의 깨달음

 외적 갈등

외적 갈등: 인물과 그 인물을 둘러싼 외부 요인 사이에서 발생하는 갈등

- 인물과 또 다른 인물, 인물과 사회적 상황, 인물과 ② ㅇㅁ, 인물과 자연 환경
  등 그 사이에서 갈등이 발생함

1 인물과 인물의 갈등

- 인물 간 성격, 가치관, 욕구, 이해관계 등의 차이로 일어나는 갈등임
- 주동 인물과 ③ ㅂㄷ 인물 사이의 갈등이 이에 해당함

> **예 ②**
> 장인님은 더 약이 바짝 올라서 잡은 참 지게막대기로 내 어깨를 그냥 내려
> _{자신의 속셈을 채우기 위해 '나'를 이용하는 교활한 인물}
> 갈겼다. 정신이 다 아찔하다. 다시 고개를 들었을 때 그때엔 나도 온몸에 약
> _{점순과의 혼례를 바라는 어수룩하고 순박한 인물}
> 이 올랐다. 이 녀석의 장인님을, 하고 눈에서 불이 퍽 나서 그 아래 밭 있는
> _{언어적 모순 - 해학성 유발}
> 넝 알로 그대로 떼밀어 굴려 버렸다.
> _{이전과 다른 '나'의 적극적 행동}
> 기어오르면 굴리고 굴리면 기어오르고 이러길 한 너덧 번을 하며 그럴 적
> _{둔덕을 기어오르는 장인과 장인을 굴리는 '나'의 해학적 상황}
> 마다 / "부려만 먹구 왜 성례 안 하지유!" 〈중략〉
> _{싸움의 원인}
> 한번은 장인님이 헐떡헐떡 기어서 올라오더니 내 바짓가랑이를 요렇게 노
> _{장인이 '나'의 급소를 공격하여 상황을 역전시킴 → 해학성 유발}
> 리고서 단박 움켜잡고 매달렸다. 악, 소리를 치고 나는 그만 세상이 다 팽그
> 르 도는 것이 / "빙장님! 빙장님! 빙장님!" / "이 자식! 잡아먹어라, 잡아먹어!"
> "아! 아! 할아버지! 살려 줍쇼. ㉠할아버지."
> _{호칭의 변화 - 상황의 다급함, 해학적 효과}
> 하고 두 팔을 허둥지둥 내저을 적에는 이마에 진땀이 쭉 내솟고 이젠 참으로
> 죽나 부다 했다. 「 」: '나'와 장인 사이의 외적 갈등
> — 김유정, 〈봄·봄〉
> **주제** 성례를 둘러싼 교활한 장인과 우직한 데릴사위 간의 갈등

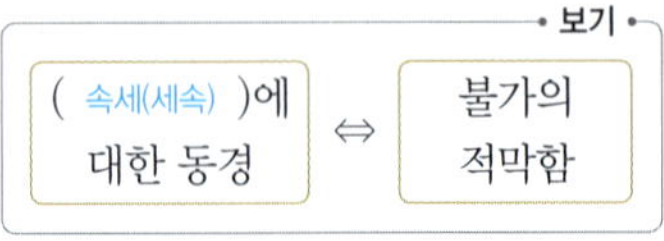

☆ **개념을 완성하는 문제**

1 예 ① 에서 인물의 내면에서 충돌하는 상반된 두 심리를 〈보기〉와 같이 정리할 때, ( ) 안에 들어갈 알맞은 말을 2음절로 쓰시오.

> ─ 보기 ─
> (속세(세속))에 대한 동경 ⇔ 불가의 적막함

답 속세(세속)

2 예 ① 의 서술상의 특징으로 가장 적절한 것은?

① 요약적 서술로 주제를 강조하고 있다.
❷ 인물의 내면 심리를 독백 형식으로 드러내고 있다.
③ 간결한 문장으로 사건을 속도감 있게 전개하고 있다.
④ 함축적인 문장을 활용하여 인물의 심리를 서술하고 있다.
⑤ 비극적 상황을 장황하게 묘사하여 해학적 분위기를 조성하고 있다.

답 ② **해** 세속적인 삶과 불도를 추구하는 삶 사이에서 갈등하는 성진의 내면 심리를 독백 형식으로 전달하고 있다.

3 예 ② 에서 대립하는 두 인물을 찾아 본문에 제시된 호칭대로 쓰시오.

답 장인님, '나'

4 예 ② 에서 인물들이 갈등하는 원인으로 가장 적절한 것은?

① 호칭 문제
❷ 혼례 문제
③ 품삯 지급 문제
④ 세대 간의 가치관 차이 문제
⑤ 노동 조건의 개선과 관련된 문제

답 ② **해** 점순과 하루빨리 혼례를 치르기를 원하는 '나'와 혼례를 계속 미루며 '나'를 공짜로 부려 먹으려는 '장인' 사이에 갈등이 일어나고 있다.

5 예 ② 의 발화 상황으로 볼 때, ㉠에 대한 이해로 적절하지 않은 것은?

① 발화자는 '나'이다.
② 청자는 '장인'이다.
❸ 발화 의도는 '조롱'이다.
④ 발화자의 어조는 '다급함'이다.
⑤ 발화자의 표정은 '고통스러움'이다.

답 ③ **해** ㉠은 급소를 잡힌 '나'가 다급한 마음으로 장인에게 애원하며 부른 호칭일 뿐, 장인을 조롱하기 위한 표현이 아니다.

유형③ 움직④ 공움⑤ 규유①

2 인물과 사회의 갈등

- 인물이 사회적 배경 속에서 ①ㅈㄷ나 윤리, 경제, 이념 등의 문제로 겪게 되는 갈등임

길동이 점점 자라 여덟 살이 되자, 총명하기가 보통이 넘어 ⑦하나를 들으면 백 가지를 알 정도였다. 그래서 공은 더욱 귀여워하면서도 「출생이 천해, 길동이 늘 ⓛ아버지니 형이니 하고 부르면, 즉시 꾸짖어 그렇게 부르지 못하게 하였다. 길동이 열 살이 넘도록 감히 부형(父兄)을 부르지 못하고, 종들로부터 천대받는 것을 ⓒ뼈에 사무치게 한탄하면서 마음 둘 바를 몰랐다.」

"대장부가 세상에 나서 공맹(孔孟)을 본받지 못할 바에야, 차라리 병법이라도 익혀 대장인(大將印)을 허리춤에 비스듬히 차고 동정서벌(東征ⓔ 西伐)하여 나라에 큰 공을 세우고 ⓜ이름을 만대에 빛내는 것이 장부의 통쾌한 일이 아니겠는가."

– 허균, 〈홍길동전〉

주제 모순된 사회 제도의 개혁과 이상국 건설

3 인물과 운명의 갈등 運 옮길 운, 命 목숨 명

- 인물이 타고난 운명에 ②ㅈㅎ하는 과정에서 겪게 되는 갈등임
- 운명론적 태도와 이를 이겨 내려는 모습은 고전 소설에서 자주 나타남

"오빠, 편히 사시오."

하고, 거의 울음이 다 된, 마지막 목소리를 남기고 돌아선 **계연**의 저만치 가고 있는 항라 적삼을, 고운 햇빛과 늘어진 버들가지와 산울림처럼 울려 오는 뻐꾸기 울음 속에 **성기**는 우두커니 지켜보고 있을 뿐이었다. 〈중략〉

ⓐ"어머니, 나 엿판 하나만 맞춰 주." / 하였다.

"......" / **옥화**는 갑자기 무엇을 얻어맞은 듯이 성기의 얼굴을 멍하니 바라보고 있었다.

그런 지도 다시 한 보름이나 지나, 뻐꾸기는 또다시 산울림처럼 건드러지게 울고, 늘어진 버들가지엔 햇빛이 젖어 흐르는 아침이었다. 새벽녘에 잠깐 가는 비가 지나가고, 날은 다시 유달리 맑게 갠 화개 장터 삼거리 길 위에서, 성기는 그 어머니와 하직을 하고 있었다. 갈아입은 옥양목 고의적삼에, 명주 수건까지 머리에 질끈 동여매고 난 성기는, 새로 맞춘 새하얀 나무 엿판을 질빵해서 느직하게 엉덩이 즈음에다 걸었다. 윗목판에는 새하얀 가락엿이 반 넘어 들어 있었고, 아랫목판에는 팔다 남은 이야기 책 몇 권과 간단한 방물이 좀 들어 있었다.

그의 발 앞에는, 물도 함께 갈리어 길도 세 갈래로 나 있었으나, 화갯골 쪽엔 처음부터 등을 지고 있었고, 동남으로 난 길은 하동, 서남으로 난 길이 구례, 작년 이맘때도 지나 그녀가 울음 섞인 하직을 남기고 체 장수 영감과 함께 넘어간 산모퉁이 고갯길은 퍼붓는 햇빛 속에 지금도 환히 장터 위를 굽이돌아 구례 쪽으로 향했으나, 성기는 한참 뒤 몸을 돌렸다. 그리하여 ⓑ그의 발은 구례 쪽을 등지고 하동 쪽을 향해 천천히 옮겨졌다.

– 김동리, 〈역마〉

주제 운명에의 순응과 그에 따른 인간의 구원

---

6 예③에서 인물이 갈등하는 원인에 해당하는 것은?

① 반상(班常) 갈등 문제
✓② 적서(嫡庶) 차별 문제
③ 남녀(男女) 차별 문제
④ 세대(世代) 갈등 문제
⑤ 문무(文武) 차별 문제

답 ② **해** 길동이 호부호형을 하지 못하고, 종들로부터 천대를 받으며, 문과 시험도 보지 못하는 것은 적서를 차별하는 당시의 사회적 제도 때문이다.

7 예③의 ⑦~ⓜ에 어울리는 한자 성어가 아닌 것은?

① ⑦: 문일지십(聞一知十)
✓② ⓛ: 부자유친(父子有親)
③ ⓒ: 각골통한(刻骨痛恨)
④ ⓔ: 입신양명(立身揚名)
⑤ ⓜ: 유방백세(流芳百世)

답 ② **해** ⓛ에 어울리는 한자 성어는 '아버지를 아버지라고 부르고 형을 형이라고 부름'을 뜻하는 '호부호형(呼父呼兄)'이다.

8 예④의 ⓐ에 대한 설명으로 가장 적절한 것은?

① 급박하게 사건이 전환될 것임을 암시하고 있다.
② 새로운 갈등이 시작되고 있음을 암시하고 있다.
③ 인물 간의 갈등이 심화될 것임을 암시하고 있다.
✓④ 인물의 내적 갈등이 해소되었음을 암시하고 있다.
⑤ 인물에게 또 다른 시련이 닥칠 것임을 암시하고 있다.

답 ④ **해** ⓐ는 성기가 자신의 운명에 순응하여 방랑하는 삶을 선택함으로써 내적 갈등이 해소되었음을 보여 주고 있다.

9 예④에서 인물의 운명의 갈림길을 상징하는 공간을 찾아 4어절로 쓰시오.

답 화개 장터 삼거리 길

10 예④의 ⓑ에 담긴 인물의 심리를 바르게 이해한 것은?

① 떠돌이 삶에서 벗어나려는 의지
② 새로운 미래를 탐색하려는 의지
✓③ 운명에 순응하며 살아가려는 의지
④ 고단한 현실에서 도피하려는 의지
⑤ 사회적인 편견을 극복하려는 의지

답 ③ **해** 성기가 하동으로 향한 것은, 계연과의 인연을 뒤로하고 자신의 운명에 순응하며 살아가겠다는 의지의 표현으로 이해할 수 있다.

① 저항 ② 순응

[01~02] 다음 글을 읽고 물음에 답하시오.

　각설 이때 박씨 피화당에서 천기를 보고 승상을 청하여 가로되, 〈중략〉

　"호적이 북방으로 오지 아니하고 동으로 황해수를 건너 들어 올 것이니 바삐 임경업을 패초하옵소서."
승상이 크게 놀라 급히 들어가 부인의 말을 낱낱이 아뢴대, 상이 놀라사 만조백관이 다 경황하여 임경업을 패초하려 의논하더라. 이때 좌의정 원두표 아뢰어 가로되,

　"북방 오랑캐는 본디 간계 많사오니 분명 그러하올 듯하오니 박 부인 말씀대로 하여 보사이다."

　한대 김자점이 발연변색하고 아뢰어 가로되,

　"제신의 말이 그르도소이다. 북적이 여러 번 경업에게 패한 바 되었사오니 기병할 수 없사옵고, 설사 기병하여 온다 하여도 북으로밖에 없사오니, 만일 임경업을 패초하였다가 호적이 의주를 쳐 항성하면 그 세를 당치 못하며 국가 흥망이 경각에 있을지니, 어찌 요망한 계집의 말을 듣고 북방을 비우고 동을 막으리이까. 이는 다 나라를 망할 말이라 어찌 지혜 있다 하오리까."

　상이 가로되, / "박 부인은 신인이라 신명지감이 있어 여러 번 신기함이 있으니 그 말대로 하고자 하노라."

　자점이 또 아뢰되,

　"시방 시화연풍 국태민안하오니 이런 태평성대에 무슨 병란이 있으리. 박씨는 요망한 계집이어늘, 전하 어찌 요망한 말을 침혹하시며, 국가 대사를 아이 희롱같이 하시나니이까."
하니 만조백관이 김자점의 말이 그른 줄 알되 아무 말도 못하더라. 상이 그 일로 우예 미결하시고, 조회를 파하시는지라. 우상이 집에 돌아와 그 연고를 부인더러 말하니 부인이 아연 탄하여 가로되, / "슬프다. 〈중략〉 이제는 속절없이 손을 매어 놓고 완연히 도적을 받으려 하니, 이제는 국운이 불행하나 무가내하라. 〈중략〉 만일 위급한 때를 당하여 김자점으로 병권을 맡길진대 망극한 일을 볼 것이니, 어진 사람을 가리어 맡기게 하옵소서."

　우상이 이 말을 듣고 강개한 마음을 이기지 못하여 하늘을 우러러 탄식하며 수심으로 지내더니,

　'죽기로써 다시 아뢰리라.'

하고 궐내에 들어가니, 이때는 병자년 동 10월이라.
　우상이 미처 탑전에 미치지 못하여서 동대문 밖으로서 방포 일성에 금고 함성이 천지 진동하며 호병이 동문을 깨치며 장안을 엄살하니 장안이 불의지변(不意之變)을 만나 모두 분

주하는지라. 백성들이 도적의 창검에 죽는 자가 무수하여 주검이 태산 같더라. 장안 인민이 하늘을 우러러 땅을 두드려 살기를 바라는 소리 천리 진동하는지라. 〈중략〉

　이때 율대 100여 기를 거느려 우상의 집을 범하여 인물을 수탐하더라. 내외 적적하여 빈집 같거늘 차차 수탐하여 후원에 들어가 살펴보니 온갖 기이한 수목이 좌우에 벌여 무성하였는지라. 율대 고이히 여겨 자세히 살펴보니 나무마다 용과 범이 수미를 응하며, 가지마다 뱀과 짐승이 되어 천지 풍운을 이루며, 살기 가득하여 은은한 고각 소리 들리는데 그 가운데 무수한 사람이 피난하였더라.

－ 작자 미상, 〈박씨전〉

01

이 글을 통해 알 수 있는 내용으로 적절하지 **않은** 것은?

① 박씨는 승상을 통해 호적의 침입 경로를 알렸다.
② 조정의 신하들은 김자점의 말을 인정하여 받아들이고 있다.
③ 임금은 박씨의 탁월한 능력을 믿어 그 말을 따르고자 하였다.
④ 김자점은 임경업을 불러들이는 것이 옳지 않다고 주장하였다.
⑤ 승상이 죽음을 각오하면서까지 마음먹은 바를 행하기 전에 전쟁이 일어났다.

답 ② **해** '만조백관이 김자점의 말이 그른 줄 알되'로 보아, 조정의 신하들이 김자점의 말을 인정하여 받아들인 것이 아님을 알 수 있다.

02

〈보기〉를 바탕으로 이 글을 감상한 내용으로 적절하지 **않은** 것은?

보기

　갈등은 문학과 예술에서 중심이 되는 두 성격의 대립 현상을 말한다. 서사물에서 갈등은 인물의 성격을 드러내고 세계관과 가치관의 대립 양상을 보여 주는 데 주요한 역할을 한다. 또한 개인과 개인의 대립, 자아와 세계의 대립, 인물 내면의 모순된 감정이나 가치관의 충돌을 통하여 구성상 긴장감을 유발하기도 한다.

① 율대가 박씨의 피화당을 침입함으로써 구성상 긴장감이 유발되고 있다.
② 박씨와 김자점의 갈등을 통해 여성에 대한 당대 남성의 부정적 인식을 엿볼 수 있다.
③ 호적이 침입하여 백성들이 피해를 입음으로써 사회와 사회의 갈등이 일어나고 있다.
④ 김자점과 원두표의 갈등은 박씨의 말에 대한 두 사람의 의견 대립에서 비롯되고 있다.
⑤ 호적과의 전쟁에서 죽을 수도 있다는 두려움으로 고민하는 우상의 내적 갈등이 묘사되고 있다.

답 ⑤ **해** '우상이 이 말을 듣고 ~ 다시 아뢰리라.'에서 김자점이 조정을 좌우하는 현실에 대한 우상의 분노와, 우상이 신하로서 자신의 역할에 대해 고민하는 내적 갈등을 엿볼 수 있다. 따라서 우상이 전쟁에 대한 두려움 때문에 갈등하고 있는 것은 아니다.

이때 동래 부사 송정이 사신 온다는 공문을 보고 웃으며 왈,

"조정에 사람이 무수하거늘 어찌 구태여 중을 보내리오. 이는 더욱 패망할 징조라."

하더니 하인이 보하되,

"사명당 행차 온다 하오니 어찌 접대하리이까."

송정이 분부 왈,

"상례로 대접하라. 제 비록 부처라 한들 어찌 곧이들으리오."

하고 심상히 여기거늘, 하인 분부를 듣고 나와 부사의 말을 이르고 왈,

"지방관의 도리에 봉명 사신(奉命使臣)을 가벼이 여기거니와 반드시 화를 면치 못하리로다."

하더니 자연 삼일 만에 이르렀는지라. 대접하는 도리와 수응하는 일이 가장 소홀하거늘 사명당이 대로하여 객사에 좌기하고 무사에게 명하여 송정을 잡아 계하에 꿇게 하고 이르되,

"네 벼슬이 비록 옥당이나 지방관이요, 내 비록 중이나 일국 대사마대장군이요 봉명 사신이어늘 네 한갓 벼슬만 믿고 국명을 심상히 여겨 방자함이 태심하니 내어 베어 국법을 엄히 하라."

하고 즉시 나라에 장문하여 선참후계(先斬後啓)하고 인하여 길을 떠날 새 순풍을 만나 행선하니라.

▶ 사명당이 사신으로서 일본으로 향함

[중간 부분 줄거리] 사명당이 일본에 도착하자 왜왕은 사명당의 신통력을 여러 가지로 시험한다.

왜왕이 그 말을 옳게 여겨 즉시 풀무를 놓고 철마를 지어 만든 후 백탄을 뫼같이 쌓고 철마를 그 위에 놓아 불같이 달군 후에 사명당을 청하여 가로되,

"저 말을 능히 타면 부처 법력을 가히 알리라."

사명당이 심중에 망극하여 납관을 쓰고 조선 향산을 향하여 사배하더니 문득 서녘에서 오색구름이 일어나며 천지가 희미하거늘 사명당이 마지못하여 정히 철마를 타려 하더니 홀연 벽력 소리 진동하며 천지 뒤눕는 듯하고 태풍이 진작하여 모래 날리고 돌이 달음질하고 비 바가지로 담아 붓듯이 와 사람이 지척을 분변치 못하는지라. 경각 사이에 성중에 물이 불어 넘쳐 바다가 되고 성 외의 백성들이 물에 빠져 죽는 자 수를 아지 못하되 사명당 있는 곳은 비 한 방울이 아니 젖는지라. 왜왕이 경황실색하여 이르되,

"어찌하여 천위를 안정하리오."

예부상서 한자경이 주 왈,

▶ 사명당이 신통력을 발휘하여 왜왕의 시험을 물리침

"처음에 신의 말씀을 들었사오면 어찌 오늘날 환이 있으리이까. 방금 사세를 생각하옵건대 조선에 항복하여 백성을 평안히 함만 같지 못하나이다."

"네 나라 항복받기는 내 손아귀에 있거니와 왜왕의 머리를 베어 상에 받쳐 들이라. 만일 그렇지 아니하면 일본을 멸하여 산 것을 하나도 남기지 아니하리라. 네 돌아가 왜왕에게 자세히 이르라." 〈중략〉

용왕을 불러 이르되,

"그대는 얼굴을 드러내어 일본 사람을 보게 하라."

용왕이 공중에서 이 말을 듣고 사람의 머리를 베어 들고 소리를 벽력같이 지르고 운무 중에 몸을 드러내니 사명당이 관백에게 왈,

"네 빨리 돌아가 왜왕에게 일러 용의 거동을 보게 하라."

관백이 돌아가 그대로 고하니 왜왕이 창황 중 눈을 들어 하늘을 치밀어 보니 중천에 삼룡이 구름을 피우고 사람의 머리를 베어 들었으니 형세 산악 같고 고기비늘이 어지러이 번쩍여 일광을 바수고 소리 벽력같아 천지진동하는지라.

▶ 왜왕이 사명당에게 항서를 보냄
– 작자 미상, 〈임진록〉

주제 임진왜란 패배에 대한 정신적 보상과 승리

03

이 글에 대한 설명으로 적절하지 **않은** 것은?

① 힘의 우위를 바탕으로 갈등이 해결되고 있다.

② 인물의 외양을 묘사하여 성격을 제시하고 있다.

③ 과장된 비유를 활용하여 상황의 급박함을 드러내고 있다.

④ 전기적(傳奇的) 요소를 활용하여 비현실적 장면을 부각하고 있다.

⑤ 공간이 국내에서 국외로 바뀌면서 서사적 긴장감이 고조되고 있다.

답 ② **해** 인물의 외양을 묘사한 부분은 나타나 있지 않으며, 주로 인물 간의 대화를 통해 인물의 성격을 제시하고 있다. / ③ '벽력 소리 진동하며 ～ 물에 빠져 죽는 자 수를 아지 못하되' 등에서 과장된 비유를 확인할 수 있다. ④ 사명당이 도술을 부리는 부분에서 고전 소설의 전기적 요소를 확인할 수 있다.

04

'사명당'과 '송정' 사이의 갈등에 대한 이해로 적절한 것은?

① 제삼자를 통한 의사 소통 과정에서 생긴 오해에서 비롯된다.

② 외교적 문제의 핵심 사안에 대한 인식의 차이에서 비롯된다.

③ 사대부의 사회적 소임에 대한 서로 다른 이해에서 비롯된다.

④ 사명당의 종교적 신념과 송정의 윤리적 신념의 충돌에서 비롯된다.

⑤ 사명당은 명분과 직위를, 송정은 신분을 중시하는 데에서 비롯된다.

답 ⑤ **해** 송정의 말 '조정에 사람이 무수하거늘 ～ 더욱 패망할 징조라.'와 사명당의 말 '네 벼슬이 비록 ～ 국법을 엄히 하라.'를 통해 사명당은 자신이 임금의 명령을 받은 사신(명분)이며 대사마대장군(직위)이라는 점, 송정은 자신이 옥당(신분)이라는 점을 중시하고 있음을 확인할 수 있다.

04 배경

개념 열기 ① 톡톡! 배경

배경: 소설 속 사건이 일어나고 인물이 행동하는 시간, 공간, ① ㅅㅎ, 시대, 자연 등의 구체적 환경이나 장소 背 등 배, 景 경치 경

■ 배경은 작품의 분위기를 형성하고 주제를 구체화하는 역할을 하기도 함

1 시간적 배경

■ 사건이 발생하고 인물이 행동하는 ② ㅅㄱ이나 시대, 계절

> **예①**
> 「밭 가생이로 돌 적마다 야릇한 꽃내가 물컥물컥 코를 찌르고 머리 위에서
> └ '가장자리'의 방언   봄기운 ①
> 벌들은 가끔 '봉, 봉.' 소리를 친다. 바위틈에서 샘물 소리밖에 안 들리는 산
>   봄기운 ②
> 골짜기니까 맑은 하늘의 봄볕은 이불 속같이 따스하고 꼭 꿈꾸는 것 같다.
>   봄기운 ③
> 나는 몸이 나른하고 몸살(을 아직 모르지만 병)이 나려고 그러는지 가슴이 울
>   └ 만물이 생동하는 봄을 맞아 춘정을 느끼는 '나'
> 렁울렁하고 이랬다.」 〈중략〉
> 「」: 남녀 간의 사랑을 드러내기에 적절한 '봄'을 계절적 배경으로 설정함
> 여느 사람이면 사경을 주어서라도 당장 내쫓았지, 터진 머리를 불솜으로
>   └ 머슴이 주인에게서 한 해 동안 일한 대가로 받는 돈이나 물건
> 손수 지져 주고, 호주머니에 희연 한 봉을 넣어 주고, 그리고
>   └ 일제 강점기 때의 담배 이름 → 시대적 배경을 짐작할 수 있음
> "올 갈엔 꼭 성례를 시켜 주마. 암말 말구 가서 뒷골의 콩밭이나 얼른 갈아
>   └ '나'에게 일을 시키기 위해 달래는 말   └ 장인의 실제 목적
> 라." / 하고 등을 뚜덕여 줄 사람이 누구냐.   — 김유정, 〈봄·봄〉
>   **주제** 성례를 둘러싼 교활한 장인과 우직한 데릴사위 간의 갈등

2 공간적 배경

■ 사건이 발생하고 인물이 행동하는 지리적 ③ ㅎㄱ, 자연환경, 생활환경

> **예②**
> 기자묘 솔밭에 송충이가 끓었다. 그때, 평양부에서는 그 송충이를 잡는 데
>   └ 공간적 배경
> (은혜를 베푸는 뜻으로) 칠성문 밖 빈민굴의 여인들을 인부로 쓰게 되었다.
>   공간적 배경 – 주인공의 불우한 환경과 비극적 삶을 나타내기에 적절한 공간
> 빈민굴 여인들은 모두 다 지원을 하였다. 그러나 뽑힌 것은 겨우 오십 명
> └ 가난 때문에 모두 일자리를 원함
> 쯤이었다. 복녀도 그 뽑힌 사람 가운데 한사람이었다. 〈중략〉
>   └ 도덕의식이 투철했으나 주위의 환경과 가난으로 인해 타락해 가는 인물
> 그는 목을 놓고 처울면서 낫을 휘둘렀다. 칠성문 밖 외따른 밭 가운데 홀
> 로 서 있는 왕 서방의 집에서는 일장 활극이 일어났다. 그러나 그 활극도 곧
>   공간적 배경 – 복녀가 비극적으로 죽는 공간   격렬한 사건이나 장면을 비유적으로 이르는 말
> 잠잠하게 되었다. 복녀의 손에 들려 있던 낫은 어느덧 왕 서방의 손으로 넘
> 어가고, 복녀는 목으로 피를 쏟으면서 그 자리에 고꾸라져 있었다.
>   복녀의 죽음 – 장가를 간 왕 서방에 대한 시기와 질투로 낫을 들었다 오히려 왕 서방에게 죽게 됨
>   — 김동인, 〈감자〉
>   **주제** 불우한 환경으로 인해 타락해 가는 인간의 모습

개념 플러스

⊕ '배경'과 관련한 선택지 구성

작품에서 배경이 어떤 기능을 하는지 묻는 경우가 많습니다. 작품에 나타난 배경을 찾은 다음, 그 배경이 주제를 구현하는 데 있어 어떤 기능을 하고 있는지 확인해야 합니다.

☆ 개념을 완성하는 문제

1 **예①**에 나타난 계절적 배경의 기능으로 적절한 것은?

① 인물의 고독감을 심화한다.
② 인물의 어수룩한 성격을 부각한다.
③ 인물의 고향에 대한 향수를 자극한다.
④ 인물에게 춘정(春情)을 불러일으킨다. ✓
⑤ 인물들 사이에 화해의 분위기를 조성한다.

답 ④ **해** 만물이 생동하는 계절인 봄은 청춘 남녀의 사랑의 감정을 부추기는 기능을 함으로써 작품의 주제 구현에 기여하고 있다.

2 **예①**에서 '일제 강점기'라는 시대적 배경을 짐작할 수 있는 소재를 찾아 2음절로 쓰시오.

답 희연

3 **예②**의 '칠성문 밖 빈민굴'에 대한 설명으로 적절하지 <u>않은</u> 것은?

① 하층민의 비참한 삶의 현장
② 가난한 사람들이 모여 사는 곳
③ 주인공이 도덕적으로 타락하는 곳
④ 세대 간의 가치관이 충돌하는 공간 ✓
⑤ 주인공이 비극적으로 죽는 궁극적 원인을 제공하는 공간

답 ④ **해** '칠성문 밖 빈민굴'은 정직하고 정숙했던 복녀가 윤리적으로 타락해 가는 모습을 드러내기 위해 선택된 공간적 배경일 뿐, 세대 간에 가치관이 충돌하는 모습은 나타나 있지 않다.

① 심회 ② 시기 ③ 환경

3 사회적 배경

- 사건이 발생하고 인물이 행동하는 특정한 ① ㅅㄷ, 사회, 역사적 환경

<예3>
백 주사의 아들 백선봉은, 순사 임명장을 받아 쥐면서부터 시작하여 8·15
전형적인 친일파   시대적 배경을 짐작할 수 있는 소재 ① – 일제 강점기 경찰관의 가장 낮은 계급
그 전날까지 칠 년 동안, 세 곳 주재소와 두 곳 경찰서를 전근하여 다니면서,
시대적 배경을 짐작할 수 있는 소재 ② – 순사가 머무르면서 사무를 맡아보던 기관
『이백 석 추수의 토지와, 만 원짜리 저금통장과, 만 원어치가 넘는 옷이며 비
『 』: 부정하게 많은 재물을 모음
단과, 역시 만 원어치가 넘는 여편네의 패물을 장만하였다.』
남들은 주린 창자를 졸라맬 때 『그의 광에는 옥 같은 정백미가 몇 가마니씩
식민지의 조선인들이 고통스럽게 살아가고 있을 때   깨끗하게 찧어 속꺼풀을 벗긴 쌀
쌓였고, 반년 일 년을 남들은 구경도 못 하는 고기와 생선이 끼니마다 상에
오르지 않는 날이 없었다.』
– 채만식, 〈미스터 방〉
『 』: 일제의 앞잡이로서 호사스러운 삶을 누림   **주제** 기회주의적인 인간에 대한 풍자와 비판

개념 열기 2 똑똑! 배경의 기능

- 작품 전체의 ② ㅂㅇㄱ를 조성하고 인물과 행위에 현실감을 부여함
- 작품의 주제 및 인물의 심리와 사건의 전개 방향을 ③ ㅇㅅ함

1 분위기 조성

<예4>
"달밤에는 그런 이야기가 격에 맞거든."
작품 전체의 분위기를 형성하는 배경 ① – 과거 회상의 매개체
조 선달 편을 바라는 보았으나, 물론 미안해서가 아니라 달빛에 감동하여
서였다. 『이지러는졌으나 보름을 가제 지난 달은 부드러운 빛을 흐붓이 흘리
갓   『 』: 아름다운 달밤을 서정적으로 묘사함   푸근하게, 흠뻑
고 있다.』 대화까지는 칠십 리의 밤길. 고개를 둘이나 넘고 개울을 하나 건너
고 벌판과 산길을 걸어야 된다. 길은 지금 긴 산허리에 걸려 있다. 『밤중을 지
일행이 산 중턱으로 뻗은 길을 지나고 있음
난 무렵인지 죽은 듯이 고요한 속에서 짐승 같은 달의 숨소리가 손에 잡힐
듯이 들리며, 콩 포기와 옥수수 잎새가 한층 달에 푸르게 젖었다. 산허리는
온통 메밀밭이어서 피기 시작한 꽃이 소금을 뿌린 듯이 흐붓한 달빛에 숨이
작품 전체의 분위기를 형성하는 배경 ②
막힐 지경이다.』
– 이효석, 〈메밀꽃 필 무렵〉
『 』: 달밤의 정경을 서정적으로 묘사함 → 시적, 낭만적 분위기 형성   **주제** 떠돌이 삶의 애환과 인간 본연의 애정

2 현실감 부여

<예5>
『백마강은 공주 곰나루에서부터 시작하여 백제 흥망의 꿈 자취를 더듬어
『 』: 공간적 배경인 군산의 지리적 특성 서술 – 실제 지명을 활용하여 현실감을 부여함
흐른다. 풍월도 좋거니와 물도 맑다. 그러나 그것도 부여 전후가 한창이지,
강경에 다다르면 장꾼들의 흥정하는 소리와 생선 비린내에 고요하던 수면의
꿈은 깨어진다. 물은 탁하다. / 예서부터가 옳게 금강이다. 〈중략〉
혼탁한 금강의 모습을 통해 1930년대의 혼탁한 현실을 드러냄
이렇게 에두르고 휘돌아 멀리 흘러온 물이, 마침내 황해 바다에다가 깨어
에워서 둘러막고
진 꿈이고 무엇이고 탁류째 얼러 좌르르 쏟아져 버리면서 강은 다하고, 강이
앞으로 전개될 사건의 성격 암시 – 식민 시대를 사는 사람들의 수난과 파멸
다하는 남쪽 언덕으로 대처(大處) 하나가 올라앉았다.
도회지 – 군산
이것이 군산이라는 항구요, 이야기는 예서부터 실마리가 풀린다.
공간적 배경 – 왜곡된 식민지적 근대화로 인해 혼탁해진 사회
– 채만식, 〈탁류〉
주제 한 여인의 비극적 일생을 통한 1930년대의 혼탁한 세태 비판

4 <예3>의 사회적 배경을 고려할 때, '백 주사의 아들 백선봉'이 비판받아야 하는 이유는?

① 권력을 등에 업고 허세를 부렸기 때문에

② 나이에 맞지 않게 부를 축적했기 때문에

③ 권력을 가진 사람들의 재산을 빼앗았기 때문에

④ 먹고 살기 힘든 이들에게 인색하게 굴었기 때문에

⑤ 일제의 앞잡이를 하면서 호사스러운 삶을 누렸기 때문에

답 ⑤ **해** 백선봉이 비판받아야 하는 이유는 일제 강점기에 일제의 앞잡이가 되어 부정하게 많은 재물을 모으고 호사스러운 삶을 누렸기 때문이다.

5 <예4>의 배경에 대한 이해로 적절하지 <u>않은</u> 것은?

① 세련된 표현을 사용하여 감칠맛이 느껴져.

② 참신한 비유를 활용하여 시적인 느낌을 자아내고 있어.

③ 인물이 과거를 회상하기에 적합한 분위기를 형성하고 있어.

④ 섬세하고 감각적인 표현으로 낭만적 분위기를 고조시키고 있어.

⑤ 고요한 달밤의 정경을 묘사하여 인물들 사이의 심리적 거리감을 드러내고 있어.

답 ⑤ **해** 고요한 달밤의 정경을 묘사하여 서정적이고 낭만적인 분위기를 형성하고 있을 뿐, 인물들 사이의 심리적 거리감을 드러내고 있지 않다.

6 <예5>에서 꾸며 낸 이야기에 현실감을 부여하는 기능을 하는 것으로 보기 어려운 것은?

① 백마강

② 백제

③ 강경

④ 금강

⑤ 군산

답 ② **해** 백마강, 강경, 금강, 군산은 실제 현존하는 지명으로 꾸며 낸 이야기인 소설에 현실감을 부여하고 있다. 반면 백제는 백마강 주변 지역의 역사와 관련이 있을 뿐 현실감을 더하지는 않는다.

3 인물의 심리 암시

　　김 영감의 그 후의 소식은 물어 낼 필요도 없었으나 거리에서 만난 박 서
방 입에서 우연히 한 구절 얻어듣게 되었다. / 병든 둥글개첩은 기어코 김 영
감의 눈을 감춰 최 서기와 줄행랑을 놓았다. 종적을 수색 중이나 아직도 오
리무중이라 한다.

　　사랑방에서 고시랑고시랑 잠을 못 이룰 육십 노인의 꼴이 측은하게 눈에 떠
올랐다. 애매한 머슴을 내쫓았음을 뉘우치리라고도 생각되었다. 그러나 중실에
게는 물론 다시 살려 들어갈 뜻도 노인을 위로하고 싶은 친절도 가지기 싫었다.
다만 거리의 살림이라는 것이 더 한층 어수선하게 여겨질 뿐이었다.

　　산으로 향하는 저녁 길이 한결 개운하다.

　　- 이효석, 〈산(山)〉

주제 자연과 더불어 사는 소박한 삶과 자연에 대한 사랑

4 사건의 전개 방향 암시

　　닭들이 세 홰를 운다. 『멀리 산을 넘어오는 그 음향이 퍽은 서글프다. 큰비
를 몰아드는지 검은 구름이 잔뜩 낀다. 하긴 지금도 빗방울이 뚝뚝 떨어진다.』
　　그때 논둑에서 희끄무레한 허깨비 같은 것이 얼씬거린다. 정신을 반짝 차렸
다. 영락없이 성팔이, 재성이 그 둘 중의 한 놈이리라. 이 고생을 시키는 그놈!
이가 북북 갈리고 어깨가 다 식식거린다. 몽둥이를 잔뜩 우려줬다. 〈중략〉
　　“이 자식, 남의 벼를 훔쳐 가니!” / 하고 대포처럼 고함을 지르니 논둑으로
그대로 데굴데굴 굴러서 떨어진다. 얼결에 호되게 놀란 모양이다.
　　웅칠이는 덤벼들어 우선 허리께를 내려조겼다. 아쿠쿠, 쿠! 하고 처참한 비
명이다. 이 소리에 귀가 번쩍 띄어 그 고개를 들고 꼭(正)부터 벗겨 보았다.
그러나 너무나 어이가 없었음인지 시선을 치켜뜨며 그 자리에 우두망찰한다.
　　그것은 무거운 침묵이었다. 살똥맞은 바람만 공중에서 북새를 논다.
　　한참을 신음하다 도적은 일어나더니,
　　“성님까지 이렇게 못살게 굴기유?”

　　- 김유정, 〈만무방〉

주제 식민지 농촌 사회에 가해지는 상황의 가혹함과 그 피해

5 주제의 암시

　　『새침하게 흐린 품이 눈이 올 듯하더니, 눈은 아니 오고 ㉠얼다가 만 비가
추적추적 내리는 날이었다.』
　　이날이야말로 동소문 안에서 인력거꾼 노릇을 하는 김 첨지에게는 오래간
만에도 닥친 운수 좋은 날이었다. 문안에(거기도 문밖은 아니지만) 들어간답
시는 앞집 마마님을 전찻길까지 모셔다 드린 것을 비롯하여 행여나 손님이
있을까 하고 정류장에서 어정어정하며, 내리는 사람 하나하나에게 거의 비
는 듯한 눈길을 보내고 있다가, 마침내 교원인 듯한 양복쟁이를 동광 학교
(東光學校)까지 태워다 주기로 되었다.

　　- 현진건, 〈운수 좋은 날〉

주제 일제 강점기 도시 하층민의 궁핍하고 비참한 삶

---

7 예⑥의 결말 부분인 〈보기〉를 참고할 때, '중실'이 '산'에서 느끼는 정서로 가장 적절한 것은?

> ─ 보기 ─
> 　자리가 이른지 늦은지도 모르면서 나무 밑 잠자리로 향하였다. 〈중략〉 별 하나 나 하나, 별 둘 나 둘, 별 셋 나 셋─.
> 　세이는 동안에 중실은 제 몸이 스스로 별이 됨을 느꼈다.

① 간담상조(肝膽相照)
② 다기망양(多岐亡羊)
③ 물심일여(物心一如)
④ 산전수전(山戰水戰)
⑤ 오매불망(寤寐不忘)

답 ③ 해 〈보기〉에서 '중실'은 별을 세며 자연에 완전히 동화됨을 느끼고 있다. 이러한 정서는 '사물과 마음이 구분 없이 하나로 통합됨'을 뜻하는 '물심일여'로 나타낼 수 있다. ① 서로 속마음을 터놓고 친하게 사귐. ② 학문의 길이 여러 갈래여서 진리를 찾기 어려움. ④ 세상의 온갖 고생과 어려움을 다 겪었음. ⑤ 자나 깨나 잊지 못함.

8 예⑦에서 〈보기〉와 같은 사건 전개를 암시하는 자연물을 찾아 3음절로 쓰시오.

> ─ 보기 ─
> 　형 응칠은 벼를 훔치는 현장에서 동생 응오와 마주치게 된다. 응오는 자신의 벼를 훔칠 수밖에 없는 비참한 현실에 “내 것 내가 먹는데 누가 뭐래?”라는 말로 분노를 드러낸다.

답 빗방울

9 예⑧의 결말 부분인 〈보기〉를 고려할 때, ㉠의 기능으로 가장 적절한 것은?

> ─ 보기 ─
> 　문득 김 첨지는 미친 듯이 제 얼굴을 죽은 이의 얼굴에 비벼대며 중얼거렸다.
> 　“설렁탕을 사다 놓았는데 왜 먹지를 못하니, 왜 먹지를 못하니……. 괴상하게도 오늘은 운수가 좋더니만…….”

① 비극적 결말 암시
② 궁핍한 생활상 강조
③ 가족을 위한 희생 강조
④ 현실에 대한 분노 강조
⑤ 계속 찾아올 행운 암시

답 ① 해 겨울비가 내리는 음산하고 암울한 분위기의 배경 묘사를 통해 작품의 비극적 결말을 암시하고 있다.

[01~02] 다음 글을 읽고 물음에 답하시오.

가 [전체 내용] 인력거꾼인 김 첨지에게 갑자기 찾아온 행운과 그날에 생긴 아내의 죽음이라는 불행을 대비하여 식민지하 하층민의 비극적 삶을 그려 보여 주고 있다.

새침하게 흐린 품이 눈이 올 듯하더니 눈은 아니 오고, 얼다가 만 비가 추적추적 내리는 날이었다.
음산하고 어두운 분위기를 조성하는 배경 – 비극적 결말 암시

이날이야말로 동소문(東小門) 안에서 인력거꾼 노릇을 하는 김 첨지에게는 오래간만에도 닥친 운수 좋은 날이었다. 문
옛 서울의 여덟 성문 중 하나인 혜화문의 속칭
안에(거기도 문밖은 아니지만) 들어간답시는 앞집 마마님을
주인공, 도시 하층민의 전형적 인물
전찻길까지 모셔다 드린 것을 비롯하여 행여나 손님이 있을까 하고 정류장에서 어정어정하며, 내리는 사람 하나하나에게 거의 비는 듯한 눈길을 보내고 있다가, 마침내 교원인 듯한
인력거를 타 주기를 바람
양복쟁이를 동광학교(東光學校)까지 태워다 주기로 되었다.
1924년에 보성고보로 병합된 학교
첫 번에 삼십 전, 둘째 번에 오십 전 — 아침 댓바람에 그
아주 이른 시간
리 흉치 않은 일이었다. 그야말로 재수가 옴 붙어서 근 열흘 동안 돈 구경도 못한 김 첨지는 십 전짜리 백동화 서 푼, 또는 다섯 푼이 찰깍하고 손바닥에 떨어질 제 거의 눈물을 흘릴 만큼 기뻤었다.
　　　　　　　　　　　　　　　　　　　　– 현진건, 〈운수 좋은 날〉
주제 일제 강점기 도시 하층민의 궁핍하고 비참한 삶

나 [앞부분 줄거리] '나'는 대구에서 서울로 가는 기차 안에서 조선, 중국, 일본 세 나라의 옷을 섞어 입은 듯한 기이한 옷차림의 '그'를 보며 거부감과 호기심을 동시에 느낀다. '그'는 '나'에게 일자리를 알아보러 무작정 서울로 가고 있는 중이라며 말을 건다.

　그러자 그의 신세타령의 실마리는 풀려 나왔다. 그의
당대 우리 민족의 비참한 현실을 집약적으로 드러내는 인물
고향은 대구에서 멀지 않은 K군 H란 외딴 동리였다. 한백 호 남짓한 그곳 주민은 전부가 역둔토를 파먹고 살았
역이나 군대의 운영을 위해 설치한 토지
는데, 역둔토로 말하면 사삿집 땅을 부치는 것보다 떨어
개인 소유의 집
지는 것이 후하였다. 그러므로 넉넉지는 못할망정 평화로운 농촌으로 남부럽지 않게 지낼 수 있었다. 『그러나
세상이 뒤바뀌자 그 땅은 전부가 동양 척식 회사의 소유
일제의 식민지가 됨　　　　　일본이 한국의 경제를 독점·착취하기 위하여 설립한 국책 회사
에 들어가고 말았다. 직접으로 회사에 소작료를 바치게
[A] 나 되었으면 그래도 나으련만 소위 중간 소작인이란 것
이 생겨나서 저는 손에 흙 한 번 만져 보지도 않고 동척
엔 소작인 노릇을 하며 실작인에게는 지주 행세를 하게
실제로 농사를 짓는 소작인
되었다. 동척에 소작료를 물고 나서 또 중간 소작인에게
긁히고 보니, 실작인의 손에는 소출의 삼 할도 떨어지지
수탈당하고 나니　　　　　돈밭에서 나는 곡식. 또는 그 곡식의 양
않았다. 그 후로 '죽겠다', '못살겠다' 하는 소리는 중이
늘, 항상
염불하듯 그들의 입길에서 오르내리게 되었다. 남부여
가난한 사람들이 살 곳을 찾아 이리저리 떠돌아다님
대하고 타처로 유리하는 사람만 늘고 동리는 점점 쇠진
이리저리 떠돌아다니는

해갔다. 〈중략〉 『 」: 일제의 착취와 억압으로 인한 농촌 공동체의 와해

화도 나고 고국산천이 그립기도 하여서 훌쩍 뛰어나왔다가 오래간만에 고향을 둘러보고 벌이를 구할 겸 서울로 올라가는 길이라 한다. 〈중략〉

『"썩어 넘어진 서까래, 뚤뚤 구르는 주추는 꼭 무덤을 파서
기둥 밑에 괴는 돌
해골을 헐어 젖혀 놓은 것 같더마. 세상에 이런 일도 있는기오? 백여 호 살던 동리가 십 년이 못 되어 통 없어지는수도 있는기요, 후!"
『 」: 폐허가 된 고향의 모습 묘사 – 일제에 수탈당한 농촌의 현실
하고 그는 한숨을 쉬며, 그때의 광경을 눈앞에 그리는 듯이멀거니 먼 산을 보다가 내가 따라 준 술을 꿀꺽 들이켜고,
"참! 가슴이 터지더마, 가슴이 터져."
하자마자 굵직한 눈물 두어 방울이 뚝뚝 떨어진다.

나는 그 눈물 가운데 음산하고 비참한 조선의 얼굴을 똑똑
'그'의 얼굴 – 주권을 상실한 조선의 모습과 일제 강점기 민중의 삶을 알 수 있음
히 본 듯싶었다.　　　　　　　　　　　– 현진건, 〈고향〉
주제 일제의 수탈로 인한 우리 민족의 비참한 삶

01

(가)의 배경과 소재에 대한 설명으로 적절하지 <u>않은</u> 것은?

① 시간적 배경인 '아침'이 주제를 강조한다.
② '백동화'는 시대적 배경을 드러내는 소재이다.
③ '겨울비'는 작품 전체의 음울한 분위기를 고조시킨다.
④ '동소문 안'이라는 공간은 인물의 특성을 구체화한다.
⑤ 갑자기 찾아온 행운은 인물의 힘겨운 삶과 대비된다.

답 ① 해 '아침'은 이 글의 주제와 관련이 없다. '겨울비'가 당시 하층민의 고달픈 현실을 의미하면서 아내의 죽음을 암시하는 등 주제와 밀접히 관련된 배경으로 제시되고 있다. / ② '백동화'는 사용 시기를 통해 시대적 배경을 짐작할 수 있게 한다. ⑤ 전체 내용을 참고할 때, 김 첨지에게 갑자기 찾아온 행운은 앞으로 닥칠 엄청난 불행과 대비되는 것임을 알 수 있다.

02

(나)에서 [A]의 서사적 기능으로 가장 적절한 것은?

① 사건의 흐름에서 벗어난 장면을 통해 위기감을 해소한다.
② 현재의 상황을 바탕으로 지나간 사건을 추리하여 재구성한다.
③ 하나의 사건을 여러 각도에서 살펴봄으로써 독자들의 판단을 유도한다.
④ 상반된 역사적 해석을 대비하며 역사적 사건이 총체적으로 드러나게 한다.
⑤ 사건이 벌어지게 된 배경을 제시함으로써 서사 구조에 필연성을 강화한다.

답 ⑤ 해 [A]는 '그'가 일제의 식민지 지배로 인해 고향을 떠날 수밖에 없었던 상황에 대해 '나'에게 들려준 이야기이다. 이를 통해 이리저리 떠돌아다니며 살아야 했던 '그'의 비참한 삶을 중심으로 하는 작품의 서사 구조에 필연성을 부여하고 있다.

[앞부분 줄거리] 중국 명나라 이부시랑 이익은 오랫동안 자식이 없다가 금화산 백운암의 노승에게 시주하여 대봉을 낳는다. 이후 간신 왕희의 참소로 대봉과 함께 백설도로 유배된다. 유배를 가던 중 왕희의 명령을 받은 사공들이 이익과 대봉을 물에 던진다. 바다에서 표류하다 서해 용왕이 보낸 동자의 도움으로 살아난 대봉은 금화산 백운암에서 수련하면서 세월을 보낸다.

이때에 이 공자 대봉이 **금화산** 백운암에 있어 밤낮으로 공부를 부지런히 하여, 시서백가(詩書百家)와 육도삼략(六韜三略)을 모르는 바가 없더라. 세월이 여류(如流)하여 나이 이팔(二八)에 이르렀더니, 일일은 노승이 공자더러 왈,

"이제는 공자가 액운이 다하고 길운(吉運)이 돌아왔으니 빨리 경성에 올라가 공명을 이루라." 〈중략〉

"여기서 중원이 얼마나 되며, 어디로 가야 도달하리잇가?" 노승 왈, / "황성은 예서 일만사천 리요, **농서**는 삼천 리오니, 농서로 가오면 자연 중원을 도달하리이다." 〈중략〉

이 날 공자가 금화산을 떠나 농서로 향하다가 천문을 살펴보니 북방 신성이 태극을 범하였거늘, 북 흉노가 중국을 범하는 줄 알고 분기를 이기지 못하여 밤낮으로 바삐 달려가더라.
▶ 공을 세우기 위해 백운암을 떠나는 대봉

각설. 흉노가 대병을 거느려 상군 땅에 다달아 묵특남, 동돌수를 돌아보며 왈,

"중원 산천을 보니 장부의 마음이 즐겁도다. 오늘은 비록 명 황제의 강산이나 지나는 길은 반드시 우리 천지 될 것이니 어찌 즐겁지 않으리오? 중원에 비록 인물이 많다 하나 나 같은 영웅과 그대 같은 명장이 어디 있으리오?"

하며 『**상군읍**에 이르러 보니, 대명(大明) 대원수 곽대의 성중에 들어 군사를 쉬게 하고 격서를 보내어 싸움을 청하거늘, 흉노가 동돌수를 불러 대적하라 하니, 동돌수 내달아 곽대의와 싸워 수합에 못하여 곽대의를 사로잡고 진중에 들어가 좌충우돌하니, 명진 장졸 장수를 잃고 적세를 당치 못할 줄 알고 성문을 열어 항복하거늘, 동돌수가 항서를 받고, 이튿날 북해 태수가 나와 항복하거늘 북지를 또 얻고, 이튿날 진주를 얻고, 또 이튿날 건주를 쳐 얻고, 하북에 다다르니 절도사 이동식이 군사를 거느려 대적하다가 패하여 달아나거늘 하북을 얻고, 군사를 재촉하여 여러 날 만에 기주에 이르니 자사가 대적하다가 도망하거늘, 흉노의 장졸이 **기주성** 안에 들어가 자칭 천자라 하고 군사로 하여금 인민의 쌀과 곡식을 노략질하니, 그때 백성이 다 견디지 못하여 도망하더라.』 〈중략〉

각설. 이때는 기축 정월 초순이라. 천자가 **금릉**으로 피란하였다가 적세 급함을 당치 못할 줄 알고 성문을 굳게 닫고 종시 접전치 아니하더니, 적장 묵특남이 군사를 몰아 사면으로 점점 싸고 철기 오천을 거느려 성문을 깨치고 성중에 들이달아 좌우충돌하며 명진 장졸을 습격하여 죽이니, 명진의 군량이 다 떨어지고 기운 피곤하여 능히 접전치 못하는지라. 우승상 왕희와 병부상서 진택이 황제께 주하되, / "사세 가장 위급하오니 바라옵건대 황상은 항복하옵소서." 〈중략〉

"역적 흉노야! 네가 중원을 침범하기도 죽음을 면치 못하거든 감히 천자를 핍박하니 하늘이 두렵지 아니하랴? 나는 대국 충의장군 이대봉이라. 나의 청룡도로 반적의 머리를 베어 우리 황상의 분을 풀리라."

하고 『청룡도를 들어 적장의 머리를 풀 버히듯 하니, 묵특남이 정신을 수습치 못하여 피하고자 하거늘, 다시 칼을 들어 묵특남의 머리를 베어 칼 끝에 꿰어 들고 좌충우돌하니, 군중이 크게 어지러워 죽는 자 태반이라.』 – 작자 미상, 〈이대봉전〉
▶ 역적을 섬멸하고 나라를 구하는 대봉　**주제** 나라를 위기에서 구하는 남녀 주인공의 활약상

03

이 글에 대한 설명으로 가장 적절한 것은?

① 내적 독백을 활용하여 인물의 갈등을 드러내고 있다.
② 현실과 꿈을 교차하여 사건을 입체적으로 드러내고 있다.
③ 서술자를 교체하여 사건을 새로운 국면으로 전환하고 있다.
④ 배경 묘사를 통해 인물의 심리를 간접적으로 제시하고 있다.
❺ 사건을 요약적으로 제시하여 전개 속도를 빠르게 하고 있다.

답 ⑤ **해** '요약적 제시'는 사건의 중요 내용만 간추려서 제시하는 방식으로, 사건 전개를 빠르게 하는 효과가 있다. 이 글에서는 '상군읍에 이르러 보니 ~ 다 견디지 못하여 도망하더라.'와 같이 흉노가 중원을 점령하는 과정을 요약적으로 서술하여 내용 전개상 빠른 속도감이 느껴진다.

04

이 글의 공간적 배경을 다음과 같이 도식화할 때, ⓐ~ⓔ에 대한 설명으로 적절하지 않은 것은?

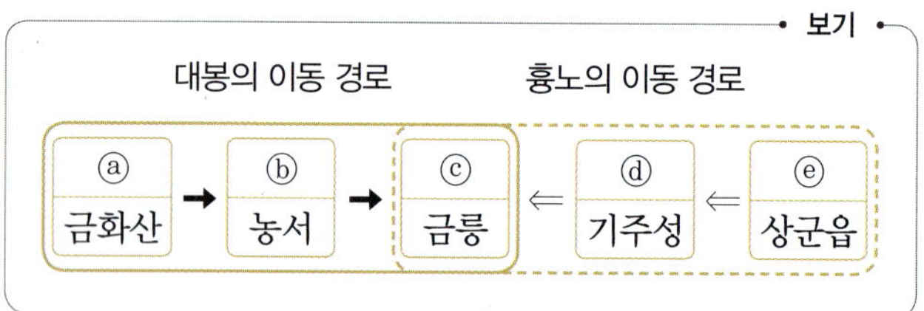

① 대봉은 ⓐ에서 수련을 하여 세상에 나아갈 능력을 갖추었다.
② 대봉은 ⓑ로 가던 도중 천문을 살펴보고 나라가 위기에 빠졌음을 알게 되었다.
❸ 흉노의 공격을 방어하지 못한 천자는 ⓒ로 피란하여 대봉을 기다렸다.
④ 흉노가 ⓓ에 쳐들어가 노략질을 하자 백성들은 견디지 못하여 도망갔다.
⑤ 명나라 군사는 ⓔ에서 흉노와 싸웠지만 패하여 항복하였다.

답 ③ **해** '천자가 금릉으로 피란하였다가 적세 급함을 당치 못할 줄 알고 성문을 굳게 닫고 종시 접전치 아니'하였다고 했으므로, 흉노의 공격을 방어하지 못한 천자가 '금릉'으로 피란하였다는 설명은 적절하다. 하지만 천자는 대봉의 존재를 알지 못하므로 천자가 대봉을 기다렸다는 설명은 적절하지 않다.

05 구성

개념 열기 ① 똑똑! 구성

구성: 소설의 인물, 배경, 사건 등을 일정한 의도에 따라 짜임새 있게 배열한 것. 플롯(plot) 構 얽을 구, 成 이룰 성

- 작가는 일정한 ① ㅉㅇㅅ를 갖추어 이야기를 재구성하는데, 구성은 논리적 필연성을 가지고 인과 관계에 따라 사건을 전개하고 배열한 것임

1 구성의 5단계

- '발단→전개→위기→② ㅈㅈ→결말'의 5단계 구성은 현대 소설에서 가장 흔하게 사용하는 방식임

> **예①**
>
> [**발단**: 인물 소개, 배경 제시, 사건 시작] 『새침하게 흐린 품이 눈이 올 듯하더니, 눈은 아니 오고 얼다가 만 비가 추적추적 내리는 날이었다.』
> 『 』: 배경 제시 – 음산하고 어두운 분위기, 비극적 결말 암시
> 이날이야말로 동소문 안에서 인력거꾼 노릇을 하는 김 첨지에게는 오래간
> 인물 제시 – 도시 하층민의 전형적 인물
> 만에도 닥친 운수 좋은 날이었다.
> 사건의 시작
>
> [**전개**: 사건 진행, 갈등 표면화, 인물의 성격 발전] "나가지 말라도 그래. 그러면
> 병든 아내의 애원 – 비극적 결말 암시
> 일찍이 들어와요." / 하고 목멘 소리가 뒤를 따랐다.
>
> 『정거장까지 가잔 말을 들은 순간에 경련적으로 떠는 손, 유달리 큼직한
> 『 』: 갈등의 표면화 – 아내에 대한 걱정과 불안
> 눈, 울 듯한 아내의 얼굴이 김 첨지의 눈앞에 어른어른하였다.』
>
> [**위기**: 위기감 고조, 긴장감과 갈등 심화] 『"안 죽었어, 안 죽었대도 그래."
> 아내에게 아무 일이 없기를 바라는 마음
> 김 첨지는 화증을 내며 확신 있게 소리를 질렀으되, 그 소리엔 안 죽은 것
> 을 믿으려고 애쓰는 가락이 있었다.』
> 『 』: 위기감 고조
> [**절정**: 갈등 최고조, 사건 해결의 열쇠 제시] "이런 오라질 년, 주야장천(晝夜長
> 밤낮으로 쉬지 않고 연달아
> 川) 누워만 있으면 제일이야! 남편이 와도 일어나지를 못해?"
> 라는 소리와 함께 발길로 누운 이의 다리를 몹시 찼다. 『그러나 발길에 차이
> 는 건 사람의 살이 아니고 나뭇등걸과 같은 느낌이 있었다.』
> 아내의 죽음을 확인함   『 』: 갈등의 최고조
> [**결말**: 갈등과 위기 해소, 주인공의 운명 결정, 마무리] 그러자 산 사람의 눈에서
> 김 첨지
> 떨어진 닭똥 같은 눈물이 죽은 이의 뻣뻣한 얼굴을 어룽어룽 적시었다. 『문득
> 아내를 잃은 슬픔   김 첨지의 아내   『 』: 주인공의 운명 결정
> 김 첨지는 미친 듯이 제 얼굴을 죽은 이의 얼굴에 비벼대며 중얼거렸다.
>
> "설렁탕을 사다 놓았는데 왜 먹지를 못하니, 왜 먹지를 못하니…… 괴상
> 비극성을 고조시키는 소재
> 하게도 오늘은 운수가 좋더니만……"
> 제목과는 다른 반어적 결말   – 현진건, 〈운수 좋은 날〉
> **주제** 일제 강점기 도시 하층민의 궁핍하고 비참한 삶

◈ '스토리(story)'와 '플롯(plot)'의 이해

'스토리'는 작가의 의도적인 개입 없이 사건을 시간 순서에 따라 나열한 것이고, '플롯'은 작가의 의도를 고려하여 사건을 인과 관계에 따라 배열한 것입니다. 예를 들어 스토리는 '왕이 죽었다. 왕비가 죽었다'와 같이 사건을 시간 순서에 따라 나열하는 것에 그칩니다. 반면 '플롯'은 '왕이 죽었다. 그리하여 그 슬픔으로 인해 왕비가 죽었다.'와 같이 사건을 인과 관계에 따라 재구성하는 것입니다.

☆ 개념을 완성하는 문제

1 **예①**의 발단 부분에서 확인할 수 있는 내용이 __아닌__ 것은?

① 날씨
② 인물
③ 인물의 직업
④ 공간적 배경
⑤ 갈등의 원인

답 ⑤ **해** 발단 부분에서는 아직 갈등의 원인이 나타나지 않았다.

2 **예①**에 대한 설명으로 적절하지 않은 것은?

① '나가지 말라도 그래.'는 비극적 결말을 암시하는 복선이다.
② '안 죽었대도 그래.'에는 김 첨지의 강한 확신이 담겨 있다.
③ '나뭇등걸과 같은 느낌'은 아내의 죽음을 의미한다.
④ '닭똥 같은 눈물'은 김 첨지의 깊은 슬픔을 드러낸다.
⑤ '운수 좋은 날'은 인물에게 닥친 슬픔과 대비되는 표현이다.

답 ② **해** '안 죽었대도 그래.'는 김 첨지가 아내에게 아무 일이 없기를 바라는 마음에서 한 말일 뿐, 아내가 무사하다고 확신한 것이 아니다.

① 짜임새 ② 절정

2 암시 暗 어두울 암, 示 보일 시

■ 사건의 전개에서 뜻하는 바(흐름, 방향 등)를 ^①□□적으로 나타내는 방법임

■ 복선도 암시의 한 방법임

예②

그는 아내를 '이렇게 말하기는 우습디만 고와했다.' 그의 아내는, '촌에는
드물게 연연하고도 예쁘게 생겼다.' (그는 나에게 이렇게 말하였다-.)
　　아름답고 어여쁘고도　　　　　　　　아내를 사랑하나, 아내에 대한 의심과 집착으로 파국에 이르는 인물

　　"성내(평양) 덴줏골을 가두 그만한 거 쉽진 않갔시요."
　　미인이 많다는 평양의 기생들이 모여 사는 곳을 가도 자신의 아내만 한 인물이 드묾
　그러니까 촌에서는 그리고 그 당시에는 남에게 우습게 보이도록 그 부처의
　　　　　　　　　　　　　　　　　　　　　　　　　　　　　부부
사이는 좋았다. 늙은이들은 계집에게 혹하지 말라고 흔히 그에게 권고하였다.

　부처의 사이는 좋았지만 — 아니 오히려 좋으므로 그는 아내에게 시기를
많이 하였다. 그리고, 그의 아내는 시기를 받을 일을 많이 하였다. 품행이 나
　　　　　　　　　　앞으로 일어날 비극적 사건의 암시
쁘다는 것이 아니라, 그의 아내는 대단히 쾌활한 성질로서 아무에게나 말 잘
하고 애교를 잘 부렸다. 〈중략〉
　　아내의 성격 – 쾌활함, 친절함, 애교가 많음

　　"이년! 시아우와 그런 쥐 잡는 년이 어디 있어?"
　　쥐를 잡느라고 옷매무새가 흐트러진 아내와 이우를 오해함
　그는 아내를 거꾸러뜨리고 함부로 내리찧었다.
　　　남편의 오해로 자살하는 인물
　　"정말 쥐가…… 아이 죽갔다!"

　　"이년! 너두 쥐? 죽어라."
　　'너도 그걸 거짓말이라고 하느냐.'라는 의미　　　　　　　　　　　– 김동인, 〈배따라기〉

주제 오해가 빚은 형제간의 비극적 운명

3 복선 伏 엎드릴 복, 線 줄 선

■ 앞으로 일어날 사건에 대해 독자에게 미리 암시하는 방식임

■ 앞부분에서 뒷부분에 일어난 사건의 ^②□□를 미리 서술해 두는 복선이 있어
　야 사건이 우연성이 아닌 논리적 필연성을 띠게 됨

예③

　앞집 마마님한테서 부르러 왔을 제, 병인(病人)은 그 뼈만 남은 얼굴에 유
　　　　　　　　　　　　　　　　병을 앓고 있는 사람
일의 생물 같은, 유달리 크고 움푹한 눈에 애결하는 빛을 띠며,
아내의 외양 묘사 – 병이 든 불쌍한 모습
　　"오늘은 나가지 말아요. 제발 덕분에 집에 붙어 있어요. 내가 이렇게 아픈
　　데……." 「 」: 병든 아내의 애원 → 아내의 죽음을 암시하는 복선 ①

라고 모깃소리같이 중얼거리며 숨을 그르렁그르렁하였다. 그때에 김 첨지는
　　아주 작은 소리로　　　　　　　　　　　　　　도시 하층민의 삶을 대표하는 인물
대수롭지 않은 듯이, / "아따, 젠장맞을 년, 별 빌어먹을 소리를 다 하네. 맞
붙들고 앉았으면 누가 먹여 살릴 줄 알아?"
　김 첨지의 가난한 형편이 드러남
하고 훌쩍 뛰어나오려니까 환자는 붙잡을 듯이 팔을 내저으며,

　　「나가지 말라도 그래. 그러면 일찍이 들어와요.」 〈중략〉
　　「 」: 아내의 죽음을 암시하는 복선 ②
　　"이 눈깔! 이 눈깔! 왜 나를 바루 보지 못하고 천장만 보느냐, 응?"
　　아내의 죽음을 인정함
하는 말끝엔 목이 메었다. 그러자 산 사람의 눈에서 떨어진 닭똥 같은 눈물
　　　　　　　　　　　　　　　　　　　　　　　　　아내를 잃은 슬픔
이 죽은 이의 뻣뻣한 얼굴을 어룽어룽 적시었다. 문득 김 첨지는 미친 듯이
　　　　　　　뚜렷하지 않고 흐리게 어른거리는 모양
제 얼굴을 죽은 이의 얼굴에 비벼대며 중얼거렸다.

　　"설렁탕을 사다 놓았는데 왜 먹지를 못하니, 왜 먹지를 못하니…… 괴상
　　비극성을 고조시키는 소재
　　하게도 오늘은 운수가 좋더니만……."
　　제목과는 다른 반어적 결말　　　　　　　　　　　　　　– 현진건, 〈운수 좋은 날〉

주제 일제 강점기 도시 하층민의 궁핍하고 비참한 삶

시간의 흐름에 따른 구성

시간의 흐름에 따른 구성: 사건의 진행 방식에 따라 순행적 구성과 역순행적 구성으로 나눔

1 순행적 구성 順 순할 순, 行 다닐 행

- 사건을 ① ㅅㄱ 순서에 따라 구성함
- 평면적 구성이라고도 하며, '과거 → 현재 → 미래'로 진행됨

> **예①**
> [앞부분 줄거리] 명나라 개국 공신의 자손인 유심은 늦도록 자식이 없다가 부인 장 씨와 산천에 기도를 드리고 신이한 꿈을 꾼 뒤 아들 충렬을 얻는다.
> 인물의 출생
>
> "이놈 정한담아, 우리 천자 해치지 말고 나의 칼을 받아라!"
> 적과 내통하여 역모를 꾀하다가 충렬에 의해 퇴치되는 간신
> 하는 소리에 나는 짐승도 떨어지고 강신 하백도 넋을 잃어버릴 지경이거든
> 물을 다스리는 신
> 정한담의 혼백과 간담인들 성할쏘냐. 〈중략〉
> 서술자의 직접 개입
> 천자 원수란 말을 듣고 벌떡 일어나서 보니 원수 엎드려 있는지라. 달려들
> 어 목을 안고 왈, / "네가 일정 충렬이냐? 정한담은 어디 가고 네가 어찌 여
> 정의를 위하여 악과 싸우는 전형적인 영웅
> 기에 왔느냐? 내가 거의 죽게 되었더니, 네가 와서 살렸구나!"
> 「 」: 유충렬의 영웅적인 활약상
> [뒷부분 줄거리] 유충렬은 나라를 구하고 헤어졌던 가족과 재회한다. 남아 있던 정한담 일파를 물
> 리친 유충렬은 최고의 벼슬을 받고 강 소저와 부귀공명을 누린다. — 작자 미상, 〈유충렬전〉
> 부귀공명을 누리며 여생을 보냄 – 행복한 결말   **주제** 유충렬의 고난과 영웅적 행적

2 역순행적 구성 逆 거스를 역, 順 순할 순, 行 다닐 행

- 사건을 시간 순서가 아니라 작가의 ② ㅇㄷ에 따라 뒤바꾸어 구성함
- 입체적 구성이라고도 하며, 과거와 현재가 서술자에 의해 교차되어 서술됨

> **예②**
> **가** 오늘도 또 우리 수탉이 막 쪼이었다. 내가 점심을 먹고 나무를 하러 갈
> 현재 – 점순네 수탉에게 '나'의 집 수탉이 괴롭힘을 당함
> 양으로 나올 때이었다. 산으로 올라서려니까 등 뒤에서 푸드덕푸드덕 하고
> 닭의 횃소리가 야단이다.
> '나'에 대한 점순의 애정을 드러내는 소재
> **나** 나흘 전 감자 쪼간만 하더라도 나는 저에게 조금도 잘못한 것은 없다. 〈중
> 과거 – 점순이가 감자를 주었으나 '나'는 이를 거절함
> 략〉 한참 나를 요렇게 쏘아보더니 나중에는 눈물까지 어리는 것이 아니냐.
> 호의를 거절당하고 마음이 상한 점순
> **다** 눈물을 흘리고 간 담 날 저녁나절이었다. 나무를 한 짐 잔뜩 지고 산을
> 과거 – 점순이가 닭싸움을 통해 '나'에게 복수를 함
> 내려오려니까 어디서 닭이 죽는 소리를 친다. 이거 뉘 집에서 닭을 잡나 하
> '나'가 돌아올 시간에 점순이 고의적으로 '나'의 닭을 괴롭힘
> 고 점순네 울 뒤로 돌아오다가 나는 그만 두 눈이 뚱그레졌다.
> **라** 그랬던 걸 이렇게 오다 보니까 또 쌈을 붙여 놓으니 이 망할 계집애가 필
> 현재(첫 장면과 연결됨) – 화가 난 '나'는 점순네 수탉을 때려죽임
> 연 우리 집에 아무도 없는 틈을 타서 제가 들어와 홰에서 꺼내 가지고 나간
> 점순의 적극적인 성격
> 것이 분명하다. 〈중략〉 "이놈아! 너 왜 남의 닭을 때려 죽이니?"
> **마** 그 바람에 나의 몸뚱이도 겹쳐서 쓰러지며 한창 피어 퍼드러진 노란 동
> 점순과 '나'의 풋풋한 사랑을 나타내는 소재
> 백꽃 속으로 폭 파묻혀 버렸다. 〈중략〉 조금 있더니 요 아래서,
> 현재 – '나'와 점순이 화해하고 어머니가 점순을 찾음
> "점순아! 점순아! 이년이 바느질을 하다 말구 어딜 갔어?"
> 하고 어딜 갔다 온 듯싶은 그 어머니가 역정이 대단히 났다. — 김유정, 〈동백꽃〉
> **주제** 산골 마을 사춘기 남녀의 순박한 사랑

⊙ **'단편 소설'과 '장편 소설'의 구성**

단편 소설은 하나의 사건만으로 구성되는 경우가 많습니다. 이렇게 하나의 사건으로 진행되는 것을 '단순 구성'이라고 합니다. 이와 달리 장편 소설은 둘 이상의 사건이 얽혀서 전개됩니다. 여러 사건이 복합적으로 펼쳐지기 때문에 '복합 구성'이라고 합니다.

☆ **개념을 완성하는 문제**

1 **예①**의 서술상 특징으로 가장 적절한 것은?

① 시간의 순서에 따라 사건을 전개한다.
② 현재와 과거의 사건을 빈번하게 교차한다.
③ 미래, 현재, 과거의 순으로 사건을 진행한다.
④ 인물의 회상을 통해 갈등의 원인을 제시한다.
⑤ 시간의 역전을 통해 사건의 인과 관계를 보여 준다.

답 ① **해** [예1]은 주인공의 일생 동안의 일에 초점을 맞춘 일대기적 구성의 작품으로, 시간의 순서에 따라 사건이 전개되고 있다.

2 **예②**에서 (나)가 가장 먼저 벌어진 사건임을 알 수 있는 시간 표지를 찾아 2어절로 쓰시오.
답 나흘 전

3 **예②**에서 '나'와 점순이의 갈등을 일으키는 원인이 되는 소재를 찾아 2음절로 쓰시오.
답 감자

4 **예②**의 (가)~(마)를 시간의 순서에 따라 바르게 배열한 것은?

① 가 – 나 – 다 – 라 – 마
② 나 – 다 – 가 – 라 – 마
③ 나 – 가 – 라 – 다 – 마
④ 다 – 나 – 가 – 라 – 마
⑤ 라 – 가 – 나 – 다 – 마

답 ②

구성의 여러 유형

1 액자식 구성 額 이마 액, 子 아들 자

- 이야기 안에 또 다른 ① ㅇㅇㄱ 가 들어 있는 구성임
- 서술자가 남의 체험이나 사건을 대신 서술해 주는 형식이 많음
- 보통 외부 이야기(서술자의 이야기) – ② ㄴㅂ 이야기(서술자가 전하는 이야기) – 외부 이야기(서술자의 이야기)로 구성됨

예 ①

[내부 이야기] "형님 정말 쥐가!"
질투와 오해로 아내와 아우를 잃고 유랑하는 '그'의 이야기
"쥐? 이놈! 형수와 그런 쥐 잡는 놈 어디 있니?"
쥐를 잡느라고 옷매무새가 흐트러진 아내와 아우를 오해함
그는 아우의 따귀를 몇 번 때린 뒤에 등을 밀어서 문밖에 집어 던졌다. 그
아내를 사랑하나, 아내에 대한 의심과 집착으로 파국에 이르는 인물
런 뒤에 이제 자기에게 이를 매를 생각하고 우들우들 떨면서 아랫목에 서 있
는 아내에게 달려들었다. 〈중략〉 그 위에 눈 오고 비 오며 육 년이 지났지만,
남편의 오해로 자살하는 인물   : 내부 이야기의 결말 – 엇갈린 운명의 비애
그는 다시 아우를 만나 보지 못하고 아우의 생사까지 알 수가 없었다.
형의 오해와 형수의 죽음에 충격을 받고 떠도는 삶을 사는 인물

[외부 이야기] 말을 끝낸 그의 눈에는 저녁 해에 반사하여 몇 방울의 눈물이
예술 지상주의인 '나'가 '그'를 만나고 헤어지는 이야기   자기 삶에 대한 비애와 안타까움
번뜩인다. 나는 한참 있다가 겨우 물었다.
외부 이야기의 서술자
"노형의 데수는?" / "모르디오. 이십 년을 영유는 안 가 밨으니깐요." 〈중략〉
아우의 아내에 대한 궁금증
노래를 끝낸 다음에 그는 일어서서 시뻘건 저녁 해를 잔뜩 등으로 받고,
   : '그'가 '나'를 위해 배따라기를 다시 부르고 길을 떠남
을밀대로 향하여 더벅더벅 걸어갔다.
평양 금수산 마루에 있는 대(臺)와 그 위의 정자   – 김동인, 〈배따라기〉
주제 오해가 빚은 형제간의 비극적 운명

2 환몽 구성 幻 헛보일 환, 夢 꿈 몽

- '현실 – 꿈 – 현실'로 된 구성이며, '꿈'은 현실에서 얻지 못한 것을 얻거나 채우지 못한 ③ ㅇㅁ 을 채우는 공간으로 설정됨
- '현실 → 꿈'을 '입몽', '꿈 → 현실'을 '각몽'이라고 함

예 ②

[현실] 성진이 들어가 보니 처사 갈건야복으로 당상에 앉아 약탕을 곁에 놓
불가에 회의를 느끼다 꿈을 꾸고 깨달음을 얻는 인물
았으니 향기가 코를 찌르고 방 안에 은은히 여자의 신음하는 소리 나더라.
   : 불제자로 수련을 하던 성진이 벌을 받아 인간계로 환생함
[꿈] 양 처사가 아들을 낳은 후에 매우 사랑하여 말하였다.
양소유 = 성진
"이 아이의 골격이 맑고 빼어나니 천상의 신선이 귀양 왔다."
하고 이름을 소유라 하고 자는 천리라 하였다. 〈중략〉
   : 꿈의 세계(= 인간계)에서 성진이 양소유로 다시 태어남
승상이 정신이 아득하여 마치 취몽 중에 있는 듯하더니 한참 만에 소리 질
양소유
러 말하기를, / "사부는 어찌하여 정도로 소유를 인도하지 아니하고 환술로써
올바른 길, 정당한 도리
희롱하시나이까?"
   : 성진이 육관 대사의 도술로 꿈에서 깨어 현실로 돌아옴
[현실] 완연히 소화상의 몸이요 전혀 대승상의 위의 아니니, 정신이 황홀하
어린 승려 – 성진
여 오랜 후에 비로소 제 몸이 연화 도량 성진 행자인 줄 알고 생각하니, 처음
불도를 닦는 곳
에 스승에게 수책하여 풍도(酆都)로 가고 인세에 환도하여 양가의 아들 되어
꾸지람을 들어 지옥   다시 태어나
장원 급제 한림학사 하고 출장입상하여 공명신퇴하고 두 공주와 여섯 낭자
문무를 다 갖추어 장상의 벼슬을 모두 지냄   공을 세워 이름을 날리고 벼슬에서 물러남
로 더불어 즐기던 것이 다 하룻밤 꿈이라.
   : 꿈에서 깬 성진이 깨달음을 얻음   – 김만중, 〈구운몽(九雲夢)〉
주제 인생무상(人生無常)의 깨달음

☆ **개념을 완성하는 문제**

1 예① 의 '내부 이야기'와 '외부 이야기'에서 지시하는 대상이 같은 인물로 연결된 것은?

　　[내부]　　[외부]
① 형님 － 나
② 형수 － 데수
③ 아우 － 그
④ 형님 － 노형
⑤ 아내 － 데수

답 ④ 해 '형님', '그', '노형'은 모두 같은 인물이다.

2 예② 에 등장하는 인물 중, 지시하는 대상이 다른 하나는?

① 성진　　　　② 양 처사
③ 소유　　　　④ 승상
⑤ 소화상

답 ② 해 '양 처사'는 소유의 아버지이고, 나머지는 모두 '성진(소유)'을 가리키는 말이다.

3 예② 의 '하룻밤 꿈'에 어울리는 한자 성어는?

① 과유불급(過猶不及)
② 동상이몽(同床異夢)
③ 부귀영화(富貴榮華)
④ 안분지족(安分知足)
⑤ 일장춘몽(一場春夢)

답 ⑤ 해 '하룻밤 꿈'에는 헛된 영화나 덧없는 일을 비유적으로 이르는 말인 '일장춘몽'이 어울린다.

① 이야기 ② 내부 ③ 욕망

3 삽화식 구성 挿 꽂을 삽, 話 말씀 화

- 서로 관련이 없어 보이는 짤막한 이야기를 서술자의 의도에 따라 ① ㅂㅊ한 구성임

> **예 ③**
> [일화 ①] 광문(廣文)이라는 자는 거지였다. 〈중략〉 거지 아이들이 시체 하나
> <u>고전 소설의 전형적인 주인공인 재자가인형과는 다른 인간형</u>
> 를 끌고 수표교(水標橋)에 와서 그 시체를 다리 밑으로 던져 버리는데, 광문
> <u>조선 세종 때에 서울 청계천에 놓은 다리</u>   <u>거지 아이들의 몰인정한 행동</u>
> 이 숨어 있다가 떨어진 거적으로 그 시체를 싸서 가만히 짊어지고 가, 서쪽
> <u>거지 아이들과 대조되는 광문의 의로운 행동</u>
> 교외 공동묘지에다 묻고서 울다가 중얼거리다가 하는 것이었다.
> ▶ 광문의 인정과 의로움을 보여 주는 일화
> [일화 ②] "얼마 전 제가 아저씨께 돈을 빌리러 왔다가, 아저씨가 계시지 않아
> <u>부자가 광문을 의심하게 된 계기</u>
> 서 제멋대로 방에 들어가 가져갔는데, 아마도 아저씨는 모르셨을 것입니다."
> 하는 것이었다. 이에 부자는 광문에게 너무도 부끄러워서 그에게,
> <u>정직한 광문을 의심했기 때문에</u>
> "나는 소인이다."   ▶ 광문의 정직함과 성실함을 보여 주는 일화
> <u>도량이 좁고 간사한 사람</u>
> [일화 ③] 광문이 빚보증을 서 주는 경우는 담보를 따지지 아니하고 천 냥이
> <u>광문의 신의 있는 태도 때문에</u>
> 라도 당장에 내주곤 하였다.   ▶ 광문에 대한 사람들의 깊은 신뢰를 보여 주는 일화
> [일화 ④] 광문은 나이 마흔이 넘어서도 머리를 땋고 다녔다. 남들이 장가를
> <u>결혼하지 않음</u>
> 가라고 권하면, 하는 말이, /「"잘생긴 얼굴은 누구나 좋아하는 법이다. 그러
> 「 」: 광문의 근대적 가치관 → 작가의 진보적 관점 반영
> 나 사내만 그런 것이 아니라 비록 여자라도 역시 마찬가지다. 그러기에 나
> <u>역지사지의 태도, 남녀평등의 의식</u>
> 는 본래 못생겨서 아예 용모를 꾸밀 생각을 하지 않는다."」
> ▶ 광문의 진보적 가치관을 보여 주는 일화
> – 박지원, 〈광문자전〉
> **주제** 신의 있고 허욕을 부리지 않는 삶의 태도 칭송(새로운 시대의 새로운 인간형 제시)

4 일대기적 구성 — 한 일, 代 대신할 대, 記 기록할 기

- 주인공의 영웅적 일대기를 그린 ② ㅇㅇ 소설의 구성 방식임
- 주인공의 일생 동안의 일에 초점을 맞추어 내용을 구성하고 전개함
- 영웅 소설의 일대기는 '① 고귀한 혈통을 지니고 태어남 – ② 비정상적인 출생을 함 – ③ ③ ㅂㅂ한 능력을 지녔으나 어려서 고난을 겪음 – ④ 구출자, 양육자, 조력자의 도움으로 성장함 – ⑤ 성장하여 위기에 처하지만 고난을 극복하고 승리함'의 구조로 이루어짐

> **예 ④**
> [앞부분 줄거리] 명나라 개국 공신의 자손인 유심은 산천에 기도하여 신이한 태몽을 꾼 뒤 아들
> <u>고귀한 혈통</u>   <u>비정상적인 출생</u>
> 충렬을 얻는다. 역심을 품은 정한담, 최일귀 등은 유심을 모함하여 귀양 보내고 그의 가족마저 죽
> <u>어려서 고난을 겪음</u>
> 이려 한다. 충렬은 강희주의 도움으로 위기에서 벗어나고 그의 사위가 된다. 그러나 강희주마저
> <u>조력자의 도움</u>
> 귀양을 가게 되고, 충렬은 백룡사의 노승을 만나 무예를 익힌다. 남적과 북적이 쳐들어오자 정한
> <u>성장 후의 위기</u>
> 담은 이들과 합세하여 천자를 공격하고, 천자가 항복을 결심할 무렵 충렬이 등장한다.
>
> 「"이놈 정한담아, 우리 천자 해치지 말고 나의 칼을 받아라!"
> 하는 소리에 나는 짐승도 떨어지고 강신 하백도 넋을 잃어버릴 지경이거든
> <u>과장된 표현 – 유충렬의 비범한 능력과 영웅적 활약</u>
> 정한담의 혼백과 간담인들 성할쏘냐. 〈중략〉 원수 달려들어 한담의 목을 산
> <u>정한담을 생포함</u>
> 채로 잡아들고 말에 내려 천자 앞에 엎드렸다.」
> 「 」: 고난을 극복하고 승리함
> [뒷부분 줄거리] 유충렬은 가족과 재회하고 높은 벼슬에 올라 부귀영화를 누린다.
> – 작자 미상, 〈유충렬전〉
> **주제** 유충렬의 고난과 영웅적 행적

☆ **개념을 완성하는 문제**

4 예③ 에 대한 설명으로 적절하지 않은 것은?

① 재자가인형 인물을 주인공으로 내세우고 있다.
② 인물의 신의 있는 삶의 태도를 칭송하고 있다.
③ 남녀평등 의식을 지닌 인물상을 제시하고 있다.
④ 다양한 일화를 제시하여 인물의 됨됨이를 보여 주고 있다.
⑤ 신분이나 지위보다 품성이 중요하다는 작가 의식을 담고 있다.

답 ① **해** 광문은 미천한 신분에 못생긴 인물로, 재자가인과는 거리가 먼 인물이다.

5 예④ 에서 조력자에 해당하는 인물은?

① 유심   ② 정한담
③ 최일귀   ④ 강희주
⑤ 천자

답 ④ **해** 유충렬은 강희주의 도움으로 어렸을 때의 위기에서 벗어나므로, 강희주는 유충렬의 구출자이자 조력자라고 할 수 있다.

6 예④ 의 줄거리와 내용을 통해 확인할 수 없는 것은?

① 충렬은 역적들로 인해 고난을 겪는다.
② 충렬은 미천한 신분을 극복하고 입신양명한다.
③ 충렬은 비범한 능력을 발휘하여 역적을 제압한다.
④ 충렬은 노승을 만나 무예를 배우며 실력을 기른다.
⑤ 충렬은 위기를 극복하고 승리하여 행복한 결말을 맞는다.

답 ② **해** 충렬의 아버지인 유심은 명나라 개국 공신의 자손이다. 따라서 충렬은 고귀한 혈통을 지니고 있으며 미천한 신분이라고 할 수 없다.

정답 ① 배치 ② 영웅 ③ 비범

5 의식의 흐름에 따른 구성 意 뜻 의, 識 알 식

- 서술자의 내면의 의식을 그대로 따라가며 써 내려가는 방식의 구성임
- 복잡하고 다양한 생각(기억, 자유 연상, 마음에 스치는 느낌 등)을 그대로 나열해 놓아 사건이 ①ㅇㄱ적이지도 않고, 순차적이지도 않음
- 서술자의 내적 ②ㄷㅂ으로 서술되며 관찰자 시점에서는 표현되기 어려움
- 이상의 〈날개〉, 박태원의 〈소설가 구보 씨의 일일〉 등이 대표적임

> **예 ❺** ㉠육신이 흐느적흐느적하도록 피로했을 때만 정신이 은화(銀貨)처럼 맑
> '나'의 심리 상태(역설적 표현)
> 소. 니코틴이 내 횟배 앓는 배 속으로 스미면 ㉡머릿속에 으레 백지가 준비
> 회충으로 인한 배앓이   인물의 내면 의식이 그려질 것임을 암시함
> 되는 법이오. 그 위에다 나는 위트와 패러독스를 바둑 포석(布石)처럼 늘어
> 놓소. 가증할 상식의 병이오. 〈중략〉 이렇게 볕 드는 방이 아내 방이요, 볕
> 의식의 과잉 상태   경제적으로 무능한 '나'가 아내에게 예속되어 기생함
> 안 드는 방이 내 방이요 하고 아내와 나 둘 중에 누가 정했는지 나는 기억하
> 매음 행위를 하며 남편을 먹여 살리는 인물   경제적으로 무능력한 지식인
> 지 못한다. 그러나 나에게는 불평이 없다.
>
> 아내가 외출만 하면 나는 얼른 아랫방으로 와서 그 동쪽으로 난 들창을 열
> 아내의 방 – 육체적, 정신적인 유희의 공간
> 어 놓고, 열어 놓으면 들이비치는 볕살이 아내의 화장대를 비춰 가지각색 병
> 들이 아롱이 지면서 찬란하게 빛나고 이렇게 빛나는 것을 보는 것은 다시없
> 골방에 갇혀 살아가는 '나'의 유일한 오락거리
> 는 내 오락이다. 〈중략〉
>
> 내 방은 침침하다. ㉢나는 이불을 뒤집어쓰고 낮잠을 잔다. 한 번도 걷은
> 아내의 방과 대조적인 '나'의 공간   무기력한 '나'의 삶을 드러냄
> 일이 없는 내 이부자리는 내 몸뚱이의 일부분처럼 내게는 참 반갑다. 잠은
> 잘 오는 적도 있다. 그러나 또 전신이 까칫까칫하면서 영 잠이 오지 않는 적
> 도 있다. 그런 때는 아무 제목으로나 제목을 하나 골라서 연구하였다. 나는
> 내 좀 축축한 이불 속에서 참 여러 가지 발명도 하였고 논문도 많이 썼다. 시
> 이불 속에 누워 여러 생각을 하는 '나'의 모습 – '나'가 지식인임을 의미
> 도 많이 지었다. 그러나 그것들은 내가 잠이 드는 것과 동시에 내 방에 담겨
> 서 철철 넘치는 그 흐늑흐늑한 공기에 다 비누처럼 풀어져서 온데간데가 없
> 고 한잠 자고 깬 ㉣나는 속이 무명 헝겊이나 메밀 껍질로 띵띵 찬 한 덩어리
> 무의미한 삶을 살고 있는 '나'를 비유적으로 표현함
> 베개와도 같은 한 벌 신경이었을 뿐이고 뿐이고 하였다.
>
> 그러기에 나는 빈대가 무엇보다도 싫었다. 그러나 내 방에서는 겨울에도 몇
> '낮잠'에서 '빈대'로 갑자기 화제가 바뀜 – 의식의 흐름 기법의 특징
> 마리의 빈대가 끊이지 않고 나왔다. 내게 근심이 있었다면 오직 이 빈대를 미
> 워하는 근심일 것이다. 나는 빈대에게 물려서 가려운 자리를 피가 나도록 긁
> 었다. 쓰라리다. 그것은 그윽한 쾌감에 틀림없었다. 나는 혼곤히 잠이 든다.
>
> 나는 그러나 그런 이불 속의 사색 생활에서도 적극적인 것을 궁리하는 법
> 이 없다. 내게는 그럴 필요가 대체 없었다. 「만일 내가 그런 좀 적극적인 것을
> 「 」: 아내에게 종속된 삶을 살아가는 '나'
> 궁리해 내었을 경우에 나는 반드시 내 아내와 의논하여야 할 것이고, 그러면
> 반드시 나는 아내에게 꾸지람을 들을 것이고 — 나는 꾸지람이 무서웠다느
> 니보다는 성가셨다. 」 내가 제법 한 사람의 사회인의 자격으로 일을 해 보는
> 것도, 아내에게 사설 듣는 것도. 나는 가장 게으른 동물처럼 게으른 것이 좋
> 게으르고 무기력한 '나'의 의식 상태
> 았다. 될 수만 있으면 이 무의미한 인간의 탈을 벗어 버리고도 싶었다.
>
> ㉤나에게는 인간 사회가 스스러웠다. 생활이 스스러웠다. 모두가 서먹서
> 사회성과 일상성이 모두 결여된 '나'
> 먹할 뿐이었다.
>
> — 이상, 〈날개〉
>
> **주제** 자아가 분열된 무기력한 삶에서 벗어나 본래의 자아를 찾고자 하는 의지

114 Ⅱ. 산문 문학

◇ '의식의 흐름에 따른 구성'의 서술 방식
'자유 연상 기법'은 꼬리에 꼬리를 무는 인물의 일관되지 않고 논리적이지 않은 생각을 자유롭게 서술하는 방법입니다. '의식의 흐름 기법'은 인물의 잡다한 의식의 흐름을 문법, 논리 등을 무시하며 그대로 옮겨 놓는 방법입니다. '자동기술법'은 인물의 무의식의 세계에서 자유 연상된 내용을 그대로 기술하는 방법입니다.

☆ 개념을 완성하는 문제

7 **예 ❺**의 서술상의 특징으로 적절하지 않은 것은?

① 객관적인 진술로 사건에 사실성을 부여하고 있다.
② 분열된 자의식을 의식의 흐름 기법으로 표현하고 있다.
③ 독백적 어조로 현실과 단절된 의식 상태를 표현하고 있다.
④ 논리적 인과 관계가 불분명한 인물의 내면이 서술되고 있다.
⑤ 비유적 표현으로 인물의 생각과 느낌을 구체적으로 나타내고 있다.

답 ① 해 주인공의 의식의 흐름에 따라 사건을 주관적으로 진술하고 있다.

8 **예 ❺**의 ㉠~㉤에 대한 설명으로 적절하지 않은 것은?

① ㉠: 무기력한 인물의 심리 상태를 역설적으로 표현하고 있다.
② ㉡: 인물의 내면 의식이 그려질 것임을 암시하고 있다.
③ ㉢: 일상적 소재로 인물의 무기력한 내면과 삶을 제시하고 있다.
④ ㉣: 무의미한 삶에서 벗어나려는 의지를 비유적으로 나타내고 있다.
⑤ ㉤: 반복을 통해 사회성과 일상성이 결여된 모습을 드러내고 있다.

답 ④ 해 ㉣은 무의미한 삶을 살고 있는 '나'의 모습을 비유적으로 표현한 것이다.

9 **예 ❺**의 '아랫방'과 '내 방'을 '나'를 중심으로 정리할 때, 〈보기〉의 ( ) 안에 들어갈 말을 2음절로 쓰시오.

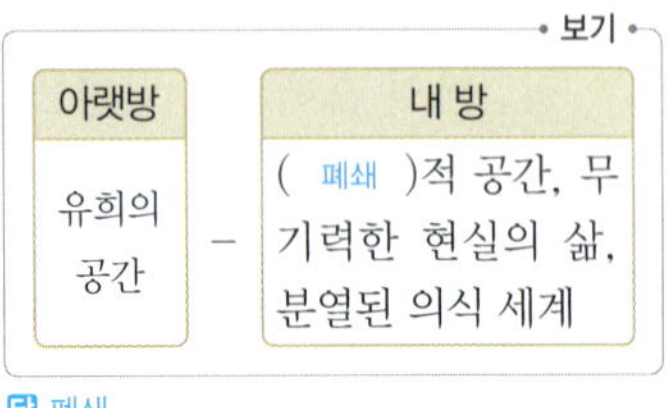

아랫방		내 방
유희의 공간	–	(폐쇄)적 공간, 무기력한 현실의 삶, 분열된 의식 세계

답 폐쇄

① 인과 ② 내면

6 피카레스크 구성과 옴니버스 구성

〈피카레스크 구성〉

- ① ㄷㅇ 한 인물들이 등장하여 독립된 각각의 이야기를 전개하면서 최종적으로는 하나의 주제로 묶이는 구성임
- 박태원의 〈천변 풍경〉, 이문구의 〈관촌수필〉, 조세희의 〈난쟁이가 쏘아올린 작은 공〉, 양귀자의 〈원미동 사람들〉 등이 대표적임

〈옴니버스 구성〉

- 각기 다른 인물이 등장하는 ② ㄷㅈㅈ 인 짧은 이야기를 하나의 공통된 주제나 소재를 중심으로 엮는 방식임
- 각 이야기끼리는 연속성이 없거나 영향을 주지 않고, 기본 배경만을 공유함

예 ⑥

[제6과장 양반춤]

말뚝이: 양반 나가십니다. 양반! 덩덩 덩더러쿵……. (벙거지를 쓰고 채찍을
비판적, 저항적 인물 – 양반을 풍자하고 조롱함　　└ 하인 신분을 의미 ┘
　　들었다. 굿거리장단에 맞추어 양반 삼 형제를 인도하여 등장)
　　　　　　　　　말뚝이의 역할을 중심으로 극이 전개됨을 보여 줌

양반 삼 형제: 〈중략〉『(샌님과 서방님은 언청이이며 – 샌님은 언청이 두 줄, 서
조선 후기 무능력한 양반의 전형 – 풍자와 조롱의 대상　　윗입술이 선천적으로 찢어진 사람
　　방님은 한 줄이다. – 부채와 장죽을 가지고 있고, 도련님은 입이 삐뚤어졌고
　　　　　　　　　　　　　　　　양반의 권위 상징
　　부채만 가졌다. 도련님은 일절 대사는 없으며, 형들과 동작을 같이하면서 형
　　들의 면상을 부채로 때리며 방정맞게 군다.)』　　　▶ 양반의 허세에 대한 비판과 풍자
　　『 』: 양반의 외모와 행동을 희화화함

[제7과장 미얄춤]

영감: 너 오래간만에 만났으니 아해들 말이나 물어보자. 처음 난 문열이 그
미얄의 남편, 미얄에게 부당한 횡포를 가하는 가부장적 인물　　　　영감과 미얄의 아들
　　놈은 어떻게 자랐나?

미얄: 아이고 그놈의 말 맙소. 후유! (한숨 쉰다.)
사회와 남성의 횡포에 고통받던 당시 여성의 대변인
영감: 웬 한숨만 쉬나 어떻게 되었나? 어서 말합세.

미얄: 아, 영감 하 빈곤하기에 산으로 나무하러 갔다가 호랑이에게 물려 갔다오.
　　　　미얄이 영감과 이별한 후 자식까지 잃고 힘들게 살아왔음을 알 수 있음

영감: 무어야, 인제는 자식도 죽이고 아무것도 볼 것이 없으니 너하고 나하
　　　　　　　　미얄이 더 이상 아이를 낳을 수 없다는 말 – 영감이 첩을 얻는 이유
　　고는 영영 헤어지고 말자.

미얄: 여보 영감, 오래간만에 만나서 어찌 그런 말을 합나.

영감: 듣기 싫다. 자식도 없는데 너와 나와 살 재미가 조금도 없지 않냐.』
　　『 』: 자식이 죽은 책임을 미얄에게 전가하며 헤어지기를 요구하는 영감의 가부장적 횡포
미얄: 이놈의 영감! 헤어질라면 헤어집세.
헤어지자는 영감의 말에 적극적으로 대응함
영감: 헤어지는 판에야 더 볼 것이 무엇이 있나. 네년의 행적을 덮어 둘 것
　　　　　　　　　　　　　　　　　당대 서민층의 언어인 비속어 사용
　　조금도 없다. 여봅쇼 여러분, 내 말 좀 들으시오. (객석을 향해서) 이년의
　　　　　　영감이 관객들에게 말을 건넴 – 민속극의 개방성
　　소행 말씀 좀 들어 보시오. 이년이 영감 공경을 어떻게 잘하는지 〈중략〉
　　　　　　반어적 표현
　　『영감 앞집 덜풍이네 나들이 떡을 가져온 것을 먹겠습나 안 먹겠습나? 안
　　『 』: 미얄이 자신을 제대로 공경하지 않았다고 이야기함 – 해학성 유발, 영감의 가부장적 사고
　　먹겠으면 그만두지 하고 저 혼자 먹으니 대답할 사이가 어디 있습나.』
　　　　　　　　　　　　　　　　▶ 여성에 대한 가부장적 횡포를 비판
　　　　　　　　　　　　　　　　　　－ 작자 미상, 〈봉산 탈춤〉
　　　　　　　　　　　　　주제 사회 기득권층에 대한 풍자와 비판

※ 〈봉산 탈춤〉의 전체 구성: 〈제1과장 사상좌춤〉, 〈제2과장 팔목중춤〉, 〈제3과장 사당춤〉, 〈제4과장 노장춤〉, 〈제5과장 사자춤〉, 〈제6과장 양반춤〉, 〈제7과장 미얄춤〉
　　→ 제1과장부터 제7과장까지 등장인물과 내용이 모두 다른 옴니버스 구성

☆ **개념을 완성하는 문제**

10 피카레스크와 옴니버스 구성의 특징을 〈보기〉와 같이 정리할 때, ( ) 안에 들어갈 말을 3음절로 쓰시오.

보기

	피카레스크	옴니버스
차이점	(동일한) 인물	다른 인물
공통점	• 독립된 이야기 • 하나의 큰 주제	

답 동일한

11 예 ⑥ 의 '제6과장 양반춤'에서 양반의 권위를 상징하는 소재를 찾아 2어절로 쓰시오.

답 부채와 장죽

12 예 ⑥ 의 '제7과장 미얄춤'에서 '영감'을 통해 나타내려는 주제를 〈보기〉와 같이 정리할 때, ( ) 안에 들어갈 말을 2음절로 쓰시오.

보기

여성에 대한 가부장적 (횡포)의 부당성

답 횡포

13 〈보기〉의 ( ) 안에 들어갈 말을 3음절로 쓰시오.

보기

7과장의 독립적인 이야기가 모여 옴니버스식으로 구성된 〈봉산 탈춤〉은 '사회 (기득권)층에 대한 풍자와 비판'이라는 공통된 주제를 담고 있다.

답 기득권

① 동일 ② 독자적

1 장면 場 마당 장, 面 낯 면

- 동일한 시간과 공간 안에서 인물들이 벌이는 ① [ㅅㄱ]의 한 광경임

예①

「"밤낮 일만 하다 말 텐가!"
점순의 충동질 – '나'가 꾀병을 부리고 구장에게 판단을 요구하게 된 원인
하고 혼자 쫑알거린다. 고대 잘 내외하다가 이게 무슨 소린가 하고 난 정신
이 얼떨떨했다. 그러면서도 한편 무슨 좋은 수가 있는가 싶어서 나도 공중을   [지금까지]
대고 혼잣말로, / "그럼 어떡해?" / 하니까 / "성례시켜 달라지 뭘 어떡해."
내외하는 모습   '나'의 소극적인 성격   적극적인 점순
하고 되알지게 쏘아붙이고 얼굴이 발개져서 산으로 그저 도망질을 친다.
몹시 올차고 야무지게   자신의 적극적인 행동에 부끄러움을 느낌
나는 잠시 동안 어떻게 되는 심판인지 맥을 몰라서 그 뒷모양만 덤덤히 바
라보았다.

봄이 되면 온갖 초목이 물이 오르고 싹이 트고 한다. 사람도 아마 그런가
청춘 남녀의 사랑을 부추기는 봄기운
부다 하고 며칠 내에 부쩍(속으로) 자란 듯싶은 점순이가 여간 반가운 것이
정신적으로 한층 성숙해진
아니다. 이런 걸 멀쩡하게 안즉 어리다구 하니까…….
「¹점순이가 '나'에게 성례를 재촉하라고 부추기는 장면¹」
「우리가 구장님을 찾아갔을 때」 그는 싸리문 밖에 있는 돼지우리에서 죽을
어제의 사건 – 장면의 전환
퍼 주고 있었다. 서울엘 좀 갔다 오더니 사람은 점잖아야 한다고 웃쉼이(얼
입술 위쪽에 난 수염
른 보면 지붕 우에 앉은 제비 꼬랑지 같다.) 양쪽으로 뾰죽이 삐치고 그걸 에헴
하고 늘 쓰담는 손버릇이 있다.」
– 김유정, 〈봄 · 봄〉
「¹」: 어제 구장을 찾아가 판단을 부탁하는 장면   **주제** 성례를 둘러싼 교활한 장인과 우직한 데릴사위 간의 갈등

> **개념 돋보기**
>
> ❖ **장면의 전환**: 시간이나 공간적 배경이 변화하면서 장면이 바뀌는 것
> - 장면이 여러 번 바뀌는 것을 '장면의 빈번한 전환'이라고 함
> - '중략'된 지문에서 두 장면이 제시되는 것은 '장면의 전환'이라고 할 수 없음

2 행복한 결말 (해피엔드) 結 맺을 결, 末 끝 말

- ② [ㄱㅈ] 소설의 일반적인 특징으로 주인공의 행복한 결말로 끝을 맺음

예②

「이 승상 부부가 이후로 자손이 만당(滿堂)하고 태평재상이 되어 팔십여 세
집에 가득함
향수(享壽)하고 부귀영화 극진하니, 만조와 일국이 추앙하는 바라. 〈중략〉
오래 사는 복을 누림
"우리 부부의 복록은 무한하다 하리로다. 인생의 사생(死生)이 응당 여차
복되고 영화로운 삶   죽음과 삶
하니, 우리 돌아간 후 자손 등은 슬퍼하지 말라."
하고 잇달아 돌아가시니, 일가 상하가 발상(發喪)하고 예를 극진히 하여 선
상제가 머리를 풀고 슬피 울어 초상난 것을 알림
산에 안장하니, 상이 들으시고 비감하사 부의(賻儀)로 목포금은을 내리시어
상가(喪家)에 부조로 보내는 돈이나 물품   베와 금과 은
장사에 보태게 하시다. 이후 자손이 대대로 관록(官祿)이 그치지 아니하고
벼슬
문호가 연하여 혁혁(奕奕)하더라.」
– 작자 미상, 〈박씨전〉
「」: 행복한 결말, 박 씨와 이시백의 후일담   **주제** 청나라에 대한 복수심과 박 씨의 영웅적 재주

> **개념 돋보기**
>
> ❖ **후일담**: 에필로그. 결말 부분에 덧붙여지는 이야기 ↔ 프롤로그
> - 고전 소설의 경우, 모든 갈등이 해소되고 한참 후의 이야기를 부연하는 경우가 많음

☆ 개념을 완성하는 문제

1 **예①**에서 두 번째 장면이 시작하는 부분의 첫 2어절을 찾아 쓰시오.

답 우리가 구장님을

2 **예①**을 두 개의 장면으로 나눌 수 있는 근거를 〈보기〉와 같이 정리할 때, ( ) 안에 들어갈 말을 각각 2음절로 쓰시오.

> 보기
> (시간)과 (공간), 그리고 사건이 각기 다르기 때문이다.

답 시간, 공간

3 **예①**의 첫 번째 장면에 나오는 사건을 〈보기〉와 같이 정리할 때, ( ) 안에 들어갈 말을 찾아 2음절로 쓰시오.

> 보기
> 점순이가 '나'에게 (성례)를 재촉하라고 부추긴다.

답 성례

4 **예②**가 행복한 결말임을 알 수 있는 표현이 아닌 것은?

① 자손이 만당하고
② 부귀영화 극진하니
③ 부부의 복록은 무한하다
④ 자손 등은 슬퍼하지 말라
⑤ 문호가 연하여 혁혁하더라

답 ④ 해 '자손 등은 슬퍼하지 말라'는 박 씨와 승상이 죽음을 앞두고 자손들을 위로하기 위해 한 말로, 행복한 결말을 드러내는 표현으로 볼 수 없다.

5 〈박씨전〉이 '영웅의 일대기 구조'를 취하고 있다고 할 때, **예②**에 해당하는 것은?

① 비정상적으로 출생함
② 조력자의 도움을 받음
③ 어렸을 때 위기에 처함
④ 승리하여 부귀영화를 누림
⑤ 고귀한 혈통을 지니고 있음

답 ④ 해 [예2]는 박 씨가 모든 고난을 물리치고 승리하여 부귀영화를 누리는 장면이므로, 영웅의 일대기 구조 중 승리하여 부귀영화를 누리는 마지막 단계에 해당한다고 볼 수 있다.

> ① 사건 ② 사고

3 열린 결말

- 인물의 운명이 명확하게 결정되지 않고 마치 이야기가 중간에 멈춘 것처럼 끝나는 것으로, ^①○○을 남기기 위해 택하는 결말 방식임
- 독자는 인물의 운명을 상상하면서 작품의 의미를 다양하게 해석하게 됨

4 닫힌 결말

- 서술자가 인물의 운명을 끝까지 이야기하는 것으로, 주제가 명확하게 드러남
- 다른 ^②○○의 여지가 없어 독자의 상상이 제한되고 여운이 줄어듦

---

6 예❸의 (가)와 (나)에서 공통적으로 확인할 수 있는 것은?

① 새로운 인물이 등장함
② 인물의 운명이 결정됨
③ 비현실적 사건이 제시됨
☑ 미완의 상태로 여운을 줌
⑤ 인물 간 갈등이 최고조에 이름

답 ④ 해 (가)와 (나)는 모두 열린 결말의 구조를 취하고 있다. 열린 결말은 인물의 운명이나 사건의 결과를 명확하게 제시하지 않아 독자들에게 여운을 남긴다.

7 예❸의 (가)의 결말의 특성을 고려할 때, 이어질 인물의 행동과 운명을 예측한 것으로 가장 적절한 것은?

① '나'는 가을에 쫓겨난다.
② '나'는 점순이를 싫어하게 된다.
☑ '나'는 올 가을에 성례를 못한다.
④ '나'는 다른 집 데릴사위로 가게 된다.
⑤ '나'는 일터로 가지만 일을 하지 않는다.

답 ③ 해 (가)의 결말은 또다시 봄이 와도 '나'의 처지가 변하지 않고 갈등이 반복될 것임을 암시하고 있다. 따라서 장인의 말과는 달리 '나'는 올 가을에도 성례를 올리지 못할 것이라고 예상할 수 있다.

8 예❹의 ㉠~㉤에 대한 설명으로 적절하지 않은 것은?

① ㉠: 왕 서방과 복녀 남편의 거래가 마무리되지 않음
② ㉡: 복녀의 죽음을 두고 왕 서방과 복녀 남편의 뒷거래가 이루어짐
③ ㉢: 왕 서방과 복녀 남편의 뒷거래의 내용이 드러남
④ ㉣: 복녀의 운명에 대한 다른 해석의 여지가 사라짐
☑ ㉤: 성진이 육관 대사의 가르침으로 깨달음을 얻을 것임을 암시함

답 ⑤ 해 ㉤은 성진의 깨달음의 수준이 매우 높음을 의미할 뿐, 성진이 깨달음을 얻을 것이라고 암시하는 내용이 아니다.

9 예❹의 (나)에 뚜렷하게 제시된 인물의 운명을 찾아 5어절의 한 문장으로 쓰시오.

답 아홉 사람이 한가지로 극락세계로 가니라.

5 여로 구조 旅 나그네 여, 路 길 로

- 인물이 ①[ㅇㅎ]하는 과정(여로)에 따라 이야기가 진행됨
- 여행은 일정한 목적성을 띠기도 하고, 인물에게 의미 있는 변화를 가져오기도 함
- 인물이 여행의 끝에서 다시 출발지로 돌아오는 서사 구조를 '원점 회귀형 여로 구조'라고 함
- 염상섭의 〈만세전〉, 황석영의 〈삼포 가는 길〉 등이 대표적임

예 ❺ 〈만세전(염상섭)〉에서 '나'(이인화)의 여로

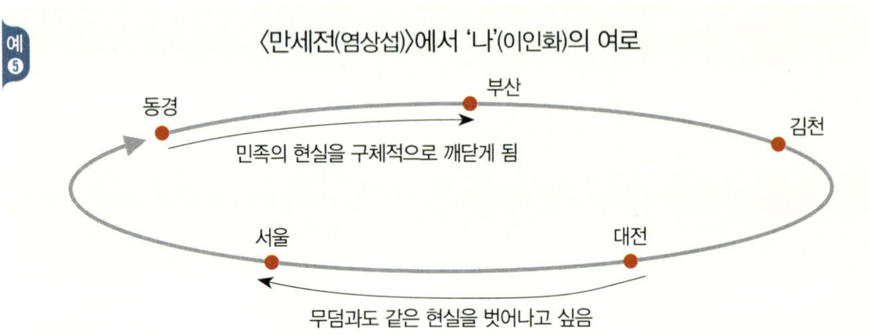

6 적강 구조 謫 귀양 갈 적, 降 내릴 강

- 신성한 인물이 ②[ㅊㅇ]적 공간에서 인간계로 내려오는(추방되는) 구성임
- 〈숙영낭자전〉의 숙영(천상 선녀), 〈숙향전〉의 숙향(천상 선녀), 〈소대성전〉의 소대성(용왕의 아들), 〈유충렬전〉의 유충렬(천상계의 신선) 등이 대표적임

예 ❻
『ⓐ성진이 저 이르는 말 같으니 다음 말을 들으니 심중에 분명히 ⓑ양 처
　　천상계의 인물이었으나 속세의 삶을 갈망하다 인간계로 쫓겨남
사의 자식이 되어 날 줄 알고 홀연히 생각하되,
　인간계에서 양 처사의 아들 양소유로 태어남
　'ⓒ내 이미 인세에 태어나게 하였으니 이에 와도 분명히 정신만 왔을 것이
　성진
니 육신은 분명히 연화봉에 소화하는도다. 내 나이 젊어 ⓓ제자를 데리지
　　　　　　　　　불에 태우는도다, 즉 화장함
못하였으니 어느 사람이 나의 사리를 거두리오.'
　　　　　　　참된 불도 수행의 결과로 생긴다는 구슬 모양의 유골
이처럼 생각하여 마음이 슬프고 괴롭더니 사자 나와 손을 쳐 불러 가로되,

"이 땅은 대당국 회남도 수주 땅이요, 이 집은 양 처사의 집이니 처사는
　　　　　　꿈(인간 세상)의 공간적 배경
ⓔ너의 부친이요, 처사의 처 유 씨는 너의 모친이니 수이 들어가 길한 때
　성진　　　　　　　　　　　　　　　　　　　　태어나기 좋은 때
를 잃지 말라."
　　　　　　　　　　　　　　　　　　　　　　　　　　　　　　－ 김만중, 〈구운몽(九雲夢)〉
『 』: 인간계로 추방되어 양 처사의 아들로 태어날 준비를 함　　**주제** 인생무상(人生無常)의 깨달음

7 모티프

- 장면이나 이야기를 구성하는 중심 ③[ㅈㅈ]나 생각임

예 ❼
"금년으로 너의 액운이 다하였도다."
　　　　　추한 얼굴로 살아가는 것
하고 주문을 외며 소매를 들어 소저의 얼굴을 가리키니, 그 흉하던 얼굴의 허물
이 일시에 벗어지고 옥같이 고운 얼굴이 드러나거늘, 처사 쾌히 웃고 말하되,
변신 모티프 – 사건 전개의 전환점, 가정 내 갈등이 해소되는 계기
"내 이 허물을 가져가고자 하나 남의 의혹을 없앨 길이 없으리니, 시아버
　　　　　　　　　　　　　　박 씨의 외모가 변한 것을 집안 식구들이 믿지 못할 수 있음
지께 말씀하여 궤를 얻어다가 이를 넣어 시어머니와 가장에게 보여 의심
을 풀게 하라."
　박 씨의 허물
　　　　　　　　　　　　　　　　　　　　　　　　　　　　　－ 작자 미상, 〈박씨전〉
　　　　　　　　　　　　　　　　　　　　　　　주제 박 씨의 영웅적 기상과 재주

 개념을 완성하는 문제

10 예❺에 제시된 주인공 '나'의 여정을 참고할 때, 〈보기〉의 (　) 안에 들어갈 말을 2음절로 쓰시오.

▸ 보기

　동경 유학생인 '나'는 아내가 위독하다는 소식을 듣고 급히 귀국한다. 하지만 3 · 1 만세 운동 직전의 암울한 조선의 현실에 절망하고는 다시 동경으로 돌아간다. 이러한 (　여로　)형 구조를 통해 인물의 현실 인식이 변화하는 과정을 효과적으로 드러내고 있다.

답 여로

11 예❻에서 주인공의 '천상계'에서의 이름과 주인공이 태어나는 '인간계'의 공간적 배경을 찾아 각각 쓰시오.
답 성진, 대당국 회남도 수주 땅

12 예❻의 ⓐ~ⓔ에서 지시하는 대상이 다른 하나는?
① ⓐ　　　② ⓑ　　　③ ⓒ
✔ ④ ⓓ　　　⑤ ⓔ
답 ④ 해 ⓓ를 포함한 문장은 성진이 아직 제자를 키우지 못하고 죽어서 유골을 거두어 줄 만한 사람이 없다는 의미이므로, ⓓ는 성진을 가리키는 말이 아니다.

13 〈보기〉를 참고할 때, 예❼에서 확인할 수 있는 고전 소설의 모티프 유형은?

▸ 보기

　고전 소설에서는 천손 강림, *난생(卵生), 망부석(화석), 변신, 요괴 퇴치, 혼사 장애, 적강, 송사(訟事), 환생, 금기, 관탈민녀, 암행어사 등 다양한 모티프가 사용된다. 〈박씨전〉에서도 고전 소설의 모티프를 확인할 수 있다.
　*난생: 사람이 알에서 탄생했다는 이야기

① 적강 모티프
✔ ② 변신 모티프
③ 관탈민녀 모티프
④ 요괴 퇴치 모티프
⑤ 천손 강림 모티프
답 ② 해 [예7]에는 박 씨가 허물을 벗고 박색에서 절세가인으로 바뀌는 '변신 모티프'가 나타난다.

① 이동 ② 초월 ③ 사건

[01~02] 다음 글을 읽고 물음에 답하시오.

[앞부분 줄거리] 신문 기자인 '나'는 어떤 줄광대에 관한 기사를 취재하기 위해 C읍으로 간다. 그곳에서 만난, 트럼펫을 불던 사내는 나에게 '허 노인'과 '운'에 대한 이야기를 들려준다.

　허 노인이 줄을 타는 모습은 정말 아름다웠다. 천장 포장을 걷어 젖히고 넓은 밤하늘을 배경으로 허 노인은 흰옷에 조명을 받으며 줄을 건너는 것이었는데, 발을 움직이는 것 같지도 않게 그냥 흘러가듯 조용히 줄을 건너가는 노인의 모습은 유령 같기도 하고 어떤 때는 그냥 땅 위에서 하품을 하고 있는 것 같기도 했다. 이상한 것은 그렇게 줄을 타는 허 노인이었지만 줄에서 내려오면 그의 온몸은 언제나 땀에 흠뻑 젖어 있곤 한 것이었다. 그리고 단장은 그런 허 노인의 줄타기를 몹시도 싫어했다.

　— 구경꾼 놈들의 간덩이를 덜컹덜컹 내려앉게 해 주란 말이야. 재주를 좀 부려, 재주를.

　단장은 허 노인을 매번 나무랐다. 허 노인은 얼굴이 파랗게 질려서 대꾸도 못하고 땀만 뻘뻘 흘리다간 단장 앞을 물러 나오곤 했었다. 그러나 그 다음날도 허 노인은 여전히 전처럼 줄을 탔다. 운은 누가 뭐래도 허 노인이 그렇게 줄을 타는 것이 좋았고, 자기도 그렇게 줄을 탈 수 있기를 바랐다. 그러던 어느 날 밤, 줄 위에서 그렇게 유연하던 노인의 발길이 한 번 변을 일으켰다. 딱 한 번, 노인의 발길이 가볍게 허공을 차는 듯한 동작을 하더니 줄이 잠시 상하 반동을 했다. 허 노인은 가만히 몸을 지탱하고 있다가 곧 다시 줄을 건너갔다. 누구도 그것을 실수로 생각한 사람은 없었다. 객석에 눈을 두고 있던 단장은 거기서 일어나는 무의식적인 함성에 놀라 하늘을 쳐다보았으나 줄이 상하로 조금씩 움직이는 것밖에 무슨 일이 일어났는지조차 알 수 없었던 것이다.

　"허 노인이 줄을 잘 탔다고 하는 것은 운의 생각입니까, 혹은 노인의 생각입니까?"

　나는 트럼펫의 사내가 숨을 좀 돌리게 하기 위하여 이야기로 뛰어들었다. 사내는 한마디 말을 하기 위해서 거의 한 번씩 숨을 들이쉬었다.

　"그건 물론 운의 생각이었습니다."

　"그럼 이상하지 않습니까, 노인께서 운의 생각을 말씀하신다는 것은?" 〈중략〉

　— 아버지, 이젠 줄을 그만두시고 좀 쉬십시오.

　운이 말했으나 노인은 조용히 머리를 가로저었다.

　— 줄에서 내 발바닥의 기력이 다했다고 다른 곳을 밟고

살겠느냐? 같이 타자.

　그날 밤, 줄에는 두 사람이 함께 올라섰다. 운이 앞을 서고 허 노인이 뒤를 따랐다. 운이 줄을 다 건넜을 때는 객석이 뒤숭숭하니 난장판이 되어 있었다. 뒤를 따르던 허 노인이 줄에서 떨어져 이미 운명을 하고 만 뒤였다.

　　　　　　　　　　　　　　　　　　　　　　　　– 이청준, 〈줄〉

01

이 글에 대한 설명으로 가장 적절한 것은?

① 빠른 장면 전환을 통해 긴박한 분위기를 조성하고 있다.
② 감각적 묘사를 통해 공간 배경을 세밀하게 그리고 있다.
③ 인물의 성격 변화 양상을 중심으로 이야기를 전개하고 있다.
④ 현재형 어미를 사용해 인물의 내면을 생동감 있게 제시하고 있다.
☑ 이야기 속에 이야기를 담는 구성 방식을 통해 사건을 전개하고 있다.

답 ⑤ **해** 이 글은 신문 기자로서 취재를 하기 위해 C읍을 찾은 '나'를 중심으로 전개되는 '외부 이야기' 속에 2대에 걸친 줄광대의 삶을 중심으로 전개되는 '내부 이야기'를 담은 액자식 구성 방식을 취하고 있다.

답 ④ **해** 이 글은 외부 이야기 속에 내부 이야기가 들어 있는 액자식 구성 방식을 취하고 있다. [A]는 외부 이야기로 신문 기자인 '나'가 트럼펫을 불던 '사내'에게 '허 노인'과 '운'에 대한 이야기를 듣는 형식으로 되어 있다. 또 [B]는 내부 이야기로 '사내'가 '허 노인'과 '운'의 사건을 관찰하는 형식으로 이루어져 있다. [B]에 등장하는 '사내'는 '허 노인'과 '운' 사이에서 일어났던 일을 지켜볼 뿐, '허 노인'과 갈등을 일으키고 있지 않다.

02

이 글을 〈보기〉와 같이 구조화할 때, 이와 관련한 설명으로 적절하지 **않은** 것은?

　　　　　　　　　　　　　　　　　　　● 보기 ●

[A] 외부 이야기

[B] 내부 이야기

① 신문 기자인 '나'는 [A]의 서술자이다.
② 신문 기자인 '나'는 [B]에 등장하지 않는다.
③ '사내'는 [B]를 신문 기자인 '나'에게 전해 준다.
☑ [B]에서 '사내'는 '허 노인'과 갈등 관계에 놓여 있다.
⑤ [B]의 사건들은 [A]의 사건들보다 시간상 앞서서 발생했다.

[03~04] 다음 글을 읽고 물음에 답하시오.

손님이 또 물었다.

"영감님은 신선도 보았소?"

"보았지."

"신선은 어디에 있소?"

"집이 가난한 자가 바로 신선이라오. 부자들은 늘 속세를 그리워하는데, 가난한 자는 언제나 속세를 싫어하니, 속세를 싫어하는 게 신선이 아니고 무엇이겠소?"
▶ 민 영감의 재치 있는 답변 ①

"영감님은 나이 많은 사람도 보았겠구려?"

"보았지. 내가 오늘 아침 숲속에 들어갔더니, 두꺼비와 토끼가 제각기 나이가 많다고 다투더군. 토끼가 두꺼비더러, '내가 팽조와 동갑이니까, 너 같은 자야말로 후생(後生)*이다.' 하고 말하니까, 두꺼비가 머리를 숙이고 훌쩍훌쩍 웁디다. 토끼가 깜짝 놀라서, '왜 그리 슬퍼하냐?' 물었더니, 두꺼비가 이렇게 말합디다. '나는 저 동쪽 이웃집 어린아이와 동갑인데, 그 아이는 다섯 살 때에 벌써 글을 읽을 줄 알았단다. 그는 아득한 옛날 천황씨(天皇氏) 때에 태어나서 인년(寅年) 역사를 비롯하여 수많은 왕(王)과 제(帝)를 거쳤으며, 주(周)나라에 이르러 왕통이 끊어지자 책력(册曆)* 하나를 이루었지. 진(秦)나라 때에 윤달이 들었고, 한(漢) 당(唐)을 거쳐 아침엔 송(宋)나라가 되었다가 저녁엔 명(明)나라가 되었지. 온갖 변란을 겪으면서 기쁜 일, 놀라운 일, 죽은 이를 슬퍼하는 일, 가는 이를 보내는 일 등으로 지루한 세월을 보내다가 오늘에 이른 것이야. 그런데도 오히려 귀와 눈이 밝아지고, 이와 털이 나날이 자란단 말이야. 저 아이처럼 나이 많게 살았던 자는 없을 거야. 그런데 팽조는 겨우 팔백 살을 살다가 일찍 사라졌다니, 그는 세상을 겪은 것도 많지 못하고, 일을 경험한 것도 오래지 못했을 거야. 그래서 내가 슬퍼하는 거지.' 결국 토끼가 두 번 절하고 뒷걸음질치면서, '네가 내 할아버지뻘이다.' 합디다. 이로써 본다면 글 많이 읽은 자가 가장 목숨이 긴 거라오."
▶ 민 영감의 재치 있는 답변 ②

"그럼 영감님은 가장 훌륭한 맛도 보았겠구려?"

"보았지. 하현달이 되어서 썰물이 물러나면, 바닷가의 흙을 평평하게 해서 염전을 만들거든. 그 갯벌을 구워서 성긴 것으로는 수정염을 만들고, 고운 것으로는 소금을 만들지. 온갖 맛을 조화시키면서, 소금 없이 어찌 맛을 내겠소?"
▶ 민 영감의 재치 있는 답변 ③
– 박지원, 〈민옹전〉
주제 민 영감의 재치와 시정 세태에 대한 비판

★ 후생(後生): 뒤에 태어난 사람
★ 책력(册曆): 일 년 동안의 월일, 절기, 특별한 기상 변동 따위를 적은 책

03

이 글의 특징에 대한 설명으로 적절한 것은?

① 공간적 배경이 구체적으로 묘사되고 있다.
② 대화를 통해서 극적 갈등이 고조되고 있다.
③ 인물의 내면 심리가 세밀하게 묘사되고 있다.
④ 여러 개의 삽화가 병렬적으로 연결되어 있다.
⑤ 간결한 문체로 사건이 속도감 있게 진행되고 있다.

답 ④ 해 이 글은 '민 영감'과 사람들의 대화를 바탕으로 신선에 관한 이야기, 토끼와 두꺼비에 관한 이야기, 가장 훌륭한 맛에 관한 이야기 등 여러 가지 삽화가 병렬적으로 연결되어 있다.

04

이 글의 앞부분에 각기 다른 주인공이 등장하는 연관성 있는 짧은 이야기를 추가하여 구성한다면, 그 구성 방법에 해당하는 것은?

① 환몽 구성   ② 액자식 구성   ③ 시간적 구성
④ 일대기적 구성   ⑤ 옴니버스 구성

답 ⑤ 해 동일한 주제를 지니면서 서로 다른 주인공이 등장하는 독립된 일화들을 추가하여 구성하는 것은 옴니버스 구성에 해당한다.

[05~06] 다음 글을 읽고 물음에 답하시오.

[앞부분 줄거리] 중국 명나라 때 홍시랑과 부인 양씨 사이에서 태어난 계월은 어릴 적에 남장을 하고 자란다. 이후 계월은 장사랑의 반란으로 부모와 헤어져 죽을 고비를 맞으나 여공의 도움으로 살아난다. 여공은 계월에게 평국이라 이름을 지어 주고, 계월은 여공의 아들인 보국과 함께 공부하여 장원 급제한다. 그 후 서달이 반란을 일으키자 평국과 보국은 전쟁에 출정한다.

"서달 등이 도망하여 벽파도로 갔다 하오니 급히 도적을 잡게 하옵소서."

원수(元帥)가 이 말을 듣고 즉시 군사를 거느리고 강변에 이르러 어선을 타고 건너갈 때, 배마다 기치창검을 세우고 원수는 주중에 단을 높이 묻고 갑수를 갖추고 삼척장검을 높이 들고 중군에 호령하여 배를 바삐 저어 벽파도로 행할 때, 씩씩한 위풍과 늠름한 거동이 당세 영웅일러라.

이때 홍시랑은 부인으로 더불어 계월을 생각하고 매일 설워하더니 뜻밖에 들리는 소리가 나거늘 놀라 급히 초막 밖에 나서 보니 무수한 도적이 들내거늘, 시랑이 부인을 데리고 천방지방(天方地方)* 도망하여 산곡으로 들어가 바위틈에 몸을 감추고 통곡하더니 그 이튿날 평명에 또 강가를 바라보니 배에 군사를 싣고 기치창검이 서리 같고 함정이 진동하여 벽파도로 행하거늘, 시랑이 더욱 놀라 몸을 감추고 있더니라.

원수가 벽파도에 다다라 배를 강변에 매고 진을 치며 호령하기를, / "서달 등을 바삐 잡으라."

하니 제장이 일시에 고함하고 벽파도를 둘러싸니 서달이 하릴없어 자결하고자 하더니 원수 군사에게 잡혔는지라 원수

장대에 높이 앉아 서달 등을 꿇리고 호령하기를,

　"이 도적을 차례로 군문 밖에 내어 베라."

하니 무사 일시에 달려들어 철통을 먼저 잡아내어 베고 그 남은 제장은 차례로 베니라. ▶ 계월이 서달을 무찌름

　이때, 군졸이 원수께 여쭈오되, / "어떤 사람이 여인 수인을 데리고 산중에 숨었기로 잡아 대령하였나이다."
（홍시랑）

하거늘, 원수 잠깐 머무르고 그 사람을 잡아들이라 하니 무사 결박하여 대하에 꿇리고 죄목을 물을새, 이 사람이 넋을 잃었더라. 원수 이르기를,

　"너희를 보니 대국 복색이라 적병이 너희를 응하여 동심합력(同心合力)하였단다. 바로 아뢰라."
（마음을 같이하여 힘을 합침）

이에 시랑이 황급하여 정신을 진정하여 아뢰기를,

　"소인은 전일 대국에서 시랑 벼슬하옵다가 소인 참조에 고향에 돌아가 농업을 일삼다가 장사랑 난에 잡혀 이리이리 되와 이곳으로 정배 온 죄인이오니 죽어 마땅하여이다."
（계월의 아버지）
（장사랑의 난 때 붙잡혀 부역을 한 죄로 벽파도로 귀양을 옴）

원수 이 말을 듣고는, / "네 천자의 성은을 배반하고 역적 장사랑에게 부탁하였다가 성상이 어지사 너를 죽이지 아니하시고 이곳으로 정배하시니 그 은혜를 생각하면 백골난망이거늘 이제 또 적당(賊黨)에 내응(內應)이 되었다가 이렇듯 잡혔으니 네 어찌 변명하리오."
（죄인을 지방이나 섬으로 보내 감시를 받으며 생활하게 하던 일）
（은밀히 내부에서 적과 통함）

잡아내어 베라 하니 양부인이 앙천통곡하기를,

「"에고 이것이 어인 일인가, 계월아. 너와 한가지 강물에 빠져 그때나 죽었다면 이런 욕을 면할 것을 하늘이 미워 여 기사 모진 목숨 살았다가 이 거동을 보는도다."」
（계월의 어머니）（하늘을 쳐다보며 몹시 욺）
（장사랑의 난을 피해 도망치다 양부인은 수적들에게 붙잡히고 계월은 물에 빠짐）
「 」: 양부인의 한탄 - 계월이 부모를 알아보는 계기가 됨

하며 기절하거늘, 원수 이 말을 듣고 문득 선생의 이르던 말을 생각하고 대경하여 좌우를 다 치우고 앞에 가까이 앉히고 가만히 묻기를, / "아까 들으니 계월과 한가지 죽지 못함을 한하니 계월은 뉘며 그대 성은 뉘라 하느뇨?"

하니 부인이, / "소녀는 대국 형주 땅 구계촌에 사옵고 양 처사의 여식이오며 가군은 홍시랑이옵고 저 계집은 시비 양윤이요, 계월은 소녀의 딸이로소이다."
（남에게 자기 남편을 이르는 말）

하며 전후수말을 낱낱이 다 아뢰니 원수 이 말을 듣고 정신이 아득하여 세상사가 꿈 같은지라. 급히 뛰어내려 부인을 붙들고 통곡하며 말하기를,
（처음부터 끝까지의 과정）

　"어머님, 제가 물에 들던 계월이로소이다." 〈중략〉
（계월이 부모와 재회함 - 고전 소설의 우연성）

보국은 이왕 평국이 부모 잃은 줄을 아는지라, 원수 정신을 진정하여 부모를 장대에 모시고 여쭈오되,
（계월의 남편）（계월의 다른 이름）

　"그때 물에 떠가다가 무릉포 여공을 만나 건져 집으로 돌아가 친자식같이 길러 그 아들 보국과 한가지로 어진 선생을
（계월을 구출하고 양육한 조력자）

밑에 동문수학(同門修學)하여 선생의 덕으로 황성에 올라가 둘이 다 동방급제(同榜及第)*하여 한림학사로 있삽다가
（한 스승 밑에서 함께 학문을 배움）

서달이 반하여 작란하매 소자는 대원수 되고 보국은 중군이 되어 이번 싸움에 적진을 할새, 서달이 도망하여 이곳으로 오옵기에 잡으러 왔삽다가 천행으로 부모를 만났나이다."
（난리를 일으키매）
「 」: 계월이 부모와 헤어진 후 다시 만나기까지의 과정

하며 전후수말을 낱낱이 다 고하니, 시랑과 부인 듣고 고생하던 말을 일일이 다 설화하며 슬피 통곡하니, 산천초목이 다 함루(含淚)하는 듯하더라. ▶ 계월이 부모와 재회함
（눈물을 머금음）

－ 작자 미상, 〈홍계월전〉
주제 여성인 홍계월의 영웅적 활약상

* 천방지방(天方地方) : 너무 급해서 정신없이 허둥지둥 날뛰는 모양
* 동방급제(同榜及第) : 같은 때에 대과에 급제함

05

이 글에 대한 이해로 적절하지 않은 것은?

☑ ① 홍시랑은 서달을 피해 벽파도로 건너왔다.

② 계월은 도적을 소탕하기 위해 벽파도로 갔다.

③ 홍시랑은 계월의 군사에게 잡혀 위기를 맞았다.

④ 보국은 계월이 어린 시절 부모와 헤어졌음을 알고 있었다.

⑤ 홍시랑은 원수(元帥)가 된 계월이 자신의 딸이란 사실을 알지 못했다.

답 ① 해 홍시랑은 서달을 피해 벽파도로 온 것이 아니라, 장사랑의 난 때 붙잡혀 부역을 한 죄로 벽파도로 정배되어 온 것이다.

06

이 글의 사건을 영웅 소설의 서사 구조에 대응시켰을 때 적절하지 않은 것은?

답 ④ 해 영웅 소설의 서사 구조에서 '또 다른 고난과 시련'은 어렸을 때의 위기에서 벗어난 이후 성장하여 겪게 되는 고난과 시련을 의미한다. 홍시랑 부부의 목을 베려 한 것은 계월 자신이 겪는 고난과 시련이라고 보기 어렵다. 오히려 이를 계기로 계월은 홍시랑 부부가 자신의 부모임을 알게 된다.

개념 키워드　#고전 소설의 특징　#고전 소설의 유형　#고전 소설의 개념어

개념 열기 ① 톡톡! 고전 소설의 특징

고전 소설: 설화와 같은 고대 서사 문학을 바탕으로 조선 시대에 생겨난 산문 문학의 한 종류로 갑오개혁(1894년) 이전까지 창작된 소설 　古 옛 고, 典 법 전

- 신소설(新小說)과 구별하기 위해 붙인 이름으로 '고소설·고대 소설·고전 소설' 등의 명칭이 함께 쓰임
- '전등 신화'의 영향을 받아 지어진 김시습의 〈금오신화〉가 최초의 작품임
- 몰락한 양반 계층과 양반 부녀자 등의 초기 독자층이 시간이 흘러 ① ㅍㅁ 계층으로까지 확대됨

1 주제와 구성 – 권선징악, 인과응보, 평면적 구성

- 많은 작품이 착한 행위를 권장하고 악한 행위를 징계한다는 '권선징악(勸善懲惡)', 선악의 행위에는 반드시 그에 맞는 ② ㄷㄱ가 뒤따른다는 '인과응보(因果應報)'의 주제를 담고 있음
- 인물이 일생 동안 겪은 일이 시간 순서에 따라 전개되는 평면적 구성, 일대기적 구성이 많고, 대부분 ③ ㅎㅂ한 결말로 끝맺음

예①

<u>팥쥐</u>는 슬금슬금 콩쥐를 깊은 곳으로 끌고 가서 별안간 연못 속으로 밀어 넣었다. 　심술궂고 욕심이 많은 인물　콩쥐 대신 김 감사의 부인이 되기 위해 콩쥐를 연못에 빠트리는 팥쥐

워낙 순식간의 일이니 어쩔 도리 없이 <u>콩쥐</u>는 그대로 물속으로 가 　착한 인물의 전형

앉아 버렸다. 슬프다! 콩쥐가 겨우 잡은 부귀영화를 마음껏 누려 보기도 전 　서술자의 직접 개입 - 콩쥐의 처지에 대한 안타까움

에 이렇듯 연못 귀신이 되고 말 줄이야 누가 꿈엔들 알았으랴? 〈중략〉

팥쥐 어미는 이 글을 읽고 팥쥐의 소행이 탄로 나 결국 죽음을 당했음을 알았다. ㉠팥쥐 어미는 기절하여 자빠진 채 영영 일어나지 못했고, 모녀가 　팥쥐와 팥쥐 어미가 벌을 받음 - 인과응보, 권선징악

서로 손을 잡고 지옥으로 가 버렸다.

『한편 김 감사는 콩쥐에게 자기의 밝지 못했던 허물을 사과하고 이웃 노파 　팥쥐가 콩쥐를 죽이고 콩쥐 행세를 했던 것을 알아채지 못함

에게 상급을 후히 내린 다음 다시 콩쥐와 더불어 다하지 못한 인연을 이으니 　상으로 주는 돈이나 물건

아들 셋을 낳고 딸도 하나 낳아 화락한 나날을 보냈다. 　화평하고 즐거운

콩쥐의 부친인 최만춘도 찾아내어 현숙하고 덕이 있는 여자를 얻어 아들 딸 낳고 단란한 살림을 이루게 해 주니, 김 감사 내외의 어진 덕을 모든 백성이 칭송하였다.』『 』: 행복한 결말

– 작자 미상, 〈콩쥐팥쥐전〉

주제　권선징악(勸善懲惡)

☆ **개념을 완성하는 문제**

1 예①의 ㉠을 나타내기에 적절한 한자 성어는?

① 감탄고토(甘呑苦吐)
② 면종복배(面從腹背)
③ 삼고초려(三顧草廬)
④ 연목구어(緣木求魚)
✅ 인과응보(因果應報)

답 ⑤　**해** ㉠은 착한 콩쥐를 구박했던 팥쥐와 팥쥐 어미가 그에 걸맞은 벌을 받은 것이므로, 이러한 상황은 '인과응보'라는 말로 나타낼 수 있다.

2 예①에 대한 설명으로 가장 적절한 것은?

① 팥쥐 모녀의 죽음을 통해 결말의 비극성을 부각한다.
② 노파에게 상을 내리는 모습을 통해 신상필벌을 강조한다.
✅ 팥쥐와 팥쥐 어미에 대한 응징을 통해 권선징악을 강조한다.
④ 콩쥐 부친이 재혼하는 모습을 통해 가부장적 가치관을 옹호한다.
⑤ 김 감사가 콩쥐에게 사과하는 모습을 통해 남녀평등 사상을 부각한다.

답 ③　**해** 악한 인물이 벌을 받는 모습을 통해 권선징악의 교훈을 전달하고 있다.

정답 ① 서민 ② 대가 ③ 행복

2 인물 – 평면적, 전형적, 재자가인형 인물

- 대부분 처음부터 끝까지 성격이 변하지 않는 ① ㅍㅁㅈ 인물이며, 특정 부류나 계층의 공통적인 성격을 대표하는 ② ㅈㅎㅈ 인물임
- 중심인물은 대개 비범한 능력과 빼어난 재주를 지닌 남자와 아름다운 여자로 그려지는데, 이런 인물을 재자가인(才子佳人)형 인물이라고 함

> **예❷**
> 송도에 이생(李生)이라는 사람이 낙타교 옆에 살았다. 나이는 열여덟, 풍모가 맑고도 말쑥하였으며, 타고난 재주가 대단히 뛰어났다. 그는 국학에 다니면서 길가에서 시를 읽고는 하였다.
> (중국이 배경인 일반적 고전 소설과 달리 고려의 수도였던 개경을 공간적 배경으로 함)
> (이생에 대한 인물 소개 – 재자가인형 인물 / 고려 시대의 국립 교육 기관)
>
> 그때 선죽리의 명문가에 최씨(崔氏) 처자가 있었는데, 나이는 15,6세쯤 되었다. 그녀는 자태가 아리따웠고, 자수를 잘하였다. 게다가 시문에도 뛰어났다.
> (최 씨에 대한 인물 소개 – 재자가인형 인물)
>
> – 김시습, 〈이생규장전(李生窺墻傳)〉
> **주제** 죽음을 초월한 남녀 간의 사랑

3 사건 – 전기성(傳奇性), 우연성

- 현실에서 일어날 수 없는 ③ ㄱㅇ하고 비현실적인 사건이 빈번하게 나타남
- 우연적인 만남이나 상황에 의해 사건이 전개되는 경우가 많음

> **예❸**
> 그날 밤, 촛불을 밝혀 놓고 주역을 골똘히 읽고 있는데, 까마귀가 세 번 울고 갔다. 길동은 이상한 예감이 들어 혼잣말로,
> (유학의 다섯 가지 경서 중 하나 / 불길한 사건의 암시)
> (신분의 한계를 극복하고 자신의 이상을 성취하는 영웅적 인물)
> "저 짐승은 본래 밤을 꺼리거늘, 이제 울고 가니 심히 불길하도다."
> 하면서 잠시 주역의 팔괘로 점을 쳐 보고는, 「크게 놀라 책상을 밀치고 둔갑법으로 몸을 숨긴 채 동정을 살피고 있었다. 사경쯤 되자 한 사람이 비수를 들고 천천히 방문으로 들어오는지라, 길동이 급히 몸을 감추고 주문을 외니, 홀연 한 줄기의 음산한 바람이 일어나면서, 집은 간데없고 첩첩산중에 풍경이 굉장하였다.」
> (자객이 올 것을 알게 되어 / 새벽 1시에서 3시 사이 / 특재)
> (「 」: 고전 소설의 비현실적 사건, 전기적 요소 – 길동의 비범함을 드러냄)
>
> – 허균, 〈홍길동전〉
> **주제** 모순된 사회 제도의 개혁과 이상국의 건설

4 서술 – 서술자의 개입(편집자적 논평)

- 작품 밖의 서술자가 등장인물의 말과 행동에 대해 직접 설명하거나 사건에 개입하여 자신의 생각을 직접 드러내는 ④ ㅅㅅㅈ의 개입이 자주 나타남
- 판소리 소설 등에서는 언어유희, 과장 등의 방법으로 웃음을 유발하는 풍자적, 해학적 표현이 자주 나타남

> **예❹**
> 이렇게 보챈들 무엇 먹여 살려 낼꼬. 집 안에 먹을 것이 있든지 없든지 「소반이 네 발로 하늘께 축수(祝手)하고, 솥이 목을 매어 달렸고, 조리가 턱걸이를 하고, 밥을 지어 먹으려면 책력(册曆)을 보아 갑자일이면 한 때씩 먹고, 새앙쥐가 쌀알을 얻으려고 밤낮 보름을 다니다가 다리에 가래톳이 서서 파종하고 않는 소리,」 동리 사람이 잠을 못 자니 어찌 아니 서러울쏜가.
> (서술자의 개입 ①)
> (「 」: 흥보네의 가난한 상황을 과장적, 해학적으로 표현)
> (두 손바닥을 마주 대고 빎 / 쌀을 이는 데에 쓰는 기구 / 60일에 한 끼씩 먹음 / 허벅다리에 생긴 멍울)
> (종기를 터뜨리고 / 서술자의 개입 ②)
>
> – 작자 미상, 〈흥보전〉
> **주제** 형제간의 우애와 권선징악(勸善懲惡)

☆ **개념을 완성하는 문제**

3 예❷에서 재자가인형 인물의 모습을 드러낸 표현으로 알맞지 않은 것은?

① 풍모가 맑고도 말쑥하였으며
② 재주가 대단히 뛰어났다.
③ 길가에서 시를 읽고는 하였다.
④ 자태가 아리따웠고
⑤ 시문에도 뛰어났다.

답 ③ 해 ③은 단순히 시를 좋아하는 모습을 나타낸 것일 뿐, 비범한 능력과 빼어난 재주를 지닌 재자가인형 인물의 모습을 드러낸 표현이 아니다.

4 예❸에 대한 설명으로 적절하지 않은 것은?

① 인물의 행동이 묘사된다.
② 인물의 성격이 변화한다.
③ 인물의 비범함이 드러난다.
④ 사건의 비현실성이 나타난다.
⑤ 고전 소설의 전기성이 드러난다.

답 ② 해 고전 소설의 비현실적 사건과 전기적 요소가 드러날 뿐, 인물의 성격이 변화하고 있지 않다.

5 예❹에서 서술자가 개입하여 서술한 두 부분을 찾아 끝의 2어절을 각각 쓰시오.

답 살려 낼꼬, 아니 서러울쏜가

6 예❹에서 흥보의 가난한 상황에 대한 해학적 표현으로 볼 수 없는 것은?

① 소반이 네 발로 하늘께 축수하고
② 솥이 목을 매어 달렸고
③ 조리가 턱걸이를 하고
④ 생쥐가 파종하고 않는 소리
⑤ 동리 사람이 잠을 못 자니

답 ⑤ 해 ①~④는 모두 흥보네의 가난한 상황을 과장적, 해학적으로 표현한 것이다. 하지만 ⑤는 서술자가 흥보네의 안타까운 상황에 대해 논평하는 것일 뿐 해학적 표현이라고 볼 수 없다.

① 평면적 ② 전형적 ③ 기이 ④ 서술자

1 애정 소설

- 남녀 간의 사랑을 주제로 하는 소설로, 대개 주인공들이 ①□□□을 극복하고 사랑의 결실을 맺으나 비극적 결말을 맞는 작품도 있음
- 〈숙영낭자전〉, 〈숙향전〉, 〈운영전〉, 〈심생전〉 등이 대표적임

> **예 ①** [전체 줄거리] 천상의 월궁 선녀와 태을성이 각각 숙향과 이선으로 인간계에 내려와 갖은 고난을 겪은 후에 사랑을 성취하고 행복을 누리다가 천상으로 돌아간다.
>
> 이때 이랑이 태학에 있어 낭자의 소식을 모르더니 하루는 삼사리가 오거늘 반갑고 놀라 데려다가 어루만질새 그 개가 문득 한 봉서를 토하니 이는 곧 낭자의 필적이었다. 급히 떼어 본즉 그 글에, "숙향의 팔자 매우 험하여 나이 다섯에 부모를 잃고 떠돌다가 천정연분으로 이랑을 만났으나 원앙금이 완전치 못하여 이별이 웬말인가?"
>
> – 작자 미상, 〈숙향전〉
>
> **주제** 시공을 초월한 남녀의 사랑

2 영웅·군담 소설

- 비범한 인물의 영웅적인 삶을 다룬 소설로, 전쟁을 ②□□로 이끌어 나라를 위기에서 구하는 영웅의 활약상 등을 다룸
- 〈유충렬전〉, 〈박씨전〉, 〈임경업전〉, 〈임진록〉 등이 대표적임

> **예 ②** [전체 줄거리] 천상계에서 죄를 짓고 지상계로 온 유충렬이 신이한 능력을 발휘하여 간신의 모해와 반역을 극복한다.
>
> "이놈 정한담아, 우리 천자 해치지 말고 나의 칼을 받아라!"
> 하는 소리에 나는 짐승도 떨어지고 강신 하백도 넋을 잃어버릴 지경이거든 정한담의 혼백과 간담인들 성할쏘냐. 원수의 호통 소리에 Ⓐ한담의 두 눈이 캄캄하고 두 귀가 멍멍해 탔던 말을 돌려 타고 도망가려다가 형산마가 거꾸러지면서 한담도 백사장에 떨어졌다.
>
> – 작자 미상, 〈유충렬전〉
>
> **주제** 유충렬의 고난과 영웅적 행적

3 몽자류 소설

- 중심인물이 꿈속에서 새로운 삶을 체험한 뒤 꿈에서 깨어나 ③□□□을 얻는 이야기로, 제목에 '몽(夢)'자가 붙음
- 〈구운몽〉, 〈옥루몽〉, 〈옥련몽〉 등이 대표적임

> **예 ③** [전체 줄거리] 성진이 꿈속에서 양소유로 태어나 인간 세계의 부귀영화를 모두 누리고 깨어난 뒤 인생무상(人生無常)을 깨닫는다.
>
> 스스로 제 몸을 보니 ㉠일백여덟 낱 염주가 손목에 걸렸고 머리를 만지니 갓 깎은 머리털이 가칠가칠하였으니, 완연히 ㉡소화상의 몸이요 다시 ㉢대승상의 위의 아니니, 정신이 황홀하여 오랜 후에 비로소 제 몸이 연화 도량 성진 행자인 줄 알고 생각하니, 〈중략〉 ㉣출장입상하여 공명신퇴하고 두 공주와 여섯 낭자로 더불어 즐기던 것이 다 ㉤하룻밤 꿈이라.
>
> – 김만중, 〈구운몽(九雲夢)〉
>
> **주제** 인생무상(人生無常)의 깨달음

◇ **구비 문학(口碑文學)의 '적층성'**

구전 문학이라고도 하는 구비 문학은 문자의 힘을 빌리지 않고 입에서 입으로 전하여 온 문학을 뜻합니다. 다른 말로 '적층(積層) 문학'이라고도 합니다. 구전되면서 거듭 창작될 때마다 내용이 보태지고 쌓이는 '적층성' 때문에 그렇게 부르는 것입니다. 판소리계 소설의 특징 중 하나가 바로 이 '적층성'입니다.

☆ **개념을 완성하는 문제**

1 예① 에서 숙향과 이선의 관계를 이어 주는 매개 역할을 하는 존재를 찾아 3음절로 쓰시오.
답 삽사리

2 예② 에서 서술자가 직접 개입하여 인물의 상태를 서술한 부분을 찾아 4어절로 쓰시오.
답 정한담의 혼백과 간담인들 성할쏘냐.

3 예② 의 Ⓐ에 어울리는 한자 성어로 적절한 것은?
① 동상이몽(同床異夢)
② 살신성인(殺身成仁)
③ 설상가상(雪上加霜)
④ 자화자찬(自畵自讚)
⑤ 혼비백산(魂飛魄散)
답 ⑤ **해** 유충렬의 호통 소리에 어쩔 줄 몰라 하는 정한담의 모습에는 '몹시 놀라 넋을 잃음'을 뜻하는 '혼비백산'이 어울린다.

4 예③ 의 ㉠~㉤에 대한 설명으로 적절하지 않은 것은?
① ㉠: 인물이 승려임을 알 수 있다.
② ㉡: 인물의 현재 모습이다.
③ ㉢: 인물이 세속적인 부귀영화를 누릴 때의 모습이다.
④ ㉣: 인물이 꿈에서 세속적 욕망을 이루었음을 드러낸다.
⑤ ㉤: 세속을 그리워하는 인물의 심리를 단적으로 나타낸다.
답 ⑤ **해** ㉤은 꿈에서 깬 성진이 인생무상의 깨달음을 얻었음을 나타낸 것이다. 성진이 세속을 그리워한다고 볼 수 없다.

정답 ① 시련 ② 승리 ③ 깨달음

4 가정 소설

- 가족 사이의 갈등 관계, 처첩 간의 갈등, 계모의 학대 등 ① ㄱㅈ 내 불화와 그 극복 과정을 다룸
- 〈사씨남정기〉, 〈장화홍련전〉, 〈콩쥐팥쥐전〉 등이 대표적임

> **예④** [전체 줄거리] 한림학사 유연수는 첩 교 씨의 모함에 속아 현숙한 본처 사 씨를 내쫓고 자신도 유배된다. 잘못을 뉘우친 유연수는 간악한 교 씨를 처형하고 사 씨와 백년해로한다.
>
> 한두 달이 지나면서 사 부인의 태기가 확실하게 나타났다. 온 집안의 사람
> 사 씨(사정옥), 현모양처의 이상적인 여인상
> 들은 모두 기뻐하였다. 그러나 교 씨만은 홀로 ㉮ 하였다.
> 교채란, 욕망을 위해 수단과 방법을 가리지 않는 악인의 전형
> 교 씨는 납매와 함께 은밀하게 음모를 꾸몄다. 마침내 낙태하게 만드는 약을
> 교 씨의 시비 – 교 씨의 악행을 돕는 조력자 ①   사 씨가 아이를 낳지 못하도록 흉계를 꾸밈
> 사서 부인이 복용하는 약 속에 몰래 섞어 놓았다. 그렇지만 부인은 그 약을 마
> 시자마자 문득 구역질을 하며 그대로 토해 버렸다. 그 계책도 성공할 수 없었
> 다. 〈중략〉 교 씨는 다시 이십낭을 불러 의논하였다. 십낭은 전에 이미 교 씨로
> 교 씨의 악행을 돕는 조력자 ②
> 부터 많은 금은을 받은 터였다. 마침내 서로 한마음이 되어 간악한 음모와 사
> 특한 계교를 만들어 내지 않는 것이 없었다.   – 김만중, 〈사씨남정기(謝氏南征記)〉
> 요사스럽고 간특한   **주제** 처첩 간의 갈등과 사 씨의 고행

5 풍자 소설

- 부정적 인물들의 무능과 위선을 ② ㅂㅍ하고 풍자하여 당대 현실의 모순을 선명하게 드러냄
- 〈호질〉, 〈양반전〉, 〈허생전〉 등이 대표적임

> **예⑤** [전체 줄거리] 범이 허위의식을 지닌 인간(유학자인 북곽 선생과 수절 과부인 동리자)을 꾸짖는다.
>
> 높은 인품을 가졌다고 추앙받지만 실상은 부도덕한 인물
> ⓐ범은 북곽 선생을 여지없이 꾸짖었다.
> 작가 의식을 대변하는 존재로, 양반의 위선과 부도덕성을 비판함
> "가까이 오지 말아라. 내 듣건대 ⓑ유(儒)는 유(諛)라 하더니 과연 그렇구
> '선비는 아첨'이라는 뜻 – 동음이의어를 활용한 언어유희
> 나. 네가 평소에 천하의 악명을 함부로 나에게 덮어씌우더니, 이제 사정이
> 급해지자 ⓒ면전에서 아첨을 하니 누가 곧이듣겠느냐? 〈중략〉 서로 잔혹
> 범이 북곽 선생(선비)의 교언영색(巧言令色)을 꾸짖음
> 하게 잡아먹기를 너희들보다 심히 하는 것이 어디 있겠느냐?"
> 인간의 부도덕성을 질책하는 범
> ⓓ북곽 선생은 자리를 옮겨 엎드리고 엉거주춤 절을 두 번 하고는 머리를
> 거듭 조아리고 아뢰었다.
>
> 「맹자에 일렀으되 '비록 악인이라도 목욕재계하면 하느님도 섬길 수 있다.'
> 몸을 씻고 마음을 가다듬어 부정을 피하는 일
> 하였습니다. 하계의 천신은 감히 아랫자리에 서옵니다.」
> 이 세상의 천한 신하 – 북곽 선생 자신을 가리킴   「 」: 목숨을 구걸하는 비굴한 모습
> 북곽 선생이 숨을 죽이고 명령을 기다렸으나 오랫동안 아무 명령이 없기
> 에 황공해서 절하고 조아리다가 머리를 들어 우러러보니, 날이 밝아 오는데
> 범은 간 곳이 없었다. 그때 아침에 밭을 갈러 나온 농부가 있었다.
> 북곽 선생의 위선을 부각하는 인물
> "선생님은 어찌하여 이른 아침부터 들판에서 무슨 기도를 드리고 계십니
> 농부의 순수하고 가식 없는 모습과 범에게 밤새 꾸짖음을 들은 북곽 선생의 위선이 대조됨
> 까?" / 북곽 선생은 엄숙히 말했다.
> ⓔ"성현의 말씀에 '하늘이 높다 해도 머리를 아니 굽힐 수 없고, 땅이 두텁
> 자신의 비굴한 모습을 그럴듯하게 합리화하는 북곽 선생 – 허위에 찬 양반의 모습
> 다 해도 조심스럽게 딛지 않을 수 없다.' 하셨느니라."   – 박지원, 〈호질(虎叱)〉
>   **주제** 양반 계급의 허위와 이중적인 도덕관에 대한 통렬한 풍자

5 **예④**의 ㉮에 어울리는 한자 성어는?

① 금상첨화(錦上添花)
② 동병상련(同病相憐)
③ 설상가상(雪上加霜)
④ 앙앙불락(怏怏不樂)
⑤ 파안대소(破顔大笑)

답 ④ **해** 정실의 자리를 탐하는 교 씨에게 사 씨의 임신은 반갑지 않은 소식이다. 따라서 ㉮에는 '매우 마음에 차지 않거나 야속하게 여겨 즐거워하지 않음'을 뜻하는 '앙앙불락'이 어울린다.

6 **예④**에서 갈등하고 있는 인물 간의 관계는?

① 고부(姑婦)
② 모자(母子)
③ 부부(夫婦)
④ 부자(父子)
⑤ 처첩(妻妾)

답 ⑤ **해** [예4]의 주된 갈등은 본처인 사 씨와 첩인 교 씨 사이에서 벌어지는 처첩 간의 갈등이다.

7 **예⑤**에서 순수하고 가식 없는 모습으로 북곽 선생의 위선을 부각하는 인물을 찾아 2음절로 쓰시오.
답 농부

8 **예⑤**의 ⓐ~ⓔ에 대한 설명으로 적절하지 <u>않은</u> 것은?

① ⓐ: 동물이 인간을 꾸짖는 설정으로 풍자의 효과를 극대화한다.
② ⓑ: 동음이의어를 활용하여 언어유희의 표현을 사용한다.
③ ⓒ: 교언영색(巧言令色)하는 인물의 태도를 비판한다.
④ ⓓ: 목숨을 구걸하는 비굴한 인물의 모습을 드러낸다.
⑤ ⓔ: 잘못을 깨닫는 인물의 모습을 통해 주제 의식을 부각한다.

답 ⑤ **해** ⓔ는 북곽 선생이 자신의 비굴한 모습을 그럴듯하게 합리화하는 말로, 허위에 찬 양반의 모습을 보여 준다.

① 가정 ② 비판 **정답**

6 우화 소설 寓 부칠 우, 話 말씀 화

- 동물이나 식물 등을 ①ㅇㅇㅎ하여 인간 사회의 결함이나 부조리를 비판하고 풍자함
- 〈장끼전〉, 〈서동지전〉 등이 대표적임

[예⑥]

[전체 줄거리] 다람쥐는 서대주에게 은혜를 입고도 배은망덕하게 그를 모함하여 송사를 한다.

　"엎드려 바라옵건대 **산군**은 위엄을 거두고 **다람쥐**로 하여금 쇠잔한 명을
　　　　　　　호랑이를 의인화한 인물로, 공정한 선악의 판단자　　　조선 후기 몰락한 양반을 상징하는 인물
살려주시고 은택을 내리는 덕을 끼치사 일체 풀어 주시면 호천지덕(昊天
　　　　　　　　　　　　　　　　　　　　　　　　　　　　　　　하늘과 같은 덕
之德)을 지하에 돌아간들 어찌 잊으리까. 살피고 살피심을 바라옵고 바라
나이다." 『 』: 자신을 모함한 다람쥐를 풀어 주라고 함
　　　　　　－ 서대주의 후덕한 성품이 드러남

산군이 듣기를 다하매 길이 탄식하여 가로되,

　"기특하도다, 네 말이여. 다람쥐가 큰 부처님의 선함을 누르고자 하니 한
　　　　　　　　　서대주의 덕망을 의미
갓 불로 하여금 달빛을 가리고자 함이라. 서대주의 선한 말을 좇아 다람쥐
　　　　　　　　　　　　　　　　　　　　　쥐를 의인화한 인물로, 평민 부호를 상징함
를 풀어 주니 돌아가 서대주의 착한 마음을 본받으라."

하고 인하여 방송하니, 다람쥐 백 번 절하며 사은하고 만 번 치사한 후 물러
　　　　　　　　죄인을 풀어 주니　서대주의 의기와 대조되어 다람쥐(양반)의 비굴함이 비판적으로 제시됨
가니라. 백호산군과 녹판관, 저판관이며 모든 하리 등이 서대주의 인후함을
　　　　　　　사슴과 원숭이의 의인화　　　　관아에 속한 말단 행정 요원
못내 칭송하더라.
　　　　　　　　　　　　　　　　　　　　　　－ 작자 미상, 〈서동지전(鼠同知傳)〉
　　　　　　　　　　　　　　　주제 배은망덕한 행동 비판과 아량 있는 태도 권장

7 판소리계 소설

- 다양한 근원 설화를 바탕으로 구전되던 이야기가 ②ㅍㅅㄹ 사설을 거쳐 소설로 정착된 것으로, 서민들의 익살과 해학, 지혜와 소망 등이 담김
- 〈심청전〉, 〈춘향전〉, 〈흥보전〉, 〈토끼전〉 등이 대표적임

[예⑦]

[전체 줄거리] 형 놀보는 부모가 물려준 유산을 모두 차지하고 착한 동생 흥보 일가를 내쫓는다. 쫓겨난 흥보는 굶주림에 놀보를 찾아가지만 매만 맞고 쫓겨난다. 흥보는 다리가 부러진 제비를 치료해 그 보답으로 부자가 되고, 그것을 본 놀보가 흥보를 따라하다 패가망신한다.

『 』: 중의 외양과 행동을 구체적으로 묘사함 – 창자에 의해 연행되던 판소리의 특징
　『저 중의 거동 보소. 얼금얼금 거뭇거뭇한 중 돌 누비 장삼에 실띠 띠고 청
　　판소리 사설의 문체　　　　　　　　　　　천 사이에 솜을 넣고 줄을 박아 만든 승려의 웃옷
올치 송낙 잡초 넣어 이리 총총 저리 총총 휘늘어 맺힌 송낙 수박 같은 대가
　　송라를 우산 모양으로 엮어 만든 중의 모자　　　　　　　　　　비속어의 사용으로 웃음을 유발함
리에 아주 흠쑥 눌러쓰고 주홍 용두 철주장을 눈 위에 번듯 들어 처럭처럭
　　　　　　　　　　　　　　용의 머리처럼 생긴 철로 만든 지팡이
흔들거리고 내려와서 웅장한 큰 소리로 인도하고 송주(誦呪)할 제, 울음소리
　　　　　　　　　　　　　　　　　　　　　　주문을 외울 때
얼른 듣고 이리 주저 저리 주저 무수히 주저하다 문전(門前)에 달려들어,』
　　　　　　　어구 반복을 통한 운율 형성
　"소승 문안 동냥이요. 이 댁은 어이하여 우나이까?"

　흥보 울다 백발 노승 얼른 보고 공손히 대답하되, / "조실부모 일찍 하고
　가난하지만 선량하며 우애와 신의가 있는 인물　　　　　　　어려서 부모를 여읨
다만 형세 빈곤하야 선영(先塋) 제사 전궐(全闕)하고 그로 설워 우나이다."
　　　　　　　　　　　조상의 무덤　　　전부 빠짐　　조상의 제사를 지내지 못해 서러워함
저 중의 거동 보소. 공손히 여쭈되,　　　　　　　　　　　→ 당대의 유교적 가치관을 따르고자 함
　우연히 등장해 흥보의 미래를 예언해 주는 초월적 존재
『적선지가(積善之家)에 필유여경(必有餘慶)이요, 적악지가(積惡之家)에 필
　선을 베푸는 집안에는 경사가 있고 악을 쌓는 집안에는 나쁜 일이 있을 것이라는 뜻
유여악(必有餘惡)이라. 마음만 옳게 먹고 불의지사(不義之事) 아니하면 장
　　　　　　　　　　　　　　　　　　의리, 도리, 정의 따위에 어긋나는 일
래에 때를 볼 것이니 소승 뒤를 따르소서. 집터 하나 잡아 주오리다."』
　좋은 일이 생긴다는 의미　　　　　　　　　　　　『 』: 흥보 내외가 후일 복을 받게 됨을 암시
　　　　　　　　　　　　　　　　　　　　　　　　－ 작자 미상, 〈흥보전〉
　　　　　　　　　　　　　　주제 형제간의 우애와 권선징악(勸善懲惡)

9 예⑥에서 '큰 부처님의 선함'과 함께 '서대주'의 인후한 덕망을 비유하는 표현을 찾아 2음절로 쓰시오.
답 달빛

10 예⑥의 인물에 대한 설명으로 적절하지 않은 것은?
　① '다람쥐'는 속이 좁고 은혜를 모르는 인간을 상징한다.
　② '서대주'는 아량이 넓고 덕망이 높은 인간을 대표한다.
　③ '서대주'는 산군에게 잘 보이기 위해 다람쥐를 풀어 달라고 부탁한다.
　④ '산군'은 다람쥐와 서대주의 송사에 대한 판결을 내린다.
　⑤ '산군'은 서대주의 말에 감동하여 다람쥐를 풀어 준다.
답 ③ 해 서대주는 훌륭한 성품을 지닌 인물로, 산군에게 잘 보이기 위해서 다람쥐를 풀어 달라고 한 것은 아니다.

11 예⑦에서 판소리 사설의 문체적 특징이 잘 드러나는 표현을 찾아 4어절로 쓰시오.
답 저 중의 거동 보소.

12 예⑦에 대한 설명으로 적절하지 않은 것은?
　① 비속어의 사용으로 웃음을 유발하고 있다.
　② 인물의 불행이 반복될 것임을 암시하고 있다.
　③ 비슷한 어구의 반복으로 운율을 형성하고 있다.
　④ 중의 외양과 행동을 구체적으로 묘사하고 있다.
　⑤ 유교적 가치관을 따르려는 인물의 태도가 드러나 있다.
답 ② 해 중은 착한 일을 많이 하면 반드시 좋은 일이 있을 것이라고 말하고 있는데, 이는 흥보네가 후일 복을 받게 됨을 암시하는 것이다.

①의인화 ②판소리

고전 소설의 개념어

1 전(傳)의 형식과 가전체

- '전(傳)의 형식'은 한문 문체에서 유래한 것으로 인물의 ① ⓗⓩ에 초점을 두어 '인물 소개 – 행적 – 인물평'으로 구성하는 방식임
- '가전체'는 어떤 사물을 ② ⓞⓞⓗ하여 그 가계(家系)와 생애, 개인적 성품, 공과(功過) 등을 기록한 전기(傳記) 형식의 글임

> **예 ❶** [전체 줄거리] 도량과 인품을 갖춘 국순(술의 의인화)은 방탕한 군주에게 등용되었다가 세상을 어지럽히고는 은퇴해서 죽는다.
>
> 『 』: 가전체의 구성 ① – 도입(인물과 집안 내력 소개)
> 『국순(麴醇)의 자는 자후(子厚)이다. 그 조상은 농서(隴西) 사람이다.』〈중략〉
> '술'을 의인화한 말 – '麴'은 누룩을, '醇'은 진한 술을 뜻함
> 『순이 권세를 얻고 일을 맡게 되자, 어진 이와 사귀고 손님을 대접함이며,
> 『 』: 가전체의 구성 ② – 전개(인물의 행적)
> 늙은이를 봉양하여 술 · 고기를 줌이며, 귀신에게 고사하고 종묘(宗廟)에 제
> 제사를 지낼 때 제주(祭酒)로 쓰였음
> 사함을 모두 순이 주장하였다. 위에서 일찍이 밤에 잔치할 때도 오직 그와
> 국순
> 궁인(宮人)만이 모실 수 있었고, 아무리 근신(近臣)이라도 참예하지 못하였
> 임금을 가까이에서 모시던 신하   나아가 뵙지
> 다. 이로부터 위에서 곤드레만드레 취하여 정사를 폐하는데도, 순은 입에 자
> 임금이 술을 가까이하여 나랏일에는 신경을 쓰지 않음
> 갈을 물린 듯 말을 하지 못하므로 예법(禮法)의 선비들은 그를 미워함이 원
> 잘못을 고치도록 간언하지 않음
> 수 같았으나, 위에서 매양 그를 보호하였다.』〈중략〉
> 『 』: 가전체의 구성 ③ – 논평(인물에 대한 평가)
> 『사신(史臣)은 이렇게 말하였다.
> 가전체의 전형적인 마무리 방식
> "국씨의 조상이 백성에게 공로가 있었고, 청백을 자손에게 물려주어 울창
> 백성을 먹여 살렸던 국순의 90대조인 '모(牟)'
> 주(鬱酒)가 주(周)나라에 있는 것과 같아 향기로운 덕(德)이 하느님에까
> 튤립을 넣어서 빚은 향기 나는 술
> 지 이르렀으니, 가히 제 할아버지의 기풍이 있다 하겠다. 순이 하찮은 들
> 깨진 항아리의 입을 창으로 낼 정도로 가난한
> 병의 지혜로 항아리 창을 낸 가난한 집안에서 일어나 일찍 나라의 선발을
> 작은 병에 들어갈 만한 정도의 작은 지혜
> 입어 조정에 서서 담론하면서도 가부(可否)를 아뢰지 아니하고, 왕실이 어
> 옳고 그름
> 지러워져도 붙들지 못하여 마침내 천하의 웃음거리가 되었으니, 산도(山
> 왕실을 올바로 보필해야 하는 신하의 도리를 다하지 못하여   국순이 간신이 될 것임을 말한 학자
> 濤)의 말이 족히 믿을 것이 있도다."』
> – 임춘, 〈국순전(麴醇傳)〉
> **주제** 음주로 인한 타락과 패망 풍자(간사한 벼슬아치에 대한 풍자)

2 장면의 극대화 極 다할 극, 大 클 대, 化 될 화

- 열거와 대구 등을 통한 ③ ⓗⓩⓩ 문체를 사용하여 생동감과 현실감을 줌
- 주로 판소리(판소리계 소설)에 나타나며, 흥미와 감동을 위해 관객이 관심을 보이는 대목을 집중적으로 확장하고 부연함

> **예 ❷** 『놀보 심사를 볼작시면, 초상난 데 춤추기, 불붙는 데 부채질하기, 해산한
> 『 』: 놀보가 심술을 부리는 모습을 구체적 사례를 들어 열거하고 희화화하여 제시함 – 장면의 극대화
> 데 개 닭 잡기, 장에 가면 억매흥정하기, 집에서 몹쓸 노릇 하기, 우는 아이
> 부당한 값으로 억지로 물건을 사려는 흥정
> 볼기 치기, 갓난아이 똥 먹이기, 무죄한 놈 뺨 치기, 빚값에 계집 빼앗기, 늙
> 죄 없는   받아야 할 빚 대신에
> 은 영감 덜미 잡기, 아이 밴 계집 배 차기, 우물 밑에 똥 누기, 〈중략〉, 호박
> 에 말뚝 박기, 곱사등이 엎어 놓고 발꿈치로 탕탕 치기, 심사가 모과나무의
> 놀보의 심사가 모과나무처럼 못났다는 뜻
> 아들이라. 이놈의 심술은 이러하되, 집은 부자라 호의호식하는구나.』
> 심성이 악한 사람이 호의호식하는 현실에 대한 서술자의 비판적 인식이 드러남
> – 작자 미상, 〈흥보전〉
> **주제** 형제간의 우애와 권선징악(勸善懲惡)

개념 플러스

⊙ '가전체'의 특징과 역할

고려 중기 이후에 성행한 '가전체'의 대표 작품에는 〈국순전〉, 〈국선생전〉, 〈공방전〉, 〈죽부인전〉 등이 있습니다. 계세징인(戒世懲人, 세상 사람을 경계하고 징벌함)을 목적으로 하므로, 교훈성 · 서사성 · 우의성을 띱니다. 설화와 고전 소설을 이어 주는 교량 역할을 했으며, 후대 소설의 발생에 영향을 미칩니다.

☆ **개념을 완성하는 문제**

1 예❶에서 가전체의 전형적인 마무리 방식으로 인물에 대한 평이 시작되는 부분의 첫 어절을 쓰시오.
답 사신은

2 예❶에 나타난 교훈을 생활에 적용한다고 할 때, 가장 적절한 것은?
① 능력을 개발하기 위해서는 끊임없이 노력하는 자세가 필요해.
✔ 운동은 건강을 위해 반드시 필요하지만, 지나치면 오히려 건강을 해칠 수도 있어.
③ 사람은 자신의 가치를 알아주고 능력을 인정해 주는 이를 위해서 충성을 다해야 하는 거야.
④ 큰 목표를 이루기 위해서는 어떤 어려움도 이겨 낼 만한 의지와 노력이 필요하다는 걸 알 수 있어.
⑤ 행동보다 말을 앞세우면 일을 그르치기 쉽다는 사실을 명심하고 매사에 신중해야 할 필요가 있어.
답 ② **해** [예1]은 술이 흥을 돋우어 주지만 너무 마시면 나라마저도 망칠 수 있다는 점을 통해 술 때문에 타락하고 망신당하는 세태를 풍자하고 있다. 따라서 적당한 선에서 즐기고 절제해야 유익하다는 교훈을 얻어 생활에 적용할 수 있다.

3 예❷에서 장면의 극대화를 통해 희화화하고 있는 것이 무엇인지 찾아 2어절로 쓰시오.
답 놀보 심사

4 예❷에서 서술자가 개입하여 놀보에 대해 논평하고 있는 부분을 찾아 첫 어절과 끝 어절을 쓰시오.
답 이놈의, 호의호식하는구나

3 골계미 滑 익살스러울 골, 稽 상고할 계

- 우아미, 숭고미, 비장미와 함께 미적 범주의 하나임
- 상황이나 대상을 풍자와 ①ㅎㅎ을 통해서 우스꽝스럽게 만들며 익살을 부리는 가운데 어떤 교훈을 줌

> **예 ❸**
> 생 원: 「네 이놈, 양반을 모시고 나왔으면 새처를 정하는 것이 아니고 어디
> 어리석고 무능한 양반의 전형   사처. 손님이 길을 가다가 묵는 집
> 로 이리 돌아다니느냐?」『 』: 양반의 위엄
> 탈춤의 공연상 특징 - 특별한 무대 장치가 없음
> 말뚝이: (채찍을 가지고 원을 그으며 한 바퀴 돌면서) 예에, 「이마만큼 터를 잡
> 양반에 대한 서민의 비판 의식을 대변하는 인물
> 고 참나무 울장을 드문드문 꽂고, 깃을 푸근푸근히 두고, 문을 하늘로 낸
> 울타리에 박은 긴 말뚝   짚이나 마른풀
> 새처를 잡아 났습니다. / 생 원: 이놈, 뭐야!
> 『 』: 마구간을 의미함 → 양반에 대한 조롱   양반의 질책
> 말뚝이: 아, 이 양반, 어찌 듣소. 「자좌오향(子坐午向)에 터를 잡고, 난간 팔자
> 북쪽을 등지고, 남쪽을 향함
> (八字)로 오련각(五聯閣)과 입구(口) 자로 집을 짓되, 호박 주초(琥珀柱礎)
> 대들보를 다섯 줄로 놓아 넓고 크게 지은 집   호박(보석 종류)으로 만든 주춧돌
> 에 산호(珊瑚) 기둥에 비취 연목(翡翠椽木)에 금파(金波) 도리를 걸고 입구
> 비취(보석 종류)로 만든 푸른 서까래   금빛 물결   서까래를 받치는 나무
> 자로 풀어 짓고, 〈중략〉 이는 가위 양반의 새처방이 될 만하고, 문방제구
> (文房諸具) 볼작시면 용장봉장(龍欌鳳欌), 궤(櫃), 두지, 자개 함롱(函籠),
> 용이나 봉황을 그린 장   뒤주   옷을 담는 농
> 반닫이, 샛별 같은 놋요강, 놋대야 받쳐 요기 놓고, 양칠간죽, 자문죽을 이
> 리저리 맞춰 놓고, 「삼털 같은 칼담배를 저 평양 동푸루 선창에 돼지 똥물
> 『 』: 양반 거처와 세간의 전형적 형태   지명 - '똥'을 연상시킴
> 에다 축축 축여 났습니다.」
> 『 』: 양반에 대한 조롱
> 생 원: 이놈, 뭐야!
> 양반의 질책
> 말뚝이: 아, 이 양반, 어찌 듣소. 쇠털 같은 담배를 꿀물에다 축여 났다 그리
> 말뚝이의 변명
> 하였소.
> 양반들: (합창) 꿀물에다 축여 났다네. (굿거리장단에 맞춰 일제히 춤춘다. 한
> 양반의 안심 - 양반의 어리석음을 희화화함
> 참 추다가 춤과 음악이 끝나고 새처방으로 들어간 양을 한다.)
>
> – 작자 미상, 〈봉산 탈춤〉
> **주제** 사회 기득권층에 대한 풍자와 비판

4 천상계와 초월적 존재

- '천상계'는 지상계, 인간계와 대비되며 ②ㅅ들이 사는 세계를 의미함
- '초월적 존재'는 천상계의 존재들로 옥황상제, 신선, 용왕, 선녀 등을 의미함

> **예 ❹**
> 「"우리 두 사람은 본래 천상의 선인(仙人)으로서 오래도록 옥황상제를 모시
> 『 』: 김 진사와 운영의 사연 – 원래 천상계의 존재였으나 죄를 짓고 인세에 적강하게 됨
> 고 있었더니, 하루는 상제께서 태청궁(太淸宮)에 앉아 저에게 옥동산의 과
> 도교에서 옥황상제가 산다고 하는 궁궐의 이름
> 실을 따 오라 하기로, 제가 반도(蟠桃)를 많이 따 가지고 와서 운영과 같이
> 김 진사의 죄목
> 먹다가 발각되어 ⓐ진세에 적하(滴下)되어 인간의 괴로움을 골고루 겪다가,
> 적강 모티프
> 이제 옥황상제께서 전의 허물을 용서하자 삼청궁(三淸宮)으로 올라가서 다
> 도교에서 신선이 산다고 하는 궁궐
> 시 옥황상제의 향안(香案) 앞에서 상제를 모시게 하였삽기로, 틈을 타서 바
> 향로나 향합(香盒)을 올려놓는 상
> 람의 수레를 타고 다시 진세의 옛날 놀던 곳을 찾아와 보았을 뿐입니다."
> 수성궁
> 김생이 말을 마치고는 눈물을 뿌리면서 운영의 손을 잡고 또 말하였다.
>
> – 작자 미상, 〈운영전〉
> **주제** 김 진사와 궁녀 운영의 신분을 초월한 비극적 사랑

---

5 **예 ❸**에서 해학과 익살을 통해 골계미를 드러내는 재담 구조를 〈보기〉와 같이 정리할 때, ( ) 안에 들어갈 말을 각각 쓰시오.

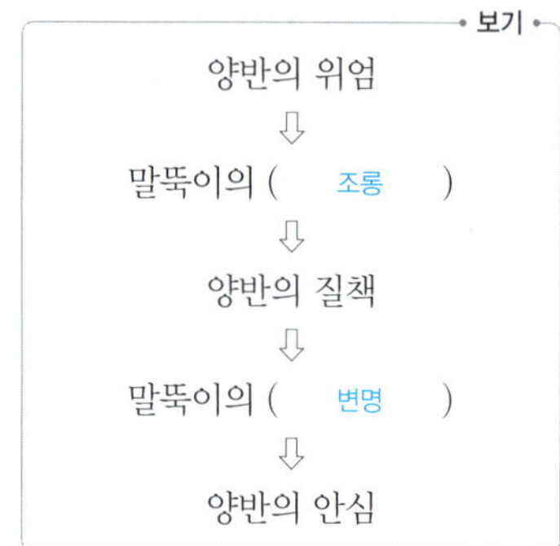

🔑 조롱, 변명

6 **예 ❸**을 읽고 난 반응으로 적절하지 <u>않은</u> 것은?

① 한자어와 비속어가 같이 사용되고 있어.

② 양반 거처와 세간의 전형적 형태를 나열하고 있어.

③ 특별한 무대 장치나 소품이 없이 극이 진행되고 있어.

④ 양반에 대한 말뚝이의 조롱은 관객의 웃음을 유발하고 있어

⑤ 생원이 호통을 치는 장면은 말뚝이의 비극적 결말을 암시하고 있어.

🔑 ⑤ 해 생원은 말뚝이의 조롱을 듣고 호통을 치지만, 이내 말뚝이의 변명을 듣고 안심하는 모습을 보이고 있다. 이를 통해 양반의 어리석음을 희화화하며 해학적 분위기를 조성하고 있다.

7 **예 ❹**에서 천상계나 초월적 존재를 나타내는 표현이 <u>아닌</u> 것은?

① 천상의 선인

② 옥황상제

③ 태청궁

④ 옥동산

⑤ 진세의 옛날 놀던 곳

🔑 ⑤ 해 '진세의 옛날 놀던 곳'은 안평 대군이 거처하던 '수성궁'을 말한다. '수성궁'은 인간 세계의 김 진사와 운영이 처음 만난 곳이자 둘의 사랑을 가로막는 현실적 장벽을 의미한다.

8 **예 ❹**에서 ⓐ를 통해 확인할 수 있는 고전 소설의 모티프를 '○○ 모티프'의 형식으로 쓰시오.

🔑 적강 모티프

[01~02] 다음 글을 읽고 물음에 답하시오.

이 무렵, 저 멀리 월출봉 취암사에 도사 한 분이 있으니, 그의 높은 술법은 귀신도 알아내지 못하겠더라. 도사가 학 대사를 불러 이르기를,

『내 듣건대, 옹달촌에 옹 좌수라 하는 놈이 불도를 업신여겨 중을 보면 원수같이 군다 하니, 네 그놈을 찾아가서 책망하고 돌아오라.』〈중략〉

"문밖에 중이 와서 동냥 달라 하나이다."

옹 좌수 발칵 화를 내어 성난 눈알 부라리며 소리 질러 꾸짖기를, / "괘씸하다 이 중놈아! 시주하면 어쩐다냐?"

학 대사는 이 말 듣고 육환장을 눈 위로 높이 들어 합장 배례로 대답하기를,

"황금으로 일천 냥만 시주하시면, 소승이 절에 가서 수륙재를 올릴 적에, 아무 면 아무 촌 아무개라 외우면서 축원을 드리면 소원대로 되나이다."

옹 좌수가 쏘아붙이되,

『허허, 네놈 말이 가소롭다! 하늘이 만백성을 마련할 제, 부귀빈천, 자손 유무, 복불복을 분별하여 내셨거늘, 네 말대로 한다면 가난할 이 뉘 있으며 무자(無子)할 이 뉘 있으리? 속세에서 일러 오는 인정 마른 중이렷다! 네놈 마음 고약하여 부모 은혜 배반하고, 머리 깎고 중이 되어 부처님의 제자인 양, 아미타불 거짓 공부하는 듯이 어른 보면 동냥 달라, 아이 보면 가자 하니, 불충불효 태심(太甚)하며, 불측한 네 행실을 내 이미 알았으니 동냥 주어 무엇하리?"』〈중략〉

술법 높은 학 대사는 괴이한 꾀 나는지라, 동자 시켜 짚 한 단을 끌어내어 허수아비 만들어 놓고 보니 영락없는 옹고집의 불측한 상이렷다. 부적을 써 붙이니 이놈의 화상, 말대가리 주걱턱에 어디로 보나 영락없는 옹가더라.

허수아비 거드럭거드럭 옹가 집을 찾아가서 사랑문 드륵 열며 분부할 제,

『늙은 종 돌쇠야, 젊은 종 뭉치, 깡쇠야, 어찌 그리 게으르고 방자하냐? 말에 콩 주고 소여물 썰어라! 춘단이는 바삐 나와 방 쓸어라!』

하며 태연히 앉았으니 이리 보나 저리 보나 분명한 옹 좌수라.

이때 실옹가 들어서며 하는 말이,

"어떠한 손이 왔기로, 이렇듯 사랑채가 소란하게 구느뇨?"

허옹가가 이 말 듣고 나왔으며, / "그대 어쩐 사람이기로 남의 집에 들어와 주인인 체 하느뇨?"〈중략〉

노복들이 얼이 빠져 이도 보고 저도 보고, 이리 보고 저리 보나 이옹 저옹이 같은지라, 두 옹이 아옹다옹 맞다투니 그 옹이 그 옹이요, 백운심처 깊은 곳에 처사 찾기는 쉬울망정, 백주당상 이 방 안에 우리 댁 좌수님 찾을 가망 전혀 없어, 입 다물고 말 없더니 안채로 들어가서 마님께 아뢰기를,

"일이 났소, 일이 났소! 아씨님 일이 났소! 우리 댁 좌수님이 둘이 되었으니 보던 중 처음일세. 집안에 이런 변이 세상에 또 있는가?"

마님이 이 말 듣고 대경실색 하는 말이,

"애고 애고, 이게 웬 말이냐? 좌수님이 중만 보면 당장에 묶어 놓고 악한 형벌 마구 하여 불도를 업신여기며, 팔십 당년 늙은 모친 박대한 죄 어찌 없을까 보냐? 땅신령이 발동하고 부처님이 도술 부려 하늘이 내리신 죄, 인력으로 어찌하리?"

▶ 학 대사가 만든 허옹가가 실옹가 행세를 함
– 작자 미상, 〈옹고집전〉
주제 인간의 참된 도리에 대한 교훈, 개과천선(改過遷善)

01

이 글에 대한 이해로 적절하지 <u>않은</u> 것은?

① 실옹가는 평소에도 불도를 업신여겼다.
② 허옹가는 실옹가의 집안 사정을 잘 알고 있다.
③ 실옹가는 도사가 학 대사를 보낸 이유를 알고 있다.
④ 학 대사는 실옹가를 벌주기 위해 허수아비를 이용하였다.
⑤ 마님은 평소 실옹가의 행동을 못마땅하게 생각하고 있었다.

답 ③ **해** 실옹가(진짜 옹고집)는 학 대사가 시주를 청하기 위해 왔다고 생각하며 업신여기고 있을 뿐, 도사가 학 대사를 보낸 이유를 알고 있지는 않다.

02

〈보기〉의 ㉠~㉣ 중, 이 글에서 확인할 수 있는 것끼리 짝지은 것은?

> **보기**
>
> 고전 소설은 선인과 악인을 선명하게 대립시켜 권선징악(勸善懲惡)을 주제로 담아 내는 경우가 많다. 그리고 대개 ㉠외모가 출중하고 재주가 남다른 인물을 주인공으로 내세워 그들이 고난을 극복하고 행복한 결말에 이르는 과정을 보여 준다. 전개 과정에서 ㉡비현실적인 이야기가 등장하기도 하고, ㉢우연적인 사건이 자주 발생하기도 한다. 서술 과정에서는 서술자가 상황에 대한 자신의 생각을 직접 드러내는 부분도 있고, 산문이지만 ㉣운율을 느낄 수 있는 부분도 있다.

① ㉠, ㉡   ② ㉠, ㉢   ③ ㉡, ㉢
④ ㉡, ㉣   ⑤ ㉢, ㉣

답 ④ **해** ㉡ 학 대사가 허수아비로 허옹가(가짜 옹고집)를 만든 것은 고전 소설의 비현실적인 요소에 해당한다. ㉣ 이 글은 판소리계 소설로, '노복들이 얼이 빠져 이도 보고 저도 보고 ~', '일이 났소, 일이 났소! 아씨님 일이 났소!' 등에서 운율을 느낄 수 있다.

㉠여러 날 만에 서울에 다다르니, 궐문에 이르러 길동이 한 번 몸을 요동하매 철삭이 끊어지고 함거가 깨어져 마치 매미가 허물 벗듯 공중으로 오르며 표연히 운무에 묻혀 가니, ⓐ장교와 제군이 어이없어 공중만 바라보고 다만 넋을 잃을 따름이라. 할 수 없어 이 연유로 상달하온대 상이 들으시고 가로되,

"천고에 이런 일이 어디 있으리오."

하시고 크게 근심하시니 신하 중 한 사람이 아뢰되,

"그 길동의 원이 병조 판서를 한 번 지내면 조선을 떠나리라 하오니, 한 번 제 원을 풀면 제 스스로 사은(謝恩)하오리니 이때를 타 잡음이 좋을까 하나이다."

상이 옳게 여기사 즉시 홍길동으로 병조 판서를 제수하시고 사문(四門)에 방을 붙이니라. 이때 길동이 이 말을 듣고 즉시 ㉡사모관대에 서대를 띠고 높은 초헌을 한가롭게 높이 타고 대로상에 완연히 들어오며 이르되, 이제 홍 판서 사은하러 온다 하니 병조 하인이 맞아 호위하여 궐내에 들어갈새, 백관이 의논하되,

"길동이 오늘 사은하고 나올 것이니 도부수를 매복하였다가 나오거든 일시에 쳐 죽이라."

하고 약속을 정하였더니 길동이 궐내에 들어가 상께 절을 하고 아뢰되,

"소신이 죄악이 지중하옵거늘 도리어 천은을 입사와 평생 한을 푸옵고 돌아가오나 영결전하하오니 복망 성상은 만수무강하소서."

하고 ㉢말을 마치며 몸을 공중에 솟아 구름에 싸이어 가니 그 가는 바를 알지 못할러라. 상이 보시고 한숨지어 탄식하여 가로되,

"길동의 신기한 재주는 고금에 희한하도다. 제 지금 조선을 떠나노라 하였으니 다시는 작폐할 길 없을 것이오. 비록 수상하나 일단 장부의 쾌한 마음이 있는지라. 족히 염려 없으렸다."

하시고 팔도에 사문(赦文)을 내리어 길동 잡는 공사를 거두시니라. 〈중략〉

각설. ㉣홍 공이 길동의 작난이 없으므로 신병이 쾌차하고 상이 또한 근심이 없이 지내더니 차시 추구월 망간에 상이 월색을 띠어 후원에 배회하실새, 문득 일진청풍이 일어나며 공중에 옥피리 소리 청아한 가운데 한 소년이 내려와 상께 복지(伏地)하거늘 상이 놀라 물어 가로되,

"선동(仙童)이 어찌 인간에 강굴(降屈)하여 무슨 일을 이르고자 하느뇨?"

소년이 땅에 엎드려 아뢰되,

"신은 전임 병조 판서 홍길동이로소이다."

상이 놀라 물어 가로되, / "네 어찌 심야에 왔느냐?"

길동이 대답하여 가로되,

"신이 전하를 받들어 만세를 모실까 하오나, 천비 소생이라 문관으로는 옥당의 지위를 얻을 수 없고, 무관으로는 장수의 자리에 오를 수 없으니 이러므로 사방을 떠돌며 관아를 습격하고 조정에 죄를 지음은 전하가 아시게 하려 함이옵니다. 신의 소원을 풀어 주옵시니 전하를 하직하고 조선을 떠나가오니 복망 전하는 만수무강하소서."

하고 공중에 올라 표연히 날거늘 ㉤상이 그 재주를 못내 칭찬하시더라. 이후로는 길동의 폐단이 없으매 사방이 태평하더라.

▶ 길동이 임금을 찾아와 작별 인사를 고함
— 허균, 〈홍길동전〉
주제 모순된 사회 제도의 개혁과 이상국의 건설

03

이 글로 알 수 있는 내용이 <u>아닌</u> 것은?

① 상은 길동의 말을 신뢰하고 있다.
② 길동은 신하의 도리를 지키고 있다.
③ 신하는 길동의 힘을 빌려 도적을 소탕하려 한다.
④ 길동이 사회적인 혼란을 일으킨 것은 의도적인 것이다.
⑤ 길동은 자신이 높은 벼슬에 오를 수 없다고 생각하였다.

답 ③ 해 신하는 길동의 힘을 빌려 도적을 소탕하려 한 것이 아니라, 길동을 사로잡아 죽이기 위해 벼슬을 줄 것을 제안한 것이다.

04

㉠~㉤ 중 〈보기〉의 내용이 나타난 것은?

> ● 보기
>
> 고전 소설의 특징 중 하나가 전기적(傳奇的) 요소를 지니고 있다는 점인데, '전기적(傳奇的)'이라는 말은 현실성이 있는 이야기가 아닌 진기한 것 — 일상적·현실적인 것과 거리가 먼 신비로운 내용 — 을 허구적으로 짜 놓은 것을 말한다.

① ㉠   ② ㉡   ③ ㉢   ④ ㉣   ⑤ ㉤

답 ③ 해 길동이 몸을 공중에 솟아 구름에 싸이어 가는 것은 현실에서 일어날 수 없는 고전 소설의 전기적 요소에 해당한다.

05

ⓐ의 상황에 가장 잘 어울리는 말은?

① 등하불명(燈下不明)   ② 마이동풍(馬耳東風)
③ 망연자실(茫然自失)   ④ 순망치한(脣亡齒寒)
⑤ 주마간산(走馬看山)

답 ③ 해 ⓐ의 상황에는 '멍하니 정신을 잃음'을 뜻하는 '망연자실'이 가장 잘 어울린다. / ① 가까이에 있는 물건이나 사람을 잘 찾지 못함 ② 남의 말을 귀담아듣지 아니하고 지나쳐 흘려버림 ④ 서로 이해관계가 밀접한 사이에 어느 한쪽이 망하면 다른 한쪽도 그 영향을 받아 온전하기 어려움 ⑤ 자세히 살피지 아니하고 대충대충 보고 지나감

07 극 · 수필의 이해

개념 열기 ① 톡톡! 희곡

희곡: 연극의 대본. 무대 상연을 목적으로 하여 쓰인 문학 작품 戱 연극 희, 曲 악곡 곡

- 무대 ① ㅅㅇ 을 전제로 쓰이기 때문에 그와 관련된 용어가 사용됨
- 사실이 아닌 허구의 이야기를 다룬다는 점에서는 소설과 같지만, 등장인물의 ② ㄷㅅ 와 행동으로 이야기가 진행된다는 점에서는 다름
- 서술자가 존재하지 않고, 현재 진행형으로 이야기가 전개됨
- 희곡의 형식적 구성 요소는 해설, 지시문, 대사임

1 해설 解 풀 해, 說 말씀 설

- 주로 첫머리에서 시간적 · 공간적 배경, ③ ㄷㅈㅇㅁ , 무대 장치 등을 설명하는 부분임

> **예 ①**
>
> **[등장인물]** 등장인물 소개
>
> 도념: 사미승, 14세 → 어머니에 대한 그리움과 동승으로서의 삶 사이에서 갈등하는 인물
>
> 미망인: 서울 안 대갓집 딸 → 도념을 양자로 삼으려다 주지의 반대로 포기하는 인물
>
> 주지 → 어린 도념을 돌보는 인물. 겉으로는 완고하지만 내심 도념을 아끼고 사랑함
>
> 친정 모: 미망인의 어머니
>
> 초부 → 성실하고 정이 많은 나무꾼
>
> 정심: 상좌승
> 계급이 높아 윗자리에 앉는 승려
>
> 첫겨울 시간적 배경 제시
>
> 동리에서 멀리 떨어진 심산 고찰(深山古刹) 공간적 배경 제시
> 도념과 주지가 갈등하는 공간
>
> 「숲을 뚫고 가는 산길이 산문(山門)에 들어간다. 원내(院內)에 비각, 그 뒤
> 절 또는 절의 바깥문   절 내부의 비석
> 로 산신당, 칠성당의 기와지붕, 재 올리는 오색 기치가 펄펄 날린다. 후면은
>   다섯 가지 색의 깃발
> 비탈, 우변(右邊) 바위틈에 샘에서 내려오는 물을 받는 물통이 있다.」
>   「」: 무대 장치 설명
>
> 재 올린다는 소문을 들은 구경꾼 떼 산문으로 들어간다.
>
> 청청한 목탁 소리와 염불 소리, 이따금 북소리.
>
> 도념, 물지게에 걸터앉은 채, 멀거니 동리를 내려다보고 있다. 이따금 허
> 공을 응시하다가는, 고개를 탁 떨어뜨리고 흐느낀다.
> 어머니에 대한 그리움으로 인한 행동
> 초부, 나무를 한 짐 안고 들어와 지게에 얹는다.
>
> — 함세덕, 〈동승〉
> **주제** 인간적 감정과 불교적 가르침 사이의 갈등

❖ **희곡의 구성 단위인 '막'과 '장'**

희곡은 '막'과 '장'으로 구성됩니다. '막'은 무대의 막이 올랐다가 다시 내릴 때까지의 단위입니다. 하나의 막으로 이루어지면 '단막극', 여러 개의 막으로 이루어지면 '장막극'입니다. '장'은 '막'의 하위 단위로, 몇 개의 장이 모여 막을 이룹니다. 등장인물의 등장 · 퇴장이나 조명이 어두워지는 것으로 장을 구분합니다.

☆ 개념을 완성하는 문제

1 예① 에 제시되어 있지 **않은** 것은?
- ① 등장인물
- ❷ 글의 주제
- ③ 시간적 배경
- ④ 공간적 배경
- ⑤ 무대의 장치

답 ② 해 희곡의 해설 부분에서는 등장인물, 시간적 · 공간적 배경, 무대의 장치 등을 설명한다.

2 예① 에서 무대에 등장하는 인물들을 찾아 차례대로 쓰시오.

답 구경꾼 떼, 도념, 초부

3 예① 과 같은 글이 소설과 다른 점으로 알맞은 것은?
- ① 허구의 이야기이다.
- ② 구체적 사건이 펼쳐진다.
- ③ 인간이 겪는 갈등을 다룬다.
- ④ 시간적 · 공간적 배경이 존재한다.
- ❺ 서술자가 없이 이야기가 전개된다.

답 ⑤ 해 희곡은 소설과 달리 서술자 없이 인물들의 대사와 행동을 통해 이야기를 전달한다.

대사 ② 무대 상연 ① **답장 주관없음**

2 지시문 指 가리킬 지, 示 보일 시, 文 글월 문

- 등장인물의 행동, 표정 등과 무대의 장치, 분위기 등을 설명하는 부분임
- '무대 지시문'은 막이 오른 후의 ① □□ 의 여러 사항들을 지시하는 부분임
- '동작 지시문'은 등장인물의 행동, ② □□ 등을 지시하는 부분으로 대사와 구분하기 위해 괄호 안에 서술함

예❷
『 』: 무대 지시문
『주위는 차츰차츰 어두워진다. 이윽고 범종 소리 들려온다. 멀리 산울림. 초부,
절에서 대중을 모이게 하거나 시각을 알리기 위해 치는 종   도념의 마음을 이해하고 도와주려는 인물
나무를 안고 나와 지게에 얹고, 담배를 한 대 피운다. 흩날리는 초설을 머리에
첫눈
받은 채 슬픈 듯한 표정으로 종소리를 듣는다.』〈중략〉

초부: (지게를 지고 일어서며) 지금 그 종 네가 쳤니?
동작 지시문
도념: 그럼은요. 언젠 내가 안 치구 다른 이가 쳤나요?
초부: 『밤낮 나무해 가지구 비탈 내려가면서 듣는 소리지만 오늘은 왜 그런지
『 』: 초부가 종소리에 대한 심정을 표현함으로써 도념의 심리를 관객들에게 전달해 줌
유난히 슬프구나.』 (일어서다가 도념의 옷차림을 발견하고) 아니, 너 갑자기
동작 지시문
바랑은 왜 걸머지구 나오니?   – 함세덕, 〈동승〉
승려가 지고 다니는 자루 모양의 큰 주머니   주제 인간적 감정과 불교적 가르침 사이의 갈등

3 대사 臺 무대 대, 詞 말씀 사

- 등장인물이 하는 말로 '대화', '독백', '방백'으로 나눌 수 있음
- '대화'는 등장인물들이 마주 대하여 서로 나누는 이야기임
- '독백'은 등장인물이 상대방 없이 ③ □□ 하는 말임
- '방백'은 등장인물의 말을 ④ □□ 은 들을 수 있고 무대 위 다른 등장인물은
들을 수 없는 것으로 약속된 말임

예❸
가 대화

초부: 어머니 아버질 찾기나 했으면 좋겠지만 찾지두 못하면 다시 돌아올
도념을 아끼는 마음에서 하는 진심 어린 조언
수도 없구, 거지밖에 될 게 없을 텐데 잘 생각해서 해라.
도념: 꼭 찾을 거예요.
헤어진 어머니에 대한 도념의 간절한 그리움

나 독백

도념: 『(무릎을 꿇고) 스님, 이 잣은 다람쥐가 겨울에 먹으려고 등걸 구멍에
주지에 대한 도념의 애정, 고마움   줄기를 잘라 낸 나무 밑동
다 모아 둔 것을 제가 아침이면 몰래 꺼내 뒀었어요. 어머니 오시면 드
리려구요. 동지섣달 긴긴 밤 잠이 안 오시어 심심하실 때 깨무십시오.
종교적 계율보다는 인간적 온정이 드러남
(산문에 절을 한 후) 스님, 안녕히 계십시오.』   – 함세덕, 〈동승〉
『 』: 도념의 독백 – ① 절을 떠나는 것을 잠시 지연시킴   주제 인간적 감정과 불교적 가르침 사이의 갈등
② 작품의 서정적 분위기를 고조함

다 방백

흥부: (힘없이) 내가 흥보요. / 놀부: (시치미를 떼며) 흥부가 뉘 아들인가?
흥부: (애걸하며) 애고 형님 이것이 웬 말이오? 세 끼 굶어 누운 자식 살려
낼 길 전혀 없으니, 쌀이 되나 벼가 되나 양단간에 빌려 주시면……
이렇게 되든지 저렇게 되든지 두 가지 가운데
놀부: (관객에게) 이 염치없는 놈 좀 보소. (성낸 눈을 부릅뜨며) 이놈아. 내
방백 – 관객에게만 들리는 것으로 약속된 말하기
말 들어 보아라.   – 이수진 각색, 〈놀부전〉
주제 형제간의 우애와 권선징악

❖ **희곡의 특성**

① 무대 상연을 전제로 한 문학
② 연기를 통해 표현되는 행동의 문학
③ 작가의 설명이 불가능한 대사의 문학
④ 인생을 현재화하여 표현한 문학
⑤ 대립과 갈등의 문학

☆ **개념을 완성하는 문제**

4 예❷ 를 연출하기 위한 계획으로 적절하지 **않은** 것은?

① 시간적 배경은 해 질 녘으로 해야겠군.
② 종소리를 구현하기 위해 효과음을 넣어야겠군.
③ 눈 내리는 모습을 나타내기 위해 장치를 준비해야겠군.
④ 도념이 등장하면서 무대에 있는 초부와 마주치게 해야겠군.
⑤ 초부를 본 도념에게 깜짝 놀라는 표정 연기를 주문해야겠군.

답 ⑤ 해 [예2]에서 초부와 마주친 도념이 깜짝 놀라는 내용은 확인할 수 없다.

5 예❸ 의 (가)에 나타난 '도념'의 정서로 알맞은 것은?

① 원망   ② 그리움
③ 노여움   ④ 두려움
⑤ 안타까움

답 ② 해 어머니를 찾기 위해 절을 떠날 만큼 도념은 어머니를 그리워하고 있다.

6 예❸ 의 (나)에서 스님에 대한 도념의 애정과 고마움이 담긴 소재를 찾아 1음절로 쓰시오.
답 잣

7 예❸ 의 (다)에서 인물의 대사가 방백임을 알게 하는 지시문으로 알맞은 것은?

① (힘없이)
② (시치미를 떼며)
③ (애걸하며)
④ (관객에게)
⑤ (성낸 눈을 부릅뜨며)

답 ④ 해 놀부의 '이 염치없는 놈 좀 보소.'는 관객에게만 들리는 것으로 약속된 '방백'이다. 이를 나타내기 위해 '(관객에게)'라는 지시문을 넣은 것이다.

① 상황 ② 표정 ③ 혼잣말 ④ 관객 : 답

 ## 시나리오

시나리오: 영화 상영을 위해 만들어진 영화 대본

- 소설, 희곡과 마찬가지로 작가에 의해 만들어진 ① ㅎㄱㅈ 인 이야기임
- 행동과 대사로 이야기가 진행되며, 희곡보다 시간과 공간의 제약을 덜 받음
- 해설, 대사, 지시문, ② ㅈㅁ 표시로 구성됨

> **예 ❶**
>
> S# 100. 화전밭
> 장면 번호
>
> ㉠페이드인. 혼자 밭을 갈고 있는 '나'의 모습. '나'의 머리 위로 벌들이 '붕,
> F.I. – 화면이 점점 밝아짐 　　　　　　　점순과 혼인하기 위해 데릴사위로 일을 해주는 청년
> 붕.' 소리를 치며 난다. 바위틈에서 흐르는 물소리, 산새 소리 들려온다. 소를 모
> 　　　　　　E.(효과음)로 처리
> 는 '나'의 몸놀림이 무겁다. 짜증을 내는 '나'의 표정 ㉡클로즈업.
> 　　　　　　　　　　　　　　　　　　　　　　　C.U. – 대상을 확대함
>
> 나: (소의 등을 두들기며 짜증난 목소리로) 안야! 안야! 이 망할 자식의 소 다
> 　　지시문 　　　　　　　　　　　　　장인에 대한 화풀이를 소에게 함
> 리를 꺾어 들라.
>
> ㉢오버랩. 멀리서 밥함지를 머리에 이고 오는 점순의 모습. ㉣페이드아웃.
> O.L. – '나'의 모습과 '점순'의 모습이 겹쳐지면서 장면이 바뀜 　　　F.O. – 화면이 점점 어두워짐
>
> S# 101. 밭머리
>
> 밥함지를 내려놓고 앉는 점순. 뒤에 떨어져서 등을 돌리고 웅크려 앉은 채로
> 　　　　　　　　　　　　남녀가 내외를 하는 모습
> 그릇이 나기를 기다리는 점순과 밥을 먹는 '나'의 모습이 ㉤풀 숏으로 비춰진다.
> 　　　　　　　　　　　　　　　　　　　인물이나 배경을 전체적으로 한 화면에 담는 촬영 기법
> '나'가 밥을 다 먹고 물러서자 점순이 다가온다.
>
> 점순: (고개를 푹 숙이고 그릇을 포개며 혼잣말로) 밤낮 일만 하다 말 텐가!
> 　　　　　　　　　　　　　　　　　점순의 충동질
> 나: (얼떨떨한 표정을 짓다가 공중에 대고 혼잣말로) 그럼 어떡해?
>
> 점순: (쏘아붙이며) 성례시켜 달라지 뭘 어떡해.　　　　　　　– 이수진 각색, 〈봄 · 봄〉
> 　　　점순의 적극적인 성격　　　　　　**주제** 성례를 둘러싼 교활한 장인과 우직한 데릴사위 간의 갈등

개념 확대경

시나리오 용어

S#(Scene Number)	장면 번호	E.(Effect)	효과음
NAR.(Narration)	내레이션. 화면 밖에서 들려오는 설명 형식의 대사		
O.L.(Over–Lap)	오버랩. 한 화면에 다른 화면을 겹치면서 장면을 바꾸는 것		
C.U.(Close–Up)	클로즈업. 대상이나 인물을 확대하여 촬영하는 것		
F.I.(Fade–In)	페이드인. 화면이 점점 밝아짐		
F.O.(Fade–Out)	페이드아웃. 화면이 점점 어두워짐		
Ins.(Insert)	인서트. 화면과 화면 사이에 다른 화면을 끼워 넣는 것		
Montage	몽타주. 따로따로 촬영한 화면을 떼어 붙여 편집하는 기법		

희곡과 시나리오의 비교

구분	희곡	시나리오
영속성	순간적임	영구적임
구성단위	막, 장	장면(Scene)
제약	시 · 공간적 배경, 인물 수의 제약이 있음	제약이 거의 없음

⊙ 시퀀스, 장면, 숏

'시퀀스(sequence)'는 하나의 이야기가 시작되고 끝나는 독립적인 구성단위로, 몇 개의 '장면'이 모여 이루어집니다. '장면(scene)'은 영화의 최소 단위로, 동일한 시간과 장소에서 동일한 인물이 벌이는 사건의 광경을 말하며, 여러 개의 '숏'으로 구성됩니다. '숏(shot)'은 카메라가 한 번의 연속 촬영으로 찍은 것을 말합니다.

☆ 개념을 완성하는 문제

1 예 ❶ 에 사용된 시나리오 용어에 대한 설명으로 적절하지 않은 것은?

① ㉠: 효과 음악을 삽입함
② ㉡: 인물을 확대하여 촬영함
③ ㉢: 한 화면에 다른 화면을 겹치게 하여 장면을 바꿈
④ ㉣: 화면이 점점 어두워짐
⑤ ㉤: 인물의 몸 전체를 촬영함

답 ① **해** '페이드인'은 화면이 점점 밝아짐을 나타내는 시나리오 용어이다.

2 예 ❶ 의 S#100에서 확인할 수 없는 것은?

① 날아다니는 '벌들'의 모습
② 혼자 밭을 갈고 있는 '나'의 모습
③ 밥함지를 이고 있는 '점순'의 모습
④ 물에 발을 담그고 있는 '나'의 모습
⑤ 짜증을 내며 소를 모는 '나'의 모습

답 ④ **해** 물소리가 들린다고 했을 뿐 '나'가 물에 발을 담그고 있지는 않다.

3 〈보기〉의 희곡을 시나리오로 바꿀 때, 용어의 적용이 적절한 것은?

> ── 보기 ──
>
> 초부: 그럼 잘―가라. 난 이 길루 가겠다.
> 도념: ㉠네, 안녕히 가세요.
>
> 멀리 동리를 내려다보고 길게 한숨을 쉰다. ㉡정숙. 원내에서는 목탁과 주지의 ㉢염불 소리만 청청히 들릴 뿐. ㉣눈은 점점 펑펑 내리기 시작한다. 도념, ㉤산문을 돌아다보며 비탈길을 내려간다.
> 　　　　　　– 함세덕, 〈동승〉

① ㉠: NAR.　　② ㉡: Ins.
③ ㉢: E.　　　④ ㉣: F.O.
⑤ ㉤: F.I.

답 ③ **해** 'E.'는 효과음을 의미하는 시나리오 용어이므로 '염불 소리'를 나타내기에 적절하다.

수필: 글쓴이의 경험에서 우러나온 생각과 느낌을 형식이나 내용의 제한 없이 자유롭고 솔직하게 표현한 글 隨 따를 수, 筆 붓 필

- 글쓴이의 체험, 인생관, 가치관 등 개성적 면모가 드러남
- 글쓴이의 개인적인 ① ㄱㅎ 과 생각이 진술하게 드러나는 자기 고백적인 글로, 유머와 위트를 통해 웃음을 자아내고 지적 감흥을 줌
- ② ㅂㅈㅁㅈ 인 글로, 형식에 제약이 없고 일상생활의 모든 것이 소재가 됨
- 독자는 글쓴이의 경험과 깨달음에서 교훈을 얻고 삶을 성찰하게 됨

예 ① 가 을미년(1595년) 7월

1일 잠깐 비가 내렸다. 나라 제삿날이라 공무를 보지 않고 홀로 누대에 기대고 있었다. 내일은 돌아가신 부친의 생신인데, 슬픔과 그리움을 가슴에 품고 생각하니, ㉠나도 모르게 눈물이 떨어졌다. 나라의 정세를 생각하니, 위태롭기가 아침 이슬과 같다. 안으로는 정책을 결정할 동량(棟樑) 같은 인재가 없고, 밖으로는 나라를 바로잡을 주춧돌 같은 인물이 없으니, 종묘사직이 마침내 어떻게 될 것인지 알지 못하겠다. ㉡마음이 어지러워서 하루 내내 뒤척거렸다. 〈중략〉

3일 맑음. 아침에 충청 수사에게로 가서 문병하니 많이 나았다고 한다. 늦게 경상 수사가 이곳에 와서 서로 이야기한 뒤에 활 열 순을 쏘았다.

– 이순신, 〈난중일기〉

주제 전쟁을 겪으면서 느낀 충무공의 인간적 고뇌

나 「객줏집 방에는 석유 등잔을 켜 놓습니다. 그 도회지의 석간(夕刊)과 같은 그윽한 내음새가 ㉢소년 시대의 꿈을 부릅니다.」 정 형! 그런 석유 등잔 밑에서 밤이 이슥하도록 '호까' — 연초갑지 — 붙이던 생각이 납니다. 베짱이가 한 마리 등잔에 올라앉아서 그 연둣빛 색채로 혼곤한 내 꿈에 마치 영어 '티(T)' 자를 쓰고 건너긋듯이 유다른 기억에다는 군데군데 언더라인을 하여 놓습니다. 슬퍼하는 것처럼 고개를 숙이고 도회의 ㉣여차장이 차표 찍는 소리 같은 그 성악(聲樂)을 가만히 듣습니다. 그러면 그것이 또 이발소 가위 소리와도 같아집니다. 나는 눈까지 감고 가만히 또 자세히 들어 봅니다.

그리고 비망록을 꺼내어 머룻빛 잉크로 ㉤산촌의 시정(詩情)을 기초(起草)합니다.

– 이상, 〈산촌 여정〉

주제 도시적 감수성으로 바라본 산촌의 풍경

개념 확대경

소설과 수필의 비교

구분	소설	수필
내용	작가가 꾸며 낸 허구	작가가 경험한 사실
형식	의도적인 구성(플롯)	자유로운 형식
서술자	작가의 허구적 대리인	작가 자신

개념 플러스

◇ **경수필과 중수필**

수필은 글쓴이의 태도에 따라 경수필과 중수필로 나눌 수 있습니다. 생활 주변의 일을 소재로 한 '경수필'은 개인적, 주관적, 신변잡기적인 글쓴이의 태도가 나타납니다. 반면 대체로 무거운 내용을 담고 있는 '중수필'은 논리적, 객관적, 설명적인 글쓴이의 태도가 나타납니다.

☆ **개념을 완성하는 문제**

1 다음 중, 수필의 특징으로 보기 어려운 것은?

① 비전문적인 글
② 형식이 자유로운 글
③ 소재의 제약이 없는 글
④ 유머와 위트가 있는 개성적인 글
⑤ 현실에 있음 직한 허구적 내용을 쓴 글

답 ⑤ 해 수필은 작가가 실제 경험한 사실을 바탕으로 쓴 글이다. 현실에 있음 직한 허구적 내용을 쓴 글은 소설이다.

2 예① 의 (가)에서 글쓴이가 걱정하는 내용으로 볼 수 없는 것은?

① 나라의 정세
② 부친의 안부
③ 인재의 부재
④ 충청 수사의 건강
⑤ 종묘사직의 위태로움

답 ② 해 '돌아가신 부친'을 통해 부친이 돌아가셨음을 알 수 있으므로, 부친의 안부를 걱정한다는 내용은 적절하지 않다.

3 예① 의 (나)에서 글의 수신인에 해당하는 인물을 찾아 2어절로 쓰시오.

답 정 형

4 예① 의 ㉠~㉤에 대한 설명으로 가장 적절한 것은?

① ㉠: 글쓴이의 정서가 진술하게 제시된다.
② ㉡: 글쓴이가 지병을 앓고 있음을 알 수 있다.
③ ㉢: 시대적 배경을 짐작할 수 있는 소재가 나타난다.
④ ㉣: 도회의 바쁜 삶을 그리워하는 글쓴이의 마음이 드러난다.
⑤ ㉤: 도시에서의 기억을 담은 글을 쓸 준비를 한다.

답 ① 해 ㉠에는 돌아가신 부친에 대한 그리움의 정서가 진술하게 나타나 있다.

정답 ① 감흥 ② 비전문적

[01] 다음 글을 읽고 물음에 답하시오.

[앞부분 줄거리] 경숙은 자폐증을 가진 아들 초원이 달리기에 재능이 있음을 발견하고 초원에게 마라톤 훈련을 시킨다. 전직 마라톤 선수인 정욱은 경숙의 부탁으로 초원의 마라톤 훈련을 돕는다.

S# 93. 병원 병실 / 밤
장면 번호

경숙: 이왕 이렇게 세상에 태어난 이상, 뭐 하나라도 즐길 수 있는 거, 살아 있다는 기분 느낄 수 있는 거 하나쯤 엄마 가 만들어 주고 떠나자. 그런데 어느 날 보니…… 그러면 서, 내가 좋아하고 꿈꾸고 위로받고 있는 거였어. 아무것 도 모르는 애를 멋대로 굴려 가면서. 하지만 그만둘 수가 없었어. 그럼 난 살 수가 없을 것 같았거든. (눈물을 떨군 다) …… 애가 기억하더라구. 옛날에 동물원에서 잃어버렸 던 걸……. 기억나지 당신도? 사실은 말야, 그때, 내가 초 원이를 버렸던 거야. 사람들 틈에서 손을 놓았지. 도저히, 키울 자신이 없었거든……. 그러니까, 제 살자고 애를 버 렸던 엄마가, 이제 또 제가 살려고 애를 그렇게 한평생 못 살게 군 거야.

희근: 당신 그때 스물일곱이었어.

경숙: 〈중략〉 어쩜, 초원이는 엄마가 자길 또 내버릴까 봐, 그렇게 열심히, 힘들단 소리도 못 하고 지금껏 산 거 아닐 까, 여보? 어떡하지? 그럼 나 정말 지옥 갈 거야, 그치?

S# 94. 병원 정원 / 낮

정욱: 예전에 초원이 마라톤 좋아한다고 했을 때, 내가 직접 달려 보지도 않고 그딴 소리하지 말라고 한 거 기억나요?

허공을 바라보고 있는 경숙에게 진지하게 말하는 정욱.

정욱: 그건 정말 모르는 거예요. 직접 뛰어 본 사람만 아는 거죠. 승부를 위해, 기록을 위해, 다른 사람을 위해 뛰는 거랑은 다른 거거든요. 그럴 땐 멈추고 싶죠. 그리고 멈춰 서 있으면……. 그 느낌은 쉽게 까먹어요. 그럼 영영 다시 뛸 수 없죠. (경숙을 바라보며) 제가 페이스메이커 할게요. 같이 뛴다구요.

경숙: 하지만, 우리 앤 달라요, 남들과 달라요. 똑같지 않다 구요! 그걸 깨닫는 데 20년 걸렸어요. 바보처럼……. 그깟 200시간으로 뭐가 달라졌을 것 같아요? 어림도 없어요. 애 맘을 아냐구요? 그걸 알면, 난 지금 당장 죽어도 소원 이 없어요. (큰 목소리로) 가세요! 이젠, 안 해요! 내가 그놈 의 걸 알 때까지 하루라도 더 살기 위해서라도 이제 마라

톤 안 해요! ▶ 초원에게 마라톤을 계속 시키느냐의 문제로 인한 경숙과 정욱의 갈등

[중략 부분 줄거리] 경숙은 퇴원하고, 초원은 깊은 밤에 운동장을 스스로 달린 다. 마라톤 대회가 열리는 날 초원은 혼자 대회 현장으로 향하고, 놀란 경숙과 동생 중원은 초원을 찾아 나선다.

S# 101. 춘천 공설 운동장 / 아침

경숙, 초원을 잡아끌지만, 초원은 움직일 생각을 안 한다.

경숙: 너 뛰다가 쓰러지면 또 주사 맞잖아. 주사 맞을 거야?

초원: (머뭇거리다가 이내) 안 쓰러져. 초원이 안 쓰러져.

그 순간 '탕'. 울리는 출발 총성. '와아'하는 함성 소리와 함께 물밀 듯이 밀려 나가기 시작하는 사람들. 그 틈바구니에서 손을 붙잡은 채, 서로 노려보고 있는 초원과 경숙.

경숙: 초원아, 나중에 오자. 오늘은 안 돼. 너 혼자선 안 돼.

초원 모자와 거칠게 부딪치면서 출발하는 사람들. 달려 나가 는 수많은 사람들 틈에서, 보였다 안 보였다 하는 초원과 경숙. 하지만 초원의 손을 꼭 잡고 있는 경숙.

경숙: 초원아, 엄마가 잘못했어. 이제, 이런 거 안 시킬게.

초원: 초원이 다리는…….

경숙, 숨이 멎는 듯

초원: 초원이 다리는……?

경숙: (경숙의 눈가가 젖어 들고) 백만 불짜리 다리…….

      – 정윤철, 윤진호, 송예진 각색, 〈말아톤〉

주제 자폐증을 가진 초원이 마라톤을 통해 성장하는 과정

01

이 글을 영화로 연출하기 위한 연출자의 주문 사항으로 적절하지 **않은** 것은?

① S# 93에서 경숙이 말할 때, 자책감을 담아낼 수 있는 표정 으로 연기해 주세요.

② S# 94에서 정욱이 경숙을 설득할 때, 진지한 태도가 드러 나는 어조로 대사를 해 주세요.

③ S# 94에서 경숙이 정욱의 제안을 거절할 때, 감정을 억누 르려는 차분한 목소리로 연기해 주세요.

④ S# 101에서 마라톤 대회가 시작되는 상황일 때, 생생한 현 장감이 부각될 수 있는 효과음을 넣어 주세요.

⑤ S# 101에서 초원과 경숙이 대화할 때, 마라토너들은 일시 에 그들의 주변을 빠르게 지나쳐 가도록 해 주세요.

답 ③ **해** S#94에서 경숙은 정욱의 제안을 거절하며 큰 목소리로 자신의 감정을 있는 그대로 표출하고 있다. 따라서 경숙에게 감정을 억누르려는 차분한 목소리로 연기하라 고 주문하는 것은 적절하지 않다.

작년 봄에 이웃에서 파초 한 그루를 사 왔다. 〈중략〉 그래 지나다닐 때마다 눈을 빼앗기던 이웃집 큰 파초를 그예 사오고야 만 것이다. 워낙 크기도 했지만 파초는 소 선지가 제일 좋은 거름이란 말을 듣고 선지는 물론이고 생선 씻은 물, 깻묵물 같은 것을 틈틈이 주었더니 작년 당년으로 성북동에선 제일 큰 파초가 되었고 올 봄에는 새끼를 다섯이나 뜯어 내었다. 그런 것이 올 여름에도 그냥 그 기운으로 장차게 자라 지금은 아마 제일 높은 가지는 열두 자도 훨씬 더 넘을 만치 지붕과 함께 솟아서 퍼런 공중에 드리웠다.

지나가는 사람마다 "이렇게 큰 파초는 처음 봤군!" 하고 우러러보는 것이다. 나는 그 밑에 의자를 놓고 가끔 남국의 정조를 명상한다.

파초는 언제 보아도 좋은 화초다. 폭염 아래서도 그의 푸르고 싱그러운 그늘은, 눈을 씻어 줌이 물보다 더 서늘한 것이며, 비 오는 날 다른 화초들은 입을 다문 듯 우울할 때 파초만은 은은히 빗방울을 퉁기어 주렴(珠簾) 안에 누웠으되 듣는 이의 마음에까지 비를 뿌리고도 남는다, 가슴에 비가 뿌리되 옷은 젖지 않는 그 서늘함, 파초를 가꾸는 이 비를 기다림이 여기 있을 것이다.

▶ 파초를 사 와서 기르고 즐김

오늘 앞집 사람이 일찍 찾아와 보자 하였다. 나가니

"거 저 파초 파십시오." / 한다.

"팔다니요?"

"저거 이젠 팔아 버리셔야 합니다. 저렇게 꽃이 나온 건 다 큰 표구요, 내년엔 영락없이 죽습니다. 그건 제가 많이 당해 본 걸입쇼." / 한다.

"죽을 때 죽더라도 보는 날까진 봐야지 않소?"

"그까짓 인제 뭐 달 더 보자구 그냥 두세요? 지금 팔면 파초가 세가 나 저렇게 큰 것 오 원도 더 받습니다…… 누가 마침 큰 걸 하나 구한다요. 그까짓 슬쩍 팔아 버리시죠."

생각하면 고마운 일이다. 이왕 죽을 것을 가지고 돈이라도 한 오 원 만들어 쓰라는 말이다. 그러나 나는 마음이 얼른 쏠리지 않는다. 〈중략〉

정말 파초가 꽃을 피우면 열대 지방과 달라 한 번 말랐다가는 다시 소생하지 못할는지도 모른다. 그러나 내 마당에서, 아니 내 방 미닫이 앞에서 나와 두 여름을 났고 이제 그 발육이 절정에 올라 꽃이 핀 것이다. 얼마나 영광스러운 일인가! 그가 한 번 꽃을 피웠으니 죽은들 어떠리! 하물며 한마당 수북하게 새순이 솟아오름에랴!

소를 길러 일을 시키고 늙으면 팔고 사 간 사람이 잡으면 그 고기를 사다 먹고 하는 우리의 습관이라 이제 죽을 운명의 파초니 오 원이라도 받고 팔아 준다는 사람이 그 혼자 드러나게 모진 사람은 아니다. 그러나 무심코 바람에 너울거리는 파초를 보고 그 눈으로 그 사람의 눈을 볼 때 나는 내 눈이 뜨거웠다.

"어서 가슈. 그리고 올가을엔 움이나 작년보다 더 깊숙하게 파 주슈."

▶ 파초를 팔라는 앞집 사람의 제안을 거절함

– 이태준, 〈파초〉

주제 파초에 대한 애정과 물질주의적 세태에 대한 비판

02

이 글에 대한 설명으로 가장 적절한 것은?

① 과거 회상을 통해 현재 자신의 삶을 성찰하고 있다.

② 대화를 넣어 대상이 지닌 역사적 의미를 강조하고 있다.

③ 단정적인 표현을 통해 부정적 현실의 극복 의지를 드러내고 있다.

④ 대상을 대하는 인물의 태도를 대비하여 글쓴이의 의도를 효과적으로 드러내고 있다.

⑤ 대상에 대한 일정한 거리를 유지하여 글쓴이의 객관적인 감상 태도를 드러내고 있다.

답 ④ **해** 이 작품은 파초에 대한 '나'와 '그'의 태도를 대비하여 보여 주고 있다. 이를 통해 파초를 물질적이고 실용적인 가치가 아닌, 정신적이고 정서적인 대상으로 바라보는 '나'의 관점을 부각하여 글쓴이의 의도를 효과적으로 드러내고 있다.

03

〈보기〉를 참고하여 이 글을 감상한 내용으로 적절하지 않은 것은?

> • 보기 •
>
> 수필의 소재는 특별한 것이 아니라 우리 주변에서 흔히 볼 수 있는 일상적인 것이다. 그러나 그것을 평범한 눈으로만 바라본다면 그 의미와 가치를 발견할 수 없다. 이 글에서 글쓴이는 일상적인 소재를 자신만의 관점으로 바라봄으로써 새로운 의미와 가치를 발견하고 이를 통해 자신이 하고 싶은 말을 효과적으로 전달하고 있다.

① 파초의 크기에 경탄하며 '지나가는 사람'에게서 파초를 평범한 눈으로 바라보지 않으려는 태도를 엿볼 수 있군.

② 틈틈이 좋은 거름을 주는 등 파초를 기르는 경험이 제시된 것으로 보아, 파초는 '나'의 일상과 관련된 소재임을 알 수 있군.

③ 파초 잎에 떨어지는 빗방울 소리를 듣고 마음에 비를 뿌린다고 표현한 것은, '나'가 파초를 자신만의 관점으로 보고 있음을 나타낸 것이군.

④ 파초를 팔라는 '앞집 사람'의 제안을 수용하지 않은 것은 '나'가 파초를 의미 있고 가치 있는 것으로 보고 있기 때문이군.

⑤ 자신의 눈이 뜨거워졌다는 말을 통해 '나'가 하고 싶은 말을 간접적으로 전달하는 것이겠군.

답 ① **해** "이렇게 큰 파초는 처음 봤군!" 하고 지나는 사람은 파초의 크기에 경탄한 것일 뿐 자신만의 관점으로 새로운 의미와 가치를 발견한 것이라고 볼 수 없다. / ⑤ 물질주의적 가치관을 지닌 '그'에 대한 안타까움을 드러냄으로써 물질적 가치보다 정신적 가치가 소중하다는 글쓴이의 생각을 간접적으로 드러내고 있다.

Ⅲ

문법

01 음운

개념 열기 ① 톡톡! 음운

음운: 말의 뜻을 구별해 주는 소리의 가장 작은 단위, 말을 이루는 낱낱의 소리

音 소리 음, 韻 운 운

- 문법적인 의미를 나타내는 소리의 최소 단위로, 언어마다 음운의 수가 다름
- 언어 공동체의 구성원들이 같은 음으로 인식하는 추상적이고 관념적인 소릿값임
- 국어의 음운에는 분절 음운(자음, 모음 → 음소(音素))과 비분절 음운(소리의 길이, 억양 → 운소(韻素))이 있음

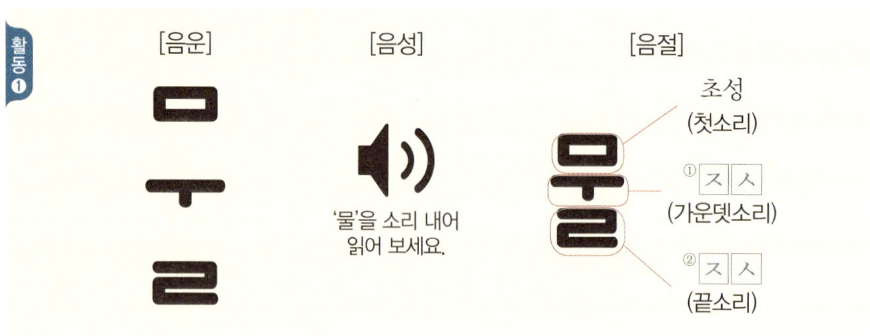

개념 확대경

음성과 음절

음성	사람이 발음 기관을 통해 내는 말소리 • 발음: 의미를 구별해 주는 소리를 내는 것 ≠ 발성 • 발성: (언어로서의 기능이 없는) 목소리를 냄. 또는 그 목소리
음절	발음할 때 한 번에 낼 수 있는 언어의 최소 단위 • 초성: 음절에서 처음 소리인 자음 • 중성: 음절에서 중간 소리인 모음 • 종성: 음절에서 끝의 소리인 자음

음절의 구성 방법

모음 단독	예 아, 어, 야, 여 (초성 자리의 'ㅇ'은 음운이 아님)
모음 + 자음	예 안, 얼, 양, 엮 (초성 자리의 'ㅇ'은 음운이 아님)
자음 + 모음	예 가, 나, 다, 라
자음 + 모음 + 자음	예 강, 낮, 달, 락

개념 플러스

최소 대립쌍

단어를 구성하는 요소 중에서 나머지 요소는 모두 같고 한 가지 요소에 의해서만 의미가 구별되는 단어들의 짝을 '최소 대립쌍'이라고 합니다. '물 – 불'의 경우, 나머지 요소는 모두 같고 'ㅁ'과 'ㅂ'의 한 가지 요소에 의해서만 의미가 구별됩니다. 따라서 '물'과 '불'은 최소 대립쌍입니다.

☆ 개념을 완성하는 문제

1 국어의 음운에 대한 설명으로 적절하지 <u>않은</u> 것은?

① 음운은 말의 뜻을 구별해 주는 소리의 가장 작은 단위이다.

② 분절 음운에는 19개의 자음과 21개의 모음이 있다.

③ 비분절 음운은 말의 뜻을 구별하는 기능을 하지 못한다.

④ 음운은 사람들이 머릿속에서 같은 소리로 인식하는 추상적인 말소리이다.

⑤ '벌'과 '불'은 'ㅓ'와 'ㅜ'의 차이에 의해 뜻이 달라지므로 'ㅓ'와 'ㅜ'는 각각 하나의 음운으로 볼 수 있다.

답 ③ 해 음운의 한 종류인 비분절 음운은 발음하는 소리의 길이나 상대적인 높낮이에 따라 뜻을 구별해 주는 기능을 한다.

2 다음 중, 음절을 이루는 방법이 <u>다른</u> 하나는?

① 강 　② 들 　③ 방

④ 역 　⑤ 밥

답 ④ 해 ④는 '모음 + 자음'의 구성이고, 나머지는 모두 '자음 + 모음 + 자음'의 구성이다.

① 운유 ② 운유

1 자음 子 아들 자, 音 소리 음

- 허파에서 나오는 공기가 조음 기관에 의해 장애를 받으면서 나는 소리
- '닿소리'라고도 하며, 우리말에는 19개의 자음이 있음
- 자음은 홀로 소리 날 수 없으며, 모음과 결합해야 소리가 남

활동 ②

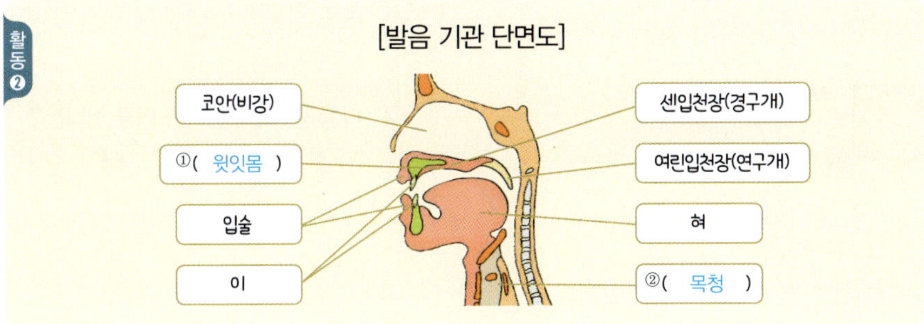

1-❶ 자음 체계

활동 ③

조음 방법		조음 위치	입술소리 (양순음)	잇몸소리 (치조음)	센입천장 소리 (경구개음)	여린입천장 소리 (연구개음)	목청소리 (후음)
안울림소리	파열음	예사소리	ㅂ	ㄷ		ㄱ	
		된소리	ㅃ	ㄸ		ㄲ	
		거센소리	ㅍ	ㅌ		ㅋ	
	파찰음	예사소리			ㅈ		
		된소리			ㅉ		
		거센소리			ㅊ		
	마찰음	예사소리		ㅅ			③(ㅎ)
		된소리		ㅆ			
울림소리	비음		ㅁ	④(ㄴ)		ㅇ	
	유음			ㄹ			

🔍 **개념 확대경**

조음 방법에 따른 자음 분류

파열음	허파에서 나오는 공기를 막았다가 그 막은 자리를 터트리면서 내는 소리
마찰음	조음 기관이 좁혀진 사이로 공기가 비집고 나오면서 마찰하여 나는 소리
파찰음	파열음과 마찰음의 두 가지 성질을 다 가지는 소리
비음	입안의 통로를 막고 코로 공기를 내보내면서 내는 소리
유음	혀끝을 잇몸에 가볍게 대었다가 떼거나 잇몸에 댄 채 공기를 그 양옆으로 흘려보내면서 내는 소리

조음 위치에 따른 자음 분류

양순음	입술소리. 두 입술 사이에서 나는 소리
치조음	잇몸소리. 혀끝이 윗잇몸에 닿아서 나는 소리
경구개음	센입천장소리. 혓바닥과 센입천장 사이에서 나는 소리
연구개음	여린입천장소리. 혀의 뒷부분과 여린입천장 사이에서 나는 소리
후음	목청소리. 목청 사이에서 나는 소리

---

3 국어의 자음에 대한 설명으로 적절하지 <u>않은</u> 것은?

① 자음은 홀로 소리 날 수 있다.
② 목청 사이에서 나는 소리는 'ㅎ'이다.
③ 센입천장소리는 모두 파찰음에 해당한다.
④ 우리말의 자음은 울림소리와 안울림소리로 나뉜다.
⑤ 'ㄴ, ㅁ, ㅇ'은 코로 공기를 내보내면서 내는 소리이다.

답 ① 해 홀로 소리 날 수 있는 것은 모음이며, 자음은 홀로 소리가 나지 않는다.

4 다음 중, 조음 위치가 <u>다른</u> 하나는?

① ㅁ   ② ㅂ   ③ ㅃ
④ ㅅ   ⑤ ㅍ

답 ④

5 〈보기〉의 ㉠에 들어갈 말로 적절하지 <u>않은</u> 것은?

> ─ 보기 ─
> 개념 설명 : 최소 대립쌍은 하나의 소리로 인해 뜻이 구별되는 단어의 짝을 말해요. 최소 대립쌍 '살'과 '쌀'은 'ㅅ'과 'ㅆ'으로 인해 뜻이 달라지는데, 이때의 'ㅅ', 'ㅆ'은 음운의 자격을 얻게 되죠.
> 활동 제안 : 최소 대립쌍을 이용해 음운을 추출할 수 있는데, [A]에서 최소 대립쌍들을 찾아 음운들을 추출해 보도록 해요.
> [A]: 가루, 고리, 구들, 구슬, 노래, 마루, 모래, 소리
> 활동 결과 : [A]에서 최소 대립쌍들을 찾아 (㉠)들을 추출할 수 있습니다.

① ㄱ, ㅁ 음운(가루 - 마루)
② ㄱ, ㅅ 음운(고리 - 소리)
③ ㄴ, ㅁ 음운(노래 - 모래)
④ ㄷ, ㅅ 음운(구들 - 구슬)
⑤ ㅁ, ㅅ 음운(모래 - 소리)

답 ⑤ 해 '모래 - 소리'는 'ㅁ'과 'ㅅ', 'ㅐ'와 'ㅣ'로 인해 뜻이 달라지므로, 하나의 소리로 인해 뜻이 구별되는 최소 대립쌍이 아니다.

개념 플러스

◈ **목청(성대)의 떨림에 따른 자음 분류**

울림소리(유성음)는 목청이 떨려 울리는 소리로, 'ㄴ, ㄹ, ㅁ, ㅇ'이 있습니다. 안울림소리(무성음)는 목청을 진동시키지 않고 내는 소리로, 울림소리 외의 모든 자음이 이에 해당합니다.

ㄱ ① 오 ② 음잇윗 ③ 몸잇윗 ④ 청목

2 모음 母 어머니 모, 音 소리 음

- 허파에서 나오는 공기가 조음 기관에 의해 장애를 받지 않고 나는 소리
- '홀소리'라고도 하며, 우리말에는 10개의 단모음과 11개의 이중 모음이 있음
- 모음은 울림소리에 속하며, 홀로 소리가 날 수 있음

활동 ④

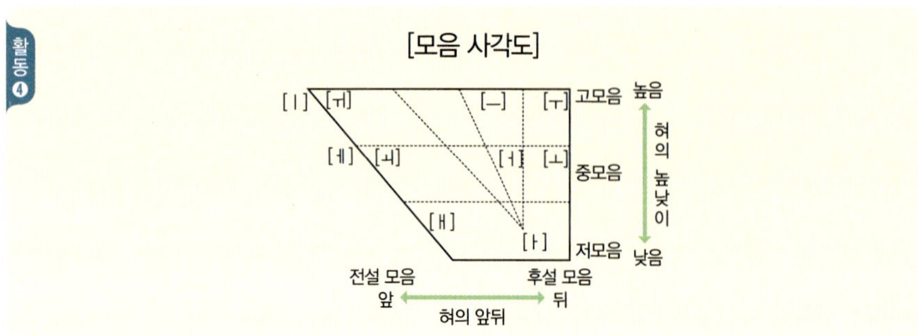

[모음 사각도]

2-❶ 모음 체계

활동 ⑤

① 단모음: 발음하는 동안 혀의 위치나 입술 모양이 달라지지 않는 모음

혀의 앞뒤 / 혀의 높이 \ 입술 모양	전설 모음		후설 모음	
	평순 모음	원순 모음	평순 모음	원순 모음
고모음	①(ㅣ)	ㅟ	ㅡ	ㅜ
중모음	ㅔ	ㅚ	②(ㅓ)	ㅗ
저모음	ㅐ		ㅏ	

② 이중 모음: 발음하는 동안 혀의 위치나 입술 모양이 달라지는 모음

'ㅣ[j]'+단모음	ㅑ, ㅕ, ㅛ, ㅠ, ㅒ, ㅖ
'ㅗ/ㅜ[w]'+단모음	ㅘ, ㅙ, ㅝ, ㅞ
단모음 'ㅡ'+'ㅣ[j]'	③(ㅢ)

※ 반모음: 음성의 성질로 보면 모음과 비슷하지만 반드시 다른 모음에 붙어야만 발음될 수 있으므로 음절을 이루지 못하는 소리임. 'ㅣ[j]', 'ㅗ/ㅜ[w]'

개념 확대경

모음 분류

혀의 높이에 따른 분류	고모음	입이 조금 열리고 혀의 위치가 높음
	중모음	입이 중간 정도 열리고 혀의 위치가 중간 정도임
	저모음	입이 크게 열리고 혀의 위치가 낮음
입술 모양에 따른 분류	평순 모음	입술을 평평하게 하여 발음함
	원순 모음	입술을 둥글게 오므려서 발음함
혀의 위치에 따른 분류	전설 모음	혀의 최고점이 앞쪽에 있을 때 발음됨
	후설 모음	혀의 최고점이 뒤쪽에 있을 때 발음됨

3 비분절 음운

- 소리의 길이(장단)나 상대적인 높이(억양)에 따라 단어나 문장의 뜻이 구별됨

활동 ⑥

- 말[馬, 斗] / 말ː[言]
- 밤[夜] / 밤ː[栗]
- 밥 먹어? ╱ (의문문)
- 밥 먹어. ╲ (평서문)
- 밥 먹어. → (명령문)

6 다음 중, 단모음이 전혀 사용되지 않은 것은?

① 말 ② 소금 ③ 돼지
④ 여유 ⑤ 거울

답 ④ 해 ④의 'ㅕ, ㅠ'는 이중 모음에 해당한다. ①의 'ㅏ', ②의 'ㅗ, ㅡ', ③의 'ㅣ', ⑤의 'ㅓ, ㅜ'는 단모음이다.

7 다음 중, 혀의 높이가 다른 하나는?

① ㅔ ② ㅚ ③ ㅣ
④ ㅓ ⑤ ㅗ

답 ③ 해 ③은 고모음이고, 나머지는 모두 중모음이다.

8 다음 중, 이중 모음이 아닌 것은?

① ㅑ ② ㅠ ③ ㅘ
④ ㅚ ⑤ ㅙ

답 ④

9 〈보기〉의 음운 카드를 활용하여 학습한 내용으로 적절하지 않은 것은?

보기

음운: 말의 뜻을 구별해 주는 소리의 가장 작은 단위

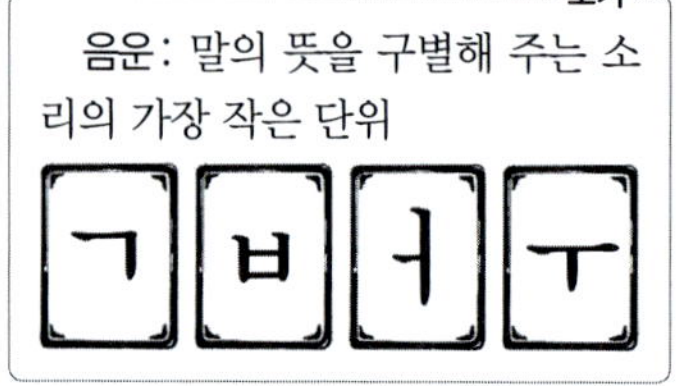

① 'ㅂ', 'ㅜ', 'ㄱ'을 차례로 사용하면 '북'이라는 단어를 만들 수 있군.
② '북'의 가운뎃소리인 'ㅜ' 대신 'ㅓ'를 쓰면 새로운 단어가 되는군.
③ '겁 : 북'을 보면 첫소리가 끝소리에, 끝소리가 첫소리에도 쓰이는군.
④ '굽 : 벅'을 보면 가운뎃소리는 첫소리의 아래쪽이나 오른쪽에 쓰이는군.
⑤ '북 : 굽'을 보면 최소 대립쌍 '북'과 '굽'은 음운 'ㅂ', 'ㅜ', 'ㄱ'으로 인해 뜻이 달라지는군.

답 ⑤ 해 '북'과 '굽'은 하나의 소리로 인해 뜻이 구별되는 최소 대립쌍이 아니다.

개념 플러스

◆ 양성 모음과 음성 모음

'ㅏ, ㅗ, ㅑ, ㅛ, ㅐ, ㅘ, ㅚ'처럼 밝고, 작고, 경쾌하고, 가벼운 느낌을 주는 모음을 '양성 모음'이라고 합니다. 또 'ㅓ, ㅜ, ㅕ, ㅠ, ㅔ, ㅝ, ㅟ'처럼 어둡고, 크고, 무겁고, 가라앉는 느낌을 주는 모음을 '음성 모음'이라고 합니다.

ㅏ ⓒ ㅑ ② ㅣ ①

음운 변동: 서로 다른 음운이 결합할 때 그 환경에 따라 발음이 달라지는 현상

- 발음을 쉽고 편리하게 하거나 표현을 명료하게 하기 위해 일어남
- 음운 변동의 유형은 교체, 탈락, 축약, 첨가로 나눌 수 있음

개념 열기 **3** 톡톡! **교체**

교체: 어떤 음운이 다른 음운으로 바뀌는 현상 交 사귈 교, 替 바꿀 체

- 음절의 끝소리 규칙, 비음화, 유음화, 구개음화, 된소리되기 등이 있음

1 음절의 끝소리 규칙

- 서로 다른 음운들이 음절의 끝에서 'ㄱ, ㄴ, ㄷ, ㄹ, ㅁ, ㅂ, ㅇ'의 7개 자음 중 하나로만 발음되는 현상
- 'ㄴ, ㄹ, ㅁ, ㅇ'은 자신의 소리로 발음되며, 나머지 자음은 대표음으로 실현됨
- 음절의 끝소리 규칙은 표기에 반영되지 않음

대표음	끝소리 표기	예
[ㄱ]	ㄱ, ㄲ, ㅋ	• 떡 → [떡] • 밖 → [박] • 남녘 → [남녁]
[ㄴ]	ㄴ	• 문 → [문]
[ㄷ]	ㄷ, ㅌ, ㅅ, ㅆ, ㅈ, ㅊ, ㅎ	• 돋보기 → [돋뽀기] • 뭍 → [묻] • 낫 → [낟] • 있다 → [읻따] • 낮 → [낟] • 낯 → [① 낟] • 히읗 → [히읃]
[ㄹ]	ㄹ	• 물 → [물]
[ㅁ]	ㅁ	• 밤 → [밤]
[ㅂ]	ㅂ, ㅍ	• 입 → [입] • 무릎 → [② 무릅]
[ㅇ]	ㅇ	• 공 → [공]

탐구 하기 **문제를 통해 '음절의 끝소리 규칙'을 익혀 보자.**

[문제] 〈보기〉의 단어들을 발음해 보고 정리한 내용으로 적절한 것은?

───── 보기

부엌, 간, 옷, 빛, 달, 섬, 앞, 창

① 음절 끝의 자음이 바뀌지 않는 단어는 '간, 옷, 달, 섬, 창'이다.
② 음절 끝의 자음이 예사소리일 때에는 음절 끝의 자음이 바뀌지 않는다.
③ 음절 끝의 자음이 바뀌는 음운 변동이 일어나면 음절 끝의 자음이 'ㄱ, ㄹ, ㅂ' 중 하나로 바뀐다.
④ 〈보기〉와 동일하게 음절 끝의 자음이 바뀌는 예로 '밖'과 '밑'이 있다.
⑤ 〈보기〉의 단어들을 발음해 보면 음절 끝에서는 'ㄱ, ㄴ, ㄹ, ㅁ, ㅂ, ㅅ, ㅇ'만 발음됨을 알 수 있다.

답 ④ 해 음절 끝의 자음은 'ㄱ, ㄷ, ㅂ' 중 하나로 바뀌므로, '밖[박]'과 '밑[믿]'을 음운 변동의 예로 추가할 수 있다. / ① '옷[옫]'은 음절 끝의 자음이 바뀐다. ② '옷[옫]'과 '빛[빋]'은 음절 끝의 자음이 예사소리인데도 음절 끝의 자음이 바뀐다. ③ '부엌[부억]', '옷[옫]', '빛[빋]', '앞[압]'과 같이 음절 끝의 자음이 'ㄱ, ㄷ, ㅂ' 중 하나로 바뀐다. ⑤ 음절 끝에서는 'ㄱ, ㄴ, ㄷ, ㄹ, ㅁ, ㅂ, ㅇ'만 발음된다.

개념 **플러스**

◈ **연음의 적용**

'연음'은 앞 음절의 종성에 있던 자음이 모음으로 시작하는 뒤 음절의 초성으로 옮겨 가 발음되는 현상입니다. 뒤에 모음으로 시작하는 형식 형태소가 오면 '옷이[오시]'처럼 곧바로 연음이 실현됩니다. 하지만 뒤에 모음으로 시작하는 실질 형태소가 오면 '홑옷[호돋]'처럼 음절의 끝소리 규칙이 먼저 일어난 후 연음이 실현됩니다.

◈ **평파열음화**

평파열음이 아닌 자음이 어말에서 단독으로 발음되거나 자음으로 시작되는 낱말 앞에 놓일 때 평파열음인 'ㄱ, ㄷ, ㅂ'으로 발음되는 현상을 말합니다. 어말에서 'ㄲ, ㅋ'→ [ㄱ], 'ㅌ, ㅅ, ㅆ, ㅈ, ㅊ, ㅎ'→ [ㄷ], 'ㅍ'→ [ㅂ]으로 교체됩니다.

☆ **개념을 완성하는 문제**

1 다음 중, 음절의 끝소리로 발음되는 것은?

① ㄴ ② ㄸ ③ ㅅ
④ ㅈ ⑤ ㅊ
답 ①

2 다음 중, 단어의 발음이 올바르지 **않** 은 것은?

① 숲 → [숩]
② 비웃 → [비옫]
③ 잊다 → [읻따]
④ 티읕 → [티읏]
⑤ 꽃가루 → [꼳까루]
답 ④ 해 '티읕'은 음절의 끝소리 규칙이 적용되어 [티읃]으로 발음된다.

3 다음 밑줄 친 단어의 발음이 올바르지 **않은** 것은?

① 이 옷[옫], 너한테 정말 잘 어울려.
② 들판에 젖소[젇쏘]가 뛰어놀고 있다.
③ 정원에 아름다운 꽃이[꼬시] 활짝 피었다.
④ 가을이 되니 나무의 잎도[입또] 떨어진다.
⑤ 어머니는 밭 아래[바다래] 고랑으로 내려가셨다.

답 ③ 해 뒤에 모음으로 시작하는 형식 형태소가 오므로 '꽃이'는 연음 현상에 따라 [꼬치]로 발음해야 한다.

틀님 ② 콰 ①

2 비음화

■ 비음이 아닌 자음이 비음의 영향을 받아 비음 [ㄴ, ㅁ, ㅇ]으로 바뀌는 현상임

① ㄱ, ㄷ, ㅂ + ㄴ, ㅁ ⇒ 앞소리가 [ㅇ, ㄴ, ㅁ]으로 변함

학문 ⇒ 항문　듣는 ⇒ 든는　밥물 ⇒ 밤물

② ㅁ, ㅇ + ㄹ ⇒ 뒷소리가 [ㄴ]으로 변함

담력 ⇒ 담녁　남루 ⇒ 남누　왕릉 ⇒ 왕능

③ ㄱ, ㄷ, ㅂ + ㄹ ⇒ 뒷소리가 [ㄴ]으로, 변하고, 앞소리가 [ㅇ, ㄴ, ㅁ]으로 변함

백로 ⇒ 뱅노　몇리 ⇒ 면니　섭리 ⇒ 섬니

3 유음화

■ 비음 'ㄴ'이 유음 'ㄹ'의 앞뒤에서 유음 [ㄹ]로 바뀌는 현상임

신라 ⇒ 실라　　곤로 ⇒ 골로

칼날 ⇒ 칼랄　　찰나 ⇒ 찰라

> **개념** 돋보기
>
> ✢ 표준 발음법 제5장 음의 동화
> 제20항 'ㄴ'은 'ㄹ'의 앞이나 뒤에서 [ㄹ]로 발음한다.
> 　다만, 다음과 같은 단어들은 'ㄹ'을 [ㄴ]으로 발음한다.
>
> | | | | |
> |---|---|---|---|
> | 의견란[의견난] | 임진란[임진난] | 생산량[① 생산냥] | 결단력[결딴녁] |
> | 공권력[공꿘녁] | 동원령[동원녕] | 상견례[② 상견녜] | 횡단로[횡단노] |
> | 이원론[이원논] | 입원료[이붠뇨] | 구근류[구근뉴] | |

개념 확대경

동화의 정도에 따른 자음 동화의 분류

완전 동화	동화시키는 자음과 동화되는 자음이 같아짐 예 듣는[든는]
불완전 동화	동화시키는 자음과 동화되는 자음이 비슷해짐 예 학문[항문]

동화의 방향에 따른 자음 동화의 분류

순행 동화	앞의 자음의 영향으로 뒤의 자음이 바뀜 예 담력[담녁]
역행 동화	뒤의 자음의 영향으로 앞의 자음이 바뀜 예 밥물[밤물]
상호 동화	앞뒤의 자음이 서로 영향을 주어 바뀜 예 백로[뱅노]

---

4 다음 중, 비음화 현상이 일어나지 <u>않</u>는 것은?

① 국물[궁물]　　② 닫는[단는]
③ 달님[달림]　　④ 항로[항노]
⑤ 독립[동닙]

답 ③ 해 '달님'은 비음화가 아니라 유음화 현상이 일어나 [달림]으로 발음된다.

5 다음 중, 유음화 현상이 일어나지 <u>않</u>는 것은?

① 난로[날로]
② 천리[철리]
③ 광한루[광할루]
④ 결단력[결딴녁]
⑤ 물난리[물랄리]

답 ④ 해 유음화가 일어날 조건인데 유음화가 일어나지 않는 경우도 있다. 2음절로 된 한자어 뒤에 '란, 량, 력, 령' 등이 결합할 때는 'ㄹ'이 [ㄴ]으로 바뀌므로 '결단력'은 [결딴녁]으로 발음한다.

6 〈보기〉의 ㉠, ㉡에 들어가기에 적절하지 <u>않</u>은 것은?

> ─ 보기 ─
> 　자음 동화에는 자음 'ㄱ, ㄷ, ㅂ'이 뒤에 있는 비음 'ㄴ, ㅁ'의 영향을 받아 각각 [ㅇ, ㄴ, ㅁ]으로 발음되는 비음화와 자음 'ㄴ'이 앞이나 뒤에 있는 유음 'ㄹ'의 영향을 받아 [ㄹ]로 발음되는 유음화가 있다. (㉠)은 'ㄱ'이 'ㅁ' 앞에서 [ㅇ]으로 발음되는 비음화의 사례이며, (㉡)은 'ㄴ'이 'ㄹ' 앞에서 [ㄹ]로 발음되는 유음화의 사례이다.

① ㉠: 국민[궁민]
② ㉠: 흙만[흥만]
③ ㉠: 박물관[방물관]
④ ㉡: 신라[실라]
⑤ ㉡: 칼날[칼랄]

답 ⑤ 해 '칼날[칼랄]'은 'ㄴ'이 'ㄹ' 뒤에서 [ㄹ]로 발음되는 유음화의 사례이다.

개념 플러스

✿ 동화

'동화'는 한 음운이 다른 음운의 영향을 받아 비슷하거나 같은 음운으로 바뀌는 현상입니다. 자음 동화에는 '비음화, 유음화, 연구개음화(건강[겅강]), 양순음화(꽃바구니[꼽빠구니])'가 있는데, 연구개음화와 양순음화는 표준 발음으로 인정하지 않습니다. 모음 동화에는 'ㅣ 모음 역행 동화, 모음 조화'가 있습니다. 또 '구개음화'는 모음의 영향으로 자음이 변화하는 동화입니다.

① 생산냥 ② 상견녜

4 구개음화

- 구개음이 아닌 자음 'ㄷ, ㅌ'이 모음 'ㅣ'나 반모음 'ㅣ[j]'로 시작하는 형식 형태소(조사, 접미사)를 만나 구개음 [ㅈ, ㅊ]으로 바뀌는 현상임
- 'ㄷ' 뒤에 접미사 '히'가 결합되어 '티(ㄷ+ㅎ)'를 이루는 것은 [치]로 발음함

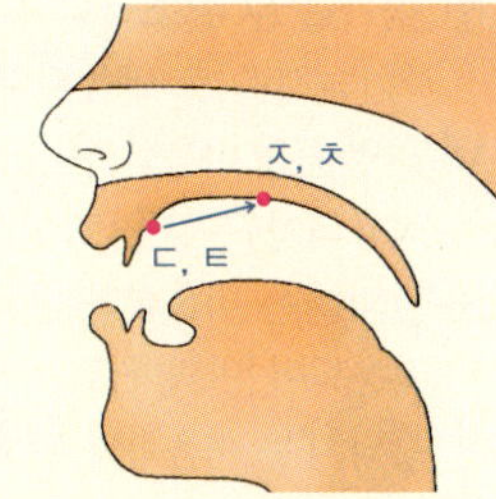 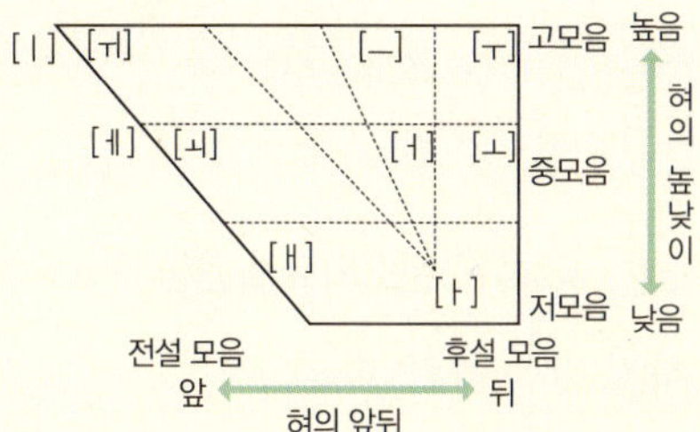

형식 형태소(접미사)

- 구개음화가 일어나는 이유는 발음의 편의를 위해서임

- 치조음인 'ㄷ, ㅌ'이 'ㅣ'의 조음 위치에 가까워져 경구개음 'ㅈ, ㅊ'으로 바뀜
- '[드]∨[으]'를 연속해서 발음할 때 혀의 위치 변화와 [즈]∨[으]를 연속 해서 발음할 때 혀의 위치 변화를 느껴 보면, 경구개음이 발음되는 위치와 'ㅣ' 모음이 발음되는 위치가 가깝다는 것을 확인할 수 있음

개념 돋보기

✤ **구개음화가 일어나지 않는 경우**
① 하나의 형태소 안에서는 구개음화가 일어나지 않음
　예 잔디[잔디], 견디다[견디다], 느티나무[느티나무]
② '이'로 시작하는 실질 형태소와 결합할 때는 구개음화가 일어나지 않음
　예 홑이불[혼니불], 밭이랑[반니랑]

 **개념 확대경**

형태소: 일정한 뜻(실질적 의미, 문법적 의미)을 가진 가장 작은 말의 단위

실질적 의미의 유무	실질 형태소	실질적인 의미를 지닌 형태소 – 명사, 대명사, 수사, 관형사, 부사, 감탄사, 용언의 어간
	형식 형태소	문법적인 기능을 하는 형태소 – 조사, 용언의 어미, 접사
자립성 유무	자립 형태소	다른 형태소와의 결합 없이 홀로 쓰일 수 있는 형태소
	의존 형태소	다른 형태소와 결합해야만 쓰일 수 있는 형태소

조사와 접사

조사	앞말에 붙어 다른 말과의 문법적 관계를 나타내거나 특별한 의미를 더해 주는 말
접사	다른 어근이나 단어에 붙어 어떤 뜻을 더하거나 한정하는 부분. 단독으로 쓰이지 않음(–이, –히– 등)

※ 형태소, 조사, 접사는 '단어'를 공부할 때 더 자세히 다룹니다.

---

7 다음 중, 구개음화 현상이 일어나지 <u>않는</u> 것은?

① 미닫이　　② 묻히다
③ 벼훑이　　✔ 느티나무
⑤ 곧이듣다

답 ④ 해 '느티나무'와 같이 하나의 형태소 안에서는 구개음화가 일어나지 않는다. / ① [미다지] ② [무치다] ③ [벼훌치] ⑤ [고지듣따]

8 〈보기〉의 ㉠, ㉡에 들어가기에 적절하지 <u>않은</u> 것은?

> 보기
> • 받침 'ㄷ, ㅌ'이 조사나 접미사의 모음 'ㅣ'와 결합되는 경우에는, [ㅈ, ㅊ]으로 바꾸어서 뒤 음절 첫소리로 옮겨 발음한다.
> 　예 ㉠
> • 받침 'ㄷ' 뒤에 접미사 '히'가 결합되어 '티'를 이루는 것은 [치]로 발음한다.
> 　예 ㉡

① ㉠: 솥이나
② ㉠: 팥이나
✔ ㉠: 받히다
④ ㉡: 걷히다
⑤ ㉡: 닫히다

답 ③ 해 '받히다[바치다]'는 ㉡에 들어가기에 적절한 예이다.

9 〈보기〉의 ⓐ~ⓔ를 음운 변동에 맞게 발음한 것으로 올바르지 <u>않은</u> 것은?

> 보기
> • 그는 감옥에 ⓐ갇히고 말았다.
> • 상처에 반창고를 ⓑ붙이고 와라.
> • 종일 ⓒ밭이랑에 비닐을 씌웠다.
> • 그는 자기의 죄를 ⓓ낱낱이 고백했다.
> • 그는 겨울에도 ⓔ홑이불만 덮고 잔다.

① ⓐ: [가치고]
② ⓑ: [부치고]
✔ ⓒ: [바치랑]
④ ⓓ: [난나치]
⑤ ⓔ: [혼니불]

답 ③ 해 '밭이랑'과 같이 '이'로 시작하는 실질 형태소와 결합할 때는 구개음화가 일어나지 않는다. '밭이랑'은 'ㄴ' 첨가 현상이 일어나 [반니랑]으로 발음된다.

5 된소리되기(경음화)

■ 예사소리 'ㄱ, ㄷ, ㅂ, ㅅ, ㅈ'이 된소리 [ㄲ, ㄸ, ㅃ, ㅆ, ㅉ]으로 바뀌는 현상임

① 받침 'ㄱ(ㄲ, ㅋ, ㄳ, ㄺ), ㄷ(ㅅ, ㅆ, ㅈ, ㅊ, ㅌ), ㅂ(ㅍ, ㄼ, ㄿ, ㅄ)' 뒤의 'ㄱ, ㄷ, ㅂ, ㅅ, ㅈ'은 된소리로 발음함

활동 8

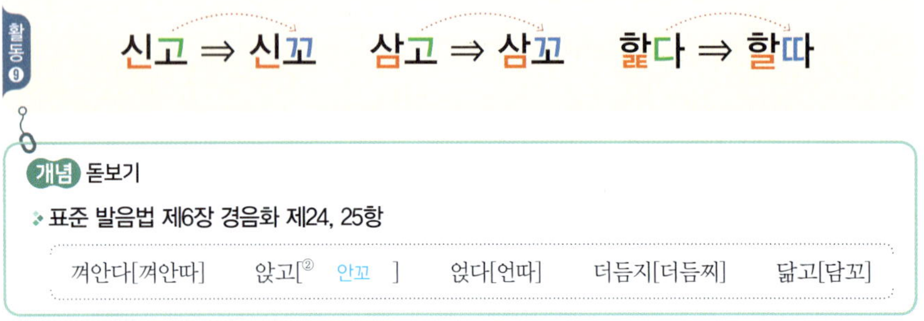

개념 **돋보기**

✦ 표준 발음법 제6장 경음화 제23항

| 깎다[깍따] | 닭장[닥짱] | 옷고름① 온꼬름] | 있던[읻떤] | 꽃다발[꼳따발] |

② 어간 받침 'ㄴ(ㄵ), ㅁ(ㄻ), ㄼ, ㄾ' 뒤의 어미의 첫소리 'ㄱ, ㄷ, ㅅ, ㅈ'은 된소리로 발음함

■ 단, 피동, 사동의 접미사 '-기-'는 된소리로 발음하지 않음 예 안기다, 감기다

활동 9

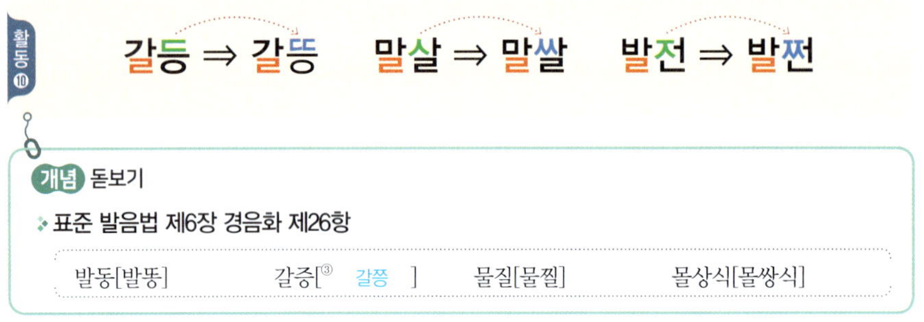

개념 **돋보기**

✦ 표준 발음법 제6장 경음화 제24, 25항

| 껴안다[껴안따] | 앉고② 안꼬] | 얹다[언따] | 더듬지[더듬찌] | 닮고[담꼬] |

③ 한자어에서 'ㄹ' 받침 뒤의 'ㄷ, ㅅ, ㅈ'은 된소리로 발음함

활동 10

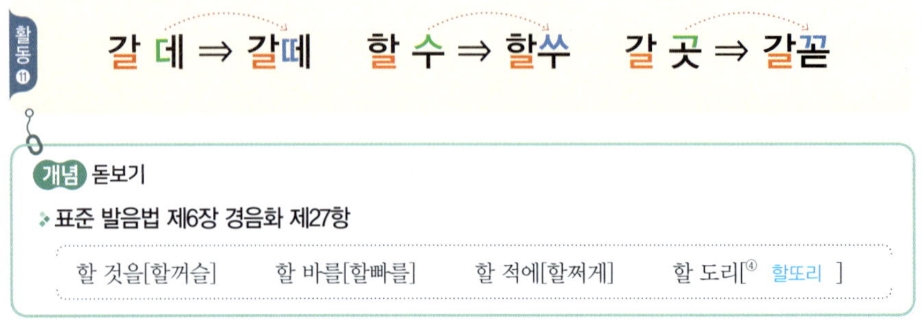

개념 **돋보기**

✦ 표준 발음법 제6장 경음화 제26항

| 발동[발똥] | 갈증③ 갈쯩] | 물질[물찔] | 몰상식[몰쌍식] |

④ 관형사형 '-(으)ㄹ' 뒤의 'ㄱ, ㄷ, ㅂ, ㅅ, ㅈ'은 된소리로 발음함

■ '-(으)ㄹ'로 시작되는 어미의 경우에도 이에 준함

활동 11

갈 데 ⇒ 갈떼   할 수 ⇒ 할쑤   갈 곳 ⇒ 갈꼳

개념 **돋보기**

✦ 표준 발음법 제6장 경음화 제27항

| 할 것을[할꺼슬] | 할 바를[할빠를] | 할 적에[할쩌게] | 할 도리④ 할또리] |

---

10 〈보기〉를 바탕으로 음운 변동을 탐구한 내용으로 적절하지 <u>않은</u> 것은?

> ─ 보기 ─
> 비음화: 받침 'ㄱ, ㄷ, ㅂ'은 'ㄴ, ㅁ' 앞에서 [ㅇ, ㄴ, ㅁ]으로 발음함
> 된소리되기: 받침 'ㄱ, ㄷ, ㅂ' 뒤의 'ㄱ, ㄷ, ㅂ, ㅅ, ㅈ'은 된소리로 발음함

① '앞마당'은 비음화가 적용되어 [암마당]으로 발음된다.
② '늦가을'은 된소리되기가 적용되어 [는까을]로 발음된다.
❸ '꽃망울'은 비음화와 된소리되기가 적용되어 [꼰망울]로 발음된다.
④ '맞먹다'는 비음화와 된소리되기가 적용되어 [만먹따]로 발음된다.
⑤ '홑낚시'는 비음화와 된소리되기가 적용되어 [혼낙씨]로 발음된다.

답 ③ **해** '꽃망울'은 받침 'ㅊ(ㄷ)'이 'ㅁ' 앞에서 [ㄴ]으로 바뀌는 비음화가 적용되어 [꼰망울]로 발음된다. 된소리되기는 적용되지 않았다.

11 다음 중, 발음이 잘못된 것은?

① 꽃다발[꼳따발]
② 껴안고[껴안꼬]
③ 감기다[감기다]
④ 갈 데가[갈떼가]
❺ 사랑할수록[사랑할수록]

답 ⑤ **해** '사랑할수록'은 된소리되기가 적용되어 [사랑할쑤록]으로 발음해야 한다.

12 밑줄 친 부분이 표준 발음법에 맞지 <u>않는</u> 것은?

❶ 새 신발을 신다[신다].
② 밥이 많이 남다[남따].
③ 새가 하늘을 난다[난다].
④ 나는 그를 잘 안다[안다].
⑤ 엄마가 아기를 안다[안따].

답 ① **해** 어간 받침 'ㄴ' 뒤의 어미의 첫소리 'ㄷ'은 된소리로 발음하므로 '신다'는 [신따로 발음해야 한다. / ③, ④ '난다'와 '안다'의 'ㄴ'은 어간 받침에 해당하지 않고 현재 시제를 나타내는 선어말 어미에 해당하므로 어미의 첫소리 'ㄷ'을 된소리로 발음하지 않는다.

13 다음 중, 된소리되기에 맞게 발음한 것이 아닌 것은?

① 몰상식[몰쌍식]
❷ 옮기다[옴끼다]
③ 값지다[갑찌다]
④ 읊조리다[읍쪼리다]
⑤ 만날 사람[만날싸람]

답 ② **해** 사동의 접미사 '-기-'는 된소리로 발음하지 않으므로 '옮기다'는 [옴기다]로 발음해야 한다.

12크롤 ⑦ 읇튜른 © ㅍ5ㅇ ② 믈ㅍ롱 ①

6 두음 법칙

- 단어의 첫머리에서 어두 자음군, 'ㄴ', 'ㄹ'이 본래의 소리가 아닌 다른 소리로 발음되는 현상임
- 표기에도 반영(한글맞춤법 제3장 제5절 제10항~제12항)되는 음운 현상으로 음운의 교체, 음운의 탈락이 나타남

① 한자음 '녀, 뇨, 뉴, 니'는 단어의 첫머리에서 'ㄴ'이 탈락함('여, 요, 유, 이'로 발음)
- 단어의 첫머리 이외의 경우에는 본음대로 적음
  - 예 당뇨, 결뉴, 은닉
- 접두사처럼 쓰이는 한자가 붙어서 된 말이나 합성어, 또는 둘 이상의 단어로 이루어진 고유 명사를 붙여 쓰는 경우에는, 뒷말의 첫소리가 'ㄴ' 소리로 나더라도 두음 법칙에 따라 적음
  - 예 신여성, 공염불, 남존여비, 한국여자대학

녀자 ⇒ 여자　뉴대 ⇒ 유대　닉명 ⇒ 익명

② 한자음 '랴, 려, 례, 료, 류, 리'는 단어의 첫머리에서 'ㄹ'이 탈락함('야, 여, 예, 요, 유, 이'로 발음)
- 단어의 첫머리 이외의 경우에는 본음대로 적음
  - 예 개량, 선량, 수력, 협력, 사례, 혼례, 와룡, 쌍룡, 하류, 급류, 도리, 진리
- 모음이나 'ㄴ' 받침 뒤에 이어지는 '렬, 률'은 '열, 율'로 적음
  - 예 나열, 분열, 치열, 선열, 비열, 규율, 선율, 비율, 전율, 백분율
- 접두사처럼 쓰이는 한자가 붙어서 된 말이나 합성어, 또는 둘 이상의 단어로 이루어진 고유 명사를 붙여 쓰는 경우에는, 뒷말의 첫소리가 'ㄴ'이나 'ㄹ' 소리로 나더라도 두음 법칙에 따라 적음
  - 예 역이용, 연이율, 서울여관, 신흥이발관

량심 ⇒ 양심　력사 ⇒ 역사　리발 ⇒ 이발

③ 한자음 '라, 래, 로, 뢰, 루, 르'는 단어의 첫머리에서 'ㄹ'이 'ㄴ'으로 교체됨('나, 내, 노, 뇌, 누, 느'로 발음)
- 단어의 첫머리 이외의 경우에는 본음대로 적음
  - 예 쾌락, 극락, 거래, 왕래, 연로, 지뢰, 낙뢰, 고루, 광한루
- 접두사처럼 쓰이는 한자가 붙어서 된 말은 뒷말을 두음 법칙에 따라 적음
  - 예 내내월, 상노인, 중노동, 비논리적

락원 ⇒ 낙원　뢰성 ⇒ 뇌성　래일 ⇒ 내일

❖ '연도(年度)'일까, '년도(年度)'일까?
'연도'와 '년도'는 두음 법칙의 적용에 차이가 있습니다. '졸업 연도, 제작 연도' 등 '사무나 회계 결산 따위의 처리를 위하여 편의상 구분한 일 년 동안의 기간'을 나타내는 명사일 때는 두음 법칙이 적용됩니다. 그러나 '1970년도 출생자, 2022년도 예산안' 등 '일정한 기간 단위로서의 그해'를 나타내는 의존 명사일 때는 두음 법칙이 적용되지 않습니다.

☆ 개념을 완성하는 문제

14 다음 중, 두음 법칙 규정에 따라 어법에 맞게 표기되지 <u>않은</u> 것은?
  ① 소녀(小女)
  ② 만년(晩年)
  ③ 탐닉(耽溺)
  ✔ 신녀성(新女性)
  ⑤ 비구니(比丘尼)
  답 ④ 해 ④는 한자로 된 접두사 '신-'이 붙어서 된 말이므로 두음 법칙에 따라 '신여성'이라고 표기해야 한다.

15 다음 중 두음 법칙 규정에 따라 어법에 맞게 표기되지 <u>않은</u> 것은?
  ① 비율　　　② 내재율
  ③ 백분율　　④ 실패율
  ✔ 합격율
  답 ⑤ 해 ⑤는 모음이나 'ㄴ' 받침 뒤에 '률'이 이어지는 말이 아니므로 '합격률'이라고 표기해야 한다.

16 다음 중, 두음 법칙 규정에 따라 어법에 맞게 표기된 것은?
  ✔ 쾌락(快樂)　② 로인(老人)
  ③ 릉묘(陵墓)　④ 루각(樓閣)
  ⑤ 루수(漏水)
  답 ① 해 단어의 첫머리 이외의 경우에 '라'는 본음대로 적으므로 ①은 어법에 맞는 표기이다. / ②는 노인, ③은 능묘, ④는 누각, ⑤는 누수라고 표기해야 한다.

17 다음 중, 두음 법칙 규정에 따라 어법에 맞게 표기되지 <u>않은</u> 것은?
  ① 남녀(男女)
  ✔ 태능(泰陵)
  ③ 선율(旋律)
  ④ 가정란(家庭欄)
  ⑤ 몰염치(沒廉恥)
  답 ② 해 단어의 첫머리 이외의 경우에 '르'는 본음대로 적으므로 ②는 '태릉'이라고 표기해야 한다.

7 'ㅣ' 모음 역행 동화(전설 모음화)

- 후설 모음 'ㅏ, ㅓ, ㅗ, ㅜ'가 뒤에 오는 전설 모음 'ㅣ'의 영향을 받아 전설 모음 'ㅐ, ㅔ, ㅚ, ㅟ'로 바뀌는 현상임
- 필수적으로 일어나는 현상이 아닌 수의적 현상이므로, 일부 단어를 제외하고 표준 발음으로 인정하지 않음

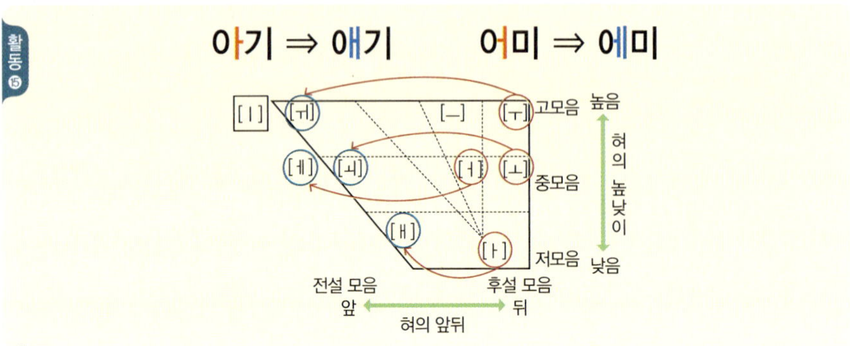

> **개념** 돋보기
>
> ❖ 표준어 규정 제2장 제2절 제9항
>
> ① 'ㅣ' 모음 역행 동화가 적용된 형태를 표준어로 삼는 경우
> 예 풋내기(풋나기 ×), 신출내기(신출나기 ×), 냄비(남비 ×)
>
> ② 'ㅣ' 모음 역행 동화가 일어나지 않은 형태를 표준어로 삼는 경우
> 예 아지랑이(아지랭이 ×)
>
> ③ 기술자에게는 '-장이', 그 외에는 '-쟁이'가 붙는 형태를 표준어로 삼음
> 예 미장이(미쟁이 ×), 칠장이(칠쟁이 ×) / 멋쟁이(멋장이 ×), 골목쟁이(골목장이 ×)

8 모음 조화

- 한 단어 안에서 양성 모음은 양성 모음끼리, 음성 모음은 음성 모음끼리 어울리는 현상임
- 양성 모음에 'ㅏ, ㅗ, ㅑ, ㅛ, ㅐ', 음성 모음에 'ㅓ, ㅜ, ㅕ, ㅠ, ㅔ' 등이 있음
- 현대 국어에서는 규칙성이 약화됨

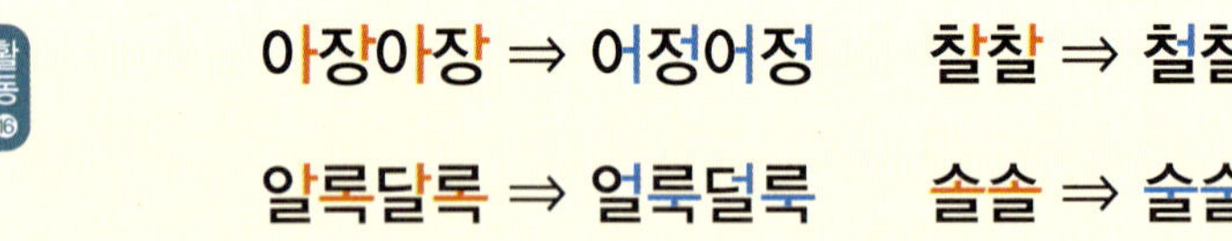

> **개념** 돋보기
>
> ❖ 표준어 규정 제2장 제2절 제8항
>
> ① 양성 모음이 음성 모음으로 바뀐 후 굳어져 음성 모음 형태를 표준어로 삼는 경우
> 예 깡충깡충(깡총깡총 ×), 막둥이(막동이 ×), 발가숭이(발가송이 ×), 보퉁이(보통이 ×), 봉죽(봉족 ×), 뻗정다리(뻗장다리 ×), 오뚝이(오똑이 ×), 주추(주초 ×)
>
> ② 어원 의식이 강하게 작용하여 양성 모음 형태를 그대로 표준어로 삼는 경우
> 예 부조(扶助)(부주 ×), 사돈(査頓)(사둔 ×), 삼촌(三寸)(삼춘 ×)

---

18 'ㅣ' 모음 역행 동화 규정을 고려할 때, 표준어가 <u>아닌</u> 것은?

① 냄비
② 미쟁이 ✓
③ 멋쟁이
④ 땜장이
⑤ 신출내기

답 ② 해 기술자에게는 '-장이'를 붙이므로 표준어는 '미장이'이다.

19 다음 중, 'ㅣ' 모음 역행 동화가 일어나지 않은 형태를 표준어로 삼은 것은?

① 풋내기
② 시골내기
③ 신출내기
④ 아지랑이 ✓
⑤ 동댕이치다

답 ④ 해 ④를 제외한 나머지는 'ㅣ' 모음 역행 동화가 적용된 형태를 표준어로 삼는 것이다.

20 모음 조화 규정을 고려할 때, 표준어가 <u>아닌</u> 것은?

① 애송이
② 사돈(査頓)
③ 삼촌(三寸)
④ 부조(扶助)
⑤ 주초(柱礎) ✓

답 ⑤ 해 양성 모음이 음성 모음으로 바뀌어 굳어진 단어는 음성 모음 형태를 표준어로 삼는다는 규정에 따라 '주초'가 아니라 '주추'가 표준어이다.

21 〈보기〉의 내용을 확인할 수 있는 예로 적절하지 <u>않은</u> 것은?

> ─ 보기 ─
> 현대 국어에서는 일부 용언의 어간 뒤에 '-아/-어' 계열의 어미가 결합할 때 모음 조화가 이루어지는 모습을 확인할 수 있다.

① (용언 어간 쓰-) : 써
② (용언 어간 먹-) : 먹어
③ (용언 어간 알-) : 알아
④ (용언 어간 깨우-) : 깨워
⑤ (용언 어간 가득하-) : 가득하여 ✓

답 ⑤ 해 ⑤의 경우, 용언 어간 '가득하-'의 끝음절 모음이 양성 모음이고 음성 모음으로 시작하는 어미 '-여'가 결합하고 있으므로 모음 조화가 지켜지지 않았다.

개념 열기 ④ 톡톡! **탈락**

탈락: 원래 있던 음운이 없어지는 현상 脫 벗을 탈. 落 떨어질 락

- 자음군 단순화, 자음 탈락('ㄹ' 탈락, 'ㅎ' 탈락), 모음 탈락('ㅡ' 탈락, 'ㅏ/ㅓ' 탈락) 등이 있음

1 자음군 단순화

- 음절의 끝에 겹받침이 올 때, 두 자음 중에서 한 자음이 탈락하는 현상임
- 겹받침의 앞에 있는 자음이 탈락하기도 하고, 뒤에 있는 자음이 탈락하기도 함. 표기에는 반영하지 않고 표준 발음으로는 인정함

① 'ㄳ, ㄵ, ㄼ, ㄽ, ㄾ, ㅄ'은 어말 또는 자음 앞에서 [ㄱ, ㄴ, ㄹ, ㅂ]으로 발음함

활동 ❶			
ㄳ → [ㄱ]	• 넋 → [넉]	• 몫 → [① 목]	
ㄵ → [ㄴ]	• 앉다 → [안따]	• 얹다 → [언따]	
ㄼ, ㄽ, ㄾ → [ㄹ]	• 넓다 → [널따]	• 외곬 → [외골]	• 핥다 → [할따]
ㅄ → [ㅂ]	• 값 → [갑]	• 없다 → [② 업따]	

- 단, '밟–'은 자음 앞에서 [밥]으로 발음함
  예 밟다[밥따], 밟지[밥찌], 밟게[밥께], 밟고[밥꼬]
- 단, '넓–'은 다음과 같은 경우에 [넙]으로 발음함
  예 넓죽하다[넙쭈카다], 넓둥글다[넙뚱글다]

② 'ㄺ, ㄻ, ㄿ'은 어말 또는 자음 앞에서 [ㄱ, ㅁ, ㅂ]으로 발음함

활동 ❷			
ㄺ → [ㄱ]	• 닭 → [닥]	• 맑다 → [막따]	• 늙지 → [늑찌]
ㄻ → [ㅁ]	• 삶 → [삼]	• 닮다 → [③ 담따]	
ㄿ → [ㅂ]	• 읊다 → [읍따]		

- 단, 용언의 어간 말음 'ㄺ'은 'ㄱ' 앞에서 [ㄹ]로 발음함
  예 맑게[말께], 묽고[물꼬], 얽거나[얼꺼나]

개념 확대경

표준 발음법 제4장 제12항 받침 'ㅎ'의 발음

① ㅎ(ㄶ, ㅀ) + ㄱ, ㄷ, ㅈ → 'ㅎ'과 뒤 음절 첫소리가 합쳐져 [ㅋ, ㅌ, ㅊ]으로 발음
  예 놓고[노코], 좋던[조턴], 많고[만코], 않던[안턴], 닳지[달치]
② ㅎ(ㄶ, ㅀ) + ㅅ → 'ㅅ'을 [ㅆ]으로 발음 예 닿소[다쏘], 많소[만쏘], 싫소[실쏘]
③ ㅎ + ㄴ → 'ㅎ'이 대표음 [ㄷ]으로 바뀐 뒤 [ㄴ]으로 발음 예 놓는[논는], 쌓네[싼네]
④ ㅎ(ㄶ, ㅀ) + 모음으로 시작하는 어미나 접미사 → 'ㅎ'을 발음하지 않음
  예 낳은[나은], 쌓이다[싸이다], 않은[아는], 닳아[다라], 싫어도[시러도]

표준 발음법 제4장 제13항, 제14항 – 홑받침, 쌍받침, 겹받침의 발음

① 홑받침이나 쌍받침 뒤에 모음으로 시작하는 형식 형태소가 오면, 제 음가대로 뒤 음절 첫소리로 옮겨 발음함 예 옷이[오시], 깎아[까까], 꽃을[꼬츨]
② 겹받침 뒤에 모음으로 시작하는 형식 형태소가 오면, 뒤엣것만을 뒤 음절 첫소리로 옮겨 발음함.('ㅅ'은 된소리로 발음) 예 넋이[넉씨], 앉아[안자], 젊어[절머], 값을[갑쓸]

개념 플러스

❖ **'음절의 끝소리 규칙'과 '자음군 단순화'의 관계**

표준 발음법 제4장은 받침의 발음에 대해 다루고 있습니다. 제8항에서 음절의 끝소리 규칙을 다루고 있고, 이어서 홑받침, 쌍받침, 겹받침의 발음을 다루고 있습니다. '자음군 단순화'는 겹받침의 발음에 대한 규정으로 제8항의 내용을 구체화한 것으로 이해할 수 있습니다. 다만 음절의 끝소리 규칙은 '교체'에 속하고, 자음군 단순화는 '탈락'에 속한다는 차이가 있습니다.

☆ **개념을 완성하는 문제**

1 다음 중, 단어의 발음이 바르지 않은 것은?

① 넋과[넉꽈] ✔② 읽고[익꼬]
③ 젊다[점따] ④ 밟소[밥쏘]
⑤ 읊고[읍꼬]

답 ② 해 용언의 어간 말음 'ㄺ'은 'ㄱ' 앞에서 [ㄹ]로 발음하므로 '읽고'는 [일꼬]로 발음한다.

2 다음 중, 홑받침 또는 쌍받침이 포함된 단어의 발음이 바르지 않은 것은?

① 있어[이써] ✔② 꽃을[꼬슬]
③ 꽃이[꼬치] ④ 밭에[바테]
⑤ 부엌이[부어키]

답 ② 해 '꽃을'은 홑받침 뒤에 모음으로 시작하는 형식 형태소가 온 경우이므로, 제 음가대로 뒤 음절 첫소리로 옮겨 [꼬츨]로 발음한다.

3 다음의 음운 변동에 대한 설명으로 적절하지 않은 것은?

① '읊네[음네]'는 'ㄹ'이 탈락되었다.
② '읊네[음네]'는 음운 변동이 세 번 일어났다.
③ '읊네[음네]'는 인접 자음과 조음 방법이 같아지는 음운 변동이 일어났다.
✔④ '벼훑이[벼훌치]'는 음운 개수가 달라지는 음운 변동이 일어났다.
⑤ '벼훑이[벼훌치]'는 모음 'ㅣ'로 인해 동화되는 음운 변동이 일어났다.

답 ④ 해 '벼훑이'의 겹받침 중 'ㅌ'은 뒤 음절 첫소리로 옮겨가고, 이때 구개음화가 일어나 [벼훌치]로 발음된다. 따라서 음운의 개수가 달라지지는 않는다. / ① [읊네] → [읍네] → [음네]

4 다음 중, 단어의 발음이 바른 것은?

① 몫을[목슬] ② 여덟이[여더리]
③ 흙만[흑만] ④ 값까지[가까지]
✔⑤ 닭하고[다카고]

답 ⑤ 해 '닭하고'는 자음군 단순화에 따라 '닭'에서 'ㄹ'이 탈락한 다음 'ㄱ'이 'ㅎ'과 결합하여 [ㅋ]으로 바뀌므로 [다카고]로 발음된다. / ① [목쓸] ② [여덜비] ③ [흥만] ④ [갑까지]

2 'ㄹ' 탈락

- 용언의 활용 과정이나 합성어 및 파생어의 형성 과정에서 'ㄹ'이 탈락하는 현상임

① 어간 끝소리 'ㄹ'이 'ㄴ, ㅂ, ㅅ'으로 시작하는 어미나 어미 ' -오' 앞에서 탈락함

어간	어미	활용형	어간	어미	활용형
갈-	+-니	가니	어질-	+-니	어지니
	+-ㅂ니다	갑니다		+-ㅂ니다	어집니다
	+-시-+-다	가시다		+-시-+-다	어지시다
	+-오	가오		+-오	어지오

② 합성어나 파생어에서 앞말의 끝소리 'ㄹ'이 'ㄴ, ㄷ, ㅅ, ㅈ'의 앞에서 탈락함

솔 + 나무 ⇒ 소나무   열 + 닫이 ⇒ 여닫이

말 + 소 ⇒ 마소   바늘 + 질 ⇒ 바느질

3 'ㅎ' 탈락

- 어간 끝소리 'ㅎ'이 모음으로 시작하는 어미나 접미사 앞에서 탈락하는 현상임

어간	어미/접미사	활용형	어간	어미/접미사	활용형
까맣-	+-은	까만	퍼렇-	+-은	퍼런
	+-으니	까마니		+-으니	퍼러니
	+-아	①(까매)		+-어	②(퍼레)
	+-아지다	까매지다		+-어지다	퍼레지다

4 'ㅡ' 탈락

- 용언의 어간 끝 모음 'ㅡ'가 'ㅏ / ㅓ'로 시작하는 어미 앞에서 탈락하는 현상임

어간	어미	활용형	어간	어미	활용형
아프-	+-아	아파	쓰-	+-어	써
	+-아도	아파도		+-어라	③(써라)
	+-았-+-다	아팠다		+-었-+-다	썼다

5 'ㅏ / ㅓ' 탈락

- 용언의 어간 끝 모음 'ㅏ / ㅓ'가 '-아/-어'로 시작하는 어미와 결합할 때, 연속되는 동일한 모음 'ㅏ / ㅓ' 중 하나가 탈락하는 현상임

어간	어미	활용형	어간	어미	활용형
가-	+-아	④(가)	건너-	+-어도	건너도
	+-았-+-다	갔다		+-었-+-다	건넜다

---

5 밑줄 친 말 중, 'ㄹ' 탈락 현상이 일어나지 <u>않는</u> 것은?

　① 아기를 품에 <u>안다</u>.
　② 그는 부끄러움을 <u>안다</u>.
　③ 그는 돈을 제일로 <u>안다</u>.
　④ 형은 기타를 칠 줄 <u>안다</u>.
　⑤ 그는 집으로 가는 길을 <u>안다</u>.

답 ① 해 ①에서 밑줄 친 '안다'의 기본형은 '안다'이므로 'ㄹ' 탈락 현상이 일어나지 않는다.

6 다음 중, 'ㅎ' 탈락 현상과 가장 관계가 깊은 것은?

　① '그렇죠'를 [그러쵸]로 발음함
　② '놓는다'를 [논는다]로 발음함
　③ '좁히다'를 [조피다]로 발음함
　④ '좋아요'를 [조아요]로 발음함
　⑤ '하얗다'를 [하야타]로 발음함

답 ④ 해 어간 끝소리 'ㅎ'이 어미 '-아' 앞에서 탈락한 ④가 'ㅎ' 탈락 현상에 해당한다. / ①, ③, ⑤ 거센소리되기 ② 'ㅎ'이 [ㄷ]으로 교체 후 비음화

7 밑줄 친 말 중, 'ㅡ' 탈락 현상의 예에 해당하는 것은?

　① 엄마가 아침에 동생을 <u>깨웠다</u>.
　② 마당에서 고기를 <u>구워</u> 먹었다.
　③ 그녀의 얼굴이 몹시 <u>하얘</u> 보였다.
　④ 자물쇠로 책상 서랍을 <u>잠가</u> 놓았다.
　⑤ 그의 이야기를 자세히 <u>들어</u> 보았다.

답 ④ 해 ④의 '잠그다'는 어간 끝 모음 'ㅡ'가 어미 '-아' 앞에서 탈락한 'ㅡ' 탈락 현상에 해당한다.

8 다음 중, 'ㅡ' 탈락 용언에 해당하지 <u>않는</u> 것은?

　① 크다　　　② 바쁘다
　③ 슬프다　　④ 예쁘다
　⑤ 푸르다

답 ⑤ 해 '푸르다'는 '푸르- + -어 → 푸르러'와 같이 활용하므로 'ㅡ'가 탈락하지 않는다.

9 〈보기〉의 예에 해당하는 것은?

> ─ 보기 ─
> 〈한글 맞춤법 제5절 준말〉
> 제34항 모음 'ㅏ, ㅓ'로 끝난 어간에 '-아/-어, -았-/-었-'이 어울릴 적에는 준 대로 적는다.

　① 바닥에 금을 그었다.
　② 감기가 씻은 듯이 나았다.
　③ 커피에 설탕을 넣고 저었다.
　④ 집에 가기 위해 버스를 탔다.
　⑤ 다리를 놓아 섬과 육지를 이었다.

답 ④ 해 각각의 기본형은 ① 긋다. ② 낫다. ③ 젓다, ④ 타다, ⑤ 잇다이다. 모음 'ㅏ'로 끝난 어간에 '-았-'이 결합한 것은 ④이다.

축약: 두 음운이 합쳐져 하나의 음운으로 줄어드는 현상 縮 줄일 축, 約 맺을 약

- 자음 축약(=거센소리되기)과 모음 축약이 있음

1 자음 축약(= 거센소리되기)

- 예사소리 'ㄱ, ㄷ, ㅂ, ㅈ'이 'ㅎ'과 결합하여 거센소리 [ㅋ, ㅌ, ㅍ, ㅊ]으로 줄어드는 현상임

- 'ㄱ, ㄷ, ㅂ, ㅈ' + 'ㅎ'과 'ㅎ' + 'ㄱ, ㄷ, ㅈ'의 결합 형태가 있음

활동 ①	
각하 ⇒ 가카	놓고 ⇒ 노코
맏형 ⇒ 마텽	좋던 ⇒ 조턴
급히 ⇒ 그피	
꽂혀 ⇒ 꼬쳐	쌓지 ⇒ 싸치

개념 돋보기

❖ 표준 발음법 제5장 제17항

- 'ㄷ' 뒤에 접미사 '-히-'가 결합하면, 'ㄷ'과 '히'의 'ㅎ'이 [ㅌ]으로 축약된 다음, 구개음화가 적용됨

  예 굳히다[구티다 → 구치다], 닫히다[다티다 → 다치다], 묻히다[무티다 → 무치다]

개념 확대경

모음 축약과 반모음화

- '되-+-어'가 '돼'로 되는 것처럼 앞과 뒤의 형태소의 모음이 결합하여 한 음절로 되는 현상을 '모음 축약'(음운 변동 중 '축약'에 해당)으로 설명하는 문법적 견해가 지배적이었음
- '피-+-어'가 '펴', '오-+-아'가 '와'로 되는 것을 '축약'이 아니라, 단모음 'ㅣ, ㅗ'가 각각 반모음 'ǐ, ǒ'로 교체된 것으로 설명하는 '반모음화'(음운 변동 중 '교체'에 해당) 개념이 제시됨

피- + -어 ⇒ 펴 단모음 'ㅣ'가 반모음 'ǐ'로 교체됨
ㅣ + ㅓ → ㅕ(ǐ+ㅓ)
오- + -아 ⇒ 와 단모음 'ㅗ'가 반모음 'ǒ'로 교체됨
ㅗ + ㅏ → ㅘ(ǒ+ㅏ)

- '단모음 + 단모음'이 '단모음'으로 축약(사이 → 새, 보이다 → 뵈다, 누이다 → 뉘다 등)되는 경우가 있고, 반모음을 음운으로 인정하느냐에 따라 학자들마다 이견이 있음. 모음 축약과 반모음화는 선생님의 입장을 확인하여 그에 따라 학습함

---

1 다음 중, 거센소리되기의 예로 볼 수 <u>없는</u> 것은?

① 입학[이팍]

② 맑게[말께]

③ 좋다며[조타며]

④ 밝히다[발키다]

⑤ 파랗다[파라타]

답 ② 해 거센소리되기는 'ㄱ, ㄷ, ㅂ, ㅈ'과 'ㅎ'이 만나야 하는데 '맑게'는 이러한 조건을 갖추지 못했다. '맑게'는 자음군 단순화와 된소리되기에 의해 [말께]로 발음된다.

2 다음 중, 반모음화 현상이 적용된 표기가 <u>아닌</u> 것은?

① 엄마가 동생을 깨웠다.

② 그는 단추를 단단히 채웠다.

③ 오늘은 잔금을 치르는 날이다.

④ 저하고 자리를 바꿔 앉을래요?

⑤ 그들은 화전을 일궈 생활하였다.

답 ③ 해 '치르는'은 어간 '치르-'와 어미 '-는'이 결합한 것이므로, 반모음화 현상의 예로 볼 수 없다. / ① 깨우었다 → 깨웠다 ② 채우었다 → 채웠다 ④ 바꾸어 → 바꿔 ⑤ 일구어 → 일궈

3 〈보기〉의 ㉮에 들어갈 말로 적절한 것은?

보기
> 선생님 : 용언 어간 뒤에 '아/어'로 시작하는 어미가 결합할 때, 단모음이 반모음으로 교체되는 음운 변동이 일어날 수 있어요. 가령, 어간 '오-'와 어미 '-아'가 결합해 [와]로 발음될 때 단모음 'ㅗ'가 반모음 'w'로 교체되는 것이지요. 우리말의 반모음은 'j'도 있으니까 반모음 'j'로 교체되는 예도 있겠죠? 예를 들어 볼까요?
> 학생 : 네, [㉮]로 발음되는 예를 들 수 있어요.

① 어간 '뛰-'와 어미 '-어'가 결합해 [뛰여]

② 어간 '차-'와 어미 '-아도'가 결합해 [차도]

③ 어간 '잠그-'와 어미 '-아'가 결합해 [잠가]

④ 어간 '견디-'와 어미 '-어서'가 결합해 [견뎌서]

⑤ 어간 '키우-'와 어미 '-어라'가 결합해 [키워라]

답 ④ 해 [견뎌서]는 어간 '견디-'의 단모음 'ㅣ'가 '-어'로 시작하는 어미와 결합할 때 단모음이 반모음 'j'로 교체된 것이다. / ① 반모음 'j' 첨가 ② 단모음 'ㅏ' 탈락 ③ 단모음 'ㅡ' 탈락 ⑤ 반모음 'w'로 교체

첨가: 원래 없던 음운이 새로 덧붙는 현상 添 더할 첨. 加 더할 가

- 'ㄴ' 첨가와 반모음 첨가 등이 있음

1 'ㄴ' 첨가

- 합성어 및 파생어에서 앞말이 자음으로 끝나고 뒷말이 모음 'ㅣ'나 반모음 'ㅣ̆'로 시작할 때 'ㄴ'이 덧붙는 현상임

$$솜 + 이불 ⇒ 솜니불 \qquad 한 + 여름 ⇒ 한녀름$$

$$콩 + 엿 ⇒ 콩녇 \qquad 식용 + 유 ⇒ 시굥뉴$$

> **개념** 돋보기
>
> ❖ 표준 발음법 제7장 제29항 음의 첨가
> ① 'ㄴ' 음을 첨가하여 발음함
> 　예) 홑–이불[혼니불], 막–일[망닐], 맨–입[맨닙], 꽃–잎[꼰닙], 내복–약[내봉냑], 남존–여비[남존녀비], 신–여성[신녀성], 색–연필[생년필], 담–요[담뇨]
> ② 'ㄴ' 음을 첨가하여 발음하되, 표기대로 발음할 수 있음
> 　예) 이죽–이죽[이중니죽 / 이주기죽], 검열[검녈 / 거멸], 금융[금늉 / 그뮹]
> ③ 'ㄹ' 받침 뒤에 첨가되는 'ㄴ' 음은 [ㄹ]로 발음함
> 　예) 솔–잎[솔립], 물–약[물략], 불–여우[불려우], 서울–역[서울력], 물–엿[물렫]
> ④ 두 단어를 이어서 한 마디로 발음하는 경우에도 적용됨
> 　예) 한 일[한닐], 옷 입다[온닙따], 할 일[할릴], 잘 입다[잘립따]
> ⑤ 다음 단어에서는 'ㄴ(ㄹ)' 음을 첨가하여 발음하지 않음
> 　예) 송별–연[송벼련], 등–용문[등용문], 몰–인정[모린정], 불–일치[부릴치], 그림–일기[그리밀기], 한국–인[한구긴], 경축–일[경추길]

2 반모음 첨가

- 모음으로 끝나는 형태소 뒤에 단모음으로 시작하는 형태소가 올 때, 반모음 'ㅣ̆'가 첨가되는 현상임

피– + –어 ⇒ 피어 / 피여
　　　 원칙　　허용(ㅣ̆+ㅓ→ㅕ)
되– + –어 ⇒ 되어 / 되여
　　　 원칙　　허용(ㅣ̆+ㅓ→ㅕ)

첨가된 반모음 'ㅣ̆'가 'ㅓ'와 결합하여 이중 모음 'ㅕ'로 됨

- '이오, 아니오'도 [이요, 아니요]로 발음함을 허용함

- 표준 발음법 제5장 음의 동화 제22항에 제시된 규정으로, 이 음운 현상은 반모음의 음운 인정 여부에 따라 '첨가'(반모음을 음운으로 인정), '교체'(반모음을 음운으로 인정하지 않음)로 보는 이견이 있음

- 예전의 문법에서는 'ㅣ, ㅔ, ㅐ, ㅚ, ㅟ'와 같이 문자의 측면에서 'ㅣ'로 끝나는 어간 뒤에 '어'로 시작하는 어미가 올 때 '어'를 [ㅕ]로 발음하는 현상을 'ㅣ' 모음 순행 동화로 규정했음

❖ **'반모음화'와 '반모음 첨가'에 대해**

'반모음'을 음운으로 볼 것이냐에 대해서는 학자마다 견해가 다릅니다. 이에 따라 '피어'를 [펴]로 발음한 것을 '축약'으로 볼지 '반모음화'(교체)로 볼지에 이견이 존재합니다. 또 '피어'를 [피여]로 발음한 것을 '교체'로 볼지 '반모음 첨가'로 볼지도 이견이 존재합니다. 내신에서는 반드시 선생님의 입장을 확인하기 바랍니다. 수능 및 모의평가에서는 〈보기〉를 통해 관련 개념을 제시하므로 이를 바탕으로 음운 현상을 판단해야 합니다.

☆ **개념을 완성하는 문제**

1 다음 중, 'ㄴ' 첨가 현상이 나타나지 **않는** 것은?

① 맨입　　② 눈요기
③ 등용문　　④ 영업용
⑤ 홑이불

답 ③ 해 '등용문'은 'ㄴ'이 첨가되는 것을 표준 발음으로 인정하지 않으므로 [등용문]으로 발음한다.

2 다음 중, 표준 발음이 **아닌** 것은?

① 꽃잎[꼰닙]
② 검열[거멸]
③ 물약[물냑]
④ 송별연[송벼련]
⑤ 옷 입다[온닙따]

답 ③ 해 'ㄹ' 받침 뒤에 첨가되는 'ㄴ' 음은 [ㄹ]로 발음하므로 '물약'은 [물략]으로 발음한다.

3 〈보기〉를 참고할 때, 밑줄 친 말 중 표준 발음으로 인정하는 것은?

> ──── 보기 ────
>
> 'ㅣ, ㅚ, ㅟ'로 끝나는 용언 어간 뒤에 반모음 'ㅣ̆'가 첨가되면 표준 발음으로 인정하고, 'ㅐ, ㅔ'로 끝나는 용언 어간 뒤에 반모음 'ㅣ̆'가 첨가되면 표준 발음으로 인정하지 않는다.

① 팔자가 <u>드세었다</u>[드세열따].
② 폭력배가 <u>날뛰었다</u>[날뛰열따].
③ 끓는 물에 손을 <u>데었다</u>[데열따].
④ 감자를 <u>으깨어</u>[으깨여] 요리를 했다.
⑤ 깡패들이 행인을 <u>짓패었다</u>[짇패열따].

답 ② 해 [날뛰열따]는 'ㅟ'로 끝나는 용언 어간 뒤에 반모음 'ㅣ̆'가 첨가된 것이므로 표준 발음으로 인정한다. 나머지는 모두 'ㅐ, ㅔ'로 끝나는 용언 어간 뒤에 반모음 'ㅣ̆'가 첨가된 것이다.

사이시옷 표기 조건 (한글 맞춤법 제4장 제4절 제30항)

① 순우리말로 된 합성어, 순우리말과 한자어로 된 합성어로서 앞말이 모음으로 끝난 경우
(단일어, 파생어에서는 사이시옷이 나타나지 않음)
  예 나루 + 배 → 나룻배, 아래 + 방 → 아랫방

② 두 말이 결합할 때 다음의 음운 현상이 나타나야 함
  - 뒷말의 첫소리가 된소리로 바뀜
    예 귓밥[귀빱 / 귇빱], 나뭇가지[나무까지 / 나묻까지], 전셋집[전세찝 / 전섿찝]
  - 뒷말의 첫소리 'ㄴ, ㅁ' 앞에서 'ㄴ' 소리가 덧남
    예 아랫니[아랜니], 잇몸[인몸], 제삿날[제산날]
  - 뒷말의 첫소리 모음 앞에서 'ㄴㄴ' 소리가 덧남
    예 뒷윷[뒨늉], 나뭇잎[나문닙], 예삿일[예산닐]

③ 두 음절로 된 다음 한자어
  예 곳간(庫間), 셋방(貰房), 숫자(數字), 찻간(車間), 툇간(退間), 횟수(回數)

사이시옷이 붙은 단어의 발음 (표준 발음법 제7장 제30항)

① 사이시옷 뒤에 'ㄱ, ㄷ, ㅂ, ㅅ, ㅈ'으로 시작하는 단어는 이들 자음만을 된소리로 발음하는 것이 원칙임. 사이시옷을 [ㄷ]으로 발음하는 것도 허용함
  예 냇가[내까 / 낻까], 깃발[기빨 / 긷빨], 햇살[해쌀 / 핻쌀]

② 사이시옷 뒤에 'ㄴ, ㅁ'이 결합할 때 [ㄴ]으로 발음함
  예 콧날[콘날], 툇마루[퇸마루], 뱃머리[밴머리]

③ 사이시옷 뒤에 모음 'ㅣ'나 반모음 'ㅣ'가 결합할 때 [ㄴㄴ]으로 발음함
  예 깻잎[깬닙], 베갯잇[베갠닏], 도리깻열[도리깬녈]

'사잇소리 현상'의 사전적 규정

- 합성 명사에서 앞말의 끝소리가 울림소리이고 뒷말의 첫소리가 안울림 예사소리이면 뒤의 예사소리가 된소리로 변하는 현상. (표준 발음법 제7장 제30항 1)
- 앞말이 모음으로 끝나는데 뒷말이 'ㄴ, ㅁ'으로 시작되면 앞말의 끝소리에 'ㄴ' 소리가 하나 덧나는 현상. (표준 발음법 제7장 제30항 2)
- 뒷말이 모음 'ㅣ'나 반모음 'ㅣ'로 시작되면 앞말의 끝소리와 뒷말의 첫소리에 'ㄴㄴ'이 덧나는 현상. (표준 발음법 제7장 제30항 3)

'사잇소리 현상'과 '사이시옷'의 관계

① '사잇소리 현상'은 음운 현상이고, '사이시옷'은 사잇소리 현상 중의 일부를 표기하는 방법임
② 한글 맞춤법 규정은 사이시옷의 표기와 관련된 것이고, 표준 발음법 규정은 사이시옷이 붙은 단어의 발음과 관련된 것이라고 볼 수 있음
③ 사잇소리 현상에 대한 견해는 학자들마다 다를 수 있음

❖ 표준 발음법에서 '된소리되기'와 '사잇소리 현상' 규정

표준 발음법 제6장 경음화의 제23항부터 27항까지 된소리되기에 대해 규정하고 있고, 제28항은 사잇소리 현상으로서의 된소리되기에 대해 규정하고 있습니다.
그리고 제7장 음의 첨가의 제30항은 사이시옷이 붙은 단어의 사잇소리 현상을 규정하고 있습니다. 사잇소리 현상에 대해서는 이견이 존재하므로 내신에서는 반드시 선생님의 입장을 확인하기 바랍니다.

☆ 개념을 완성하는 문제

4 〈보기〉의 내용을 참고할 때, 단어의 표기가 바르지 <u>않은</u> 것은?

> ─ 보기 ─
>
> [사이시옷 표기 조건]
> 1. 기본 조건: 합성어로서 앞말이 모음으로 끝남
>
> 2. 음운론적 조건
> ① 뒷말의 첫소리가 된소리로 나는 것
> ② 뒷말의 첫소리 'ㄴ, ㅁ' 앞에서 'ㄴ' 소리가 덧나는 것
> ③ 뒷말의 첫소리 모음 앞에서 'ㄴㄴ' 소리가 덧나는 것
>
> 3. 단어의 성격
> ① 순우리말로 된 합성어
> ② 순우리말과 한자어로 된 합성어
> ③ 두 음절로 된 한자어 중 '곳간, 셋방, 숫자, 찻간, 툇간, 횟수'

① 냇물　　　② 가욋일
③ 뒷처리　　④ 바닷가
⑤ 전셋집

답 ③ 해 ③은 '뒤처리'라고 표기해야 한다. 순우리말과 한자어로 된 합성어로서 앞말이 모음으로 끝나기는 하지만, 된소리가 나거나 'ㄴ' 소리가 덧나지 않아 음운론적 조건을 갖추고 있지 않기 때문이다.

5 다음 중, 사이시옷의 표기가 바르지 <u>않은</u> 것은?

① 찻집　　　② 기찻간
③ 예삿일　　④ 자릿세
⑤ 아랫마을

답 ② 해 ②는 한자어와 한자어로 된 합성어로서 사이시옷을 표기해야 하는 조건에 해당하지 않기 때문에 '기차간'이라고 표기해야 한다.

01

다음은 '음운'에 대한 학습 활동지 중 일부이다. ⓐ에 들어갈 내용으로 적절한 것은?

● 보기 ●

(ㄱ) '발'의 초성, 중성, 종성을 다른 음운으로 바꾸어 여러 단어를 만들어 보자. • 초성을 바꾼 경우 　(달, 살) • 중성을 바꾼 경우 　(볼, 불) • 종성을 바꾼 경우 　(밥, 방)	(ㄴ) 길게 발음할 때와 짧게 발음할 때의 차이를 이용해 문장을 만들어 보자.

눈

길게 발음할 때	짧게 발음할 때
눈이 펑펑 내린다.	아이 **눈**이 초롱초롱하다.

⇩

(ㄱ)과 (ㄴ)을 함께 고려할 때 (ⓐ)는 사실을 알 수 있다.

① 음운은 문자로 표기할 수 있다.
② 음운은 단어의 뜻을 구별해 준다. ✓
③ 음운은 일정한 조건에서 변화한다.
④ 음운은 어떤 위치든 나타날 수 있다.
⑤ 음운은 감정의 차이를 표현할 수 있다.

답 ② 해 (ㄱ)은 한 음절을 이루는 초성, 중성, 종성의 음운을 바꾸면 다른 단어가 되고 이에 따라 의미도 변하는 것을 보여 주고 있다. (ㄴ)은 '눈'을 길게 발음할 때와 짧게 발음할 때 그 의미가 달라지고 있음을 보여 주고 있다. (ㄱ)과 (ㄴ)을 통해 음운은 단어의 뜻을 구별해 준다는 사실을 알 수 있다.

02

다음은 자음 습득에 관한 탐구 자료이다. 이에 대한 이해로 적절하지 **않은** 것은?

'엄마'와 '아빠' 중에 어느 단어가 상대적으로 낮은 연령에서 발음하기가 쉬울까? 자음은 발음을 할 때 공기의 흐름이 방해를 받기 때문에 제약이 많아 연령에 따라 습득되는 자음들이 다르다. 연령에 따른 자음의 발달 단계를 살펴보면 우선 두 입술 사이에서 나는 소리가 가장 먼저 발달한다. 그중에서도 코로 공기를 내보내는 비음이자 울림소리인 'ㅁ'이 2세 때 습득된다. 그 후 3세 때에는 파열음이자 안울림소리인 'ㅃ'을 습득하게 된다. 따라서 'ㅁ'을 'ㅃ'보다 먼저 습득하게 되므로 아동들은 부모의 호칭 중 음성학적으로 '아빠'보다 '엄마'를 보다 쉽게 발음할 수 있는 것이다.

① 'ㅁ'은 'ㅃ'보다 강하게 파열되며 나는 소리구나. ✓
② 'ㅁ'은 'ㅃ'과 달리 목청을 울리면서 소리를 내게 되는구나.
③ 'ㅁ'은 'ㅃ'과 달리 코로 공기를 내보내면서 소리를 내게 되는구나.
④ 'ㅁ'과 'ㅃ'은 모두 두 입술 사이에서 나는 소리구나.
⑤ 'ㅁ'과 'ㅃ'은 모두 공기의 흐름이 방해를 받는 소리구나.

답 ① 해 자료를 통해 'ㅁ'은 비음이자 울림소리이고, 'ㅃ'은 파열음이자 안울림소리임을 알 수 있다. 따라서 'ㅁ'이 'ㅃ'보다 강하게 파열되며 나는 소리라고 볼 수 없다.

03

다음 표를 참고할 때, 〈보기〉의 놀이에서 승리할 수 있는 카드는?

혀의 앞뒤	전설 모음		후설 모음	
입술의 모양 혀의 높이	평순	원순	평순	원순
고모음	ㅣ	ㅟ	ㅡ	ㅜ
중모음	ㅔ	ㅚ	ㅓ	ㅗ
저모음	ㅐ		ㅏ	

● 보기 ●

〈한글 모음 놀이의 승리 조건〉
※ 아래의 조건을 모두 만족하는 모음 카드를 제시할 것
• 입천장의 중간점을 기준으로 혀의 가장 높은 부분을 앞쪽에 둔 상태로 발음하는 모음
• 입술을 평평하게 해서 발음하는 모음
• 입을 조금 벌리고 혀가 입천장에 닿을 만큼 높은 상태로 발음하는 모음

답 ③ 해 〈보기〉에 제시된 〈한글 모음 놀이의 승리 조건〉 중 첫 번째는 전설 모음, 두 번째는 평순 모음, 세 번째는 고모음을 의미한다. 이를 모두 만족하는 모음은 'ㅣ'이다.

04

〈보기 1〉을 활용하여 〈보기 2〉의 음운 변동을 설명한 내용으로 적절한 것은?

● 보기 1 ●

조음 위치 조음 방법	입술소리	잇몸소리	센입천장소리	여린입천장소리
파열음	ㅂ, ㅍ	ㄷ, ㅌ		ㄱ, ㅋ
파찰음			ㅈ, ㅊ	
비음	ㅁ	ㄴ		ㅇ
유음		ㄹ		

● 보기 2 ●

ㄱ 국민 → [궁민]　ㄴ 물난리 → [물랄리]　ㄷ 굳이 → [구지]

① ㄱ은 첫음절 끝의 파열음이 뒤의 자음과 결합하여 유음으로 바뀌었다.
② ㄴ은 유음이 앞뒤 비음의 영향을 받아 비음으로 바뀌었다.
③ ㄷ은 여린입천장소리가 뒤의 자음을 닮아 센입천장소리로 바뀌었다.
④ ㄱ과 ㄴ에서 변동된 음운은 조음 방법이 변하였다. ✓
⑤ ㄴ과 ㄷ에서 변동된 음운은 조음 위치가 변하였다.

답 ④ 해 ㄱ에서 받침 'ㄱ'은 뒤에 오는 'ㅁ'의 영향을 받아 'ㅇ'으로 변했는데, 'ㄱ'은 파열음이고 'ㅇ'은 비음이므로 조음 방법이 변한 것이다. ㄴ에서 초성과 중성의 'ㄴ'은 앞과 뒤에 오는 'ㄹ'의 영향을 받아 'ㄹ'로 변했는데, 'ㄴ'은 비음이고 'ㄹ'은 유음이므로 역시 조음 방법이 변한 것이다.

05

〈보기〉는 음운 변동에 대한 선생님의 설명이다. 질문에 대한 답으로 적절한 것은?

선생님: 음운 변동은 결과에 따라 한 음운이 다른 음운으로 바뀌는 교체, 두 개의 음운이 하나의 음운으로 합쳐지는 축약, 두 개의 음운 중 하나의 음운이 없어지는 탈락, 원래 없던 음운이 새로 덧붙는 첨가가 있습니다.

[질문] 다음 '잡일'과 동일한 음운 변동 과정이 일어나는 단어는 무엇일까요?

잡일 → [잡닐] → [잠닐]
　　　첨가　　　교체

① 법학[버팍]　　　　② 담요[담뇨]
③ 국론[궁논]　　　　✔ 색연필[생년필]
⑤ 한여름[한녀름]

답 ④ **해** '색연필'은 앞말이 자음으로 끝나고 뒷말이 반모음 'ㅣ'로 시작하므로 'ㄴ'이 첨가되어 [색년필]로 발음된다. 이때 받침 'ㄱ'은 첨가된 비음 'ㄴ'의 영향을 받아 'ㅇ'으로 교체되어 [생년필]로 발음된다. 이는 잡일[잡닐 → 잠닐]에서 일어나는 음운 변동과 동일하다.

06

〈보기〉의 음운 현상과 가장 관계가 깊은 것은?

'ㅎ'이 끝소리인 어간이 모음으로 시작하는 어미나 접미사와 결합하면 'ㅎ'이 탈락한다. '낳으세요'를 [나으세요]로 발음하거나 '쌓이다'를 [싸이다]로 발음하는 것도 이와 관련된다.

① '하얗다'를 [하야타]라고 발음한다.
② '좁히다'를 [조피다]라고 발음한다.
③ '놓는다'를 [논는다]라고 발음한다.
④ '그렇죠'를 [그러쵸]라고 발음한다.
✔ '좋아요'를 [조아요]라고 발음한다.

답 ⑤ **해** '좋아요'는 어간 '좋-'에 모음으로 시작하는 어미 '-아요'가 결합한 것으로, 어간 받침의 'ㅎ'이 탈락하여 [조아요]로 발음된다. / ①, ②, ④ 각각 ㅎ과 ㄷ, ㅂ과 ㅎ, ㅎ과 ㅈ이 만나 'ㅌ, ㅍ, ㅊ'으로 축약된 것이다. ③ 받침 'ㅎ'이 음절의 끝소리 규칙에 의해 'ㄷ'으로 바뀐 다음, 뒤에 오는 비음 'ㄴ'의 영향을 받아 'ㄴ'으로 교체된 것이다.

07

〈보기〉의 ⓐ와 ⓑ에 해당하는 음운 변동이 모두 일어나는 것은?

'팥빵'은 ＿＿＿ ⓐ ＿＿＿이/가 일어나서 [판빵]으로 발음되고,
'많던'은 ＿＿＿ ⓑ ＿＿＿이/가 일어나서 [만턴]으로 발음된다.

① 낯설고　　　② 놓더라　　　③ 맞는지
④ 먹히는　　　✔ 애틋한

답 ⑤ **해** '팥빵'은 음절의 끝소리 규칙에 따라 'ㅌ'이 'ㄷ'으로 교체되어 [판빵]으로 발음되고, '많던'은 'ㅎ'과 'ㄷ'이 만나 'ㅌ'으로 축약되어 [만턴]으로 발음된다. '애틋한'은 음절의 끝소리 규칙에 따라 'ㅅ'이 'ㄷ'으로 교체되어 [애튿한]이 되고, 'ㄷ'은 뒤의 'ㅎ'과 만나 'ㅌ'으로 축약되어 [애트탄]으로 발음된다. 따라서 교체와 축약이 모두 일어나는 것은 ⑤이다.

08

〈보기〉의 (가)에 들어갈 말로 적절한 것은?

선생님: 음운 변동에는 한 음운이 다른 음운으로 바뀌는 교체, 있던 음운이 없어지는 탈락, 없던 음운이 새로 더해지는 첨가, 두 음운이 합쳐져 하나의 음운으로 줄어드는 축약이 있습니다. 그럼 아래 단어들에 나타난 음운 변동의 유형을 파악해 봅시다.

ⓐ 맨입[맨닙] ⓑ 쌓아[싸아] ⓒ 입학[이팍] ⓓ 칼날[칼랄]

학생: ＿＿＿＿＿＿＿＿ (가) ＿＿＿＿＿＿＿＿
선생님: 네, 맞습니다.

✔ ⓐ은 '첨가'에 해당하고, ⓒ은 '축약'에 해당합니다.
② ⓐ은 '교체'에 해당하고, ⓓ은 '첨가'에 해당합니다.
③ ⓑ은 '탈락'에 해당하고, ⓒ은 '교체'에 해당합니다.
④ ⓑ은 '교체'에 해당하고, ⓓ은 '축약'에 해당합니다.
⑤ ⓒ은 '탈락'에 해당하고, ⓓ은 '첨가'에 해당합니다.

답 ① **해** ⓐ은 '맨-'과 '입'이 결합하면서 'ㄴ' 소리가 덧나는 '첨가'에 해당한다. ⓑ은 'ㅎ'이 모음으로 시작하는 어미와 만나 없어지는 '탈락'에 해당한다. ⓒ은 'ㅂ'과 'ㅎ'이 만나 거센소리 'ㅍ'으로 줄어드는 '축약'에 해당한다. ⓓ은 유음 'ㄹ'의 뒤에 있는 비음 'ㄴ'이 'ㄹ'로 바뀌는 교체에 해당한다. 따라서 (가)에 들어갈 말로 적절한 것은 ①이다.

09

〈보기〉를 참고하여 음운 변동 사례에 대해 이해한 것으로 적절하지 <u>않은</u> 것은?

음운의 변동은 어떤 음운이 다른 음운으로 바뀌는 **교체**, 어떤 음운이 없어지는 **탈락**, 새로운 음운이 생기는 **첨가**, 두 음운이 하나의 음운으로 합쳐지는 **축약**으로 구분된다.

① '밥물[밤물]'이 발음될 때에는 'ㅂ'이 'ㅁ'의 영향을 받아 'ㅁ'으로 교체되는 현상이 일어난다.
② '광한루[광:할루]'가 발음될 때에는 'ㄴ'이 'ㄹ'의 영향을 받아 'ㄹ'로 교체되는 현상이 일어난다.
③ '좋아[조:아]'가 발음될 때에는 모음으로 시작되는 어미와 만나 'ㅎ'이 탈락하는 현상이 일어난다.
④ '막일[망닐]'이 발음될 때에는 첨가되는 'ㄴ'으로 인해 'ㄱ'이 'ㅇ'으로 교체되는 현상이 일어난다.
✔ '옷 한 벌[오탄벌]'이 발음될 때에는 'ㅅ'이 탈락한 후 첨가되는 'ㄷ'이 'ㅎ'과 만나 'ㅌ'으로 축약되는 현상이 일어난다.

답 ⑤ **해** '옷 한 벌'은 'ㅅ'이 음절의 끝소리 규칙에 의해 'ㄷ'으로 교체되어 [온한벌]로 바뀐 다음, 'ㄷ'과 'ㅎ'이 만나 거센소리 'ㅌ'으로 축약되어 [오탄벌]로 발음된다. 따라서 'ㅅ'이 탈락한 후 'ㄷ'이 첨가된다는 설명은 적절하지 않다.

02 품사

개념 열기 ① 톡톡! 품사

품사 : 단어를 비슷한 성질을 가진 것끼리 분류해 놓은 것. 단어의 갈래

品 물건 품. 詞 말 사

- 단어를 의미, 기능, 형태에 따라 분류한 것
- 우리말에는 아홉 개의 품사가 있음
- 단어는 자립하여 쓸 수 있는 말 중 가장 작은 단위임(단, 조사는 자립할 수 없는 형태소이지만 단어로 분류함)

활동 ❶

의미	명사	대명사	수사	관형사	부사	감탄사	조사	동사	형용사

기능	체언	수식언	독립언	관계언	①(용언)

형태	②(불변어)	가변어

※ 서술격 조사 '이다'는 가변어에 해당함

개념 열기 ② 톡톡! 체언

체언 : 문장에서 주체 자리에 쓰여 몸통이 되는 말 體 몸 체. 言 말씀 언

- 형태가 변하지 않음
- 조사와 결합하여 주어, 목적어, 보어, 관형어, 부사어, 서술어 등으로 쓰임
- 명사, 대명사, 수사가 체언에 속함

활동 ❷

얘! 점순아, 너희 둘이 일하니?

의미	명사	대명사	수사
기능	체언		
형태	불변어		

◈ 어느 품사에도 속하지 않는 단어가 있나요?

우리말의 단어 중에서 어느 품사에도 속하지 않는 것은 없습니다. 품사가 단어를 성질이 비슷한 것끼리 분류해 놓은 것이기 때문입니다. 접사나 어미 등은 단어에 포함되지 않으므로 당연히 어느 품사에도 속하지 않습니다.

☆ 개념을 완성하는 문제

1 〈보기〉의 ⓐ~ⓒ와 성질이 비슷한 단어가 아닌 것은?

> ── 보기 ──
> ⓐ점순아, ⓑ여기엔 ⓒ하나만 줘.

① ⓐ – 철수야, 밥 먹어라.
② ⓐ – 학교에 가자.
③ ⓑ – 저기 집이 보인다.
④ ⓑ – 거기에 앉아.
☑ ⓒ – 사과 두 개를 줄게.

답 ⑤ 해 ⓐ는 명사, ⓑ는 대명사, ⓒ는 수사이다. 하지만 ⑤의 '두'는 수 관형사이다.

2 〈보기〉를 분석한 내용으로 적절하지 않은 것은?

> ── 보기 ──
> 열에 아홉은 매우 착실한 학생이다.

① 형태에 따라 나누면 '착실한'과 '이다'는 가변어이다.
② 기능에 따라 나누면 '열'과 '학생'은 체언이다.
③ 기능에 따라 나누면 '에'와 '은'은 관계언이다.
☑ 의미에 따라 나누면 '아홉'과 '학생'은 같은 품사이다.
⑤ 의미에 따라 나누면 '매우'는 부사, '착실한'은 형용사에 해당한다.

답 ④ 해 '아홉'은 수사이고 '학생'은 명사이므로 같은 품사가 아니다.

① 용언 ② 불변어

1 명사 名 이름 명. 詞 말 사

- 사람이나 사물, 장소 등의 이름을 나타내는 말임
- 형태가 고정되어 있으며, 복수형을 취할 수 있음
- 명사는 관형어의 꾸밈을 받을 수 있음

1-❶ 고유 명사

- 특정한 사람이나 사물에 붙인 명사임
- 다른 언어로 번역되기 어려우며, 복수의 의미를 나타내는 '−들'이 붙을 수 없음
- 수를 의미하는 관형어가 앞에 올 수 없음

1-❷ 보통 명사

- 같은 종류의 사물에 두루 쓰이는 명사임
- '물, 불'과 같은 물질 명사와 '평화, 이상, 사랑'과 같은 추상 명사는 복수의 의미를 나타내는 '−들'과의 연결에 제약이 있거나 부자연스러움

<table>
<tr><td rowspan="2">활동 ❸</td><td>아버지께서 산에 가셨다.
보통 명사, 자립 명사</td></tr>
<tr><td>철수가 설악산에 갔다. / 철수들이 설악산들에 갔다.
①(고유) 명사, 자립 명사</td></tr>
</table>

1-❸ 자립 명사

- 다른 말의 도움 없이 홀로 쓰일 수 있는 명사임
- 고유 명사와 보통 명사가 자립 명사에 해당함

1-❹ 의존 명사

- 홀로 쓰이지 못하고 다른 말(관형어)의 도움을 받아야 하는 명사임

<table>
<tr><td rowspan="2">활동 ❹</td><td>나와 그는 작년 여름에 단 한 번 만났을 뿐이다.
자립 명사, 보통 명사   ②(의존) 명사</td></tr>
<tr><td>가진 것은 이것뿐이다.
의존 명사   조사</td></tr>
</table>

🔍 개념 확대경

선행어의 성격에 따른 의존 명사의 구분

구분		선행하는 관형어의 형태	의존 명사
형식성 의존 명사		관형사 및 용언의 관형사형	것, 분, 이
		용언의 관형사형만	바, 테, 터, 듯, 수
		용언의 일부 관형사형, 체언의 관형사형	채, 뿐, 나름, 때문
단위성 의존 명사		수 관형사만	명, 자, 치, 섬, 말, 개, 마리, 그루, 켤레

※ '조사'와 헷갈리기 쉬운 '의존 명사'는 '조사' 부분에서 자세히 학습함

◈ 의존 명사 뒤에 올 수 있는 말

의존 명사 가운데에는 뒤에 올 수 있는 형태가 제한된 것들이 있습니다. 의존 명사 '줄' 뒤에는 '알다'와 '모르다'만 올 수 있고, 의존 명사 '수' 뒤에는 '있다'와 '없다'만 올 수 있습니다. 그리고 '따름'과 '뿐' 뒤에는 '이다'만 올 수 있습니다.

☆ 개념을 완성하는 문제

3 〈보기〉처럼 자립 명사가 단위를 나타내는 경우에 해당하지 <u>않는</u> 것은?

> ─ 보기 ─
>
> '친구 다섯 사람과 함께 도서관에 갔다.'와 같이, '사람'은 자립 명사로 쓰이기도 하지만 수량을 표현하는 말 뒤에 쓰여 사람을 세는 단위를 나타낼 수도 있다.

① 시장에서 수박 세 덩어리를 샀다.
☑ 이 글에는 여러 군데 잘못이 있다.
③ 앉은자리에서 밥 두 그릇을 먹었다.
④ 아버지께서는 밥을 몇 숟가락 겨우 뜨셨다.
⑤ 나는 서너 발자국 뒤로 물러서다가 냅다 도망쳤다.

정답 ② 해설 '군데'는 '낱낱의 곳을 세는 단위'의 의미를 가진 의존 명사로, 항상 관형어의 수식을 받아야 하며 자립 명사로는 사용되지 않는다.

4 〈보기〉는 국어사전의 일부이다. 단어의 용례가 적절하지 <u>않은</u> 것은?

> ─ 보기 ─
>
> 번(番)
> [Ⅰ] 명사
> 차례로 숙직이나 당직을 하는 일
> [Ⅱ] 의존 명사
> ① 일의 차례를 나타내는 말
> ② 일의 횟수를 세는 단위
> ③ 어떤 범주에 속한 사람이나 사물의 차례를 나타내는 단위
>
> 한−번(番)
> [Ⅰ] 명사
> ((주로 '한번은' 꼴로 쓰여)) 지난 어느 때나 기회

① '번[Ⅰ]' 용례: 번을 서다.
② '번[Ⅱ]−①' 용례: 둘째 번
③ '번[Ⅱ]−②' 용례: 여러 번
④ '번[Ⅱ]−③' 용례: 100번 버스
☑ '한−번[Ⅰ]' 용례: 한번 해 보자.

정답 ⑤ 해설 '한번 해 보자.'에서 '한번'은 부사로 쓰인 것이다. '한−번[Ⅰ]' 용례로는 '한번은 이런 일도 있었다.'를 들 수 있다.

3 ② 4 ⑤

2 대명사 代 대신할 대. 名 이름 명. 詞 말 사

- 사람이나 사물, 장소 등의 이름을 대신하여 그것을 가리키는 말임
- 명사의 특징을 그대로 가지고 있음
- 조사가 붙을 수 있으며, 관형사의 꾸밈을 자유롭게 받지 못함

2-❶ 인칭 대명사

- 사람을 대신 나타내는 말임

1인칭	나, 저, 우리, 저희, 본인, 소인
2인칭	너, 너희, 자네, 그대, 당신, 여러분
3인칭	그, 그녀, 이이, 그이, 저이, 이분, 그분, 저분
부정칭	아무, 누구(확실히 정해지지 않은 대상을 가리키는 경우)
미지칭	누구(모르는 대상을 가리키는 경우)
재귀칭	자기, 저, 저희, 당신(앞에 나온 대상을 다시 가리키는 경우)

활동 ❺

여 : "너 봄 감자가 맛있단다." / 남 : "나 감자 안 먹는다. 너나 먹어라."
　　 2인칭 　　　　　　　　　　　　　1인칭 　　　　　　2인칭

여 : "아무에게나 주는 거 아니다."
　　 부정칭

남 : "누구에게 주든지 내 알 바 아니다."
　　 미지칭 　　　　　　1인칭

여 : "그럼 저이에게나 줘야지" / 남 : "너야 항상 자기 맘대로지 뭐."
　　　　 3인칭 　　　　　　　　　　　　2인칭 　　　 재귀칭

2-❷ 비인칭 대명사

- 사물이나 장소(처소)를 대신 나타내는 말로, 지시 대명사라고도 함

사물	이, 그, 저, 이것, 그것, 저것, 무엇
처소	여기, 저기, 거기, 이곳, 저곳, 그곳, 어디

활동 ❻

이것은 책이다. / 여기가 바로 내 고향이다.
사물 　　　　　　　 처소

3 수사 數 셈 수. 詞 말 사

- 사물의 수량이나 순서(차례)를 나타내는 말임
- 관형사의 꾸밈을 자유롭게 받지 못함
- 반복에 의한 복수는 가능하나 접미사에 의한 복수는 취할 수 없음

서수사	순서를 나타내는 수사	첫째, 둘째, 셋째, 제일, 제이, 제삼
양수사	수량을 나타내는 수사	하나, 둘, 셋, 일, 이, 삼

개념 돋보기

❖ 수사와 형태가 비슷하지만 수사가 아닌 단어들

- '한, 두, 세, 네, 닷, 엿' 등은 뒤에 오는 체언을 수식하는 수 관형사임
- '하루, 이틀, 사흘, 나흘, 닷새, 엿새, 아흐레, 그믐' 등은 명사임

☆ 개념을 완성하는 문제

5 〈보기〉의 ㉠~㉤에 대한 설명으로 적절하지 <u>않은</u> 것은?

> ───── 보기 ─
>
> 학생 : 할아버지께서는 제 생일마다 책들을 사 주셨는데, ㉠이것도 ㉡그것 중 하나입니다. 해마다 할아버지께서는 ㉢당신 손으로 직접 골라 주십니다.
> 선생님 : 그렇구나. ㉣우리 집 아이들도 책 선물을 참 좋아하지. 우리 아이들은 ㉤저희들끼리 책을 고르려고 아웅다웅한단다.

① ㉠은 사물을 가리키는 지시 대명사이다.
② ㉡은 할아버지께서 사 주신 책들을 가리킨다.
③ ㉢은 3인칭으로 사용되고 있다.
④ ㉣은 청자를 포함하지 않는다.
☑ ㉤은 1인칭으로 사용되고 있다.

답 ⑤ 해 ㉤의 '저희'는 앞에 나온 '우리 집 아이들', 즉 '선생님의 아이들'을 다시 지칭하는 표현이므로, 1인칭이 아니라 3인칭(재귀 대명사)으로 사용되었다.

6 〈보기 1〉을 바탕으로 ⓐ와 품사가 같은 것만을 〈보기 2〉에서 고른 것은?

> ───── 보기 1 ─
>
> 수사와 수 관형사는 모두 문장에서 사물의 수량이나 순서를 가리키지만, 수 관형사는 수사와 달리 단위를 나타내는 의존 명사와 함께 쓰인다는 차이가 있다.
>
> • 이 일을 마치는 데에 ⓐ칠 개월이 걸렸다.(수 관형사)

> ───── 보기 2 ─
>
> • 그들은 게임을 ㉮다섯 판이나 하였다.
> • 영희는 시장에서 사과 ㉯하나를 샀다.
> • 철수가 여기를 떠난 지 ㉰팔 년이 지났다.
> • 철수는 달리기 시합에서 ㉱첫째로 들어왔다.

① ㉮, ㉯ 　　　　　☑ ㉮, ㉰
③ ㉯, ㉰ 　　　　　④ ㉯, ㉱
⑤ ㉰, ㉱

답 ② 해 ㉮는 '승부를 겨루는 일을 세는 단위'인 의존 명사 '판'과 함께 사용되었으므로 수 관형사이며, ㉰ 역시 '해를 세는 단위'인 의존 명사 '년'과 함께 사용되었으므로 수 관형사이다. 반면 ㉯와 ㉱는 수사이다.

용언: 문장에서 문장 주체의 움직임, 성질, 상태 등을 서술하는 말 用 쓸 용, 言 말씀 언

- 문장에서 사용될 때 쓰임에 따라 형태가 변함(활용)
- 주로 서술어로 쓰이지만 어미의 형태 변화에 따라 다른 문장 성분으로도 쓰이며, 부사어의 꾸밈을 받을 수 있음
- 동사와 형용사가 용언에 속함

1 동사 動 움직일 동, 詞 말 사

- 사람이나 사물의 동작이나 작용을 나타내는 말임

자(自)동사	동작이나 작용이 주어에만 미침(목적어 ×)	개가 <u>짖다</u>.
타(他)동사	동작의 대상인 목적어를 필요로 함	학생이 책을 <u>읽다</u>.
주(主)동사	문장의 주체가 스스로 행하는 동작을 나타냄	철수가 <u>웃었다</u>.
사(使)동사	문장의 주체가 남에게 어떤 동작을 하게 함을 나타냄	영희가 철수를 <u>웃겼다</u>.
능(能)동사	주어가 제힘으로 행하는 동작을 나타냄	농부가 보리를 <u>밟았다</u>.
피(被)동사	남의 행동을 입어서 행하여지는 동작을 나타냄	보리가 농부에게 <u>밟혔다</u>.

2 형용사 形 모양 형, 容 얼굴 용, 詞 말 사

- 사람이나 사물의 성질이나 상태를 나타내는 말임

성상 형용사	사물의 성질이나 상태를 나타냄	꽃이 <u>예쁘다</u>.
지시 형용사	사물의 성질, 시간, 수량 등이 어떠함을 형식적으로 나타냄	그러하다, 어떠하다, 아무러하다 등

3 동사와 형용사의 구별

조건		동사	형용사
현재 시제 선어말 어미 '–는–/–ㄴ–' 결합		가능	불가능
관형사형 전성 어미	'–는' 결합	가능	불가능
	'–(으)ㄴ, –(으)ㄹ, –던' 결합	가능	가능
명령형 종결 어미 '–아라/–어라' 결합		가능	불가능
청유형 종결 어미 '–자' 결합		가능	불가능
목적·의도의 종속적 연결 어미 '–(으)러/–(으)려' 결합		가능	불가능
부사어의 꾸밈을 받음, 조사와의 결합		가능	가능

활동 ①

- 현재 시제 선어말 어미 '–는–/–ㄴ–' 결합

먹–	–는–	–다	○
어간	어미	어미	(동사)

예쁘–	–ㄴ–	–다	×
어간	어미	어미	(형용사)

- 관형사형 전성 어미 '–는' 결합

먹–	–는	○
어간	어미	(동사)

예쁘–	–는	×
어간	어미	(형용사)

☆ **개념을 완성하는 문제**

1 다음 중, 자동사가 <u>아닌</u> 것은?
① 피다(꽃이 <u>피다</u>.)
② 솟다(용기가 <u>솟다</u>.)
③ 가누다(목을 <u>가누다</u>.)
④ 가물다(날이 <u>가물다</u>.)
⑤ 마르다(목이 <u>마르다</u>.)
답 ③

2 다음 중, 품사가 형용사인 것은?
① 나대다(함부로 <u>나대다</u>.)
② 나쁘다(기분이 <u>나쁘다</u>.)
③ 나서다(적극적으로 <u>나서다</u>.)
④ 나빠지다(사정이 <u>나빠지다</u>.)
⑤ 나타나다(우리 앞에 <u>나타나다</u>.)
답 ②

3 다음 중, 품사가 <u>다른</u> 하나는?
① 오늘 모임이 <u>있다</u>.
② 방 안에 사람이 <u>있다</u>.
③ 나에게 천 원이 <u>있다</u>.
④ 나는 신이 <u>있다</u>고 믿는다.
⑤ 앞으로 사흘만 <u>있으면</u> 설이다.
답 ⑤　해 ⑤의 '있다'는 '얼마의 시간이 경과하다'라는 의미의 동사이다. 나머지는 모두 형용사이다.

4 '품사의 통용'에 해당하는 예로 적절하지 <u>않은</u> 것은?
① 키가 쑥쑥 <u>큰다</u>. → 동사
　너에 대한 기대가 <u>크다</u>. → 형용사
② 벌써 날이 <u>밝는다</u>. → 동사
　그 직업은 전망이 <u>밝다</u>. → 형용사
③ 사과 <u>다섯</u> 개를 먹었다. → 관형사
　둘에 셋을 더하면 <u>다섯</u>이다. → 수사
④ 그는 <u>늦은</u> 점심을 먹는다. → 형용사
　그는 약속 시간에 항상 <u>늦는다</u>. → 동사
⑤ 친구의 얼굴빛이 <u>흐리다</u>. → 형용사
　날이 잔뜩 <u>흐린</u> 게 비 올 것 같다. → 형용사
답 ⑤　해 ⑤의 두 문장에서 '흐리다'는 모두 형용사로 사용되었다.

• 명령형 종결 어미 '-아라/-어라' 결합

먹-	-어라	○
어간	어미	(동사)

예쁘-	-어라	×
어간	어미	(형용사)

• 청유형 종결 어미 '-자' 결합

먹-	-자	○
어간	어미	(동사)

예쁘-	-자	×
어간	어미	(형용사)

• 목적·의도의 종속적 연결 어미 '-(으)러/-(으)려' 결합

먹-	-으러	○
어간	어미	(동사)

예쁘-	-러	×
어간	어미	(형용사)

• 부사어의 꾸밈을 받음, 조사와의 결합

잘	먹다	○
부사	동사	(동사)

매우	예쁘다	○
부사	형용사	(형용사)

먹-	-지	도	○
어간	어미	조사	(동사)

예쁘-	-게	도	○
어간	어미	조사	(형용사)

4 어간 語 말씀 어, 幹 줄기 간

- 용언이 활용할 때 변하지 않는 부분임
- 용언에서 실질적인 뜻을 가진 줄기 부분으로, 기본형에서 '-다'를 뺀 형태임

5 어미 語 말씀 어, 尾 꼬리 미

- 용언이 활용할 때 여러 가지 모습으로 변하는 부분임
- 용언에서 어간을 제외한 나머지 부분으로, 문법적인 관계를 나타냄

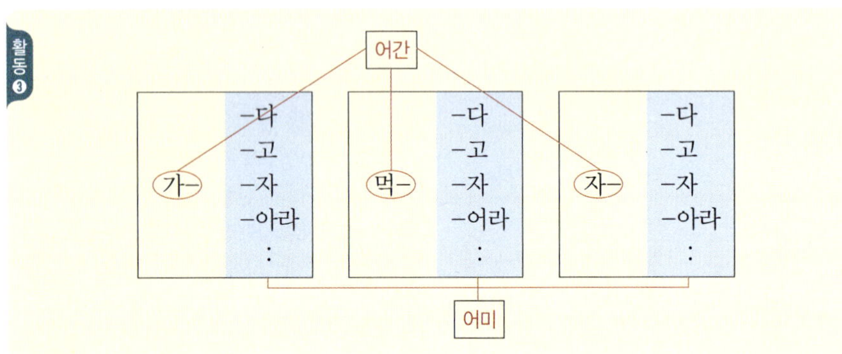

6 선어말 어미 先 먼저 선, 語 말씀 어, 末 끝 말

- 어말 어미의 앞에 들어가는 어미임

높임	문장의 주체를 높임	-(으)시-		안녕하- + -시- + -ㅂ니까
공손	공손한 태도를 나타냄	-옵-, -오-		아뢰- + -오- + -ㅂ니다
시제	행위가 일어난 시간을 나타냄	-았-/-었-(과거)	읽- + -었- + -다
		-더-(회상)	읽- + -더- + -라
		-ㄴ-/-는-(현재)	읽- + -는- + -다
		-겠-(미래)	읽- + -겠- + -다

❖ '있다'와 '없다'의 품사

표준국어대사전에는 '없다'가 형용사로, '있다'가 '동사'와 '형용사'로 제시되어 있습니다. 하지만 학자에 따라 '있다'를 형용사로 다루기도 합니다. 평서형 종결 어미 '-는다'의 결합이 부자연스럽고, 과거 시제를 나타내는 관형사형 어미와의 결합이 불가능하고, '존재'라는 의미가 형용사적 의미에 가깝다는 것을 근거로 듭니다.

☆ 개념을 완성하는 문제

5 〈보기〉를 이해한 내용으로 적절하지 않은 것은?

> ─ 보기 ─
> ⓐ 영희가 밥을 먹는다.
>   꽃이 예쁜다.
> ⓑ 영희야, 밥 먹어라.
>   영희야, 좀 예뻐라.
> ⓒ 영희야, 밥 먹자.
>   우리 좀 예쁘자.
> ⓓ 밥 먹으러 식당에 갔다.
>   예쁘러 미용실에 갔다.
> ⓔ 머리카락이 길다.
>   머리카락이 잘 긴다.

① ⓐ: 동사와 달리 형용사는 현재를 나타내는 선어말 어미와 결합할 수 없다.

② ⓑ: 동사와 달리 형용사는 명령형 어미와 결합할 수 없다.

❸ ⓒ: 형용사와 달리 동사는 청유형 어미와 결합할 수 없다.

④ ⓓ: 동사와 달리 형용사는 목적을 나타내는 연결 어미와 결합할 수 없다.

⑤ ⓔ: '길다'는 형용사, 동사로 모두 쓰일 수 있다.

답 ③ 해 동사는 청유형 어미와 결합할 수 있으며, 형용사가 청유형 어미와 결합할 수 없다.

6 어간과 어미의 분석이 바르지 않은 것은?

① 벽지를 바르다. → 바르-+-다

② 가오면 되리까 → 가-+-오-+-면

③ 옷이 말랐다. → 마르-+-았-+-다

④ 시간을 주겠다. → 주-+-겠-+-다

❺ 그는 병원에 다닌다. → 다닌-+-다

답 ⑤ 해 '다닌다'의 기본형은 '다니다'이므로, '다니- + -ㄴ- + -다'와 같이 분석할 수 있다.

7 어말 어미 _{語 말씀 어, 末 끝 말}

■ 선어말 어미와 대립되는 용어로, 활용 어미에 있어서 맨 뒤에 오는 어미임

7-❶ 종결 어미

■ 한 문장을 종결되게 하는 어말 어미임

종류	기능	어미
평서형	일을 객관적으로 진술함	-다, -ㄴ다/-는다, -네, -ㅂ니다 등
의문형	질문하여 대답을 요구함	-니, -(느)냐, -는가, -ㅂ니까 등
감탄형	자기의 느낌을 표현함	-(는)구나, -군, -(는)구려 등
명령형	시키거나 행동을 요구함	-아라/-어라, -게, -ㅂ시오 등
청유형	같이 행동할 것을 요청함	-자, -세, -ㅂ시다 등

7-❷ 연결 어미

■ 어간에 붙어 앞말과 다음 말을 연결하는 구실을 하는 어미임

종류	기능	어미
대등적	두 문장을 대등하게 이음	-고, -나, -며, -지만 등
종속적	앞 문장을 뒤 문장에 종속적으로 이음	-면, -니, -거든, -려고 등
보조적	본용언에 보조 용언을 연결함	-아/-어, -게, -지, -고 등

7-❸ 전성 어미

■ 어간에 붙어 다른 품사의 기능을 수행하게 하는 어미임

종류	기능	어미
명사형	명사 역할을 하게 함	-(으)ㅁ, -기
관형사형	관형사 역할을 하게 함	-(으)ㄴ, -는, -(으)ㄹ, -던
부사형	부사 역할을 하게 함	-게, -도록

활동 ❹

· 종결 어미의 실제

떡을 먹-	-다	평서형
	-니	의문형
	-는구나	감탄형
	-어라	①(명령형)
	-자	청유형

· 연결 어미의 실제

밥을 먹-	-고	떡을 먹자	대등적
	-으니	졸립다	②(종속적)
	-고	싶다	보조적

· 전성 어미의 실제

예쁘-	-기	도 하다	명사형
	-ㄴ	꽃	③(관형사형)
	-게	피었다	부사형

☆ **개념을 완성하는 문제**

7 다음의 어말 어미에 대한 설명으로 적절하지 <u>않은</u> 것은?

☑ '이렇게 빨리 가<u>는</u> 이유가 뭐니?'의 '-는'은 종속적 연결 어미이다.

② '오늘은 운동하<u>기</u>에 좋은 날이다.'의 '-기'는 명사형 전성 어미이다.

③ '아버지께서는 어디 갔다 오시<u>지</u>?'의 '-지'는 의문형 종결 어미이다.

④ '지금쯤 동생은 집에 도착했겠<u>구나</u>.'의 '-구나'는 감탄형 종결 어미이다.

⑤ '형은 밥을 먹었<u>고</u>, 누나는 빵을 먹었다.'의 '-고'는 대등적 연결 어미이다.

답 ① **해** ①에서 '-는'은 종속적 연결 어미가 아니라 용언(동사)을 관형사처럼 기능하게 하는 관형사형 전성 어미이다.

8 〈보기〉의 ㉠~㉤에 쓰인 어미에 대한 이해로 적절하지 <u>않은</u> 것은?

> ── 보기 ──
> ㉠ 그가 나무를 심었<u>구나</u>!
> ㉡ 웃는 얼굴에 침 뱉으<u>랴</u>.
> ㉢ 이 책은 이미 읽<u>은</u> 책이다.
> ㉣ 설마 그가 거짓말을 했<u>겠</u>니?
> ㉤ 내일 바람은 불<u>겠지만</u> 눈은 오지 않을 것이다.

① ㉠: 감탄형 종결 어미

② ㉡: 관형사형 전성 어미

③ ㉢: 관형사형 전성 어미

☑ ㉣: 주체의 의지를 나타내는 선어말 어미

⑤ ㉤: 대등적 연결 어미

답 ④ **해** ㉣에서 '-겠-'은 주체의 의지가 아니라 화자의 추측을 나타내는 선어말 어미이다.

8 본용언

■ 문장 안에서 실질적인 의미를 지니면서 보조 용언의 도움을 받는 용언임

■ '본용언 + 본용언'은 각각의 용언이 주어와 호응하고, 두 용언 사이에 다른 문장 성분이 올 수 있으며, 앞의 용언에 '–아서/–어서'를 붙여 바꿔 쓸 수 있음

유형	예
본용언 단독	나는 냉면을 먹었다.
본용언 + 본용언	나는 냉면을 먹고 왔다.

9 보조 용언

■ 본용언에 연결되어 그 말의 뜻을 도와주는 용언임

■ 본용언은 단독으로 쓰일 수 있고, 보조 용언은 단독으로 쓰일 수 없음

■ '본용언 + 보조 용언'은 두 용언 사이에 다른 문장 성분이 올 수 없고, 앞의 용언에 '–아서/–어서'를 붙여 바꿔 쓸 수 없음

유형	예
본용언 + 보조 용언	나는 냉면을 먹고 싶다.

개념 확대경

보조 용언의 종류

■ '본용언 어간 + 보조적 연결 어미(–아/–어, –게, –지, –고) + 보조 용언'으로 구성됨

■ 보조 동사와 보조 형용사를 구별하는 방법은 동사와 형용사의 구별 방법과 동일함(현재 시제 선어말 어미 '–ㄴ–/–는–'을 붙여 봄)

종류	보조 동사	보조 형용사
당위	–아야/–어야 + 하다 예 가야 한다	
시행	–아/–어 + 보다 예 먹어 보다	
부정·금지	–지 + 아니하다/말다/못하다 예 움직이지 아니하다 / 못하다	–지 + 아니하다/못하다 예 귀엽지 아니하다 / 좋지 못하다
사동	–게 + 하다 예 화나게 하다	
피동	–아/–어 + 지다 예 만들어지다	
강세·반복	–아/–어 + 대다/쌓다 예 울어 대다 / 쌓다	
보유	–아/–어 + 두다/놓다/가지다 예 먹어 두다 / 놓다	
시인	–기는 + 하다 예 해롭기는 하다	–기는 + 하다 예 깨끗하기는 하다
봉사	–아/–어 + 주다/드리다 예 불러 주다	
진행	–아/–어 + 가다/오다 예 다 해 간다 / 사랑해 왔다	
완료	–아/–어 + 내다/버리다 예 만들어 내다 / 먹어 버리다	
상태	–아/–어 + 있다 예 앉아 있다	
희망		–고 + 싶다 예 먹고 싶다

9 다음 중, 밑줄 친 단어가 보조 용언인 것은?

① 그는 책을 깔고 앉았다.
② 누나가 상자를 들고 갔다.
③ 그는 겉옷을 벗어 걸었다.
④ 그는 사과를 깎아 먹었다.
✔ 나는 새로운 음식을 먹어 보았다.

답 ⑤ 해 ⑤의 '보았다'만 보조 용언이고, 나머지는 모두 본용언이다.

10 〈보기〉를 참고할 때, 밑줄 친 부분을 붙여 쓸 수 <u>없는</u> 것은?

> ─── 보기 ───
> 본용언과 보조 용언은 띄어 쓰는 것이 원칙이지만 경우에 따라 붙여 쓰는 것도 허용한다. 예를 들어, '도와드리다'의 경우 '드리다'가 보조 용언이므로 '도와 드리다'로 쓰는 것이 원칙이지만 '도와드리다'로 쓰는 것도 허용한다.

① 나는 사과를 먹어 버렸다.
② 활활 타던 불이 꺼져 갔다.
③ 책을 여러 번 읽어 보았다.
④ 그 사실을 공책에 기록해 두었다.
✔ 그는 실성한 사람처럼 울고 웃었다.

답 ⑤ 해 '울고 웃었다'는 '본용언 + 본용언'의 구성이므로 띄어 써야 한다.

11 〈보기〉를 참고할 때, 다음 설명이 적절하지 <u>않은</u> 것은?

> ─── 보기 ───
> 보조 용언 구성 '–고 있–'은 동작의 진행을 나타내기도 하고, 상태의 지속을 나타내기도 하며, 때에 따라 두 가지 의미 모두로 해석되기도 한다.

① '그는 양치질을 하고 있다.'의 '–고 있–'은 동작의 진행을 나타낸다.
② '그는 지금 날 오해하고 있다.'의 '–고 있–'은 상태의 지속을 나타낸다.
③ '민수는 떡국을 먹고 있다.'의 '–고 있–'은 '–는 중이–'로 교체해도 의미가 유지된다.
④ '선생님은 너를 믿고 있다.'의 '–고 있–'은 '–는 중이–'로 교체해도 의미가 유지된다.
⑤ '지혜는 모자를 쓰고 있다.'의 '–고 있–'은 동작의 진행 및 상태의 지속의 의미 모두로 해석할 수 있다.

답 ④ 해 ④에서 '–고 있–'은 상태의 지속을 나타내므로 '–는 중이–'로 교체하면 의미가 유지되지 않는다.

10 용언의 활용

- 용언의 어간에 어미가 여러 가지 형태로 결합하여 모습이 변하는 현상임
- 형태가 바뀌고, 문법적 의미가 달라짐
- 서술격 조사 '이다'도 활용을 함

10-❶ 규칙 활용

- 용언이 활용할 때 어간과 어미가 규칙적인 형태로 결합하는 것임
- 어간과 어미 모두 형태의 변화가 없거나, 형태의 변화가 있어도 국어의 일반적인 음운 규칙으로 설명이 가능함

종류	내용	예
규칙적 결합	어간과 어미의 형태가 변하지 않고 그대로 결합함	• 먹다 : 먹고, 먹어, 먹으니, …… • 접다 : 접고, 접어, 접으니, ……
'ㅡ' 탈락	어간의 말음 'ㅡ'가 탈락함	• 쓰−+−어 → 써 • 끄−+−어 → 꺼 • 예쁘−+−어 → 예뻐
'ㄹ' 탈락	어간의 말음 'ㄹ'이 탈락함	• 살−+−는 → 사는 • 살−+−니 → 사니 • 살−+−ㅂ니다 → 삽니다

10-❷ 불규칙 활용

- 용언이 활용할 때 어간과 어미가 불규칙하게 달라짐
- 국어의 일반적인 음운 규칙으로 형태의 변화가 설명되지 않음

구분	종류	내용	예
어간이 바뀜	'ㄷ' 불규칙	어간의 말음 'ㄷ'이 모음 어미 앞에서 'ㄹ'로 변함	• 긷−+−어 → 길어 • 붇−+−어 → 불어 • 듣−+−어 → 들어
	'ㅂ' 불규칙	어간의 말음 'ㅂ'이 모음 어미 앞에서 'ㅗ/ㅜ'로 변함	• 돕−+−아 → 도와 • 줍−+−어 → 주워 • 가볍−+−어 → 가벼워
	'ㅅ' 불규칙	어간의 말음 'ㅅ'이 모음 어미 앞에서 탈락함	• 긋−+−어 → 그어 • 낫−+−아 → 나아 • 젓−+−어 → 저어
	'ㄹ' 불규칙	어간의 '르'가 모음 어미 앞에서 'ㄹㄹ'로 변함	• 모르−+−아 → 몰라 • 흐르−+−어 → 흘러 • 누르−+−어 → 눌러[壓]
	'우' 불규칙	어간의 '우'가 모음 어미 앞에서 탈락함	• 푸−+−어 → 퍼 → '푸다'에만 해당
어미가 바뀜	'여' 불규칙	어간 '하−' 뒤에 오는 어미 '−아'가 '−여'로 변함	• 일하−+−아 → 일하여 • 공부하−+−아 → 공부하여
	'러' 불규칙	어간 '르' 뒤에 오는 어미 '−어'가 '−러'로 변함	• 푸르−+−어 → 푸르러 • 누르−+−어 → 누르러[黃] • 이르−+−어 → 이르러[至] 세 단어만 해당
어간과 어미가 바뀜	'ㅎ' 불규칙	어간의 말음 'ㅎ'이 탈락하면서 어미도 변함	• 까맣−+−아 → 까매 • 노랗−+−아 → 노래 • 그렇−+−아 → 그래

⊗ '−너라 불규칙'의 삭제

예전에는 '오다'에 명령형 어미 '−아라'가 붙을 때 어미가 '−너라'로 바뀌는 불규칙 활용이 있었습니다. 현재는 −너라를 '오다'에 붙을 수 있는 명령형 어미로 인정하고 있습니다. '−아라, −너라, −거라' 모두 '오다'에 붙을 수 있는 어미로 보기 때문에 '−너라 불규칙' 활용은 삭제된 것입니다.

☆ 개념을 완성하는 문제

12 〈보기〉와 같은 활용 형태를 보이는 것은?

> ─ 보기 ─
> 치르−(다)+−어 → 치러

① 오늘은 고기를 <u>구워</u> 먹었다.
☑ 그는 책상 서랍을 <u>잠가</u> 놓았다.
③ 할머니께서 동생을 <u>깨워</u> 주셨다.
④ 언니의 얼굴이 몹시 <u>하얘</u> 보였다.
⑤ 오빠가 하는 이야기를 <u>들어</u> 보았다.

답 ② 해 〈보기〉의 '치러'는 기본형 '치르다'의 어간 '치르−'와 어미 '−어'가 결합할 때 어간의 말음 'ㅡ'가 탈락한 것이다. ②의 '잠가' 역시 기본형 '잠그다'의 어간 '잠그−'와 어미 '−아'가 결합할 때 어간의 말음 'ㅡ'가 탈락한 것이다.

13 〈보기〉의 밑줄 친 내용을 설명하기 위해 활용할 수 있는 사례로 가장 적절한 것은?

> ─ 보기 ─
> 용언들 중에는 기본형이 같지만 어미를 결합시켜 활용해 보면 <u>하나는 규칙, 다른 하나는 불규칙 활용을 함으로써 활용 형태가 서로 달라지는 경우</u>가 있다.

① 친구가 병이 <u>낫다</u>. → 'ㅅ' 불규칙
   동생이 형보다 인물이 <u>낫다</u>. → 'ㅅ' 불규칙
② 벽에 바른 벽지가 <u>울다</u>. → 규칙
   시합에 진 어린이가 <u>울다</u>. → 규칙
☑ 소나무가 마당 쪽으로 <u>굽다</u>.
   어머니께서 빵을 <u>굽다</u>.
④ 형에게 약속 시간을 <u>이르다</u>. → '르' 불규칙
   약속 장소에 <u>이르다</u>. → '러' 불규칙
⑤ 장작이 벽난로에서 <u>타다</u>. → 규칙
   학교에 가려고 버스를 <u>타다</u>. → 규칙

답 ③ 해 '소나무가 마당 쪽으로 굽다.'의 '굽다'는 규칙 활용(굽어, 굽으니)을 하고, '어머니께서 빵을 굽다.'의 '굽다'는 'ㅂ' 불규칙 활용(구워, 구우니)을 한다.

수식언: 문장에서 체언이나 용언 앞에 놓여 그 뜻을 꾸미거나 한정하는 말

修 닦을 수, 飾 꾸밀 식, 言 말씀 언

- 관형사는 체언을 꾸며줌
- 부사는 용언이나 관형사, 문장 내 다른 부사, 문장 전체 등을 꾸며 줌

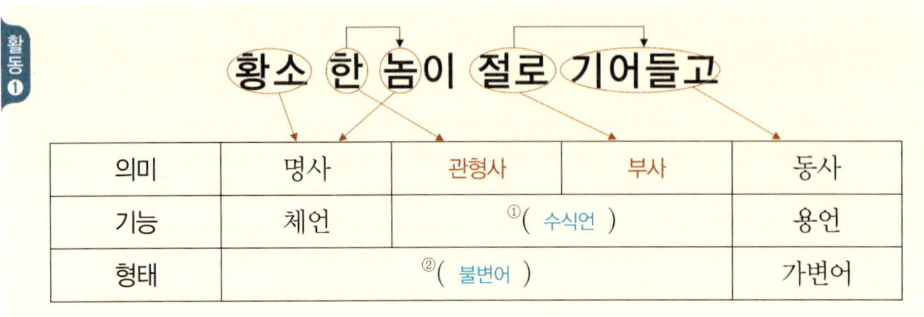

활동 ❶

의미	명사	관형사	부사	동사
기능	체언	①(수식언)		용언
형태		②(불변어)		가변어

1 관형사 冠 갓 관, 形 모양 형, 詞 말씀 사

- 체언 앞에 놓여 체언을 꾸며 주는 말임
- 활용하지 않으며, 조사가 붙지 않음

성상 관형사	체언의 성질이나 상태를 나타내는 관형사	새, 헌, 온갖, 옛
지시 관형사	어떤 대상을 가리키는 관형사	이, 그, 저, 무슨
수 관형사	순서나 수량을 나타내는 관형사	한두, 세, 네, 서너

활동 ❷

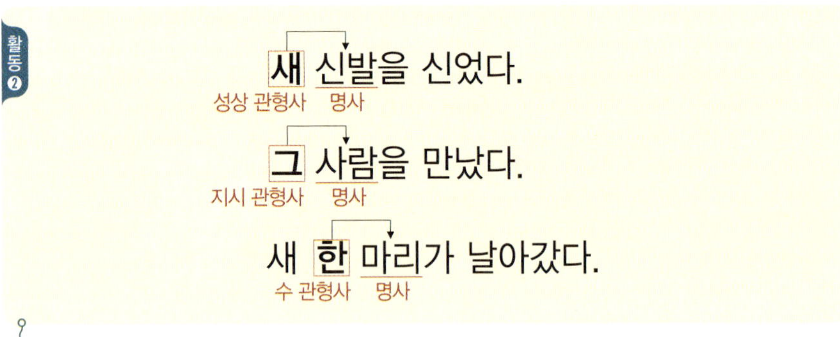

> **개념 돋보기**
> ◈ 수 관형사와 수사, 지시 관형사와 지시 대명사의 구별
> - 관형사에는 조사가 붙지 않으므로, 구별의 대상이 되는 단어에 조사의 결합이 가능한지를 살펴서 구별함

2 부사 副 버금 부, 詞 말씀 사

- 주로 용언을 꾸며서 그 뜻을 더욱 분명하게 하는 말임
- 주로 용언을 꾸미지만 문장 내 다른 부사, 관형사, 체언, 문장 전체를 꾸미기도 함
- 활용하지 않으며, 문장 내 위치가 비교적 자유로움
- 격 조사와는 결합하지 않고, '는, 도, 만'과 같은 보조사와는 결합함

---

1 〈보기〉의 ㉠과 품사가 같은 것은?

> ─ 보기 ─
> - 이 일을 마치는 데에 ㉠칠 개월이 걸렸다. (수 관형사)
> - 육에 일을 더하면 칠이다. (수사)

① 칠은 육보다 일이 더 크다.
② 그와 나는 둘 다 키가 매우 크다.
☑ 윤배가 고향을 떠난 지 팔 년이 지났다.
④ 은주는 시장에서 토마토를 하나 사 왔다.
⑤ 현수는 달리기 시합에서 첫째로 들어왔다.

답 ③ 해 ③의 '팔'은 의존 명사 '년'을 꾸며 주므로 수 관형사이다. 나머지는 모두 수사이다.

2 밑줄 친 단어 중, 품사가 다른 하나는?

① 넷 다음에는 다섯이다.
☑ 나는 사과 두 개를 샀다.
③ 열을 셀 때까지 답을 해라.
④ 필통에서 연필 하나를 꺼냈다.
⑤ 첫째도 건강, 둘째도 건강이 최고다.

답 ② 해 조사를 붙일 수 없는 ②의 '두'는 관형사이고, 조사를 붙일 수 있는 나머지는 모두 수사이다.

3 〈보기〉의 ㉠~㉤에 대한 설명으로 적절하지 <u>않은</u> 것은?

> ─ 보기 ─
> 도착한 곳은 ㉠겨우 열 평 남짓한 간이역이었다. 역사 ㉡바로 옆 노점 아낙들의 말소리가 은아를 맞았다. '㉢설마 민우가 이곳에 있지는 않겠지.' 은아는 꽃이 핀 거리를 지나 언덕을 오르며 생각한다. ㉣부디 민우가 어디에 살고 있든 편안하게 지냈으면 하는 생각뿐이다. 오랫동안 ㉤못 만났지만, 은아의 마음속에 늘 머물러 있는 민우였다.

① ㉠: 수량을 나타내는 단어 앞에도 옴
② ㉡: 체언을 꾸며 그 의미를 제한함
③ ㉢: 부정적인 추측을 강조할 때 쓰임
☑ ㉣: 문장에서 놓이는 위치가 고정됨
⑤ ㉤: 용언의 의미를 부정하는 기능을 함

답 ④ 해 ㉣은 부사로, 부사는 문장 내 놓일 수 있는 위치가 비교적 자유롭다는 특성을 가진다.

> 답 ① 첫째 ② 둘째

2-❶ 성분 부사

- 문장의 한 성분만을 꾸며 주는 부사임

성상 부사	사람이나 사물의 모양, 상태, 성질을 한정하여 꾸미는 부사	잘, 매우, 바로, 가장, 아주
지시 부사	장소나 시간, 앞에 나온 사실을 가리키는 부사	이리, 그리, 저리, 오늘, 내일
부정 부사	용언의 앞에 놓여 그 내용을 부정하는 부사	못, 아니(안)
의성 부사	사람이나 사물의 소리를 흉내 낸 부사	와르르, 멍멍, 엉엉, 땡땡, 졸졸, 지지배배
의태 부사	사람이나 사물의 모양, 움직임을 흉내 낸 부사	살랑살랑, 엉금엉금, 깡충깡충

2-❷ 문장 부사

- 문장 전체를 꾸며 주는 부사

양태 부사	말하는 이의 태도를 나타내는 부사	과연, 설마, 제발, 아마, 결코, 부디, 모름지기
접속 부사	체언과 체언, 문장과 문장을 이어 주는 부사	그리고, 그러나, 그래서, 그런데, 또

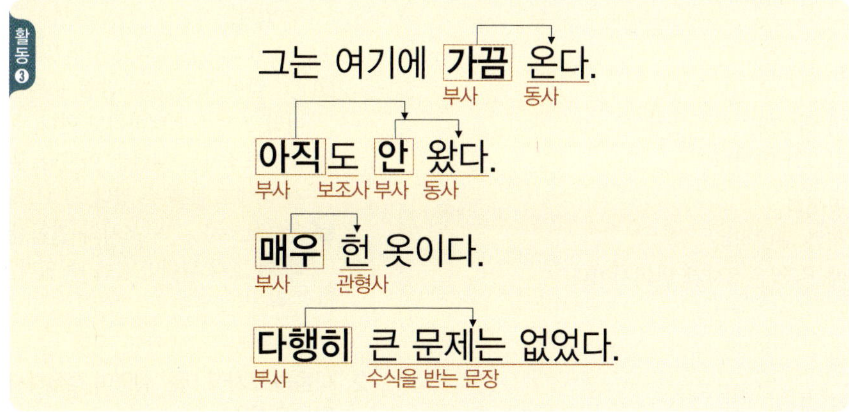

개념 확대경

부사가 한 문장에 나타날 때의 순서상의 제약

- 지시 부사 + 성상 부사 + 부정 부사의 순서로 나타남
  예 저리 열심히 안 하기도 어렵다.

단어의 짜임새를 기준으로 할 때의 부사의 종류

순수 부사	단일 형태소로 이루어진 부사
합성 부사	어근 둘이 합쳐져서 된 부사 예 밤낮, 곧잘, 또다시
전성 부사	형용사의 어근에 접사 '-이, -히'가 붙은 부사 예 깊이, 넉넉히, 깨끗이, 조용히

4 〈보기〉의 ⊙에 해당하는 예로 적절한 것은?

> ─ 보기 ─
> 단어는 둘 이상의 품사로 사용되는 경우도 있다. 가령 '그는 모든 원인을 자기의 잘못으로 돌렸다.'의 잘못은 명사이지만, '그는 길을 잘못 들어서 한참 헤맸다.'의 잘못은 부사이다. 하나의 단어 '잘못'이 ⊙명사와 부사로 쓰인 것이다.

① 둘에 다섯을 더하면 일곱이다.
　여기에 사과 일곱 개가 있다.
② 너 커서 무엇이 되고 싶니?
　가구가 커서 방에 들어가지 않는다.
③ 식구 모두가 여행을 떠났다.
　그릇에 담긴 소금을 모두 쏟았다.
④ 나를 처벌하려면 법대로 해라.
　큰 것은 큰 것대로 따로 모아 두다.
⑤ 모두 같이 학교에 갑시다.
　얼음장같이 차가운 바닥이 생각난다.

답 ③ 해 ③에서 위 문장의 '모두'는 명사이고 아래 문장의 '모두'는 부사이다. / ① 수사, 수 관형사 ② 동사, 형용사 ④ 조사, 조사 ⑤ 부사, 조사

5 밑줄 친 단어의 품사가 부사인 것은?

① 다른 생각 말고 일이나 해라.
② 다다음 주말에 우리 여행 가자.
③ 네 실력이 겨우 그것밖에 안 되니?
④ 그 시합에는 많은 선수가 참가했다.
⑤ 일이 끝나기까지 몇 개월이 걸렸다.

답 ③ 해 ③의 '겨우'는 '기껏해야 고작'의 뜻을 지닌 부사이다. 나머지는 모두 관형사이다.

6 밑줄 친 단어의 품사가 바르게 연결되지 않은 것은?

① 이리 좀 와 봐. – 부사
② 여기가 바로 거기다. – 대명사
③ 그리로 사람을 보낼게. – 관형사
④ 이 꽃은 예쁘게 생겼다. – 관형사
⑤ 어떤 책인지 궁금하다. – 관형사

답 ③ 해 '그리로'는 관형사가 아니라 부사 '그리'에 조사 '로'가 붙은 것이다.

관계언: 문장에 쓰인 단어들의 관계를 나타내는 말 關 관계할 관, 係 맬 계, 言 말씀 언

- 관계언에는 조사가 있음(조사는 불변어이나 서술격 조사 '이다'는 가변어임)

1 조사

- 주로 체언 뒤에 붙어서 다른 말과의 문법적 관계를 나타내거나 특별한 의미를 더해 주는 말임
- 조사는 동사, 형용사, 부사 뒤에 붙기도 함
- 조사는 홀로 쓰일 수 없지만 분리성이 있어서 단어로 인정함
- 서술격 조사 '이다'를 뺀 조사는 활용하지 않으며, 조사끼리 결합하기도 함

1-❶ 격 조사

- 체언이나 체언 구실을 하는 말 뒤에 붙어 앞말이 다른 말에 대하여 갖는 일정한 자격을 나타내는 조사

주격 조사	이/가	산이 높다. / 오늘은 날씨가 좋다.
	에서	정부에서 재난 지원금을 지급하였다.
	께서	할아버지께서 책을 보신다.
	서	아이 혼자서 걸어가고 있다.
목적격 조사	을/를	그는 책을 읽는다. 그는 나무를 심는다.
보격 조사	이/가	물이 얼음이 되었다. 고래는 물고기가 아니다.
서술격 조사	이다	이것은 연필이다. 일하는 솜씨가 제법이다. 그가 이곳에 온 것은 8시가 넘어서이다.
관형격 조사	의	나의 각오 불후의 명곡
부사격 조사	에	나는 시골에 산다.
	에서	그는 서울에서 출발할 예정이다.
	(으)로	그는 코로나로 고생했다. 어디로 가느냐? 나무로 집을 짓다.
	와/과	나는 그와 다르다.
	보다	내가 너보다 크다.
	에게	고양이에게 먹이를 주었다.
	(으)로, (으)로서	그는 감독으로서 책임을 다했다.
	(으)로, (으)로써	대화로써 갈등을 풀어갔다.
호격 조사	아/야	수진아, 이리 오렴. 철수야, 어디 가니?

개념 **플러스**

◈ **주격 조사 '에서'와 부사격 조사 '에서'의 구별**

주격 조사 '에서'는 단체를 나타내는 명사 뒤에 붙어 앞말이 주어임을 나타냅니다. 하지만 부사격 조사 '에서'는 앞말이 처소의 부사어임을 나타내며 서술어에 대한 부가적 정보를 제공합니다. 예를 들어 '그는 공장에서 일한다.'의 '에서'는 부사격 조사입니다.

☆ **개념을 완성하는 문제**

1 〈보기〉를 바탕으로 조사의 특성을 탐구한 내용이 적절하지 <u>않은</u> 것은?

> ● 보기 ●
> ⓐ 만수(가/는) 운동(을/은) 잘한다.
> ⓑ 난 국수 먹었는데 넌 뭐 먹었어?
> ⓒ 형(은/*는) 학교에 가고, 나(*은/는) 집에 갔다.
> ⓓ 어서요 읽어 보세요.
> ⓔ 빵만으로 살 수 없다.
> (*는 비문법적인 표현임)

① ⓐ: 격 조사 자리에 보조사가 올 수 있다.
② ⓑ: 격 조사는 생략할 수도 있다.
③ ⓒ: 앞에 오는 말의 받침 유무에 따라 조사를 선택하기도 한다.
④ ⓓ: 보조사는 체언뿐 아니라 부사 뒤에도 붙을 수 있다.
⑤ ⓔ: 보조사는 격 조사와 결합할 때 격 조사 뒤에만 붙을 수 있다.

답 ⑤ 해 ⓔ에서 '빵만으로'는 체언 '빵'에 보조사 '만'과 부사격 조사 '으로'가 결합한 것으로, 보조사 '만'이 격 조사 '으로' 앞에 붙어 있다.

2 다음의 조사에 대한 설명이 적절하지 <u>않은</u> 것은?

① '동생은 집에 없다.'의 '에'는 앞말이 처소의 부사어임을 나타낸다.
② '우리 학교에서 우승을 했다.'의 '에서'는 앞말이 주어임을 나타낸다.
③ '형은 집에 왔다.'의 '에'는 앞말이 진행 방향의 부사어임을 나타낸다.
④ '운동장에서 사람들이 운동을 한다.'의 '에서'는 둘 이상의 사물을 같은 자격으로 이어 준다.
⑤ '가게 앞에서 사람들이 싸운다.'의 '에서'는 앞말이 행동이 이루어지는 처소의 부사어임을 나타낸다.

답 ④ 해 '운동장에서 사람들이 운동을 한다.'의 '에서'는 앞말이 행동이 이루어지는 처소의 부사어임을 나타내는 격 조사이다.

1-❷ 보조사

- 체언, 부사, 활용 어미 등에 붙어서 어떤 특별한 의미를 더해 주는 조사임

은/는	대조	인생은 짧고 예술은 길다.
	화제	오늘은 금요일이다.
	강조	놀러 가더라도 멀리는 가지 마라.
도	더함	과자만 먹지 말고 밥도 먹어라.
만	한정, 강조	그는 종일 잠만 잔다.
까지	범위의 끝	그를 집까지 바래다주었다.
마저	포함, 더함	너마저 나를 배신하는구나.
조차	포함, 더함	우리는 그의 이름조차 모른다.
부터	시작	너부터 먼저 먹어라.
뿐	단독, 한정	가진 것은 이것뿐이다.
(이)나	선택	영화나 보러 가자.
마다	낱낱이 모두	사람마다 성격이 다르다.
깨나	정도 이상	돈깨나 있다고 남을 깔본다.
대로	구별	큰 것은 큰 것대로 따로 모아 두다.
요	존대	잠이 안 오는걸요.

1-❸ 접속 조사

- 둘 이상의 단어나 구를 같은 자격으로 이어 주는 구실을 하는 조사임

와/과	떡과 과일을 준비했다.
하고	붓하고 먹을 가져오너라.
(이)랑	떡이랑 과일이랑 많이 먹었다.
(이)며	옷이며 신이며 죄다 흩어져 있었다.
(이)나	바자회 물품으로 책이나 옷을 받고 있다.

개념 열기 ⑥ 똑똑! 독립언

독립언: 다른 성분에 얽매이지 않고 독립적으로 쓰이는 말 獨 홀로 독, 立 설 립, 言 말씀 언

- 독립언에는 감탄사가 있음

1 감탄사

- 말하는 이의 본능적인 놀람이나 느낌, 부름, 응답 따위를 나타내는 말임
- 활용하지 않고, 조사가 붙을 수 없으며, 문장에서의 위치가 비교적 자유로움

감정 감탄사	상대방을 의식하지 않고 발화자의 감정을 표출하는 감탄사	허, 하하, 에끼, 후유, 아차, 어머, 아이고, 어이쿠, 아뿔싸, 그것참, 에구머니
의지 감탄사	상대방을 의식하며 발화자의 생각을 표시하는 감탄사	자, 아서라, 암, 이봐, 오냐, 그래, 옳소, 글쎄, 천만에
무의미(군소리) 감탄사	입버릇이나 더듬거리는 의미 없는 소리	뭐, 어, 에, 음, 저, 에헴, 거시기, 가설랑은

3 밑줄 친 단어 중, 보조사가 <u>아닌</u> 것은?

① 국수라도 먹으렴.
② 국어야 철수가 도사지.
❸ 그는 아이처럼 순진하다.
④ 그 과자를 먹어는 보았다.
⑤ 일을 빨리만 하면 안 된다.

답 ③ 해 ③의 '처럼'은 보조사가 아니라 '모양이 서로 비슷하거나 같음'을 나타내는 부사격 조사이다.

4 〈보기〉에 제시된 국어사전 정보를 완성한다고 할 때, ㉠~㉤에 대한 설명으로 적절하지 <u>않은</u> 것은?

┌─────── 보기 ───────┐

과 「조사」

1
① 비교하거나 기준으로 삼는 대상임을 나타냄 ¶ ㉠＿＿＿
② 일 따위를 함께 함을 나타냄 ¶ ㉡＿＿＿
③ 상대로 하는 대상임을 나타냄 ¶ ㉢＿＿＿
2 같은 자격으로 이어 주는 접속 조사 ¶ ㉣＿＿＿
유의어 하고, ㉤＿＿＿

└────────────────┘

① ㉠에는 '나는 동생과 집에서 공부했다.'를 넣을 수 있다.
② ㉡에는 '그는 형님과 고향에 다녀왔다.'를 넣을 수 있다.
③ ㉢에는 '그는 낯선 사람과 잘 사귄다.'를 넣을 수 있다.
④ ㉣에는 '닭과 오리는 동물이다.'를 넣을 수 있다.
⑤ ㉤에는 '이랑'이 들어갈 수 있다.

답 ① 해 '나는 동생과 집에서 공부했다.'는 ㉠이 아니라 ㉡에 넣을 수 있는 예문이다.

5 밑줄 친 단어 중, 감탄사가 <u>아닌</u> 것은?

① 얘, 이게 무슨 꽃이야?
② 응, 나팔꽃이야.
③ 어머, 꽃 이름을 어떻게 그리 잘 아니?
④ 맙소사, 넌 내가 그것도 모를 줄 알았단 말이야?
❺ 너, 정말 대단하구나!

답 ⑤ 해 ⑤의 '너'는 감탄사가 아니라 대명사이다.

01

다음은 문법 수업의 내용을 정리한 학생의 노트이다. 이를 바탕으로 〈보기〉를 탐구한 내용으로 적절하지 <u>않은</u> 것은?

> 단어의 분류 기준 ― 형태 변화 여부
> ― 문장 안에서 수행하는 기능
> ― 단어가 지닌 의미

• 보기 •

• 우리도 두 팔을 넓게 벌려 원 하나를 이루었다.
• 동생이 나무로 된 탁자에 그린 꽃만 희미하다.

① '도'와 '만'은 형태가 변하지 않는 단어이다.
② '이루었다'와 '그린'은 형태가 변하는 단어이다.
③ '두'와 '하나'는 문장 안에서 수식의 기능을 하는 단어이다.
④ '나무'와 '꽃'은 사물의 이름을 나타내는 단어이다.
⑤ '넓게'와 '희미하다'는 대상의 상태를 나타내는 단어이다.

탑 ③ 해 '두'는 관형사로 문장 안에서 수식의 기능을 하는 수식언이지만, '하나'는 수사로 체언에 해당하기 때문에 수식의 기능을 하지 않는다. / ① '도'와 '만'은 관계언으로, 형태가 변하지 않는 불변어이다. ② '이루었다'와 '그린'은 용언으로, 형태가 변하는 가변어이다. ④ '나무'와 '꽃'은 사물의 이름을 나타내는 명사이다. ⑤ '넓게'와 '희미하다'는 대상의 상태를 나타내는 형용사이다.

02

다음은 수업의 일부이다. 이를 참고할 때, 띄어쓰기가 바르게 된 문장은?

학생: 선생님, '뿐'은 앞말에 붙여 쓰는 경우도 있고 띄어 쓰는 경우도 있던데 어떻게 띄어 써야 하나요?
선생님: 품사에 따라 띄어쓰기가 달라져요. '나에게는 너뿐이야.'에서처럼 '너'라는 체언 뒤에 붙어서 한정의 뜻을 나타낼 때의 '뿐'은 조사이기 때문에 앞말에 붙여 써야 해요. 그런데 '그녀는 조용히 웃을 뿐이었다.'에서의 '뿐'은 체언을 수식하는 관형어 '웃을' 뒤에 붙어서 '따름'이라는 뜻을 나타내는 의존 명사이기 때문에 앞말과 띄어 써야 해요.
학생: '뿐'과 같이 띄어쓰기가 달라지는 예가 더 있나요?
선생님: 대표적인 예로 '대로, 만큼'이 있어요.

① 아는대로 모두 말하여라.
② 마음이 약해질대로 약해졌다.
③ 모든 것이 자기 생각 대로 되었다.
④ 손님들은 먹을 만큼 충분히 먹었다.
⑤ 그 사람은 말 만큼은 누구보다 앞선다.

탑 ④ 해 '만큼'은 체언을 수식하는 관형어 '먹을' 뒤에 붙어서 '앞의 내용에 상당한 수량이나 정도임'을 나타내는 의존 명사이므로 앞말과 띄어 써야 한다.

03

〈보기〉를 바탕으로 ㉠~㉤을 이해한 내용으로 적절하지 <u>않은</u> 것은?

• 보기 •

'동사'는 동작이나 작용을 나타내는 단어이고, '형용사'는 성질이나 상태를 나타내는 단어이다. 동사와 형용사는 활용하는 양상이 다른데, 일반적으로 동사 어간에는 현재 시제 선어말 어미 '-ㄴ-/-는-', 현재 시제의 관형사형 어미 '-는', 명령형어미 '-아라/-어라', 청유형 어미 '-자' 등이 붙지만, 형용사 어간에는 붙지 않는다.

㉠ 지훈이가 야구공을 멀리 던졌다.
㉡ 해가 떠오르며 점차 날이 <u>밝는다</u>.
㉢ 그 친구는 <u>아는</u> 게 참 많다.
㉣ 날씨가 더우니 하복을 <u>입어라</u>.
㉤ *올해도 우리 모두 <u>건강하자</u>.

※ '*'는 비문법적인 문장임을 나타냄

① ㉠의 '던졌다'는 대상의 동작을 나타내므로 동사이다.
② ㉡의 '밝는다'는 대상의 상태를 나타내므로 형용사이다.
③ ㉢의 '아는'은 현재 시제의 관형사형 어미 '-는'이 결합하였으므로 동사이다.
④ ㉣의 '입어라'는 명령형 어미 '-어라'가 결합하였으므로 동사이다.
⑤ ㉤의 '건강하자'의 기본형 '건강하다'는 청유형 어미 '-자'가 결합할 수 없으므로 형용사이다.

탑 ② 해 '밝다'는 형용사('불빛 따위가 환하다')와 동사('밤이 지나고 환해지며 새날이 오다')로 모두 쓰이는 단어이다. ㉡의 '밝는다'는 동사 어간에만 붙는 현재 시제 선어말 어미 '-는-'이 결합되어 있으므로 형용사가 아닌 동사이다.

04

밑줄 친 말 중 ㉠의 예로 적절하지 <u>않은</u> 것은?

• 보기 •

조사는 주로 체언에 붙어서, 그 체언이 문장 중의 다른 단어와 맺는 관계를 나타내거나 특별한 뜻을 더해 주는 단어이다. 조사는 체언이 문장 속에서 다른 말과 맺는 관계를 표현하는 격조사, 둘 이상의 체언을 같은 자격으로 이어서 하나의 명사구를 형성하는 접속 조사, ㉠<u>앞말에 특별한 뜻을 더해 주는 보조사</u>로 구분된다.

① 오직 새소리만 들렸다.
② 시험까지 한 달도 안 남았다.
③ 나는 개와 고양이를 좋아한다.
④ 할아버지께서는 신문을 보셨다
⑤ 그는 평생 가족밖에 모르고 살았다.

탑 ③ 해 ③의 '와'는 행위의 대상인 '개, 고양이'를 같은 자격으로 연결하여 하나의 명사구를 만들기 때문에 보조사가 아닌 접속 조사이다. / ④ '는'은 앞말에 '강조'의 뜻을 더하는 보조사이다. ⑤ '밖에'는 '그것 말고는'이라는 뜻을 더하는 보조사이다.

05

〈보기〉는 '용언의 활용'에 대한 설명이다. ㉠의 예로 적절하지 <u>않은</u> 것은?

• 보기 •

　용언이 활용할 때 어간이나 어미의 기본 형태가 바뀌지 않거나 바뀌어도 일반적인 음운 규칙으로 설명할 수 있는 경우를 '규칙 활용'이라고 한다. 반면, 어간이나 어미의 기본 형태가 바뀌는 것을 일반적인 음운 규칙으로 설명할 수 없는 경우를 ㉠'불규칙 활용'이라고 한다.

(가) 그녀가 모자를 벗는다.
　　 그녀가 모자를 벗으며 방으로 들어간다.
(나) 그는 시골에 집을 짓고 있다.
　　 그는 시골에 집을 지으며 행복해 했다.

　(가)는 어간 '벗-' 뒤에 어미 '-으며'가 붙었을 때 어간의 형태가 바뀌지 않는 규칙 활용을 하는 반면, (나)는 어간 '짓-' 뒤에 어미 '-으며'가 붙었을 때 어간의 형태가 '지-'로 바뀌는 불규칙 활용을 한다.

① 그는 우물에서 물을 퍼 먹었다.
② 그는 형의 말을 비밀로 묻어 두었다.
③ 그녀는 음악을 들으면서 공부를 한다.
④ 그녀는 어머니를 도와 집안일을 하였다.
⑤ 그녀는 옥상에 올라 하늘을 바라보았다.

답 ② 해 '묻어'의 기본형은 '묻다'로, '묻고', '묻어', '묻으니' 등과 같이 규칙적으로 활용한다. / ① '우'가 모음 어미 앞에서 탈락하는 '우' 불규칙 활용(푸- + -어 → 퍼) ③ 'ㄷ'이 모음 어미 앞에서 'ㄹ'로 변하는 'ㄷ' 불규칙 활용(듣- + -으면서 → 들으면서) ④ 'ㅂ'이 모음 어미 앞에서 '오/우'로 변하는 'ㅂ' 불규칙 활용(돕- + -아 → 도와) ⑤ '르'가 모음 어미 앞에서 'ㄹㄹ'로 변하는 '르' 불규칙 활용(오르- + -아 → 올라)

06

〈보기 1〉의 밑줄 친 부분에 해당하는 단어를 〈보기 2〉에서 있는 대로 모두 고른 것은?

• 보기 1 •

선생님: 하나의 단어가 수사로 쓰이기도 하고 수 관형사로도 쓰이는 경우가 많습니다. 그런데 <u>수 관형사로만 쓰이는 단어</u>도 있습니다.

• 보기 2 •

◦나는 필통에서 연필 하나를 꺼냈다.
◦그 마트는 매월 둘째 주 화요일에 쉰다.
◦이번 학기에 책 세 권을 읽는 게 내 목표야.
◦<u>여섯</u> 명이나 이 일에 자원해서 정말 기쁘다.

① 하나　　　　② 세　　　　③ 하나, 여섯
④ 둘째, 세　　⑤ 둘째, 여섯

답 ② 해 '하나'는 '수효를 세는 맨 처음 수'라는 의미를 가진 수사로, 관형사로는 쓰이지 않는다. '둘째'와 '여섯'은 〈보기 2〉에서 체언 '주'와 '명'을 수식하는 수 관형사로 쓰였지만 수사로도 쓰인다. '세'는 '그 수량이 셋임을 나타내는 말'을 뜻하는 관형사로 수사로는 쓰이지 않는다. 따라서 수 관형사로만 쓰이는 단어는 '세'뿐이다.

07

〈보기〉에 대한 설명으로 가장 적절한 것은?

• 보기 •

　부사는 수식하는 범위에 따라 문장의 한 성분을 수식하는 성분 부사와 문장 전체를 수식하는 문장 부사로 나뉜다. 이 중 성분 부사는 주로 용언을 수식하지만 때로는 체언을 수식하거나 관형사, 부사를 수식하는 경우도 있다.

ㄱ. 그녀는 매우 빨리 달린다.
ㄴ. 설마 나에게 맞는 옷이 없을까?
ㄷ. 우리 학교 바로 옆에 우체국이 있다.
ㄹ. 내 차는 얼마 전까지 아주 새 차였다.
ㅁ. 과연 그 아이는 재능이 정말 뛰어나군.

① ㄱ에서 '매우'는 용언을 수식하고 있다.
② ㄴ에서 '설마'는 체언을 수식하고 있다.
③ ㄷ에서 '바로'는 부사를 수식하고 있다.
④ ㄹ에서 '아주'는 관형사를 수식하고 있다.
⑤ ㅁ에서 '과연'과 '정말'은 문장을 수식하고 있다.

답 ④ 해 ㄹ에서 '아주'는 뒤에 이어지는 관형사 '새'를 수식하고 있다. / ① ㄱ에서 '매우'는 부사 '빨리'를 수식하고 있다. ② ㄴ에서 '설마'는 문장 전체를 수식하고 있다. ③ ㄷ에서 '바로'는 체언 '옆'을 수식하고 있다. ⑤ ㅁ에서 '과연'은 문장 전체를 수식하고 있지만, '정말'은 용언 '뛰어나군'을 수식하고 있다.

08

〈보기〉의 ㉠~㉢에 해당하는 것을 바르게 분류한 것은?

• 보기 •

　㉠관형사, ㉡대명사, ㉢부사 중에는 '이, 그, 여기, 이리, 그리' 등과 같이 '지시성'을 지닌 단어들이 있다. 이들은 지시성이라는 공통점 때문에 구별이 쉽지 않으므로 문장 내에서의 기능을 통해 단어의 품사를 파악해야 한다.

ⓐ 이 사과는 맛있게 생겼다.
ⓑ 그 책 좀 나에게 빌려줄 수 있어?
ⓒ 여기가 바로 우리의 고향입니다.
ⓓ 이리 가까이 오게.
ⓔ 그리 물건을 보내겠습니다.

	㉠	㉡	㉢
①	ⓐ	ⓑ, ⓒ	ⓓ, ⓔ
②	ⓐ, ⓑ	ⓒ	ⓓ, ⓔ
③	ⓑ, ⓒ	ⓓ, ⓔ	ⓐ
④	ⓑ, ⓒ	ⓔ	ⓐ, ⓒ
⑤	ⓒ, ⓓ	ⓐ	ⓑ, ⓔ

답 ② 해 ⓐ의 '이'는 체언인 '사과'를, ⓑ의 '그'는 체언인 '책'을 수식하고 있으므로 관형사이다. ⓒ의 '여기'는 장소를 나타내는 지시 대명사로, 격조사 '가'가 붙어 문장에서 주어 역할을 하고 있다. ⓓ의 '이리'는 용언 '오게'를, ⓔ의 '그리'는 용언 '보내겠습니다.'를 수식하고 있으므로 지시 부사이다.

03 형태소와 단어

개념 키워드

개념 열기 ① 톡톡! 어근

어근: 단어를 이루는 형태소 가운데 실질적인 의미를 나타내는 중심 부분

語 말씀 어, 根 뿌리 근

- 더 이상 분석하면 실질적인 의미를 잃게 되는 언어 단위임

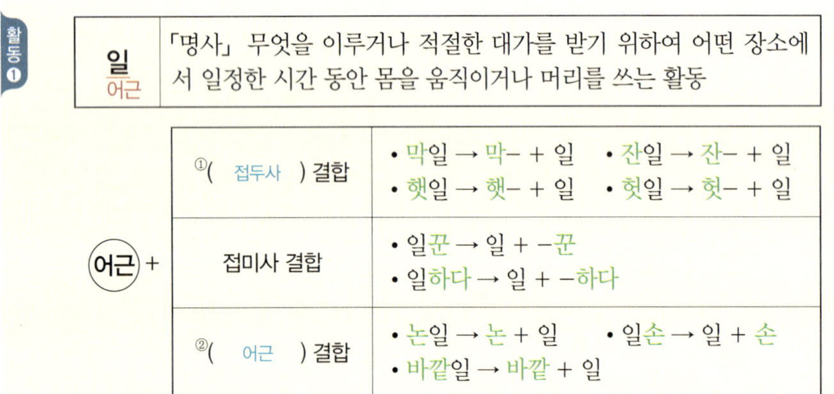

일 (어근)	「명사」 무엇을 이루거나 적절한 대가를 받기 위하여 어떤 장소에서 일정한 시간 동안 몸을 움직이거나 머리를 쓰는 활동

어근 +	①(접두사) 결합	• 막일 → 막- + 일 • 잔일 → 잔- + 일 • 햇일 → 햇- + 일 • 헛일 → 헛- + 일
	접미사 결합	• 일꾼 → 일 + -꾼 • 일하다 → 일 + -하다
	②(어근) 결합	• 논일 → 논 + 일 • 일손 → 일 + 손 • 바깥일 → 바깥 + 일

개념 열기 ② 톡톡! 접사

접사: 단독으로 쓰이지 않고 다른 어근이나 단어에 붙어 뜻을 더하거나 제한하는 주변 부분 接 접할 접, 辭 말씀 사

- 어근에 결합하는 위치에 따라 '접두사'와 '접미사'로 나눔

높다 (어근)	「형용사」 아래에서 위까지의 길이가 길다.

접두사 결합	드높다 → 드- + 높다
③(사동) 접미사 결합	높이다 → 높- + -이- + -다
명사 파생 접미사 결합	높이 → 높- + -이
접미사 결합	높다랗다 → 높- + -다랗다
접두사, 부사 파생 접미사 결합	드높이 → 드- + 높- + -이

☆ 개념을 완성하는 문제

1 〈보기〉의 ⓐ, ⓑ가 사용된 예문으로 적절하지 <u>않은</u> 것은?

> ┤보기├
> • 용언의 어간과 결합하는 ⓐ명사형 어미 '-(으)ㅁ', '-기'는 용언의 품사를 바꾸지 않으며, 부사어의 수식을 받을 수 있음
> • ⓑ접미사 '-이', '-음', '-기'는 용언의 어근과 결합하여 명사를 만들며, 관형어의 수식을 받을 수 있음

① ⓐ: 세상은 홀로 살기가 어렵다.
② ⓐ: 형은 충분히 잠으로써 피로를 풀었다.
③ ⓑ: 날씨가 더워 시원한 얼음이 필요하다.
④ ⓑ: 우리에게 건전한 놀이 문화가 필요하다.
⑤ ⓑ: 이곳은 풍경이 매우 아름답기로 유명하다.

답 ⑤ **해** ⑤에서 '아름답기'는 용언의 어간 '아름답-'에 명사형 어미 '-기'가 결합한 것으로 부사어 '매우'의 수식을 받고 있으므로 ⓐ의 예에 해당한다.

2 다음 설명이 적절하지 <u>않은</u> 것은?

① '선무당'은 어근 '무당'에 접두사 '선-'이 결합한 단어이다.
② '군말'은 어근 '군'에 접미사 '-말'이 결합한 단어이다.
③ '꾀보'는 어근 '꾀'에 접미사 '-보'가 결합한 단어이다.
④ '사랑하다'는 어근 '사랑'에 접미사 '-하다'가 결합한 단어이다.
⑤ '장난꾸러기'는 어근 '장난'에 접미사 '-꾸러기'가 결합한 단어이다.

답 ② **해** '군말'은 어근 '말'에 접두사 '군-'이 결합한 단어이다.

① 접두사 ② 어근 ③ 사동

1 접두사와 접미사

접두사		접미사	
• 어근의 앞에 붙는 접사 • 어근에 특정한 뜻을 더함 → 한정적 접사 • 대부분 어근의 품사를 바꾸지는 못함 　→ 한정적 접사		• 어근의 뒤에 붙는 접사 • 어근에 특정한 뜻을 더함 → 한정적 접사 • 어근의 품사나 문법적인 기능을 바꾸기도 함 → 지배적 접사	
개–	개떡, 개꿈, 개망나니	–개	날개, 지우개, 싸개
군–	군기침, 군식구	–꾸러기	장난꾸러기, 잠꾸러기
날–	날것, 날고기, 날강도	–꾼	살림꾼, 구경꾼, 도망꾼
늦–	늦더위, 늦되다	–내기	서울내기, 풋내기
덧–	덧니, 덧대다	–님	사장님, 달님, 부처님
돌–	돌배, 돌조개	–다랗다	굵다랗다, 기다랗다
되–	되찾다, 되살리다	–답다	정답다, 너답다
뒤–	뒤덮다, 뒤엎다	–대다	까불대다, 방실대다
드–	드넓다, 드높다	–데기	새침데기, 소박데기
막–	막국수, 막노동, 막말	–들	사람들, 너희들
맏–	맏며느리, 맏나물	–뜨기	시골뜨기, 촌뜨기
맞–	맞대결, 맞바꾸다	–뜨리다	깨뜨리다, 밀어뜨리다
맨–	맨눈, 맨땅	–롭다	신비롭다, 자유롭다
선–	선무당, 선잠	–맞다	궁상맞다, 능글맞다
설–	설익다, 설마르다	–맞이	달맞이, 손님맞이
수–	수꿩, 수캐, 수나사	–매	눈매, 입매
시–	시커멓다, 시뿌옇다	–받다	사랑받다, 강요받다
엇–	엇나가다, 엇비슷하다	–새	모양새, 생김새
엿–	엿보다, 엿듣다	–스럽다	복스럽다, 자랑스럽다
외–	외골수, 외따로	–음	믿음, 웃음
잔–	잔꾀, 잔소리	–이	길이, 길잡이, 멍청이
찰–	찰벼, 찰복숭아	–이	곰곰이, 일찍이, 다달이
참–	참뜻, 참사랑	–이다	끄덕이다, 망설이다
치–	치뜨다, 치받다	–쟁이	겁쟁이, 고집쟁이
한–	한길, 한낮	–코	결단코, 기어코
헛–	헛걸음, 헛살다	–ㅁ	꿈, 삶, 앎

개념 확대경

어근과 접사 VS 어간과 어미

- '어근'은 단어를 형성할 때 실질적인 의미를 나타내는 중심 부분임
- '어간'은 용언(동사, 형용사)이 활용할 때 변하지 않는 부분으로, 기본형에서 '–다'를 제외한 부분임
- 접사는 기본형에 포함되고, '–다'를 제외한 어미는 기본형에 포함되지 않음

활동❸

어근　접미사　　　접두사　②(어근)
먹 이 다　　　**새 빨 갛 다**
①(어간)　어미　어근　　　어미

☆ 개념을 완성하는 문제

3 접두사와 접미사에 대한 설명으로 적절하지 <u>않은</u> 것은?

① 어근에 접미사가 결합하면 품사가 바뀌기도 한다.

✓② 접두사와 접미사에 어미가 결합하면 어간이 된다.

③ 어근에 접두사가 결합하면 어근에 의미가 더해진다.

④ 어근에 접미사가 결합하면 어근에 의미가 더해진다.

⑤ 접두사와 접미사는 어근과 결합하여 새로운 단어를 만든다.

답 ② 해 어간은 용언이 활용할 때 변하지 않는 부분이므로 접두사와 접미사에 어미가 결합하면 어간이 된다는 설명은 적절하지 않다.

4 〈보기〉의 ㉠~㉢ 중, 적절하지 <u>않은</u> 것은?

　　　　　　　　　　• 보기 •

어간은 용언의 활용 시 변하지 않는 부분을, 어근은 단어 분석 시 실질적 의미를 나타내는 중심 부분을 가리킨다.

용언	어간	어근
솟다	솟–	㉠솟–
치솟다	치솟–	㉡솟–
샘솟다	샘솟–	㉢샘, 솟–
힘들다	힘들–	㉣힘들–
오가다	오가–	㉤오–, 가–

① ㉠　　② ㉡　　③ ㉢
✓④ ㉣　　⑤ ㉤

답 ④ 해 '힘들다'는 활용 시 변하지 않는 부분인 '힘들–'이 어간인 합성어이다. 합성어의 경우 각각의 부분이 어근이 되기 때문에, '힘'과 '들–'이 어근이 된다.

3 ① 4 ④ 정답

형태소 : 뜻(실질적 의미, 문법적 의미)을 가진 가장 작은 말의 단위

形 모양 형, 態 모습 태, 素 본디 소

- 몇 개의 음운이 결합해 형태소를 이루며, 형태소를 더 분석하면 의미가 사라짐
- 단어는 하나의 형태소, 또는 둘 이상의 형태소가 모여 이루어짐

활동 ①

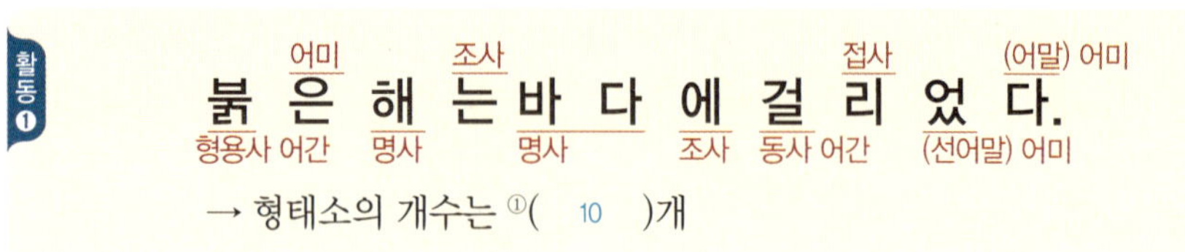

→ 형태소의 개수는 ①(10)개

- 자립성 유무에 따라 자립 형태소와 의존 형태소, 실질적 의미의 유무에 따라 실질 형태소와 형식 형태소로 나뉨

활동 ②

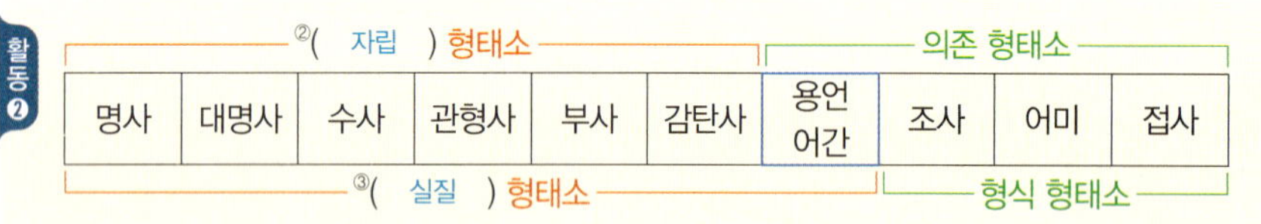

②(자립) 형태소						의존 형태소			
명사	대명사	수사	관형사	부사	감탄사	용언 어간	조사	어미	접사
③(실질) 형태소							형식 형태소		

1 자립 형태소 *自 스스로 자, 立 설 립*

- 다른 말의 도움 없이 스스로 설 수 있는 형태소임
- 명사, 대명사, 수사, 관형사, 부사, 감탄사가 자립 형태소임

2 의존 형태소 *依 의지할 의, 存 있을 존*

- 다른 말에 의존하여 쓰이는 형태소임
- 조사, 용언의 어간, 어미, 접사가 의존 형태소임

3 실질 형태소 *實 열매 실, 質 바탕 질*

- 구체적인 대상이나 동작, 상태를 나타내는 실질적인 의미를 가지는 형태소임
- 모든 자립 형태소와 용언의 어간이 실질 형태소임

4 형식 형태소 *形 모양 형, 式 법 식*

- 문법적인 의미만을 가지는 형태소임
- 조사, 어미, 접사가 형식 형태소임

활동 ③

작년에 한 번 그를 만났다.

형태소	작년	에	한	번	그	를	만나–	–았–	–다
분류	자립	의존	자립	④(자립)	자립	의존	의존	의존	의존
	실질	형식	실질	실질	실질	형식	⑤(실질)	형식	형식
품사	명사	조사	관형사	의존 명사	대명사	조사	동사		

◇ **접사는 왜 형식 형태소인가요?**

실질적인 의미를 담고 있는 접사를 왜 형식 형태소로 보느냐는 질문을 하는 경우가 있습니다. 학자에 따라 이견이 있습니다만, 접사가 어근처럼 구체적인 대상이나 동작, 상태를 표시한다기보다는 어근에 붙어 뜻을 더해 주는 보조적 역할을 한다고 보기 때문에 어미, 조사와 함께 형식 형태소에 포함합니다.

◇ **한자어의 형태소 분석**

형태소를 분석할 때 한자어의 글자 하나하나를 형태소로 볼 것인지에 대해서도 학자마다 이견이 있습니다. 국립국어원의 경우 사전에 등재된 한자어만 형태소로 인정하고 있습니다. 이 때문에 내신 시험에서 형태소 분석 문제를 출제할 때는 주로 고유어를 예로 제시합니다.

☆ **개념을 완성하는 문제**

1 다음 중, 형태소 분석이 적절하지 않은 것은?

① 빠른 <u>걸음</u> : 걷–(어근) + –음(접미사)

② 치마의 <u>길이</u> : 길–(어근) + –이 (접미사)

③ <u>마개</u>로 막다 : 마–(어근) + –개 (접미사)

④ <u>놀이</u>에 빠지다 : 놀–(어근) + –이 (접미사)

⑤ <u>믿음</u>을 저버리다 : 믿–(어근) + –음(접미사)

답 ③ **해** '마개'는 동사 '막다'의 어근 '막–'에 접미사 '–애'가 붙어서 명사가 된 것이다.

2 다음 중, '(어근 + 접미사) + 접미사'의 구조로 형태소가 분석되는 것은?

① 군것질　② 놀이터

③ 미닫이　④ 병마개

⑤ 싸움꾼

답 ⑤ **해** '싸움꾼'은 어근 '싸우–'에 명사를 만드는 접미사 '–ㅁ'이 결합하여 먼저 '싸움'이 만들어지고, 여기에 다시 접미사 '–꾼'이 붙어 '싸움꾼'이 된 것이다. / ① (접두사 + 어근) + 접미사 ② (어근 + 접미사) + 어근 ③ (어근 + 어근) + 접미사 ④ 어근 + (어근 + 접미사)

단어: 뜻을 지닌 말 중에서 홀로 쓰일 수 있는 가장 작은 말의 단위

單 홑 단, 語 말씀 어

- 분리하여 자립적으로 쓰일 수 있는 말이나 이에 준하는 말
- 자립적으로 쓰일 수 있는 말 뒤에 붙어서 문법적 기능을 나타내는 말
- 단어는 한 개 이상의 형태소로 이루어지며 형성 방법에 따라 단일어, 복합어 (합성어, 파생어)로 나눔

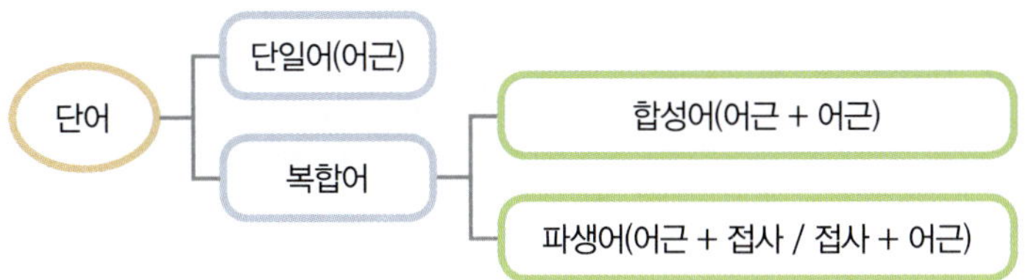

활동 ①

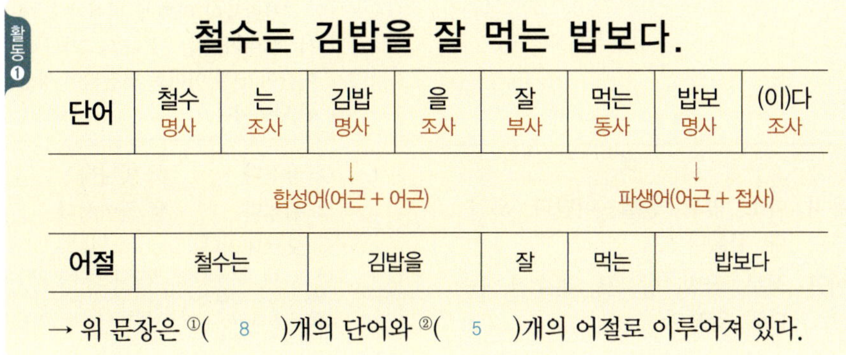

철수는 김밥을 잘 먹는 밥보다.

단어	철수 명사	는 조사	김밥 명사	을 조사	잘 부사	먹는 동사	밥보 명사	(이)다 조사
			합성어(어근 + 어근)				파생어(어근 + 접사)	
어절	철수는		김밥을		잘	먹는	밥보다	

→ 위 문장은 ①(8)개의 단어와 ②(5)개의 어절로 이루어져 있다.

1 단일어 單 홑 단, ─ 한 일

- 하나의 어근만으로 이루어진 단어임
- 하나의 실질 형태소로 이루어진 단어로, 더 이상 분석하면 의미가 사라짐
- 어간과 어미로 이루어진 용언(동사, 형용사)도 단일어로 봄

하나의 형태소로 이루어진 체언, 수식언	나무, 사과, 민들레, 일찍, 아주, …
어간이 하나의 형태소로 이루어진 용언	먹다, 가다, 희다, 맑다, 푸르다, …

개념 확대경

'어간 + 어미'로 이루어진 단어도 단일어일까?

- '잡─+─다'처럼 '어간 + 어미'의 둘 이상의 형태소로 이루어진 용언도 단일어로 취급함
- '잡─+─으시─+─었─+─겠─+─더─+─라'의 경우도 어간 '잡─'이 하나의 형태소로 이루어 져 있으므로 단일어로 취급함
- 문법적 의미를 지닌 조사, 어미를 '굴절 접사'로 부르기도 하지만, 단어의 형성에서는 어미 가 결합되었다고 해도 어간의 형태소가 하나이면 단일어로 취급함

☆ **개념을 완성하는 문제**

1 다음 중, 단어 형성 방법이 <u>다른</u> 하나는?

① 가득   ② 다섯
③ 바늘   ④ 가볍다
⑤ 헛소문

답 ⑤ 해 '헛소문'은 어근 '소문'에 접두사 '헛─'이 붙어서 만들어진 파생어이다. 나머지는 모두 단일어이다.

2 단어의 형성 방법을 고려하여 〈보기〉의 Ⓐ~ⓒ에 들어갈 단어를 규칙에 맞게 순서대로 배열한 것은?

〈보기〉

밥	땅	밤낮
⇓		
Ⓐ	Ⓑ	ⓒ

	Ⓐ	Ⓑ	ⓒ
①	하늘	안개	논밭
②	하늘	논밭	안개
③	안개	논밭	하늘
④	논밭	하늘	안개
⑤	논밭	안개	하늘

답 ① 해 〈보기〉에서 '밥'과 '땅'은 단일어이고 '밤낮'은 어근 '밤'과 어근 '낮'이 결합된 합성어이다. '하늘'과 '안개'는 단일어이고 '논밭'은 어근 '논'과 어근 '밭'이 결합된 합성어이므로, 규칙에 맞게 순서대로 배열한 것은 ①이다.

5② 8①

2 합성어 合 합할 합, 成 이룰 성

- 어근과 어근이 결합하여 이루어진 단어임
- 합성 과정에서 어근의 일부가 탈락, 변형, 첨가되기도 함
- 합성법으로 형성된 단어는 다양한 품사로 나타남

2-❶ 품사에 따른 분류

종류	예
합성 명사	큰아들, 작은형, 논밭, 길손, 비빔밥, 늦잠
합성 동사	힘들다, 본받다, 뛰놀다, 붙잡다, 앞서다, 들어가다
합성 형용사	멋있다, 굳세다, 높푸르다, 손쉽다
합성 관형사	긴긴, 한두, 서너, 너더댓, 여남은
합성 부사	곧잘, 곧바로, 또다시, 가끔가끔, 그만저만

2-❷ 의미 관계에 따른 분류

종류	의미	예
대등 합성어	어근과 어근이 본래의 뜻을 유지하며 대등하게 결합함	마소, 앞뒤, 손발, 여닫다, 오가다, 검붉다
종속 합성어	한쪽의 어근이 다른 한쪽의 어근을 수식함	쇠못, 국밥, 밥그릇, 손수건, 돌다리, 얕보다
융합 합성어	어근과 어근이 결합하여 새로운 의미가 만들어짐	밤낮(늘), 춘추(나이), 피땀(노력), 강산(국토), 바늘방석(불안스러운 자리), 돌아가다(죽다)

2-❸ 통사적 관계(국어의 문장 구조)에 따른 분류

- 통사적 합성어는 우리말의 일반적인 어순이나 단어 배열법과 일치하는 배열
- 비통사적 합성어는 우리말의 일반적인 어순이나 단어 배열법에 어긋나는 배열

종류	구성	예
통사적 합성어	명사 + 명사	손발, 마소, 돌다리
	명사 + 용언	힘세다, 본받다, 낯설다
	관형사 + 명사	새해, 첫사랑, 온종일
	부사 + 부사	곧잘, 더욱더, 이리저리
	부사 + 용언	못나다, 가로막다, 다시없다
	용언의 어간 + 관형사형 어미 + 명사	작은형, 작은집, 늙은이
	용언의 어간 + 연결 어미 + 용언	돌아가다, 때려잡다, 벗어나다
비통사적 합성어	용언의 어간 + 명사	꺾쇠, 접칼, 덮밥, 검버섯
	용언의 어간 + 용언	뛰놀다, 오가다, 날뛰다, 헐뜯다, 검붉다, 높푸르다
	부사 + 명사	부슬비, 산들바람, 척척박사, 곱슬머리

◈ **비통사적 합성어의 구별**

'용언의 어간 + 명사'로 합성되는 과정에서 관형사형 어미가 생략됐거나, '용언의 어간 + 용언'으로 합성되는 과정에서 연결 어미가 생략되었으면 비통사적 합성어입니다. 또 '부사 + 체언'의 형태로 된 합성어도 비통사적 합성어에 해당합니다.

☆ **개념을 완성하는 문제**

3 〈보기〉의 밑줄 친 단어와 같은 방식으로 형성된 단어는?

> ───── 보기 ─────
> '사람들이 바쁘게 뛰어가다.'에서 '뛰어가다'는 '뛰다'와 '가다'의 어간이 연결 어미로 연결되어 형성된 단어이다.

① 꿈꾸다 ② 빛나다
③ 뒤섞다 ✔ 돌아서다
⑤ 오르내리다

답 ④ 해 '돌아서다'는 '돌다'와 '서다'의 어간이 연결 어미로 연결되어 형성된 단어이다. / ①, ② 체언 + 용언 ③ 접두사 + 용언 ⑤ 어간이 연결 어미 없이 직접 결합

4 〈보기〉의 밑줄 친 설명에 해당하는 사례로 적절하지 <u>않은</u> 것은?

> ───── 보기 ─────
> 합성어의 품사는 합성어를 구성하는 어근의 품사와 관계없이 새로운 품사가 되기도 하지만, '큰집(명사), 본받다(동사)'처럼 일차적으로 직접 구성 성분 분석을 했을 때 맨 끝 구성 성분의 품사에 따라 결정되는 경우가 많다.

① 그의 재주는 남달랐다.
② 낯선 사람이 알은척을 한다.
③ 하루빨리 방학이 왔으면 좋겠다.
✔ 그 아이가 어느새 청년이 되었다.
⑤ 그는 손쉬운 해결 방법을 찾았다.

답 ④ 해 '어느새'는 관형사 '어느'와 명사 '새'가 결합하여 새로운 품사인 부사가 된 것이다. / ① 명사 + 형용사 → 형용사 ② 명사 + 형용사 → 형용사 ③ 명사 + 부사 → 부사 ⑤ 명사 + 형용사 → 형용사

5 비통사적 합성어의 예로 적절한 것은?

① 마을이 몰라볼 정도로 변했다.
✔ 아이들이 뛰노는 소리가 들렸다.
③ 지난달부터 그가 보이지 않는다.
④ 저마다의 타고난 소질을 계발하자.
⑤ 막노동을 했더니 손에 굳은살이 박였다.

답 ② 해 '뛰놀다'는 용언 '뛰다'와 '놀다'의 어간이 연결 어미 없이 결합된 비통사적 합성어이다. 나머지는 모두 통사적 합성어이다.

3 파생어 派 갈래 파, 生 날 생

- 어근과 접사가 결합하여 이루어진 단어임
- 어근 앞에는 접두사, 어근 뒤에는 접미사가 붙어 이루어짐

3-❶ '접두사 + 어근'의 파생어

- 대부분 어근에 특정한 뜻만 더하고, 품사를 바꾸지는 않음

종류	의미	예
부사형 접두사	용언에 결합하는 접두사	뒤덮다, 드높다, 설익다, 엿보다, 치뜨다, 되살리다, 짓누르다, 엇나가다, 새까맣다, 빗나가다
관형사형 접두사	명사에 결합하는 접두사	개떡, 실눈, 돌배, 군식구, 맨눈, 날고기, 맞대결, 선무당, 숫총각, 참사랑, 풋사랑, 한여름, 맏며느리
통용 접두사	용언과 명사에 두루 결합하는 접두사	늦더위, 늦되다, 덧니, 덧대다, 헛걸음, 헛살다

3-❷ '어근 + 접미사'의 파생어

- 어근에 뜻을 더하기도 하고 어근의 품사를 바꾸기도 함

① 한정적 접미사

종류	내용
'사람'을 뜻함	잠보, 사냥꾼, 미장이, 시골내기, 가난뱅이, 욕심쟁이, 바람둥이, 욕심꾸러기
기타	• 정도: 높다랗다 • 복수: 나무들 • 강세: 넘어뜨리다, 넘어트리다, 밀치다 • 행위: 도둑질

② 지배적 접미사

종류		내용
명사화 접미사	–(으)ㅁ/–이	얼음, 믿음, 웃음 / 놀이, 먹이, 넓이
	–기	쓰기, 보기, 굵기, 달리기
	–개	덮개, 날개, 지우개, 가리개
동사화 접미사	–거리다	꿈틀거리다, 출렁거리다, 까불거리다
	–대다	출렁대다, 바둥대다, 방실대다
	–하다	공부하다, 사랑하다, 생각하다
	사동, 피동접미사	높이다, 낮추다, 넓히다, 밝히다
형용사화 접미사	–하다	씩씩하다, 건강하다, 정직하다
	–스럽다	자랑스럽다, 가증스럽다, 당황스럽다
	–답다	꽃답다, 정답다, 참답다
	–롭다	신비롭다, 명예롭다, 자유롭다
부사화 접미사	–이	많이, 높이, 곰곰이, 깊숙이, 일찍이
	–히	급히, 꾸준히, 조용히, 넉넉히, 나란히

☆ **개념을 완성하는 문제**

6 〈보기〉의 ㉠, ㉡에 해당하는 예가 바르게 연결되지 않은 것은?

┌─ 보기 ─
㉠'새–', '시–'는 일부 형용사 앞에 붙어 뜻을 더하는 접두사이고, ㉡'–답다', '–되다', '–스럽다'는 일부 어근 뒤에 붙어 품사를 형용사로 만드는 접미사이다.
└─

① ㉠: 새하얗다
② ㉠: 시퍼렇다
③ ㉡: 정답다
❹ ㉡: 형성되다
⑤ ㉡: 사랑스럽다

답 ④ **해** '형성되다'에 붙은 '–되다'는 형용사를 만드는 접미사가 아니라, 피동의 뜻을 더하고 동사를 만드는 접미사이다.

7 〈보기〉를 참고할 때, 밑줄 친 부분이 바르게 쓰인 것은?

┌─ 보기 ─
채 「의존 명사」
이미 있는 상태 그대로 있다는 뜻을 나타내는 말
–째 「접미사」
'그대로', 또는 '전부'의 뜻을 더하는 접미사
└─

❶ 배를 껍질째로 먹었다.
② 나는 앉은 째로 잠이 들었다.
③ 그는 혼자 똑똑한 채를 한다.
④ 그는 호랑이를 산 째로 잡았다.
⑤ 곰이 다가오자 그는 죽은 채를 했다.

답 ① **해** ①은 배의 껍질을 까지 않고 그대로 먹었다는 의미를 나타내고자 한 것이므로, 접미사 '–째'가 바르게 쓰였다. / ② 앉은 째로 → 앉은 채로 ③ 똑똑한 채를 → 똑똑한 체를 ④ 산 째로 → 산 채로 ⑤ 죽은 채를 → 죽은 체를

명사 파생 접미사와 명사형 전성 어미의 구별

- '-(으)ㅁ', '-기'는 동일한 형태가 명사 파생 접미사와 명사형 전성 어미로 모두 쓰임
- '-(으)ㅁ', '-기'가 접미사로 쓰였을 때: 품사는 명사이고 관형어의 꾸밈을 받으며, 서술성이 없음 예 인간다운 삶을 누리다.
- '-(으)ㅁ', '-기'가 어미로 쓰였을 때: 품사는 용언이고 부사어의 꾸밈을 받으며, 서술성이 있음 예 착하게 삶, 책을 빨리 읽기를 바람

탐구 하기

[문제 1] 〈보기〉의 ㉠과 품사가 같은 것은?

• 보기 •

'아침에 하는 ㉠달리기는 건강에 매우 좋다.'에서 ㉠은 '달리-'에 접미사가 붙은 명사로서 관형어의 수식을 받고 있다.

① 세상은 홀로 <u>살기</u>가 어렵다.

② 그는 멋쩍게 <u>웃음</u>으로써 답변을 회피했다.

☑③ 그 가수는 현란한 <u>춤</u>을 추며 노래를 불렀다.

④ 자기 소개서에 "만화를 잘 <u>그림</u>"이라고 썼다.

⑤ 나는 모임에 늦지 않기 위해 빨리 <u>달리기</u> 시작했다.

답 ③ **해** 〈보기〉의 ㉠은 동사 어간 '달리-'에 접미사 '-기'가 결합한 파생 명사로 관형어 '아침에 하는'의 수식을 받고 있다. ③의 '춤' 역시 동사 어간 '추-'에 접미사 '-(으)ㅁ'이 결합한 파생 명사로 관형어 '현란한'의 수식을 받고 있다.

직접 구성 요소 분석

- **직접 구성 요소**: 단어의 짜임을 두 부분으로 나누었을 때 나오는 두 요소
- **직접 구성 요소 분석 시 고려할 점**
  ① 직접 구성 요소로 분석되는 말이 실제로 존재해야 함
    예 살얼음: '살-'과 '얼음'으로 분석(○), '살얼-'과 '-음'으로 분석(×)
  ② 직접 구성 요소들과 그 전체 구성의 의미가 서로 통해야 함
    예 벽돌집: '벽돌'과 '집'으로 분석(○), '벽'과 '돌집'으로 분석(×)

탐구 하기

[문제 2] 〈보기〉의 ㉠과 ㉡을 모두 충족하는 예로 적절한 것은?

• 보기 •

어떤 말을 둘로 나누었을 때 나누어진 두 요소 각각을 직접 구성 요소라 하는데, 어근과 어근으로 분석되는 말을 합성어라 하고 어근과 접사로 분석되는 말을 파생어라 한다. 그런데 ㉠어간이 3개 이상의 구성 요소로 이루어진 경우가 있다. 이때 ㉡직접 구성 요소가 먼저 어근과 어근으로 분석되면 합성어이고 어근과 접사로 분석되면 파생어이다. 예컨대 '밀어붙이다'는 직접 구성 요소가 먼저 어근과 어근으로 분석되므로 합성어이다.

① 밤새 거센 비바람이 <u>내리쳤다</u>.

☑② 책임을 남에게 <u>떠넘기면</u> 안 된다.

③ 차바퀴가 진흙 바닥에서 <u>헛돌았다</u>.

④ 거리에는 매일 많은 사람이 <u>오간다</u>.

⑤ 그늘이 끊임없이 <u>짓밟혀도</u> 굴하지 않았다.

답 ② **해** 어간 '떠넘기-'는 직접 구성 요소가 어근 '뜨-'와 어근 '넘기-'로 분석되므로 ㉡을 충족한다. 또 '넘기-'는 다시 어근 '넘-'과 접사 '-기-'로 분석되므로 ㉠도 충족한다. / ① 어근 '내리-' + 어근 '치-' ③ 접사 '헛-' + 어근 '돌-' ④ 어근 '오-' + 어근 '가-' ⑤ 어근 '짓밟-'(접사 '짓-' + 어근 '밟-') + 접사 '-하-'

☆ **개념을 완성하는 문제**

8 다음 중, 파생어가 <u>아닌</u> 것은?

① 개꿈   ☑② 여닫다

③ 풋사랑   ④ 욕심쟁이

⑤ 사랑스럽다

답 ② **해** '여닫다'는 어근 '열-'과 어근 '닫-'이 결합한 합성어이다.

9 다음 중, 합성어가 <u>아닌</u> 것은?

① 손발

② 피땀

☑③ 날고기

④ 오가다

⑤ 바늘방석

답 ③ **해** '날고기'는 어근 '고기'에 접두사 '날-'이 결합한 파생어이다.

10 다음 중, 단어의 직접 구성 요소 분석이 적절하지 <u>않은</u> 것은?

① 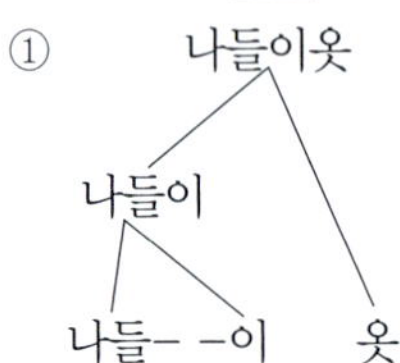

② 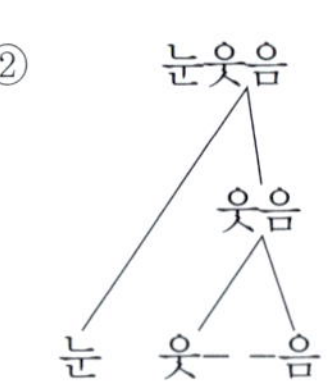

☑③ 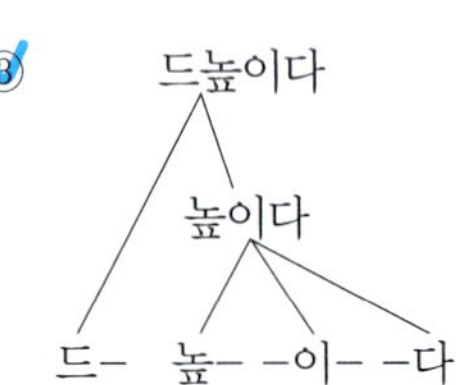

④ 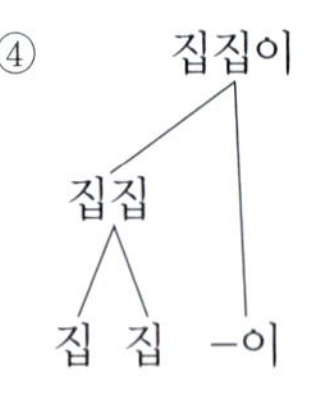

⑤ 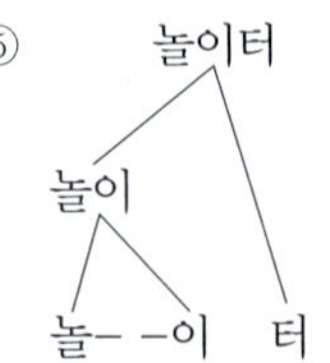

답 ③ **해** '드높이다'는 기본형 '드높다'에 사동 접미사 '-이-'가 결합한 파생어로, '드높-'은 다시 '드-(접두사)'와 '높-(어근)'으로 분석할 수 있다. 따라서 '드높이다'는 드- + 높- + -이- + -다와 같이 분석해야 한다.

단어의 의미 관계

단어의 의미 관계: 어휘를 구성하고 있는 단어들이 의미를 중심으로 맺고 있는 관계

1 유의 관계 類 무리 유, 義 옳을 의

- 말소리는 다르지만 의미가 같거나 비슷한 단어들이 맺는 의미 관계임
- 뜻이 서로 비슷한 단어를 '유의어'라고 함
- '계란 – 달걀'처럼 어떤 맥락에서도 교체 가능한 유의어, '길 – 도로'처럼 한 단어가 다른 단어를 포함하는 유의어, '뽑다 – 빼다'처럼 문맥에 따라 교체가 가능한 유의어 등이 있음

2 반의 관계 反 돌이킬 반, 義 옳을 의

- 둘 이상의 단어에서 의미가 서로 짝을 이루어 대립하는 의미 관계임
- 뜻이 서로 반대되는 단어를 '반의어'라고 함

정도(등급) 반의어	정도나 등급의 대립 관계를 나타내는 반의어 예 길다 – 짧다, 넓다 – 좁다, 높다 – 낮다, 쉽다 – 어렵다
상보(모순) 반의어	중립 지역이 없이 상호 배타적인 대립 관계에 있는 반의어 예 삶 – 죽음, 없다 – 있다, 합격 – 불합격, 참 – 거짓
방향(대칭) 반의어	상대적 관계를 형성하면서 의미상 대칭 관계에 있는 반의어 예 공격 – 방어, 판매 – 구매, 위 – 아래, 스승 – 제자

3 상하 관계 上 위 상, 下 아래 하

- 한 단어가 의미상 다른 단어를 포함하거나 다른 단어에 포함되는 의미 관계임
- 다른 쪽을 포함하는 단어를 상의어, 포함되는 단어를 하의어라고 함
- 상의어는 일반적, 포괄적 의미를 지니고 하의어는 구체적, 한정적 의미를 지님
  - 예 생물 ⊃ 동물 ⊃ 포유류 ⊃ 사자

4 동음이의어 同 같을 동, 音 소리 음, 異 다를 리, 義 옳을 의

- 소리는 같지만 의미가 전혀 다른 관계에 있는 둘 이상의 단어임

소리	의미	예문
배¹	신체의 일부분	점심을 먹지 못해 배가 고팠다.
배²	선박	배 한 척이 바다 한가운데 떠 있다.
배³	배나무의 열매	나는 과일 중에서 배를 가장 좋아한다.

5 다의어 多 많을 다, 義 옳을 의

- 의미적 관련성이 있는 여러 가지 의미를 가진 단어임

배	「1」 [생명] 사람이나 동물의 몸에서 위장, 창자, 콩팥 따위의 내장이 들어 있는 곳으로 가슴과 엉덩이 사이의 부위 「2」 [동물] 절족동물, 특히 곤충에서 머리와 가슴이 아닌 부분. 여러 마디로 되어 있으며 숨구멍, 항문 따위가 있다. 「3」 긴 물건 가운데의 볼록한 부분 「4」 (수량을 나타내는 말 뒤에 쓰여) 짐승이 새끼를 낳거나 알을 까는 횟수를 세는 단위

☆ **개념을 완성하는 문제**

1 문맥상 의미가 〈보기〉의 ㉠와 가장 가까운 것은?

> ───── 보기 ─────
> 사무실의 방충망이 낡아서 파손되었다면 사무실을 빌려준 건물주가 수선할 의무를 ㉠진다.

① 네게 신세만 지기가 미안하다.
② 커피를 쏟아서 옷에 얼룩이 졌다.
③ 그는 배낭을 진 채 여행을 떠났다.
④ ✔ 나는 형으로서 큰 부담을 지고 있다.
⑤ 그들은 이 문제로 원수를 지게 되었다.

답 ④ 해 〈보기〉에서 '지다'는 '책임이나 의무를 맡다'의 의미로 사용되었는데, 이와 유사한 의미로 사용된 것은 ④의 '지다'이다. / ① 신세나 은혜를 입다 ② 어떤 현상이나 상태가 이루어지다 ③ 물건을 짊어서 등에 얹다 ⑤ 어떤 좋지 아니한 관계가 되다

2 〈보기 1〉의 ⓐ와 ⓑ를 모두 만족시키는 단어 쌍을 〈보기 2〉에서 있는 대로 고른 것은?

> ───── 보기 1 ─────
> '구기'의 하의어에는 '축구', '야구', '농구' 등이 있는데 이들을 상의어 '구기'의 공하의어라 한다. 이들 공하의어 사이에는 ⓐ 비양립 관계, 즉 어떤 구기가 '축구'이면서 동시에 '야구'나 '농구'일 수 없는 관계가 성립한다. 한편 비양립 관계의 공하의어가 둘뿐이면 이 둘은 ⓑ 상보적 반의 관계에 있다. '꿩'의 공하의어인 '장끼'와 '까투리'의 경우, '장끼'가 아닌 것은 곧 '까투리'이고 그 역도 성립한다.

> ───── 보기 2 ─────
> ㉠여름에 그가 마침내 ㉡북극에 도달했다는 소식을 듣고 나는 다급해져 ㉢남극으로 출발하였다. 남극 대륙은 ㉣계절이 여름이어도 내 고향의 ㉤겨울만큼 바람이 찼다. 그곳에는 썰매를 끄는 ㉥개들, 그리고 ㉦펭귄과 ㉧갈매기들뿐이었다.

① ✔ ㉡－㉢
② ㉠－㉤, ㉡－㉢
③ ㉡－㉢, ㉦－㉧
④ ㉠－㉣, ㉡－㉢, ㉦－㉧
⑤ ㉠－㉤, ㉡－㉢, ㉥－㉧

답 ① 해 ㉡과 ㉢은 상의어 '극'의 공하의어이다. '북극'이면서 동시에 '남극'일 수는 없으므로, ㉡과 ㉢은 비양립 관계가 성립한다. 또 '극'은 '북극'과 '남극'의 두 단어만을 공하의어로 포함하므로, ㉡과 ㉢은 상보적 반의 관계도 성립한다.

01

〈보기〉의 설명을 참고할 때, ㉠을 분석한 내용으로 적절하지 <u>않은</u> 것은?

● 보기 ●

'형태소'는 뜻을 가진 말의 가장 작은 단위이다. 형태소는 의미의 유무에 따라 구체적인 대상이나 동작, 상태를 표시하는 실질적인 의미를 지닌 실질 형태소와 문법적인 기능을 수행하는 형식 형태소로 나눌 수 있다. 그리고 자립성의 유무에 따라 다른 말에 기대어 쓰이지 않고 홀로 사용될 수 있는 자립 형태소와 다른 말에 기대어 사용되는 의존 형태소로 나눌 수 있다.

㉠하늘이 매우 높고 푸르다.

☑ 자립 형태소는 모두 4개이다.
② 형식 형태소는 모두 3개이다.
③ 의존 형태소는 모두 5개이다.
④ 실질 형태소이면서 의존 형태소는 모두 2개이다.
⑤ 실질 형태소이면서 자립 형태소는 모두 2개이다.

답 ① 해 ㉠은 '하늘', '이', '매우', '높-', '-고', '푸르-', '-다'의 7개 형태소로 분석할 수 있다. 이때 자립 형태소는 '하늘', '매우'로 2개이다. / ② 이, -고, -다(3개) ③ 이, 높-, -고, 푸르-, -다(5개) ④ 높-, 푸르-(2개) ⑤ 하늘, 매우(2개)

02

〈보기〉를 바탕으로 단어 형성법에 대해 탐구한 것으로 적절하지 <u>않</u>은 것은?

● 보기 ●

단어에서 실질적 의미를 나타내는 중심 부분을 어근이라 하고, 어근에 붙어 그 뜻을 더하는 부분을 접사라고 한다. 단어는 형성 방법에 따라 단일어와 파생어, 합성어로 나누어진다. 단일어는 '바다', '놀다'와 같이 하나의 어근으로 이루어진 말이고, 파생어는 '군살'이나 '멋쟁이'처럼 어근과 접사의 결합으로 이루어진 말이다. 합성어는 어근과 어근이 결합한 말로 '달빛'이나 '뛰놀다'와 같은 말이 이에 해당한다.

---

① '치솟다'는 접사가 어근에 붙어 뜻을 더하고 있으므로 파생어이군.
② '밤하늘'은 실질적 의미를 지닌 어근끼리 결합하였으므로 합성어이군.
③ '지우개'는 어근에 접사가 결합한 파생어이고, '닭고기'는 어근끼리 결합한 합성어이군.
☑ '나무꾼'과 '검붉다'는 모두 실질적인 뜻을 가진 어근끼리 결합하였으므로 합성어이군.
⑤ '개살구'와 '부채질'은 모두 어근에 접사가 결합하여 이루어진 단어이므로 파생어에 해당하는군.

답 ④ 해 '검붉다'는 어근 '검-'과 어근 '붉-'이 결합한 합성어이지만, '나무꾼'은 어근 '나무'에 접사 -꾼'이 결합한 파생어이다.

03

〈보기〉의 설명을 참고할 때, ㉠을 분석한 내용으로 적절하지 <u>않은</u> 것은?

● 보기 ●

형태소란 뜻을 가진 가장 작은 말의 단위이다. 가장 작은 말의 단위라는 것은 더 이상 나눌 수 없으며, 더 나눌 경우 원래의 뜻이 사라지는 것을 말한다.

㉠우리 아기만 맨발로 잔디밭에서 놀았다.

---

① '우리'는 '우'와 '리'로 나누면 뜻이 사라지므로 하나의 형태소이다.
② '아기만'은 '아기'와 '만'으로 나눌 수 있으므로 두 개의 형태소이다.
③ '맨발'은 '맨-'과 '발'로 나눌 수 있으므로 두 개의 형태소이다.
④ '잔디밭'은 '잔디'와 '밭'으로 나눌 수 있으므로 두 개의 형태소이다.
☑ '놀았다'는 '놀았-'과 '-다'로 나눌 수 있으므로 두 개의 형태소이다.

답 ⑤ 해 '놀았다'는 어근 '놀-'과 선어말 어미 '-았-', 어말 어미 '-다'로 나눌 수 있으므로 세 개의 형태소이다.

04

〈보기〉의 ㉠에 해당하는 예로 적절한 것만을 ⓐ~ⓓ에서 고른 것은?

● 보기 ●

선생님: 합성어 중에는 어근의 배열이 우리말의 일반적인 문장 구성 방식에 맞는 것도 있고, 그렇지 않은 것도 있어요. 일반적으로 '체언 + 체언', '용언의 관형사형 + 체언', '용언의 연결형 + 용언' 등의 형태는 통사적 합성어라 하고, '용언의 어간 + 체언', '부사 + 체언', '용언의 어간 + 용언의 어간' 등의 형태는 우리말의 일반적인 문장 구성 방식에 맞지 않으므로 ㉠비통사적 합성어라고 하지요. 외국어나 외래어를 대체하는 순화어에서도 통사적 합성어와 비통사적 합성어가 발견됩니다. 그럼 몇 가지 사례를 살펴볼까요?

• 핫 플레이스 ⇨	뜨는곳	ⓐ
• 카메오 ⇨	깜짝출연	ⓑ
• 마인드맵 ⇨	생각그물	ⓒ
• 캐노피 ⇨	덮지붕	ⓓ

---

① ⓐ, ⓑ   ② ⓐ, ⓓ   ③ ⓑ, ⓒ
☑ ⓑ, ⓓ   ⑤ ⓒ, ⓓ

답 ④ 해 ⓑ는 부사 '깜짝'과 체언 '출연'이 결합한 비통사적 합성어이고, ⓓ는 용언의 어간 '덮-'과 체언 '지붕'이 결합한 비통사적 합성어이다. / ⓐ는 용언의 관형사형 '뜨는'과 체언 '곳'이 결합한 통사적 합성어이고, ⓒ는 체언 '생각'과 체언 '그물'이 결합한 통사적 합성어이다.

05

〈보기〉의 ㉠ ~ ㉣에 대한 이해로 적절하지 <u>않은</u> 것은?

> ● 보기 ●
>
> 　접두사는 단어의 앞에 붙어 특정한 뜻을 더하거나 강조하면서 새로운 단어를 만들어 낸다. ㉠접두사가 명사에 결합하여 생성된 단어도 있고, ㉡접두사가 용언에 결합하여 생성된 단어도 있다. ㉢특정한 접두사는 둘 이상의 품사에 결합하여 새로운 단어를 만들어 내기도 한다. 대개의 접두사는 형태가 고정되어 있지만, '찰-/차-'가 붙어 만들어진 '찰옥수수', '차조'처럼 ㉣주위 환경에 따라 형태가 다른 접두사가 붙어 만들어진 단어도 있다.

① ㉠에 해당하는 사례로는 '군기침, 군살'이 있다.

② ㉡에 해당하는 사례로는 '빗나가다, 빗맞다'가 있다.

③ ㉢에 해당하는 사례로는 '헛디디다, 헛수고'가 있다.

④ ㉡, ㉣에 해당하는 사례로는 '새빨갛다, 샛노랗다'가 있다.

⑤ ㉢, ㉣에 해당하는 사례로는 '수꿩, 숫양'이 있다.

답 ⑤ **해** '수꿩, 숫양'은 ㉣의 설명대로 주위 환경에 따라 형태가 다른 접두사 '수-/숫-'이 결합하여 만들어진 파생어이다. 반면 '수-/숫-'은 둘 이상의 품사가 아닌 명사 '꿩, 양'에만 결합하였기 때문에 ㉢에는 해당하지 않는다.

06

〈보기〉에 따라 탐구한 내용으로 적절한 것은?

> ● 보기 ●
>
> 　직접 구성 요소란 어떤 말을 둘로 나누었을 때 나누어진 두 구성 요소 각각을 일컫는다. '먹이통'과 같이 세 개의 구성 요소로 이루어진 단어의 직접 구성 요소 분석은 아래의 그림과 같이 두 단계를 통해 이루어진다. 첫 번째 단계에서는 어근 '먹이'와 어근 '통'으로 나눌 수 있고, 두 번째 단계에서는 '먹이'를 어근 '먹-'과 접사 '-이'로 나눌 수 있다.

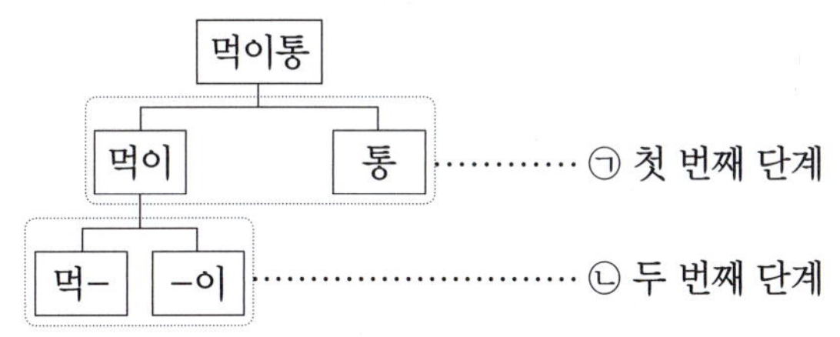

① '울음보'는 ㉠에서 어근과 접사로 분석되고, ㉡에서 어근과 접사로 분석된다.

② '헛웃음'은 ㉠에서 어근과 어근으로 분석되고, ㉡에서 어근과 접사로 분석된다.

③ '손목뼈'는 ㉠에서 어근과 접사로 분석되고, ㉡에서 어근과 어근으로 분석된다.

④ '얼음길'은 ㉠에서 어근과 접사로 분석되고, ㉡에서 어근과 어근으로 분석된다.

⑤ '물놀이'는 ㉠에서 어근과 어근으로 분석되고, ㉡에서 어근과 어근으로 분석된다.

답 ① **해** '울음보'는 ㉠에서 어근 '울음'과 접사 '-보'로 분석되고, ㉡에서 어근 '울-'과 접사 '-(으)ㅁ'으로 분석되므로 적절한 설명이다. / ② ㉠ 접사 '헛-' + 어근 '웃음', ㉡ 어근 '웃-' + 접사 '-(으)ㅁ' ③ ㉠ 어근 '손목' + 어근 '뼈', ㉡ 어근 '손' + 어근 '목' ④ ㉠ 어근 '얼음' + 어근 '길', ㉡ 어근 '얼-' + 접사 '-(으)ㅁ' ⑤ ㉠ 어근 '물' + 어근 '놀이', ㉡ 어근 '놀-' + 접사 '-이'

07

〈보기〉는 '사전 활용하기' 수업의 한 장면이다. 학생들의 활동 결과로 적절하지 <u>않은</u> 것은?

> ● 보기 ●
>
> 선생님: 파생어란 어근에 접사가 결합하여 형성된 단어입니다. 그런데 파생어는 접사에 의해 본래 단어의 품사가 변화되는 경우와 변화되지 않는 경우로 나뉩니다. 다음은 사전에서 찾은 단어들입니다. 제시된 단어들에 접사가 결합된 파생어를 찾아보고 분석해 봅시다.
>
> > **더욱** 〔부〕 정도나 수준 따위가 한층 심하거나 높게.
> > **넓다** 〔형〕 면이나 바닥 따위의 면적이 크다.
> > **덮다** 〔동〕 물건 따위가 드러나거나 보이지 않도록 넓은 천 따위를 얹어서 씌우다.

① '더욱이'는 '더욱'의 어근에 접사 '-이'가 결합된 파생어로 '더욱'과 품사가 다르겠군.

② '드넓다'는 '넓다'의 어근에 접사 '드-'가 결합된 파생어로 '넓다'와 품사가 같겠군.

③ '넓이'는 '넓다'의 어근에 접사 '-이'가 결합된 파생어로 '넓다'와 품사가 다르겠군.

④ '뒤덮다'는 '덮다'의 어근에 접사 '뒤-'가 결합된 파생어로 '덮다'와 품사가 같겠군.

⑤ '덮개'는 '덮다'의 어근에 접사 '-개'가 결합된 파생어로 '덮다'와 품사가 다르겠군.

답 ① **해** '더욱이'는 부사 어근 '더욱'에 접사 '-이'가 결합한 파생어이다. '더욱이'는 접사가 결합해도 여전히 부사이므로 '더욱'과 품사가 다르다는 설명은 적절하지 않다.

08

〈보기〉를 바탕으로 할 때, ㉠~㉢에 해당하는 단어가 사용된 예로 적절한 것은?

> ● 보기 ●
>
> 선생님: 신체 관련 어휘는 ㉠신체 부위를 나타내는 중심적 의미가 ㉡주변적 의미로 확장될 수 있어요. 이때 ㉢소리는 같지만 중심적 의미가 다른 단어와 잘 구분해야 합니다. 그럼 아래에서 이러한 의미 관계를 확인해 봅시다.
>
> > **코¹**　•포유류의 얼굴 중앙에 튀어나온 부분
> > 　　　•콧구멍에서 흘러나오는 액체
> > **코²**　•그물이나 뜨개질한 물건의 눈마다의 매듭

① ㉠: 묽은 코가 옷에 묻어 휴지로 닦았다.

② ㉠: 어부가 쳐 놓은 어망의 코가 끊어졌다.

③ ㉡: 코끼리는 긴 코를 자유자재로 사용한다.

④ ㉡: 동생이 갑자기 코를 다쳐서 병원에 갔다.

⑤ ㉢: 어머니께서 목도리를 한 코씩 떠 나가셨다.

답 ⑤ **해** ⑤의 '코'는 '뜨개질한 물건의 눈마다의 매듭'을 의미하므로 ㉢에 해당한다. / ① '콧구멍에서 흘러나오는 액체'를 의미하므로 ㉡에 해당한다. ② '그물의 눈마다의 매듭'을 의미하므로 ㉢에 해당한다. ③, ④ '포유류의 얼굴 중앙에 튀어나온 부분'을 의미하므로 ㉠에 해당한다.

04 문장

개념 열기 ① 톡톡! 문장

문장: 생각이나 감정을 말이나 글로 표현할 때, 완결된 내용을 나타내는 최소의 언어 형식 文 글월 문, 章 글 장

- 주어와 서술어를 기본으로 문장을 구성하며, 크게 '주어부'와 '서술부'로 나뉨
- 의미상 완결된 내용을 드러내며, 형식상 문장이 끝났음을 나타내는 문장 부호가 있음
- 문장을 이루는 문법 단위에는 어절, 구, 절이 있음

어절(語節)	• 문장을 구성하고 있는 각각의 마디 • 문장 성분의 최소 단위로 띄어쓰기의 단위가 됨
구(句)	• 둘 이상의 어절이 모여 절이나 문장의 일부분을 이루는 토막 • 명사구, 동사구, 형용사구, 관형사구, 부사구가 있음 • 구(句) 안에서는 주어와 서술어를 갖추지 못함
절(節)	• 주어와 서술어를 갖추었으나, 독립하여 쓰이지 못하고 다른 문장의 한 성분으로 쓰이는 단위 • 명사절, 서술절, 관형절, 부사절, 인용절이 있음 • 절(節)은 문장 안에 포함되어 문장 성분의 기능을 함

활동 ①

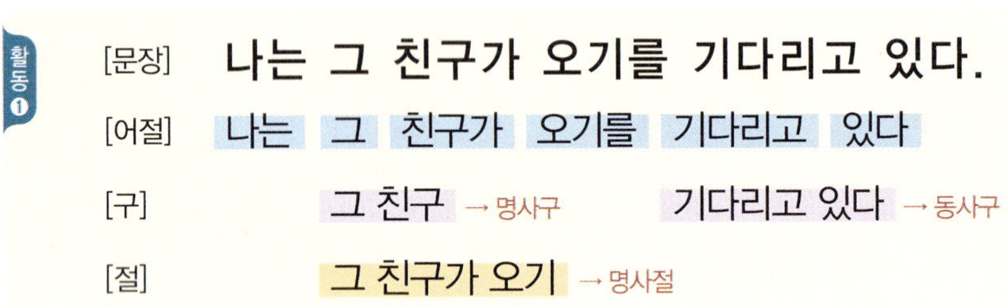

개념 열기 ② 톡톡! 문장 성분

문장 성분: 문장을 구성하는 여러 구성 요소 文 글월 문, 章 글 장, 成 이룰 성, 分 나눌 분

- 단어가 조사, 어미 등과 결합하여 문장 속에서 일정한 문법적 기능을 할 때, 각 부분을 문장 성분이라고 함
- 역할에 따라 주성분, 부속 성분, 독립 성분으로 나뉨

☆ 개념을 완성하는 문제

1 다음 중, 문법적으로 정확한 문장은?

① 그는 자기가 창안한 사회 이론을 더욱 발전해 사회 문제의 해결에 기여하고자 하였다.

② 유럽은 18세기 후반부터 생산 기술의 발달과 그에 따라 사회 조직의 큰 변화를 겪었다.

❸ 참관인 자격으로 회의에 참석한 두 사람은 눈짓을 주고받은 후 조용히 회의장을 빠져나갔다.

④ 이 책의 저자가 말하려는 요점은 모름지기 사람은 남을 위하여 자기를 희생할 줄도 알아야 한다.

⑤ 그의 작품들은 엇비슷해서 학생들이 작품 이름의 혼동이나 각 작품의 줄거리를 잘 기억하지 못했다.

답 ③ 해 ③은 필요한 문장 성분을 모두 갖추고 있고, 문장 성분 간의 호응도 적절하여 문법적으로 정확한 문장이다. / ① 발전해 → 발전시켜 ② 생산 기술의 발달과 → 생산 기술이 발달하였고 ④ 알아야 한다 → 알아야 한다는 것이다 ⑤ 작품 이름의 혼동이나 → 작품 이름을 혼동하거나

2 다음 중, 바른 문장 표현이 아닌 것은?

① 나는 선생님께 이름이 불렸다.

❷ 그녀는 노래와 춤을 추고 있다.

③ 나는 오늘 아침 나무에 물을 주었다.

④ 아버지가 그린 그림은 언제나 인기가 많다.

⑤ 문예 동아리는 창작 활동을 하고 전시회를 열었다.

답 ② 해 ②는 '노래를'에 해당하는 서술어 '부르며'가 생략되었다. '그녀는 노래를 부르며 춤을 추고 있다.'가 바른 문장 표현이다.

주성분: 문장의 골격을 이루는 필수적인 성분으로 주어, 서술어, 목적어, 보어가 있음 主 주인 주, 成 이룰 성, 分 나눌 분

1 주어 主 주인 주, 語 말씀 어

- 문장에서 서술어의 풀이 대상(주체)이 되는 말임
- '무엇이', '누가'에 해당하며 동작, 상태, 성질, 작용의 주체임
- 필수 성분이지만 다른 성분에 비해 생략이 용이함
- 주격 조사 '이/가, 께서, 에서'가 붙어 나타나며, 조사가 생략되기도 함
- 보조사는 '은/는, 도, 만'이 붙어 나타나기도 함

실현 형태	예
체언 + 주격 조사	하늘이 푸르다. / 할머니께서 주무신다. 국가에서 백신 접종을 장려했다.
체언 + 보조사	나는 냉면을 먹었다. / 엄마도 냉면을 먹었다. 그녀만 냉면을 먹었다.
체언 + 조사 생략	나 밥 먹었다. / 너 거기에 있어.

2 목적어 目 눈 목, 的 과녁 적, 語 말씀 어

- 문장에서 서술어의 동작 대상이 되는 말임
- '무엇을', '누구를'에 해당함
- 목적격 조사 '을/를'이 붙어 나타나며, 조사가 생략되기도 함
- 보조사 '은/는, 도, 만'이 붙어 나타나기도 함
- 한 문장에서 목적어는 생략될 수도 있고 두 개가 들어갈 수도 있음

실현 형태	예
체언 + 목적격 조사	아롱이가 공을 던진다. / 그가 노래를 부른다.
체언 + 보조사	소라가 노래는 잘한다. / 소라는 노래도 잘한다. 소라는 노래만 잘한다.
체언 + 조사 생략	너 점심 먹었니?

3 보어 補 도울 보, 語 말씀 어

- '되다', '아니다' 앞에 필수적으로 요구되는 말임
- '무엇이'에 해당함
- 보격 조사 '이/가'가 붙어 나타남
- 주어와 서술어 사이에 위치하여 서술어의 의미를 보충해 줌

실현 형태	예
체언 + 보격 조사	물이 얼음이 되었다. / 나는 바보가 아니다.
체언 + 보조사	나는 부자는(도) 아니다.
체언 + 조사 생략	나는 바보 아니다. / 우물쭈물하다 바보 됐어.

☆ **개념을 완성하는 문제**

1 다음 중, 주성분만으로 이루어진 문장은?

① 그는 의지가 매우 약하다.
☑ ② 송 영감은 기술자가 아니다.
③ 아이가 일곱 살이 다 되었다.
④ 물놀이를 하기에는 아직 빠르다.
⑤ 사냥꾼은 화살을 허리춤에 찔렀다.

답 ② 해 ②는 주성분인 주어(송 영감은), 보어(기술자가), 서술어(아니다)로 이루어진 문장이다.

2 〈보기〉의 ㉠~㉢에 대한 설명으로 적절한 것은?

> ― 보기 ―
> ㉠ 드디어 나도 일을 끝냈다.
> ㉡ 벌써 바깥이 칠흑같이 어둡다.
> ㉢ 새 컴퓨터가 순식간에 고물이 되었다.

① ㉠: 주어는 명사구에 조사가 붙은 형태이다.
② ㉠: 격 조사가 문장의 주어를 나타내 주고 있다.
③ ㉡: 주어는 서술어가 나타내는 동작의 주체이다.
☑ ④ ㉢: 주어는 체언 역할을 하는 구에 조사가 붙은 형태이다.
⑤ ㉢: 상태 변화를 의미하는 서술어의 영향으로 주어가 두 번 쓰였다.

답 ④ 해 ㉢의 주어 '새 컴퓨터가'는 관형사 '새'와 명사 '컴퓨터'가 결합한 명사구에 조사 '가'가 붙은 형태이다.

3 〈보기〉를 바탕으로 목적어에 대해 탐구할 때, 적절하지 않은 것은?

> ― 보기 ―
> 아침에 나는 ㉠빵을 먹었다. 내가 ㉡빵을 먹은 건 늦잠을 잤기 때문이다. 그런 내 ㉢모습을 어머니께서 보시고, "공부하느라 힘들지?" 하면서 냉장고에서 ㉣우유를 꺼내 주셨다. 그리고 어머니께서는 "나도 ㉤우유나 마실까?" 하면서 식탁에 앉으셨다.

① ㉠: 목적어는 동작을 나타내는 서술어의 대상으로 쓰인다.
② ㉡: 자음으로 끝난 체언 뒤에는 '을'이라는 목적격 조사가 쓰인다.
③ ㉠, ㉢: 문장 안에서 목적어의 자리는 고정적이지 않다.
④ ㉣: 모음으로 끝난 체언 뒤에는 '를'이라는 목적격 조사가 쓰인다.
☑ ⑤ ㉤: 목적어가 생략될 수도 있다.

답 ⑤ 해 ㉤은 목적어가 생략된 것이 아니라, 목적격 조사 대신 보조사 '나'가 결합된 것으로 '우유나'가 목적어로 쓰였다.

4 서술어 敍 펼 서, 述 지을 술, 語 말씀 어

- 주어의 동작, 상태, 성질 등을 나타내는 말임
- '어찌하다', '어떠하다', '무엇이다'에 해당하며, 일반적으로 문장의 끝에 위치함
- 용언, '체언 + 서술격 조사' 등이 서술어로 쓰임
- 용언의 경우, '본용언 + 보조 용언' 등의 형태로 이루어지기도 함

실현 형태	예
용언	바람이 분다. / 바람이 차다.
체언 + 서술격 조사	나는 학생이다.
본용언 + 보조 용언	나는 축구를 하고 싶다.
서술절	토끼는 앞발이 짧다.
체언 + 조사 생략	너는 우리의 희망

5 서술어의 자릿수

- 한 문장에서 서술어가 필수적으로 요구하는 문장 성분의 개수를 말함
- 서술어의 성격에 따라 필수적으로 요구되는 문장 성분의 개수가 다름

한 자리 서술어	주어 하나만을 필요로 하는 서술어	사람이 많다. / 얼음이 녹다. 주어　　　　　주어
두 자리 서술어	주어 외에 다른 하나의 문장 성분(목적어나 보어, 부사어)을 필요로 하는 서술어	나는 김밥을 먹었다. 주어 목적어 그는 의사가 되었다. 주어 보어 그가 대회에 출전했다. 주어 부사어
세 자리 서술어	주어, 목적어, 필수적 부사어를 모두 필요로 하는 서술어	엄마가 아들에게 밥을 주었다. 주어　　부사어　목적어 그는 친구에게 편지를 보냈다. 주어　　부사어　목적어

탐구 하기

[문제] 〈보기〉의 ㉠ ~ ㉢에 대한 탐구로 적절하지 <u>않은</u> 것은?

· 보기 ·

- 바람 때문에 불씨가 다시 ㉠<u>살았다.</u>
- 이 한 구절로 글이 ㉡<u>살았다.</u>
- 그는 조선 시대에 오랫동안 벼슬을 ㉢<u>살았다.</u>
- 그는 잠시 일손을 ㉣<u>놓았다.</u>
- 형은 책을 책상 위에 ㉤<u>놓았다.</u>

① ㉠은 주어만 필수적으로 요구하는 한 자리 서술어이다.
② ㉡은 주어와 부사어를 필수적으로 요구하는 두 자리 서술어이다.
③ ㉢은 주어와 목적어를 필수적으로 요구하는 두 자리 서술어이다.
④ ㉣은 주어와 목적어를 필수적으로 요구하는 두 자리 서술어이다.
⑤ ㉤은 주어, 목적어, 부사어를 필수적으로 요구하는 세 자리 서술어이다.

정답 ② 해설 ㉡의 '살았다'는 주어 '글이'만을 필수적으로 요구하는 한 자리 서술어이다. / ① 주어 '불씨가'만을 요구하는 한 자리 서술어 ③ 주어 '그는', 목적어 '벼슬을'을 요구하는 두 자리 서술어 ④ 주어 '그는', 목적어 '일손을'을 요구하는 두 자리 서술어 ⑤ 주어 '형은', 목적어 '책을', 필수적 부사어 '책상 위에'를 요구하는 세

☆ 개념을 완성하는 문제

4 밑줄 친 서술어가 요구하는 필수 성분의 개수와 종류가 〈보기〉의 문장과 같은 것은?

· 보기 ·

이곳의 지형은 외적의 침입을 <u>막기에</u> 유리하다.

① 나는 시간이 남아서 그와 <u>걸었다.</u>
② 그는 바람이 불자 옷깃을 <u>여몄다.</u>
③ 그들은 창고를 하루 만에 <u>지었다.</u>
④ 이 광물은 원래는 귀금속에 <u>속했다.</u>
⑤ 그는 재난 지역에 구호품을 <u>보냈다.</u>

정답 ④ 해설 〈보기〉의 '유리하다'는 주어('지형은')와 필수적 부사어('외적의 침입을 막기에')를 요구하는 두 자리 서술어이다. ④의 '속하다'도 주어('이 광물은')와 필수적 부사어('귀금속에')를 요구하는 두 자리 서술어이다. / ① 주어만을 필요로 하는 한 자리 서술어 ②, ③ 주어와 목적어를 필요로 하는 두 자리 서술어 ⑤ 주어, 목적어, 필수적 부사어를 필요로 하는 세 자리 서술어

5 밑줄 친 서술어의 자릿수를 판단한 것으로 옳지 <u>않은</u> 것은?

① 아지랑이가 모락모락 <u>피어올랐다.</u>
　→ 한 자리 서술어
② 그 소년이 무지개를 <u>바라보았다.</u>
　→ 두 자리 서술어
③ 내 동생은 거짓말쟁이가 <u>아니다.</u>
　→ 두 자리 서술어
④ 영국의 날씨는 한국과 <u>다르다.</u>
　→ 세 자리 서술어
⑤ 그가 나에게 친절을 <u>베풀었다.</u>
　→ 세 자리 서술어

정답 ④ 해설 '다르다'는 주어 외에 비교 대상과 관련된 필수적 부사어('한국과')를 필요로 하는 두 자리 서술어이다. '영국의'는 주어('날씨는')를 꾸며 주는 관형어로 서술어의 자릿수와 관련이 없다.

부속 성분

부속 성분: 주성분의 내용을 꾸며 뜻을 더하여 주는 성분으로 관형어와 부사어가 있음 附 붙을 부, 屬 무리 속

1 관형어 冠 갓 관, 形 모양 형, 語 말씀 어

- '어떤', '무슨'에 해당하는 말로, 체언 앞에서 체언을 꾸며 줌
- 체언 없이 관형어 단독으로 쓰이지 못함
- 체언에 관형격 조사 '의'가 붙거나 체언 단독으로 구성되기도 함
- 용언의 어간에 관형사형 어미 '-는, -(으)ㄴ, -던, -(으)ㄹ'이 붙어 이루어짐

실현 형태	예
관형사	<u>새</u> 옷이 예쁘구나. / <u>헌</u> 구두는 버려라.
체언 + 관형격 조사	<u>친구의</u> 소원을 들어주었다.
체언 + 조사 생략	<u>소년은 시골</u> 풍경을 좋아한다.
용언 어간 + 관형사형 어미	그녀는 <u>예쁜</u> 마음씨를 가졌다.

2 부사어 副 도울 부, 詞 말씀 사, 語 말씀 어

- 주로 용언을 꾸며 주어 그 의미를 한정하는 말임
- 용언, 관형어, 다른 부사어, 문장 전체를 수식함
- 문장에서 위치가 비교적 자유롭고, 부사어 단독으로 쓰이기도 함
- 문장이나 단어를 이어 주기도 하고, 비교적 자유롭게 보조사가 붙을 수 있음
- 체언에 부사격 조사 '에서, (으)로, 에, 에게, 보다, 만큼' 등이 붙어 이루어짐

실현 형태	예
부사	너는 <u>참</u> 착하구나. / 경기가 <u>아주</u> 빨리 끝났다.
체언 + 부사격 조사	나는 <u>학교에</u> 간다.
용언 어간 + 부사형 어미	<u>따뜻하게</u> 입어라.
부사 + 보조사	대답을 <u>빨리도</u> 하는구나.
부사절	비가 <u>소리도 없이</u> 내린다.

독립 성분

독립 성분: 문장에서 독립적으로 쓰이는 말로 독립어가 있음 獨 홀로 독, 立 설 립

1 독립어 獨 홀로 독, 立 설 립, 語 말씀 어

- 부름, 대답, 감탄 등에 해당하는 말로 감탄사, '체언 + 호격 조사' 등이 있음

실현 형태	예
감탄사	<u>야호!</u> 신난다.
체언 + 호격 조사	<u>홍민아,</u> 라면 먹자.
제시어	<u>파초,</u> 꿈꾸는 너는 행복하다.
대답하는 말	<u>예,</u> 지금 갈게요.

---

1 〈보기〉의 ㉠~㉣에 대한 설명으로 적절하지 <u>않은</u> 것은?

> ──── 보기 ────
> "일에는 ㉠정해진 시기가 있으니 ㉡그 시기를 놓치지 말라."라는 말은 ㉢온갖 시련으로 방황했던 ㉣사춘기의 나를 반성하게 만든다.

① ㉠은 용언의 관형사형이 관형어로 쓰인 경우이다.
② ㉡은 앞에서 이미 언급된 것을 가리키는 역할을 한다.
❸ ㉢은 문장에서 생략할 수 없는 필수 성분이다.
④ ㉡과 ㉢은 관형사가 그대로 관형어로 쓰인 경우이다.
⑤ ㉣은 체언에 관형격 조사가 결합된 형태가 관형어로 쓰인 경우이다.

답 ③ 해 ㉢의 '온갖'은 문장에서 생략할 수 없는 필수 성분이 아니다.

2 〈보기〉의 부사어에 대해 탐구한 내용으로 적절하지 <u>않은</u> 것은?

> ──── 보기 ────
> ㉠ 영이는 엄마와 닮았다.
> ㉡ 모든 것이 재로 되었다.
> ㉢ 그는 너무 헌 차를 한 대 샀다.
> ㉣ 함박눈이 하늘에서 펑펑 내린다.
> ㉤ 하늘이 눈이 부시게 푸른 날이다.

① ㉠: 부사어 '엄마와'는 필수 성분이다.
② ㉡: 부사어 '재로'는 필수 성분이다.
❸ ㉢: 부사어 '너무'가 서술어 '샀다'를 수식하고 있다.
④ ㉣: 체언과 부사격 조사가 결합한 '하늘에서'와 부사 '펑펑'이 부사어로 쓰였다.
⑤ ㉤: 절인 '눈이 부시게'가 부사어로 쓰였다.

답 ③ 해 부사어 '너무'는 관형어 '헌'을 수식하고 있다. / ① '엄마와'는 두 자리 서술어인 '닮다'가 필요로 하는 필수적 부사어이다. ② '재로'는 명사에 부사격 조사가 붙은 필수적 부사어이다.

3 밑줄 친 독립어 중, '체언 + 호격 조사'로 이루어진 것은?

① <u>야,</u> 같이 먹자.
❷ <u>철수야,</u> 어디 가니?
③ <u>거봐,</u> 비가 온다고 했잖아.
④ 허, <u>그것참,</u> 그런 일도 다 있나?
⑤ <u>글쎄요,</u> 제가 그것을 해낼 수 있을까요?

답 ② 해 '철수야'는 체언인 '철수'에 호격 조사 '야'가 붙어 이루어진 독립어이다.

 문장의 짜임

문장의 짜임: 문장은 짜임에 따라 홑문장과 겹문장으로 나뉨

■ 문장의 기본 구성은 '주어 + 서술어'임

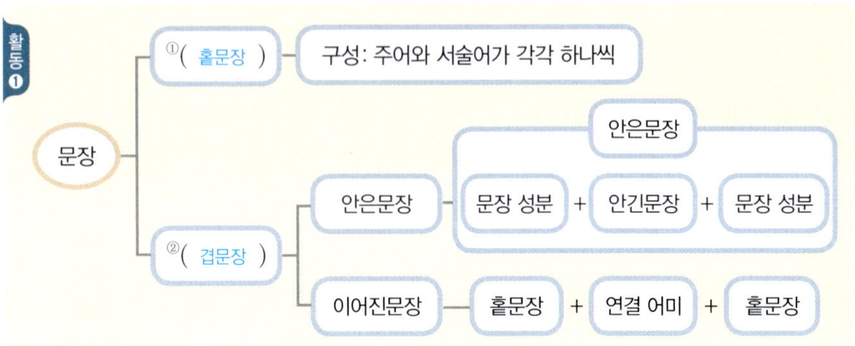

1 홑문장

■ 한 문장에서 주어와 서술어의 관계가 한 번만 나타나는 문장임

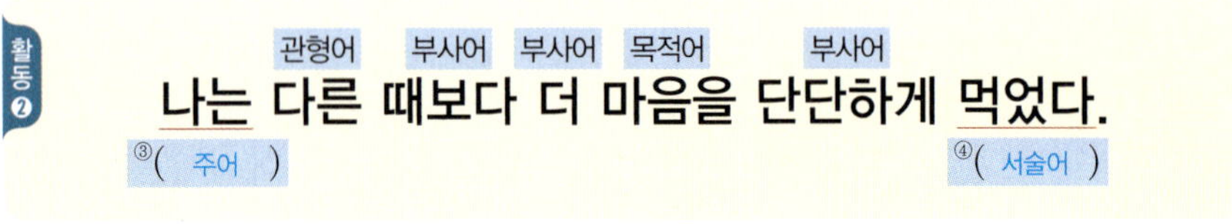

2 겹문장

■ 한 문장에서 주어와 서술어의 관계가 두 번 이상 나타나는 문장임

■ 이어진문장과 안은문장으로 나눌 수 있음

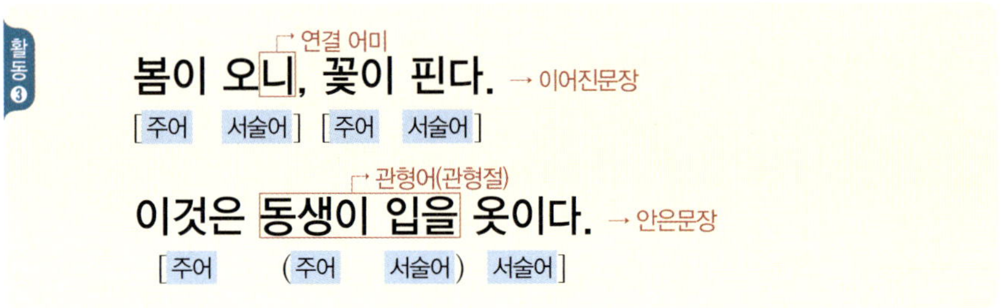

 이어진문장

이어진문장: 각각의 홑문장이 연결 어미에 의해 연결된 겹문장임

■ 대등하게 연결된 이어진문장과 종속적으로 연결된 이어진문장이 있음

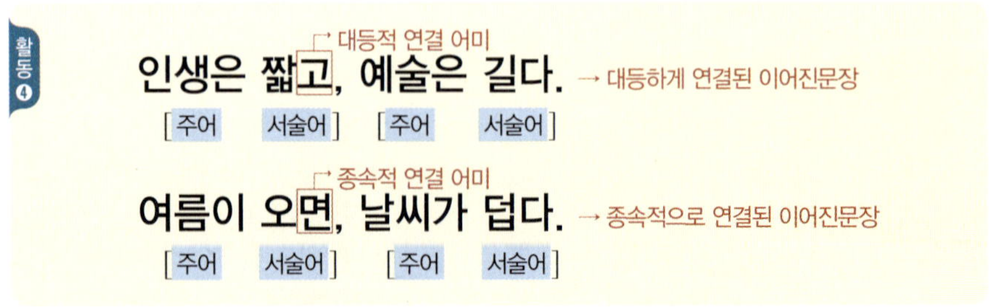

☆ **개념을 완성하는 문제**

1 다음 중, 홑문장이 <u>아닌</u> 것은?

① 수돗물로 입을 헹궜다.
② 어부가 고기를 잡았다.
❸ 바람이 불고 비가 내린다.
④ 임금님은 선정을 베풀었다.
⑤ 건물 사이로 하늘이 보인다.
답 ③ 해 ③은 '바람이 분다.'와 '비가 내린다.'라는 문장이 연결 어미로 연결된 이어진문장이다.

2 다음 중, 겹문장이 <u>아닌</u> 것은?

① 그는 덩치만 크지 겁이 많다.
② 다리를 모으고 다소곳이 앉았다.
③ 다 먹은 밥상을 마루로 내놓았다.
④ 할머니의 연세가 일흔이 넘으셨다.
❺ 어머니께서 아이에게 용돈을 주셨다.
답 ⑤ 해 ⑤는 주어('어머니께서')와 서술어('주셨다')의 관계가 한 번만 나타나는 홑문장이다.

3 다음 중, 이어진문장은?

① 몸에 좋은 약이 입에 쓰다.
② 나는 네가 정당했음을 안다.
❸ 그는 슬프지만 울지는 않았다.
④ 함께 살고 있는 그는 무척 손이 크다.
⑤ 그는 그래도 지구는 돈다고 중얼거렸다.
답 ③ 해 ③은 '그는 슬프다.'와 '그는 울지는 않았다.'라는 문장이 대조의 의미를 지닌 연결 어미 '-지만'으로 대등하게 연결된 이어진문장이다.

4 〈보기〉를 참고할 때, 다음 중 이어진문장에 해당하지 <u>않는</u> 것은?

> ─ 보기 ─
> '우리는 자유와 평화를 원한다.'는 '우리는 자유를 원한다.'와 '우리는 평화를 원한다.'라는 두 홑문장이 결합된 이어진문장이다. 이때의 '와/과'는 접속 조사로, '자유'와 '평화'를 같은 자격으로 이어 준다. 한편, '와/과'는 '그는 당당히 적과 맞섰다.'처럼 행위의 상대임을 나타내는 격 조사로도 쓰이는데, 이때 서술어가 하나이면 홑문장이 된다.

① 나는 시와 소설을 좋아한다.
② 그녀는 집과 도서관에서 공부했다.
③ 고향의 산과 하늘은 예전 그대로였다.
④ 성난 군중이 앞문과 뒷문으로 들이닥쳤다.
❺ 그 사람과 나는 오래 전부터 서로 사귀어 왔다.
답 ⑤ 해 ⑤에서 '과'는 '사귀다'라는 행위의 상대임을 나타내는 부사격 조사이고, 서술어가 '사귀어 왔다' 하나이다. 따라서 ⑤는 이어진문장이 아니라 홑문장이다.

---

① 겹문장 ② 겹문장 ③ 홑문장 ④ 홑문장 ⑤ 이어짐

1 대등하게 연결된 이어진문장

- 둘 이상의 홑문장이 나란히 연결될 때, 대등한 자격으로 이어진 문장임
- 대등적 연결 어미 '-고', '-(으)며', '-(으)나', '-지만' 등으로 두 문장이 연결됨
- 두 문장은 나열, 선택, 대조 등의 의미 관계를 가짐
- 앞 절과 뒤 절의 순서를 바꿔도 문장의 의미가 크게 달라지지 않음

종류	대등적 연결 어미	예
나열	-고,	낮에는 바람이 불고 저녁엔 비가 내린다.
	-(으)며	이것은 감이며 저것은 배다.
	-요	이것은 말이요, 그것은 소요, 저것은 개다.
선택	-거나	이 꽃의 색깔은 붉거나 희다.
	-든지	집에 가든지 학원에 가든지 해라.
대조	-(으)나	키는 크나 몸은 약하다.
	-지만	몸은 비록 늙었지만 마음은 아직 젊다.

2 종속적으로 연결된 이어진문장

- 둘 이상의 홑문장이 연결될 때, 하나의 문장이 다른 문장에 종속적인 관계로 이어진 문장임
- 종속적 연결 어미 '-면', '-아서/-어서', '-니(까)', '-(으)ㄹ지라도', '-(으)려고' 등으로 두 문장이 연결됨
- 앞 절과 뒤 절의 순서를 바꾸면 문장의 의미가 달라짐

종류	종속적 연결 어미	예
조건	-면	봄이 오면 꽃이 핀다.
	-거든	길이 미끄럽거든 지하철을 타라.
원인 (근거)	-아서/-어서	눈이 와서 길이 미끄럽다.
	-(으)니/-(으)니까	봄이 오니 꽃이 핀다.
	-(으)므로	비가 오므로 비옷을 입었다.
	-느라고	그는 어제 노느라고 밤을 새웠다.
양보 (가정)	-아도/-어도	네가 옳아도 참아야 한다.
	-더라도	무슨 일이 있더라도 이 일은 끝내야 한다.
	-(으)ㄴ들	고추가 매운들 시집살이보다 더 매울까?
	-(으)ㄹ지라도	가벼운 상처일지라도 약은 꼭 발라야 한다.
	-(으)ㄹ망정	머리는 나쁠망정 손은 부지런하다.
	-(으)ㄹ지언정	가난하게 지낼지언정 구차하게 살진 않으리라.
의도 (목적)	-(으)러	나물 캐러 가자.
	-(으)려고	집을 마련하려고 저축을 한다.
	-고자	그는 예의를 지키고자 노력했다.
	-도록	작물이 잘 자라도록 거름을 주었다.
배경	-는데/-(으)ㄴ데	눈이 오는데 차를 몰고 가도 될까?
더함	-(으)ㄹ수록	어릴수록 잘 먹어야 한다.
전환	-다가	교실이 조용하다가 갑자기 시끄러워졌다.

5 〈보기〉의 ㉠~㉤에 대한 설명으로 옳지 않은 것은?

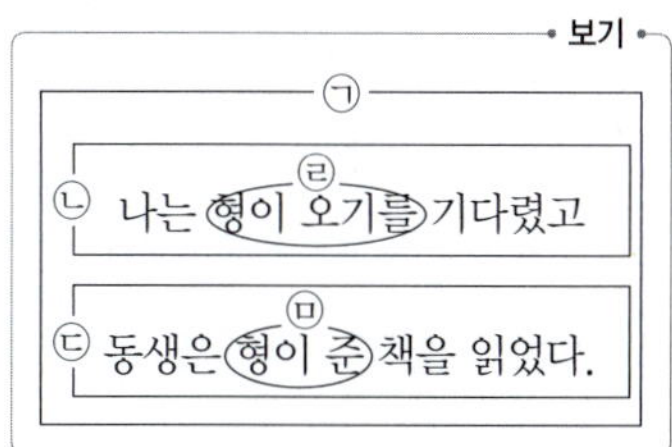

① ㉠은, ㉡과 ㉢이 대등하게 연결된 이어진문장이다.
② ㉡은, '나는'의 서술어인 ㉣을 안고 있다.
③ ㉡과 ㉢은, 각각 '주어-서술어'의 관계가 두 번 이상 나타난다.
④ ㉣과 ㉤은, '주어-서술어'의 관계가 한 번씩만 나타난다.
⑤ ㉤은, '책'을 수식하는 관형어 역할을 하면서 ㉢에 안겨 있다.

답 ② 해 ㉣에서 '형이 오기'는 '형이 오다.'라는 문장에 명사형 어미 '-기'가 붙어 만들어진 명사절로, ㉣은 ㉡에서 목적어 역할을 하고 있다. 따라서 ㉡은 목적어인 ㉣을 안고 있다.

6 밑줄 친 부분이 〈보기〉의 ㉠에 해당하지 않는 것은?

동사의 어간에 연결 어미 '-(으)며'가 결합할 때, ㉠앞 문장과 뒤 문장의 주어가 서로 같고, '-(으)며'를 연결 어미 '-(으)면서'로 바꾸어 쓸 수 있는 경우에 '-(으)며'는 앞뒤 문장의 동작이 동시에 일어남을 나타낸다.

① 철수가 음악을 들으며 커피를 마신다.
② 우리는 함께 걸으며 희망에 대해 이야기했다.
③ 모두들 음정에 주의하며 노래를 제대로 부르자.
④ 아는 사람 하나가 미소를 지으며 내게 다가왔다.
⑤ 그들의 일부는 버스를 이용하며 일부는 지하철을 이용한다.

답 ⑤ 해 ⑤에서 앞 문장의 '일부는'은 버스를 타는 사람을 가리키고 뒤 문장의 '일부는'은 지하철을 타는 사람을 가리키므로 앞뒤 문장의 주어가 서로 다르다. 또한 연결 어미 '-면서'를 사용해 '이용하며'를 '이용하면서'로 바꾸면 의미가 어색한 문장이 된다.

안은문장: 하나의 문장이 다른 문장을 문장 성분으로 포함한 문장

- 다른 문장 속에 들어가 하나의 성분(주어, 목적어, 관형어, 부사어, 서술어 등)처럼 쓰이는 홑문장을 '안긴문장'이라고 함
- 안긴문장은 하나의 절이 되는데, 안은문장 안에서의 역할에 따라 명사절, 관형절, 부사절, 서술절, 인용절로 나눔

1 명사절을 가진 안은문장

- 안은문장 안에서 안긴문장이 명사처럼 쓰이는 문장임
- 안긴문장은 주어, 목적어, 부사어 등의 문장 성분 역할을 함
- 명사형 어미 '-(으)ㅁ', '-기' 등이 결합하여 만들어짐

-(으)ㅁ	그의 말이 거짓임이 밝혀졌다.	→ 주어 역할
	나는 그가 매우 노력했음을 알고 있다.	→ 목적어 역할
-기	승객들은 기차가 출발하기를 기다린다.	→ 목적어 역할
	이곳은 내가 공부하기에 적절하다.	→ 부사어 역할

2 관형절을 가진 안은문장

- 안은문장 안에서 안긴문장이 관형어처럼 쓰이는 문장임
- 안긴문장은 체언을 수식하는 기능을 하며, 어미에 따라 각각 표현하는 시제의 차이를 보임
- 관형사형 어미 '-(으)ㄴ', '-는', '-(으)ㄹ', '-던' 등이 결합하여 만들어짐

-(으)ㄴ	이것은 털실로 짠 옷이다.
-는	해가 뜨는 시각이 점점 빨라진다.
-(으)ㄹ	이 책은 내가 읽을 책이다.
-던	그것은 동생이 먹던 빵이다.

개념 확대경

관계 관형절과 동격 관형절

- 관형절로 안길 때 안긴문장에 생략된 문장 성분이 있으면 관계 관형절이고, 생략된 문장 성분이 없으면 동격 관형절임
- 관계 관형절은 관형절의 수식을 받는 체언과 관형절 내부의 체언이 중복됨
- 동격 관형절은 관형절의 수식을 받는 체언이 관형절 전체와 의미상 동격임

관계 관형절	나는 책을 읽는 철수를 보았다. → 나는 철수를 보았다. + (철수가) 책을 읽는다.
동격 관형절	나는 그가 돌아왔다는 소식을 들었다. → 나는 소식을 들었다. + 그가 돌아왔다.

개념 플러스

◈ 명사절의 특수한 형태

'나는 네가 승리할 것을 알았어.'와 같이, '-(으)ㄴ, -는, -(으)ㄹ + 것'의 형식을 명사절로 보기도 합니다. 또 '네가 그것을 했느냐는 중요하지 않아.'와 같이, '-(으)냐/-느냐', '-(으)ㄴ가/-는가', '-(으)ㄴ지/-는지' 등의 종결 어미로 끝난 문장이 그대로 명사절로 쓰이기도 합니다.

☆ 개념을 완성하는 문제

1 밑줄 친 명사절의 기능으로 적절하지 않은 것은?

① 색깔이 희기가 눈과 같다. – 주어
② 농부들은 비가 오기를 기다린다. – 목적어
③ 부모는 언제나 자식이 행복하기 바란다. – 목적어
④ 제비는 겨울이 오기 전에 남쪽으로 떠났다. – 부사어
⑤ 지금은 우리가 학교에 가기에 아직 이르다. – 부사어

답 ④ 해 ④의 명사절 '겨울이 오기'는 명사 '전'을 수식하고 있으므로 부사어가 아닌 관형어로 쓰였다.

2 〈보기〉의 설명에 해당하는 예가 아닌 것은?

> ─ 보기 ─
> 하나의 문장이 관형절로 다른 문장에 안길 때, 원래 있었던 주어가 생략되는 경우가 있다.

① 형이 숙제를 하는 동생을 불렀다.
② 나는 대학생이 된 형과 여행을 했다.
③ 영수가 버스에 탄 경희에게 말을 걸었다.
④ 나는 정수가 은희와 결혼한 사실을 몰랐다.
⑤ 그는 이 그림을 그린 화가의 전시회에 갔다.

답 ④ 해 〈보기〉는 관계 관형절에 대한 설명이다. ④는 관형절 '정수가 은희와 결혼한'이 안겨 있는 겹문장으로, 원래 있던 주어 '정수가'가 생략되지 않은 동격 관형절이다.

3 다음 중, 관계 관형절이 아닌 것은?

① 나는 새로 산 양복을 입었다.
② 그가 지은 시는 감동적이었다.
③ 나는 벽에 걸린 사진을 떠올렸다.
④ 나는 이마에 흐르는 땀을 닦았다.
⑤ 그가 나를 속일 가능성은 매우 낮다.

답 ⑤ 해 ⑤에서 관형절 '그가 나를 속일'은 수식을 받는 체언 '가능성'과 의미상 동격이므로, 이는 동격 관형절에 해당한다.

3 부사절을 가진 안은문장

- 안은문장 안에서 안긴문장이 부사어처럼 쓰이는 문장임
- 안긴문장은 서술어를 수식하는 역할을 함
- 부사 파생 접미사 '-이', 부사형 어미 '-게', '-도록', '-아서/-어서' 등이 결합하여 만들어짐

-이	비가 소리도 없이 내린다.
-게	꽃이 예쁘게 피었구나.
-도록	소년은 눈썹이 휘날리도록 뛰었다.
-아서/-어서	도로가 눈이 와서 미끄럽다.

개념 확대경

종속적으로 연결된 이어진문장과 부사절을 가진 안은문장

- 우리말 문장에서는 부사어의 이동이 자유롭기 때문에 종속적으로 연결된 이어진문장과 부사절을 가진 안은문장의 구별이 쉽지 않음
- 종속적으로 연결된 이어진문장을 부사절을 가진 안은문장으로 보기도 함
  - 예 눈이 와서 도로가 미끄럽다. → 종속적으로 연결된 이어진문장
    ‖
    도로가 눈이 와서 미끄럽다. → 부사절을 가진 안은문장

4 서술절을 가진 안은문장

- 안은문장 안에서 안긴문장이 서술어처럼 쓰이는 문장임
- 안긴문장은 주어의 서술어 역할을 함
- 다른 안긴문장과 달리 어미를 통해 안은문장에 안기지 않음

주어 + 서술절	그는 도량이 넓다.
	토끼는 앞발이 짧다.
	코끼리는 코가 길다.
	우리 집은 마당이 좁다.

5 인용절을 가진 안은문장

- 다른 사람의 말이나 자신의 생각 등을 인용한 것을 절의 형식으로 안고 있는 문장임
- 직접 인용된 문장에는 인용격 조사 '라고'가 붙고, 간접 인용된 문장에는 인용격 조사 '고'가 붙음
- 직접 인용의 경우 인용절이 큰 따옴표 안에 들어 있어 구분이 용이함

| 직접 인용 | 엄마는 놀란 목소리로 "무슨 일이니?"라고 물으셨다. |
| 간접 인용 | 엄마는 놀란 목소리로 무슨 일이냐고 물으셨다. |

☆ **개념을 완성하는 문제**

4 밑줄 친 안긴문장의 종류가 바르게 연결되지 않은 것은?

① 그는 머리가 좋다. → 서술절
② 현태는 자기가 옳다고 주장했다. → 인용절
③ 그녀는 인사도 없이 떠나 버렸다. → 부사절
✔④ 오늘 급식을 일찍 먹기는 힘들겠다. → 관형절
⑤ 지금은 학교에 가기에 늦은 시간이다. → 명사절

답 ④ 해 ④의 '급식을 일찍 먹기'는 명사형 어미 '-기'가 붙어 만들어진 명사절로 보조사 '는'과 결합하여 문장에서 주어의 역할을 하고 있다.

5 다음 중, 서술절을 가진 안은문장은?

✔① 그 계곡은 물이 맑다.
② 옆집 정원에 장미꽃이 피었다.
③ 나는 물건을 나누는 작업을 한다.
④ 부산을 출발하여 서울에 도착했다.
⑤ 그는 자기가 범인이라고 주장했다.

답 ① 해 ①은 '물이 맑다.'라는 서술절을 가진 안은문장이다.

6 〈보기〉와 같이 직접 인용을 간접 인용으로 바꿀 때 ㉠과 ㉡에 들어갈 말을 올바르게 짝지은 것은?

> ── 보기 ──
> [직접 인용] 언니는 어제 "나의 휴대 전화에 메시지를 꼭 남겨라."라고 나에게 말했다.
> [간접 인용] 언니는 어제 (㉠) 휴대 전화에 메시지를 꼭 (㉡) 나에게 말했다.

	㉠	㉡
✔	자기의	남기라고
②	자기의	남겨라고
③	나의	남겨라고
④	우리의	남겨라고
⑤	나의	남기라고

답 ① 해 ㉠에는 주어인 '언니'를 다시 가리키는 대명사가 필요하므로 '자기의'가 들어가야 한다. ㉡에는 간접 인용의 경우 어간 '남기-'에 명령형 어미 '-(으)라'와 인용격 조사 '고'가 붙어야 하므로 '남기라고'가 들어가야 한다.

01

〈학습 활동〉을 수행한 결과로 적절한 것은?

[학습 활동]

  품사는 다양한 방식을 통해 문장 성분으로 실현된다. 품사가 어떻게 문장 성분으로 실현되는지 다음 밑줄 친 부분을 중심으로 알아보자.

    ⓐ <u>빵은</u> 동생이 간식으로 제일 좋아한다.
    ⓑ 형은 <u>아주</u> 옛 물건만 항상 찾곤 했다.
    ⓒ 나중에 <u>어른</u> 돼서 우리 다시 만나자.
    ⓓ 친구가 내게 준 선물은 <u>장미였다</u>.
    ⓔ 다람쥐 <u>세</u> 마리가 나무를 오른다.

① ⓐ : 명사가 격 조사와 결합해 목적어로 쓰였다.
② ⓑ : 부사가 관형사를 수식하는 부사어로 쓰였다. ✓
③ ⓒ : 명사가 조사와 결합 없이 주어로 쓰였다.
④ ⓓ : 명사가 어미와 직접 결합해 서술어로 쓰였다.
⑤ ⓔ : 수사가 명사를 수식하는 관형어로 쓰였다.

답 ② **해** ⓑ에서는 부사 '아주'가 관형사 '옛'을 수식하는 부사어로 쓰였다. / ① ⓐ에서는 명사 '빵'이 보조사 '은'과 결합하여 목적어로 쓰였다. ③ ⓒ에서는 명사 '어른'이 조사와 결합 없이 보어로 쓰였다. ④ ⓓ에서는 명사 '장미'에 서술격 조사 '이다'가 결합하여 서술어로 쓰였다. ⑤ ⓔ에서는 수 관형사 '세'가 의존 명사 '마리'를 수식하는 관형어로 쓰였다.

02

〈보기〉의 수업 상황에서, 밑줄 친 물음에 대한 학생의 대답으로 적절하지 <u>않은</u> 것은?

• 보기 •

  이번 시간에는 문장을 구성할 때 반드시 있어야 하는 성분인 주성분에 대해 살펴보겠습니다. 주성분에는 주어, 서술어, 목적어, 보어가 있습니다. 주어는 문장에서 동작 또는 상태나 성질의 주체를 나타내는 것입니다. 서술어는 주어의 동작, 상태, 성질 따위를 풀이하는 기능을 하는 성분입니다. 서술어의 동작 대상이 되는 문장 성분을 목적어라고 하고, 서술어 '되다', '아니다'가 필요로 하는 문장 성분 중에서 주어를 제외하고 조사 '이/가'가 붙은 것을 보어라고 합니다.
  <u>자, 그럼 다음 문장의 주성분에 대해 알아볼까요?</u>

  ㄱ. 철수의 동생이 사진을 찍었다.
  ㄴ. 언니는 올해 대학생이 되었다.

① ㄱ의 '찍었다'는 '동생'의 동작을 풀이하는 서술어입니다.
② ㄴ의 '올해'는 '되었다'가 꼭 필요로 하므로 주성분입니다. ✓
③ ㄱ에는 목적어가 있지만, ㄴ에는 목적어가 없습니다.
④ ㄱ과 ㄴ에는 주어가 하나씩 있습니다.
⑤ ㄱ과 ㄴ에는 주성분의 종류가 세 가지씩 있습니다.

답 ② **해** ㄴ에서 '되었다'는 주어와 보어를 필수적으로 요구하는 두 자리 서술어이다. '올해'는 부사어로 생략할 수 있으므로 주성분이 아니다. / ⑤ ㄱ에 쓰인 주성분은 주어, 목적어, 서술어이고, ㄴ에 쓰인 주성분은 주어, 보어, 서술어이다.

03

〈보기〉의 '선생님'의 질문에 대한 답으로 적절한 것은?

• 보기 •

  선생님 : 서술어의 자릿수란 서술어가 필요로 하는 성분의 개수를 의미합니다. 그런데 다의어의 경우 의미에 따라 서술어의 자릿수가 달라질 수 있습니다. 가령 '밝다'의 경우, '달이 밝다.'에서는 한 자리 서술어, '그는 지리에 밝다.'에서는 두 자리 서술어입니다. 그럼, 학습지에 제시된 다의어 '가다'와 '생각하다'의 의미와 예문을 보고, ㉠~㉤ 중에서 두 자리 서술어로 쓰인 경우를 모두 골라 볼까요?

가다
1. 한 곳에서 다른 곳으로 장소를 이동하다.
  ¶ 친구가 내일 서울로 간다. ······················ ㉠
2. 금, 줄, 주름살, 흠집 따위가 생기다.
  ¶ 바지에 구김이 너무 간다. ······················ ㉡
3. 기계 따위가 제대로 작동하다.
  ¶ 낡은 괘종시계가 잘 간다. ······················ ㉢

생각하다
1. 사물을 헤아리고 판단하다.
  ¶ 학생이 진로를 생각한다. ······················ ㉣
2. 어떤 일에 대한 의견이나 느낌을 가지다.
  ¶ 우리가 투표를 의무로 생각한다. ············· ㉤

① ㉠, ㉣
② ㉡, ㉢
③ ㉠, ㉡, ㉣ ✓
④ ㉠, ㉢, ㉤
⑤ ㉡, ㉢, ㉤

답 ③ **해** ㉠의 '가다'는 주어 '친구가'와 부사어 '서울로'를 필수적으로 요구하는 두 자리 서술어이다. ㉡의 '가다'는 주어 '구김이'와 부사어 '바지에'를 필수적으로 요구하는 두 자리 서술어이다. ㉣의 '생각하다'는 주어 '학생이'와 목적어 '진로를'을 필수적으로 요구하는 두 자리 서술어이다. / ㉢은 한 자리 서술어이고, ㉤은 세 자리 서술어이다.

04

〈보기〉의 ㉠에 해당하는 예로 적절한 것은?

• 보기 •

  부사어는 문장 내에서 다른 성분을 꾸며 주는 부속 성분이므로 생략할 수 있다. 그러나 부사어 중에는 문장을 구성하는 데 꼭 필요한 부사어도 있는데 이를 ㉠'필수 부사어'라고 한다. 예를 들어 '그는 비겁하게 굴었다.'에서 '비겁하게'는 부사어이지만 이 말이 빠지면 문법적으로 완전한 문장을 이루지 못하므로 '비겁하게'는 필수 부사어이다.

① 철수가 매우 빨리 달렸다.
② 나는 철수에게 선물을 주었다. ✓
③ 그녀는 마침내 꿈을 이루었다.
④ 정원에 장미가 예쁘게 피었다.
⑤ 나는 오후에 할머니 댁을 방문했다.

답 ② **해** ②의 서술어 '주다'는 주어, 목적어, 부사어를 필수적으로 요구하는 세 자리 서술어이므로 '철수에게'를 생략하면 문법적으로 완전한 문장이 아니다. 따라서 '철수에게'는 필수 부사어에 해당한다.

05

⊙~ⓜ에 대한 설명으로 적절하지 <u>않은</u> 것은?

⊙ 그는 우리와 함께 일하기를 거부했다.
ⓛ 개는 사람보다 후각이 훨씬 예민하다.
ⓒ 나는 그가 우리를 도와 준 일을 잊지 않았다.
ⓔ 날이 추워지면 방한 용품이 필요하다.
ⓜ 수만 명의 관객들이 공연장을 가득 메웠다.

① ⊙ : '우리와 함께 일하기를'이 안은문장에서 목적어의 역할을 하고 있군.
② ⓛ : '후각이 훨씬 예민하다.'가 안은문장에서 서술어의 역할을 하고 있군.
③ ⓒ : '그가 우리를 도와 준'이 안은문장에서 관형어의 역할을 하고 있군.
✔ ④ ⓔ : '날이 추워지다.'와 '방한 용품이 필요하다.'가 대등하게 이어진 문장이군.
⑤ ⓜ : '관객들이'가 주어이고 '메웠다'가 서술어인 홑문장이군.

답 ④ **해** ⓔ은 '날이 추워지다.'와 '방한 용품이 필요하다.'가 조건을 나타내는 연결 어미 '-면'에 의해 종속적으로 이어진 문장이다. / ② ⓛ에서 '후각이 훨씬 예민하다.'는 안은문장의 서술어 역할을 하고 있는 서술절이다.

06

〈보기〉의 자료를 탐구한 결과로 적절한 것은?

• 탐구 과제
　하나의 문장이 안긴문장으로 다른 문장에 안길 때, 원래 있던 문장 성분이 생략되는 경우가 있다. 아래의 각 문장에서 안긴문장을 파악한 후, 생략된 문장 성분이 있다면 무엇인지 확인해 보자.

• 자료
⊙ 부모님은 자식이 건강하기를 바란다.
ⓛ 그 친구는 연락도 없이 그곳에 안 왔다.
ⓒ 동생은 자신의 판단이 옳았음을 깨달았다.
ⓔ 그는 내가 늘 쉬던 공원에서 산책을 했다.
ⓜ 그 사람들은 아주 어려운 과제를 금방 끝냈다.

		안긴문장의 종류	생략된 문장 성분
①	⊙	부사절	없음
②	ⓛ	명사절	없음
③	ⓒ	명사절	주어
✔④	ⓔ	관형절	부사어
⑤	ⓜ	관형절	목적어

답 ④ **해** ⓔ에서 '내가 늘 쉬던'은 체언 '공원'을 수식하는 관형절이며, 이 문장에는 부사어인 '공원에서'가 생략되어 있다. / ① 안긴문장의 종류는 명사절이다. ② 안긴문장의 종류는 부사절이다. ③ 생략된 문장 성분이 없다. ⑤ 생략된 문장 성분은 주어이다.

07

〈보기〉에서 선생님이 제시한 과제를 수행한 결과로 적절하지 <u>않은</u> 것은?

선생님 : 아래의 예문을 봅시다.

⊙ 외국에 있는 친구가 어제 전화로 나에게 "<u>네가 오늘</u> 말한 책이 <u>여기</u> 있어."라고 말했다.

↓

ⓛ 외국에 있는 친구가 어제 전화로 나에게 <u>내가 어제</u> 말한 책이 <u>거기</u> 있<u>다고</u> 말했다.

　⊙은 친구의 말을 그대로 전한 직접 인용이고, ⓛ은 친구의 말을 인용하는 화자의 관점으로 바꾸어 표현한 간접 인용입니다. ⊙이 ⓛ으로 바뀌면서 인칭 대명사, 시간 표현, 지시 표현이 '내', '어제', '거기'로 바뀌었습니다. 또한 종결 어미 '-어'가 '-다'로, 직접 인용의 조사 '라고'가 간접 인용의 조사 '고'로 바뀌었습니다. 이를 바탕으로 [자료]의 직접 인용을 간접 인용으로 바르게 바꿨는지 분석해 볼까요?

[자료]

직접 인용	외국에 있는 형이 어제 전화로 "<u>나는 내일 이곳</u>에서 볼 시험 때문에 걱정이 <u>많아</u>."라고 말했다.
간접 인용	외국에 있는 형이 어제 전화로 <u>자기는 오늘 그곳</u>에서 볼 시험 때문에 걱정이 <u>많다</u>라고 말했다.

① '나'는 앞서 언급한 형을 다시 가리키므로 인칭 대명사 '자기'로 바르게 바꿨군.
✔ ② '내일'은 인용을 하는 화자가 말한 시점을 기준으로 할 때, '오늘'이 아닌 '어제'로 바꿔야겠군.
③ '이곳'은 인용을 하는 화자의 관점에서 형이 있는 곳을 가리키므로 '그곳'으로 바르게 바꿨군.
④ 직접 인용에 쓰인 종결 어미 '-아'를 간접 인용에서 종결 어미 '-다'로 바르게 바꿨군.
⑤ '라고'는 직접 인용에 쓰이는 조사이므로 간접 인용에 쓰이는 조사 '고'로 바꿔야겠군.

답 ② **해** 형의 말을 간접 인용할 때는 인용을 하는 화자의 발화 시점으로 시간 표현을 사용해야 하므로 '오늘'이라는 시간 표현이 적절하다. 따라서 시간 표현을 '어제'로 바꿔야 한다는 설명은 적절하지 않다.

05 문법 요소

개념 열기 ① 톡톡! 종결 표현

종결 표현: 화자가 특정한 종결 어미를 통해 청자에게 자신의 생각이나 느낌을 표현하는 방식　終 마칠 종, 結 맺을 결

- 평서문, 의문문, 명령문, 청유문, 감탄문으로 나뉨

활동 ①

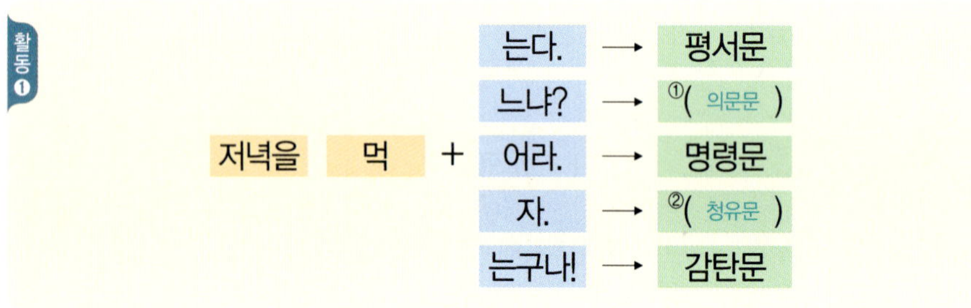

저녁을　먹　+

는다.	→	평서문
느냐?	→	①(의문문)
어라.	→	명령문
자.	→	②(청유문)
는구나!	→	감탄문

1 평서문　平 평평할 평, 敍 펼 서

- 화자가 사건의 내용을 있는 그대로 진술하는 문장임

활동 ②

해가 뜬다. / 세월이 가네.　□: 평서형 종결 어미

그대를 사랑합니다.

2 의문문　疑 의심할 의, 問 물을 문

- 화자가 청자에게 질문을 하여 그 대답을 요구하는 문장임

활동 ③

해가 떴니? / 손님이 갔는가?　□: 의문형 종결 어미

그가 당신을 사랑했습니까?

- 의문문의 종류에는 판정 의문문, 설명 의문문, 수사 의문문이 있음

종류	의미	예
판정 의문문	의문사 없이 긍정이나 부정의 대답을 요구하는 의문문	내일 가니? 숙제는 했어?
설명 의문문	의문사가 포함되어 구체적 설명을 요구하는 의문문	언제 떠날 거야? 무엇을 먹고 싶니?
수사 의문문	대답을 요구하지 않고 서술, 명령, 감탄 등의 효과를 내는 의문문	공든 탑이 무너지랴? 이제 공부해야 하지 않겠니?

☆ 개념을 완성하는 문제

1 다음 중, 평서문의 종결 어미에 해당하는 것은?

① –니　　② –네

③ –세　　④ –는가

⑤ –시지요

답 ② 해 '–네'는 화자가 사건의 내용을 그대로 진술하는 평서문의 종결 어미이다.

2 〈보기〉의 밑줄 친 부분에 해당하는 예로 가장 적절한 것은?

보기

> 대답을 요구하는 의문문에는 긍정이나 부정의 대답을 요구하는 것과 구체적인 설명을 요구하는 것이 있다.

① 그만 자고 일어나지 못하겠니?

② 나랑 같이 문구점에 갈 수 있니?

③ 시험에 합격한다면 얼마나 좋을까?

④ (억울한 상황) 어쩌면 이럴 수가 있니?

⑤ 독서 모임을 언제, 어디에서 하면 좋겠니?

답 ⑤ 해 ⑤는 '언제', '어디'라는 의문사를 사용하여 구체적인 설명을 요구하고 있는 설명 의문문이다. / ②는 판정 의문문이고, ①, ③, ④는 수사 의문문이다.

3 제시된 의문문에 대한 이해로 적절하지 <u>않은</u> 것은?

① ('예, 아니오'를 요구하면서) 집으로 갈래? – 판정 의문문

② (방문을 열어 달라는 의미로) 방이 무척 덥지? – 수사 의문문

③ (날짜를 정하고 싶어서) 저와 언제 식사할래요? – 설명 의문문

④ (청자의 미모에 감탄하면서) 너는 어쩌면 그리 예쁘니? – 판정 의문문

⑤ (구체적인 시간이 알고 싶어서) 철수는 언제 학교에서 돌아오니? – 설명 의문문

답 ④ 해 ④는 판정 의문문이 아니라 감탄을 나타내는 수사 의문문이다.

곰곰유 ② 곰곰능 ①

3 명령문 命 목숨 명 令 명령할 령

■ 화자가 청자에게 어떤 행동을 하도록 요구하는 문장임

그 책을 읽**어라**. / 어서 서두르**게**. ☐: 명령형 종결 어미
문을 닫으**시오**. / 조용히 하**십시오**.

■ 명령문의 종류에는 직접 명령문과 간접 명령문이 있음

종류	의미	예
직접 명령문	화자가 청자를 직접 보면서 말하는 명령문	친구야, 희망을 가져라.
간접 명령문	불특정 다수를 대상으로 매체를 통해 이루어지는 명령문	학생들이여, 희망을 가지라.

> **개념** 돋보기
>
> ❖ **명령문의 표현의 제약**
> ■ 명령문의 서술어로는 동사만 쓰일 수 있고 형용사는 쓰일 수 없음
>   예 너는 예뻐라. (×)
> ■ 명령문에는 시제 선어말 어미 '-았-/-었-'(과거), '-더-'(회상), '-겠-'(미래)이 쓰일 수 없음
>   예 밥을 먹었어라. (×) / 밥을 먹더어라. (×) / 밥을 먹겠어라. (×)

4 청유문 請 청할 청, 誘 꾈 유

■ 화자가 청자에게 같이 행동할 것을 요청하는 문장임

빨리 일어나**자**. / 한 잔 하**세**. ☐: 청유형 종결 어미
어서 갑**시다**. / 천천히 드**시지요**.

> **개념** 돋보기
>
> ❖ **청유문의 표현의 제약**
> ■ 청유문의 서술어로는 동사만 쓰일 수 있고 형용사는 쓰일 수 없음
>   예 너는 예쁘자. (×)
> ■ 청유문에는 시제 선어말 어미 '-았-/-었-'(과거), '-더-'(회상), '-겠-'(미래)이 쓰일 수 없음
>   예 밥을 먹었자. (×) / 일찍 먹더자. (×) / 일찍 밥을 먹겠자. (×)

5 감탄문 感 느낄 감, 歎 탄식할 탄

■ 화자가 청자를 의식하지 않고 자신의 느낌이나 감정을 나타내는 문장임

참 빠르**구나**! / 놀랍**구려**! ☐: 감탄형 종결 어미

---

4 다음 중, 명령문의 서술어로 사용할 수 없는 것은?

① 집다 ② 타다
③ 이기다 ✔ 고요하다
⑤ 억누르다

📋 ④ 📖 명령문의 서술어로는 동사만 쓰일 수 있고 형용사는 쓰일 수 없으므로, 형용사인 '고요하다'는 명령문의 서술어로 사용할 수 없다.

5 밑줄 친 부분이 〈보기〉의 ㉠에 해당하는 예로 적절하지 않은 것은?

> ● 보기 ●
>
> 의문문은 화자가 청자에게 행동을 요청할 때 쓰이기도 한다. 그리고 청유문은 화자가 청자에게 함께 행동할 것을 요청할 때 쓰인다. 이 문장 유형들은 ㉠화자가 청자에게 요청을 할 때 쓰이는 것이라는 점에서 공통적이다.

① A: 저기요. 먼저 좀 내립시다.
　 B: 아, 예. 저도 여기서 내려요.
② A: 다친 곳은 어떤가? 한번 보세.
　 B: 보다시피 많이 좋아졌습니다.
✔ A: 어디 보자. 내가 다 챙겼나?
　 B: 거기서 혼자 뭐 해요? 빨리 나와요.
④ A: 괜찮다면, 우리 여기서 잠깐 기다릴래요?
　 B: 좋아요. 10분만 더 기다려요.
⑤ A: 저 혹시, 모자를 벗어 주실 수 있을까요?
　 B: 제가 방해가 되었군요. 미안합니다.

📋 ③ 📖 ③의 '어디 보자.'는 겉으로 보기에는 청유문처럼 보이지만, 이어지는 발화를 통해 청자에게 하는 말이 아니라 혼잣말임을 알 수 있다. 따라서 이는 화자가 청자에게 요청할 때 쓰인 것이 아니다.

6 다음 중, 감탄문에 해당하는 것은?

① 며칠만 더 참자꾸나.
✔ 네 짐작이 맞았구나.
③ 식기 전에 빨리 먹자.
④ 친구에게 도움을 청하자.
⑤ 도서관에서는 조용히 좀 하자.

📋 ② 📖 ②는 감탄형 종결 어미 '-구나'가 결합한 감탄문이다. 나머지는 모두 감탄문이 아니라 청유문에 해당한다.

높임 표현: 화자가 어떤 대상이나 상대를 높이거나 낮추는 정도를 언어적으로 구별하여 표현하는 방식

1 주체 높임법 　主 주인 주, 體 몸 체

- 서술어의 주체가 화자보다 나이나 사회적 지위 등이 높을 때 서술어의 주체를 높이는 방법임
- 일반적으로 서술어에 높임의 선어말 어미 '-(으)시-'가 붙어 실현됨
- 주격 조사 '께서', 접미사 '-님'을 통해 실현되기도 함
- '계시다', '주무시다'와 같은 특수 어휘를 사용하기도 함

높임의 주격 조사
선생**님께서** 학교에 가**시**었다.
높임의 접미사　　　　　　　높임 선어말 어미

- 주체와 관련된 대상(소유물, 신체, 생각)을 높임으로써 주체를 간접적으로 높이는 '간접 높임'에서는 '-(으)시-'를 사용함

어머니께서는 허리가 아프**시**다.
회장님의 말씀이 있**으시**겠습니다.
선생님께서는 약속이 있**으시**다.

개념 확대경

압존법
- 서술어의 주체가 화자보다 높지만 청자보다는 낮아 그 주체를 높이지 않는 어법
- 압존법은 문법 규정이 아니라 가정 내에서나 스승과 제자 사이에서 사용되는 언어 예절로, 사회적 관계에서는 사용하지 않음
  예 [가정에서] 할아버지, 아버지가 왔습니다. (언어 예절에 맞음)
  　　[직장에서] • 사장님, 과장님이 왔습니다. (어색함)
  　　　　　　　• 사장님, 과장님이 오셨습니다. (언어 예절에 맞음)

2 객체 높임법 　客 손님 객, 體 몸 체

- 문장 내에서 서술의 행위가 미치는 대상인 객체를 높이는 방법임
- 목적어나 부사어가 지시하는 대상을 높이는 방법임
- 주로 '모시다', '드리다' 등의 특수 어휘를 통해 실현됨
- 부사격 조사 '에게' 대신 '께'를 사용하기도 함

높임의 부사격 조사
나는 선생**님께** 선물을 **드렸다**.
높임의 접미사　　　　　특수 어휘
우리는 선생**님**을 **모시고** 학교에 갔다.
높임의 접미사　特수 어휘

개념 플러스

⊕ **주체 높임에 쓰이는 특수 어휘**

예사말	높임말
자다	주무시다
먹다	자시다, 잡수시다
있다	계시다
죽다	돌아가시다
아프다	편찮으시다
밥	진지
나이	연세
말하다	말씀하다
집	댁

⊕ **객체 높임에 쓰이는 특수 어휘**

예사말	높임말
묻다	여쭈다/ 여쭙다
보다	뵈다/ 뵙다
주다	드리다
데리다	모시다

☆ 개념을 완성하는 문제

1 〈보기〉의 높임 표현에 대한 설명으로 적절하지 <u>않은</u> 것은?

　　　　　　　　　　　　• 보기 •

> 영희: 경준아, 선생님께서 이번 모둠 과제 발표는 네가 주도해서 ㉠준비하시라고 하셔.
> 경준: 어떤 시인을 주제로 발표하는 게 좋을지에 대해서도 말씀 ㉡있으셨니?
> 영희: 아니. 그건 네가 직접 선생님께 ㉢물어서 알아봐. 그런데 선생님께서 김소월의 시가 ㉣자기의 애송시라고 ㉤말했잖아. 김소월의 시 세계를 주제로 하여 발표해 보는 건 어때?

① ㉠: 주체가 '경준'이므로 '준비하라고'로 바꿔 말해야 한다.
② ㉡: 주어가 '말씀'이므로 '있었니'로 바꿔 말해야 한다.
③ ㉢: '선생님'께 묻는 것이므로 '여쭤서'로 바꿔 말해야 한다.
④ ㉣: '선생님'을 높이는 것이므로 '당신'으로 바꿔 말해야 한다.
⑤ ㉤: 주체가 '선생님'이므로 '말씀하셨잖아'로 바꿔 말해야 한다.

답 ② 해 ㉡의 주어인 '말씀'은 선생님과 관련된 것이므로, 서술어에 '-시-'를 붙여 높임의 대상을 간접적으로 높이는 간접 높임을 활용해야 한다. 따라서 '있으셨니'로 표현하는 것이 적절하다.

3 상대 높임법 相 서로 상, 對 대할 대

- 화자가 청자에 대하여 높이거나 낮추어 말하는 방법임

- 주로 종결 표현을 통해 실현됨

- 종결 표현은 격식을 갖추느냐의 여부에 따라 격식체와 비격식체로 나뉨

하십시오체	상대편을 아주 높이는 종결형 예 안녕히 계십시오.
하오체	상대편을 보통으로 높이는 종결형. 현대 국어에서는 거의 쓰지 않음 예 왜 꾸물거리시오?
하게체	상대편을 보통으로 낮추면서 약간 대우하여 주는 종결형. 어느 정도 나이가 든 화자가 나이가 든 손아랫사람이나 같은 연배의 친숙한 사람에게 씀 예 김 군, 이것 좀 연구해 보게.
해라체	상대편을 아주 낮추는 종결형 예 빨리 자라.
해요체	상대편을 보통으로 높이는 뜻을 나타내는 종결형 예 안녕히 계세요.
해체	상대편을 높이지 않는 뜻을 나타내는 종결형 예 이리 와서 먹어.

	구분	평서법	의문법	명령법	청유법	감탄법
격식체	하십시오체 (아주높임)	가십니다	가십니까?	가십시오	(가시지요)	–
	하오체 (예사높임)	가(시)오	가(시)오?	가(시)오	갑시다	가는구려
	하게체 (예사낮춤)	가네, 감세	가는가?, 가나?	가게	가세	가는구먼
	해라체 (아주낮춤)	간다	가니?, 가냐?	가(거)라	가자	가는구나
비격식체	해요체 (두루높임)	가요	가요?	가요	가요	가요, 가는군요
	해체 (두루낮춤)	가	가?	가	가	가, 가는군

탐구 하기

[문제] 〈보기〉를 바탕으로 ㉮의 높임 표현을 바르게 분석한 것은?

> ● 보기 ●
>
> 우리말의 높임법은 주어가 나타내는 대상을 높이는 주체 높임, 목적어나 부사어가 나타내는 대상을 높이는 객체 높임, 청자를 높이거나 낮추는 상대 높임으로 구분할 수 있다. 이러한 높임법은 조사, 특수 어휘, 선어말 어미, 종결 어미 등에 의해 실현된다.
>
> ㉮영희야, 아버지께서는 할머니를 모시고 먼저 나가셨어.

	주체 높임	객체 높임	상대 높임
①	○	○	높임
✔②	○	○	낮춤
③	○	×	높임
④	×	○	낮춤
⑤	×	×	높임

답 ② 해 문장의 주체인 '아버지'를 높이기 위해 조사 '께서'와 선어말 어미 '-시-'를 사용하여 주체 높임을 실현하였다. 그리고 객체인 '할머니'를 높이기 위해 특수 어휘 '모시고'를 사용하여 객체 높임을 실현하였다. 또 비격식체인 '해체'를 사용하여 청자인 '영희'를 낮추고 있다.

---

2 〈보기〉의 ㉠, ㉡이 모두 사용된 문장은?

> ● 보기 ●
>
> 〈높임 표현에 쓰이는 어휘 분류〉
> - ㉠주체를 높이는 용언
>   예 계시다
> - 객체를 높이는 용언
>   예 드리다
> - 높여야 할 인물을 직접 높이는 명사 예 선생님
> - ㉡높여야 할 인물과 관련된 것을 높이는 명사 예 진지

① 나는 아직 그분의 성함을 기억하고 있다.

② 누나는 여쭐 것이 있다며 할머니 댁에 갔다.

✔③ 연세가 많으신 할머니께서는 과일을 잘 잡수신다.

④ 우리는 부모님을 모시고 바닷가로 여행을 떠났다.

⑤ 어머니께서는 몹시 피곤하셨는지 거실에서 주무신다.

답 ③ 해 '잡수시다'는 주체인 '할머니'를 높이는 용언이고, '연세'는 '할머니'와 관련된 '할머니의 나이'를 높이는 명사이다.

3 〈보기〉의 ㉠~㉤에 대해 탐구한 내용으로 적절하지 않은 것은?

> ● 보기 ●
>
> 어머니: 진우야, 엄마하고 함께 할머니 ㉠댁에 가자꾸나.
> 진우: ㉡잠시만요. (어머니의 팔짱을 끼면서) 사모님, 같이 ㉢가실까요?
> 어머니: 애도 참. 어서 가자. ㉣할머니께서 기다리실 거야.
> 진우: 할머니 댁까지 ㉤모시게 되어 영광입니다.

① ㉠은 '할머니'와 관련된 대상을 높여 '할머니'를 높인 표현이다.

② ㉡에서는 보조사 '요'를 붙여 대화 상대방을 높인 표현이다.

③ ㉢은 주체 높임 선어말 어미 '-시-'를 사용하여 '어머니'를 높인 표현이다.

④ ㉣은 주격 조사 '께서'를 사용하여 '할머니'를 높인 표현이다.

✔⑤ ㉤은 특수 어휘를 사용하여 '할머니'를 높인 표현이다.

답 ⑤ 해 ㉤은 '모시다'라는 특수 어휘를 사용하여, '할머니'가 아니라 모시는 행위의 대상인 '어머니'를 높이고 있다.

시제: 발생한 사건이나 사실의 시간적인 위치를 표현하기 위한 문법 범주

時 때 시, 制 억제할 제

■ '발화시'와 '사건시'의 관계에 따라 과거 시제, 현재 시제, 미래 시제로 나뉨

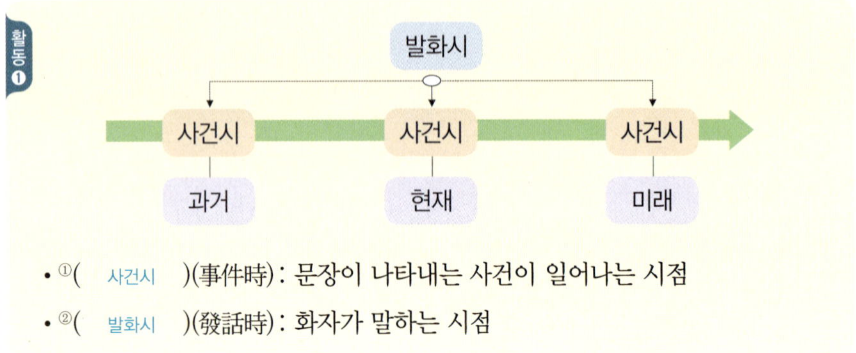

- ①(사건시)(事件時): 문장이 나타내는 사건이 일어나는 시점
- ②(발화시)(發話時): 화자가 말하는 시점

1 과거 시제 過 지날 과, 去 갈 거

■ 사건시가 발화시에 앞서 있는 시제임
■ 시간 부사어, 선어말 어미, 관형사형 어미 등을 통해 실현됨

실현 방법		예
시간 부사어	어제, 엊그제, 아까	• 나는 <u>어제</u> 친구를 만났다. • <u>아까</u> 내가 너무 경솔했다.
선어말 어미	–았–/–었–	• 나는 어제 영화를 보<u>았</u>다. • 그는 벌써 밥을 먹<u>었</u>다.
	–았었–/–었었– (현재와 단절된 상황 강조)	• 작년만 해도 이 저수지에는 물고기가 많<u>았었</u>다. • 예전에 그는 정말 멋있<u>었었</u>다.
	–더–	• 그가 어제 PC방에 가<u>더</u>라.
관형사형 어미	동사 + –(으)ㄴ, –던	• 어제 떠<u>난</u> 사람은 신경 쓰지 말자. • 그녀는 씹<u>던</u> 껌을 뱉었다.
	형용사, 서술격 조사 + –던	• 깨끗했<u>던</u> 물이 오염되었다. • 학생이<u>던</u> 그는 공무원이 되었다.

개념 확대경

'–았–/–었–'의 다양한 기능

■ '–았–/–었–'은 과거 시제 외에도 여러 가지 의미를 지니고 있음

구분	예
과거 시제	• 나는 어제 친구를 만났다.
완결된 상황의 지속	• 아가가 엄마를 닮았어요. • 코스모스가 활짝 피었구나.
미래 실현의 확신	• 게임에 빠져 있으니, 오늘 밤 잠은 다 잤다. • 날씨가 이렇게 가무니 올해 농사는 다 지었다.

◈ **선어말 어미 '–더–'의 사용의 제한**

과거에 직접 경험하여 알게 된 사실을 현재에 전달할 때 사용하는 어미 '–더–'는 평서문에서 주어가 화자인 경우나 의문문에서 주어가 청자인 경우에는 사용할 수 없습니다.

예 나는 어제 학원에 가<u>더</u>라. (×)
너는 어제 학원에 가<u>더</u>냐? (×)

☆ 개념을 완성하는 문제

1 〈보기〉의 ⊙~⊕에 해당하는 예로 적절하지 **않은** 것은?

> ─● 보기 ●─
> 〈과거 시제를 실현하는 방법〉
> ⊙ '–았–/–었–'을 통해
> ⓒ '–았었–/–었었–'을 통해
> ⓒ '–더–'를 통해
> ⓔ 동사 어간에 붙는 관형사형 어미 '–(으)ㄴ'을 통해
> ⓜ 관형사형 어미 '–던'을 통해

☑ ① ⊙: 너는 이제 집에 돌아오면 혼났다.
② ⓒ: 나는 예전에 그 집에 살았었다.
③ ⓒ: 지난여름에는 정말 덥더라.
④ ⓔ: 방학 동안 읽은 책이 제법 여러 권이다.
⑤ ⓜ: 여름에 푸르던 산이 붉게 물들었다.

답 ① 해 '–았–/–었–'은 미래의 일을 이미 정해진 사실인 양 말할 때 쓰기도 한다. ①은 과거의 일이 아니라 앞으로 일어날 일에 대한 확신을 드러내고 있으므로, ⊙의 예로 적절하지 않다.

2 〈보기〉의 설명에 해당하는 예로 가장 적절한 것은?

> ─● 보기 ●─
> 선어말 어미 '–았–/–었–'은 과거에 일어난 사건의 결과 상태가 현재까지 지속되고 있음을 나타내기도 한다.

① 지난 소풍날 날씨는 아주 나빴어.
② 난 아까 할머니 생신 선물을 사러 갔어.
☑ ③ 감기에 걸려서인지 아직도 목이 잠겼어.
④ 나는 어제 하루 종일 텔레비전만 보았어.
⑤ 난 오늘도 과제 준비하려면 잠은 다 잤어.

답 ③ 해 목이 잠긴 상태가 과거의 일이 아니라 현재까지 지속되고 있는 것이므로, '잠겼어'의 '–었–'은 사건의 결과 상태가 현재까지 지속되고 있음을 나타낸다. / ①, ②, ④ 과거 시제를 나타낸다. ⑤ 미래 실현의 확신을 나타낸다.

① 사건시 ② 발화시

2 현재 시제 現 나타날 현, 在 있을 재

- 사건시와 발화시가 일치하는 시제임
- 시간 부사어, 선어말 어미, 관형사형 어미 등을 통해 실현됨

실현 방법		예
시간 부사어	지금, 오늘, 현재	• 기차가 지금 출발한다. • 그는 계단에서 넘어져서 현재 병원에 입원 중이다.
선어말 어미	동사 + -ㄴ-/-는-	• 은진이는 드라마를 본다. • 나는 교실에서 책을 읽는다.
	형용사, 서술격 조사 단독(어미 결합 ×)	• 아롱이는 매우 예쁘다. • 그는 교수이다.
관형사형 어미	동사 + -는	• 지금 보는 책은 재미있다.
	형용사, 서술격 조사 + -(으)ㄴ	• 키가 큰 종민이는 농구를 좋아한다. • 우리 반의 반장인 성훈이는 모범생이다.

3 미래 시제 未 아닐 미, 來 올 래

- 사건시가 발화시보다 나중인 시제임
- 시간 부사어, 선어말 어미, 관형사형 어미 등을 통해 실현됨

실현 방법		예
시간 부사어	내일, 모레, 장차	• 오늘은 이만하고 내일 다시 시작합시다. • 그는 장차 큰 인물이 될 것이다.
선어말 어미	-겠-	• 지금 떠나면 내일은 도착하겠구나.
관형사형 어미	-(으)ㄹ, -(으)ㄹ + 의존 명사 '것'	• 저녁에 떠날 예정이다. • 오후에는 그가 도착할 것이다.

개념 확대경

'-(으)ㄹ 것'의 다양한 기능

구분	예
추측	고향에서는 벌써 추수를 끝냈을 것이다.
주체의 의지	나는 선생님이 될 것이다.
가능성	그렇게 놀다간 성적이 떨어질 것이다.

'-겠-'의 다양한 기능

구분	예
미래 시제	내일부터 장마가 시작되겠습니다.
추측	고향에서는 벌써 추수를 끝냈겠다.
주체의 의지	나는 선생님이 되겠다.
가능성이나 능력	그건 세 살 먹은 아이도 알겠다.
완곡한 태도	내가 말해도 되겠니?

3 밑줄 친 말에 쓰인 어미에 대한 설명으로 적절하지 <u>않은</u> 것은?

① 거기에는 눈이 <u>왔겠다</u>. → '-겠-'이 미래의 사건을 추측하는 데 쓰임

② 그는 내년에 <u>진학한다고</u> 한다. → '-ㄴ-'이 미래의 사건을 나타낼 때도 쓰임

③ 막차를 놓쳤으니 나는 집에 다 <u>갔다</u>. → '-았-'이 미래의 사건에 대한 확신을 나타냄

④ 내가 <u>떠날</u> 때 비가 왔다. → '-ㄹ'이 붙을 때 미래의 사건을 나타내지 않는 경우도 있음

⑤ 오늘 보니 그는 키가 <u>작다</u>. → 형용사에서 현재 시제를 나타낼 때 시제 선어말 어미가 나타나지 않음

답 ① 해 ①의 '왔겠다'에는 선어말 어미 '-았-'과 '-겠-'이 함께 사용되었으므로, '-겠-'이 미래가 아니라 과거의 사건을 추측하는 데 쓰였다는 것을 알 수 있다.

4 〈보기〉의 밑줄 친 부분의 사례에 해당하는 것은?

> ─── 보기 ───
>
> 선어말 어미 '-겠-'은 미래 시제 외에도 미래의 일에 대한 추측이나 가능성, 말하는 이의 의지 등을 나타내기도 한다. 그러나 특정 담화 상황에서는 말하는 이의 <u>완곡한 태도를 나타내기 위해 사용</u>되기도 한다.

① 제가 잠시 들어가도 되<u>겠</u>습니까?

② 형은 영화를 보러 가<u>겠</u>다고 한다.

③ 지금 떠나면 저녁에 도착하<u>겠</u>구나.

④ 이 고통은 내 힘으로 이겨 내<u>겠</u>다.

⑤ 다음 달이면 날씨가 시원해지<u>겠</u>지?

답 ① 해 ①은 선어말 어미 '-겠-'을 사용하여 '내가 들어가겠다'라는 의도를 완곡하게 전달하고 있다. / ②, ④ 말하는 이의 의지 ③, ⑤ 미래의 일에 대한 추측

5 밑줄 친 단어의 품사와 시제를 바르게 분석하지 <u>못한</u> 것은?

① 하늘에 뜬 태양 : 동사, 과거 시제

② 늘 <u>푸르던</u> 하늘 : 형용사, 과거 시제

③ 운동장에 <u>남은</u> 아이들 : 동사, 과거 시제

④ 아이들로 가득 <u>찬</u> 교실 : 형용사, 현재 시제

⑤ 달리기가 제일 <u>빠른</u> 친구 : 형용사, 현재 시제

답 ④ 해 ④의 '찬'은 동사 '차다'의 어간에 과거를 나타내는 관형사형 어미 '-(으)ㄴ'이 결합된 것이다.

동작상: 시간의 흐름 속에서 어떤 동작이 진행되고 있거나 이미 완료되었음을 나타내는 문법 범주 動 움직일 동, 作 지을 작, 相 서로 상

■ 동작의 진행을 나타내는 '진행상'과 동작의 완료를 나타내는 '완료상'이 있으며, 형용사는 동작상이 없음

1 진행상 進 나아갈 진, 行 다닐 행

■ 특정 시간의 흐름 속에서 어떤 사건이 계속 이어지고 있음을 표현함

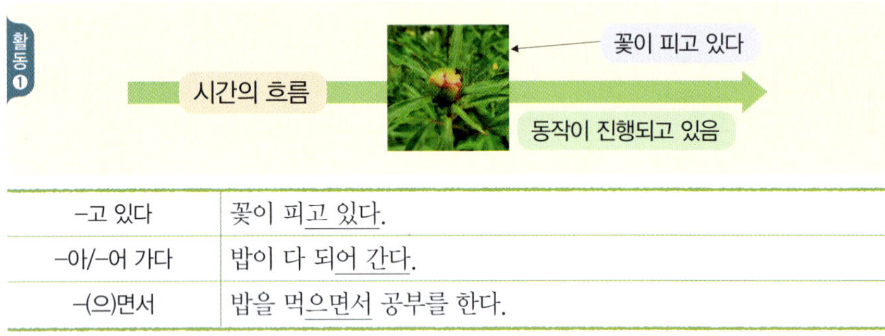

–고 있다	꽃이 피고 있다.
–아/–어 가다	밥이 다 되어 간다.
–(으)면서	밥을 먹으면서 공부를 한다.

2 완료상 完 완전할 완, 了 마칠 료

■ 특정 시간의 흐름 속에서 어떤 사건이 끝났거나 끝난 후의 결과가 지속되고 있음을 표현함

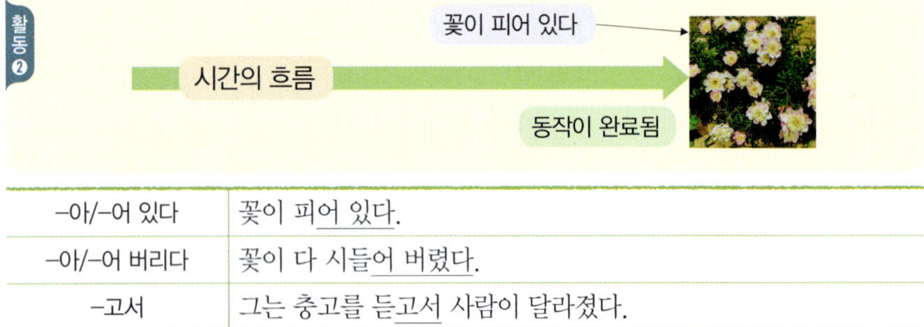

–아/–어 있다	꽃이 피어 있다.
–아/–어 버리다	꽃이 다 시들어 버렸다.
–고서	그는 충고를 듣고서 사람이 달라졌다.

탐구 하기

[문제] 〈보기〉에 나타난 동작상을 탐구한 내용으로 적절하지 <u>않은</u> 것은?

> • 보기 •
> ㉠ 동생이 책을 읽고 있다.　㉡ 꽃이 아름답게 피어 있다.
> ㉢ 나는 노래를 부르면서 걸었다.　㉣ 그는 빨간 티셔츠를 입고 있다.
> ㉤ 나는 밥을 먹고서 집을 나섰다.

① ㉠은 '–고 있다'를 통해 사건이 계속 이어지고 있음을 표현하고 있다.

② ㉡은 어떤 사건이 끝난 후의 결과가 지속되고 있음을 나타내는 완료상이 실현되어 있다.

③ ㉢은 연결 어미를 통해 사건이 완료되었음을 표현하고 있다.

④ ㉣은 진행상으로 해석될 수도 있지만, 완료상으로도 해석할 수 있다.

⑤ ㉤은 '–고서'를 통해 사건이 끝났음을 나타내는 완료상을 표현하고 있다.

답 ③ **해** ㉢은 연결 어미 '–면서'를 통해 시간의 흐름 속에서 사건이 계속 이어지고 있음을 표현한 것이다.

❖ **별개의 문법 요소인 '동작상'과 '시제'**

동작상은 특정 시간의 흐름 속에서 일어나는 동작의 구체적인 양상을 표현한 것일 뿐, 그것이 특정 시제를 의미하지는 않습니다. 따라서 진행상과 완료상에는 과거 시제, 현재 시제, 미래 시제가 두루 사용될 수 있습니다.

예 • 나는 밥을 먹고 있었다. (진행상)
　　→ 과거 시제
　• 그는 의자에 앉아 있다. (완료상)
　　→ 현재 시제

❖ **'–고 있다'의 중의적 해석**

진행상을 나타내는 대표적인 표현인 '–고 있다'는 완료상으로도 해석되는 경우가 있습니다. 예를 들어 '그가 넥타이를 매고 있다.'는 넥타이를 매는 동작의 진행을 뜻할 수도 있고, 넥타이를 맨 상태의 지속을 뜻할 수도 있습니다. '매다, 입다, 신다' 등에 '–고 있다'가 쓰이면 중의적 의미를 가지게 된다는 점을 기억해 두세요.

☆ **개념을 완성하는 문제**

1 〈보기〉의 ㉠~㉤에 대한 설명으로 적절하지 <u>않은</u> 것은?

> • 보기 •
> • 철수는 방 정리를 ㉠하고 있다.
> • 영희는 필요 없는 물건을 밖에 ㉡내놓았다.
> • 철수야, 얼마 전에 ㉢산 책은 어디 있니?
> • 철수는 다 읽은 책을 동생에게 ㉣줘 버렸다.
> • 영희와 같이 ㉤공부할 친구가 오늘 오기로 했다.

① ㉠: '–고 있다'는 동작이 진행되고 있음을 나타낸다.

② ㉡: '–았–'은 사건시가 발화시에 앞선다는 것을 나타낸다.

③ ㉢: '–ㄴ'은 발화시가 사건시에 앞선다는 것을 나타낸다.

④ ㉣: '–어 버렸다'는 동작이 이미 완결되었음을 나타낸다.

⑤ ㉤: '–ㄹ'은 발화시가 사건시에 앞선다는 것을 나타낸다.

답 ③ **해** ㉢의 '산'에서 관형사형 어미 '–ㄴ'은 과거 시제를 나타낸다. 과거 시제는 사건시가 발화시에 앞서 있는 시제이다.

사동 표현: 주어가 남에게 동작을 하도록 시키는 의미를 나타내는 표현

使 시킬 사, 動 움직일 동

1 사동 표현의 실현

- 접미사에 의한 사동은 '파생적 사동(짧은 사동)', '-게 하다'에 의한 사동은 '통사적 사동(긴 사동)'이라고 함

파생적 사동 (짧은 사동)	주동사의 어간 + 사동 접미사 '-이-, -히-, -리-, -기-, -우-, -구-, -추-'	책을 읽히다.
	명사 + 사동 접미사 '-시키다'	차를 정지시키다.
통사적 사동 (긴 사동)	주동사의 어간 + '-게 하다'	옷을 입게 하다.

2 사동문의 형성

- 주동문의 서술어가 타동사이면 다음과 같이 바뀜

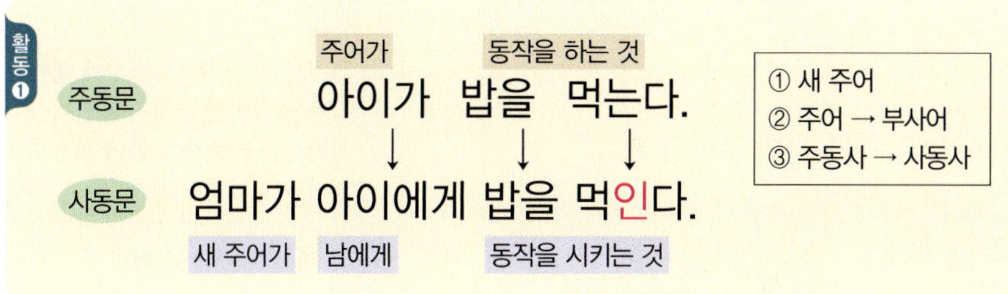

- 주동문의 서술어가 자동사나 형용사이면 다음과 같이 바뀜

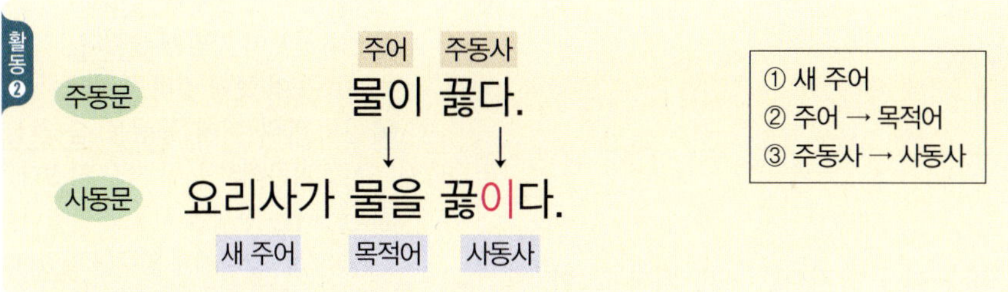

3 통사적 사동과 파생적 사동의 의미 차이

- 통사적 사동은 직접 사동으로만 해석되지만, 파생적 사동은 직접 사동과 간접 사동의 두 가지 의미로 해석되기도 함

통사적 사동	엄마가 딸에게 옷을 입게 했다. → 딸에게 옷을 입도록 시켰다는 의미로만 해석됨
파생적 사동	엄마가 딸에게 옷을 입혔다. → 직접 딸에게 옷을 입혔다는 의미와, 딸에게 옷을 입도록 시켰다는 의미로 중의적으로 해석될 수 있음

개념 돋보기

❖ **불필요한 사동 표현**

- 사동으로 쓰일 필요가 없는 맥락에서 사동 표현을 쓰면 문장이 어색해짐
  - 예 이곳이 학생들을 교육시켰던 장소이다. → 교육했던
    내가 그 일의 적임자를 소개시켜 줄게. → 소개해

개념 **플러스**

⊗ **이중 사동의 이해**

우리말에서는 일반적으로 이중 사동이라는 말을 쓰지 않습니다. '경찰이 운전자에게 차를 세우게 했다.'는 잘못된 사동 표현일까요? '세우다'는 '재우다, 태우다, 채우다' 등과 같이 '-이우-'라는 사동 접사가 붙은 사동사입니다. 이 사동사의 주체(운전자)와 '-게 하다'의 주체(경찰)가 각각 다르기 때문에 위의 문장은 이중 사동이라고 할 수 없으며, 문법에 맞는 표현입니다.

☆ **개념을 완성하는 문제**

1 〈보기〉의 ㉠~㉣을 탐구한 내용으로 적절하지 **않은** 것은?

┌─────────────── 보기 ┐
㉠ 얼음 위에서 팽이가 돈다.
㉡ 수진이가 그 일을 맡았다.
㉢ 엄마가 아이에게 우유를 먹였다.
㉣ 엄마가 아이에게 우유를 먹게 하였다.
└────────────────────┘

① ㉠을 사동사에 의한 사동문으로 바꿀 때, 주어가 목적어로 바뀐다.

② ㉠을 사동사에 의한 사동문으로 바꿀 때, 서술어의 자릿수가 한 자리에서 두 자리로 바뀐다.

③ ㉡을 사동사에 의한 사동문으로 바꿀 때, 주어가 부사어로 바뀐다.

④ ㉡을 사동사에 의한 사동문으로 바꿀 때, 서술어의 자릿수가 두 자리에서 세 자리로 바뀐다.

⑤ ㉣은 ㉢과 달리 직접 사동과 간접 사동의 의미 모두로 해석된다.

답 ⑤ 해 직접 사동과 간접 사동의 의미 모두로 해석될 수 있는 것은 ㉣이 아니라 ㉢이다.

2 다음 중, 불필요한 사동 표현이 쓰인 것은?

① 내 힘으로는 군중을 진정시키기 어려웠다.

② 여러분께 저희 가족을 소개시켜 드리겠습니다.

③ 스포츠의 상업화가 선수들을 오염시키고 있다.

④ 영수는 몸이 아픈 영희를 병원에 급히 입원시켰다.

⑤ 우리 군대는 적군을 항복시켜 사실상 전쟁을 끝냈다.

답 ② 해 ②는 제3의 대상에게 소개를 시키는 것이 아니라 주체가 직접 소개를 한다는 의미이므로, '소개시켜'는 불필요한 사동 표현이다.

 피동 표현

피동 표현: 주어가 다른 주체에 의해 동작을 당하게 되는 의미를 나타내는 표현

被 입을 피, 動 움직일 동

■ 주어가 제힘으로 동작을 하는 것을 능동(能動)이라 하고, 다른 주체에 의해 동작을 당하게 되는 것을 피동(被動)이라고 함

1 피동 표현의 실현

■ 접미사에 의한 피동은 '파생적 피동(짧은 피동)', '−아/−어지다', '−게 되다'에 의한 피동은 '통사적 피동(긴 피동)'이라고 함

파생적 피동 (짧은 피동)	능동사의 어간 + 피동 접미사 '−이−, −히−, −리−, −기−'	산이 보이다.
	명사 + 피동 접미사 '−되다'	다리가 복구되다.
통사적 피동 (긴 피동)	능동사의 어간 + '−아/−어지다'	신발 끈이 풀어지다.
	능동사의 어간 + '−게 되다'	사실이 드러나게 되다.

2 피동문의 형성

■ 능동문의 주어는 피동문의 부사어가 되고, 목적어는 피동문의 주어가 됨

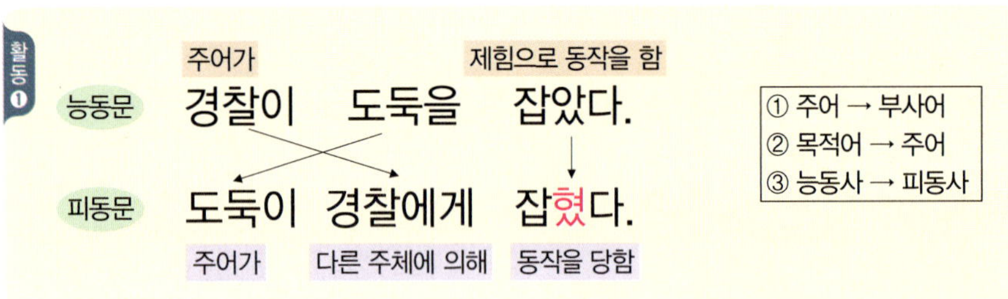

3 잘못된 피동 표현(이중 피동)

■ 피동 접미사 '−이−, −히−, −리−, −기−'와 '−아/−어지다', '−게 되다'를 함께 사용하면 문법에 어긋난 표현임

　예 깎이다(○) → 깎여지다(×), 믿기다(○) → 믿겨지다(×), 잊히다(○) → 잊혀지다(×)

■ '−되다'와 '−어지다'를 함께 사용하면 문법에 어긋난 표현임

　예 이용되다(○) → 이용되어지다(×), 형성되다(○) → 형성되어지다(×)

개념 돋보기

❖ 피동사가 아닌데 피동사로 오해하기 쉬운 단어들

걸리다	감기에 걸리다	달이다	보약을 달이다
꺼리다	양심에 꺼리다	반기다	아들을 반기다
노리다	기회를 노리다	새기다	비문을 새기다
말리다	싸움을 말리다	어기다	약속을 어기다
벌리다	간격을 벌리다	우기다	끝까지 우기다

개념 플러스

◈ 이중 피동으로 오해하기 쉬운 단어들

'가려지다, 느려지다, 밝혀지다, 젖혀지다, 버려지다, 알려지다, 흐려지다' 등은 이중 피동으로 오해하기 쉽지만 이중 피동 표현의 단어가 아니라는 점을 기억해 두세요.

☆ 개념을 완성하는 문제

1 다음 중, 피동문이 아닌 것은?

① 학생회 임원이 새 친구로 갈렸다.
② 삼촌이 형에게 그 텃밭을 갈렸다.
③ 용돈이 이달에 만 원이나 깎였다.
④ 나는 저번 실수로 점수를 깎였다.
⑤ 큰형이 동네 개에게 발을 물렸다.

답 ② 해 ②에 쓰인 '갈리다'는 '농기구나 농기계로 땅을 파서 뒤집게 하다.'라는 의미의 사동사이므로, ②는 피동문이 아니다.

2 밑줄 친 부분이 ㉠, ㉡에 해당하는 예로 적절한 것은?

　　　보기

㉠ 접미사는 동사나 형용사에 붙어 사동의 의미를 더하기도 한다.
㉡ 접미사는 타동사에 붙어 피동의 의미를 더하기도 한다.

① ㉠: 형이 동생을 울렸다.
　㉡: 그는 지구본을 돌렸다.
② ㉠: 이제야 마음이 놓인다.
　㉡: 우리는 용돈을 남겼다.
③ ㉠: 공책이 가방에 눌렸다.
　㉡: 옷이 못에 걸려 찢겼다.
④ ㉠: 바위 뒤에 동생을 숨겼다.
　㉡: 피곤해서 눈이 자꾸 감겼다.
⑤ ㉠: 나는 풍선을 하늘로 날렸다.
　㉡: 그는 그녀에게 임무를 맡겼다.

답 ④ 해 ④에서 '숨기다'는 동사 '숨다'에 접미사 '−기−'가 결합하여 '숨게 하다'라는 사동의 의미를 나타내고 있다. '감기다'는 동사 '감다'에 접미사 '−기−'가 결합하여 '감기게 되다'라는 피동의 의미를 나타내고 있다.

3 다음 중, 피동 표현을 잘못 만든 것은?

① 아이가 밥을 먹었다. → 아이에게 밥을 먹였다.
② 늑대가 양을 물었다. → 양이 늑대에게 물렸다.
③ 사냥꾼이 토끼를 잡았다. → 토끼가 사냥꾼에게 잡혔다.
④ 사람들이 생태계를 파괴하였다. → 생태계가 사람들에 의해 파괴됐다.
⑤ 박 감독이 이 영화를 만들었다. → 이 영화는 박 감독에 의해 만들어졌다.

답 ① 해 '아이에게 밥을 먹였다.'는 누군가가 아이에게 밥을 먹는 행위를 시킨 것을 나타내는 사동 표현이다.

부정 표현: 문장의 의미를 부정하는 문법적 표현 좀 아닐 부, 定 정할 정

■ '안'이 사용된 '안' 부정문과 '못'이 사용된 '못' 부정문 등이 있음

■ 부정의 방식에 따라 짧은 부정문과 긴 부정문이 있음

■ 짧은 부정문은 서술어의 앞에 부정 부사 '안', '못'을 사용한 것이며, 긴 부정문은 서술어의 뒤에 보조 용언인 '-지 않다(아니하다)', '-지 못하다'를 사용한 것임

1 '안' 부정문

■ 주체의 의지에 의한 부정과 주체의 상태나 사실에 대한 단순 부정이 있음

구분	짧은 부정	긴 부정
의지 부정	나는 학교에 안 갔다.	나는 학교에 가지 않았다.
단순 부정	어제는 비가 안 왔다.	어제는 비가 오지 않았다.

■ 명령문과 청유문에는 사용되지 않음

■ 화자의 의지나 의도가 작용할 수 없는 동사는 서술어로 사용될 수 없음

　예 나는 그 사실을 안 깨달았다. (×)

개념 돋보기

❖ '안' 부정문의 중의적 해석과 해소 방법

　　■ 나는 선생님께 주의를 안 받았다.
　　① '나'를 부정 → 선생님께 주의를 받은 것은 다른 아이이다.
　　② '선생님'을 부정 → 나는 다른 사람에게 주의를 받았다.
　　③ '주의'를 부정 → 내가 선생님께 받은 것은 다른 것이다.

■ 부정 표현의 중의성을 해소하기 위해서는 부정하려는 단어에 강세를 덧붙이거나, 부정하려는 단어에 보조사 '은/는, 도, 만'을 쓰는 방법이 있음

---

2 '못' 부정문

■ 주체의 능력 부족에 의한 부정과 외부 원인에 의한 부정이 있음

구분	짧은 부정	긴 부정
능력 부정	그는 글을 못 읽는다.	그는 글을 읽지 못한다.
외부 원인에 의한 부정	차가 없어서 못 갔다.	차가 없어서 가지 못했다.

■ 명령문과 청유문에는 사용되지 않음

■ 형용사나 상태를 나타내는 동사는 서술어로 사용될 수 없음

　예 음식 맛이 못 좋다. (×)

■ 단, 형용사여도 기대에 못 미침을 나타낼 때는 '-지 못하다'를 사용할 수 있음

　예 음식 맛이 좋지 못하다. (○) → 음식 맛이 기대에 못 미칠 때

☆ **개념을 완성하는 문제**

1 다음 중, 부정 표현이 자연스럽지 <u>않</u>은 것은?

① 일이 생각만큼 쉽지 않다.

② 엄마를 닮아 술을 못 마신다.

③ 가뭄이 들면 농작물이 잘 못 큰다.

④ 다리가 저려 자리에서 일어나지 못했다.

☑⑤ 걸음이 느려 달리기에서 일 등을 안 했다.

답 ⑤ 해 '걸음이 느린 것'은 주체의 능력 부족에 해당하므로 '못' 부정문을 사용하는 것이 적절하다.

2 〈보기〉의 ㄱ~ㄷ을 통해 부정 표현에 대해 탐구한 내용으로 적절하지 <u>않은</u> 것은?

> ──── 보기 ────
> ㄱ. 나팔꽃이 안 예쁘다.
> ㄴ. 그는 다리를 다쳐 축구를 못 한다.
> ㄷ. 그녀는 결코 거짓말을 하지 않았다.

① ㄱ에서 '안'을 '못'으로 바꾸면 어색한 문장이 된다.

② ㄱ에서 '안'은 '예쁘다'라는 상태를 부정하기 위해 사용되었다.

☑③ ㄴ에서 '못'은 축구를 하고자 하는 '그'의 의지를 부정하고 있다.

④ ㄴ에서 '못 한다'는 '하지 못한다'로 바꾸어도 어법상 문제가 없다.

⑤ ㄷ에서 부사어 '결코'는 반드시 부정 표현이 함께 쓰여야 한다.

답 ③ 해 ㄴ에서 '못'은 의지를 부정한 것이 아니라, 축구를 하고 싶어도 할 수 없는 그의 능력을 부정하고 있다.

3 다음 중, 부정문에 대한 설명이 적절하지 <u>않은</u> 것은?

☑① 꽃이 안 예쁘다. → 의지 부정의 짧은 부정문임

② 하늘이 어둡지 않다. → 상태 부정의 긴 부정문임

③ 나는 밥을 못 먹었다. → 능력 부정의 짧은 부정문임

④ 위험한 곳에는 가지 마라. → 긴 부정문의 명령문임

⑤ 민지는 공을 던지지 못했다. → 능력 부정의 긴 부정문임

답 ① 해 ①의 '예쁘다'는 사물의 상태를 나타내는 형용사이므로 주체의 의지가 작용할 수 없다. 따라서 '꽃이 안 예쁘다.'는 상태 부정에 해당한다.

✦ 부사 '다, 모두' 등이 사용된 부정문의 중의적 해석

- 나는 국을 모두 먹지 못했다. → 일부는 먹고 일부는 먹지 못했다.
  → 전혀 먹지 못했다.
- 사람들이 다 오지 않았다. → 일부는 오고 일부는 오지 않았다.
  → 하나도 오지 않았다.

- 수량을 나타내는 '다, 모두, 조금'의 부사어가 쓰일 때 중의성이 나타남. 중의성을 해소하기 위해서는 내용을 보충하거나 보조사 '은/는'을 활용하는 방법이 있음

3 '말다' 부정문

- 명령문과 청유문을 부정할 때 사용하며 '그만두다, 금하다'의 의미를 나타냄
- 형용사나 '명사 + 이다'와는 함께 쓸 수 없음
- 형용사 + '말다'의 결합은 기원(희망)을 나타냄

구분	긴 부정
청유문	오늘은 그곳에 가지 말자.
명령문	오늘은 그곳에 가지 마라.
기원	오늘은 춥지만 말아라.

개념 확대경

이중 부정
- 한 문장 안에 부정 표현이 두 번 이상 나타나는 것임
- 이중 부정은 강한 긍정의 의미를 나타냄 ◉ 나는 학교에 안 가지 않았다. (강한 긍정)
- '없다'와 같은 부정어도 이중 부정에 많이 쓰임 ◉ 나는 운동을 하지 않을 수 없다. (강한 긍정)

탐구 하기

[문제] 부정 표현의 특성에 대해 탐구한 내용으로 적절하지 않은 것은?

• 보기 •

㉠ 나는 수학 공부를 안 했다. / 나는 수학 문제가 어려워서 못 풀었다.
㉡ 여기에는 이제 해가 비치지 { 않는다 / 못한다 }.
㉢ 그녀를 만나지 { *않아라 / *못해라 / 마라 }.
㉣ 그는 결코 그 일을 { *했다 / 안 했다 }. / 그는 분명히 그 일을 { 했다 / 안 했다 }.
㉤ 교실이 { 안 / *못 } 깨끗하다.

*는 비문법적 표현

① ㉠ : '안' 부정문은 '의지 부정'을, '못' 부정문은 '능력 부정'을 나타낸다.
② ㉡ : 행동 주체의 의지를 부정할 때는 '긴 부정문'만 쓸 수 있다.
③ ㉢ : 명령문의 부정 표현은 보조 용언 '말다'를 활용하여 사용한다.
④ ㉣ : 어떤 부사는 반드시 부정 표현과 함께 쓰여야 한다.
⑤ ㉤ : 형용사를 부정할 때는 부사 '못'을 사용하여 부정 표현을 나타낼 수 없다.

답 ② 해 ㉡은 행동 주체의 의지를 부정하는 것이 아니라 객관적인 사실을 부정하는 표현으로, 긴 부정문뿐만 아니라 짧은 부정문도 쓸 수 있다.

◈ 부정 표현에 주로 사용되는 단어들
부사어 '결코, 전혀, 여간, 별로, 설마, 도무지, 차마' 등과 명사 '추호, 엄두, 아무짝, 요만조만' 등은 부정 표현에 주로 사용되는 단어들입니다.

☆ 개념을 완성하는 문제

4 〈보기〉의 부정 표현에 대해 탐구했을 때, 적절하지 않은 것은?

• 보기 •

민규: 오늘 탁구 시합이 있던데 넌 ㉠안 가니?
진우: ㉡안 가는 게 아니라 ㉢못 가는 거야.
민규: 왜?
진우: 내가 예선에서 영수를 ㉣이기지 못했어.
민규: 네가 ㉤못 이겼다고? 영수 대단하구나.

① ㉠, ㉡, ㉢, ㉤은 부정 부사를 사용하여 만들어진 부정문이군.
② ㉡에서 '안'이 사용된 부정 표현은 '하고 싶지 않다'는 뜻으로 해석할 수 있겠군.
③ ㉢에서 '못'이 사용된 부정 표현은 '능력이 없어서 할 수 없다'는 뜻으로 해석할 수 있겠군.
④ ㉣은 부정 용언을 사용하여 만들어진 부정문이군.
⑤ ㉣과 ㉤을 보니, 긴 부정문이냐 짧은 부정문이냐에 따라 의미의 차이가 크다는 것을 알 수 있군.

답 ⑤ 해 긴 부정문과 짧은 부정문은 길이에 차이가 있을 뿐, 의미의 차이는 나타나지 않는다.

5 다음 중, 화자의 기원이나 희망의 의미를 나타내고 있는 부정문은?

① 나는 그 일이 별로 안 내키는데.
② 우리 동아리방은 그리 넓지 못해.
③ 그나저나 내일은 제발 덥지만 마라.
④ 나는 내일 그 시간에 여기에 못 와.
⑤ 이곳에 우리 물품이 전부 안 들어가겠는데?

답 ③ 해 ③의 '덥지만 마라'는 형용사인 서술어 '덥다'가 '말다'와 결합해 '긴 부정문' 형태로 실현된 것으로, 화자의 기원이나 희망의 의미를 나타내고 있다.

01

밑줄 친 부분이 〈보기〉의 ㉠에 해당하는 예로 적절하지 <u>않은</u> 것은?

> ● 보기 ●
>
> 일반적으로 의문문은 화자가 청자에게 질문에 대한 대답을 요청할 때, 청유문은 화자가 청자에게 함께 행동할 것을 요청할 때 쓰인다. 그런데 담화 상황에 따라 의문문과 청유문 모두 ㉠<u>화자가 청자에게 행동을 요청할 때</u> 쓰이기도 한다.

① A : <u>얘들아, 영화 좀 보자.</u>
　 B : 알았어. 떠들어서 미안해.
② A : 환기가 필요하구나. <u>창문 좀 열자.</u>
　 B : 네. 알겠습니다.
③ A : <u>잠깐, 내가 안경을 어디다 뒀더라?</u>
　 B : 너 혼자 거기서 뭐하니? 빨리 나와.
④ A : 방 청소를 해야 하는데, <u>좀 비켜 줄래?</u>
　 B : 네, 엄마. 바로 나갈게요.
⑤ A : 기사님! <u>저 신호등 앞에서 세워 주시겠어요?</u>
　 B : 네, 저기에 세우겠습니다.

답 ③　**해** ③의 A는 의문문의 형식을 띠고 있지만 청자에게 대답이나 행동을 요구하는 것이 아니다. B의 대답을 고려했을 때 A는 화자가 안경을 찾으면서 하는 혼잣말로 볼 수 있다.

02

〈보기 1〉을 바탕으로 〈보기 2〉에서 사용된 높임의 양상을 바르게 분석한 것은?

> ● 보기 1 ●
>
> 주체 높임법은 서술의 주체에 해당하는 문장의 주어를 높이는 방법이고, 객체 높임법은 서술의 객체에 해당하는 목적어나 부사어가 지시하는 대상을 높이는 방법이다. 이러한 높임을 실현하기 위해서는 선어말 어미, 조사, 특수 어휘를 사용한다.

> ● 보기 2 ●
>
> 어머니께서는 할머니를 모시고 공원에 가셨다.

	주체 높임법			객체 높임법	
	선어말 어미	조사	특수 어휘	조사	특수 어휘
①	○	×	○	○	○
②	○	○	×	○	×
③	○	○	×	×	○
④	×	×	○	×	○
⑤	×	×	○	○	×

답 ③　**해** 〈보기 2〉의 문장은 주체인 '어머니'를 높이기 위해 조사 '-께서'와 선어말 어미 '-시-'를 사용하여 주체 높임을 실현하였다. 그리고 객체인 '할머니'를 높이기 위해 특수 어휘 '모시다'를 사용하여 객체 높임을 실현하였다.

03

〈보기〉의 '학습 활동'을 수행한 결과로 적절한 것은?

> ● 보기 ●
>
> [학습 활동]
> 　다음 담화 상황에 등장하는 ㉠, ㉡이 달라질 때, 언어 예절에 적합한 높임 표현을 사용해 보자.
>
> [담화 상황]
> 　(내가 철수에게)
> 　"어제 ㉠<u>영희가</u> ㉡<u>경희</u>에게 선물을 주는 것을 보았어."
> 　※ 말하는 사람인 '나'와 철수, 영희, 경희는 서로 대등한 관계임

① ㉠이 높임의 대상인 '선생님'으로 바뀌면 조사 '가'를 '께서'로 고쳐 말해야 한다.
② ㉠이 높임의 대상인 '선생님'으로 바뀌면 조사 '에게'를 '께'로 고쳐 말해야 한다.
③ ㉡이 높임의 대상인 '선생님'으로 바뀌면 '주는'을 '주시는'으로 고쳐 말해야 한다.
④ ㉡이 높임의 대상인 '선생님'으로 바뀌면 '보았어'를 '보셨어'로 고쳐 말해야 한다.
⑤ ㉡이 높임의 대상인 '선생님'으로 바뀌면 '보았어'를 '보았습니다'로 고쳐 말해야 한다.

답 ①　**해** 주체 높임법은 주격 조사 '께서'와 선어말 어미 '-(으)시-' 등을 통해 실현된다. 따라서 서술어 '주다'의 주체인 ㉠이 높임의 대상인 선생님으로 바뀌면 조사 '가'를 '께서'로 고쳐 말해야 한다. / ② 조사 '께'는 객체인 부사어를 높일 때 사용된다. ③ 부사어가 높임의 대상으로 변할 때는 '주는'을 '드리는'으로 고쳐 말해야 한다. ④ '보았어'는 화자인 '나'의 행위를 가리키므로 이를 높이는 것은 적절하지 않다. ⑤ '보았습니다'는 청자를 높이는 것이므로 객체를 높일 때는 사용되지 않는다.

04

〈보기〉의 ㉡, ㉢이 모두 ㉠을 실현하고 있는 문장으로 적절한 것은?

> ● 보기 ●
>
> 선생님 : 국어의 시제는 화자가 말하는 시점인 발화시와 동작이나 상태가 나타나는 시점인 사건시를 기준으로, ㉠<u>발화시보다 사건시가 앞서는 경우,</u> 발화시와 사건시가 일치하는 경우, 발화시보다 사건시가 나중인 경우로 나뉩니다. 이때 시제는 ㉡<u>선어말 어미,</u> ㉢<u>관형사형 어미,</u> 시간 부사어 등을 통해 실현됩니다.

① 지난번에 먹은 귤이 맛있었다.
② 이것은 내일 내가 읽을 책이다.
③ 이미 한 시간 전에 집에 도착했다.
④ 작년에는 겨울에 함박눈이 왔었다.
⑤ 친구는 지금 독서실에서 공부를 한다.

답 ①　**해** 발화시보다 사건시가 앞서는 경우에는 과거 시제를 사용한다. ①은 선어말 어미 '-었-'('맛있-' + -었- + -다)과 관형사형 어미 '-은'('먹- + -은')을 사용해 과거 시제를 실현하였다.

밑줄 친 말에 주목하여 〈보기〉의 ㉠~㉤에 대해 탐구한 결과로 적절하지 <u>않은</u> 것은?

━━━━━━━━━━━━ ● 보기 ●

㉠ 거기에는 눈이 <u>왔겠다</u>. / 지금 거기에는 눈이 <u>오겠지</u>.
㉡ 그가 집에 <u>갔다</u>. / 막차를 놓쳤으니 나는 집에 다 <u>갔다</u>.
㉢ 내가 <u>떠날</u> 때 비가 올 것이다. / 내가 <u>떠날</u> 때 비가 왔다.
㉣ 그는 지금 학교에 <u>간다</u>. / 그는 내년에 <u>진학한다</u>고 한다.
㉤ 오늘 보니 그는 키가 <u>작다</u>. / 작년에 그는 키가 <u>작았다</u>.

① ㉠을 보니, 선어말 어미 '-겠-'이 미래의 사건을 추측하는 데에 쓰이고 있군.
② ㉡을 보니, 선어말 어미 '-았-'이 과거 시제를 나타내지 않는 경우도 있군.
③ ㉢을 보니, 관형사형 어미 '-ㄹ'이 붙을 때 미래의 사건을 나타내지 않는 경우도 있군.
④ ㉣을 보니, 현재 시제 선어말 어미 '-ㄴ-'이 미래의 사건을 나타낼 때도 쓰이고 있군.
⑤ ㉤을 보니, 형용사에서 현재 시제를 나타낼 때 시제 선어말 어미가 나타나지 않고 있군.

답 ① **해** ㉠의 '-겠'은 미래의 사건이 아닌 과거와 현재의 사건을 추측하는 데 쓰이고 있다. ㉠의 앞 문장은 과거 시제 선어말 어미 '-았'을 사용해 과거 시제를 나타내고 있고, 뒤 문장은 현재를 의미하는 부사 '지금'을 사용해 현재 시제를 나타내고 있기 때문이다. 따라서 ㉠의 '-겠'이 미래의 사건을 추측하는 데 쓰이고 있다는 설명은 적절하지 않다.

〈보기〉의 학습 과제를 수행한 결과로 적절하지 <u>않은</u> 것은?

━━━━━━━━━━━━ ● 보기 ●

[학습 내용] 주어가 자기 힘으로 동작하는 것을 능동이라고 하고, 주어가 다른 주체에 의해 동작을 당하는 것을 피동이라고 한다. 피동 표현은 주로 어근에 접사 '-이-', '-히-', '-리-', '-기-', '-되다' 등이 결합하여 실현된다.

[학습 과제] 다음의 어근 목록을 활용하여 피동문을 만드시오.

풀-	읽-	안-	깎-	이용

① 이번 시험 문제는 지난번보다 잘 <u>풀렸다</u>.
② 그의 글은 오직 나에게만 아름답게 <u>읽혔다</u>.
③ 친구는 버스에서 자기 짐까지 나에게 <u>안겼다</u>.
④ 날카로운 칼날에 무성하던 잔디가 모두 <u>깎였다</u>.
⑤ 우리 학교 운동장은 가끔 주차장으로도 <u>이용되었다</u>.

답 ③ **해** ③에서 주어인 '친구'는 다른 주체에 의해 동작을 당한 것이 아니라 다른 사람에게 자신의 짐을 안는 행위를 시킨 것이다. 따라서 '안기다'는 피동사가 아니라 사동사임을 알 수 있다.

다음 ㉠ ~ ㉢에 대한 설명으로 적절하지 <u>않은</u> 것은?

	주동문	사동문
㉠	철수가 집에 가다.	내가 철수를 집에 가게 하다.
㉡	동생이 밥을 먹다.	누나가 동생에게 밥을 먹이다.
㉢	*이삿짐이 방으로 옮다. (*는 비문임을 나타냄.)	인부들이 이삿짐을 방으로 옮기다.

① ㉠의 주동문은 ㉡과 달리 사동 접미사를 활용하여 사동문을 만들 수 없다.
② ㉢의 사동문에서 사동 접미사 대신 '-게 하다'를 활용할 경우 어색한 문장이 된다.
③ ㉠과 ㉡은 모두 주동문의 주어가 사동문의 목적어로 바뀐 경우이다.
④ ㉠과 ㉡은 모두 주동문이 사동문이 될 때, 사동문에는 새로운 주어가 생겼다.
⑤ ㉠, ㉡과 달리 ㉢은 사동문에 대응하는 주동문이 없는 경우이다.

답 ③ **해** ㉠에서는 주동문의 주어 '철수가'가 사동문에서 '철수를'이라는 목적어로 바뀌었다. 하지만 ㉡에서는 주동문의 주어 '동생이'가 사동문에서 '동생에게'라는 부사어로 바뀌었다. / ② ㉢에서 사동 접미사 '-기-' 대신 '-게 하다'를 활용해 사동을 만들면 '인부들이 이삿짐을 방으로 옮게 하다.'와 같이 어색한 문장이 된다. ④ ㉠과 ㉡의 사동문에는 각각 '내가'와 '누나가'라는 주어가 새로 생겼다.

〈보기〉의 ㉠과 ㉡이 모두 적용된 예로 적절한 것은?

━━━━━━━━━━━━ ● 보기 ●

부정 표현이란 부정의 뜻을 나타내는 표현을 말한다. 부정 표현은 부사인 '안'과 '못'을 사용해서 짧게 표현할 수도 있고, ㉠'-지 아니하다'와 '-지 못하다' 등을 사용해서 길게 표현할 수도 있다. 부정 표현은 능력을 부정하거나 의지를 부정하는 것 이외에 ㉡단순히 사실이나 상태를 부정하는 의미로도 해석된다.

① 우리가 묵은 방은 두 평이 채 못 된다.
② 나는 저녁을 먹으려고 간식을 안 먹었다.
③ 그는 용기가 없어서 발표를 잘하지 못했다.
④ 다행히 소풍을 가는 날 비가 내리지 않았다.
⑤ 동생은 숙제를 한다며 놀이터에 나가지 않았다.

답 ④ **해** ④는 '-지 아니하다'를 사용한 긴 부정 표현으로, 이를 통해 비가 내렸는지에 관한 사실이나 상태를 부정하고 있다. / ①, ② '못'과 '안'을 사용한 짧은 부정 표현이다. ③, ⑤ '-지 못하다'와 '-지 아니하다'를 사용한 긴 부정 표현이지만, 각각 능력 부정과 의지 부정에 해당한다.

정확한 문장 표현과 어문 규범

개념 열기 ① 톡톡! 정확한 문장 표현

정확한 문장 표현: 어법에 맞고 담화 상황에 적절한 문장을 사용하여 의도를 정확히 표현해야 함

1 헷갈리는 표기법

표현(단어)	내용	예
−노라고	자기 나름으로는 한다고	하노라고 한 것이 이 모양이다.
−느라고	하는 일로 인하여	공부하느라고 밤을 새웠다.
−던	과거	어제 집에 왔던 사람은 친구이다.
−든	선택	가든 오든 마음대로 하시오.
(으)로서	지위나 자격	교육자로서 일생을 보내다.
(으)로써	수단이나 도구, 재료나 원료	밀가루로써 빵을 만들다.
−(으)므로	까닭이나 근거(어미)	공책이 없으므로, 공부를 못 한다.
−(ㅁ, −음)으로(써)	수단이나 도구(조사)	책을 읽음으로(써) 시름을 잊는다.
되어(돼)	'되어'의 준말	그러면 안 되어요(돼요). → ○
되	동사 '되다'의 어간	그러면 안 되요. → ×
늘이다	본디보다 더 길게 하다	고무줄을 늘이다.
늘리다	크게 하거나 많게 하다	인원을 늘리다.
다리다	다리미로 문지르다	옷을 다리다.
달이다	약재에 물을 부어 끓이다	약을 달이다.
마치다	끝내다	일과를 마치다.
맞히다	답을 틀리지 않게 하다	정답을 맞히다.
바치다	아낌없이 내놓다	나라를 위해 목숨을 바쳤다.
받치다	물건의 밑에 다른 물체를 대다	책받침을 받친다.
받히다	머리나 뿔 따위에 부딪히다	쇠뿔에 받혔다.
반드시	꼭, 틀림없이	약속을 반드시 지켜라.
반듯이	바르게	고개를 반듯이 들어라.
부치다	미치지 못하다, 보내다 등	힘이 부치다. / 편지를 부치다.
붙이다	붙게 하다, 겨루게 만들다 등	우표를 붙이다. / 흥정을 붙이다.
아름	두 팔을 벌려 안은 둘레의 길이	세 아름 되는 둘레
알음	사람끼리 서로 아는 일	전부터 알음이 있는 사이
이따가	조금 지난 뒤에	이따가 보자.
있다가	'있다'의 '있−' + 어미 '−다가'	집에 있다가 나왔다.
저리다	피가 잘 통하지 못하다	다친 다리가 저린다.
절이다	소금기 등이 배어들게 하다	김장 배추를 절인다.
조리다	바짝 끓여 양념이 배어들게 하다	생선을 조린다.
졸이다	속을 태우다시피 초조해하다	마음을 졸인다.

☆ 개념을 완성하는 문제

1 밑줄 친 단어의 표기가 적절하지 <u>않은</u> 것은?

① 참가 인원을 늘렸다.
② 생선을 간장에 졸인다.
③ 사과든 포도든 다 좋다.
④ 남편이 정성스럽게 약을 달였다.
⑤ 말로써 천 냥 빚을 갚는다고 한다.

답 ② 해 ②에는 '졸이다'가 아니라 '바짝 끓여서 양념이 배어들게 하다'라는 의미의 '조리다'를 사용해야 한다.

2 밑줄 친 단어의 표기가 적절하지 <u>않은</u> 것은?

① 대화로서 갈등을 풀었다.
② 먼 길 오느라고 고생했다.
③ 저건 내가 쓰던 책상이다.
④ 눈이 오므로 집에만 있었다.
⑤ 그는 승용차에 받혀 크게 다쳤다.

답 ① 해 ①에는 '로서'가 아니라 수단이나 도구를 의미하는 '로써'를 사용하여 '대화로써'라고 표기해야 한다.

3 밑줄 친 단어의 표기가 적절한 것은?

① 인간은 반듯이 죽는다.
② 아들에게 학비를 붙였다.
③ 일을 맞히고 식당으로 와라.
④ 비가 오니 밖에 나가면 안 돼요.
⑤ 얼굴은 진작부터 아름이 있었다.

답 ④ 해 ④에는 '되어요'의 준말 '돼요'가 바르게 사용되었다. / ① 반드시 ② 부쳤다 ③ 마치고 ⑤ 알음이

4 밑줄 친 단어의 표기가 적절한 것은?

① 다리가 절이고 아팠다.
② 고추를 식초에 저렸다.
③ 학문 연구에 평생을 바쳤다.
④ 있다가 둘만 있을 때 논의하자.
⑤ 수수께끼에 대한 답을 마치면 상품을 드립니다.

답 ③ 해 ③에는 '무엇을 위하여 모든 것을 아낌없이 내놓다'라는 의미의 '바치다'가 바르게 사용되었다. / ① 저리고 ② 절였다 ④ 이따가 ⑤ 맞히면

2 필요한 문장 성분 갖추기

■ 서술어의 자릿수를 파악하고 서술어가 필요로 하는 문장 성분이 모두 갖추어져 있는지 확인함

주어 생략	그 자체가 인류의 문화유산이다. ⇒ 언어는 그 자체가 인류의 문화유산이다.
목적어 생략	그녀는 방학에 책을 읽거나 타고 여행을 떠났다. ⇒ 그녀는 방학에 책을 읽거나 기차를 타고 여행을 떠났다.
부사어 생략	선생님께서 선물을 주셨다. ⇒ 선생님께서 나에게 선물을 주셨다.
서술어 생략	할아버지께서는 노래와 춤을 추고 계셨다. ⇒ 할아버지께서는 노래를 부르고 춤을 추고 계셨다.

3 불필요한 문장 성분 없애기

■ 한 문장 안에서 같은 어휘가 중복되거나, 의미가 중복되는 단어가 있는 경우에는 하나를 생략함

어휘의 중복	중요한 사실은 민주주의를 이루기 위해 모두가 노력해야 한다는 사실이다. ⇒ 중요한 사실은 민주주의를 이루기 위해 모두가 노력해야 한다는 점이다(것이다).
의미의 중복	인류의 평화를 파괴하는 무리를 뿌리 뽑아 근절해야 한다. ⇒ 인류의 평화를 파괴하는 무리를 뿌리 뽑아야 한다. ⇒ 인류의 평화를 파괴하는 무리를 근절해야 한다.

4 문장 성분 간의 호응

■ 한 문장 성분이 문장 안에서 다른 문장 성분과 자연스럽게 어울려야 함

주어와 서술어의 호응	내가 하고 싶은 말은 진실하게 살길 바란다. ⇒ 내가 하고 싶은 말은 진실하게 살길 바란다는 것이다.
수식어와 피수식어의 호응	한결같이 어려운 이웃을 돕는 사람들이 많습니다. ⇒ 어려운 이웃을 한결같이 돕는 사람들이 많습니다.
부사어와 서술어의 호응	당신은 반드시 맹세를 어겨서는 안 된다. ⇒ 당신은 결코 맹세를 어겨서는 안 된다.

개념 돋보기

❖ 특정 부사어와 서술어의 호응
- 당위적 표현과 호응: 모름지기, 마땅히, 반드시 + ~해야 한다
- 가정적 표현과 호응: 만약, 가령 + ~ㄴ다면
- 양보적 표현과 호응: 비록, 설령 + ~ㄹ지라도
- 부정적 표현과 호응: 여간, 전혀, 결코 + ~아니다/없다 등

☆ **개념을 완성하는 문제**

5 다음 중, 문장 표현이 올바른 것은?

① 이 책은 쉽게 읽혀진다.
② 이는 미리 예상했던 일이다.
③ 나는 어제 친구와 의논했다.
④ 선생님께서는 예쁜 따님이 계십니다.
☑ 나는 파란 하늘을 눈이 시리도록 보았다.

答 ⑤ 解 ⑤는 필요한 문장 성분을 모두 갖춘 올바른 문장이다. / ① 이중 피동 표현이 사용되었다. ② '미리'와 '예상'의 의미가 중복되었다. ③ 목적어가 생략되었다. ④ 간접 높임에서는 '계시다'라는 특수 어휘를 사용하지 않는다.

6 다음 중, 문장 표현이 올바른 것은?

① 예의가 바른 사람은 오만하게 대하지 않는다.
② 이이의 호는 율곡이며 조선을 대표하는 유학자이다.
③ 선생님께서는 우리를 많이 아끼셨고 우리 또한 존경했다.
④ 우리는 친구에게 화를 내기도 하지만 친하게 지내기도 한다.
☑ 정부는 기술을 외국에서 도입했지만 그것이 해결책이 되지는 못했다.

答 ⑤ 解 ⑤는 문장 성분 간의 호응이 적절한 올바른 문장이다. / ① '대하지'와 어울리는 부사어가 없다. ② '유학자이다'와 어울리는 주어가 없다. ③ '존경했다'와 어울리는 목적어가 없다. ④ '지내기도'와 어울리는 부사어가 없다.

7 다음 중, 잘못된 문장 표현은?

① 집에 가든지 학교에 가든지 해라.
② 그것은 결코 우연한 일이 아니었다.
☑ 나이가 크고 작음은 큰 의미가 없다.
④ 그는 노래를 부르며 춤을 추고 있다.
⑤ 우리는 아버지의 생신을 축하하려고 모였다.

答 ③ 解 '나이'는 크기와 관련된 개념이 아니라 수량이나 정도와 관련된 개념이므로 '크고 작음'이 아니라 '많고 적음'이라고 써야 한다.

8 다음 중, 문장 표현이 올바른 것은?

① 이 장면은 연출된 것이니 반드시 따라하지 마세요.
☑ 내가 하고 싶은 말은 다른 사람을 배려하자는 것이다.
③ 본격적인 공사가 언제 시작되고, 언제 개통될지 모른다.
④ 동물들은 다른 동물을 잡아먹기도 하고, 잡아먹히기도 한다.
⑤ 우리는 타인의 인격을 존중해야 하고 나와 평등하다는 생각을 지녀야 한다.

答 ② 解 ②는 문장 성분 간의 호응이 적절한 올바른 문장이다. / ① 부사어 '반드시'와 서술어가 호응하지 않는다. ③ '개통될지'와 어울리는 주어가 없다. ④ '잡아먹히기도'와 어울리는 부사어가 없다. ⑤ '평등하다'와 어울리는 주어가 없다.

5 문법적으로 잘못된 표현

조사의 잘못된 사용	화단에게 거름을 뿌리니 나무들이 잘 자란다. ⇒ 화단에 거름을 뿌리니 나무들이 잘 자란다.
시제의 잘못된 사용	어제 많은 사람들이 경기장을 방문한다. ⇒ 어제 많은 사람들이 경기장을 방문했다.
높임 표현의 잘못된 사용	할머니에게 이 음식을 가져다 주렴. ⇒ 할머니께 이 음식을 가져다 드리렴.
사동 표현의 잘못된 사용	컴퓨터를 구입하시면 저희가 교육시켜 드립니다. ⇒ 컴퓨터를 구입하시면 저희가 교육하여 드립니다.
피동 표현의 잘못된 사용	내가 너와 함께 살아야 한다는 것이 믿겨지지 않는다. ⇒ 내가 너와 함께 살아야 한다는 것이 믿어지지 / 믿기지 않는다.

6 중의적 표현

■ 정보의 추가, 쉼표의 사용, 어순의 조절 등으로 중의성을 해소할 수 있음

다의어에 의한 중의성	그녀는 손이 크다. ⇒ ① 신체의 일부, ② 씀씀이
동음이의어에 의한 중의성	이것은 배이다. ⇒ ① 신체의 일부, ② 선박, ③ 과일
수식 범위에 의한 중의성	키가 큰 삼촌의 딸 ⇒ ① 삼촌이 키가 큼, ② 삼촌의 딸이 키가 큼
비교 대상에 의한 중의성	아내는 남편보다 아이를 더 사랑한다. ⇒ ① 아내는 남편이 아이를 사랑하는 것보다 더 아이를 사랑함 　② 아내는 남편을 사랑하지만 아이를 더 사랑함
조사에 의한 중의성	이것은 어머니의 그림이다. ⇒ ① 어머니가 그린 그림, ② 어머니가 소유한 그림 　③ 어머니를 그린 그림
연결 관계에 의한 중의성	수진이가 딸기와 사과 두 개를 주었다. ⇒ ① 딸기 한 개와 사과 한 개, ② 딸기 한 개와 사과 두 개

7 번역 투 문장

■ 외국어의 영향을 받은 번역 투 문장은 자연스럽지 않음

가지다(have)	점심에 회의를 가집시다. ⇒ 점심에 회의를 합시다.
~에 대하여(about)	나는 그것에 대해 관심이 없다. ⇒ 나는 그것에 관심이 없다.
~에 의하여(by)	이 사전은 정부에 의해 발간되었다. ⇒ 이 사전은 정부에서 발간했다.
~을 필요로 하다 (require)	애완동물에 대한 많은 관심을 필요로 합니다. ⇒ 애완동물에게는 많은 관심이 필요합니다.
~에도 불구하고 (even though)	열심히 노력했음에도 불구하고 그 일은 실패했다. ⇒ 열심히 노력했지만 그 일은 실패했다.
~하는 중이다 (be -ing)	지현이와 성수는 서로를 사랑하는 중이다. ⇒ 지현이와 성수는 서로를 사랑하고 있다.

9 다음 중, 문장 표현이 올바른 것은?

① 이 일로 그는 불편과 피해를 입었다.

② 이들에게 그 일은 여간 기쁜 일이다.

③ 우리 모두 쓰레기 줄이기 운동을 동참합시다.

④ 그는 양말을 벗고 바위에 앉아서 물에 발을 넣었다.

⑤ 내가 주장하는 바는 문화 회관 건설로 주민 생활이 개선된다.

답 ④ 해 ④는 문장 성분 간의 호응이 적절한 올바른 문장이다. / ① 목적어 '불편'과 호응하는 서술어가 없다. ② 부사어 '여간'과 서술어가 호응하지 않는다. ③ '을'을 부사격 조사 '에'로 고쳐야 한다. ⑤ 주어 '내가 주장하는 바는'과 서술어가 호응하지 않는다.

10 다음 중, 문장 표현이 올바른 것은?

① 나는 선생님께 이름이 불렸다.

② 좋은 사람 있으면 소개시켜 줘.

③ 나는 오늘 아침 나무에게 물을 주었다.

④ 그의 갑작스런 죽음이 믿겨지지 않는다.

⑤ 문예 동아리는 창작 활동과 전시회를 열었다.

답 ① 해 ①에서는 '불렸다'라는 피동 표현이 바르게 쓰였다. / ② 소개시켜 → 소개해 ③ 나무에게 → 나무에 ④ 믿겨지지 → 믿기지 ⑤ 목적어 '창작 활동'과 호응하는 서술어가 없다.

11 다음 중, 중의적인 문장이 아닌 것은?

① 이것은 선생님을 그린 그림이다.

② 교실에 학생들이 다 오지 않았다.

③ 강우와 혜진이는 어제 결혼하였다.

④ 아버지께서 귤과 사과 두 개를 가져오셨다.

⑤ 그녀는 밝은 표정으로 환영하는 사람들에게 인사했다.

답 ① 해 ①의 문장은 중의적으로 해석되지 않는다.

12 다음 중, 문장 표현이 올바른 것은?

① 동주는 반짝이는 별을 응시했다.

② 어제는 비와 바람이 많이 불었다.

③ 학생은 비록 선생님을 존경해야 한다.

④ 중요한 사실은 근찬이가 집에 갔다는 사실이다.

⑤ 전체가 모여 회의를 갖는 것이 바람직합니다.

답 ① 해 ①은 문법적으로 어긋나는 부분이 없는 올바른 문장이다. / ② 주어 '비'와 호응하는 서술어가 없다. ⑤ '회의를 갖는'은 번역 투 표현이다.

한글 맞춤법 : 한글로써 우리말을 표기하는 법을 체계화한 규정

1 제1장 총칙

■ **제1항** 한글 맞춤법은 표준어를 소리대로 적되, 어법에 맞도록 함을 원칙으로 한다.

> • 구름, 나무 → 소리대로 적음
> • 꽃이(○) 꼬치(×), 꽃만(○) 꼰만(×) → 어법에 맞게 적음

개념 돋보기

❖ **어법(語法)의 의미**

■ 사전적으로 '어법'은 '말의 일정한 법칙'이라는 뜻임
■ 한글 맞춤법에서 사용하는 '어법'은 표준어를 어떻게 적을지 정해놓은 것을 뜻함. 다시 말해 표기와 관련된 원리임

■ **제2항** 문장의 각 단어는 띄어 씀을 원칙으로 한다.

> • 동생이 밥을 먹는다. (○)
> • 동생이밥을먹는다. (×)
> → 단, 조사는 독립성이 없어서 다른 단어와는 달리 앞말에 붙여 씀

탐구 **하기**

[문제 1] 〈보기〉는 한글 맞춤법 제1항이 파생어와 합성어에 적용된 예를 찾아본 것이다. ㉠~㉤에 들어갈 예로 적절한 것은?

> ─● 보기
>
> 제1항 한글 맞춤법은 표준어를 ⓐ소리대로 적되, ⓑ어법에 맞도록 함을 원칙으로 한다.
>
> | | 파생어 | 합성어 |
> |---|---|---|
> | ⓐ만 충족한 경우 | ㉠ | ㉡ |
> | ⓑ만 충족한 경우 | ㉢ | ㉣ |
> | ⓐ, ⓑ 모두 충족한 경우 | ㉤ | 줄자(줄 + 자)
눈물(눈 + 물) |

① ㉠: 이파리(잎+아리), 얼음(얼+음)
② ㉡: 마소(말+소), 낮잠(낮+잠)
③ ㉢: 웃음(웃+음), 바가지(박+아지)
④ ㉣: 옷소매(옷+소매), 밥알(밥+알)
⑤ ㉤: 꿈(꾸+ㅁ), 사랑니(사랑+이)

답 ④ 해 ㉣에는 합성어이면서 어법에 맞도록 표기한 말이 들어가야 한다. '옷소매'는 어근 '옷'과 어근 '소매'가 결합한 합성어로, 소리 나는 대로 '온쏘매'라고 적지 않고 어법에 맞도록 형태를 밝혀 적고 있다. '밥알' 역시 어근 '밥'과 어근 '알'이 결합한 합성어로, 소리 나는 대로 '바발'이라고 적지 않고 어법에 맞도록 형태를 밝혀 적고 있다.

☆ **개념을 완성하는 문제**

1 다음 중, 소리와 표기가 일치하는 단어끼리 묶인 것은?

① 눈길, 긋다 　② 종이, 너비
③ 냇물, 뻐꾸기 　④ 종로, 웃는다
⑤ 맏이, 사라지다

답 ② 해 '종이[종이]'와 '너비[너비]'는 소리와 표기가 일치한다. / ① [눈낄], [귿따] ③ [낸물], [뻐꾸기] ④ [종노], [운는다] ⑤ [마지], [사라지다]

2 〈보기〉의 단어에 대한 설명으로 적절하지 **않은** 것은?

> ─● 보기
>
> ⓐ 어름 : 구역과 구역의 경계점
> ⓑ 얼음 : 물이 얼어서 굳어진 물질
> ⓒ 반듯이 : 비뚤어지거나 기울거나 굽지 아니하고 바르게
> ⓓ 반드시 : 틀림없이 꼭

① ⓐ는 소리대로 적은 것이다.
② ⓑ는 어법에 맞게 적은 것이다.
③ ⓐ, ⓑ는 발음만으로는 의미를 구분할 수 없다.
④ ⓒ는 어근의 형태를 파악하기 쉽게 어법에 맞게 적은 것이다.
⑤ ⓓ는 어근의 본뜻이 파악되도록 어법에 맞게 적은 것이다.

답 ⑤ 해 '반드시[반드시]'는 발음 그대로 표기했으므로, 어법에 맞게 적은 것이 아니라 소리대로 표기한 것이다.

3 〈보기〉의 설명에 해당하지 **않는** 것은?

> ─● 보기
>
> 한 단어 안에서 뚜렷한 까닭 없이 나는 된소리는 다음 음절의 첫소리를 된소리로 적는다.

① 살짝 　② 으뜸 　③ 딱지
④ 가끔 　⑤ 움찔

답 ③ 해 '딱지'는 [딱찌]로 발음되지만, 'ㄱ, ㅂ' 받침 뒤에서 나는 된소리는 같은 음절이나 비슷한 음절이 겹쳐 나는 경우가 아니면 된소리로 적지 않는다는 규정에 따라 '딱지'로 표기한 것이다.

4 밑줄 친 단어의 표기가 한글 맞춤법에 어긋나는 것은?

① 그는 실없이 웃어 보였다.
② 대보름에는 달마지를 한다.
③ 올해는 추위가 빠른 걸음으로 다가왔다.
④ 이제는 나도 늙어서 예전 같지 않다.
⑤ 운동장에서 뛰고 왔더니 더워 죽겠다.

답 ② 해 '달맞이'는 '달을 맞이하는 일'이라는 의미로, '맞다'의 어간이 본뜻을 유지하고 있으므로 원형을 밝혀 '달맞이'라고 적어야 한다.

2-❶ 제1절 된소리

▪ **제5항** 한 단어 안에서 뚜렷한 까닭 없이 나는 된소리는 다음 음절의 첫소리를 된소리로 적는다.

① 두 모음 사이에서 나는 된소리

소쩍새	어깨	오빠	으뜸	아끼다	기쁘다	깨끗하다
어떠하다	해쓱하다	가끔	거꾸로	부썩	어찌	이따금

② 'ㄴ, ㄹ, ㅁ, ㅇ' 받침 뒤에서 나는 된소리

산뜻하다	잔뜩	살짝	훨씬	담뿍	움찔	몽땅	엉뚱하다

다만, 'ㄱ, ㅂ' 받침 뒤에서 나는 된소리는, 같은 음절이나 비슷한 음절이 겹쳐 나는 경우가 아니면 된소리로 적지 아니한다.

국수	깍두기	딱지	색시	싹둑(~싹둑)	법석	갑자기	몹시

> **개념 돋보기**
>
> ✥ **제5항의 '한 단어'의 의미**
> - 제5항에서 '한 단어'는 한 형태소로 이루어진 단어를 의미함
> - 복합어인 '눈곱[눈꼽], 발바닥[발빠닥], 잠자리[잠짜리]'와 같은 표기는 이 조항의 적용을 받지 않음

탐구 하기

[문제 2] 한글 맞춤법 제3장 제5항을 참고하여 〈보기〉의 메모를 한글 맞춤법에 맞게 완성하려고 한다. 적절하지 <u>않은</u> 것은?

───── 보기 ─────

형의 ㉠(해슥한/해쓱한) 모습에 어머니께서도 걱정되셨나 봐. ㉡(짭잘한/짭짤한) 음식은 몸에 좋지 않다고, ㉢(깍두기/깍뚜기)를 심심하게 담그시더니 형에게 보내라고 하시네. 혼자서 밥을 챙겨 먹기는 힘들겠지만 ㉣(듬북/듬뿍) 담긴 어머니의 정성을 생각해서 끼니 거르지 마. 이제 형은 집 걱정 ㉤(몽당/몽땅) 잊고, 건강 먼저 챙겨.　　　－ 동생이

① ㉠은 한 단어 안에서 까닭 없이 된소리로 발음되고, 두 모음 사이에서 된소리로 발음되므로 '해쓱한'으로 써야 한다.
② ㉡은 'ㅂ' 받침 뒤에서 된소리로 발음되고 비슷한 음절이 겹쳐 나고 있으므로 '짭짤한'으로 써야 한다.
❸ ㉢은 'ㄱ' 받침 뒤에서 된소리로 발음되고 같은 음절이나 비슷한 음절이 겹쳐 나지 않으므로 '깍뚜기'로 써야 한다.
④ ㉣은 'ㅁ' 받침 뒤에서 된소리로 발음되므로 '듬뿍'으로 써야 한다.
⑤ ㉤은 한 단어 안의 첫음절 'ㅇ' 받침 뒤에서 까닭 없이 된소리로 발음되므로 '몽땅'으로 써야 한다.

답 ③ **해** ㉢은 'ㄱ' 받침 뒤에서 [깍뚜기]처럼 된소리로 발음되지만, 같은 음절이나 비슷한 음절이 겹쳐 나는 경우가 아니므로 '깍두기'로 써야 한다.

개념 플러스

◇ **제3장 제2절 구개음화**

한글 맞춤법 제3장의 제2절은 구개음화 규정으로, 제6항에서는 'ㄷ, ㅌ' 받침 뒤에 종속적 관계를 가진 '-이(-)'나 '-하-'가 올 때 그 'ㄷ, ㅌ'이 'ㅈ, ㅊ'으로 소리 나더라도 'ㄷ, ㅌ'으로 적는다고 설명하고 있습니다. 이 규정은 표준 발음법 제5장의 음의 동화 제17항의 내용과 겹치므로 뒤에서 자세히 다루도록 하겠습니다.

☆ **개념을 완성하는 문제**

5 〈보기〉를 바탕으로 한글 맞춤법에 대해 탐구한 내용으로 적절하지 <u>않은</u> 것은?

───── 보기 ─────

제5항
ⓐ 한 단어 안에서 뚜렷한 까닭 없이 나는 된소리는 다음 음절의 첫소리를 된소리로 적는다.
　　예 어깨, 잔뜩, 살짝, 듬뿍, 몽땅
ⓑ 다만, 'ㄱ, ㅂ' 받침 뒤에서 나는 된소리는, 같은 음절이나 비슷한 음절이 겹쳐 나는 경우가 아니면 된소리로 적지 아니한다.
　　예 국수, 법석

① ⓐ를 보니 모음 뒤나 'ㄴ, ㄹ, ㅁ, ㅇ' 받침 뒤에서 나는 된소리가 소리 나는 대로 표기되어 있군.
② '납짝'이 아니라 '납작'으로 적는 것은 ⓑ의 '법석'을 표기할 때 적용된 규정을 따른 것이군.
③ '쌉살하다'가 아니라 '쌉쌀하다'로 적는 것은 ⓑ의 비슷한 음절이 겹쳐 나는 경우에 해당하기 때문이군.
❹ '물뼝'이 아니라 '물병'으로 적는 것은 ⓑ의 표기 규정을 따른 것이군.
⑤ '늑대'를 '늑때'로 적지 않는 것은 ⓑ의 표기 규정을 따른 것이군.

답 ④ **해** 한글 맞춤법 제5항에서 말하는 '한 단어'는 한 형태소로 이루어진 단어를 의미하는데, '물병'은 합성어이므로 제5항의 규정과 관련이 없다.

■ **제10항** 한자음 '녀, 뇨, 뉴, 니'가 단어 첫머리에 올 적에는, 두음 법칙에 따라 '여, 요, 유, 이'로 적는다.

• 여자(女子) (○) 녀자 (×)	• 유대(紐帶) (○) 뉴대 (×)
• 연세(年歲) (○) 년세 (×)	• 이토(泥土) (○) 니토 (×)
• 요소(尿素) (○) 뇨소 (×)	• 익명(匿名) (○) 닉명 (×)

다만, 다음과 같은 의존 명사에서는 '냐, 녀' 음을 인정한다.

냥(兩)	냥쭝(兩-)	년(年)(몇 년)

[붙임 1] 단어의 첫머리 이외의 경우에는 본음대로 적는다.

남녀(男女)	당뇨(糖尿)	결뉴(結紐)	은닉(隱匿)

[붙임 2] 접두사처럼 쓰이는 한자가 붙어서 된 말이나 합성어에서, 뒷말의 첫소리가 'ㄴ' 소리로 나더라도 두음 법칙에 따라 적는다.

신여성(新女性)	공염불(空念佛)	남존여비(男尊女卑)

■ **제11항** 한자음 '랴, 려, 례, 료, 류, 리'가 단어의 첫머리에 올 적에는, 두음 법칙에 따라 '야, 여, 예, 요, 유, 이'로 적는다.

• 양심(良心) (○) 량심 (×)	• 용궁(龍宮) (○) 룡궁 (×)
• 역사(歷史) (○) 력사 (×)	• 유행(流行) (○) 류행 (×)
• 예의(禮儀) (○) 례의 (×)	• 이발(理髮) (○) 리발 (×)

다만, 다음과 같은 의존 명사는 본음대로 적는다.

• 리(里): 몇 리냐?	• 리(理): 그럴 리가 없다.

[붙임 1] 단어의 첫머리 이외의 경우에는 본음대로 적는다.

개량(改良)	선량(善良)	수력(水力)	협력(協力)
사례(謝禮)	혼례(婚禮)	와룡(臥龍)	쌍룡(雙龍)
하류(下流)	급류(急流)	도리(道理)	진리(眞理)

다만, 모음이나 'ㄴ' 받침 뒤에 이어지는 '렬, 률'은 '열, 율'로 적는다.

나열(羅列)	규율(規律)	분열(分裂)	선율(旋律)
치열(齒列)	비율(比率)	선열(先烈)	전율(戰慄)
비열(卑劣)	진열(陳列)	실패율(失敗率)	백분율(百分率)

[붙임 2] 접두사처럼 쓰이는 한자가 붙어서 된 말이나 합성어에서, 뒷말의 첫소리가 'ㄴ' 또는 'ㄹ' 소리로 나더라도 두음 법칙에 따라 적는다.

역이용(逆利用)	연이율(年利率)	열역학(熱力學)	해외여행(海外旅行)

---

6 다음 중, 두음 법칙이 적용된 표기가 <u>아닌</u> 것은?

① 유가(油價)가 폭등했다.
② 유랑(流浪)의 길을 떠났다.
③ 모든 역량(力量)을 발휘하였다.
④ 양질(良質)의 제품을 생산했다.
⑤ 익명(匿名)의 편지가 날아왔다.

답 ① 해 '유가'의 '기름 유(油)'는 본음이 '유'이므로 두음 법칙과 관련이 없다.

7 다음 중, 표기가 바르지 <u>않은</u> 것은?

① 경쟁률(競爭率)
② 발생률(發生率)
③ 산문률(散文律)
④ 수확률(收穫率)
⑤ 합격률(合格率)

답 ③ 해 모음이나 'ㄴ' 받침 뒤에 이어지는 '렬, 률'은 '열, 율'로 적으므로, ③은 '신문율'이라고 적어야 한다.

8 다음 중, 표기가 바르지 <u>않은</u> 것은?

① 십 년(年)도 넘은 일이다.
② 연(年) 강수량을 측정하였다.
③ 졸업 년도(年度)를 알 수 없다.
④ 매년(每年) 두 번씩 여행을 한다.
⑤ 2000년도(年度) 출생자가 급증했다.

답 ③ 해 한자음 '녀'가 단어 첫머리에 올 적에는 두음 법칙이 적용되므로, ③의 '년도'는 '연도'라고 적어야 한다.

9 다음 중, 표기가 바르지 <u>않은</u> 것은?

① 품종 개량(改良)에 힘썼다.
② 경제 교류 협녁(協力) 방안을 모색했다.
③ 낙동강 하류(下流)의 오염이 심각하다.
④ 급류(急流)에 휩쓸리는 사고를 당했다.
⑤ 도리(道理)에 어긋나지 않게 행동했다.

답 ② 해 단어의 첫머리 이외의 경우에는 본음대로 적으므로, ②는 '협력'이라고 적어야 한다.

10 다음 중, 표기가 바르지 <u>않은</u> 것은?

① 도열(堵列)   ② 분열(分裂)
③ 서열(序列)   ④ 계율(戒律)
⑤ 능율(能率)

답 ⑤ 해 ⑤는 모음이나 'ㄴ' 받침 뒤에 '렬, 률'이 이어지는 경우가 아니므로, '능율'이 아니라 '능률'이라고 적어야 한다.

- **제12항** 한자음 '라, 래, 로, 뢰, 루, 르'가 단어의 첫머리에 올 적에는, 두음 법칙에 따라 '나, 내, 노, 뇌, 누, 느'로 적는다.

> - 낙원(樂園) (○)　락원 (×)
> - 내일(來日) (○)　래일 (×)
> - 노인(老人) (○)　로인 (×)
> - 뇌성(雷聲) (○)　뢰성 (×)
> - 누각(樓閣) (○)　루각 (×)
> - 능묘(陵墓) (○)　릉묘 (×)

[붙임 1] 단어의 첫머리 이외의 경우에는 본음대로 적는다.

> | | | | |
> |---|---|---|---|
> | 쾌락(快樂) | 극락(極樂) | 거래(去來) | 왕래(往來) |
> | 부로(父老) | 연로(年老) | 지뢰(地雷) | 낙뢰(落雷) |
> | 고루(高樓) | 광한루(廣寒樓) | 동구릉(東九陵) | 가정란(家庭欄) |

[붙임 2] 접두사처럼 쓰이는 한자가 붙어서 된 단어는 뒷말을 두음 법칙에 따라 적는다.

> 내내월(來來月)　　상노인(上老人)　　중노동(重勞動)　　비논리적(非論理的)

3 제4장 형태에 관한 것

3-❶ 제2절 어간과 어미

- **제15항** 용언의 어간과 어미는 구별하여 적는다.

> 먹다　　먹고　　먹어　　먹으니

[붙임 1] 두 개의 용언이 어울려 한 개의 용언이 될 적에, 앞말의 본뜻이 유지되고 있는 것은 그 원형을 밝히어 적고, 그 본뜻에서 멀어진 것은 밝히어 적지 아니한다.

① 앞말의 본뜻이 유지되고 있는 것

> | | | | |
> |---|---|---|---|
> | 넘어지다 | 늘어나다 | 늘어지다 | 돌아가다 |
> | 되짚어가다 | 들어가다 | 떨어지다 | 벌어지다 |
> | 엎어지다 | 접어들다 | 틀어지다 | 흩어지다 |

② 본뜻에서 멀어진 것

> 드러나다　　사라지다　　쓰러지다

[붙임 2] 종결형에서 사용되는 어미 '-오'는 '요'로 소리 나는 경우가 있더라도 그 원형을 밝혀 '오'로 적는다.

> - 이것은 책이오. (○)
> - 이리로 오시오. (○)
> - 이것은 책이요. (×)
> - 이리로 오시요. (×)

[붙임 3] 연결형에서 사용되는 '이요'는 '이요'로 적는다.

> - 이것은 책이요, 저것은 붓이요, 또 저것은 먹이다. (○)
> - 이것은 책이오, 저것은 붓이오, 또 저것은 먹이다. (×)

---

11 다음 중, 표기가 바르지 <u>않은</u> 것은?

① 낙관(樂觀)　　② 강릉(江陵)
✔ ③ 공난(空欄)　　④ 누수(漏水)
⑤ 소식란(消息欄)

답 ③ 해 단어의 첫머리 이외의 경우에는 본음대로 적으므로, ③은 '공란'이라고 적어야 한다.

12 밑줄 친 단어의 표기가 한글 맞춤법에 어긋나는 것은?

① 독자란(讀者欄)에 기고했다.
② 비고란(備考欄)에 적어 두었다.
③ 투고란(投稿欄)을 적극 활용하였다.
④ 농촌은 인력난(人力難)에 시달렸다.
✔ ⑤ 구인난(求人欄)을 보며 일자리를 찾았다.

답 ⑤ 해 단어의 첫머리 이외의 경우에는 본음대로 적으므로, ⑤는 '구인란'이라고 적어야 한다. / ④ '인력난'의 '어려울 난(難)'은 본음이 '난'이므로 두음 법칙과 관련이 없다.

13 다음 중, 표기가 바르지 않은 것은?

① 중노인(中老人)
✔ ② 고냉지(高冷地)
③ 사상누각(砂上樓閣)
④ 육체노동(肉體勞動)
⑤ 부화뇌동(附和雷同)

답 ② 해 단어의 첫머리 이외의 경우에는 본음대로 적으므로, ②는 '고랭지'라고 적어야 한다. / ①, ③, ④, ⑤ 접두사처럼 쓰이는 한자가 결합된 단어나, 두 개 단어가 결합된 합성어(또는 이에 준하는 구조)의 경우에는 두음 법칙이 적용된 형태로 적는다는 규정에 따라 바르게 표기되었다.

14 두 개의 용언이 결합하여 하나의 단어가 될 때, 앞말의 의미가 유지되고 있는 예가 <u>아닌</u> 것은?

① 늘어나다　　② 돌아가다
③ 떨어지다　　✔ ④ 사라지다
⑤ 접어들다

답 ④ 해 '사라지다'는 두 개의 용언이 결합하여 하나의 단어가 될 때 본뜻에서 멀어진 예에 해당한다.

❂ **연결형의 '이요'에 대해**

한글 맞춤법에서는 연결형에 나타나는 [이요]를 '이요'로 적는다고 규정하였습니다. 이때 '이요'를 연결 어미로 보는 것은 적절하지 않습니다. '책+이요'처럼 체언에 바로 어미가 연결되는 문제가 생기기 때문입니다. '이요'는 '이다'의 어간 '이-'에 연결 어미 '-요'가 결합한 것으로 이해해야 합니다.

[문제 3] 한글 맞춤법에 대해 탐구한 내용으로 적절하지 <u>않은</u> 것은?

> • 보기 •
>
> 제1항 용언의 어간과 어미는 구별하여 적는다. ⑩ 먹어(○) / 머거(×) ········ ㉮
>
> [붙임 1] 두 개의 용언이 어울려 한 개의 용언이 될 적에, 앞말의 본뜻이 유지되고 있는 것은 그 원형을 밝히어 적고, 그 본뜻에서 멀어진 것은 밝히어 적지 아니한다. ···························· ㉯
>
> (1) 앞말의 본뜻이 유지되고 있는 것 ⑩ 늘어나다
>
> (2) 본뜻에서 멀어진 것 ⑩ 사라지다, 쓰러지다
>
> [붙임 2] 종결형에서 사용되는 어미 '−오'는 '요'로 소리 나는 경우가 있더라도 그 원형을 밝혀 '오'로 적는다. ⑩ 이리로 오시오. ···················· ㉰

① ㉮를 보니, 어간이 표시하는 의미와 어미가 표시하는 의미가 쉽게 파악될 수 있게 표기한 것이라 할 수 있군.

② '고개를 넘어 가다.'에서 '넘어'로 적는 것은 ㉮의 '먹어'를 표기할 때 적용된 규정을 따른 것이군.

③ '격차가 벌어지다.'에서 '벌어지다'로 적는 것은 ㉯의 '사라지다'를 표기할 때 적용된 규정을 따른 것이군.

④ '교실로 들어가다.'에서 '들어가다'로 적는 것은 ㉯의 '앞말의 본뜻이 유지되고 있는 것'에 해당하기 때문이군.

⑤ '이것이 당신 것이오?'에서 '것이오'로 적는 것은 ㉰의 '오시오'를 표기할 때 적용된 규정을 따른 것이군.

답 ③ **해** '벌어지다'는 앞말 '벌다'의 본뜻이 유지되고 있어 원형을 밝혀 적은 단어이고, ㉯의 '사라지다'는 앞말 '살다'의 본뜻에서 멀어져 원형을 밝히어 적지 않은 단어이다. 따라서 두 단어를 표기할 때에 적용된 규정은 다르다.

3-❷ 제3절 접미사가 붙어서 된 말

■ **제19항** 어간에 '−이'나 '−음/−ㅁ'이 붙어서 명사로 된 것과 '−이'나 '−히'가 붙어서 부사로 된 것은 그 어간의 원형을 밝히어 적는다.

① '−이'가 붙어서 명사로 된 것

길이	깊이	높이	다듬이	달맞이
먹이	미닫이	벌이	살림살이	쇠붙이

② '−음/−ㅁ'이 붙어서 명사로 된 것

걸음	묶음	믿음	얼음	엮음
울음	웃음	졸음	죽음	앎

③ '−이'가 붙어서 부사로 된 것

같이	굳이	길이	높이	많이
실없이	좋이	짓궂이		

④ '−히'가 붙어서 부사로 된 것

밝히	익히	작히

---

15 두 개의 용언이 어울려 한 개의 용언이 될 때, 앞말의 본모양을 밝혀 적은 것은?

① 나타나다   ② 부러지다

③ 부서지다   ④ 엎어지다

⑤ 자빠지다

답 ④ **해** '엎어지다'는 '엎다'라는 앞말의 본뜻이 유지되고 있어 본모양을 밝혀 적은 것이다.

16 다음 중, 표기가 바르지 <u>않은</u> 것은?

① 꽃이 예쁘오.

② 편히 앉으시오.

③ 이제 그만 갈까오.

④ 조금만 드셔 보세요.

⑤ 날씨가 더없이 좋아요.

답 ③ **해** ③에서는 청자에게 존대의 뜻을 나타내는 보조사 '요'를 붙여 '갈까요'라고 표기해야 한다.

17 용언의 어간에 접사가 붙어 명사가 된 말과 그 용언의 기본형이 바르게 연결되지 <u>않은</u> 것은?

① 굽이 − 굽다

② 넓이 − 넓다

③ 갈음 − 갈다

④ 솎음 − 솎다

⑤ 더듬이 − 더듬다

답 ④ **해** '솎음'은 동사 '솎다'에 명사형 어미 '−음'이 붙은 것이므로, 용언의 기본형은 '솎다'이다. '솎다'는 '촘촘히 있는 것을 군데군데 골라 뽑아 성기게 하다'라는 뜻이다.

18 용언의 어간에 접사가 붙어 부사가 된 말이 <u>아닌</u> 것은?

① 곧이   ② 옳이

③ 적이   ④ 끝없이

⑤ 휘묻이

답 ⑤ **해** '휘묻이'는 부사가 아니라 '식물의 가지를 휘어 그 한끝을 땅속에 묻어서 뿌리를 내리게 하는 인공 번식법'을 뜻하는 명사이다.

◎ **용언의 규칙 활용과 불규칙 활용에 대해**

한글 맞춤법 제4장의 제2절 제18항은 용언의 어간에 어미가 연결될 때 어간의 모양이 바뀌는 경우와 바뀌지 않는 경우에 대해 규정하고 있습니다. 이는 앞의 '규칙 활용과 불규칙 활용'(품사 − 용언)에서 다루었으니 참고하세요.

다만, 어간에 '-이'나 '-음'이 붙어서 명사로 바뀐 것이라도 그 어간의 뜻과 멀어진 것은 원형을 밝히어 적지 아니한다.

굽도리	다리[髢]	목거리(목병)	무녀리
코끼리	거름(비료)	고름[膿]	노름(도박)

[붙임] 어간에 '-이'나 '-음' 이외의 모음으로 시작된 접미사가 붙어서 다른 품사로 바뀐 것은 그 어간의 원형을 밝히어 적지 아니한다.

① 명사로 바뀐 것

귀머거리	까마귀	너머	뜨더귀
마감	마개	마중	무덤
비렁뱅이	쓰레기	올가미	주검

② 부사로 바뀐 것

거뭇거뭇	너무	도로	뜨덤뜨덤	바투
불긋불긋	비로소	오긋오긋	자주	차마

③ 조사로 바뀌어 뜻이 달라진 것

나마	부터	조차

탐구 하기

[문제 4] 〈보기〉를 바탕으로 하여 단어들의 표기 원리를 이해한 것으로 적절한 것은?

▶ 보기

〈한글 맞춤법의 '접미사가 붙어서 된 말' 중 일부〉

㉠ 어간에 '-이'나 '-음/-ㅁ'이 붙어서 명사로 된 것 중, 어간의 뜻을 유지하는 경우에는 그 어간의 원형을 밝히어 적는다. 📝 길이, 믿음

㉡ 어간에 '-이'나 '-음'이 붙어서 명사로 바뀐 것이라도 그 어간의 뜻과 멀어진 것은 그 어간의 원형을 밝히어 적지 아니한다.
📝 목거리(병의 일종), 거름(비료)

㉢ '-이'나 '-음/-ㅁ' 이외의 모음으로 시작된 접미사가 붙어서 다른 품사로 바뀐 것은 그 어간의 원형을 밝히어 적지 아니한다. 📝 나머지, 올가미

① '맞다'에서 파생된 '마중'은 어간의 원형을 밝히어 적은 것으로, ㉠에 따른 것이다.

② '걷다'에서 파생된 '걸음'은 어간의 원형을 밝히어 적지 않은 것으로, ㉡에 따른 것이다.

③ '막다'에서 파생된 '마개'는 어간의 원형을 밝히어 적지 않은 것으로, ㉡에 따른 것이다.

☑ '넘다'에서 파생된 '너머'는 어간의 원형을 밝히어 적지 않은 것으로, ㉢에 따른 것이다.

⑤ '놀다'에서 파생된 '노름'은 어간의 원형을 밝히어 적지 않은 것으로, ㉢에 따른 것이다.

답 ④ **해** '너머'는 동사 '넘다'의 어간 '넘-'에 모음으로 시작된 접미사 '-어'가 붙어서 명사가 된 것으로, ㉢에 따라 어간의 원형을 밝히어 적지 않았다.

19 어간에 접사가 붙어 명사가 된 말의 형태소 분석이 적절하지 <u>않은</u> 것은?

① 너머 : 넘- + -어
☑ 마감 : 마- + -감
③ 마개 : 막- + -애
④ 무덤 : 묻- + -엄
⑤ 주검 : 죽- + -엄

답 ② **해** '마감'은 '막- + -암'과 같이 형태소 분석을 할 수 있다.

20 어간에 접사가 붙어 부사가 된 말의 형태소 분석이 적절하지 <u>않은</u> 것은?

① 도로 : 돌- + -오
② 마주 : 맞- + -우
③ 미처 : 및- + -어
④ 바투 : 밭- + -우
☑ 차마 : 참- + -마

답 ⑤ **해** '차마'는 '참- + -아'와 같이 형태소 분석을 할 수 있다.

21 〈보기〉의 예로 적절하지 <u>않은</u> 것은?

▶ 보기

어간에 '-이'나 '-음'이 붙어서 명사로 바뀐 것이라도 그 어간의 뜻과 멀어진 것은 원형을 밝히어 적지 아니한다.

① 머슴은 빈털터리로 내쫓겼다.
② 도로의 너비를 정확하게 쟀다.
③ 그는 노름으로 전 재산을 날렸다.
④ 농부가 도리깨를 힘차게 휘둘렀다.
☑ 그녀는 진주 목거리를 하고 나왔다.

답 ⑤ **해** '목에 거는 물건'을 뜻할 때는 '목걸이'로 표기한다. 이는 본뜻을 유지하고 있어 어간의 원형을 밝혀서 적는 경우에 해당한다.

22 한글 맞춤법의 규정을 고려할 때, 그 내용이 적절한 것은?

☑ '많이 먹다'의 '많이'는 용언의 어간에 '-이'가 붙어 부사가 된 것으로 어간의 원형을 밝히어 적었다.

② '깊이 파다'의 '깊이'는 용언의 어간에 '-이'가 붙어 명사가 된 것으로 어간의 원형을 밝히어 적었다.

③ '급히 떠나다'의 '급히'는 용언의 어간에 '-히'가 붙어 명사가 된 것으로 어간의 원형을 밝히어 적었다.

④ '방긋이 웃다'의 '방긋이'는 용언의 어간에 '-이'가 붙어 부사가 된 것으로 어간의 원형을 밝히어 적었다.

⑤ '일찍이 없던 일'의 '일찍이'는 용언의 어간에 '-이'가 붙어 부사가 된 것으로 어간의 원형을 밝히어 적었다.

답 ① **해** '많이'는 어간 '많-'에 '-이'가 붙어 부사가 된 것으로, 어간의 원형을 밝혀 적었다.

■ **제20항** 명사 뒤에 '-이'가 붙어서 된 말은 그 명사의 원형을 밝히어 적는다.

① 부사로 된 것

곳곳이	낱낱이	몫몫이
샅샅이	앞앞이	집집이

② 명사로 된 것

곰배팔이	바둑이	삼발이
애꾸눈이	육손이	절뚝발이/절름발이

[붙임] '-이' 이외의 모음으로 시작된 접미사가 붙어서 된 말은 그 명사의 원형을 밝히어 적지 아니한다.

꼬락서니	끄트머리	모가치	바가지
바깥	사타구니	싸라기	이파리
지붕	지푸라기	짜개	오라기

■ **제23항** '-하다'나 '-거리다'가 붙는 어근에 '-이'가 붙어서 명사가 된 것은 그 원형을 밝히어 적는다.

깔쭉이	꿀꿀이	더펄이	배불뚝이
삐죽이	살살이	쌕쌕이	오뚝이
코납작이	푸석이	홀쭉이	눈깜짝이

[붙임] '-하다'나 '-거리다'가 붙을 수 없는 어근에 '-이'나 또는 다른 모음으로 시작되는 접미사가 붙어서 명사가 된 것은 그 원형을 밝히어 적지 아니한다.

개구리	귀뚜라미	기러기	깍두기	꽹과리
날라리	누더기	동그라미	두드러기	딱따구리
매미	부스러기	뻐꾸기	얼루기	칼싹두기

[문제 5] 한글 맞춤법 제23항을 바탕으로 할 때, 그 내용이 적절하지 <u>않은</u> 것은?

① '개굴이'가 아니라 '개구리'로 표기하는 이유는 '깍두기'와 같은 규정 때문이다.

② '기러기'가 '기럭이'로 표기되지 않는 이유는 '기럭'이 다른 단어를 형성한다고 볼 수 없기 때문이다.

③ '부스러기'가 '부스럭이'로 표기되지 않는 것은 '부스럭거리다'와 관련이 없기 때문이다.

④ '딱딱우리'가 아니라 '딱따구리'로 표기하는 것은 접미사 '-우리'가 사용되었기 때문이다.

⑤ '뻐꾹이'가 아니라 '뻐꾸기'로 표기하는 이유는 '-하다'나 '-거리다'가 붙는 어근이 접미사와 결합했기 때문이다.

답 ⑤ **해** '뻐꾸기'의 어근 '뻐꾹'은 '뻐꾹하다'나 '뻐꾹거리다'처럼 '-하다'나 '-거리다'가 결합하지 않는 어근으로, 이에 접미사 '-이'가 결합하였기 때문에 그 원형을 밝혀 적지 아니한 것이다.

23 〈보기〉는 한글 맞춤법의 일부를 정리한 것이다. 이를 탐구한 내용으로 적절하지 <u>않은</u> 것은?

> ─── 보기 ───
> Ⅰ. 어간의 원형을 밝혀 적음
> ㉠ 명사 뒤에 '-이'가 붙어서 부사로 된 것
> ㉡ 명사 뒤에 '-이'가 붙어서 명사로 된 것
>
> Ⅱ. 어간의 원형을 밝혀 적지 않음
> ㉢ 명사 뒤에 '-이' 이외의 접미사가 붙어서 명사로 된 것

① '겹겹'에 '-이'가 붙은 '겹겹이'는 ㉠에 해당하겠군.

② '안달'에 '-이'가 붙은 '안달이'는 ㉡에 해당하겠군.

③ '틈틈'에 '-이'가 붙은 '틈틈이'는 ㉡에 해당하겠군.

④ '골'에 '-앙'이 붙은 '고랑'은 ㉢에 해당하겠군.

⑤ '털'에 '-억'이 붙은 '터럭'은 ㉢에 해당하겠군.

답 ③ **해** '틈틈이'는 명사 '틈'이 반복된 말에 '-이'가 붙어 부사가 되었으므로 ㉠에 해당한다.

24 명사 뒤에 '-이'가 붙어서 명사로 된 것으로 명사의 원형을 밝혀 적은 예에 해당하지 <u>않는</u> 것은?

① 억척이

② 모가지

③ 점잔이

④ 얌전이

⑤ 퉁방울이

답 ② **해** '모가지'는 명사 '목'에 접미사 '-아지'가 결합하여 형성된 것으로, 접미사 '-이'가 붙은 것이 아니며 명사의 원형을 밝혀 적은 것도 아니다.

25 다음 중, 표기가 바르지 <u>않은</u> 것은?

① 깜짝이

② 오뚜기

③ 살살이

④ 삐죽이

⑤ 얼루기

답 ② **해** ②는 '-하다'나 '-거리다'가 붙는 어근에 '-이'가 붙어서 명사가 된 것으로 그 원형을 밝혀 적는다는 규정에 따라 '오뚝이'라고 표기해야 한다.

■ 제25항 '-하다'가 붙는 어근에 '-히'나 '-이'가 붙어서 부사가 되거나, 부사에 '-이'가 붙어서 뜻을 더하는 경우에는 그 어근이나 부사의 원형을 밝히어 적는다.

① '-하다'가 붙는 어근에 '-히'나 '-이'가 붙는 경우

급히	꾸준히	도저히
딱히	어렴풋이	깨끗이

[붙임] '-하다'가 붙지 않는 경우에는 소리대로 적는다.

갑자기	반드시(꼭)	슬며시

② 부사에 '-이'가 붙어서 역시 부사가 되는 경우

곰곰이	더욱이	생긋이
오뚝이	일찍이	해죽이

개념 확대경

접미사 '-이'와 '-히'가 붙는 문법적 기준

- 한글 맞춤법 제6장의 제51항에서 "부사의 끝음절이 '이'로만 나는 것은 '-이'로 적고, '히'로만 나거나 '이'나 '히'로 나는 것은 '-히'로 적는다."라고 규정하고 있음
- [이], [히]의 발음은 사람에 따라 다르게 인식될 수 있어 모호한 측면이 있음
- 아래와 같은 문법적 기준으로 구분할 수 있으나, 모든 경우에 반드시 적용되는 것은 아님

〈'-이'가 붙는 경우〉
① 첩어 명사 뒤(겹겹이, 낱낱이, 번번이)
② 'ㅅ' 받침 뒤(남짓이, 버젓이, 지긋이)
③ 'ㅂ' 불규칙 용언의 어간 뒤(가벼이, 괴로이, 쉬이)
④ 부사 뒤(곰곰이, 더욱이, 일찍이)
⑤ '-하다'가 붙지 않은 용언 어간 뒤(같이, 굳이, 많이)

〈'-히'가 붙는 경우〉
① '-하다'가 붙는 어근 뒤(고요히, 급히, 꼼꼼히, 답답히, 엄격히)

탐구하기

[문제 6] 한글 맞춤법 제25항을 바탕으로 할 때, 그 내용이 적절하지 <u>않은</u> 것은?

① '꾸준히 준비하다'의 '꾸준히'는 어근의 원형을 밝혀 적은 경우이다.
② '생긋이 웃다'의 '생긋이'는 부사에 '-이'가 붙어 부사가 된 경우이다.
③ '갑자기 추워지다'의 '갑자기'는 '-하다'가 붙지 않아 소리대로 적은 경우이다.
☑ '같이 가다'의 '같이'는 '깨끗이'를 표기할 때와 같은 규정이 적용되는 경우이다.
⑤ '곰곰이 생각하다'의 '곰곰이'는 '일찍이'와 같은 이유로 원형을 밝히어 적은 경우이다.

답 ④ **해** '깨끗이'는 '-하다'가 붙는 어근에 '-이'가 붙어 부사가 되는 경우로 그 원형을 밝혀 적는다는 제25항의 규정을 따른 것이다. 하지만 '같이'는 어간에 '-이'가 붙어 부사로 된 것으로 그 원형을 밝혀 적는다는 제19항의 규정을 따른 것이다.

◎ **규정별 '어간'과 '어근'의 구분**
제19항에서는 '어간', 제23항과 제25항에서는 '어근'에 붙는 접미사에 대한 규정을 제시하고 있습니다. 제19항은 동사와 형용사의 어간에 접미사가 붙어서 된 말들을, 제23항과 제25항은 명사, 의성어, 의태어, 성상 부사의 어근에 접미사가 붙어서 된 말들을 규정하고 있기 때문에 두 용어를 구분하여 이해할 필요가 있습니다.

☆ 개념을 완성하는 문제

26 〈보기〉는 한글 맞춤법의 일부를 정리한 것이다. 이를 탐구한 내용으로 적절하지 <u>않은</u> 것은?

> ┌─── 보기
> 〈어근의 원형을 밝혀 적음〉
> ㉠ '-하다'가 붙는 어근에 '-이/-히'가 붙어 부사가 되는 경우
> ㉡ 부사에 '-이'가 붙어 역시 부사가 되는 경우
> ㉢ 반복적인 명사 어근 뒤에 '-이'가 붙어 부사가 되는 경우

☑ '눈을 지그시 감다.'의 '지그시'는 ㉠의 규정을 따른 것이다.
② '죄를 짓고도 버젓이 나돌아 다닌다.'의 '버젓이'는 ㉠의 규정을 따른 것이다.
③ '나이가 어리고, 더욱이 몸도 약하다.'의 '더욱이'는 ㉡의 규정을 따른 것이다.
④ '구걸하러 집집이 돌아다녔다.'의 '집집이'는 ㉢의 규정을 따른 것이다.
⑤ '꽃이 산자락에 곳곳이 피어 있다.'의 '곳곳이'는 ㉢의 규정을 따른 것이다.

답 ① **해** '지그시'는 '-하다'가 붙지 않아 어근의 원형을 밝히지 않고 소리 나는 대로 적은 것이다.

27 〈보기〉의 예로 적절한 것은?

> ┌─── 보기
> '-하다'가 붙지 않아서 어근과 접사를 분리하기 어려울 때에는 어근의 원형을 밝히지 않고 소리 나는 대로 적는다.

① 높이　　② 급히
③ 많이　　☑ 슬며시
⑤ 도저히

답 ④ **해** 〈보기〉의 규정에 해당하는 예로는 '슬며시, 갑자기, 반드시, 지그시' 등이 있다.

3-❸ 제4절 합성어 및 접두사가 붙은 말

- **제28항** 끝소리가 'ㄹ'인 말과 딴 말이 어울릴 적에 'ㄹ' 소리가 나지 아니하는 것은 아니 나는 대로 적는다.

다달이(달-달-이)	따님(딸-님)	마되(말-되)
마소(말-소)	무자위(물-자위)	바느질(바늘-질)
부삽(불-삽)	부손(불-손)	싸전(쌀-전)
여닫이(열-닫이)	우짖다(울-짖다)	화살(활-살)

- **제30항** 사이시옷은 다음과 같은 경우에 받치어 적는다.

1. 순우리말로 된 합성어로서 앞말이 모음으로 끝난 경우

① 뒷말의 첫소리가 된소리로 나는 것

고랫재	귓밥	나룻배	나뭇가지	냇가
댓가리	뒷갈망	맷돌	머릿기름	모깃불
못자리	바닷가	뱃길	볏가리	부싯돌
선짓국	쇳조각	아랫집	우렁잇속	잇자국
잿더미	조갯살	찻집	쳇바퀴	킷값
핏대	햇볕	혓바늘		

② 뒷말의 첫소리 'ㄴ, ㅁ' 앞에서 'ㄴ' 소리가 덧나는 것

멧나물	아랫니	텃마당	아랫마을	뒷머리
잇몸	깻묵	냇물	빗물	

③ 뒷말의 첫소리 모음 앞에서 'ㄴㄴ' 소리가 덧나는 것

도리깻열	뒷윷	두렛일	뒷일	뒷입맛
베갯잇	욧잇	깻잎	나뭇잎	댓잎

2. 순우리말과 한자어로 된 합성어로서 앞말이 모음으로 끝난 경우

① 뒷말의 첫소리가 된소리로 나는 것

귓병	머릿방	뱃병	봇둑	사잣밥
샛강	아랫방	자릿세	전셋집	찻잔
찻종	촛국	콧병	탯줄	텃세
핏기	햇수	횟가루	횟배	

② 뒷말의 첫소리 'ㄴ, ㅁ' 앞에서 'ㄴ' 소리가 덧나는 것

곗날	제삿날	훗날	툇마루	양칫물

③ 뒷말의 첫소리 모음 앞에서 'ㄴㄴ' 소리가 덧나는 것

가욋일	사삿일	예삿일	훗일

3. 두 음절로 된 다음 한자어

곳간(庫間)	셋방(貰房)	숫자(數字)
찻간(車間)	툇간(退間)	횟수(回數)

☆ **개념을 완성하는 문제**

28 한글 맞춤법 제28항의 내용으로 적절성 여부를 판단할 수 있는 것은?

① '칼날'을 [칼랄]이라고 발음하지만 '칼날'로 표기한다.

② '꽃잎'을 [꼰닙]이라고 발음하지만 '꽃잎'으로 표기한다.

③ '소나무'는 '솔'과 '나무'가 합성된 말인데 '소나무'로 표기한다.

④ '이튿날'은 '이틀'과 '날'이 합성된 말인데 '이튿날'로 표기한다.

⑤ '숟가락'은 '술'과 '가락'이 합성된 말인데 '숟가락'으로 표기한다.

답 ③ 해 'ㄹ' 탈락과 관련된 제28항의 규정에 해당하는 예는 ③의 '소나무'이다.

29 사이시옷 표기와 관련한 설명으로 적절하지 **않은** 것은?

① '개- + 살구' 구성은 합성어가 아니므로 '개살구'라고 쓴다.

② '총무(總務) + 과(課)' 구성은 합성어를 이루는 구성 요소에 고유어가 없으므로 '총무과'라고 쓴다.

③ '만두(饅頭) + 국' 구성은 '한자어 + 고유어'로 된 합성어이고 뒷말의 첫소리가 된소리로 나므로 '만둣국'이라고 쓴다.

④ '장마 + 비' 구성은 '고유어 + 고유어'로 된 합성어이고 뒷말의 첫소리 'ㄴ, ㅁ' 앞에서 'ㄴ' 소리가 덧나므로 '장맛비'라고 쓴다.

⑤ '허드레 + 일' 구성은 '고유어 + 고유어'로 된 합성어이고 뒷말의 첫소리 모음 앞에서 'ㄴㄴ' 소리가 덧나므로 '허드렛일'이라고 쓴다.

답 ④ 해 '장맛비'는 '고유어 + 고유어'로 된 합성어이고 뒷말의 첫소리가 된소리로 나므로 '사이시옷을 표기하여 '장맛비'라고 쓴다.

[문제 7] 〈보기〉의 '1가지 조건'으로 적절하지 <u>않은</u> 것은?

---- • 보기 •

'한글 맞춤법'에 따르면, 사이시옷은 아래의 조건 ⓐ~ⓓ가 모두 만족되어야 표기된다. 단, '곳간, 셋방, 숫자, 찻간, 툇간, 횟수'는 예외이다.

〈사이시옷 표기에 고려되는 조건〉
ⓐ 단어 분류상 '합성 명사'일 것
ⓑ 결합하는 두 말의 어종이 다음 중 하나일 것
  • 고유어 + 고유어
  • 고유어 + 한자어
  • 한자어 + 고유어
ⓒ 결합하는 두 말 중 앞말이 모음으로 끝날 것
ⓓ 두 말이 결합하며 발생하는 음운 현상이 다음 중 하나일 것
  • 앞말 끝소리에 'ㄴ' 소리가 덧남
  • 앞말 끝소리와 뒷말 첫소리에 각각 'ㄴ' 소리가 덧남
  • 뒷말 첫소리가 된소리로 바뀜

㉠~㉤ 각각의 쌍은 위 조건 ⓐ~ⓓ 중 '1가지 조건'만 차이가 나서 사이시옷 표기 여부가 갈린 예이다.

	사이시옷이 없는 단어	사이시옷이 있는 단어
㉠	도매가격[도매까격]	도맷값[도매깝]
㉡	전세방[전세빵]	아랫방[아래빵]
㉢	버섯국[버섣꾹]	조갯국[조개꾹]
㉣	인사말[인사말]	존댓말[존댄말]
㉤	나무껍질[나무껍찔]	나뭇가지[나무까지]

① ㉠ : ⓐ   ② ㉡ : ⓑ   ③ ㉢ : ⓒ

④ ㉣ : ⓓ   ⑤ ㉤ : ⓓ

답 ① **해** '도매가격(都賣價格)'과 '도맷값(都賣값)'은 모두 합성 명사(ⓐ)로, 앞말이 모음으로 끝나고(ⓒ) 뒷말 첫소리가 된소리로 바뀐다(ⓓ). 그런데 '도매가격'은 '한자어 + 한자어'이고 '도맷값'은 '한자어 + 고유어'이기 때문에 '도맷값'만 사이시옷이 표기된 것이므로, ㉠에서 사이시옷 표기 여부를 가른 1가지 조건은 ⓑ이다.

■ **제31항** 두 말이 어울릴 적에 'ㅂ' 소리나 'ㅎ' 소리가 덧나는 것은 소리대로 적는다.

① 'ㅂ' 소리가 덧나는 것

댑싸리(대ㅂ싸리)	멥쌀(메ㅂ쌀)	볍씨(벼ㅂ씨)
입때(이ㅂ때)	입쌀(이ㅂ쌀)	접때(저ㅂ때)
좁쌀(조ㅂ쌀)	햅쌀(해ㅂ쌀)	

② 'ㅎ' 소리가 덧나는 것

머리카락(머리ㅎ가락)	살코기(살ㅎ고기)	수캐(수ㅎ개)
수컷(수ㅎ것)	수탉(수ㅎ닭)	안팎(안ㅎ밖)
암캐(암ㅎ개)	암컷(암ㅎ것)	암탉(암ㅎ닭)

30 다음 중, 한글 맞춤법에 맞는 것은?

① 등교길에 친구를 만났다.
② 카메라의 <u>초점</u>을 맞췄다.
③ 비물을 모아 농사에 이용했다.
④ 방 안에서 초불이 타고 있었다.
⑤ 그녀는 <u>차집</u>에서 그를 기다렸다.

답 ② **해** '초점'과 같이 두 음절로 된 한자어는 한글 맞춤법에 규정된 6개의 단어 외에는 사이시옷을 표기하지 않는다. / ① 등굣길 ③ 빗물 ④ 촛불 ⑤ 찻집

31 〈보기〉의 조건을 충족하지 <u>않는</u> 것은?

---- • 보기 •

• 순우리말로 된 합성어로서 앞말이 모음으로 끝난 경우
• 뒷말의 첫소리 모음 앞에서 'ㄴㄴ' 소리가 덧나는 것

① 깻잎   ② 댓잎   ③ 아랫니
④ 베갯잇   ⑤ 두렛일

답 ③ **해** '아랫니'는 뒷말의 첫소리 'ㄴ, ㅁ' 앞에서 'ㄴ' 소리가 덧나는 예에 해당한다.

32 다음 중, 한글 맞춤법에 맞지 <u>않는</u> 것은?

① 햅쌀로 밥을 지었다.
② 수탉이 알을 낳았다.
③ <u>수코양이</u>가 쥐를 잡았다.
④ 아는 집에서 암캉아지를 얻어 왔다.
⑤ 그는 <u>접때</u> 만난 적이 있는 사람이다.

답 ③ **해** ③은 'ㅎ' 소리가 덧나지 않으므로 '수고양이'라고 표기해야 한다.

33 〈보기〉를 참고하여 한글 맞춤법 제31항을 이해한 내용으로 적절하지 <u>않은</u> 것은?

---- • 보기 •

'ㅂ'이나 'ㅎ' 소리가 덧나는 것은 소리 나는 대로 적는다. 앞말에 'ㅂ' 소리가 덧나게 하는 '쌀, 씨' 등은 옛말에서 단어 첫머리에 'ㅂ'을 가지고 있었던 말이다. 'ㅎ'의 경우도 '살ㅎ, 수ㅎ'와 같이 'ㅎ'을 가지고 있었던 말이다.

① '볍씨, 입때' 등은 'ㅂ' 소리가 덧나는 예이다.
② '수컷, 암캐' 등은 'ㅎ' 소리가 덧나는 예이다.
③ '안팎, 휩쓸다'는 'ㅎ' 소리가 덧나는 예로 추가할 수 있다.
④ 'ㅂ' 소리가 덧나는 것은 뒤의 단어가 원인이다.
⑤ 'ㅎ' 소리가 덧나는 것은 앞의 소리가 원인이다.

답 ③ **해** '휩쓸다'는 'ㅂ' 소리가 덧나는 예에 해당한다.

- **제34항** 모음 'ㅏ, ㅓ'로 끝난 어간에 '-아/-어, -았-/-었-'이 어울릴 적에는 준 대로 적는다.

본말	준말	본말	준말
가아	가	가았다	갔다

- **제35항** 모음 'ㅗ, ㅜ'로 끝난 어간에 '-아/-어, -았-/-었-'이 어울려 'ㅘ/ㅝ, 왔/웠'으로 될 적에는 준 대로 적는다.

본말	준말	본말	준말
꼬아	꽈	꼬았다	꽜다

- **제36항** 'ㅣ' 뒤에 '-어'가 와서 'ㅕ'로 줄 적에는 준 대로 적는다.

본말	준말	본말	준말
견디어	견뎌	견디었다	견뎠다

- **제37항** 'ㅏ, ㅕ, ㅗ, ㅜ, ㅡ'로 끝난 어간에 '-이-'가 와서 각각 'ㅐ, ㅖ, ㅚ, ㅟ, ㅢ'로 줄 적에는 준 대로 적는다.

본말	준말	본말	준말
싸이다	쌔다	누이다	뉘다

탐구 하기

[문제 8] 〈보기〉는 준말에 관한 한글 맞춤법의 일부이다. 이를 적용한 내용으로 적절하지 <u>않은</u> 것은?

> ─── 보기 ───
>
> ㉠ 제34항 [붙임 1] 'ㅐ, ㅔ' 뒤에 '-어, -었-'이 어울려 줄 적에는 준 대로 적는다.
> ㉡ 제35항 모음 'ㅗ, ㅜ'로 끝난 어간에 '-아/-어, -았-/-었-'이 어울려 'ㅘ/ㅝ, 왔/웠'으로 될 적에는 준 대로 적는다.
> ㉢ 제35항 [붙임 2] 'ㅚ' 뒤에 '-어, -었-'이 어울려 'ㅙ, 쌨'으로 될 적에도 준 대로 적는다.
> ㉣ 제36항 'ㅣ' 뒤에 '-어'가 와서 'ㅕ'로 줄 적에는 준 대로 적는다.
> ㉤ 제37항 'ㅏ, ㅕ, ㅗ, ㅜ, ㅡ'로 끝난 어간에 '-이-'가 와서 각각 'ㅐ, ㅖ, ㅚ, ㅟ, ㅢ'로 줄 적에는 준 대로 적는다.

① ㉠ 적용: '(날이) 개었다' → '갰다', '(나무를) 베어' → '베' 등으로 적음
② ㉡ 적용: '(다리를) 꼬아' → '꽈', '(죽을) 쑤었다' → '쒔다' 등으로 적음
③ ㉤ 적용: '(발에) 차- + -이- + -었다' → '채었다'로 적음
④ ㉤ 적용 후 ㉢ 적용: '(벌에) 쏘- + -이- + -어' → '쐐'로 적음
☑ ⑤ ㉤ 적용 후 ㉣ 적용: '(오줌을) 누- + -이- + -어 → '뉘여'로 적음
답 ⑤ 해 '누- + -이- + -어'는 ㉤에 따라 '뉘어'로 적을 수도 있고, ㉣에 따라 '누여'로 적을 수도 있다. ㉤이 적용된 '뉘어'에 대해 다시 ㉣을 적용하여 '뉘여'로 적을 수 있다는 설명은 적절하지 않다.

☆ 개념을 완성하는 문제

34 〈보기〉의 설명에 해당하는 예가 <u>아닌</u> 것은?

> ─── 보기 ───
>
> 'ㅚ' 뒤에 '-어, -었-'이 어울려 'ㅙ, 쌨'으로 될 적에도 준 대로 적는다.

① 괴다 – 괘 – 괬다
② 꾀다 – 꽤 – 꽸다
③ 쬐다 – 쫴 – 쬈다
☑ 되뇌다 – 돼눼 – 돼눴다
⑤ 앳되다 – 앳돼 – 앳됐다
답 ④ 해 '되뇌다'를 준 대로 적으면 '되뇌 – 되뇄다'가 된다.

35 밑줄 친 말 중, 한글 맞춤법에 맞는 것은?

① 어느덧 가을이 <u>됬다</u>.
② 모든 게 생각대로 <u>되</u> 간다.
③ 이렇게 만나게 <u>되서</u> 반갑다.
☑ 어제 부모님을 <u>뵀다</u>.
⑤ 내일 함께 선생님을 <u>뵈요</u>.
답 ④ 해 '뵀다'는 맞는 표기이며, 준 대로 적을 때는 '뵀다'가 된다. / ① 됐다/되었다 ② 돼/되어 ③ 돼서/되어서 ⑤ 봬요/뵈어요

36 밑줄 친 말 중, 준말을 바르게 적지 <u>못</u>한 것은?

① <u>쇠</u>를 녹였다.
② 나뭇가지들이 발에 <u>챈다</u>.
☑ 돌이 다 <u>뫠면</u> 석탑을 쌓자.
④ 새삼스레 무슨 <u>존댓말</u>이냐.
⑤ 그는 천연스레 먼 산만 보았다.
답 ③ 해 '모이면'의 준말은 '뫼면'으로 적어야 한다.

37 〈보기〉의 내용을 적용할 때, 적절하지 <u>않은</u> 것은?

> ─── 보기 ───
>
> ㉠ 모음 'ㅗ, ㅜ'로 끝난 어간에 '-아/-어, -았-/-었-'이 어울려 'ㅘ/ㅝ, 왔/웠'으로 될 적에는 준 대로 적는다.
> ㉡ '놓아'가 '놔'로 줄 적에는 준 대로 적는다.
> ㉢ 'ㅚ' 뒤에 '-어, -었-'이 어울려 'ㅙ, 쌨'으로 될 적에도 준 대로 적는다.

① ㉠: 보아 → 봐
② ㉠: 추었다 → 췄다
☑ ㉡: 좋아 → 좌
④ ㉡: 놓아라 → 놔라
⑤ ㉢: 쐬었다 → 쐤다
답 ③ 해 '놓다'가 '-아'와 결합하면 예외적으로 '놔'로 줄지만, '좋아'는 '좌'로 줄지 않는다.

■ **제40항** 어간의 끝음절 '하'의 'ㅏ'가 줄고 'ㅎ'이 다음 음절의 첫소리와 어울려 거센소리로 될 적에는 거센소리로 적는다.

본말	준말	본말	준말
간편하게	간편케	다정하다	다정타
연구하도록	연구토록	정결하다	정결타
가하다	가타	흔하다	흔타

[붙임 1] 'ㅎ'이 어간의 끝소리로 굳어진 것은 받침으로 적는다.

않다	않고	않지	않든지
그렇다	그렇고	그렇지	그렇든지
아무렇다	아무렇고	아무렇지	아무렇든지
어떻다	어떻고	어떻지	어떻든지

[붙임 2] 어간의 끝음절 '하'가 아주 줄 적에는 준 대로 적는다.

본말	준말	본말	준말
거북하지	거북지	넉넉하지 않다	넉넉지 않다
생각하건대	생각건대	못하지 않다	못지않다
생각하다 못해	생각다 못해	섭섭하지 않다	섭섭지 않다
깨끗하지 않다	깨끗지 않다	익숙하지 않다	익숙지 않다

[붙임 3] 다음과 같은 부사는 소리대로 적는다.

결단코	기필코	무심코	아무튼	요컨대
정녕코	필연코	하마터면	하여튼	한사코

탐구 하기

[문제 9] 〈보기〉는 한글 맞춤법 수업 중 준말과 관련한 학습지의 일부이다. 학생의 반응으로 적절하지 <u>않은</u> 것은?

> ➙ 보기 •
> ㉠ 제40항 어간의 끝음절 '하'의 'ㅏ'가 줄고 'ㅎ'이 다음 음절의 첫소리와 어울려 거센소리로 될 적에는 거센소리로 적는다. ◉ 간편하게 → 간편케
> ㉡ [붙임 1] 'ㅎ'이 어간의 끝소리로 굳어진 것은 받침으로 적는다.
> ◉ 아무렇다. 어떻다
> ㉢ [붙임 2] 어간의 끝음절 '하'가 아주 줄 적에는 준 대로 적는다. 이는 안울림소리 받침 뒤에서 나타난다. ◉ 넉넉하지 → 넉넉지

① '다정하다'를 '다정타'로 적는 것은 ㉠의 규정을 따른 결과이다.
② '분발토록'은 ㉠에 따라 '분발하도록'에서 '하'의 'ㅏ'가 줄고, 'ㅎ'이 다음 음절의 'ㄷ'과 어울려 거센소리로 된 결과이다.
③ '이렇다'를 '이러타'로 적지 않는 것은 ㉡의 규정을 따른 결과이다.
✔ '무심하지'는 ㉢의 규정에 따라 '하'가 줄어진 형태인 '무심지'로 적을 수 있다.
⑤ '깨끗하지'는 '하' 앞에 안울림소리 받침이 오는 것으로 보아 ㉢의 규정에 따라 '깨끗지'로 적을 수 있다.

> **답** ④ **해** '무심하지'의 준말은 '무심치'로, ㉠의 규정에 따라 어간의 끝음절 '하'의 'ㅏ'가 줄고 'ㅎ'이 다음 음절의 첫소리 'ㅈ'과 어울려 거센소리 'ㅊ'으로 된다.

❖ **제40항에서 '하'가 줄어드는 기준**

한글 맞춤법 제40항의 해설에서는 '하'가 줄어드는 기준을 밝히고 있습니다. '하'가 줄어드는 기준은 '하' 앞에 오는 받침의 소리입니다. '하' 앞의 받침의 소리가 [ㄱ, ㄷ, ㅂ]이면 '하'가 통째로 줄고, 그 외의 경우에는 'ㅎ'이 남습니다.

☆ **개념을 완성하는 문제**

38 〈보기〉의 설명에 해당하는 예가 <u>아닌</u> 것은?

> ➙ 보기
> 어간의 끝음절 '하'가 줄어들 때, '하'가 통째로 줄지 않고 'ㅎ'이 남아 뒤에 오는 말의 첫소리와 어울려 거센소리가 되는 경우가 있다. 이럴 때는 소리 나는 대로 적는다.

① 무능하다   ② 실망하게
③ 부지런하다   ④ 분발하도록
✔ 갑갑하지 않다

> **답** ⑤ **해** ⑤는 '하' 앞의 받침의 소리가 [ㅂ]이므로 '하'가 통째로 줄어 '갑갑지 않다'와 같이 적는다.

39 〈보기〉의 설명에 해당하는 예가 <u>아닌</u> 것은?

> ➙ 보기
> 어간의 끝음절 '하'가 줄어들 때, '하'가 통째로 줄어드는 경우가 있다. 이때도 소리 나는 대로 적는다.

✔ 사임하고자
② 생각하다 못해
③ 깨끗하지 않다
④ 답답하지 않다
⑤ 익숙하지 못하다

> **답** ① **해** ①은 '하' 앞의 받침의 소리가 [ㄱ, ㄷ, ㅂ] 외의 경우이므로 'ㅎ'이 거센소리로 변해 '사임코자'와 같이 적는다.

40 〈보기〉의 ㉠에 해당하지 <u>않는</u> 것은?

> ➙ 보기
> 준말에서 'ㅎ'이 어간의 끝소리로 굳어져 있는 것은 전통에 따라 받침으로 적는다. (㉠) 등이 줄어든 형태가 여기에 속한다.

① 이러하다   ② 저러하다
✔ 가뿐하다   ④ 그러하다
⑤ 아무러하다

> **답** ③ **해** '가뿐하다'는 준말에서 'ㅎ'이 어간의 끝소리로 굳어져 있는 예에 해당하지 않는다.

4-❶ 제1절 조사

■ **제41항** 조사는 그 앞말에 붙여 쓴다.

꽃이	꽃마저	꽃밖에	꽃에서부터	꽃으로만
꽃이나마	꽃이다	꽃입니다	꽃처럼	

4-❷ 제2절 의존 명사, 단위를 나타내는 명사 및 열거하는 말 등

■ **제42항** 의존 명사는 띄어 쓴다.

아는 것이 힘이다.	나도 할 수 있다.	먹을 만큼 먹어라.
아는 이를 만났다.	네가 뜻한 바를 알겠다.	그가 떠난 지가 오래다.

> **개념 돋보기**
>
> ❖ 띄어쓰기를 판단하기 어려운 의존 명사들
>
> | 들 | • 남자들, 학생들 → 접미사
• 과일에는 사과, 배, 감 들이 있다.(그런 따위) → 의존 명사 |
> |---|---|
> | 뿐 | • 남자뿐이다, 셋뿐이다. → 조사
• 웃을 뿐이다.(용언의 관형사형 뒤) → 의존 명사 |
> | 대로 | • 법대로, 약속대로(그와 같이) → 조사
• 아는 대로 말한다.(용언의 관형사형 뒤) → 의존 명사 |
> | 만큼 | • 키가 전봇대만큼 크다.(앞말과 비슷한 정도로) → 조사
• 볼 만큼 보았다.(용언의 관형사형 뒤) → 의존 명사 |
> | 만 | • 하나만 알고 둘은 모른다.(한정, 비교) → 조사
• 세 번 만에 시험에 합격했다.(횟수) → 의존 명사 |
> | 지 | • 집이 큰지 작은지 모르겠다. → 어미 '-(으)ㄴ지'의 일부
• 그가 떠난 지 보름이 지났다.(시간의 경과) → 의존 명사 |

■ **제43항** 단위를 나타내는 명사는 띄어 쓴다.

한 개	차 한 대	금 서 돈	소 한 마리
옷 한 벌	열 살	조기 한 손	연필 한 자루
버선 한 죽	집 한 채	신 두 켤레	북어 한 쾌

다만, 순서를 나타내는 경우나 숫자와 어울려 쓰이는 경우에는 붙여 쓸 수 있다.

두시 삼십분 오초	제일과	삼학년	육층
1446년 10월 9일	2대대	16동 502호	제1실습실
80원	10개	7미터	

■ **제46항** 단음절로 된 단어가 연이어 나타날 적에는 붙여 쓸 수 있다.

좀더 큰것	이말 저말	한잎 두잎
내것 네것	물 한병	그 옛차

☆ **개념을 완성하는 문제**

41 다음 중, 띄어쓰기가 적절한 것은?

① 아는대로 모두 말하여라.
② 마음이 약해질대로 약해졌다.
③ 모든 것이 자기 생각 대로 되었다.
☑ 손님들은 먹을 만큼 충분히 먹었다.
⑤ 그 사람은 말 만큼은 누구보다 앞선다.

답 ④ **해** ④의 '만큼'은 용언의 관형사형 뒤에서 '앞의 내용에 상당한 수량이나 정도임을 나타내는 말'을 뜻하는 의존 명사이므로 앞말과 띄어 쓴다.

42 다음 중, 띄어쓰기가 적절한 것은?

① 그는 나의 어릴적 친구이다.
☑ 그는 웃고만 있을 뿐이었다.
③ 우릴 도와주는 사람은 너 밖에 없다.
④ 양로원 봉사 보다는 게임을 하고 싶다.
⑤ 어르신들의 말씀을 들을 때 만큼은 마음이 뿌듯했다.

답 ② **해** ②의 '뿐'은 의존 명사이므로 앞말과 띄어 써야 한다. / ① 어릴 적 ③ 너밖에 ④ 봉사보다는 ⑤ 때만큼은

43 〈보기〉를 통해 띄어쓰기 규정을 탐구한 내용으로 적절하지 **않은** 것은?

> ─ 보기 ─
> ㉠ 너는 일밖에 모르니?
> ㉡ 연필 두 자루가 있습니다.
> ㉢ 나는 그저 웃고만 있었다.
> ㉣ 너무 아는 척을 하지 말아야 해.
> ㉤ 청군 대 백군으로 나눠 경기를 했다.

① ㉠: '일'과 '밖에'를 붙여 쓴 것을 보니, 조사는 붙여 쓰는군.
② ㉡: '두'와 '자루'를 띄어 쓴 것을 보니, 단위를 나타내는 명사는 띄어 쓰는군.
☑ ㉢: '웃고만'과 '있었다'를 띄어 쓴 것을 보니, 본용언끼리는 띄어 쓰는군.
④ ㉣: '아는'과 '척'을 띄어 쓴 것을 보니, 의존 명사는 띄어 쓰는군.
⑤ ㉤: '청군', '대', '백군'을 띄어 쓴 것을 보니, 두 말을 이어 줄 때에 쓰이는 말은 띄어 쓰는군.

답 ③ **해** ㉢의 '웃고만 있었다'는 본용언과 보조 용언이 결합한 것으로, 본용언 '웃고'의 뒤에 조사 '만'이 붙었기 때문에 뒤에 오는 보조 용언 '있었다'를 띄어 써야 한다.

4-❸ 제3절 보조 용언

▪ **제47항** 보조 용언은 띄어 씀을 원칙으로 하되, 경우에 따라 붙여 씀도 허용한다.

> 불이 꺼져 간다.(꺼져간다)　　잘 아는 척한다.(아는척한다)
> 내 힘으로 막아 낸다.(막아낸다)　비가 올 듯하다.(올듯하다)
> 그 일은 할 만하다.(할만하다)　　일이 될 법하다.(될법하다)

다만, 앞말에 조사가 붙거나 앞말이 합성 용언인 경우, 그리고 중간에 조사가 들어갈 적에는 그 뒤에 오는 보조 용언은 띄어 쓴다.

> 잘도 놀아만 나는구나!　　책을 읽어도 보고……
> 네가 덤벼들어 보아라.　　이런 기회는 다시없을 듯하다.
> 그가 올 듯도 하다.　　잘난 체를 한다.

개념 확대경

보조 용언의 띄어쓰기

▪ 다음과 같은 '본용언, 보조 용언'의 구성은 붙여 쓰는 것이 허용됨

> ① 본용언 + -아/-어 + 보조 용언 예 먹어 보았다. / 먹어보았다.
> ② 관형사형 + 보조 용언(의존 명사 + 하다/싶다) 예 아는 체하다. / 아는체하다.
> ③ 명사형 + 보조 용언('직하다'만 해당) 예 먹음 직하다. / 먹음직하다.

▪ 보조 용언 앞에 '-(으)ㄴ가, -나, -는가, -(으)ㄹ까, -지' 등의 종결 어미가 있는 경우에는 보조 용언을 그 앞말에 붙여 쓸 수 없음

> 책상이 작은가 싶다.　　그가 밥을 먹나 보다.
> 집에 갈까 보다.　　아무래도 힘들겠지 싶다.

▪ '-아/-어 지다'와 '-아/-어 하다'가 붙는 경우는 보조 용언을 앞말에 붙여 씀

> 낙서를 지운다. → 낙서가 지워진다.　　아기가 예쁘다. → 아기를 예뻐한다.

다만, '-아/-어 하다'가 구(句)에 결합하는 경우에는 띄어 씀

> 먹고 싶어 하다.(○) / 먹고 싶어하다.(×)
> 마음에 들어 하다.(○) / 마음에 들어하다.(×)

▪ 앞말에 조사가 붙거나 앞 단어가 합성 용언인 경우, 본용언이 파생어인 경우는 보조 용언을 띄어 씀. 의존 명사 뒤에 조사가 붙을 때에도 붙여 쓰지 않음

> 먹어도 보았다.(○) / 먹어도보았다.(×)　파고들어 본다.(○) / 파고들어본다.(×)
> 공부해 보아라.(○) / 공부해보아라.(×)　읽은 체를 한다.(○) / 읽은체를한다.(×)

다만, 본용언이 합성어나 파생어라도 그 활용형이 2음절인 경우에는 붙여 쓸 수 있음

> 나가 버렸다. / 나가버렸다.　　빛내 준다. / 빛내준다.

▪ 보조 용언이 거듭 나타나는 경우는 앞의 보조 용언만을 붙여 쓸 수 있음

> 적어 둘 만하다. / 적어둘 만하다.　　되어 가는 듯하다. / 되어가는 듯하다.

☆ 개념을 완성하는 문제

44 띄어쓰기에 맞는 표현을 모두 찾아 □표 한 것으로 바르지 <u>않은</u> 것은?

　① 활활 타던 불이 (꺼져 갔다 / 꺼져갔다).
　② 공책에 (기록해 두었다 / 기록해두었다).
　③ 의자를 뒤로 (밀어내 버렸다 / 밀어내버렸다).
　☑ 책을 여러 번 (읽어도 보았다 / 읽어도보았다).
　⑤ 네가 그 일을 (덤벼들어 보아라 / 덤벼들어보아라).

답 ④ **해** 앞말에 조사가 붙는 경우에 뒤에 오는 보조 용언은 띄어 써야 하므로, '읽어도보았다'는 띄어쓰기가 잘못된 것이다. / ② 본용언이 파생어인 경우는 보조 용언을 띄어 써야 한다고 규정이 바뀌었으므로 '기록해 두었다'와 같이 띄어 써야 한다.

45 한글 맞춤법 규정을 바탕으로 〈보기〉의 밑줄 친 부분을 평가한 내용으로 적절하지 <u>않은</u> 것은?

> ─────── 보기 ───────
> ㉠ 내게는 키가 <u>큰형</u>이 있다.
> ㉡ 나를 <u>믿어줄</u> 사람은 너뿐이다.
> ㉢ 나는 연필 한자루를 <u>샀을뿐이다</u>.

　① ㉠의 '큰'과 '형'은 '제2항 문장의 각 단어는 띄어 씀을 원칙으로 한다.'에 따라 띄어 써야겠군.
　② ㉡의 '믿어'와 '줄'은 띄어 쓰는 것이 원칙이지만, '제47항 보조 용언은 띄어 씀을 원칙으로 하되, 경우에 따라 붙여 씀도 허용한다.'에 따라 붙여 쓰는 것도 허용되겠군.
　③ ㉢의 '자루'는 '제43항 단위를 나타내는 명사는 띄어 쓴다.'에 따라 '한'과 띄어 써야겠군.
　④ ㉢의 '뿐'은 '제42항 의존 명사는 띄어 쓴다.'에 따라 ㉡의 '뿐'과 달리 띄어 써야겠군.
　☑ ㉡과 ㉢의 '이다'는 '제2항 문장의 각 단어는 띄어 씀을 원칙으로 한다.'에 따라 띄어 써야겠군.

답 ⑤ **해** '이다'는 서술격 조사이므로, '제41항 조사는 그 앞말에 붙여 쓴다.'에 따라 앞말 '뿐'에 붙여 써야 한다.

- **제51항** 부사의 끝음절이 분명히 '이'로만 나는 것은 '-이'로 적고, '히'로만 나거나 '이'나 '히'로 나는 것은 '-히'로 적는다.

① '이'로만 나는 것

가붓이	깨끗이	나붓이	느긋이	둥긋이
따뜻이	반듯이	버젓이	산뜻이	의젓이
가까이	고이	날카로이	대수로이	번거로이
많이	적이	헛되이		
겹겹이	번번이	일일이	집집이	틈틈이

② '히'로만 나는 것

극히	급히	딱히	속히	작히
족히	특히	엄격히	정확히	

③ '이, 히'로 나는 것

솔직히	가만히	간편히	나른히	무단히
각별히	소홀히	쓸쓸히	정결히	과감히
꼼꼼히	심히	열심히	급급히	답답히
섭섭히	공평히	능히	당당히	분명히
상당히	조용히	간소히	고요히	도저히

- **제52항** 한자어에서 본음으로도 나고 속음으로도 나는 것은 각각 그 소리에 따라 적는다.

한자	본음으로 나는 것	속음으로 나는 것
諾	승낙(承諾)	수락(受諾), 쾌락(快諾), 허락(許諾)
難	만난(萬難)	곤란(困難), 논란(論難)
寧	안녕(安寧)	의령(宜寧), 회령(會寧)
怒	분노(忿怒)	대로(大怒), 희로애락(喜怒哀樂)
論	토론(討論)	의논(議論)
六	오륙십(五六十)	오뉴월(五六月), 유월(六月)
木	목재(木材)	모과(木瓜)
十	십일(十日)	시방정토(十方淨土), 시왕(十王), 시월(十月)
八	팔일(八日)	초파일(初八日)

- **제53항** 다음과 같은 어미는 예사소리로 적는다.

-(으)ㄹ거나	-(으)ㄹ걸	-(으)ㄹ게	-(으)ㄹ세
-(으)ㄹ세라	-(으)ㄹ수록	-(으)ㄹ시	-(으)ㄹ지
-(으)ㄹ지니라	-(으)ㄹ지라도	-(으)ㄹ지어다	-(으)ㄹ지언정
-(으)ㄹ진대	-(으)ㄹ진저	-올시다	

다만, 의문을 나타내는 다음 어미들은 된소리로 적는다.

-(으)ㄹ까?	-(으)ㄹ꼬?	-(스)ㅂ니까?	-(으)리까?	-(으)ㄹ쏘냐?

◇ 한자어에서 '본음'과 '속음'의 의미
'본음'은 원래의 음을 말하고, '속음'은 본음이 변하여 널리 퍼진 음을 말합니다. 이러한 소리가 현실적으로 널리 쓰이는 경우, 소리 나는 대로 적는 것이 한글 맞춤법의 규정입니다.

☆ **개념을 완성하는 문제**

46 부사의 끝음절 '-이'나 '-히'의 표기가 바르지 <u>않은</u> 것은?

① 낱낱이　　　✓ 느긋히
③ 짬짬이　　　④ 고요히
⑤ 줄줄이
답 ②　해 ②는 '느긋이'가 바른 표기이다.

47 부사의 끝음절 '-이'나 '-히'의 표기가 바르지 <u>않은</u> 것은?

① 기웃이　　　② 남짓이
③ 버젓이　　　✓ 번듯히
⑤ 꾸준히
답 ④　해 ④는 '번듯이'가 바른 표기이다.

48 부사의 끝음절 '-이'나 '-히'의 표기가 바르지 <u>않은</u> 것은?

✓ 가벼히　　　② 괴로이
③ 기꺼이　　　④ 즐거이
⑤ 단단히
답 ①　해 ①은 '가벼이'가 바른 표기이다.

49 다음 중, 표기가 바르지 <u>않은</u> 것은?

① 부모님의 허락(許諾)을 맡았다.
✓ 도로 사용 승락(承諾)이 떨어졌다.
③ 그는 적잖은 곤란(困難)을 당했다.
④ 후보 지명 수락(受諾) 연설을 했다.
⑤ 그녀는 시월(十月)쯤에 해외로 떠난다.
답 ②　해 ②는 본음으로 소리 나므로 '승낙'이라고 적어야 한다.

50 다음 중, 표기가 한글 맞춤법에 <u>어긋</u>나는 것은?

① 제가 날라 드릴깝쇼?
✓ 지나가는 나그네올씨다.
③ 뉘라서 천하장사를 이길쏜가.
④ 높이 올라갈수록 기온은 떨어진다.
⑤ 얼굴도 예쁜데 마음씨도 고울시고.
답 ②　해 '-올시다'는 예사소리로 적어야 하므로 '나그네올시다'와 같이 표기해야 한다.

■ **제57항** 다음 말들은 각각 구별하여 적는다.

표현(단어)	뜻	예
가름	나눔	둘로 가름
갈음	대신함	새 책상으로 갈음하였다.
거름	비료	풀을 썩힌 거름
걸음	동작	빠른 걸음
거치다	들르다	영월을 거쳐 왔다.
걷히다	흩어져 없어지다, 거두어지다	구름 걷힌 하늘 외상값이 잘 걷힌다.
걷잡다	붙들어 잡다	걷잡을 수 없는 상태
겉잡다	대강 짐작하다	겉잡아서 이틀 걸릴 일
그러므로	그러니까	그는 부지런하다. 그러므로 잘 산다.
그럼으로(써)	그렇게 하는 것으로	그는 열심히 공부한다. 그럼으로(써) 은혜에 보답한다.
노름	도박	노름판이 벌어졌다.
놀음	놀이	즐거운 놀음
다치다	상처가 생기다	부주의로 손을 다쳤다.
닫히다	'닫다'의 피동	문이 저절로 닫혔다.
닫치다	세게 닫다	문을 힘껏 닫쳤다.
목거리	목이 붓고 아픈 병	목거리가 덧났다.
목걸이	장신구	금목걸이, 은목걸이
부딪치다	'부딪다'의 강조	차와 차가 마주 부딪쳤다.
부딪히다	'부딪다'의 피동	마차가 화물차에 부딪혔다.
시키다	하게 하다	일을 시킨다.
식히다	더운 기를 없애다	끓인 물을 식힌다.
안치다	불 위에 올리다	밥을 안친다.
앉히다	앉게 하다	윗자리에 앉힌다.
어름	끝이 맞닿은 자리	두 물건의 어름에서 일어난 현상
얼음	물이 얼어 굳어진 것	얼음이 얼었다.
주리다	배를 곯다	여러 날을 주렸다.
줄이다	작게 하다	비용을 줄인다.
−느니보다	어미	나를 찾아오느니보다 집에 있거라.
−는 이보다	의존 명사	오는 이가 가는 이보다 많다.
−(으)리만큼	어미	나를 미워하리만큼 그에게 잘못한 일이 없다.
−(으)ㄹ 이만큼	의존 명사	찬성할 이도 반대할 이만큼이나 많을 것이다.
−(으)러	목적	공부하러 간다.
−(으)려	의도	서울 가려 한다.

51 다음 중, 한글 맞춤법에 <u>어긋나는</u> 것은?

① 그는 걸음을 재촉했다.
② 농부들은 밭에 거름을 뿌렸다.
③ 선수들의 투지가 승패를 가름했다.
④ 가족 모임으로 돌잔치를 갈음한다.
☑ 차림새만 봐서는 여자인지 남자인지 갈음이 되지 않는다.

🔲 ⑤ 🔳 해 ⑤에는 '쪼개거나 나누어 따로따로 되게 하는 일'을 뜻하는 '가름'을 사용해야 한다.

52 밑줄 친 단어의 표기가 적절하지 <u>않</u>은 것은?

① 수원을 거쳐 대전으로 갔다.
② 더 이상 마음에 거칠 것이 없다.
③ 해가 뜨자 안개가 걷혔다.
④ 여러 단체에서 찬조금이 걷혔다.
☑ 그는 고등학교를 걷혀 대학에 입학했다.

🔲 ⑤ 🔳 해 ⑤에는 '어떤 과정이나 단계를 겪거나 밟다'를 뜻하는 '거쳐'를 사용해야 한다.

53 밑줄 친 단어의 표기가 적절하지 <u>않</u>은 것은?

① 나무늘보는 행동이 느리다.
☑ 새총에 달린 고무줄을 길게 느렸다.
③ 엿장수가 엿가락을 늘였다.
④ 나는 평수를 늘려 새집으로 이사했다.
⑤ 거센 불길이 걷잡을 수 없이 번져 나갔다.

🔲 ② 🔳 해 ②에는 '본디보다 더 길어지게 하다.'를 뜻하는 '늘였다'를 사용해야 한다.

54 밑줄 친 단어의 표기가 적절한 것은?

① 있다가 만나자.
☑ 며칠 더 있다가 가자.
③ 발이 절이기 시작했다.
④ 배추를 소금물에 저렸다.
⑤ 건강을 위해 체중을 조금 주렸다.

🔲 ② 🔳 해 ②는 단어의 표기가 적절하다. / ① 이따가 ③ 저리기 ④ 절였다 ⑤ 줄였다

55 밑줄 친 단어의 표기가 적절하지 <u>않</u>은 것은?

① 차가 뜨거우니까 식혀서 드세요.
☑ 솥에 쌀을 앉히러 부엌으로 갔다.
③ 어머니의 옷을 줄여 동생을 입혔다.
④ 엄마의 심부름으로 두부를 사러 시장에 갔다.
⑤ 예산을 겉잡아서 말하지 말고 정확하게 뽑아야 한다.

🔲 ② 🔳 해 ②에는 '재료를 솥 등에 넣고 불 위에 올리다'를 뜻하는 '안치러'를 사용해야 한다.

01

〈보기〉의 한글 맞춤법 규정을 ⓐ~ⓔ와 바르게 연결한 것은?

> ● 보기 ●
>
> ㄱ. 제14항 체언은 조사와 구별하여 적는다.
> ㄴ. 제33항 체언과 조사가 어울려 줄어지는 경우에는 준 대로 적는다.

> • 너는 ⓐ무얼 좋아하니?
> • ⓑ이건 값이 너무 비싸다.
> • ⓒ너희 사진은 어디에 있니?
> • 나는 항상 ⓓ여기에 있을게.
> • ⓔ그게 바로 문제의 핵심이다.

① ⓐ - ㄱ ② ⓑ - ㄱ ③ ⓒ - ㄴ
④ ⓓ - ㄴ ⑤ ⓔ - ㄴ ✓

답 ⑤ 해 ⓔ '그게'는 체언 '그것'과 조사 '이'가 어울려 줄어진 말로, ㄴ의 규정을 적용한 것이다. / ①, ② ⓐ는 체언 '무엇'과 조사 '을', ⓑ는 체언 '이것'과 조사 '은'이 어울려 줄어진 경우이므로 ㄴ에 해당한다. ③ ⓒ는 ㄱ과 ㄴ에 모두 해당하지 않는다. ④ ⓓ는 체언 '여기'와 조사 '에'를 구별하여 적은 것이므로 ㄱ에 해당한다.

02

〈보기 1〉의 한글 맞춤법 규정을 바탕으로 〈보기 2〉의 ㉠~㉤에 대해 탐구한 내용으로 적절하지 <u>않은</u> 것은?

> ● 보기 1 ●
>
> 제15항 용언의 어간과 어미는 구별하여 적는다.
> [붙임 1] 두 개의 용언이 어울려 한 개의 용언이 될 적에, 앞말의 본뜻이 유지되고 있는 것은 그 원형을 밝히어 적고, 그 본뜻에서 멀어진 것은 밝히어 적지 아니한다.
> 제19항 어간에 '-이'나 '-음/-ㅁ'이 붙어서 명사로 된 것과 '-이'나 '-히'가 붙어서 부사로 된 것은 그 어간의 원형을 밝히어 적는다.
> 제23항 '-하다'나 '-거리다'가 붙는 어근에 '-이'가 붙어서 명사가 된 것은 그 원형을 밝히어 적는다.

> ● 보기 2 ●
>
> • 나는 모퉁이를 ㉠도라가다 예쁜 꽃을 보았다.
> • 바닷물이 빠지자 갯벌이 ㉡드러났다.
> • 날씨가 너무 더워서 ㉢얼음이 녹았다.
> • 건축 기사가 건물의 ㉣노피를 측량했다.
> • 요새 동생이 밥을 잘 먹지 못해 ㉤홀쭈기가 되었다.

① ㉠은 제15항 [붙임 1]을 적용해 '돌아가다'로 정정해야겠군.
② ㉡은 제15항 [붙임 1]을 적용해 '드러났다'로 표기한 것이 적절하군.
③ ㉢은 제19항을 적용해 '얼음'으로 표기한 것이 적절하군.
④ ㉣은 제23항을 적용해 '높이'로 정정해야겠군. ✓
⑤ ㉤은 제23항을 적용해 '홀쭉이'로 정정해야겠군.

답 ④ 해 어근 '높-'에 '-하다'와 '-거리다'가 붙지 않으므로 제23항을 적용하는 것은 적절하지 않다. '높이'는 어간 '높-'에 접사 '-이'가 붙어 명사로 된 것이기 때문에 제19항을 적용해 '높이'로 정정하는 것이 적절하다.

03

〈보기 1〉의 한글 맞춤법 규정을 바탕으로 〈보기 2〉의 ㉠~㉤에 대해 탐구한 내용으로 적절한 것은?

> ● 보기 1 ●
>
> 제41항 조사는 그 앞말에 붙여 쓴다.
> 제42항 의존 명사는 띄어 쓴다.
> 제43항 단위를 나타내는 명사는 띄어 쓴다.
>   다만, 순서를 나타내는 경우나 숫자와 어울리어 쓰이는 경우에는 붙여 쓸 수 있다.
> 제46항 단음절로 된 단어가 연이어 나타날 적에는 붙여 쓸 수 있다.

> ● 보기 2 ●
>
> • 꽃집에 꽃이 ㉠안개꽃 밖에 남아 있지 않았다.
> • 나도 ㉡너만큼 달리기를 잘했으면 좋겠다.
> • 남은 ㉢천 원짜리로 마땅히 살 것이 없었다.
> • 나는 그 사람이 그리워 ㉣어찌할 줄 몰랐다.
> • 기다리던 백신이 ㉤7 연구실에서 개발되었다.

① ㉠은 제41항을 적용해 '안개꽃밖에'로 정정해야겠군. ✓
② ㉡은 제42항을 적용해 '너 만큼'으로 정정해야겠군.
③ ㉢은 제43항을 적용해 '천 원 짜리'로 정정해야겠군.
④ ㉣은 제43항을 적용해 '어찌할줄'로 정정해야겠군.
⑤ ㉤은 제46항을 적용해 '7연구실'로 정정해야겠군.

답 ① 해 ㉠의 '밖에'는 조사이므로 제41항을 적용해 '안개꽃밖에'로 수정해야 한다. / ② ㉡의 '만큼'은 의존 명사가 아니라 조사이므로 앞말에 붙여 써야 한다. ③ ㉢의 '짜리'는 단위를 나타내는 명사가 아니라 접미사이므로 앞말에 붙여 써야 한다. ④ ㉣의 '줄'은 의존 명사이므로 제42항에 따라 띄어 써야 한다. ⑤ ㉤은 단음절로 된 단어가 연이어 나타난 경우가 아니다.

04

〈보기〉를 참고할 때, 밑줄 친 부분이 바르게 쓰인 것은?

> ● 보기 ●
>
> 채 「의존 명사」
>   이미 있는 상태 그대로 있다는 뜻을 나타내는 말
>
> 체 「의존 명사」
>   그럴듯하게 꾸미는 거짓 태도나 모양
>
> -째 「접사」
>   '그대로', 또는 '전부'의 뜻을 더하는 접미사

① 그는 앉은 체로 잠이 들었다.
② 태풍에 나무가 뿌리째로 뽑혔다. ✓
③ 사나운 멧돼지를 산 째로 잡았다.
④ 나는 자는 채를 하며 누워 있었다.
⑤ 내가 아무리 말해도 그는 들은 채도 하지 않았다.

답 ② 해 ②는 뿌리를 포함한 전부가 뽑혔다는 의미이므로 '-째'가 적절하다. / ① 앉은 체로 → 앉은 채로 ③ 산 째로 → 산 채로 ④ 자는 채를 → 자는 체를 ⑤ 들은 채도 → 들은 체도

05

〈보기〉를 바탕으로 사이시옷 표기에 대해 이해한 내용으로 적절하지 <u>않은</u> 것은?

사이시옷이란 두 단어 또는 형태소가 결합하여 만들어진 합성어의 두 요소 사이에 표기하는 'ㅅ'을 말한다. '한글 맞춤법'에 따르면 다음과 같은 조건들이 만족되어야 사이시옷을 표기할 수 있다.

우선, 두 단어가 결합하는 형태가 고유어와 고유어의 결합, 고유어와 한자어의 결합, 한자어와 고유어의 결합으로 이루어진 합성어인 경우 사이시옷을 표기할 수 있다. 단, 일어이거나 접사가 결합하여 만들어진 단어인 파생어에는 사이시옷이 표기되지 않고, 외래어가 포함된 합성어나 한자어만으로 구성된 합성어의 경우에도 사이시옷은 표기되지 않는다. 단, '곳간(庫間), 셋방(貰房), 숫자(數字), 찻간(車間), 툇간(退間), 횟수(回數)'라는 한자어는 예외적으로 사이시옷을 표기한다.

다음으로 이러한 합성어의 앞말이 모음으로 끝나고 두 단어가 결합하여 발생하는 음운론적 현상이 다음 중 하나에 해당하여야 한다. 첫째, 뒷말의 첫소리가 된소리로 바뀌는 경우, 둘째, 뒷말의 첫소리 'ㄴ, ㅁ' 앞에서 'ㄴ' 소리가 덧나는 경우, 셋째, 뒷말의 첫소리 모음 앞에서 'ㄴㄴ' 소리가 덧나는 경우에 사이시옷을 표기할 수 있다.

① '아래옷'과 달리 '아랫마을'은 앞말의 끝소리에 'ㄴ' 소리가 덧나기 때문에 사이시옷이 표기된 것이겠군.

② '고깃국'과 달리 '해장국'은 앞말이 모음으로 끝나지 않았기 때문에 사이시옷이 표기되지 않은 것이겠군.

③ '코마개'와 달리 '콧날'은 뒷말의 첫소리 모음 앞에서 'ㄴㄴ' 소리가 덧나기 때문에 사이시옷이 표기된 것이겠군.

④ '우윳빛'과 달리 '오렌지빛'은 합성어를 구성하는 단어의 결합 형태를 고려하여 사이시옷을 표기하지 않은 것이겠군.

⑤ '모래땅'과 달리 '모랫길'은 두 단어가 결합할 때 뒷말의 첫소리가 된소리로 바뀌었기에 사이시옷이 표기된 것이겠군.

답 ③ 해 '콧날'은 '코'와 '날'이 결합해 만들어진 합성어로, [콘날]로 발음된다. 이는 뒷말의 첫소리 'ㄴ, ㅁ' 앞에서 'ㄴ'소리가 덧나는 경우로, 이로 인해 사이시옷을 표기해야 한다. / ② '해장국'은 앞말이 자음으로 끝나기 때문에 사이시옷을 표기하지 않는다. ④ '오렌지빛'은 외래어 '오렌지'가 포함된 합성어이기 때문에 사이시옷을 표기하지 않는다. ⑤ '모랫길'은 '모래'와 '길'이 결합해 만들어진 합성어로 뒷말의 첫소리가 된소리로 발음되므로 사이시옷을 표기한다.

06

밑줄 친 부분이 한글 맞춤법에 맞게 쓰인 것은?

① 힘든 일은 제가 다 알아서 <u>할게요</u>.

② 무엇을 <u>하던지</u> 최선을 다했으면 좋겠어.

③ 오늘 소풍 가는 날인데 비가 와서 <u>어떻해</u>.

④ 네가 원하는 꿈을 꼭 이룰 수 있기를 <u>바래</u>.

⑤ <u>넉넉치</u> 않은 살림이지만 어려운 사람을 돕자.

답 ① 해 한글 맞춤법 제53항에서 '-ㄹ게'와 같은 어미는 예사소리로 적는다고 규정하고 있으므로, '할게요'는 한글 맞춤법에 맞게 쓰였다. / ② 하든지 ③ 어떡해 ④ 바라 ⑤ 넉넉지

07

다음 문장들을 수정할 때 고려한 사항으로 적절하지 <u>않은</u> 것은?

㉠	그녀는 학교에서 되었다. → 그녀는 학교에서 회장이 되었다.
㉡	그는 나보다 낚시를 더 좋아한다. → 그는 내가 낚시를 좋아하는 것보다 더 낚시를 좋아한다.
㉢	우리 집의 특징은 앞마당이 넓다. → 우리 집의 특징은 앞마당이 넓다는 것이다.
㉣	우리는 환경을 개선시켜야 할 의무가 있다. → 우리는 환경을 개선해야 할 의무가 있다.
㉤	그들은 조용히 정숙을 유지하고 있었다. → 그들은 정숙을 유지하고 있었다.

① ㉠: 서술어가 요구하는 문장 성분인 주어를 추가한다.

② ㉡: 문장의 중의성을 해소한다.

③ ㉢: 주어와 서술어가 호응이 될 수 있도록 한다.

④ ㉣: 불필요한 사동 표현을 사용하지 않는다.

⑤ ㉤: 의미가 중복되는 어휘를 삭제한다.

답 ① 해 '되다'는 주어와 보어를 필수적으로 요구하는 서술어이다. ㉠에 추가된 문장 성분은 주어가 아닌 보어에 해당한다. / ② 비교 대상이 '나와 낚시'인지, '그와 나'인지 분명하지 않기 때문에 비교 대상이 분명해지도록 문장을 수정했다. ③ 주어인 '우리 집의 특징'과 서술어가 호응하도록 문장을 수정했다. ④ 불필요한 사동 표현인 '개선시켜야'를 주동 표현으로 수정했다. ⑤ '조용히'와 '정숙'의 의미가 중복되므로 '조용히'를 삭제했다.

08

〈보기〉의 규정을 참고할 때, 밑줄 친 부분이 한글 맞춤법에 맞게 쓰인 것은?

제56항 '-더라, -던'과 '-든지'는 다음과 같이 적는다.

1. 지난 일을 나타내는 어미는 '-더라, -던'으로 적는다. (ㄱ을 취하고, ㄴ을 버림)

ㄱ	ㄴ
깊던 물이 얕아졌다.	깊든 물이 얕아졌다.

2. 물건이나 일의 내용을 가리지 아니하는 뜻을 나타내는 조사와 어미는 '(-)든지'로 적는다. (ㄱ을 취하고, ㄴ을 버림)

ㄱ	ㄴ
배든지 사과든지 마음대로 먹어라.	배던지 사과던지 마음대로 먹어라.

① 영화나 보러 <u>가던가</u>.

② 그 사람 말 <u>잘하든데!</u>

③ 얼마나 깜짝 <u>놀랐든지</u> 몰라.

④ <u>어찌하던지</u> 간에 나는 신경 안 써.

⑤ <u>무엇이든지</u> 주저하지 말고 시작해 봐.

답 ⑤ 해 ⑤는 일의 내용을 가리지 말고 시작하라는 의미를 지니고 있으므로, 조사 '-든지'가 바르게 결합하였다. / ① 가든가 ② 잘하던데 ③ 놀랐던지 ④ 어찌하든지

07 국어의 변천

개념 열기 ① 톡톡! 국어사의 시대 구분

국어사의 시대 구분: 고대, 중세, 근대를 거치면서 국어가 변해 온 역사적 변천 과정을 통해 국어의 옛 모습과 한글의 가치를 알 수 있음

고대 국어	중세 국어		근대 국어	현대 국어
	[전기]	[후기]		
~10C	고려 시대 (10~14C)	조선 전기 (15~16C)	조선 후기 (17~19C)	개화기 이후 (19C 말~)

▲ 고려 건국 (918년)　▲ 한글 창제 (1443년)　▲ ①(임진왜란) (1592~1598년)　▲ 갑오개혁 (1894년)

개념 돋보기

❖ **삼국 언어의 갈래와 통합**
- 고구려·백제·신라 삼국의 언어는 자료가 많지 않아 참모습을 알기 어려움
- 고구려의 언어는 북쪽의 부여계에, 백제·신라의 언어는 남쪽의 한계에 속한다고 알려짐
- 이 언어들은 고구려와 백제가 멸망한 뒤 신라의 언어로 통합됨

개념 열기 ② 톡톡! 고대 국어

고대 국어: 삼국 시대부터 통일 신라 시대까지 약 1,000년 동안의 국어

1 차자 표기 借 빌 차. 字 글자 자. 表 겉 표. 記 기록할 기

- 한자의 음과 뜻을 빌려 우리말을 표기하는 모든 방식을 일컬음
- 한자가 유일한 문자였던 시기에 우리말을 표기하기 위해 발생함
- 한자의 소리만 빌려 쓰는 표음적 원리(음차)와 뜻만 빌려 쓰는 표의적 원리(훈차)가 적용됨
- 초기에는 고유 명사 표기에만 사용되었으나, 점차 우리말의 단어나 문장을 표기하는 데까지 확장됨

표음적 원리	소리로 읽히는 한자를 '음독자'라고 함	古(옛 고) + 乙(새 을) → 고을 翰(편지 한) + 山(뫼 산) → ②(한산)
표의적 원리	뜻으로 읽히는 한자를 '훈독자'라고 함	水(물 수) → 물 天(하늘 천) → ③(하늘)

☆ **개념을 완성하는 문제**

1 고대 국어에 대한 설명으로 적절하지 <u>않은</u> 것은?

① 다른 나라의 문자를 빌려 우리말을 표기했다.
② 한글 창제 이전에는 우리말을 표기할 고유의 문자가 없었다.
③ 이두는 우리말을 완벽하게 표현할 수 있는 유일한 표기법이다.
④ 구체적 의미를 가진 형태소의 경우 한자의 뜻을 빌려 표기했다.
⑤ 한자를 빌려 조사나 어미 등 형식 형태소도 표기할 수 있었다.

답 ③ **해** 차자 표기 중 하나인 이두는 우리말을 표현할 글자가 없어서 한자를 빌려와 사용한 방식이다. 우리말을 완벽하게 표현할 수 있어 사용한 방식은 아니다.

2 〈보기〉에 대한 설명으로 적절하지 <u>않</u>은 것은?

보기
素那(或云金川) 白城郡蛇山人也

[현대어 풀이] 소나(혹은 금천이라고 한다.)는 백성군 사산 사람이다.

① '素那'는 한자의 음을 빌려 표기한 것이다.
② '金川'은 한자의 뜻을 빌려 표기한 것이다.
③ '素那'와 '金川'은 사람의 이름을 차자(借字)하여 표기한 것이다.
④ '素那'와 '金川'은 한 사람의 이름을 다른 방법으로 표기한 것이다.
⑤ 당시에는 '素那'를 [소나], '金川'을 [금천]과 같이 읽었을 것이다.

답 ⑤ **해** '素那'와 '金川'은 한자의 음과 뜻을 빌려 같은 사람의 이름을 표기한 것으로, 당시에는 '소나, 쇠내' 등과 같이 발음했을 것으로 추정된다.

릭응 ③ 극녀공 ② 글해하고은 ①

2 이두(吏讀) 吏 벼슬아치 이, 讀 구절 두

- 한자를 우리말 어순에 따라 배열하고, 조사와 어미 등을 한자의 음과 뜻을 빌려 기록하던 표기 방식임

3 구결(口訣) 口 입 구, 訣 끊을 결

- 한문의 원문을 그대로 유지하되 구절 뒤에 해석을 돕는 토를 차자 표기로 덧붙인 표기 방식임

4 향찰(鄕札) 鄕 시골 향, 札 패 찰

- 한자의 음과 뜻을 빌려 우리말의 형태와 의미 요소를 전면적으로 기록한 종합적인 표기 체계로, 신라의 향가를 표기하는 데 사용됨
- 대체로 실질적인 의미를 지닌 부분은 한자의 '뜻'을 빌려 표기하고(훈차), 조사와 어미 등의 문법적인 부분은 한자의 '음'을 빌려 표기함(음차)

활동 ③		
음독자 표기	善化公主(착할 선, 될 화, 공 공, 임금 주) → ①(선화공주)	
훈독자 표기	春 → 봄, 母牛 → 암쇼, 憂音 → 시름, 岩乎 → 바회	
조사의 표기	雪是 → 눈이(주격 조사), 房乙 → 방을(대격 조사), 巷中 → 굴헝히(처격 조사), 郎也 → 낭이여(호격 조사)	
어미의 표기	知古如 → 알고다(종결 어미), 去隱春 → 간 봄(전성 어미), 去賜里遣 → 가시리고(종결 어미), 見昆 → 보곤(연결 어미)	

※ 대격 조사: 문장 안에서 체언이나 체언 구실을 하는 말 뒤에 붙어 목적어 자격을 가지게 하는 격 조사

개념 열기 ③ 톡톡! 중세 국어

중세 국어: 고려 건국(918년)부터 16세기 말(임진왜란)까지의 국어로, 15세기에 있었던 훈민정음 창제를 기준으로 전기와 후기로 나눔

1 훈민정음 초성의 제자 원리

- 상형(象形): 발음 기관의 모양을 본떠 기본자를 만듦 [기본자]
- 가획(加劃): 소리의 세기가 커짐에 따라 기본자에 획을 더하여 만듦 [가획자]
- 이체(異體): 기본자의 모양을 달리하여 만듦 [이체자]

활동 ④	구분	기본자		가획자	이체자
	어금닛소리(아음)	혀뿌리가 목구멍을 막는 모양	ㄱ	ㅋ	ㆁ
	혓소리(설음)	혀가 윗잇몸에 붙는 모양	ㄴ	ㄷ, ㅌ	ㄹ
	입술소리(순음)	입의 모양	ㅁ	ㅂ, ㅍ	
	잇소리(치음)	이의 모양	ㅅ	ㅈ, ㅊ	ㅿ
	목구멍소리(후음)	목구멍의 모양	ㅇ	ㆆ, ㅎ	
	[제자 원리]	②(상형)		가획	이체

⊙ **현존하는 향가의 작품 수는?**

향가는 〈삼국유사〉에 14수, 〈균여전〉에 11수, 〈장절공신선생실기〉에 1수가 기록되어 전해지고 있습니다. 신라 진성여왕 때 〈삼대목〉을 지었다고 하나, 소실되어 현재는 전해지지 않습니다.

☆ **개념을 완성하는 문제**

3 〈보기〉의 표기에서 음독자와 훈독자의 구별이 적절한 것은?

> ━ 보기 ━
> - 雪是 → 눈이
> - 房乙 → 방을

	음독자	훈독자
①	雪, 是	房, 乙
②	房, 乙	雪, 是
③	雪, 房	是, 乙
✔④	是, 乙	雪, 房
⑤	是, 房	雪, 乙

답 ④ 해 문법적 기능을 하는 조사는 음독자이고, 실질적 의미를 가진 체언은 훈독자이다.

4 훈민정음에 대한 설명으로 적절하지 <u>않은</u> 것은?

- ✔① 발음 기관의 모양을 본떠 모음자를 만들었다.
- ② 우주에 대한 성찰을 토대로 모음의 기본자를 만들었다.
- ③ 종성은 따로 만들지 않고 초성 글자를 다시 쓰도록 했다.
- ④ 자음에는 가획과 이체의 원리에 따라 만들어진 글자가 있다.
- ⑤ 백성들이 언문일치(言文一致)의 언어생활을 할 수 있게 되었다.

답 ① 해 발음 기관의 모양을 본떠 만든 글자는 자음자이다.

5 훈민정음의 초성에 대한 설명으로 적절하지 <u>않은</u> 것은?

- ① 'ㄴ'과 'ㄹ'은 조음 위치가 동일하다.
- ② 'ㅌ'은 가획자 'ㄷ'에 다시 획을 더해 만든 글자이다.
- ③ 기본자의 소리 세기가 커짐에 따라 획을 더해 가획자를 만들었다.
- ✔④ 'ㅋ'은 혀뿌리가 목구멍을 막는 모양을 상형해 만든 기본자이다.
- ⑤ 'ㆆ'은 'ㅇ'과 소리 나는 위치가 같으나, 'ㅇ'보다 소리가 세게 난다.

답 ④ 해 혀뿌리가 목구멍을 막는 모양을 상형해 만든 기본자는 'ㄱ'이다.

[음유 ② 상형훈차 ①]

2 훈민정음 중성의 제자 원리

- 상형(象形): 하늘(天), 땅(地), 사람(人)의 모양을 본떠 기본자를 만듦 [기본자]
- 합성(合成): 기본 글자를 합하여 만듦 [초출자, 재출자]
- 초출자는 기본자끼리 합성하고, 재출자는 초출자와 'ㆍ'를 합성함

활동 ⑤ 구분	기본자		초출자	재출자
하늘(天)	하늘의 둥근 모양	ㆍ	ㅗ, ㅏ	ㅛ, ㅑ
땅(地)	땅의 평평한 모양	ㅡ	ㅜ, ㅓ	ㅠ, ㅕ
사람(人)	사람이 서 있는 모양	ㅣ		
[제자 원리]	①(상형)		②(합성)	

3 훈민정음 종성의 제자 원리

- 종성부용초성(終聲復用初聲): 훈민정음에서 종성 글자는 따로 만들지 않고 초성으로 쓰는 글자를 다시 쓴다고 설명한 종성의 제자 원리임

4 훈민정음의 운용(運用)

종성법(終聲法)	종성부용초성, 끝소리는 첫소리를 다시 쓴다는 규정
연서법(連書法)	'ㅇ'을 순음(ㅁ, ㅂ, ㅍ, ㅃ)의 아래에 이어 적으면 순경음(ㅱ, ㅸ, ㆄ, ㅹ)이 된다는 규정
병서법(竝書法)	둘 이상의 자음을 합쳐 가로로 나란히 쓴다는 규정(ㄲ, ㄸ…, ㅺ, ㅲ…)
부서법(附書法)	'ㆍ, ㅡ, ㅗ, ㅜ, ㅛ, ㅠ'는 초성의 아래에 붙여 쓰고, 'ㅣ, ㅏ, ㅓ, ㅑ, ㅕ'는 초성의 오른쪽에 붙여 쓴다는 규정

탐구 하기

[문제 1] 〈보기1〉의 (가), (나)에 따른 표기의 사례를 〈보기 2〉의 ㉠~㉣에서 찾아 바르게 짝지은 것은?

━ 보기 1

(가) ㅇ를 입시울쏘리 아래 니어 쓰면 입시울 가비야본 소리 드외ᄂᆞ니라
　　[풀이] ㅇ을 순음 아래 이어 쓰면 순경음이 된다.

(나) 첫소리를 어울워 뿛디면 글바 쓰라
　　[풀이] 초성 글자를 합하여 사용할 때에는 나란히 써라.

━ 보기 2

　나랏 말쓰미 中듕國귁에 달아 文문字쭝와로 서르 ᄉᆞᄆᆞᆺ디 아니홀씨 이런 젼ᄎᆞ로 어린 百빅姓셩이 니르고져 홇 배 이셔도 ㉠ᄆᆞᄎᆞᆷ내 제 ᄠᅳᆮ들 시러 펴디 몯홇 노미 하니라 내 이를 爲윙ᄒᆞ야 어엿비 너겨 새로 스믈여듧字쭝를 ㉡ᄆᆡᇰᄀᆞ노니 사름마다 ᄒᆡ여 ㉢수비 니겨 날로 ᄡᅮ메 便뼌安한킈 ᄒᆞ고져 ᄒᆞᇙ ㉣ᄯᆞᄅᆞ미니라

	(가)	(나)		(가)	(나)		(가)	(나)
①	㉠	㉡	②	㉠	㉢	③	㉡	㉣
④	㉢	㉠	⑤	㉢	㉣			

답 ⑤ 해 〈보기 1〉의 (가)는 '순음(ㅁ, ㅂ, ㅃ, ㅍ) 아래에 'ㅇ'을 이어 쓴 '순경음(ㅱ, ㅸ, ㅹ, ㆄ)'에 대한 것으로, ㉢에 쓰인 '비'의 'ㅸ'이 이에 해당한다. 〈보기 1〉의 (나)는 초성을 합하여 사용할 때 나란히 붙여 쓰는 '병서법'에 대한 것으로, ㉣에 쓰인 'ᄯ'의 'ㄸ'이 이에 해당한다.

◎ '방점'의 이해

'방점'은 음절 안에서 나타나는 소리의 높낮이인 '성조(聲調)'를 표시하기 위해 각 음절의 왼쪽에 찍는 점을 말합니다.

평성	낮은 소리	방점 없음
거성	높은 소리	방점 1개
상성	낮았다가 높아지는 소리	방점 2개
입성	빨리 끝을 닫는 소리(종성이 ㄱ, ㄷ, ㅂ, ㅅ으로 끝남)	방점 수와 무관

☆ 개념을 완성하는 문제

6 다음 중, 훈민정음의 중성 11자에 포함되지 <u>않는</u> 것은?

① ㅡ　　② ㅗ　　③ ㅓ
④ ㅐ　　⑤ ㅑ

답 ④ 해 'ㅐ'는 훈민정음의 중성 11자에 포함되지 않는다.

7 훈민정음 28자에 대한 설명으로 옳은 것은?

① 모음의 기본자는 'ㆍ, ㅣ, ㅗ'이다.
② 자음의 기본자는 'ㄱ, ㄴ, ㅁ, ㅅ, ㅎ'이다.
③ 28자는 자음 18자, 모음 10자로 구성되어 있다.
④ 자음과 모음의 기본자는 상형의 원리로 만들었다.
⑤ 28자 중에서 상형과 가획의 원리가 적용되지 않은 글자는 'ㆆ, ㅇ, ㄹ, ㅿ'이다.

답 ④ 해 자음은 발음 기관을, 모음은 '하늘, 땅, 사람'을 상형하여 기본자를 만들었다.

8 훈민정음에 대한 설명으로 적절하지 <u>않은</u> 것은?

① 초성자의 가획자는 같은 위치에서 나는 기본자와 형태상의 유사성이 있다.
② 초성자의 가획자는 기본자에 획을 더하는 방식으로 만들어졌다.
③ 초성자의 이체자는 가획자에 한 번 더 획을 더하여 만들어졌다.
④ 중성자의 초출자와 재출자는 기본자의 결합으로 만들어졌다.
⑤ 종성자에 쓰는 자음을 추가로 만들지 않음으로써 문자 운용의 효율성을 높였다.

답 ③ 해 이체자는 가획자에 한 번 더 획을 더한 것이 아니라, 기본자의 모양을 달리하여 만든 것이다.

⑦ 류유 ⑧ 류유 ①

5 중세 국어의 특징

5-❶ 음운의 특징

- 일부 자음이 소실됨

15세기 중반 이후 소실		16세기 이후 소실	
ㅸ (순경음 비읍)	ㆆ (여린히읗)	ㅿ (반치음)	ㆁ (옛이응)

- 초성에 둘 이상의 자음을 쓰는 어두 자음군이 존재함 → 점차 된소리로 통일

유형	'ㅅ'계	'ㅂ'계	'ㅄ'계
형태	ᄭ, ᄯ, ᄲ	ᄠ, ᄡ, ᄧ, ᄩ	ᄢ, ᄣ
예	ᄭᅮᆷ, ᄯᅩ, ᄲᅳ리다	ᄠᅳᆮ, ᄡᅳᆮ, ᄧᅡᆨ, ᄩᅳ다	ᄢᅮᆯ, ᄣᅢ

- 'ㆍ'(아래아) 모음이 존재하였으나 16세기 이후 점차 음가가 소실됨, 1933년 한글 맞춤법 통일안 공포 이후 표기에서 사라짐

1단계(16세기)	둘째 음절 이하의 음절에 놓인 모음 'ㆍ'가 'ㅡ'로 바뀜
2단계(18세기)	첫째 음절에 놓인 모음 'ㆍ'가 'ㅏ'로 바뀜

활동 ❻

ᄀᆞᅀᆞᆯ > ᄀᆞ올 > ᄀᆞ을 > 가을
① ② ③

① 'ㅿ'이 소실되어 'ㅇ'으로 바뀜
② 둘째 음절의 'ㆍ'가 ①'(ㅡ)'로 바뀜
③ 첫째 음절의 'ㆍ'가 ②'(ㅏ)'로 바뀜

- 15세기에는 종성의 'ㅅ'이 발음될 수 있었으나, 16세기 이후 종성의 'ㅅ'이 'ㄷ'으로 발음됨
- 모음 조화가 비교적 엄격하게 지켜졌으나, 근대 국어 시기부터 파괴되기 시작함
- 구개음화, 원순 모음화 등은 아직 나타나지 않음

5-❷ 표기의 특징

- 받침 표기로 훈민정음 창제 초기에는 '종성부용초성'을, 이후에는 '8종성법(ㄱ, ㄴ, ㄷ, ㄹ, ㅁ, ㅂ, ㅅ, ㆁ)'을 적용함

종성부용초성(終聲復用初聲)	초성에 쓰이는 음운을 종성에 다시 사용함. 한글 창제 초기에 나타남 예 곶, 높고 〈용비어천가〉
8종성법(八終聲法)	종성으로 'ㄱ, ㄴ, ㄷ, ㄹ, ㅁ, ㅂ, ㅅ, ㆁ'의 8개 음운만 사용함. 15~16세기 문헌에 나타남 예 사ᄆᆞᆽ디 > 사ᄆᆞᆺ디 〈세종어제훈민정음〉
7종성법(七終聲法)	종성으로 'ㄱ, ㄴ, ㄹ, ㅁ, ㅂ, ㅅ, ㅇ'의 7개 음운만 사용함. 17세기 이후의 표기 방법으로 발음은 [ㄷ], 표기는 'ㅅ'으로 함 예 ᄀᆞᆮᄒᆞᆫ > ᄀᆞᆺᄒᆞᆫ 〈동명일기〉

☆ 개념을 완성하는 문제

9 중세 국어의 음운에 대한 설명으로 적절하지 않은 것은?

① 모음 조화가 비교적 잘 지켜졌다.
② 현대에는 사용되지 않는 자음자가 존재하였다.
③ 어두 자음군의 음가는 점차 된소리로 통일되었다.
④ 종성에는 'ㄱ, ㄴ, ㄷ, ㄹ, ㅁ, ㅂ, ㆁ'의 7개 음운만 사용되었다.
⑤ 'ㆍ'(아래아)는 16세기 이후부터 점차 음가가 소실되기 시작하였다.

답 ④ 해 중세 국어의 받침 표기로 훈민정음 창제 초기에는 '종성부용초성'을, 이후에는 '8종성법(ㄱ, ㄴ, ㄷ, ㄹ, ㅁ, ㅂ, ㅅ, ㆁ)'을 적용하였다.

10 어두 자음군이 사용된 중세 국어의 단어와 이에 대응되는 현대 국어의 단어가 바르게 연결되지 않은 것은?

① ᄭᅮᆷ – 꿈[夢]
② ᄡᆞᆯ – 쌀[米]
③ ᄯᅥᆨ – 떡[餠]
④ ᄢᅮᆯ – 뿔[角]
⑤ ᄣᅢ – 때[時]

답 ④ 해 중세 국어의 'ᄢᅮᆯ'에 대응되는 현대 국어의 단어는 '꿀[蜜]'이다.

11 〈보기〉의 ㉠~㉤에 해당하는 예를 찾아보았다. 적절하지 않은 것은?

보기

〈15세기 국어의 특징〉
㉠ 자음 'ㅿ'과 'ㅸ'이 존재하였다.
㉡ 초성에 오는 'ㅳ'은 'ㅂ'과 'ㄷ'이, 'ㅄ'은 'ㅂ'과 'ㅅ'이 모두 발음되었다.
㉢ 종성에서 'ㄷ'과 'ㅅ'이 다르게 발음되었다.
㉣ 평성, 거성, 상성의 성조를 방점으로 구분하였다.
㉤ 연철 표기(이어 적기)를 하였다.

① ㉠: '수ᄫᅵ'에는 현대 국어에는 없는 자음이 들어 있다.
② ㉡: 'ᄠᅳ들'의 'ㅳ'에서는 두 개의 자음이 발음된다.
③ ㉢: '어엿비'에서 '엿'의 종성은 'ㄷ'으로 발음된다.
④ ㉣: ':히·ᅇᅧ'의 첫음절과 둘째 음절은 성조가 다르다.
⑤ ㉤: 'ᄡᅮ메'에는 연철 표기가 적용되었다.

답 ③ 해 15세기 국어에서는 종성에서 'ㄷ'과 'ㅅ'이 다르게 발음되었다고 하였으므로, '엿'의 종성 'ㅅ'은 'ㄷ'이 아니라 'ㅅ'으로 발음되었음을 알 수 있다.

① ㅡ ② ㅏ

- 한자음은 당시 중국 한자의 원음에 가깝게 고쳐 정리한 '동국정운'에 따라 표기함 → 반드시 초성, 중성, 종성을 갖추어 표기해야 함

    예 世솅宗종, 文문字쫑

- 이어 적기가 보편적이었으며, 16세기 이후에는 끊어 적기도 나타남

이어 적기 [연철(連綴)]	받침이 있는 체언이나 용언의 어간에 모음으로 시작하는 조사나 어미가 붙을 때 받침을 다음 자의 초성 자리에 옮겨 표기함 예 깊- + -은 → 기픈
끊어 적기 [분철(分綴)]	체언이나 용언의 어간의 본래 형태를 밝혀서 표기함 예 깊- + -은 → 깊은
거듭 적기 [중철(重綴)]	근대 국어에서 여러 형태소가 연결될 때 형태소의 모음 사이에서 나는 자음을 앞 음절의 종성으로도 적고, 뒤 음절의 초성으로도 적는 과도기적 표기 방식임 예 깊- + -은 → 깁픈

ᄀᄅ미(ᄀᄅᆷ+이), 블근(븕-+-은) → 이어 적기

ᄀᄅᆷ이(ᄀᄅᆷ+이), 븕은(븕-+-은) → 끊어 적기

잇스면(잇-+-으면), 님믈(님+을) → 거듭 적기

5-❸ 문법의 특징

- 주격 조사: 현대 국어의 '이/가'와 달리, 중세 국어의 주격 조사는 환경에 따라 '이, ㅣ, ∅(생략)'의 세 가지 형태로 실현됨 → '가'는 아직 쓰이지 않음

형태	환경	예
이	체언의 끝소리가 자음일 때	심 + 이 → 시미 (샘이)
ㅣ	체언의 끝소리가 모음 '이'와 반모음 'ㅣ' 이외의 모음일 때	부텨 + ㅣ → 부톄 (부처가)
∅	체언의 끝소리가 모음 '이'나 반모음 'ㅣ'일 때	두리 + ∅ → 두리 (다리가)

- 의문형 종결 어미: 청자에게 가부(可否)를 묻는 판정 의문문에는 '-ㄴ가', '-녀' 등의 어미가, 구체적인 설명을 요구하는 설명 의문문에는 '-ㄴ고', '-뇨' 등의 어미가, 주어가 2인칭인 경우에는 '-ㄴ다'의 특수한 의문형 어미가 쓰임

형태	환경	예
-ㄴ가, -녀	판정 의문문인 경우	공덕(功德)이 하녀 져그녀 (공덕이 많으냐 적으냐?)
-ㄴ고, -뇨	설명 의문문인 경우	이제 어듸 잇ᄂ뇨 (이제 어디에 있느냐?)
-ㄴ다, -는다	주어가 2인칭인 경우	네 엇뎨 안다 (네가 어찌 아느냐?)

12 밑줄 친 단어의 표기법이 바르게 연결되지 <u>않은</u> 것은?

① <u>우름</u> 쇼리(울음소리) → 이어 적기

② 악혼 <u>일은</u>(악한 일은) → 끊어 적기

❸ <u>우서</u> 갈오딕(웃어 가로되) → 거듭 적기

④ ᄒᄂ니 <u>잇스면</u>(하는 이가 있으면) → 거듭 적기

⑤ <u>미워홈을</u> 면치 못ᄒ리라(미워함을 피하지 못할 것이다) → 끊어 적기

답 ③ 해 '우서(웃- + -어)'는 소리 나는 대로 이어 적었으므로 이어 적기에 해당한다.

13 〈보기〉의 ㉠~㉢에 해당하는 예가 바르게 제시된 것은?

> ─ 보기 ─
> 중세 국어의 주격 조사는 음운 조건에 따라 '이', 'ㅣ', '∅(無)'로 실현되었다.
> ㉠ 자음 다음에는 '이'가 나타남
> ㉡ 모음 '이'와 반모음 'ㅣ' 이외의 모음 다음에는 'ㅣ'가 나타남
> ㉢ 모음 '이'나 반모음 'ㅣ' 다음에는 '∅(無)'로 실현됨
> ㉣ 음운 조건에 관계 없이 생략됨

① ㉠: 나리 져므러 (날이 저물어)

② ㉠: 太子 오ᄂ다 드르시고 (태자 온다 들으시고)

③ ㉡: 내해 ᄃ리 업도다 (개천에 다리가 없도다)

④ ㉢: 아ᄃ리 孝道ᄒ고 (아들이 효도하고)

⑤ ㉣: 孔子ㅣ 드르시고 (공자가 들으시고)

답 ① 해 '나리'는 '날 + 이'로 자음 다음에 주격 조사 '이'가 나타났으므로 ㉠의 예이다. / ② '태자' 뒤에 주격 조사 'ㅣ' 생략 → ㉣의 예 ③ ᄃ리 + ∅ → ㉢의 예 ④ 아들 + 이 → ㉠의 예 ⑤ 공자 + ㅣ → ㉡의 예

14 중세 국어의 의문문 중 문법적으로 올바르지 <u>않은</u> 것은?

① 이제 엇더ᄒ고 (이제 어떠하냐?)

② 네 엇뎨 <u>안다</u> (너는 어떻게 아느냐?)

③ 므슴 마ᄅᆯ <u>니ᄅᄂ뇨</u> (무슨 말을 말하느냐?)

④ 이 ᄯ리 너희 <u>죵가</u> (이 딸이 너희들의 종이냐?)

❺ 엇던 ᄯ리 너희 <u>죵가</u> (어떤 딸이 너희들의 종이냐?)

답 ⑤ 해 ⑤는 의문사 '엇던'이 쓰인 설명 의문문이므로 '죵가'가 아니라 '죵고'로 써야 한다.

[문제 2] 〈보기〉의 ㉠∼㉢에 들어갈 말로 적절한 것은?

• 보기 •

중세 국어에서는 의문문의 종류에 따라 종결 어미나 보조사가 달리 쓰인다. 예를 들면 용언의 어간에 어미가 결합하여 서술어가 될 때 판정 의문문에서는 종결 어미 '-녀', 설명 의문문에서는 종결 어미 '-뇨'가 쓰인다. 반면, 체언에 보조사가 결합하여 서술어가 될 때 판정 의문문에서는 보조사 '가', 설명 의문문에서는 보조사 '고'가 쓰인다. 그런데 주어가 2인칭일 때에는 의문문의 종류와 관계없이 종결 어미 '-ㄴ다'가 쓰인다. 중세 국어 의문문의 예는 아래와 같다.

• 이 일후미 (㉠   ) [이 이름이 무엇인가?]
• 네 엇뎨 아니 (㉡   ) [네가 어찌 안 가는가?]
• 그듸는 보디 (㉢   ) [그대는 보지 않는가?]

	㉠	㉡	㉢
①	므스고	가느뇨	아니ᄒᆞᄂᆞᆫ다
✓②	므스고	가는다	아니ᄒᆞᄂᆞᆫ다
③	므스고	가느뇨	아니ᄒᆞᄂᆞᆫ녀
④	므스가	가는다	아니ᄒᆞᄂᆞᆫ다
⑤	므스가	가느뇨	아니ᄒᆞᄂᆞᆫ녀

답 ② 해 체언에 보조사가 결합하여 서술어가 될 때 설명 의문문에서는 보조사 '고'가 쓰인다고 하였으므로 ㉠에 들어갈 말은 '므스고'이다. 주어가 2인칭일 때에는 의문문의 종류와 관계없이 '-ㄴ다'가 쓰인다고 하였으므로 ㉡, ㉢에 들어갈 말은 각각 '가는다'와 '아니ᄒᆞᄂᆞᆫ다'이다.

■ 관형격 조사: 현대 국어의 관형격 조사는 '의'만 있지만, 중세 국어의 관형격 조사는 '이, 의, ㅅ'이 있었음. 결합하는 명사의 특징에 따라 다음과 같이 구분하여 사용함

형태	환경		예
	명사의 특징	끝음절 모음	
이	유정 명사	양성 모음	사ᄉᆞᆷ + 이 → 사ᄉᆞ미 (사슴의)
의	유정 명사	음성 모음	거붑 + 의 → 거부븨 (거북의)
ㅅ	높임의 대상(사람)	양성·음성 모음	부텨 + ㅅ → 부텻 (부처의)
	무정 명사	양성·음성 모음	나모 + ㅅ → 나못 (나무의)

■ 서술격 조사: 중세 국어의 서술격 조사는 앞에 결합하는 체언의 끝소리에 따라 달리 나타남

형태	환경(체언의 끝소리)	예
이라	체언의 끝소리가 자음일 때	집 + 이라 → 지비라 (집이다)
ㅣ라	체언의 끝소리가 모음 '이'도 반모음 'ㅣ'도 아닌 모음일 때	젼ᄎᆞ + ㅣ라 → 젼ᄎᆡ라 (까닭이다)
∅라	체언의 끝소리가 모음 '이'나 반모음 'ㅣ'일 때	불휘 + ∅라 → 불휘라 (뿌리이다)

◎ 중세 국어 문법을 모두 외워야 하나요?
문제로 출제될 때는 보통 중세 국어와 관련된 문법 지식과 예문이 〈보기〉로 제시됩니다. 따라서 문법 지식을 암기하기보다는 내용 이해에 초점을 두어 학습할 필요가 있습니다.

☆ 개념을 완성하는 문제

15 중세 국어의 관형격 조사의 사용이 적절하지 <u>않은</u> 것은?

① 나모 + ㅅ: 나못 여름 먹ᄂᆞ니 (나무의 열매를 먹으니)
② 아ᄃᆞᆯ + 의: 아ᄃᆞᄅᆡ 마ᄅᆞᆯ 드르샤 (아들의 말을 들으시어)
③ ᄂᆞᆷ + 의: ᄂᆞ믜 ᄠᆞᆮ 거스디 아니ᄒᆞ거든 (남의 뜻 거스르지 아니하거든)
④ 大王 + ㅅ: 大王ㅅ 말ᄊᆞ미ᅀᅡ 올커신마ᄅᆞᆫ (대왕의 말씀이야 옳으시지만)
✓⑤ 술위 + 의: 다ᄉᆞᆺ 술위의 글워ᄅᆞᆯ 닐굴 디니라 (다섯 수레의 글을 읽어야 할 것이다)

답 ⑤ 해 '수레'를 뜻하는 '술위'는 무정 명사이므로 관형격 조사 '의'가 아니라 'ㅅ'이 결합해야 한다.

16 〈보기〉의 ㉠과 ㉡에 들어갈 관형격 조사로 적절한 것은?

• 보기 •

•(거붑 + ㉠) 터리 ᄀᆞᆮ고
→ 거북의 털과 같고
•(하ᄂᆞᆯ + ㉡) 光明이
→ 하늘의 광명이

	㉠	㉡		㉠	㉡
✓①	의	ㅅ	②	의	의
③	의	의	④	의	ㅅ
⑤	의	의			

답 ① 해 '거붑'은 유정 명사, 'ㅜ'는 음성 모음이므로 ㉠에는 '의'가 들어간다. '하ᄂᆞᆯ'은 무정 명사이므로 ㉡에는 'ㅅ'이 들어간다.

17 중세 국어의 서술격 조사의 사용이 적절하지 <u>않은</u> 것은?

① 머리 + 라: 쇠 머리라 (소의 머리이다)
✓② 니 + 이라: 齒는 니이라 (치는 이이다)
③ 일훔 + 이라: 힛 일후미라 (해의 이름이다)
④ 다락 + 이라: 樓는 다라기라 (누는 다락이다)
⑤ 부텨 + ㅣ시니라: 사라 겨신 부톄시니라 (살아 계신 부처이시다)

답 ② 해 체언의 끝소리가 모음 '이'나 반모음 'ㅣ'일 때는 서술격 조사 '이라'가 아니라 '∅라'가 결합해야 하므로 ②는 '니라'와 같이 써야 한다.

- **목적격 조사**: 현대 국어의 목적격 조사는 '을/를'만 있지만, 중세 국어의 목적격 조사는 '올, 을, 룰, 를'이 있었음. 다음과 같이 구분하여 사용함

형태	환경		예
	체언의 끝소리	끝음절 모음	
올	자음	양성 모음	사룸 + 올 → 사루물 (사람을)
을	자음	음성 모음	뜯 + 을 → 뜨들 (뜻을)
룰	모음	양성 모음	천하 + 룰 → 천하룰 (천하를)
를	모음	음성 모음	너 + 를 → 너를 (너를)

- **부사격 조사(처소)**: 현대 국어의 '에'와 달리, 중세 국어의 부사격 조사는 모음 조화를 반영한 '애/에'와 '예'가 쓰였다.

형태	환경	예
애	앞말의 모음이 양성인 경우	바룰 + 애 → 바루래 (바다에)
에	앞말의 모음이 음성인 경우	굴형 + 에 → 굴허에 (구렁에)
예	앞말의 모음이 '이'나 반모음 'ㅣ'인 경우	빅 + 예 → 빅예 (배에)

> **개념 돋보기**
>
> ❖ **그 밖의 부사격 조사**
> - 시간과 장소를 나타내는 체언과 함께 쓰이는 부사격 조사 '의/익'가 있었음. 체언의 끝소리 모음이 양성 모음이면 '익'를, 음성 모음이면 '의'를 사용함
>   예 앞 + 익 → 알픽 둔니는 (앞에 다니는), 아춤 + 익 → 아추미 나디 (아침에 나가지), 곁 + 의 → 겨틔 (곁에), 적 + 의 → 저긔 (적에)
> - 비교 부사격 조사에는 다음과 같은 것들이 있었음
>
> | 에/애 | 듕귁에 달아 (중국과 달라서) |
> | --- | --- |
> | 이 | 고성(古聖)이 동부(同符)하시니 (옛 성현과 일치하시니) |
> | 도곤/두곤 | 호박도곤 더 곱더라 (호박보다 더 곱더라) |
> | 라와 | 널라와 시름 한 (너보다 시름이 많은) |

- **높임 선어말 어미**: 주체 높임을 나타내는 선어말 어미뿐만 아니라 객체 높임과 상대 높임을 나타내는 선어말 어미가 쓰임

구분	형태	환경	예
주체 높임	-시-	자음 어미 앞	가시니
	-샤-	모음 어미 앞	가샤(오)딕
객체 높임	-습-	어간 끝소리가 'ㄱ, ㅂ, ㅅ, ㅎ'일 때	막습거늘
	-줍-	어간 끝소리가 'ㄷ, ㅌ, ㅈ, ㅊ'일 때	듣줍게
	-숩-	어간 끝소리가 '모음, ㄴ, ㄹ, ㅁ'일 때	보숩게
상대 높임	-이-	평서형일 때	ᄒᆞ니이다
	-잇-	의문형일 때	ᄒᆞ니잇가

※ 객체 높임 선어말 어미 뒤에 모음으로 시작하는 어미가 오면 '-ᅀᆞᇦ-, -ᄌᆞᇦ-, -ᅀᆞᇦ-'의 객체 높임 선어말 어미로 실현됨

18 중세 국어의 목적격 조사에 대한 설명으로 적절하지 <u>않은</u> 것은?

① 목적격 조사가 결합할 때 모음 조화가 잘 지켜졌다.

② 현대 국어보다 목적격 조사의 형태가 더 다양했다.

③ 앞말이 자음으로 끝날 경우 목적격 조사로 '올/을'을 사용하였다.

④ 앞말이 모음으로 끝날 경우 목적격 조사로 '룰/를'을 사용하였다.

⑤ 앞말의 모음이 양성 모음이고 자음으로 끝나면 목적격 조사로 '을'을 사용하였다.

답 ⑤ **해** 중세 국어에서는 앞말의 모음이 양성 모음이고 자음으로 끝나면 목적격 조사로 '올'을 사용하였다.

19 다음 중, 중세 국어의 부사격 조사가 사용되지 <u>않은</u> 것은?

① 뭍 + 의: 무틔 둔니는 (뭍에 다니는)

② 사룸 + 익: 사룟믹 무리 (사람의 무리)

③ 곁 + 의: 겨틔 안잿다가 (곁에 앉아 있다가)

④ 밤 + 익: 바믹 나디 아니ᄒᆞ니 (밤에 나가지 아니하니)

⑤ 구븨 + 예: 구븨예 ᄀᆞ마니 둔니노라 (굽이에 가만히 다니노라)

답 ② **해** ②가 '사람의 무리'로 해석되는 것으로 보아, '익'는 부사격 조사가 아니라 관형격 조사임을 알 수 있다.

20 〈보기〉의 ㉠과 ㉡에 들어갈 말로 바르게 짝지어진 것은?

> —— 보기 ——
> - 다음 문장에서 객체 높임의 대상은 (㉠)임 → 王(왕)이 부텻긔 더욱 敬信(경신)ᄒᆞᆫ ᄆᆞᅀᆞ믈 내ᅀᆞᄫᅡ [왕이 부처께 더욱 공경하고 믿는 마음을 내어]
> - 어간 '듣-'과 어미 '-ᄋᆞ며' 사이에 객체 높임 선어말 어미가 결합하면 다음과 같이 활용함 → 내 아래브터 부텻긔 이런 마를 몯 (㉡) [내가 예전부터 부처께 이런 말을 못 들으며]

	㉠	㉡
①	王(왕)	듣즈ᄫᅥ며
②	王(왕)	듣ᄉᆞᄫᅥ며
③	부텨	듣즈ᄫᅥ며
④	부텨	듣즈ᄫᅥ며
⑤	ᄆᆞᅀᆞᆷ	듣ᄉᆞᄫᅥ며

답 ③ **해** ㉠에는 부사어가 나타내는 대상인 '부텨'가 들어가야 한다. ㉡에는 객체 높임 선어말 어미 '-줍-'(어간 끝소리 'ㄷ', 모음으로 시작하는 어미)이 쓰인 '듣즈ᄫᅥ며'가 들어가야 한다.

- **명사형 어미** : 중세 국어의 명사형 어미는 앞말의 모음 형태에 따라 '−옴/−움' 이 사용됨

형태	환경	예
−옴	앞말의 모음이 양성인 경우	효도ㅎ + −옴 → 효도홈
−움	앞말의 모음이 음성인 경우	쓰− + −움 + 에 → 뿌메

탐구 하기

[문제 3] 〈보기〉의 ㉠~㉤을 통해 중세 국어와 현대 국어를 비교한 내용으로 적절하지 않은 것은?

보기

[중세 국어] ㉠ 부텻 마룰 ㉡들ㅈ보딕
[현대 국어] 부처의 말씀을 듣되

[중세 국어] 닐굽 ㉢거르믈 거르샤 ㉣니르샤딕
[현대 국어] 일곱 걸음을 걸으시며 이르시되

[중세 국어] 니르고져 홇 ㉤배 이셔도
[현대 국어] 이르고자 할 바가 있어도

① ㉠ : 관형격 조사로 'ㅅ'이 쓰였다는 점에서 현대 국어와 차이가 있다.
② ㉡ : 객체를 높이는 선어말 어미가 쓰였다는 점에서 현대 국어와 차이가 있다.
③ ㉢ : 어근의 원형을 밝혀 적었다는 점에서 현대 국어와 공통적이다.
④ ㉣ : 주체를 높이는 선어말 어미가 쓰였다는 점에서 현대 국어와 공통적이다.
⑤ ㉤ : 모음으로 끝나는 체언에 주격 조사 'ㅣ'가 결합했다는 점에서 현대 국어와 차이가 있다.

답 ③ 해 ㉢의 '거르믈'은 현대 국어의 '걸음을'에 대응된다. 이를 통해 현대 국어에서는 어근의 원형을 밝혀 '걸음을'로 적었지만(끊어 적기), 중세 국어에서는 어근의 원형을 밝히지 않고 소리 나는 대로 '거르믈'로 적었다는(이어 적기) 것을 알 수 있다.

5-❹ 어휘의 특징

- 고유어와 한자어의 경쟁이 계속되었으며, 한자어의 쓰임이 증가함
  예 ㄱ람 → 강(江), 온 → 백(白), 즈믄 → 천(千), 뫼 → 산(山)
- 현대 국어와 다른 의미로 쓰이는 단어들이 존재함

구분	단어	중세 국어의 의미	현대 국어의 의미
의미 확대	영감	벼슬의 이름	남자 노인
	다리	사람이나 짐승의 하체	무생물의 아랫부분
의미 축소	얼굴	모습, 형체	낯, 안면
	놈	일반 사람	남자를 낮잡아 이르는 말
	계집	여자	여자를 낮잡아 이르는 말
	말씀	말 전체	말의 높임말 또는 낮춤말
의미 이동	어엿브다	불쌍하다	예쁘다
	어리다	어리석다	나이가 적다

21 중세 국어의 문법적 특징에 대한 설명으로 적절하지 <u>않은</u> 것은?

① '하ᄂᆞ 벼리(하늘의 별이)'에는 무정 명사에 결합되는 관형격 조사 'ㅅ'이 쓰였다.
② '믈 미틔(물 밑에)'에는 높이지 않는 유정 명사에 결합되는 관형격 조사 '의'가 쓰였다.
③ '부텨를 請ᄒᆞᅀᆞᆸ쇼셔(부처를 청하십시오)'에는 객체를 높이는 선어말 어미 '−ᅀᆞᆸ−'이 쓰였다.
④ '아라보리로소니잇가(알아보겠습니까?)'에는 판정 의문문의 '−아' 계열 의문형 어미가 쓰였다.
⑤ '내 이룰 위ᄒᆞ야(내가 이를 위해서)'에는 모음으로 끝나는 체언 뒤에 주격 조사 'ㅣ'가 쓰였다.

답 ② 해 '미틔'의 현대어 풀이가 '밑에'라는 것을 통해, '의'가 관형격 조사가 아니라 부사격 조사임을 알 수 있다. 또 '밑'이 유정 명사도 아니다.

22 중세 국어와 현대 국어의 의미 변화를 탐구한 내용으로 적절한 것은?

보기

- 나랏 ㉠말쓰미 (우리나라의 말이)
- ㉡어린 百빅姓셩이 (어리석은 백성이)
- 몯홇 ㉢노미 ㉣하니라 (못하는 사람이 많다)
- ㉤어엿비 너겨 (가엾게 여겨)

① ㉠의 '말쓴'은 '말'을 뜻했는데, 현대 국어의 '말씀'은 남의 말을 높여 이르거나 자기 말을 낮춰 이르는 말을 뜻하니까 의미 확대의 예야.
② ㉡의 '어리다'는 '어리석다'를 뜻했는데, 현대 국어의 '어리다'는 '나이가 적다'를 뜻하니까 의미 축소의 예야.
③ ㉢의 '놈'은 '사람'을 뜻했는데, 현대 국어의 '놈'은 남자를 낮잡는 의미로 쓰이니까 의미 확대의 예야.
④ ㉣의 '하다'는 '많다'를 뜻했는데, 현대 국어의 '하다'는 '행동이나 작용을 이루다'란 뜻이니까 의미 축소의 예야.
⑤ ㉤의 '어엿브다'는 '가엾다'를 뜻했는데, 현대 국어의 '예쁘다'는 '모양이 아름다워 눈으로 보기에 좋다'란 뜻이니까 의미 이동의 예야.

답 ⑤ 해 ⑤는 단어의 의미 영역이 넓어지거나 좁아지는 일 없이 의미가 변하는 '의미 이동'에 해당한다. / ① 의미 축소 ② 의미 이동 ③ 의미 축소 ④ 의미 이동

근대 국어: 임진왜란 이후부터 갑오개혁(1894년)까지의 국어. 중세 국어에서 현대 국어로 넘어오는 시기로 여러 가지 변화가 나타남

1 근대 국어의 특징

1-❶ 음운의 특징

■ 사라진 것들

'·(아래아)'의 음가 소실	'·'의 음가가 소실되어 'ㅏ, ㅡ, ㅗ, ㅜ, ㅓ'로 나타남
방점의 소실	'평성'과 '거성'은 단음, '상성'은 장음으로 바뀜

탐구 하기

[문제] 〈보기〉의 ㉠과 ㉡에 속하는 사례를 바르게 제시한 것은?

• 보기 •

모음 '·'는 중세 국어 이후 크게 두 단계의 변화를 겪었다. 제 1단계 변화에서는 ㉠단어의 둘째 음절 이하에 놓인 모음 '·'가 'ㅡ'로 변화하였다. 이 변화가 일어나고 난 뒤 제 2단계 변화에서는 ㉡첫째 음절에 놓인 모음 '·'가 'ㅏ'로 변화하였다. 단어에 따라 이러한 변화에 예외가 보이기도 하지만 대체로 이 두 단계의 변화를 겪어 '·'는 모음 체계에서 사라지게 되었다.

	㉠	㉡		㉠	㉡
①	마늘 > 마늘	흙 > 흙	☑	사슴 > 사슴	ᄀ장 > 가장
③	ᄒ나 > 하나	오늘 > 오늘	④	사룸 > 사람	ᄃ리 > 다리
⑤	아들 > 아들	다슷 > 다섯			

정답 ② 해설 '사슴'이 '사슴'으로 변화한 것은 둘째 음절에 놓인 모음 '·'가 'ㅡ'로 변화한 것이므로 ㉠의 예에 해당한다. 그리고 'ᄀ장'이 '가장'으로 변화한 것은 첫째 음절에 놓인 모음 '·'가 'ㅏ'로 변화한 것이므로 ㉡의 예에 해당한다.

■ 변화된 것들

이중 모음의 변화	이중 모음이던 'ㅐ'와 'ㅔ'가 단모음으로 변함
'ㆁ(옛이응)'의 변화	모양이 'ㅇ'으로 변했으며, 종성에서만 음가가 실현됨

■ 나타난 것들

원순 모음화	평순 모음 'ㅡ'가 선행하는 양순음의 영향으로 원순 모음 'ㅜ'로 바뀌는 현상 예 믈 > 물
전설 모음화	후설 모음이 전설 모음으로 바뀌는 현상 예 어즈럽고 > 어지럽고
구개음화	형태소 내부에서 구개음화가 일어남 예 고티다 > 고치다

1-❷ 표기의 특징

■ 나타난 것들

7종성법	받침에 'ㄱ, ㄴ, ㄹ, ㅁ, ㅂ, ㅅ, ㅇ'의 7개 자음만 사용함
거듭 적기(중철)	이어 적기에서 끊어 적기로 가는 과도기적 현상으로 거듭 적기가 나타남 예 님금미(님금 + 이)
체언과 조사의 분리	체언과 조사를 분리하여 적는 경향이 나타남 예 ᄉ룸은. 미워홈을

◈ **종성의 표기법과 표준 발음법**

'8종성법'은 훈민정음 창제 이후 16세기까지 이어오던 받침 표기법으로 'ㄱ, ㄴ, ㄷ, ㄹ, ㅁ, ㅂ, ㅅ, ㅇ'의 8개 자음을 받침으로 씁니다. '7종성법'은 17세기에서 20세기 초까지 사용된 받침 표기법으로 'ㄱ, ㄴ, ㄹ, ㅁ, ㅂ, ㅅ, ㅇ'의 7개 자음만을 받침으로 씁니다. 반면 현대 '표준 발음법'의 제8항에 제시되어 있는 '음절의 끝소리 규칙'은 받침소리로 'ㄱ, ㄴ, ㄷ, ㄹ, ㅁ, ㅂ, ㅇ'의 7개 자음만 발음한다는 발음 규칙입니다. 즉, 8종성법과 7종성법은 표기법에 대한 설명이고, 표준 발음법 제8항은 발음 규정입니다. 또 7종성법에는 'ㄷ'이 없고 'ㅅ'이 있으며, 표준 발음법 제8항에는 'ㄷ'이 있고 'ㅅ'이 없다는 점도 기억해 두세요.

☆ 개념을 완성하는 문제

1 다음 중, 근대 국어의 특징에 대한 설명으로 적절하지 **않은** 것은?

① 명사형 어미 '-기'가 쓰였다.
② 주격 조사 '가'가 등장하였다.
☑ 8종성법이 표기법으로 사용되었다.
④ 과도기적 표기 방식인 거듭 적기가 나타났다.
⑤ 단모음에는 'ㅏ, ㅓ, ㅗ, ㅜ, ㅡ, ㅣ, ㅐ, ㅔ'의 8개가 있었다.

정답 ③ 해설 근대 국어 시기에는 7종성법이 표기법으로 사용되었다.

2 〈보기〉의 ㉠과 ㉡에 공통적으로 나타나는 표기상의 특징이 바르게 묶인 것은?

• 보기 •

• 져긔 ㉠믈밋출 보라 웨거늘(저기 물 밑을 보라고 외치거늘)
• 처엄 ᄇ러 ㉡것츨 빗최던 거슨(처음 밝게 겉을 비추던 것은)

① 이어 적기, 7종성법
② 이어 적기, 8종성법
③ 끊어 적기, 7종성법
☑ 거듭 적기, 7종성법
⑤ 거듭 적기, 8종성법

정답 ④ 해설 '믈밋출'과 '것츨'에는 종성을 뒤 모음에 다시 붙여 쓰는 거듭 적기와 종성에 'ㄱ, ㄴ, ㄹ, ㅁ, ㅂ, ㅅ, ㅇ'의 7개 자음만 사용하는 7종성법이 적용되었다.

1-❸ 문법의 특징

■ 사라진 것들

객체 높임 선어말 어미	'-솝-, -즙-, -숩-(-슬-, -즐-, -슬-)'의 기능이 사라짐
선어말 어미 '-오-'	주어가 1인칭일 때 쓰인 선어말 어미 '-오-'가 사라짐

※ 객체 높임 선어말 어미 '-숩-'은 상대 높임법 어미의 일부가 됨(현대 국어 '-습니다'의 '-습-')

■ 나타난 것들

주격 조사	주격 조사 '이'와 구별되어 '가'가 쓰임 예 비둘기가
명사형 어미	'-옴/-움' 이외에 '-기'가 널리 쓰임 예 붉기, 통낭ᄒ기

1-❹ 어휘의 특징

■ 고유어가 한자어로 많이 대체됨 예 뫼 > 산(山), ᄀ룸 > 강(江)

■ 19세기 중반 이후 서구 문물의 도입과 함께 새로운 어휘들이 많이 들어옴
예 자명종, 천리경 등

예❶

第十五課(제십오과) 부엉이가 비둘기의게 우슴을 보앗더라

비둘기가 부엉이의 移居(이거)ᄒ랴는 貌樣(모양)을 보고 어듸 갈 터이뇨 무
르니 부엉이 對答(대답)ᄒ야 갈오듸 이 地方(지방) 스름은 내 우름 쇼릭를 미
워ᄒᄂ 故(고)로 나는 다른 地方(지방)으로 올무랴 ᄒ노라 ᄒ니 비둘기 우서
갈오듸 즈네 우는 쇼릭를 곳치지 안코 居處(거처)만 옴기면 如舊(여구)히 또
미워ᄒ믈을 免(면)치 못ᄒ리라 하얏소 이 이익기는 춤 滋味(재미) 잇습ᄂ이다
여러분 즁에도 自家(자가)의 악ᄒ 일은 곳치지 안코 다른 듸로만 가랴고 ᄒᄂ
니 잇스면 이는 亦是(역시) 이 비둘기의게 우슴을 보오리다

주격 조사 ⑦(가)가 쓰임
첫음절에서도 'ㆍ'가 소실됨
이어 적기 / 끊어 적기
모음 조화가 파괴됨
구개음화가 일어남
모음 조화가 파괴됨
⑨(거듭) 적기

〈신정심상소학(新訂尋常小學)〉(1896)
고종 35년(1896)에 간행한 소학교용 교과서

☆ 개념을 완성하는 문제

3 예❶에 대한 설명으로 적절하지 <u>않</u>은 것은?

① 성조를 표시하던 방점이 사라졌다.

② 끊어 적기와 이어 적기가 혼용되었다.

③ 구개음화는 아직 나타나지 않고 있다.

④ 모음 조화 현상의 파괴를 확인할 수 있다.

⑤ 'ㆍ'가 첫째 음절에서도 소실되는 모습이 나타난다.

답 ③ 해 '곳치지'와 '免(면)치'에서 구개음화가 나타났음을 확인할 수 있다.

4 〈보기 1〉의 밑줄 친 말의 표기 변화가 〈보기 2〉와 같다고 할 때, ㉠에 들어갈 표기로 가장 적절한 것은?

보기 1
- 실오리 ᄀ흔 줄(실오리 같은 줄)
- 진홍 ᄀ흔 것(진홍 같은 것)

보기 2

(㉠) > ᄀ흔 > ᄀ흔

① ᄀᇀᆮ은   ② ᄀᇀ흔

③ ᄀᆮ은   ④ ᄀ은

⑤ ᄀᇀ튼

답 ① 해 'ᄀᇀ은'이 재음소화를 거쳐 'ᄀᆮ흔'으로 변하고, 다시 7종성법에 의해 'ᄀ흔'으로 표기된 것이다.

01

〈보기〉를 바탕으로 '훈민정음 자음의 제자 원리'에 대해 탐구한 것으로 적절하지 <u>않은</u> 것은?

───── • 보기 •

훈민정음의 자음은 발음 기관을 상형하여 기본자 'ㄱ, ㄴ, ㅁ, ㅅ, ㅇ'을 만들고, 기본자에 획을 더하여 기본자보다 소리가 더 세게 나는 가획자를 만들었다. 각각의 기본자와 가획자는 같은 위치에서 나는 소리를 나타낸다. 그런데 'ㆁ, ㄹ, ㅿ'은 각각 'ㄱ, ㄴ, ㅅ'과 소리 나는 위치는 같지만, 가획의 방법에 따라 만든 글자가 아니기 때문에 '이체자'라고 한다. 이를 표로 정리하면 다음과 같다.

구분	어금닛 소리	혓소리	입술 소리	잇소리	목청 소리
기본자	ㄱ	ㄴ	ㅁ	ㅅ	ㅇ
가획자	ㅋ	ㄷ, ㅌ	ㅂ, ㅍ	ㅈ, ㅊ	ㆆ, ㅎ
이체자	ㆁ	ㄹ		ㅿ	

① 'ㅋ'은 기본자 'ㄱ'에 가획을 한 것이군.

② 'ㄴ, ㄹ'은 같은 위치에서 소리 나는 글자군.

③ 이체자 'ㅿ'은 기본자 'ㅅ'을 가획하여 만들었군.

④ 'ㅎ'은 가획자이므로 'ㅇ'보다 소리가 더 세게 나겠군.

⑤ 자음의 기본자는 모두 모양을 본뜨는 방식을 사용하여 만들었군.

답 ③ **해** 〈보기〉에서 가획자는 '기본자에 획을 더하여 기본자보다 소리가 더 세게 나는' 글자라고 하였고, 이체자는 기본자와 '소리 나는 위치는 같지만, 가획의 방법에 따라 만든 글자가 아니'라고 하였다. 따라서 이체자 'ㅿ'이 기본자 'ㅅ'을 가획하여 만들었다는 설명은 적절하지 않다.

02

〈보기〉를 바탕으로 중세 국어의 특징을 탐구한 내용으로 적절하지 <u>않은</u> 것은?

───── • 보기 •

ᄒᆞᄅᆞᆫ 조심 아니 ᄒᆞ샤 브를 ᄢᅴ ᄒᆞ야시ᄂᆞᆯ 그 아비 그 ᄯᆞ니ᄆᆞᆯ 구짓고 北(북)녁 堀(굴)애 브리ᅀᆞᄫᅡ 블 가져오라 ᄒᆞ야ᄂᆞᆯ 그 ᄯᆞ니미 아비 말 드르샤 北堀(북굴)로 가시니 거름마다 발 드르신 ᄯᅡ해다 蓮花(연화)ㅣ 나니 자최ᄅᆞᆯ 조차

– 〈석보상절〉

[현대어 풀이]

하루는 조심하지 아니하시어 불을 꺼지게 하시거늘, 그 아비가 그 따님을 꾸짖고, 북녁 굴에 시켜서 불을 가져오라고 하거늘, 그 따님이 아비의 말을 들으시어 북굴로 가시니, 걸음마다 발을 드신 땅에 다 연꽃이 나니, 자취를 좇아

① 'ᄢᅴ'를 보니 현대 국어와 달리 초성에 어두 자음군이 쓰였음을 알 수 있군.

② 'ᄯᆞ니ᄆᆞᆯ, 자최ᄅᆞᆯ'을 보니 중세 국어에서도 앞말의 받침 유무에 따라 목적격 조사의 형태가 다르게 쓰였음을 알 수 있군.

③ '브리ᅀᆞᄫᅡ'를 보니 현대 국어와 달리 'ㅿ'과 'ㅸ'이 표기에 사용되었음을 알 수 있군.

④ '가시니'를 보니 중세 국어에서도 주체를 높이는 특수 어휘가 사용되었음을 알 수 있군.

⑤ '거름, 조차'를 보니 현대 국어와 달리 이어 적기를 하였음을 알 수 있군.

답 ④ **해** '가시니'는 어간 '가–' 뒤에 주체를 높이는 선어말 어미 '–시–'가 사용된 것이므로, 주체를 높이는 특수 어휘가 사용되었다는 설명은 적절하지 않다. / ② 자음으로 끝나는 명사 'ᄯᆞ님' 뒤에 '올'이 오고, 모음으로 끝나는 명사 '자최' 뒤에 '룰'이 오므로 적절한 설명이다.

03

〈보기〉는 수업의 일부이다. 선생님의 설명을 참고할 때 ㉠에 해당하는 것은?

───── • 보기 •

선생님: 훈민정음의 초성 중 기본자는 발음 기관의 모양을 본뜨는 '상형'의 원리로 만들어졌어요. 'ㄱ'은 혀뿌리가 목구멍을 막는 모양을, 'ㄴ'은 혀가 윗잇몸에 닿는 모양을, 'ㅁ'은 입 모양을, 'ㅅ'은 이[齒] 모양을, 'ㅇ'은 목구멍 모양을 본뜬 것이에요. 기본자에 소리의 세기에 따라 획을 더하는 '가획'의 원리를 적용하여 가획자 'ㅋ, ㄷ, ㅌ, ㅂ, ㅍ, ㅈ, ㅊ, ㆆ, ㅎ'을 만들었고, 상형이나 가획의 원리를 적용하지 않고 별도로 이체자 'ㆁ, ㄹ, ㅿ'을 만들었지요. 중성은 하늘, 땅, 사람의 모양을 본떠서 기본자 'ㆍ, ㅡ, ㅣ'를 만들고, '합성'의 원리를 적용하여 초출자 'ㅗ, ㅏ, ㅜ, ㅓ'와 재출자 'ㅛ, ㅑ, ㅠ, ㅕ'를 만들었어요. 종성은 초성의 글자를 다시 사용했답니다. 그러면 선생님과 함께 카드놀이를 하며 훈민정음에 대하여 공부해 봅시다. ㉠아래의 카드 중 [조건]을 모두 만족하는 글자 카드를 찾아볼까요?

[조건]
• 초성: 이[齒] 모양을 본뜬 기본자에 가획하여 만든 글자
• 중성: 초출자 'ㅗ'에 기본자 'ㆍ'를 결합하여 만든 글자
• 종성: 상형이나 가획의 원리를 적용하지 않고 별도로 만든 글자

①  별 ②  쬴 ③  심 ④  창 ⑤  둥

답 ② **해** 이(齒) 모양을 본뜬 기본자는 'ㅅ'이고 'ㅅ'에 가획하여 만든 글자는 'ㅈ, ㅊ'이 있다. 초출자 'ㅗ'에 기본자 'ㆍ'를 결합한 글자는 'ㅛ'가 있다. 상형이나 가획의 원리를 적용하지 않고 별도로 만든 이체자는 'ㆁ, ㄹ, ㅿ'이 있다. 이 세 가지 조건을 모두 충족하는 글자는 '쬴'이다.

04

〈학습 활동〉을 수행한 결과로 적절하지 <u>않은</u> 것은?

> **〈학습 활동〉**
>
> 　현대 국어와 달리 중세 국어의 관형격 조사에는 여러 형태가 있다. 선행 체언이 무정물일 때는 'ㅅ'이 쓰이고, 유정물일 때는 모음 조화에 따라 '익', '의' 등이 쓰인다. 다만 유정물이라도 존칭의 대상일 때는 이들 대신 'ㅅ'이 쓰인다. 이를 참고하여 선행 체언과 후행 체언이 관형격 조사로 연결되었을 때의 모습을 아래 표의 ㉠~㉤에 채워 보자.
>
> | 선행
체언 | 아바님
(아버님) | 그력
(기러기) | 아들
(아들) | 수플
(수풀) | 둥잔
(등잔) |
> |---|---|---|---|---|---|
> | 후행
체언 | 곁
(곁) | 목
(목) | 나ㅎ
(나이) | 가온디
(가운데) | 기름
(기름) |
> | 적용
모습 | ㉠ | ㉡ | ㉢ | ㉣ | ㉤ |

① ㉠: 아바니믜(아바님 + 의) 곁

② ㉡: 그려긱(그력 + 익) 목

③ ㉢: 아드릭(아들 + 익) 나ㅎ

④ ㉣: 수픐(수플 + ㅅ) 가온디

⑤ ㉤: 둥잜(둥잔 + ㅅ) 기름

답 ① **해** '아바님'은 유정물이지만 동시에 높임의 대상이므로 관형격 조사 'ㅅ'을 사용해야 한다. / ②, ③ '그력'과 '아들'은 유정물이므로 모음 조화에 따라 '의, 익'를 사용해야 한다. ④, ⑤ '수플'과 '둥잔'은 무정물이므로 'ㅅ'을 사용해야 한다.

05

〈보기〉를 바탕으로 중세 국어의 특징을 탐구한 내용으로 적절하지 <u>않은</u> 것은?

> ● 보기
>
> [중세 국어] 잣 ㉠앉 ㉡보믹 플와 나모샨
> [현대 국어] 성(城) 안의 봄에 풀과 나무만
>
> [중세 국어] 烽火(봉화)ㅣ ㉢석 도룰 ㉣니예시니
> [현대 국어] 봉화가 석 달을 이어지니
>
> [중세 국어] 첫소리롤 ㉤쓰느니라
> [현대 국어] 첫소리를 쓰느니라

① ㉠을 보니 'ㅅ'은 현대 국어의 '의'에 해당하는 관형격 조사로 쓰였군.

② ㉡을 보니 체언과 조사를 구분하여 그 형태를 밝혀 적었군.

③ ㉢을 보니 '도룰'은 현대 국어 '달을'과 달리 모음 조화를 지켜 표기하였군.

④ ㉣을 보니 현대 국어에서 쓰이지 않는 자음을 사용하였군.

⑤ ㉤을 보니 첫음절 초성에 서로 다른 자음을 가로로 나란히 붙여 썼군.

답 ② **해** ㉡은 체언 '봄'과 조사 '익'를 소리 나는 대로 이어 적은 것이므로, 체언과 조사를 구분하여 형태를 밝혀 적었다는 설명은 적절하지 않다.

06

〈보기〉의 ㉠~㉤에 나타난 중세 국어의 특징을 현대 국어와 비교하여 이해한 내용으로 적절하지 <u>않은</u> 것은?

> ● 보기
>
> 나·랏 :말ᄊ·미 ㉠中듕國·귁·에 달·아 文문字·ᄍ·와 ·로 서르 ᄉᄆᆺ·디 아·니홀·ᄊᆡ ·이런 젼·ᄎ·로 ㉡어·린 百·빅姓·셩·이 니르·고·져 ·홇 ·배 이·셔·도 ᄆ·ᄎᆷ:내 제 ㉢·ᄠᅳ·들 시·러 펴·디 :몯홇 ·노·미 하·니·라 ·내 ·이·ᄅ·ᆯ 爲·윙·ᄒᆞ·야 :어엿·비 너·겨 ·새·로 ·스·믈여·듧 字·ᄍ·ᄅᆞᆯ 밍·ᄀᆞ노·니 :사름:마·다 :히·여 :수·비 니·겨 ·날·로 ·ᄡ·메 ㉣便뼌安한·킈 ᄒᆞ·고·져 홇 ᄯᆞᄅᆞ·미니·라 ㉤ᄡᆞ·ᄅᆞ·미니·라
>
> — 〈세종어제훈민정음(世宗御製訓民正音)〉
>
> [현대어 풀이]
>
> 　우리나라의 말이 **중국**과 달라 한자와는 서로 통하지 아니하여서 이런 까닭으로 어리석은 백성이 말하고자 하는 바가 있어도 마침내 제 뜻을 능히 펴지 못하는 사람이 많다. 내가 이를 위하여 가엾게 여겨 새로 스물여덟 자를 만드니, 사람마다 하여금 쉽게 익혀 날마다 쓰는 데 **편하게** 하고자 할 **따름**이다.

① ㉠: 조사 '에'는 앞말이 사건의 원인이 됨을 나타낸다.

② ㉡: 현대 국어의 '어리다'와 단어의 의미가 서로 다르다.

③ ㉢: 단어의 초성에 서로 다른 두 자음자를 나란히 적었다.

④ ㉣: 현대 국어에서 사용되지 않는 자음자가 있었다.

⑤ ㉤: 한 음절의 종성을 다음 자의 초성에 옮겨 표기하였다.

답 ① **해** 이 현대어 풀이에서 '중국과'로 해석되는 것으로 볼 때, '에'는 비교 부사격 조사임을 알 수 있다. 따라서 '에'가 앞말이 사건의 원인이 됨을 나타낸다는 설명은 적절하지 않다. / ⑤ ㉤은 이어 적기를 통해 'ᄡᆞ롬'의 종성 'ㅁ'을 다음 자의 초성에 옮겨 표기한 것이다.

07

〈보기〉의 밑줄 친 부분에 해당하는 것은?

> ● 보기
>
> 선생님: 모음 조화란 양성 모음은 양성 모음끼리, 음성 모음은 음성 모음끼리 어울리는 현상입니다. 양성 모음으로는 '·, ㅏ, ㅗ'가, 음성 모음으로는 'ㅡ, ㅓ, ㅜ'가 있었습니다. 모음 조화는 15세기에는 비교적 엄격하게 지켜졌으나 그 이후로 지켜지지 않은 경우가 나타나게 됩니다. 여러분, 이제 18세기 문헌을 통해서 확인해 볼까요?
>
> 홍식이 거록ᄒᆞ야 ㉠븕은 긔운이 ㉡하ᄂᆞᆯ을 쒸노더니 이랑이 ㉢소리를 놉히 ᄒᆞ야 나를 불러 져긔 믈밋츨 보라 웨거늘 급히 눈을 ㉣드러 보니 믈밋 홍운을 헤앗고 큰 실오리 ㉤ᄀᆞᆺᄒᆞ 줄이 븕기 더옥 긔이ᄒᆞ며
>
> — 의유당, 〈관북유람일기〉(1772)

① ㉠　　② ㉡　　③ ㉢　　④ ㉣　　⑤ ㉤

답 ② **해** ㉡'하ᄂᆞᆯ을'은 모음 조화가 지켜지지 않았다. '하ᄂᆞᆯ'이 양성 모음으로 되어 있으므로, 모음 조화가 지켜졌다면 목적격 조사 '을'이 아니라 '올'이 와야 한다.

〈보기〉의 ⓐ∼ⓖ를 탐구한 내용으로 적절하지 <u>않은</u> 것은?

───── • 보기 •

- 머리셔 ᄇᆞ라매 ⓐ노피 하ᄂᆞᆯ해 다핫고 갓가이셔 보니 아ᅀᆞ라히 하ᄂᆞᆯ햇 ⓑᄆᆞ레 ᄌᆞᆷ겻ᄂᆞ니
  (멀리서 바람에 높이 하늘에 닿았고 가까이서 보니 아스라이 하늘의 물에 잠겼나니)　　　–〈번역박통사〉

- 고경명은 광쥐 ⓒ사ᄅᆞᆷ이니 임진왜난의 의병을 슈챵ᄒᆞ야 금산 ⓓ도적글 티다가 패ᄒᆞ여
  (고경명은 광주 사람이니 임진왜란에 의병을 이끌어 금산 도적을 치다가 패하여)　　–〈동국신속삼강행실도〉

- ⓔ븕은 긔운이 하ᄂᆞᆯ을 쮜노더니 이랑이 소ᄅᆡ를 ⓕ놉히 ᄒᆞ야 나를 불러 져긔 믈 밋츨 보라 웨거ᄂᆞᆯ 급히 눈을 ⓖ드러 보니
  (붉은 기운이 하늘을 뛰놀더니 이랑이 소리를 높이 하여 나를 불러 저기 물 밑을 보라 외치거늘 급히 눈을 들어 보니)　　　–〈의유당관북유람일기〉

① ⓐ는 이어 적기를 하고 있는 반면 ⓕ는 거듭 적기를 하고 있군.

② ⓑ는 앞 형태소의 끝소리를 뒤 형태소의 첫소리로 옮겨 적고 있군.

③ ⓒ는 체언과 조사가 결합할 때 형태소의 본 모양을 밝혀서 끊어 적고 있군.

④ ⓓ는 앞 형태소의 끝소리를 뒤 형태소의 첫소리에도 다시 적고 있군.

⑤ ⓔ와 ⓖ는 용언의 어간이 모음으로 시작하는 어미를 만날 때 표기하는 방식이 서로 다르군.

답 ① 해 ⓐ의 '노피'는 이어 적기의 예가 맞다. 하지만 ⓕ의 '놉히'는 '높이'에서 'ㅍ'을 'ㅂ'과 'ㅎ'으로 나누어 적는 재음소화 표기에 해당하는 예이므로 이를 거듭 적기라고 한 진술은 적절하지 않다. / ⑤ ⓔ의 '븕은'은 끊어 적기에 해당하고, ⓖ의 '드러'는 이어 적기에 해당한다.

09

〈보기〉의 a∼c를 탐구한 내용으로 적절하지 <u>않은</u> 것은?

───── • 보기 •

a. [중세 국어] 大師(대사) ᄒᆞ샨 일 아니면 뉘 혼 거시잇고
　 [현대 국어] 대사가 하신 일이 아니면 누가 한 것입니까?

b. [중세 국어] 이 도ᄂᆞᆯ 가져가 어마니ᄆᆞᆯ 供養(공양)ᄒᆞᅀᆞᆸ고
　 [현대 국어] 이 돈을 가져가 어머님을 공양하고

c. [중세 국어] 太子(태자)ᄅᆞᆯ ᄢᅵ려 안ᅀᆞᄫᅡ 부인ᄭᅴ 뫼셔 오니
　 [현대 국어] 태자를 싸 안아 부인께 모셔 오니

① a: 중세 국어에서는 '-샤-'를, 현대 국어에서는 '-시-'를 사용하여 주체인 '대사'를 높이고 있다.

② a: 중세 국어에서는 현대 국어에 없는 '-잇-'을 사용하여 대화의 상대인 청자를 높이고 있다.

③ b: 중세 국어에서는 현대 국어에 없는 '-ᅀᆞᆸ-'을 사용하여 객체인 '어마님'을 높이고 있다.

④ c: 중세 국어에서는 'ᄭᅴ'를, 현대 국어에서는 '께'를 사용하여 객체인 '부인'을 높이고 있다.

⑤ c: 중세 국어에서는 '뫼셔'를, 현대 국어에서는 '모셔'를 사용하여 주체인 '태자'를 높이고 있다.

답 ⑤ 해 '뫼시다'와 '모시다'는 객체 높임에 사용되는 특수한 어휘로, 주체가 아니라 객체인 '태자'를 높이기 위해 중세 국어와 현대 국어에서 각각 사용되었다.

〈보기〉에 대한 이해로 적절하지 <u>않은</u> 것은?

───── • 보기 •

ㄱ. **羅睺羅(라후라)ㅣ** 得道(득도)ᄒᆞ야 도라가ᅀᅡ **어미를** 濟渡(제도)ᄒᆞ야
　 (라후라가 득도하여 돌아가서 어미를 제도하여)

ㄴ. **瞿曇(구담)이** 오슬 니브샤 深山(심산)애 드러 果實(과실)와 믈와 좌시고
　 (구담의 옷을 입으시어 깊은 산에 들어 과일과 물을 자시고)

ㄷ. **南堀(남굴)ㅅ** 仙人(선인)이 혼 ᄯᆞᄅᆞᆯ 길어 내니 …… **時節(시절)에** 자최마다 蓮花(연화)ㅣ 나ᄂᆞ니이다
　 (남굴의 선인이 한 딸을 길러 내니 …… 시절에 자취마다 연꽃이 납니다.)

ㄹ. 네가짓 受苦(수고)ᄂᆞᆫ 生(생)과 老(로)와 病(병)과 死(사)왜라
　 (네 가지 괴로움은 태어남과 늙음과 병듦과 죽음이다.)

① ㄱ의 '羅睺羅(라후라)ㅣ'와 ㄷ의 '仙人(선인)이'에는 주어의 자격을 부여해 주는 조사의 형태가 서로 다르게 사용되었군.

② ㄱ의 '어미를'과 ㄷ의 'ᄯᆞᄅᆞᆯ'에는 목적어의 자격을 부여해 주는 조사의 형태가 서로 동일하게 사용되었군.

③ ㄴ의 '瞿曇(구담)이'와 ㄷ의 '南堀(남굴)ㅅ'에는 모두 관형어의 자격을 부여해 주는 조사가 사용되었군.

④ ㄴ의 '深山(심산)애'와 ㄷ의 '時節(시절)에'에는 모두 부사어의 자격을 부여해 주는 조사가 사용되었군.

⑤ ㄴ의 '果實(과실)와'와 ㄹ의 '病(병)과'에는 모두 단어와 단어를 이어주는 조사가 사용되었군.

답 ② 해 ㄱ의 '어미' 뒤에는 체언의 끝소리가 모음일 때 붙는 목적격 조사 '를'이 결합하였으며, ㄷ의 'ᄯᆞᆯ' 뒤에는 체언의 끝소리가 자음일 때 붙는 목적격 조사 '올'이 결합하였다. 따라서 목적격 조사의 형태가 서로 동일하게 사용되지 않았다. / ① ㄱ의 '라후라' 뒤에는 주격 조사 'ㅣ'가 결합하였으며, ㄷ의 '선인' 뒤에는 주격 조사 '이'가 결합하였다. 따라서 주격 조사의 형태가 서로 다르게 사용되었다.

IV

독서

01 문장

개념 열기 ① 톡톡! 문장

문장: 생각이나 감정을 글로 표현할 때 완결된 내용을 나타내는 최소의 단위

文 글월 문. 章 글 장

- 글을 구성하는 기본 단위인 단어가 모여서 문장을 이룸
- 문장은 의미상 완결된 내용을 드러내며 '①ㅈㅇ부'와 '②ㅅㅅ부'로 나눌 수 있음
- 문장을 읽을 때는 중요 정보를 파악하고 인접한 문장 간의 의미 관계를 따져 가며 독해함

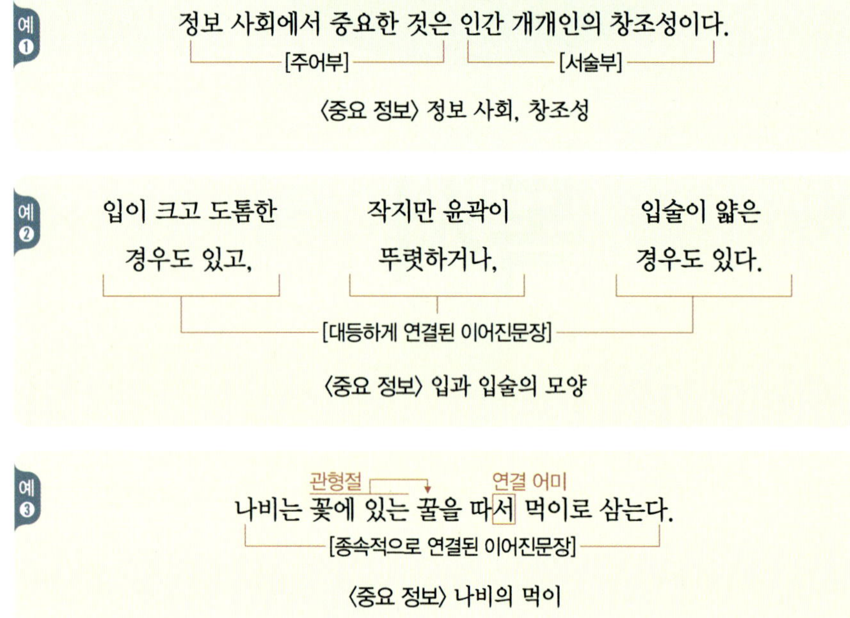

독해력 플러스

❖ 어휘력과 문장 독해의 중요성

독해력의 바탕이 되는 것은 어휘력과 문장 독해력입니다. 지문을 읽다가 모르는 어휘가 나오면 사전을 찾아보며 그 의미와 용례를 익혀 두세요. 그리고 기출 지문을 활용하여 문장에서 중요 정보를 파악하는 훈련을 꾸준히 하는 것이 좋습니다.

☆ 개념을 완성하는 문제

1 〈보기〉를 읽고 중심 내용을 파악한 것으로 가장 적절한 것은?

> **⟶ 보기 ⟵**
>
> 헌법은 제23조 제1항에서 "모든 국민의 재산권은 보장된다. 그 내용과 한계는 법률로 정한다."라고 규정하여, 재산권은 법률에 의해 구체화된다고 밝히고 있다. 또한 제2항에서 "재산권의 행사는 공공복리에 적합하도록 하여야 한다."라고 하여, 개인의 재산권 행사가 공익에 적합하여야 한다는 재산권의 '사회적 제약'을 규정하고 있다.

① 개인의 재산권 행사 및 제한은 헌법으로 규정한다.
② 개인은 자신의 재산권을 공익에 적합하도록 행사해야 한다.
③ 개인은 어떤 경우라도 자신의 재산권을 자유롭게 행사할 수 있다.
④ 개인의 재산권 제한이 가능한 구체적 조건이 헌법에 명시되어 있다
⑤ 개인의 재산권 행사로 인한 공공복리 침해를 허용하는 경우가 법률에 규정되어 있다.

답 ② 해 헌법 제23조 제2항에서 '재산권의 행사는 공공복리에 적합하도록 하여야 한다.'라고 규정하고 있다고 하였다.

① 주어 ② 서술

 ## 문장의 관계

문장의 관계: 앞뒤의 문장이 연결될 때 비중과 역할에 따른 관계

- 앞뒤로 연결된 문장이 같은 비중으로 중요한 정보를 담은 경우가 있음
- 앞뒤로 연결된 문장 중 어느 한 문장에 중요한 정보가 담긴 경우도 있음
- 앞뒤 문장의 비중과 역할을 고려하여 문장의 구조와 문장 간의 관계를 파악해야 함

1 순접 관계 順 순할 순, 接 이을 접

- 앞뒤의 문장이 논리적 ①[ㅁ][ㅅ] 없이 순조롭게 연결되거나, 뒤 문장이 앞 문장의 내용을 이어받아 연결될 때의 관계임
- '그리고, 그래서, 그리하여, 그러니, 그러므로' 등의 부사어가 접속어로 사용됨

> **예①** 이 부분에서 홍길동은 자신이 도적의 무리에 든 것이 부득이한 것이었음을 밝히고 있다. [⊙] 그는 죄 없는 백성의 재물을 건드리지 않고 탐관오리들의 재물만을 빼앗았다고 말하고 있다. 그러니까 홍길동은 자신의 반사회적인 행동이 결코 부당하다고 생각하지 않으며, 근본적인 문제는 임금의 지혜를 가리고 있는 조정의 간신배들에게 있다고 보는 것이다.
> 일반적인 평가 ○, 길동의 생각 ×
> 길동이 생각하는 반사회적 행동
> – 이문규, 〈'홍길동전'의 현실 인식과 문학적 지향〉

2 역접 관계 逆 거스릴 역, 接 이을 접

- 앞뒤의 문장이 ②[ㅅ][ㅂ]되게 연결되거나, 앞에서 서술한 내용과 일치하지 않는 내용이 뒤에 연결되어 성립할 때의 관계임
- '그러나, 그렇지만, 하지만, 그래도' 등의 부사어가 접속어로 사용됨

> **예②**
> **가** 홍길동은 어려서부터 남다른 재주를 지닌 인재였다. 하지만 시종의 몸에서 태어난 서얼 출신이라는 점이 그의 삶을 근본적으로 제약하는 요인으로 작용한다.
> 상반된 내용
>
> **나** 홍길동의 불만은 처음에는 자신이 서얼 출신이라는 개인적 차원의 문제에서 출발했다. 그러나 이런 개인적 차원의 불만은 그가 활빈당의 우두머리가 된 후로는 대사회적 차원의 문제로 확대된다.
> 상반된 내용
> – 이문규, 〈'홍길동전'의 현실 인식과 문학적 지향〉

⊙ '문장의 관계' 확인에서 주목할 사항

지문에 쓰인 접속어를 확인하여 문장 간의 의미 관계를 이해해야 합니다. '즉, 다시 말해' 등은 앞의 내용을 재진술하는 경우, '예를 들어, 이를테면'은 앞의 진술과 관련된 구체적인 예가 제시되는 경우, '또한, 특히' 등은 앞의 내용과 관련된 또 다른 내용을 추가하는 경우, '그래서, 따라서' 등은 원인과 결과, 근거와 주장을 제시하는 경우, '첫째, 다음으로' 등은 병렬적으로 내용을 전개하는 경우라고 볼 수 있습니다.

☆ 개념을 완성하는 문제

1 예① 의 ⊙에 들어갈 접속어로 가장 적절한 것은?

① 즉　　　　② 특히
③ 한편　　　④ 그래서 ✔
⑤ 이를테면

답 ④ 해 ⊙에는 앞 문장이 뒤 문장의 원인이나 근거, 조건 따위가 될 때 쓰는 접속 부사인 '그래서'가 들어가야 한다.

2 예② 의 (가)에서 상반되는 내용을 〈보기〉와 같이 정리할 때, ( ) 안에 들어갈 말을 찾아 2어절로 쓰시오.

┌─────────────── 보기 ───┐
남다른 재주 ↔ (서얼 출신)
└──────────────────────┘

답 서얼 출신

3 예② 의 (나)에 나타난 접속어를 확인하고, 뒤 문장에 담긴 중요한 정보를 찾아 3어절로 쓰시오.
답 대사회적 차원의 문제

┌──────────────────────┐
│ ① 모순 ② 상반 │
└──────────────────────┘

3 전환 관계　轉 구를 전, 換 바꿀 환

- 앞의 내용과 다른 ①ⓢⓡⓞ 생각이나 사실을 서술하여 화제를 바꾸는 관계임
- '그런데, 한편, 다음으로, 아무튼' 등의 부사어가 접속어로 사용됨
- 주로 뒤의 문장에서 중요한 정보가 언급됨

> **예 ③**　〈진달래꽃〉에서 진달래꽃은 화자의 주관적인 감정인 상실과 비애 등을 표현하는 데 기여한다. 소월의 대부분의 시에서 중요한 것은 화자의 주관을 드러내는 것이며 객관적 사물은 그것을 효과적으로 드러내는 방편이 된다. 　ⓐ　〈산유화〉에서는 이러한 특징이 반대로 나타난다. 즉, 〈산유화〉에서는 객관적 사물에 해당하는 '꽃, 새, 산' 자체가 시의 전면에 부각되고, 주관적 정서는 뒤에 감추어져 있다. 이런 점에서 이 시는 소월 시의 예외적인 작품으로 논의되며 더 성숙한 경지를 보여 주는 작품이라는 평가를 받기도 한다.
>
> － 한계전, 〈김소월의 '산유화' 읽기〉

4 첨가 관계　添 더할 첨, 加 더할 가

- 뒤의 문장에서 앞의 내용에 새로운 내용을 덧붙이거나 ②ⓑⓒ하는 관계임
- '또한, 더구나, 게다가, 아울러, 뿐만 아니라' 등의 접속어가 사용됨

> **예 ④**　제조물 책임법은 제조업자에게 고의나 과실이 없더라도 제조물의 결함으로 인해 생명·신체·재산상의 손해를 입은 사람에 대하여 제조업자가 손해 배상 책임을 지도록 하는 법률이다. 이 법이 적용되는 제조물과 제조업자의 범위를 살펴보면, 제조물은 공산품, 가공식품 등의 제조 또는 가공된 물품을 의미하는 것으로, 일상생활에서 사용하고 있는 거의 모든 물품이 포함된다. 　ⓑ　중고품, 폐기물, 부품, 원재료도 적용 대상이 된다. 그리고 손해 배상의 책임 주체인 제조업자에는 부품 또는 완성품의 제조업자, 제조물 수입을 업(業)으로 하는 자, 자신을 제조자 혹은 수입업자로 표시한 자가 포함된다.
>
> － 〈제조물 책임법의 주요 내용〉

5 인과 관계　因 인할 인, 果 열매 과

- 앞 문장과 뒤 문장의 내용이 ③ⓞⓘ과 결과의 관계임
- '따라서, 그래서, 그러므로' 등의 접속어가 사용되면 뒤에 중요 정보가 언급됨
- '왜냐하면'의 부사어가 접속어로 사용되면 앞에 중요한 정보가 언급됨

> **예 ⑤ ㉮**　만약 동물이 위법한 행동을 하여 다른 사람에게 손해를 끼치면 어떻게 될까? 결론부터 말하면 동물은 아무런 책임이 없다. 법에서는 인간 이외의 것들은 생명의 유무와 상관없이 모두 물건으로 보는데 물건에는 법적 권리가 없다. 법적 권리가 없는 것은 의무와 책임도 없다. 그러므로 동물은 민, 형법상의 책임을 지지 않아도 된다. 다만 손해를 입은 사람은 민법에 따라 동물의 점유자에게 배상을 받을 수 있다.
>
> － 〈민법과 형법의 개념과 원칙〉

---

4 **예❸**의 ㉠에 들어갈 알맞은 접속어는?

① 또한　　　② 그리고
③ 그런데　　④ 따라서
⑤ 예를 들어

> **답** ③ **해** ㉠에는 화제를 앞의 내용과 관련시키면서 다른 방향으로 이끌어 나갈 때 쓰는 접속 부사 '그런데'가 들어가야 한다.

5 **예❸**의 두 번째 문단에서 새롭게 제시된 내용으로 적절한 것은?

① 화자의 주관이 전면에 드러남
② 객관적 사물이 전면에 부각됨
③ 객관적 사물이 감추어져 있음
④ 주관적 정서가 객관적 사물보다 더 중요함
⑤ 객관적 사물은 화자의 주관을 드러내는 효과적인 방편임

> **답** ② **해** 뒤의 문단에는 〈진달래꽃〉과 달리 〈산유화〉는 객관적 사물이 전면에 부각되고 주관적 정서가 감추어져 있다는 내용이 설명되어 있다.

6 **예❹**의 ㉡에 들어갈 알맞은 접속어는?

① 또한　　　② 그래서
③ 그러면　　④ 그런데
⑤ 하지만

> **답** ① **해** ㉡의 뒤에는 제조물의 범위와 관련된 새로운 내용이 덧붙고 있으므로, ㉡에는 '또한'이 들어가야 한다.

7 **예❺**의 ㉮를 참조하여 〈보기〉를 이해한 내용으로 적절하지 **않은** 것은?

> ┌─ 보기 ─
> A는 사고로 몸의 대부분을 기계로 대체했지만 여전히 이전과 같은 생활을 하고 있다. B는 C가 구입한 로봇으로, 행동과 겉모습이 인간과 구별이 안 된다. 만약 A와 B가 사람을 다치게 했다면 법적으로 어떻게 해야 할까?

① A는 사람이므로 민, 형법상의 책임을 져야 한다.
② B는 법의 관점에서 보면 동물과 같이 물건에 해당한다.
③ B는 법적 권리만 있을 뿐 법적 의무와 책임이 없다.
④ B에 의해 다친 사람은 C에게 배상을 받을 수 있다.
⑤ C는 B의 점유자이므로 B가 끼친 손해에 대한 배상 책임이 있다.

> **답** ③ **해** B는 사람이 아니므로 법적 권리가 없으며, 법적 권리가 없기 때문에 의무와 책임도 없다.

> ① 서로운 ② 보충 ③ 원인

나 『용비어천가』, 『월인천강지곡』, 『석보상절』보다 후대에 간행된 『두시언해』
와 『백련초해』도 한글과 한자를 섞어 쓰는 방식에 서로 차이를 보인다. 성종
때 간행된 『두시언해』는 두보의 한시를 한글로 번역한 책인데, '東녀그로 萬
里예'에서 보듯 한글과 한자를 혼용하는 방식을 채택하고 있다. ⓐ 『두
시언해』가 두보의 시를 한문으로도 향유할 수 있는 사람들을 독자로 상정하
였기 때문이다.   – 〈한글 창제 후 한글과 한자를 섞어 쓴 원인〉

6 예시 관계   例 법식 예, 示 보일 시

- 앞의 내용에 대해 구체적인 ① ㅇ 를 들어 설명하는 관계임
- '예컨대, 이를테면, 예를 들면, 가령' 등의 접속어가 사용됨

예6   자음은 대개 입술과 입안의 여러 기관의 작용에 의해 분화된다. 이 기관들
은 후두를 통과해 올라온 공기의 흐름을 특정 위치에서 방해하는 작용을 통해
자음의 다양한 소릿값을 만들어 낸다. 예를 들어, ㉮'ㄷ'은 혀끝을 윗잇몸 근
처에 대어 공기의 흐름을 일단 막았다가 터뜨리듯 엶으로써 내는 파열음이
다. 여기서 '혀끝 – 윗잇몸'은 이 자음의 조음 위치가 되고, '공기의 흐름을 막
았다가 터뜨리듯 엶'은 조음 방법이 된다.   – 〈인간의 발음 기관과 음운의 분화〉

7 대등, 병렬 관계   對 대할 대, 等 무리 등 / 竝 나란히 병, 列 벌일 렬

- 앞뒤 문장의 내용을 같은 자격으로 ② ㄴㅇ 하면서 이어 주는 관계임
- '또는, 그리고, 및, 혹은, 이와 함께' 등의 접속어가 사용됨

예7 **가** 여기서 저는 민주적 절차에 대한 다음과 같은 사항을 분명히 말씀드리고
싶습니다. 우리 운동의 지도자는 반드시 국민 회의에서 민주적으로 선출되
어야 합니다. 이것은 어떤 예외도 없이 꼭 지켜야 하는 우리의 원칙입니다.
  그리고 제가 정부와 대화를 나눈 것은 우리나라의 정치 상황을 안정시키
기 위해서였다고 말씀드리고 싶습니다. 하지만 우리의 기본적인 요구 사항
에 대해서는 아직 아무 논의도 하지 못했습니다. – 넬슨 만델라, 〈동지들, 동포 여러분〉

나 나에게는 꿈이 있습니다. 언젠가는 불의와 억압의 열기에 신음하던 저
미시시피 주가 자유와 평등의 오아시스가 되는 꿈입니다.
  나에게는 꿈이 있습니다. 내 아이들이 피부색을 기준으로 사람을 평가하
지 않고 인격에 따라 사람을 평가하는 그런 나라에서 살게 되는 꿈입니다.
  지금 나에게는 꿈이 있습니다! 지금은 지독한 인종 차별주의자들과 주지
사가 간섭이니 무효니 하는 말을 떠벌리고 있는 앨라배마 주에서, 흑인 어린
이들이 백인 어린이들과 형제자매처럼 손을 마주 잡고 걸어갈 수 있는 날이
올 것이라는 꿈입니다.   – 마틴 루터 킹, 〈나에게는 꿈이 있습니다〉

---

8 **예5** (나)의 ⓐ에 들어갈 알맞은 접속
어는?

① 또한   ② 그러나
③ 아울러   ④ 그러므로
☑ 왜냐하면

답 ⑤ **해** ⓐ 뒤의 내용은 앞의 내용에 대한 원인
이나 이유에 해당하므로, ⓐ에는 '왜냐하면'이 들
어가야 한다.

9 **예6**에 제시된 ㉮의 예를 대체할 수
있는 내용으로 적절하지 않은 것은?

① 'ㄱ'은 목젖으로 콧길을 막고 혀
뿌리를 높여 연구개를 막았다가
뗄 때 나는 파열음이다.
② 'ㅂ'은 아래위 입술을 닫아 공기
의 흐름을 일단 완전히 막았다가
터트리면서 내는 파열음이다.
☑ 'ㅗ'는 입술을 둥글게 오므리고
혀의 정점이 입 안의 뒤쪽에 위치
하게 하여 소리를 내는 후설 모음
이다.
④ 'ㅈ'은 목젖으로 콧길을 막고 혀
의 앞바닥을 앞 입천장에 대었다
가 떼면서 내쉬는 숨으로 그 사
이를 마찰하여 내는 파찰음이다.
⑤ 'ㅅ'은 목젖으로 콧길을 막고 혀의
앞바닥을 입천장 앞바닥 가까이
에 올리며 내쉬는 숨으로 그 사이
를 마찰하여 내는 마찰음이다.

답 ③ **해** ㉮는 자음의 다양한 소릿값에 대한 예
를 제시해야 하므로, 모음 'ㅗ'에 대해 설명하는 ③
은 이 예를 대체하기에 적절하지 않다.

10 **예7**의 (가)에서 다루고 있는 대등한
두 가지 내용을 〈보기〉와 같이 정리할
때, ㉠과 ㉡에 들어갈 알맞은 말을 찾
아 쓰시오.

> ┌─────── 보기 ───────
> ① 우리 운동의 (㉠)는 민주
>   적으로 선출되어야 한다.
> ② 정치 상황을 안정시키기 위해
>   (㉡)와 대화를 나눈 것이
>   다.

답 ㉠ 지도자, ㉡ 정부

11 **예7**의 (나)에서 병렬 관계를 나타내
는 접속어 역할을 하며, 글쓴이의 꿈
이 대등하게 나열되도록 하는 문장을
찾아 3어절로 쓰시오.
답 나에게는 꿈이 있습니다.

> 답 ① 예 ② 연결

8 환언 관계 換 바꿀 환, 言 말씀 언

- 앞의 문장의 내용을 ①ㄷㄹ 표현으로 바꾸어 뒤의 문장에서 다시 말하는 관계임
- '다시 말하면, 환언하면, 곧, 즉' 등의 접속어가 사용됨

> **예 8**
> 인체의 세포는 일종의 화력 발전소이다. 연기가 나지 않을 뿐이지 들어오는 음식을 잘 분해하고 연소시켜서 에너지를 만든다. 몸은 이 에너지를 이용하여 축구도 하고 달리기도 한다. 이때 여러 가지 노폐물이 발생하는데, 이 노폐물들을 인체 밖으로 내보내야 한다. 그래야만 몸이 늘 일정한 상태, **즉** 항상성
> └ 같은 내용을 다른 표현으로 바꾸어 놓음
> 을 유지하게 된다. 노폐물을 몸 밖으로 내보내는 역할은 주로 신장이 한다.
> └ 신장의 역할
> – 〈신장과 인공 신장의 작용 원리〉

9 요약 관계 要 요긴할 요, 約 맺을 약

- 앞의 ②ㅈㅇ 내용을 뒤 문장에서 간추려 제시하는 관계임
- '결국, 즉, 말하자면, 요약하면' 등의 접속어가 사용됨
  └ 환언 관계에서도 쓰이는 접속어

> **예 9**
> 「빈의 새로운 청중의 귀는 유럽의 다른 지역 청중과는 달리 순수 기악을 향해 열려 있었다. 그들이 원했던 것은 말로 형용할 수 없는, 무한을 향해 열려 있는 '음악 그 자체'였다.」 또한 「당시 독일의 음악 비평가들은 음악을 앎의 방식으로 이해하기를 원했다. 이는 음악을 정서의 촉발자로 본 이전 시대와 달리 음악을 감상자가 능동적으로 이해해야 할 대상으로 인식하기 시작했음을 뜻한다. 슐레겔은 모든 순수 기악이 철학적이라고 보았으며, 호프만은 베토벤의 교향곡이 '보편적 진리를 향한 문'이라고 주장하였다.」 ［ ⊙ ］「당시의 빈의 청중과 독일의 음악 비평가들은 베토벤의 교향곡이 음악의 독립적 가치를 극대화한 음악이자 독일 민족의 보편적 가치를 실현해 주는 순수 기악의 정수라 여겼다.」
> 「¬ 베토벤 교향곡이 걸작으로 평가받는 외적 요인 ①
> 「¬ 베토벤 교향곡이 걸작으로 평가받는 외적 요인 ②
> 「¬ ①과 ②의 내용을 요약하여 베토벤 교향곡이 걸작으로 평가받는 이유를 제시함
> – 〈베토벤 교향곡의 음악사적 의의〉

개념 돋보기

▸ 전제 관계 前 앞 전, 提 끌 제

- 앞 문장이 뒤 문장을 성립하게 하는 조건의 역할을 함
- '-면, -거든' 등의 종속적 연결 어미가 사용됨
  - **예** ・ 꼬리가 길**면** 잡힌다.
    - 군인이 되었**거든** 명예를 생명처럼 알아야 한다.

▸ 인용 관계 引 끌 인, 用 쓸 용

- 앞뒤 문장이 전문가나 타인의 말 등을 인용하는 관계임
- 간접 인용과 직접 인용이 있음
  - **예** ・ 장자는 이 경지를 만물의 상호 의존성으로 설명한다. 「자아와 타자는 서로의 존재를 온전히 전제할 때 자신들의 존재가 드러날 수 있다고 그는 말한다.」 「¬ 간접 인용
    - 퇴계는 「읽은 것을 얼굴을 마주하고 강론하는 것이 좋기는 하지만, 항상 마음속의 생각을 다 드러내지는 못하고 만다. 그러니 의문이 드는 부분을 뽑아 기록해서 벗에게 보내 자세히 살펴볼 수 있게 하는 것만 못하다.」라고 하였다. 「¬ 직접 인용

---

12 **예 8**에서 '몸이 늘 일정한 상태'와 환언 관계에 있는 단어를 찾아 쓰시오.
답 항상성

13 **예 9**의 ⊙에 들어가기에 알맞지 <u>않</u>은 접속어는?
① 즉
② 혹은
③ 요컨대
④ 요약하면
⑤ 다시 말하면
답 ② 해 ⊙의 뒤에서는 앞에서 설명한 내용을 요약하여 제시하고 있다. 하지만 '혹은'은 대등·병렬 관계를 나타내는 접속어이므로 ⊙에 들어가기에 알맞지 않다.

14 **예 9**의 독일 음악 비평가들의 관점에서 볼 때, 의미하는 바가 가장 <u>이질</u>적인 것은?
① 음악 그 자체
② 정서의 촉발자
③ 순수 기악
④ 보편적 진리를 향한 문
⑤ 음악의 독립적 가치를 극대화
답 ② 해 음악을 정서의 촉발자로 본 것은 이전 시대의 관점으로, 독일 음악 비평가들은 이와 다른 관점에서 베토벤의 교향곡을 평가했다.

개념 플러스

❓ 어떤 '문장의 관계'가 제일 중요한가요?

어떤 문장의 관계가 중요한지를 따지는 것은 의미가 없습니다. 대신 문장의 관계를 통해 중요 화제 또는 핵심 정보의 위치를 파악하는 것이 중요합니다. 대조나 전환, 요약 관계의 접속어가 쓰이면 중심 화제와 관련한 내용이 뒤에 제시될 가능성이 높습니다. 또 인과 관계의 접속어가 쓰였을 때는 원인이 무엇이고 그 결과가 무엇인지를 파악해야 합니다.

> 정답 ② 같은 ① 글리 (뒤집힌 텍스트)

02 문단

개념 열기 ① 톡톡! 문단의 관계와 구성 원리

문단: 여러 개의 문장이 모여 하나의 중심 생각을 나타내는 글의 부분. 문단의 중심 내용과 기능을 파악하여 문단 간의 의미 관계를 알면 글 전체를 이해할 수 있음 文 글월 문, 段 구분 단

1 문단의 관계

- 문단은 중심 문장과 이를 뒷받침하는 뒷받침 문장이 모여 이루어짐
- 문단에는 형식적으로 구분되는 ① ㅎ ㅅ 문단과 내용적으로 구분되는 ② ㄴ ㅇ 문단이 있음

예① ①(합리적으로 보자면, 우리가 지구상의 모든 동물이나 식물종들을 보존할 수 없는 것처럼) ②(모든 언어를 보존할 수는 없으며, 어쩌면 그래서는 안 되는지도 모른다.) ③(여기에는 도덕적이고 현실적인 문제들이 얽혀 있기 ⟨ ㉠ ⟩.) ④(어떤 언어 공동체가 경제적 발전을 보장해 주는 주류 언어로 돌아설 것을 선택할 때, 그 어떤 외부 집단이 이들에게 토착 언어를 유지하도록 강요할 수 있겠는가?) ⟨ ㉡ ⟩ ⑤(한 공동체 내에서 이질적인 언어가 사용되면 사람들 사이에 심각한 분열을 초래할 수도 있다.) ⟨ ㉢ ⟩ ⑥(이러한 문제가 있더라도 전 세계 언어의 50% 이상이 빈사 상태에 있다면 이를 그저 바라볼 수만은 없다.)

ⓐ(왜 우리는 위험에 처한 언어에 관심을 가져야 하나?) (언어적 다양성은 ⓑ인류가 지닌 언어 능력의 범위를 보여 준다.) ⓒ(언어는 인간의 역사와 지리를 담고 있으므로 한 언어가 소멸한다는 것은 역사적 문서를 소장한 도서관 하나가 통째로 불타 없어지는 것과 비슷하다.) ⟨ ㉣ ⟩ (언어는 한 문화에서 시, 이야기, 노래가 존재하는 기반이 ⟨ ㉤ ⟩, 언어의 소멸이 계속되어 소수의 주류 언어만 살아남는다면 이는 ⓓ인류의 문화적 다양성까지 해치는 셈이 된다.)

– 〈언어의 소멸〉

형식 문단 ①
①은 ②를 이해시키기 위한 비유
②는 반론을 막기 위한 전제
③, ④, ⑤는 ②를 뒷받침하는 근거
①~⑤ + 역접 + ⑥ (중심 문장)

형식 문단 ②
ⓐ: 중심 문장(강조)
ⓑ, ⓒ, ⓓ: 대등
ⓑ, ⓒ, ⓓ는 ⓐ를 뒷받침하는 근거

형식 문단 ①, ②
통일성, 완결성, 일관성이 있음

❖ '중심 화제' 찾기의 중요성

지문의 내용을 바르게 독해하기 위해서는 먼저 중심 화제를 찾아야 합니다. 옆의 지문에서는 '위험에 처한 언어'(1문단), '위험에 처한 언어에 관심을 가져야 하는 이유'(2문단)가 각 문단의 중심 화제입니다. 반복적으로 언급되는 단어는 중심 화제와 밀접한 관련이 있습니다. 중심 화제를 찾았으면 이와 관련된 핵심 정보와 부수적 정보를 구분하며 내용을 정리합니다.

☆ 개념을 완성하는 문제

1 예①의 문단 구성에 대한 설명으로 적절하지 <u>않은</u> 것은?

① 1문단의 3문장은 모든 언어를 보존할 수 없는 근거에 해당한다.
② 1문단의 4문장에는 모든 언어를 보존하려고 할 때 발생할 수 있는 현실적인 문제가 제시되어 있다.
③ 1문단의 3문장과 4문장은 대등한 내용이 병렬적으로 나열되어 있다.
④ 1문단의 첫 문장과 2문단의 첫 문장은 각 문단의 중심 문장이다.
⑤ 2문단에는 위험에 처한 언어에 관심을 가져야 하는 이유들이 제시되어 있다.

답 ④ 해 2문단의 중심 문장은 첫 문장이 맞지만, 1문단의 중심 문장은 첫 문장이 아니라 마지막 문장이다.

2 ㉠~㉤에 들어갈 말로 적절하지 <u>않은</u> 것은?

① ㉠: 때문이다 ② ㉡: 또한
③ ㉢: 그러나 ④ ㉣: 또
⑤ ㉤: 되지만

답 ⑤ 해 ㉤의 앞부분은 뒷부분의 까닭이나 근거를 나타내므로, ㉤에는 '되지만'이 아니라 '되므로'가 들어가야 한다.

① 형식 ② 내용

2 문단의 구성 원리

2-❶ 통일성

- 한 문단에는 하나의 ①ㅈㅅ 문장만 있어야 함
- 한 문단의 안에는 주제와 관계없거나 모순되는 내용이 들어 있으면 안 됨

2-❷ 완결성

- 한 문단에는 제시된 중심 문장을 뒷받침하는 문장이 충분해야 함
- 한 문단에서 불필요한 내용이 반복되거나 ②ㄱㄱ 없이 주장을 해서는 안 됨

2-❸ 일관성

- 한 문단을 이루는 각각의 문장은 매끄럽게 연결되어야 함
- 접속어와 지시어를 활용하여 문장 간의 관계가 논리적 질서를 이루도록 해야 함

2-❹ 중심 문장과 뒷받침 문장

- 중심 문장은 문단에서 나타내려는 핵심 내용이 담겨 있는 문장임
- ③ㄷㅂㅊ 문장은 중심 문장의 내용을 구체적으로 풀어 보여 주는 문장임

예❷	
①한국어에서는 비슷한 의미를 지닌 단어들이 높임법 차원에서 서로 구별되어 쓰이는 경우가 많다. / ②'나이'와 '연세(年歲)', '생일(生日)'과 '생신(生辰)', '밥'과 '진지' 등의 명사 어휘를 비롯하여 '주다'와 '드리다', '고맙다'와 '감사하다', '미안하다'와 '죄송하다' 같은 동사나 형용사들이 전형적인 예이다. / ③이러한 단어들이 보이는 높임의 차이는 단어의 종류와 관련이 있어, '나이'와 '연세'처럼 고유어와 한자어의 의미가 비슷할 경우, ㉮일반적으로 고유어보다는 한자어가 더 높은 말로 쓰인다. / ④물론 '생일'과 '생신'의 예처럼 같은 한자어끼리도 높임의 정도에 차이를 보이거나 '밥'과 '진지'처럼 고유어 가운데서도 높임의 정도가 다른 예들이 있다.	**1문장**: 중심 문장 **2문장**: 예시 나이-연세, 생일-생신, 밥-진지, 주다-드리다, 고맙다-감사하다, 미안하다-죄송하다 **3문장**: 보충 한자어가 더 높은 말로 쓰임 **4문장**: 보충 한자어, 고유어끼리도 높임의 정도 차이가 있음

〈높임 표현을 결정하는 사회적 요인〉

> **독해**의 기술
>
> ✦ **예❷**의 지문을 독해하는 순서와 방법
> ① 마침표를 찾아 뒤에 '/' 표시를 하여 형식 문장 나누기
> ② 각 문장에서 접속어, 지시어 등과 같은 단어를 찾아 '☐' 표시하기
> - 2문장: 예이다 　 • 3문장: 이러한 　 • 4문장: 물론, 예처럼, 예들이 있다
> ③ 문장 간의 관계를 도식화하기
>
> 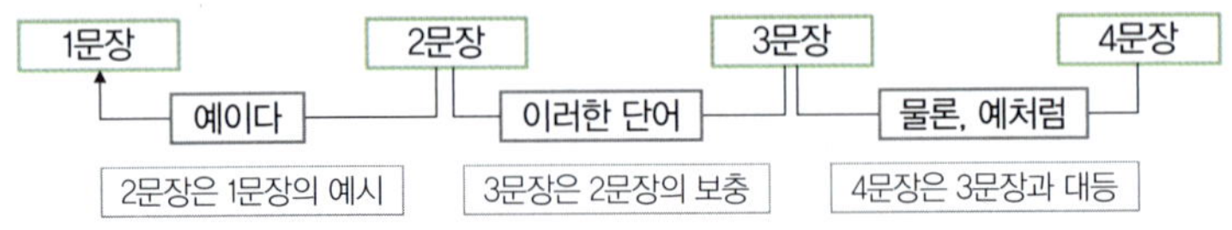
>
>
> ④ 문단의 중심 문장을 찾아 '▨' 표시하기
> - 1문장의 '한국어에서는 ~ 경우가 많다.'에 '▨' 표시

◈ **기출 지문에서도 문단의 구성 원리를 따져야 하나요?**

기출 지문에서 일일이 문단의 구성 원리를 따질 필요는 없습니다. 수능이나 모의고사에 출제된 지문은 이미 문단의 구성 원리에 맞게 잘 다듬어진 글이기 때문입니다. 다만 중심 문장과 뒷받침 문장을 구별하고 문장 간의 논리적 관계를 파악하여 지문을 정확하게 독해하는 연습을 반복해야 합니다.

◈ **실전에서도 기호와 도형을 표시하며 독해해야 하나요?**

실전에서는 '시간 안배'와 '정확하고 빠른 문제 해결'이 중요합니다. 교재에 제시되어 있는 독해 요령을 반복하여 익혀 두고, 실전에서는 본인이 유용하다고 생각하는 것을 중심으로 활용하세요. 단, 문장 나누기, 접속어와 지시어 찾기, 문장 간의 관계 파악과 중심 문장 찾기 등은 독해의 가장 기본 요소라는 점을 잊어서는 안 됩니다.

☆ **개념을 완성하는 문제**

3 **예❷**의 ㉮의 예에 해당하지 않는 것은?

① 집 – 댁(宅)
② 술 – 약주(藥酒)
❸ 나 – 소생(小生)
④ 이름 – 성함(姓銜)
⑤ 죽음 – 별세(別世)

> 답 ③ 해 '소생'은 말하는 이가 자기를 낮추어 이르던 말이므로, '나'의 높임 표현이 아니다.

4 **예❷**의 내용과 일치하는 것은?

❶ 고유어끼리도 높임의 정도가 다른 단어들이 있다.
② 단어들의 높임의 차이는 품사의 종류와 밀접한 관련이 있다.
③ 한자어끼리는 높임법 차원에서 서로 구별되어 쓰이지 않는다.
④ 고유어와 한자어의 의미가 비슷하면 보통 고유어가 높은 말이다.
⑤ 비슷한 의미를 지닌 모든 단어들은 높임법에 따라 구별되어 쓰인다.

> 답 ① 해 마지막 문장에서 '밥'과 '진지'처럼 고유어 가운데서도 높임의 정도가 다른 예들이 있다고 하였다.

① 중심 ② 근거 ③ 뒷받침

주지 문단: 글의 중심 내용과 직접적인 관계가 있는 중심 문단 主 주인 주, 旨 뜻 지

- 주지 문단의 진술은 보조 문단의 진술보다 ① ㅊㅅㅈ 이고 포괄적임
- 글의 ② ㅈㅈ 가 직접 진술되거나 글을 쓴 의도가 드러나기도 함

예❶

가 (우리는 영화를 볼 때, 등장인물이 차에 탄 뒤 바로 다음 장면에서 목적지에 내리는 것에 대해 의아해하지 않는다.) ( ): 중심 내용을 이끌어 내기 위한 도입 실상 어느 관객도 그와 함께 차에서 무료한 시간을 보내고 싶어 하지는 않을 것이다. 이처럼 우리는 이야기의 비본질적인 부분을 배제하는 영화상의 생략을 기꺼이 수용한다.

| **형식 문단 ①** |
| 성격: 도입 문단 |
| 1문장: 도입 문장 |
| 2문장: 인과 문장 |
| 3문장: 중심 문장 |

나 우리가 흔히 영화를 사실적이라고 할 때, 그것은 영화의 재현 방식에 반응해서 영화 속 내용을 현실처럼 보는 데에 동의함을 뜻한다. 영화 속 내용은 실제 현실과 같지 않다. 우리는 영화가 현실의 복잡성을 똑같이 모방하기를 원하지 않으며, 영화 역시 굳이 그러기 위해 애쓰지 않는다. 이렇게 관객과 감독 사이에 맺어진 암묵적 합의를 '영화적 관습'이라고 한다. '영화적 관습'의 개념 반복적인 영화 관람 행위를 통해 관객은 영화적 관습을 익히고, 감독은 그것을 활용하여 관객에게 친숙함을 제공한다.

| **형식 문단 ②** |
| 성격: 전개 |
| 1문장: 발전 문장 |
| 2문장: 대조 문장 |
| 3문장: 첨가 문장 |
| 4문장: 중심 문장 |
| 5문장: 부연 문장 |

다 확립된 관습을 무시하거나 그것에 도전하는 것은 쉬운 일이 아니다. 그런데 프랑스의 누벨바그 감독들은 고전적인 영화 관습을 파괴하며 영화의 현대성을 주도하였다. 전환 – 뒤 문장이 중심 문장 (이들은 불필요한 사건을 개입시켜 극의 전개를 느슨하게 만들거나, 단서나 예고 없이 시간적 순서를 뒤섞어 사건의 인과 관계를 교란하기도 했다.) ( ): 중심 문장의 상술 이들은 자기만족적이고 독창적인 미학적 성취를 위해 영화의 고전적인 관습을 파괴하였다. 중심 내용을 변형하여 반복

| **형식 문단 ③** |
| 성격: 근거 |
| 1문장: 도입 |
| 2문장: 중심 문장 |
| 3문장: 상술 |
| 4문장: 중심 문장의 내용 반복 |

라 상업 영화에서도 부분적인 관습 비틀기가 수시로 일어난다. (가령, 근래 액션 영화의 감독들은 악당의 죽음으로 갈등이 해소되었다고 생각하는 순간, 악당을 다시 살려 내어 갈등을 또 한 번 증폭하는 장면을 보여 준다. ( ): 중심 문장의 예시 처음 이러한 관습 비틀기를 접한 관객들은 당혹스러웠겠지만, 일단 여기에 익숙해지면 느긋하게 '악당의 귀환'을 기대하게 된다.)

| **형식 문단 ④** |
| 성격: 근거 |
| 1문장: 중심 문장 |
| 2, 3문장: 예시 |

마 (⊙파괴된 관습이 반복되다 보면 그것이 또 하나의 관습으로 자리를 잡는다.) ( ): (다)와 (라)의 내용에서 이끌어 낸 결론 따라서 영화적 관습은 고정된 규범일 수 없으며, 시간에 따라 변하는 것으로 볼 수 있다. 앞 문장을 근거로 한 주장(중심 문장) – 파괴된 관습이 또 다른 관습으로 순환됨

| **형식 문단 ⑤** |
| 성격: 주지 문단 |
| 1문장: 요약 |
| 2문장: 중심 문장 |

– 〈영화적 관습의 특성〉

☆ **개념을 완성하는 문제**

1 (가)~(마) 중, 이 글의 주지 문단에 해당하는 것은?

답 (마)

2 (다)~(마)의 문단 간의 관계로 가장 적절한 것은?

① '원인 – 결과' 관계
② '근거 – 주지' 관계 ✔
③ '병렬 – 대조' 관계
④ '유추 – 적용' 관계
⑤ '강조 – 상세화' 관계

답 ② 해 (마)는 글 전체의 중심 내용을 담고 있는 주지 문단이며, (다)와 (라)는 이를 뒷받침할 수 있는 근거를 담고 있는 문단이다.

3 예❶을 통해 알 수 있는 내용으로 적절하지 않은 것은?

① 관객은 반복적인 영화 관람 행위를 통해 영화적 관습을 익힌다.
② 영화 속 현실은 영화 고유의 재현 방식을 통해 변형된 현실이다.
③ 영화적 관습은 상업적으로 성공해야 고정된 규범으로 받아들여진다. ✔
④ 새로운 재현 방식의 시도와 수용은 영화적 관습의 변화로 이어질 수 있다.
⑤ 근래 액션 영화의 감독들은 상업적 목적을 위해 관객의 기대 심리를 역이용하기도 하였다.

답 ③ 해 상업 영화에서도 부분적인 관습 비틀기가 일어난다고 했을 뿐, 영화적 관습은 상업적으로 성공해야 고정된 규범으로 받아들여진다는 내용은 언급되어 있지 않다.

4 ⊙의 사례로 적절하지 않은 것은?

① 누벨바그 감독들이 불필요한 사건을 극에 개입시키는 것
② 누벨바그 감독들이 극의 전개를 느슨하게 만드는 것
③ 누벨바그 감독들이 사건의 인과 관계를 교란시키는 것
④ 상업 영화에서 악당의 죽음으로 갈등을 해소시키는 것 ✔
⑤ 상업 영화에서 죽은 악당이 다시 살아나는 것

답 ④ 해 ④는 파괴된 관습이 아니라, 기존의 영화적 관습에 해당한다.

① 함축적 ② 주제

보조 문단: 주지 문단을 뒷받침하는 역할을 하는 문단 補 기울 보, 助 도울 조

1 도입 문단 導 인도할 도, 入 들 입

■ 글의 ①ㅎㅈ를 제시하는 문단으로 주의 환기, 독자의 흥미와 관심 유발, 문제 제기 등을 하는 문단임

※ 도입 문단의 성격을 이해할 수 있도록 주지 문단을 함께 제시함

예❶

가 (화폐를 보면 그 나라의 전통과 문화, 기술력을 한꺼번에 알 수 있기 때문에 화폐는 한 나라의 역사와 경제력의 결정체라고 할 수 있다.) 각국의 화폐 속 인물들을 분석한 책에 '화폐는 한 나라의 성격을 압축적으로 보여 주는 무언의 외교관이다.'라는 표현이 나온다. 이렇게 화폐를 '나라의 얼굴'이라고 말하는 것을 보면, 화폐의 디자인은 그 나라의 역사와 문화를 그대로 보여 준다고 할 수 있다. 그래서 각 나라의 화폐에는 그 나라를 대표하는 역사적 인물과 문화유산, 동식물 등이 그려져 있다. 〈중략〉
( ): 도입 – 화폐 디자인을 말하기 위해 먼저 화폐의 위상을 언급함
화폐의 비유 ① / 인용 – 주의 환기, 흥미 유발
화폐의 비유 ②
화제 제시 – 앞으로 전개될 내용 암시

나 이와 같이 (세계 여러 나라의 화폐에는 그 나라에서 자랑스러워하는 역사적 인물을 그려 넣는 경우가 많고, 일부 국가에서는 자국의 대표적인 문화유산이나 희귀한 동식물 등을 그려 넣는 경우가 있음을 알 수 있다.) 따라서 한 나라의 화폐를 통해 그 나라의 문화와 역사를 짐작할 수 있다. (어느 나라 할 것 없이, 두루 알리고 싶거나 특별히 관심을 기울이는 대상을 화폐에 담기 때문이다.)
( ): 본문 내용의 요약 제시
글 전체의 주제
( ): 중심 문장의 부연 설명
– 김창석, 〈화폐와 디자인〉

형식 문단 ①
성격: 도입 문단 – 화제 제시와 흥미 유발
1문장: 도입 문장
2문장: 인용을 통한 주의 환기와 흥미 유발
3문장: 중심 문장, 화제 제시
4문장: 인과 문장

형식 문단 ②
성격: 주지 문단 – 주제 제시로 글 마무리
1문장: 본문 내용의 요약 제시
2문장: 중심 문장
3문장: 인과 문장

2 예시 문단 例 법식 예, 示 보일 시

■ 내용의 이해를 돕는 구체적인 ②ㅇ를 들어 독자의 공감대를 이끌어 냄

예❷

우리나라는 화폐 디자인의 소재로 주로 인물을 사용해 왔다. (각 지폐의 주인공을 살펴보면, 신사임당이 5만 원권에, 세종 대왕이 1만 원권에, 이이가 5천 원권에, 이황이 1천 원권에 등장한다.) 화폐의 뒷면이나 앞면의 보조 소재로는 우리나라의 발달한 과학 기기와 뛰어난 예술 작품 등의 문화유산이 사용되었다. (5만 원권에는 신사임당의 〈묵포도도〉와 어몽룡의 〈월매도〉를, 1만 원권에는 혼천의, 광학 천체 망원경, 천상열차분야지도를, 5천 원권에는 신사임당의 〈초충도〉를, 1천 원권에는 정선의 산수화를 담았다.)
화제
( ): 예시, 열거
( ): 예시, 열거
– 김창석, 〈화폐와 디자인〉

형식 문단 ①
1문장: 중심 문장
2문장: 예시 문장
→ 5만, 1만, 5천, 1천 원권 속 인물
3문장: 첨가 문장
4문장: 예시 문장
→ 5만, 1만, 5천, 1천 원권 속 문화유산, 예술 작품

❖ **문단 간의 관계와 주지 문단의 파악**

문단 간의 관계를 알면 글의 흐름과 주제가 담긴 주지 문단을 정확히 파악할 수 있습니다. 다만 독서 영역의 기출 지문에서 다음과 같은 패턴을 확인할 수 있으므로 참고하세요.

유형	주지 문단
개념 – 사례	개념
문제 – 해결	해결
원인 – 결과	결과
이론(관점) – 비교·대조	이론(관점)
원리 – 과정·방법·적용	원리
구조 – 사례	구조

하지만 기출 지문을 몇 개의 유형으로 모두 분류할 수 없고 새로운 유형의 지문이 출제되기도 하므로, 문단의 관계를 파악하고 주지 문단을 찾는 능력을 길러야 합니다.

☆ **개념을 완성하는 문제**

1 예❶을 통해 알 수 있는 것은?

① 화폐 디자인을 외교에 활용하는 나라가 많다.
② 한 나라의 화폐 디자인 능력은 경제력에 비례한다.
❸ 화폐의 디자인에는 한 나라의 문화와 역사가 담겨 있다.
④ 어느 나라 할 것 없이 자국의 화폐 디자인을 자랑스러워한다.
⑤ 화폐에 담을 역사적 인물이 없을 경우에는 동식물을 그려 넣는다.

답 ③ **해** [예1]은 화폐의 디자인을 화제로 하여, 화폐의 디자인에 한 나라의 문화와 역사가 담겨 있다는 내용을 설명하고 있다.

2 예❷에 쓰인 글의 서술 방법은?

① 정의, 분석 ❷ 예시, 열거
③ 분류, 인용 ④ 비교, 대조
⑤ 과정, 유추

답 ② **해** 화폐 디자인의 소재로 사용된 인물 및 문화유산의 예를 열거하였다.

3 예❷를 통해 알 수 있는 우리나라 화폐 디자인의 소재가 아닌 것은?

① 문화유산 ② 과학 기기
③ 예술 작품 ④ 역사적 인물
❺ 대표적 동식물

답 ⑤ **해** [예2]에서 우리나라 화폐 디자인의 소재로 대표적 동식물은 언급되지 않았다.

① 화제 ② 예 ⟸

3 전제 문단 前 앞 전. 提 끌 제

- 중심 문단의 주장을 하기 위해 미리 제시하는 문단임
- 주장을 ^①ㄷㅊ하기 위해 바탕을 제시하는 문단임

> **예 ③**
> **가** 현대인에게 비친 환경 문제의 심각성은 인류 문화의 존속 여부와 직접 관련된 문제이므로, 왜 이것이 건축에서도 문제가 되어야 하느냐고 새삼스럽게 논할 필요가 없다. 문제가 되어야 할 것은 어떻게 하면 환경 문제에 관하여 책임감 있는 건축이 되느냐 하는 것이다. 인간이 필요로 하는 생활 공간을 계획하고 설계하는 건축이 어떻게 하면 자연환경의 균형을 파괴하지 않으면서 인간의 필요를 충족시켜 나갈 수 있느냐를 문제로 삼아야 한다. 〈중략〉
> **나** 네거티비즘적 사고는 이미 있어 온 한 가지 유형의 사고 방식을 우리가 당면하고 있는 환경 문제와 관련시켜 봄으로써 공간을 계획하고 설계하는 건축 행위를 더욱더 책임감 있는 행위가 될 수 있게 하자는 데 그 의의가 있다. 특히 '네거티비즘'이란 말을 사용함으로써 그러한 사고방식이 우리의 가치관과 창작 행위에 더 큰 영향을 줄 수 있었으면 하는 것이 이것을 하나의 건축 사상으로 제안하는 뜻이다.
>
> – 김수근, 〈건축과 동양 정신〉

형식 문단 ①
성격: 전제 문단
1문장: 도입 문장
2문장: 도입 문장
3문장: 전제 문장

형식 문단 ②
성격: 주지 문단
1문장: 중심 문장
2문장: 부연 문장

4 상술 문단 詳 자세할 상. 述 펼 술

- 앞 문단의 ^②ㄴㅇ을 알기 쉽게 풀어 적은 문단임

> **예 ④**
> **가** 1950년대 프랑스의 영화 비평계에는 작가주의라는 비평 이론이 새롭게 등장했다. 작가주의란 감독을 단순한 연출자가 아닌 '작가'로 간주하고, 작품과 감독을 동일시하는 관점을 말한다. 이 이론이 대두될 당시, 프랑스에는 유명한 문학 작품을 별다른 손질 없이 영화화하거나 화려한 의상과 세트, 인기 연극배우에 의존하는 제작 관행이 팽배해 있었다. 작가주의는 이렇듯 프랑스 영화에 만연했던 문학적, 연극적 색채에 대한 반발로 주창되었다.
> **나** 작가주의는 ⊙상투적인 영화가 아닌 감독 개인의 영화적 세계와 독창적인 스타일을 일관되게 투영하는 작품들을 옹호한다. 감독의 창의성과 개성은 작품 세계를 관통하는 감독의 세계관 혹은 주제 의식, 그것을 표출하는 나름의 이야기 방식, 고집스럽게 되풀이되는 특정한 상황이나 배경 혹은 표현 기법 같은 일관된 문체상의 특징으로 나타난다는 것이다.
>
> – 〈작가주의〉

형식 문단 ①
성격: 도입 문단
1문장: 도입 문장
2문장: 주지 문장
3문장: 부연 문장
4문장: 첨가 문장

형식 문단 ②
성격: 상술 문단
1문장: 주지 문장
2문장: 상술 문장

---

4 **예③**의 내용을 통해 알 수 있는 것은?

① 건축은 현대의 환경 문제와 직접적인 관련이 없다.

☑ 현대의 환경 문제는 인류 문화의 존속을 걱정할 만큼 심각하다.

③ 현대 건축은 인간의 욕구를 충족시키는 방향으로 발전해야 한다.

④ 네거티비즘적 사고는 무분별한 건축 행위를 최대한 자제하자는 이념이다.

⑤ 네거티비즘은 건축 분야에서 현대의 환경 문제를 해결하기 위한 기술적 접근 방법이다.

답 ② **해** '환경 문제의 심각성은 인류 문화의 존속 여부와 직접 관련된 문제'를 통해 현대의 환경 문제가 인류 문화의 존속을 걱정할 만큼 심각함을 알 수 있다.

5 **예③** (나)에 언급된 '네거티비즘적 사고'의 내용을 (가)에서 찾은 것으로 가장 적절한 것은?

① 건축이 어떻게 인류 문화를 존속시킬 것인가

② 환경 문제를 일으키는 건축의 규제 방안은 무엇인가

③ 현대인에게 닥친 환경 문제를 어떻게 해결할 것인가

④ 어떻게 하면 인간에게 필요한 생활 공간을 설계할 수 있는가

☑ 건축이 어떻게 하면 자연 환경을 파괴하지 않으면서 인간의 필요를 충족시킬 수 있는가

답 ⑤ **해** '네거티비즘적 사고'는 건축을 환경 문제와 관련지어 생각하는 것이므로, 이러한 내용을 (가)에서 찾으면 ⑤가 가장 적절하다.

6 **예④**의 내용을 고려할 때, ⊙에 해당하지 **않는** 것은?

① 감독이 단순히 연출자에 불과한 영화

② 화려한 의상과 세트에 의존하는 영화

③ 인기 연극배우에 의존하여 제작한 영화

④ 유명한 문학 작품을 그대로 영화화한 영화

☑ 감독 개인의 독창적 스타일이 일관되게 투영된 영화

답 ⑤ **해** ⑤는 상투적인 영화가 아니라, 작가주의가 옹호하는 영화에 해당한다.

정답 ① 뒷받침 ② 내용

5 요약 문단 要 요긴할 요, 約 맺을 약

- 앞의 내용을 간추리거나 요약하여 제시하는 문단임
- 요약 문단은 주로 글의 ^①□□□ 부분에 위치함

> **예⑤** 요컨대 첫째 비판은 동물 실험의 유효성을 주장하는 유
> _{앞 문단의 내용을 요약하여 제시함}
> 비 논증의 개연성이 낮다고 지적하는 반면 둘째 비판은
> 동물도 고통을 느낀다는 점에서 동물 실험의 윤리적 문제
> 를 제기하는 것이다. 인간과 동물 모두 고통을 느끼는데
> 인간에게 고통을 끼치는 실험은 해서는 안 되고 동물에게
> 고통을 끼치는 실험은 해도 된다고 생각하는 것은 공평하
> 지 않다고 생각하기 때문이다. 결국 윤리성의 문제도 일
> 관되지 않게 쓰인 유비 논증에서 비롯된 것이다.
>
> – 〈유비 논증의 개념과 유용성〉

형식 문단 ①
성격: 요약 문단
1문장: 요약(주지) 문장
2문장: 인과 문장
3문장: 첨가 문장

6 강조 문단 強 강할 강, 調 고를 조

- 결론으로 제시된 내용을 ^②□□하는 문단임

> **예⑥** 신문이 진실을 보도해야 한다는 것은 새삼스러운 설명
> 이 필요 없는 당연한 이야기이다. (정확한 보도를 하기 위
> _{( ): 앞부분의 내용 요약}
> 해서는 문제를 전체적으로 보아야 하고, 역사적으로 새로
> 운 가치의 편에서 봐야 하며, 무엇이 근거이고, 무엇이 조
> 건인가를 명확히 해야 한다고 했다.) 그런데 이러한 준칙을
> 강조하는 것은 기자들의 기사 작성 기술이 미숙하기 때문
> 이 아니라, 이해관계에 따라 특정 보도의 내용이 달라지기
> 때문이다. 자신들에게 유리하도록 기사가 보도되게 하려
> 는 외부 세력이 있으므로 진실 보도는 일반적으로 수난의
> 길을 걷게 마련이다. 양심적이고자 하는 언론인이 때로 형
> 극의 길과 고독의 길을 걸어야 하는 이유가 여기에 있다.
>
> (신문은 스스로 자신들의 임무가 '사실 보도'라고 말한다.
> _{( ): 진실 보도를 위해 언론인이 갖추어야 할 자세 강조}
> 그 임무를 다하기 위해 신문은 자신들의 이해관계에 따라
> 진실을 왜곡하려는 권력과 이익 집단, 그 구속과 억압의
> 논리로부터 자유로워야 한다.)
>
> – 송건호, 〈신문과 진실〉

형식 문단 ①
성격: 주지 문단
1문장: 대등 문장
2문장: 요약 문장
3문장: 인과 문장
4문장: 순접 문장
5문장: 인과 문장

형식 문단 ②
성격: 강조 문단
1문장: 확인 문장
2문장: 강조 문장

☆ **개념을 완성하는 문제**

7 **예⑤**가 요약 문단임을 알 수 있게 하는 접속어를 찾아 쓰시오.
　🔲 요컨대

8 **예⑥**의 내용으로 볼 때, '정확한 보도를 위한 자세'로 볼 수 <u>없는</u> 것은?
　① 문제를 전체적으로 봄
　② 새로운 가치의 편에서 봄
　③ 근거와 조건을 명확히 함
　④ 이해관계를 고려하여 진실을 파악함
　⑤ 권력과 이익 집단으로부터 자유로움
　🔲 ④ 🔲 [예6]에 따르면, 언론인은 이해관계를 고려하여 특정 보도의 내용을 다르게 해서는 안 된다.

9 **예⑥**에서 글쓴이가 강조하는 내용을 담고 있는 문장을 찾아 처음과 끝의 두 어절을 각각 쓰시오.
　🔲 그 임무를, 자유로워야 한다

정답 ① 마무리 ② 강조

03 서술 방식

개념 열기 1 톡톡! 서술 방식

서술 방식: 글쓴이가 자신의 생각을 독자에게 잘 전달하기 위해 사용하는 글쓰기 방식으로, 진술 방식 또는 내용 전개 방식이라고도 함 敍 펼 서, 述 지을 술

탐구하기 다음 글을 읽고 서술 방식에 대해 알아 보자.

아리스토텔레스는 모든 자연물이 목적을 추구하는 본성을 타고나며, 외적 원인이 아니라 내재적 본성에 따른 운동을 한다는 목적론을 제시한다.
▶ 아리스토텔레스의 목적론 소개

근대에 접어들어 모든 사물이 생명력을 갖지 않는 일종의 기계라는 견해가 강조되면서, 아리스토텔레스의 목적론은 비과학적이라는 이유로 많은 비판에 직면한다. 갈릴레이는 목적론적 설명이 과학적 설명으로 사용될 수 없다고 주장하며, 베이컨은 목적에 대한 탐구가 과학에 무익하다고 평가하고, 스피노자는 목적론이 자연에 대한 이해를 왜곡한다고 비판한다.
▶ 아리스토텔레스의 목적론을 비판한 근대 사상가들의 견해

일부 현대 학자들은, 근대 사상가들이 당시 과학에 기초한 기계론적 모형이 더 설득력을 갖는다는 일종의 교조적 믿음에 의존했을 뿐, 아리스토텔레스의 목적론을 거부할 충분한 근거를 제시하지 못했다고 비판한다. 이런 맥락에서 볼로틴은 근대 과학이 자연에 목적이 없음을 보이지도 못했고 그렇게 하려는 시도조차 하지 않았다고 지적한다.
▶ 근대 사상가들의 비판을 지적한 일부 현대 학자들의 견해

아리스토텔레스는 자연물의 물질적 구성 요소를 알면 그것의 본성을 모두 설명할 수 있다는 엠페도클레스의 견해를 반박했다. 이 반박은 자연물이 단순히 물질로만 이루어진 것이 아니며, 또한 그것의 본성이 단순히 물리·화학적으로 환원되지도 않는다는 주장을 내포한다.
▶ 엠페도클레스의 견해를 반박한 아리스토텔레스

자연물의 구성 요소에 대한 아리스토텔레스의 탐구는 자연물이 존재하고 운동하는 원리와 이유를 밝히려는 것이었고, 그의 목적론은 지금까지 이어지는 그러한 탐구의 출발점이라 할 수 있다. – 〈아리스토텔레스의 목적론〉
▶ 아리스토텔레스의 목적론의 의의

[문제] 〈보기〉의 빈칸에 들어갈 알맞은 말을 각각 2음절로 쓰시오.

> ─ 보기 ─
> 이 글은 특정 이론에 대한 (비판)들을 검토하고 그 이론에 대한 해석을 제시하여 (의의)를 밝히는 방식으로 논지를 전개하고 있다.

답 비판, 의의 **해** 이 글은 아리스토텔레스의 목적론을 소개하고 이에 대한 근대 사상가들의 비판 및 일부 현대 학자들의 반박 의견을 제시한 다음, 아리스토텔레스의 목적론이 지닌 의의를 밝히고 있다.

독해력 플러스

⊙ **'서술 방식' 파악의 중요성**

'논지 전개 방식', '내용 전개 방식', '서술상의 특징' 등은 모두 지문이 어떻게 구성되고 전개되고 있는지를 묻는 용어들로, 독서 영역의 빈출 유형 중 하나입니다. 이 유형의 문제를 해결하기 위해서는 글 전체의 흐름과 주제를 파악하고, 그 주제를 드러내기 위해 어떠한 방법으로 조직하고 있는지를 따져 봐야 합니다.

개념을 완성하는 활동

1 〈보기〉에 사용된 설명 방식으로 적절한 것은?

> ─ 보기 ─
> 먹으로 난초를 그린 묵란화는 사군자의 하나인 난초에 관념을 투영하여 형상화한 그림이다. 〈중략〉 추사 김정희가 25세 되던 해에 그린 〈석란(石蘭)〉은 당시 청나라에서도 유행하던 전형적인 양식을 따른 묵란화이다. 〈중략〉 그림도 부드럽고 우아한 화풍에서 쓸쓸하고 처연한 느낌을 주는 화풍으로 바뀌어 갔다. 생을 마감하기 일 년 전인 69세 때 그렸다고 추정되는 〈부작란도(不作蘭圖)〉는 이러한 변화를 잘 보여 준다. 〈중략〉 이때 우연이란 요행이 아니라 오랜 기간 훈련된 감성이 어느 한 순간의 계기에 의해 표출된 필연적인 우연이라고 해야 할 것이다.

① 대조 ② 과정
③ 분류 ☑ 예시
⑤ 서사

답 ④ **해** 〈보기〉는 〈석란〉과 〈부작란도〉라는 구체적인 작품을 사례로 제시하여 추사 김정희의 삶과 작품 세계를 설명하고 있다.

설명

설명 : 어떤 일이나 대상의 내용을 상대가 잘 알 수 있도록 밝혀 말하는 것

說 말씀 설, 明 밝을 명

- 독자에게 ① ㅈㅂ, 지식을 전달하는 글에서 주로 사용하는 진술 방식임
- 설명문, 안내서, 해설서, 사전 등의 글에서 주로 설명의 방식이 사용됨
- 글에 글쓴이의 의견이 제시되지 않음

정태적 설명 방식

정태적 설명 방식 : 대상의 내용을 잘 알 수 있게 설명할 때 시간과 관계가 없는 방법으로 설명(전개)하는 방식　靜 고요할 정, 態 모습 태

1 지정　指 가리킬 지, 定 정할 정

- 가리키어 확실하게 정하는 것으로, 질문에 분명하게 ② ㄷㄷ을 하는 방식임

> **예①**
> 음악은 시간 예술이다. 회화나 조각과 같은 공간 예술과는 달리, 음악에서
> 정의의 규칙을 충족하지 못하므로 정의는 아님 　　　　대조
> 는 시간이 흐르면서 사라지는 음을 기억하기 위한 방법이 필요하다. 작곡가들
> 은 그 방법의 하나로 반복을 활용했다.　　　　－〈음악에서의 반복의 원리〉

2 정의　定 정할 정, 義 옳을 의

- 어떤 말이나 사물의 ③ ㄸ을 명백히 밝혀 규정하는 것임
- '사람은 이성적 동물이다.'에서 '사람은'은 '판명하려는 개념(종개념)'이고 '이성적'은 '종차(판명하려는 개념이 다른 개념과 구별되는 요소)'라고 하며 '동물이다'는 판명하려는 개념을 포함한 '상위 개념(유개념)'이라고 하는데, 각 항들은 정해진 규칙에 맞게 서술되어야 함
- '판명하려는 개념 ≤ 상위 개념'이어야 함(예에서 '사람 ≤ 동물'이어야 함)
- '판명하려는 개념'은 '상위 개념'에 포함되어야 하고, '상위 개념'에는 '판명하려는 개념'과 대등한 수준의 다른 개념이 있어야 함('동물'에는 '사람' 이외에 '호랑이', '사자' 등이 있음)
- '종차'는 '판명하려는 개념'만이 가지고 있는 속성이어야 함('사람'의 '종차'인 '이성적'은 '호랑이', '사자'에는 없는 속성임)

> **예②**
> 음악은 연주를 통해 소리로 표현되는 예술이다. 18세기의 바흐 음악을 현재
> 판명하려는 개념　　종차 – 종개념인 음악의 속성　　　상위 개념 – 종개념인 음악을 포함함
> 에도 들을 수 있게 된 것은 음악을 전달하고 보존하는 악보가 있기 때문이다.

- 정의를 설명할 때 사용하는 대표 문장으로 다음과 같은 것들이 있음

> **예** • 문학은 언어로 표현되는 예술이다.
> 판명하려는 개념　　종차　　　상위 개념
> • 수필이란 유머와 위트가 섞인 비평 정신을 보이는 글이다.
> 판명하려는 개념　　　　　종차　　　　　상위 개념

◈ '지정'과 '정의'의 차이

'지정'은 판명하려는 개념의 속성이 제시되지 않고 질문에 대한 답변인 "a는 b이다."의 형태만 갖추면 됩니다. 하지만 '정의'는 판명하려는 개념의 속성이 제시됩니다. 즉, "a는 '이러이러한' b이다."의 형태를 갖추어야 합니다. '정의'는 모두 '지정'이라고 할 수 있으나 '정의'의 조건이 더 까다롭기 때문에 구별하여 사용합니다.

☆ 개념을 완성하는 문제

1 다음 중, '정의'의 방식이 사용된 문장에 해당하는 것은?

① 이것은 책이다.
② 세종대왕은 조선의 왕이다.
③ 지금 가방에 넣은 책은 국어 교과서이다.
✔ 사람은 언어와 도구를 사용하는 고등 동물이다.
⑤ 도서관에서 열심히 공부하고 있는 학생은 영희이다.

답 ④　해 ④는 판명하려는 개념의 속성을 밝히고 있으므로 '정의'의 방식이 사용되었음을 알 수 있다.

2 〈보기〉의 문장에 '정의'의 설명 방식이 사용되었다고 보기 어려운 이유는?

> • 보기 •
> 바나나는 노란색의 과일이다.

✔ 종차가 존재하지 않는다.
② 종개념이 존재하지 않는다.
③ 비유적 표현이 나타나지 않는다.
④ 종개념의 상위 개념이 존재하지 않는다.
⑤ 종개념이 상위 개념 안에 포함되지 않는다.

답 ①　해 '판명하려는 개념(종개념)'과 '상위 개념'은 존재하는데 '종차'가 존재하지 않기 때문이다.

3 예② 의 첫 문장에서 '종차'에 해당하는 것은?

① 음악은
② 연주를 통해
✔ 연주를 통해 소리로 표현되는
④ 소리로 표현되는 예술이다
⑤ 예술이다

답 ③　해 판명하려는 개념의 속성을 의미하는 '종차'에 해당하는 것은 '연주를 통해 소리로 표현되는'이다.

> 정답　① 정의　② 대답　③ 뜻

3 예시 例 보기 예, 示 보일 시

■ 구체적인 ① [ㅅ][ㄹ]를 들어 설명하는 방식임

> **예❸**
> 소월의 시는 감정과 마음을 전면에 드러내어 말하며, (시에 등장하는 사물들은 이를 효과적으로 전달하는 소도구로 쓰인다.)
> ( ): 글쓴이의 견해
> 가령, 〈진달래꽃〉에서 진달래꽃은 화자의 주관적인 감정인 상실과 비애 등을 표현하는 데 기여한다.) 소월의 대부분의 시에서 중요한 것은 화자의 주관을 드러내는 것이며 객관적 사물은 그것을 효과적으로 드러내는 방편이 된다.
> 예시에 사용되는 접속어 ( ): 시에서 '진달래꽃'이라는 사물의 기능
> 중심 생각의 반복
> – 한계전, 〈김소월의 '산유화' 읽기〉

■ 예시를 설명할 때 사용하는 대표 문장으로 다음과 같은 것들이 있음
> **예** 신라의 육두품 출신 가운데 학문적으로 출중한 자들이 많았다. 가령 강수, 설총, 녹진, 최치원 같은 사람들은 다 그런 육두품 출신이었다.
> 예시

4 분류 分 나눌 분, 類 무리 류

■ 어떤 대상을 일정한 기준에 따라 더 큰 대상으로 묶어 설명하는 방식임
■ 유개념(포괄하는 개념, 상위 개념)에 포함되는 ② [ㅈ][ㄱ][ㄴ](하나의 개념 속에 포함되어 있는 여러 개별 개념)들을 명확히 구분하여 체계적으로 정리하는 방식임
■ 종류에 따라 공통점을 기준으로 묶어서 설명함

> **예❹**
> 유개념
> 모든 사막은 뜨겁고 세찬 모래 폭풍이 불어대는 불모지일까? 사막 중에는 열대 사막도 있지만, 고지대나 대륙의 내부에 있는 사막과 같이 여름은 덥지만 겨울은 추운 온대 사막도 있다.
> 종개념
> 종개념
> – 〈사막의 형성 요인〉

■ 분류를 설명할 때 사용하는 대표 문장으로 다음과 같은 것들이 있음
> **예** • 어류, 포유류, 조류 등은 척추동물이다. □: 유개념
> • 야구, 농구, 탁구, 축구는 구기 종목이다.
> • 동사, 형용사를 용언이라고 한다.

> **개념** 돋보기
> **❖ 구분**
> ■ 어떤 대상을 일정한 기준에 따라 더 작은 대상으로 묶어 설명하는 방식임
> ■ 분류가 하위 항목을 상위 항목으로 묶는 설명 방식이라면, 구분은 상위 항목을 하위 항목으로 나누어 설명하는 방식임
> ■ 구분을 설명할 때 사용하는 대표 문장으로 다음과 같은 것들이 있음
> **예** • 척추동물은 어류, 포유류, 조류 등으로 나눈다. □: 종개념
> • 체언에는 명사, 대명사, 수사가 있다.
> • 문학에는 시, 소설, 수필, 희곡 등이 있다.
> • 동물은 체온 조절의 면에서 항온 동물과 변온 동물로 나눈다.

4 〈보기〉의 ㉠의 예로 적절하지 <u>않은</u> 것은?

> ─── 보기 ──
> 과학의 유리 상태를 심화시키는 데에 과학 내용의 어려움보다도 더 크게 작용하는 것은 과학에 관해 널리 퍼져 있는 잘못된 생각이다. ㉠ 흔히 현대 사회의 많은 문제들이 과학의 책임인 것으로 생각한다. 즉, 과학이 인간의 윤리나 가치 같은 것은 무시한 채 맹목적으로 발전해서 많은 문제들을 야기하면서도 이에 대해서 아무런 책임을 지지 않고 있다는 생각이 그것이다.

① 방사능 오염은 핵물리학 때문이다.
② 세균전이 일어난 것은 미생물학 때문이다.
③ 태풍 예측이 가능한 것은 기상학 때문이다.
④ 생명을 경시하는 풍조는 생명 과학 때문이다.
⑤ 우주 쓰레기가 많아진 것은 우주 과학 때문이다.

답 ③ **해** '태풍 예측'은 현대 사회의 문제점이 아니라 오히려 과학의 발전이 가져온 긍정적인 결과로 볼 수 있으므로, ③은 ㉠의 예로 적절하지 않다.

5 다음 중, 분류의 방식으로 설명하기에 가장 좋은 소재는?

① 나의 하루
② 식물의 종류
③ 선(善)과 악(惡)
④ 국수를 삶는 방법
⑤ 교통사고 원인 규명

답 ② **해** '식물의 종류'와 같이 어떤 대상들을 일정한 기준에 따라 묶어 설명하려면 분류의 방식을 사용하는 것이 적절하다.

6 〈보기〉의 ( ) 안에 들어갈 알맞은 설명 방식을 쓰시오.

> ─── 보기 ──
> 세계는 아시아와 유럽, 아프리카, 오세아니아, 북아메리카, 남아메리카 등 여섯 개의 대륙으로 (구분)하여 설명할 수 있다.

답 구분

1 사례 **2** 종개념

5 분석 分 나눌 분, 析 가를 석

- 복잡한 현상이나 대상 등을 단순한 요소나 ① ㅂㅂ 으로 나누어 설명하는 방식임
- 분석의 대상에 따라 구조, 과정, 기능, 인과 분석 등으로 나누기도 함

- 분석을 설명할 때 사용하는 대표 문장으로 다음과 같은 것들이 있음
  - 예 · <u>대학 본부</u>는 총무처, 교무처, 학생처 등으로 구성된다.　□ : 분석 대상
  - · <u>곤충</u>은 머리, 가슴, 배로 되어 있다.
  - · <u>시계</u>는 시침, 분침, 초침과 숫자판으로 이루어져 있다.
  - · <u>희곡</u>은 해설, 대사, 지시문으로 구성된다.

6 비교 / 대조 比 견줄 비, 較 비교할 교 / 對 대할 대, 照 비칠 조

- 둘 이상의 대상을 견주어 ② ㅇㅅㅈ 을 위주로 진술하면 비교, ③ ㅊㅇㅈ 을
  위주로 진술하면 대조임

◎ '분류'와 '분석'의 차이

'분류'는 하위 항목(종개념)을 상위 항목(유개념)으로 묶어 설명하는 방식인데, 이때 하위 항목은 그 자체로 전체가 됩니다. 예를 들어 가솔린차, 디젤차, 전기차를 자동차로 묶으면 분류인데, 이때 가솔린차는 그 자체로 자동차입니다. 반면 '분석'은 대상을 요소나 부분으로 나누어 설명하는 방식인데, 이때 요소나 부분은 그 자체로 전체가 아닙니다. 예를 들어 동물을 머리, 몸통, 다리 등으로 나누는 것이 분석인데, 이때 머리는 그 자체로 동물이 아닙니다.

☆ 개념을 완성하는 문제

7 예⑤ 에서 분석 대상에 해당하는 것은?

① 인물 　　　② 배경
③ 사건 　　　④ 분위기
⑤ 소설의 구성 요소

답 ⑤ 해 '소설의 구성 요소'가 분석 대상이고, '인물, 배경, 사건'은 그 분석 내용에 해당한다.

8 예⑥ 의 (가)에서 비교하고 있는 두 대상의 유사점을 찾아 3음절의 한 단어로 쓰시오.

답 사실성

9 예⑥ 의 (나)에 나타난 제도 반대론자와 찬성론자의 배상금에 대한 입장 차이를 〈보기〉와 같이 정리할 때, 빈칸에 들어갈 알맞은 말을 찾아 쓰시오.

보기
　피해자에게 부여되는 (횡재)
　　　　　↕
　피해자들이 받는 정당한 (대가)

답 횡재, 대가

10 예⑥ 의 (다)에서 대조하고 있는 두 대상을 찾아 쓰시오.

답 양지, 한지

---

① 부분 ② 유사점 ③ 차이점

동태적 설명 방식

동태적 설명 방식: 대상의 내용을 잘 알 수 있게 설명할 때 시간의 흐름에 따라 설명(전개)하는 방식임 動 움직일 동, 態 모습 태

1 서사 敍 차례 서, 事 일 사

■ 사건의 흐름이나 사물의 변화 등을 ① ㅅㄱ 순서대로 전개해 나가는 방식임

■ 대상의 행동이나 상황의 변화 양상을 시간의 흐름에 따라 그려 냄

> **예❶** 근대에 접어들어 과학 혁명과 청교도 윤리의 등장으로 활동적 삶과 사색적 삶에 대한 인식은 달라지기 시작했다. <u>활동적 삶과 사색적 삶이 대등해진 계기</u>
> 16, 17세기 과학 혁명으로 실험 정신과 경험적 지식이 중시되면서 사색적 삶의 영역에 속한 과학적 탐구와 활동적 삶의 영역에 속한 기술 사이의 거리가 좁혀졌다. <u>활동적 삶과 사색적 삶에 대한 인식 변화 배경</u> 활동적 삶과 사색적 삶이 대등한 위상을 갖게 된 것이다. → 근대: 활동적 삶과 사색적 삶의 위상이 대등해짐
>
> 18, 19세기 산업 혁명을 계기로 활동적 삶은 사색적 삶보다 중요성이 더 커지게 되었다. <u>활동적 삶이 사색적 삶보다 중요해진 계기</u> 20세기 초부터 공학, 경영학 등의 실용 학문과 산업체 연구소들이 출현하였다. 이는 사색적 삶의 영역에 속했던 진리 탐구마저 활동적 삶의 영역에 속하는 생산 활동의 논리에 포섭되었음을 보여 준다. <u>사색적 삶이 활동적 삶에 종속됨</u> → 산업 혁명 이후: 활동적 삶이 사색적 삶보다 중요해짐
>
> 산업 혁명 이후 자본주의 시장 메커니즘이 사회를 전면적으로 지배하게 됨에 따라 근면과 속도가 강조되었다. <u>산업 사회의 특성</u> 활동적 삶이 지나치게 강조된 데 대한 반작용으로, '의미 없는 부지런함'이 만연해진 세태에 대한 비판의 목소리가 나타나 성찰에 의한 사색적 삶의 중요성을 역설하기도 하였다. <u>활동적 삶의 강조에 대한 비판과 성찰</u> → 산업 혁명 이후 활동적 삶의 강조에 대한 비판이 나타남
>
> 20세기 말 정보화와 세계화를 계기로 인간의 삶은 이전과 크게 달라졌다. <u>20세기 말 사회의 특성</u> 기술의 발달이 인간의 삶을 여유롭고 의미 있는 것으로 만들어 줄 것이라는 기대와 달리, ⓐ사색적 삶은 설 자리를 잃고 활동적인 삶이 폭주하게 된 것이다. <u>사색적 삶의 몰락</u> → 20세기 말: 사색적 삶이 몰락하고 활동적 삶이 폭주함
> ─ 〈기술의 발달에 따른 사회 변화〉

2 과정 過 지날 과, 程 길 정

■ 일이 되어 가는 ② ㅈㅊ 에 따라 설명하는 방식임

■ 구체적인 절차에 초점을 두어 일련의 행동, 단계, 작용 등을 소개하는 방법임

> **예❷** **㉮** 한국에서는 개울가 어디를 가나 평평한 돌 위에 쪼그리고 앉아 빨래하는 여자들을 볼 수 있다. ※ 화살표 방향: 빨래의 과정(절차) 이들은 더러운 옷을 물에 담갔다가 건져 내 쥐어짠 다음, 평평한 돌 위에 올려놓고 납작한 방망이로 두드린다. 이에 앞서 나뭇재로 만든 잿물에 빨래를 흠뻑 적시기도 한다. 빨래가 끝나면 홍두깨에 빨래를 감아 놓고 곤봉 모양의 방망이로 얼마 동안 짧고 빠르게 홍두깨질을 하고, 이어서 햇볕이 쨍쨍 비칠 때 널어서 말린 다음, 쌀로 만든 풀을 살짝 먹인다. 이런 ㉠ 을 거치면 흔한 흰 무명천도 희부연 공단처럼 눈부시게 하얀 색을 띠게 된다.
> ─ 이사벨라 버드 비숍, 〈외국인의 눈에 비친 19세기 말의 한국〉

☆ 개념을 완성하는 문제

1 **예❶**에서 활동적 삶의 지나친 강조에 대한 비판이 제기된 시기는 언제인가?

① 근대
② 16, 17세기
③ 20세기 초
☑ 산업 혁명 이후
⑤ 20세기 말

답 ④ **해** 산업 혁명을 계기로 활동적 삶이 사색적 삶보다 더 중요해졌으며, 이에 대한 반작용으로 활동적 삶의 지나친 강조를 비판하는 목소리가 나타났다고 하였다.

2 **예❶**의 ⓐ와 같은 세태를 비판하는 말로 가장 적절한 것은?

① 나태는 녹이 스는 것처럼 사람을 빠르게 쇠퇴하게 만든다.
② 인간은 일하기 위해 사는 것이며 일을 하지 않는 삶은 의미가 없다.
③ 기계 기술은 정신 기술처럼 가치 있으며 산업 현장은 그 자체로 위대하다.
☑ 우리는 여유롭게 삶의 의미를 되새기는 사유의 방법을 배워 실천해야 한다.
⑤ 인간은 기계이므로 인간의 행동, 사고, 신념 등은 모두 외적인 자극과 영향으로부터 생겨났다.

답 ④ **해** ⓐ와 같은 세태를 비판하려면 활동적 삶을 비판하고 사색적 삶을 옹호해야 한다. 따라서 여유롭게 삶의 의미를 되새기는 사색적 삶을 강조하고 있는 ④가 가장 적절하다.

3 다음 중, 과정의 방식으로 설명하기에 가장 적절한 소재는?

① 매미의 일생
② 고궁의 가을 풍경
☑ 김치를 담그는 요령
④ 우리 고장의 자랑거리
⑤ 고전 소설 작품의 종류

답 ③ **해** '김치를 담그는 요령'과 같이 구체적인 절차나 단계에 초점을 맞추어 설명하려면 과정의 방식을 사용하는 것이 적절하다.

4 **예❷**의 ㉠에 들어갈 말을 2음절의 한 단어로 쓰시오.
답 과정

① 시간 ② 절차

나 전자기파는 전기장이 방향을 한 방향에서 반대 방향으로 바꾸기를 계속
하며 진행해 나가는 파동이다. 1초 동안 방향 바꾸기 동작을 반복하는 횟수
를 '진동수'라고 하는데 전자레인지에서는 진동수가 초당 24억 5천만 번인
마이크로파를 이용한다. 물 분자는 하나의 커다란 산소 원자에 수소 원자가
2개씩 붙어 있다. 마이크로파가 침투하면 늘어진 수소 원자들이 평소보다
심하게 움직이기 시작하고, 그 수소 분자 바로 옆에 붙어 있는 분자들과 스
치거나 마찰하면서 열기가 일어난다. 이 열이 다른 부분에 전달되면서 음식
이 익는 것이다. ※ 전자레인지로 음식을 데우는 과정을 설명함
　　　　　　　　　　　　　　　　　　　　　　　　　　　　　　－ 〈전자레인지의 원리〉

전자기파의 개념(정의)

5 **예②** 의 (나)에 제시된 내용을 〈보기〉
와 같이 정리할 때, 빈칸에 들어갈 말
을 '주어 + 서술어(명사형)'의 형식으
로 쓰시오.

> ──────────── 보기 ────────────
> 〈전자레인지로 음식을 데우는 과정〉
>
> 　물 분자에 마이크로파가 침투함
> → 수소 원자들이 심하게 움직임
> → 분자들과 마찰하며 열이 생김
> → 열이 전달됨 → (음식이 익음)

답 음식이 익음

3 인과 因 인할 인, 果 결과 과

- 시간의 흐름에 따라 어떤 일이 왜 일어났는지에 대한 ①ㅇㅇ과 ②ㄱㄱ를 따
져 가며 설명하는 방식임
- 과정이 '어떻게'에 주목한다면, 인과는 '왜'에 주목한 설명 방식임

예③ 　18세기 말 영국에서 시작된 산업 혁명 이후, 인류는 눈부신 과학 기술의
발전과 산업화의 결과로 풍요로운 물질문명의 혜택을 누리게 되었다. 하지
만 산업화로 말미암아 도시가 비대해지고, 화석 에너지 및 공업용수의 사용
이 급속히 늘어나, 대기 오염, 식수원 오염 및 토양 오염을 유발하여 쾌적하
지 못한 환경 오염을 초래하게 되었다. 급기야는 1940~50년대를 전후하여
공업 선진국의 몇몇 도시에서는 이미 대기 오염에 의한 인명 사고가 발생하
기 시작하였다. 대표적인 것은 1952년 12월, 영국에서 발생했던 '런던 스모
그 사건'이었다. 이로 인하여 4000여 명이 사망하였다고 하니, 정말 끔찍한
일이 아닐 수 없다. 이 사건은 환경 오염이 삶의 질 차원을 넘어서 인류 생존
의 문제로 악화되고 있음을 시사해 주는 대표적인 것으로 기록되어 있다.
　　　　　　　　　　　－ 윤순창, 〈현대 과학은 환경 문제를 해결할 수 있는가〉

6 **예③** 에서 확인할 수 있는 산업화의
긍정적 결과에 해당하는 것은?

① 눈부신 과학 기술의 발전
② 풍요로운 물질문명의 혜택
③ 비대해진 도시
④ 화석 에너지 사용량의 증가
⑤ 공업용수 사용의 급속한 증가

답 ② 해 [예3]의 첫 문장에서 과학 기술의 발전
과 산업화로 인한 긍정적 결과를 제시하였고, 이
후 그로 인한 부정적 결과인 환경 오염에 대해 설
명하고 있다.

7 **예③** 에서 '런던 스모그 사건'의 원
인이 된 환경 오염의 종류를 찾아 쓰
시오.

답 대기 오염

개념 열기 ⑤ 톡톡! 묘사

묘사: 어떤 대상을 그림 그리듯이 표현하는 것 描 그릴 묘, 寫 베낄 사

- 상황이나 사물을 마치 눈앞에서 보고 있는 것 같은 느낌을 받게 됨
- 어떤 분위기나 감정, 인상을 그리는 데 주안점이 있으면 ③ㅈㄱㅈ 묘사, 대상
을 정확하게 그리는 데 주안점이 있으면 ④ㄱㄱㅈ 묘사(과학적 묘사)라고 함

예④ 　여관방은 토방인데, 낮은 격자문을 통해 출입한다. 격자문의 창호지는 찢
겨 있는 경우가 많고 지저분하다. (방에는 닳아빠진 돗자리가 깔려 있고, 그
위에 베개로 쓰이는 목침이 나뒹굴고 있다. 낮게 드리워진 대들보 위에는 농
기구나 모자 상자가 놓여 있는 경우가 많다.) 이런 방에서 마부, 여행객, 하
인, 하층 사람들이 묵어간다.　－ 이사벨라 버드 비숍, 〈외국인의 눈에 비친 19세기 말의 한국〉

묘사의 대상
( ): 여관방의 모습에 대한 객관적, 사실적 묘사
손으로 꽂는 모내기에 쓰는 자
말을 부려 마차나 수레를 모는 사람

8 **예④** 에서 묘사의 대상을 찾아 3음절
로 쓰시오.

답 여관방

9 **예④** 에서 묘사의 대상에 대한 글쓴
이의 부정적 시각이 엿보이는 표현으
로만 묶인 것은?

① 출입한다, 찢겨 있는, 묵어간다
② 출입한다, 지저분하다, 깔려 있고
③ 찢겨 있는, 드리워진, 많다
④ 지저분하다, 닳아빠진, 나뒹굴고
⑤ 지저분하다, 드리워진, 묵어간다

답 ④ 해 [예4]는 대상을 비교적 객관적이고 사실
적으로 묘사하고 있으나, '지저분하다', '닳아빠진',
'나뒹굴고' 등의 표현에서 대상에 대한 글쓴이의
부정적 시각을 엿볼 수 있다.

> ① 원인 ② 결과 ⓒ 주관적 ⑦ 객관적

논증: 주로 독자를 설득하는 글에서 글쓴이가 내용의 옳고 그름을 이유를 들어 밝히는 것 論 논할 논, 證 증거 증

- 명제, 논거, 추론을 '논증의 3요소'라고 함

1 명제 命 명할 명, 題 제목 제

- 어떤 문제에 대한 하나의 논리적 판단 내용과 주장을 언어나 기호로 표시한 것임
- 글에 나타나는 명제는 주제문과 같은 형태를 띰
- 명제의 내용은 ① ㅊ 과 ② ㄱㅈ 을 판단할 수 있다는 특징이 있음

2 논거 論 논할 논, 據 근거 거

- 이론, 논리, 논설 따위의 ③ ㄱㄱ 를 말함
- 논증에서 명제가 타당하다는 것을 입증하기 위해 사용하는 이유나 근거를 말함
- 논거는 정확하고 구체적이어야 하며, 주제를 뒷받침해야 하고, 과장되거나 왜곡되지 않아야 함

탐구 하기 다음 글을 읽고 논증의 방법에 대해 생각해 보자.

> **가** 아리스토텔레스는 정언 문장으로 이루어진 연역 논증을 중심으로 논리학을 연구하였는데, 이러한 논리학을 ⓐ전통 논리학이라 부른다. 연역 논증은 결론이 이미 전제에 포함되어 있기 때문에 전제가 참이면 결론이 반드시 참이 되는 형식의 논증을 말한다. 그리고 정언 문장이란 참과 거짓을 판별할 수 있는 문장 중에서 '주어-술어'로 이루어진 다음 네 가지 형식의 문장을 말한다.
>
> - 모든 A는 B이다.
> - 어떤 A는 B이다.
> - 모든 A는 B가 아니다.
> - 어떤 A는 B가 아니다.
>
> ▶ 전통 논리학의 연구 내용과 네 가지 형식의 정언 문장
>
> **나** (1)은 연역 논증의 하나로 세 개의 정언 문장으로 구성된 정언 삼단 논증의 예이다.
>
> (1) 모든 [아버지]는 [남자]이다. 〈전제 1〉
> 　　어떤 [사람]은 [아버지]이다. 〈전제 2〉
>
> 　　그러므로 어떤 [사람]은 [남자]이다. 〈결론〉
> ▶ 정언 삼단 문장의 예
>
> **다** (1)에서 결론의 주어가 되는 개념인 '사람'을 소명사(S), 결론의 술어가 되는 개념인 '남자'를 대명사(P)라 하며, '아버지'와 같이 전제에만 있으면서 전제들을 엮을 수 있도록 하는 개념을 중명사(M)라 한다. 그리고 대명사가 포함된 전제를 대전제, 소명사가 포함된 전제를 소전제라 한다. 이를 사용하여 (1)을 형식화하면 (2)와 같다.

○ '논증'과 '추론(추리)'

전제와 결론을 연결 짓는 과정에서 나타나는 일련의 명제군이 규칙에 따라 연결되어 있는 것이 '논증'이고, 이러한 논증을 전개하는 것이 '추론(추리)'입니다.

예를 들어 '(a) 기린은 초식 동물이다. (b) 초식 동물은 육식을 하지 않는다. (c) 기린은 육식을 하지 않는다.'에서 (a), (b), (c)는 명제, 명제가 〈전제 1〉 + 〈전제 2〉 + 〈결론〉'으로 연결되어 있는 것이 '논증', 〈전제 1〉, 〈전제 2〉를 통해 〈결론〉'을 도출하는 것이 '추론(추리)'입니다.

개념을 완성하는 활동

1 이 글에 대한 설명으로 가장 적절한 것은?

✔① 논리학의 발전 과정을 개괄적으로 소개하고 있다.
② 논리학의 의의를 다양한 관점에서 고찰하고 있다.
③ 논리학의 특징을 인접 학문과 비교하여 분석하고 있다.
④ 논리학의 논증 방식이 단순화된 배경을 설명하고 있다.
⑤ 논리학의 변화에 영향을 준 여러 학문을 고찰하고 있다.

답 ① 해 이 글은 아리스토텔레스의 전통 논리학, 20세기 프레게의 명제 논리학, 이후의 술어 논리학에 이르기까지 논리학이 발전되는 과정을 개괄적으로 소개하고 있다.

2 이 글의 내용과 일치하지 않는 것은?

① 연역 논증에서 전제가 참이면 결론이 참이 된다.
② 전통 논리학은 정언 문장을 명사 단위로 분석한다.
✔③ 주어와 술어로 구성된 모든 문장은 정언 문장이다.
④ 명제 논리학은 명제 자체를 논증의 기본 단위로 삼는다.
⑤ 술어 논리학은 명제 내의 논리 구조를 분석하여 논증한다.

답 ③ 해 (가)에서 정언 문장은 참과 거짓을 판별할 수 있는 문장 중에서 '주어-술어'로 이루어진 문장이라고 하였다. 따라서 주어와 술어로 구성된 모든 문장을 정언 문장이라고 볼 수는 없다.

① 옳음 ② 개념 ⓒ 근거

(2) 모든 [M]은 [P]이다.　　　　　　　　〈대전제〉

　　어떤 [S]는 [M]이다.　　　　　　　　〈소전제〉

　　그러므로 어떤 [S]는 [P]이다.　　　　〈결론〉

　　만약 전제에 중명사가 없으면 소명사와 대명사를 연결시킬 수 없으므로 논증을 구성할 수 없다. (2)에서 결론의 [S]—[P]는 배열이 고정되어 있지만, 전제의 'M, P, S'는 배열이 자유롭기 때문에 'M, P, S'를 조합해서 ㉠정언 삼단 논증의 네 가지 유형을 만들 수 있다. 이와 같이 정언 문장을 대명사, 중명사, 소명사로 분석한 전통 논리학을 명사 단위의 논리학이라 한다.

　　▶ 정언 문장을 명사 단위로 분석한 전통 논리학

라 그런데 (3)은 정언 삼단 논증의 형태를 띠고 있는 것처럼 보이지만 정언 삼단 논증의 유형에서 벗어나 있다.

(3) 만약 비가 온다면, 소풍은 취소된다.　　〈전제 1〉

　　비가 온다.　　　　　　　　　　　　〈전제 2〉

　　그러므로 소풍은 취소된다.　　　　　〈결론〉

　　〈전제 1〉은 '비가 온다.'와 '소풍은 취소된다.'의 두 문장이 결합된 것이다. 〈전제 2〉는 〈전제 1〉을 구성하고 있는 문장 중 하나이며, 〈결론〉은 〈전제 1〉을 구성하고 있는 나머지 문장이다. 따라서 정언 문장만을 대상으로 한 전통 논리학으로는 이 논증의 타당성을 분석할 수 없다.

　　▶ 전통 논리학으로 논증의 타당성을 분석할 수 없는 경우

마 20세기 독일의 논리학자 프레게는 정언 삼단 논증의 한계를 지적하면서 명제를 단위로 논증을 분석하는 ⓑ명제 논리학을 제안하였다. 명제란 참과 거짓을 판단할 수 있는 문장이다. 전통 논리학에서는 정언 문장을 명사 단위로 나누어서 분석하였지만, 명제 논리학에서는 명제 자체를 논증의 기본 단위로 삼았다. 그리고 더 이상 분해할 수 없는 명제를 단순 명제라 하여 'p, q, r' 등의 기호로 표시하고, 단순 명제에 논리적 연결사인 '∨(또는)', '∧(그리고)', '→(만약 …이면 …이다)', '∼(…가 아니다)' 등을 사용하여 복합 명제를 만들었다.

　　▶ 정언 삼단 논증의 한계를 지적하며 프레게가 제안한 명제 논리학

바 가령 (3)의 〈전제 1〉은 '비가 온다.'와 '소풍은 취소된다.'의 두 개의 단순 명제가 연결된 복합 명제로, 각각의 단순 명제를 'p'와 'q'로 나타낼 수 있다. 그리고 단순 명제 'p'와 'q'는 '만약 …이면 …이다.'에 해당하는 논리적 연결사 '→'를 사용하여 'p → q'와 같은 복합 명제로 나타낼 수 있다. 따라서 (3)을 기호화하여 나타내면 다음과 같다.

(4) 만약 p이면 q이다.　　　　　　　(4') p → q　〈전제 1〉

　　p이다.　　　　　⇒　　　　　　　　　　p　　〈전제 2〉

　　그러므로 q이다.　　　　　　　　　　　　q　　〈결론〉

　　▶ 명제 논리학의 예

사 아리스토텔레스는 정언 문장에서 명사들 간의 관계에 의존하여 논증의 타당성을 설명하였지만, 명제 논리학에서는 명제들의 진릿값과 논리

---

3 ⓐ와 ⓑ의 입장에서 〈보기〉를 분석한 것으로 적절하지 **않은** 것은?

> ┌─ 보기 ┐
>
> ㄱ
> 모든 생명체는 죽는다.　〈전제 1〉
> 어떤 사람은 생명체이다.〈전제 2〉
> 어떤 사람은 죽는다.　　〈결론〉
>
> ㄴ
> 민수는 일하거나 논다.　〈전제 1〉
> 민수는 일하지 않는다.　〈전제 2〉
> 민수는 논다.　　　　　　〈결론〉

① ⓐ: ㄱ에서 '모든 생명체는 죽는다.'는 '모든 [생명체]는 [죽는 존재]이다.'와 같이 나타낼 수 있다.

② ⓐ: ㄱ에서 '생명체'는 전제에만 나타나므로 중명사이고, '사람'은 결론의 주어가 되는 개념이므로 소명사이다.

③ ⓑ: ㄱ에서 '모든 생명체는 죽는다.'를 '만약 생명체라면 죽는 존재이다.'로 재구성한다면, 이는 'p → q'의 구조에 해당한다.

✔④ ⓑ: ㄴ의 〈전제 1〉은 복합 명제에, 〈전제 2〉는 단순 명제에 해당한다.

⑤ ⓑ: ㄴ의 '민수는 일하거나 논다.'를 기호로 나타내기 위해서는 논리적 연결사가 필요하다.

답 ④　**해** '명제 논리학'의 입장에서 ㄴ의 〈전제 1〉은 논리적 연결사인 '∨(또는)'을 사용하여 'p∨q'로 나타낼 수 있고, 〈전제 2〉는 논리적 연결사인 '∼(…가 아니다)'를 사용하여 '∼p'로 나타낼 수 있다. 따라서 ㄴ의 〈전제 1〉과 〈전제 2〉는 모두 단순 명제와 논리적 연결사로 이루어진 복합 명제에 해당한다.

4 ㉠에 해당하지 **않는** 것은?

① M—P　　　　② P—M
　S—M　　　　　S—M
　S—P　　　　　S—P

③ P—M　　　✔ M—P
　M—S　　　　　P—S
　S—P　　　　　S—P

⑤ M—P
　M—S
　S—P

답 ④　**해** (다)에서 전제에 중명사(M)가 없으면 논증을 구성할 수 없으며, 전제의 'M, P, S'를 자유롭게 조합해서 '정언 삼단 논증의 네 가지 유형'을 만들 수 있다고 하였다. 따라서 ㉠에 해당하지 않는 것은 〈전제 2〉에 M이 포함되지 않은 ④이다.

적 연결사에 의존하여 논증의 타당성을 평가했다. 가령, 'p∨q'는 'p'와
^{명제 논리학에서 논증의 타당성을 평가한 방법}
'q' 중 하나라도 참이면 참이 되지만, 'p∧q'는 'p'와 'q' 모두 참일 때에만
참이 된다. 또한 'p → q'는 'p'와 'q'가 모두 참인 경우에는 참이지만, 'p'
가 참이고 'q'가 거짓인 경우에는 거짓이 된다. 따라서 복합 명제의 진릿
값은 단순 명제의 진릿값과 논리적 연결사에 의존한다. (4')는 〈전제 2〉
가 〈전제 1〉의 선행 조건인 p를 긍정함으로써 〈결론〉인 q가 성립된다고
주장하는 논증인데, 이러한 형식을 ⓛ전건 긍정이라 한다.
▶ 명제들의 진릿값과 논리적 연결사로 논증의 타당성을 평가하는 명제 논리학

아 명제 논리학은 정언 문장만을 분석의 대상으로 삼는 전통 논리학에서
다루지 못하는 문장들까지 논증의 대상으로 포함시켰다는 점에서 의미
가 있다. 또한 논증의 모든 요소를 기호화하여 ㉮명제 논리학은 자연 언
어를 컴퓨터로 프로그래밍할 수 있는 길을 열어 주었다. 이후 명제 논리
학은 술어 논리학으로 발전되었는데, 술어 논리학은 술어 기호를 사용
하여 명제 논리학에서 다루지 못한 명제 내의 논리 구조를 분석함으로
써 논리학의 범위를 한층 더 확대시켰다. ▶ 명제 논리학의 의의와 술어 논리학으로의 발전

– 〈논리학의 발전 과정〉

[문제 1] 〈보기〉는 ㉮를 심화 학습하는 과정에서 얻은 자료이다. 이를 이해한 내용
으로 적절하지 <u>않은</u> 것은?

보기

논리 게이트는 '1'과 '0'의 이진법 정보로 운용되는 전자 회로로 명제 논리
학에 착안하여 만들어졌다. 입력값이 '1'인 것은 명제의 진릿값이 참인 경
우에, 입력값이 '0'인 것은 명제의 진릿값이 거짓인 경우에 대응될 수 있다.
논리 게이트는 두 개의 입력 단자 'A', 'B'와 하나의 출력 단자 'Y'로 구성된
다. 〈그림〉은 논리 게이트 중 'OR 게이트'이다.

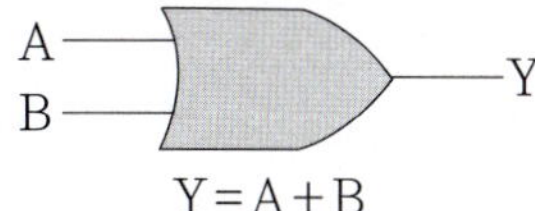

이는 'A'와 'B' 중 하나 이상의 입력값이 '1'이면 출력값이 '1'이 되고, 입력
값이 모두 '0'이면 출력값이 '0'이 되는 경우이다. 이 외에 'A', 'B'의 입력값
이 모두 '1'일 때만 출력값이 '1'이 되는 'AND 게이트'도 있다.

① 논리 게이트에서 입력 단자 'A', 'B'는 명제 논리학의 단순 명제, 출력 단
자 'Y'는 복합 명제에 대응된다고 할 수 있겠군.
② 논리 게이트에서 입력값에 의해 출력값이 결정되는 것은 명제 논리학에
서 단순 명제의 진릿값과 논리적 연결사에 의해 복합 명제의 진릿값이 결
정되는 것과 같은 원리이겠군.
③ 'OR 게이트'의 'A + B'를 명제 논리학의 논리적 연결사로 기호화하여 나
타내면 'A∨B'에 해당하겠군.
④ 'OR 게이트'는 명제 논리학에서 두 명제 중 적어도 하나의 진릿값이 참일
때 결론의 진릿값이 참인 경우에 해당하겠군.
⑤ 'AND 게이트'에서 'Y'가 1인 것은 명제 논리학에서 두 명제의 진릿값 중
하나라도 참인 경우에 해당하겠군.

답 ⑤ **해** 'AND 게이트'는 'A', 'B'의 입력값이 모두 '1'일 때만 출력값이 '1'이 된다고 하였으므로, 이는 명제
논리학의 'p∧q'에 해당한다. 'AND 게이트'에서 'Y'가 '1'인 것은 두 입력값이 모두 '1'인 경우이므로, 이는 명제
논리학에서 두 명제의 진릿값이 모두 참인 경우에 해당한다.

5 ⓛ의 사례로 가장 적절한 것은?
① 차가 달리지 않으면 멈춘다.
차가 달린다.
그러므로 차가 멈추지 않는다.
② 만약 그것이 생명체라면 죽는다.
그것이 죽는다.
그러므로 그것은 생명체이다.
③ 비가 오면 가뭄이 끝난다.
아직 가뭄이 끝나지 않았다.
그러므로 비가 오지 않았다.
④ 교실 청소가 끝나면 집에 갈 수
있다.
교실 청소가 끝났다.
그러므로 집에 갈 수 있다.
⑤ 공부를 하면 성적이 오른다.
철수는 공부를 하지 않았다.
그러므로 철수는 성적이 오르지
않았다.

답 ④ **해** ④에서 〈전제 2〉인 '교실 청소가 끝났
다.'는 〈전제 1〉의 '교실 청소가 끝나면 집에 갈 수
있다.'의 선행 조건을 긍정하고 있고, 이를 통해
〈결론〉인 '그러므로 집에 갈 수 있다.'를 도출하고
있다. 따라서 ④는 '전건 긍정'의 사례에 해당한다.

독해력 **플러스**
⊗ '전제'와 '결론'을 구별하는 방법
'전제'와 '결론'을 구별하기 위해서는 연
결어나 지시어에 주목해야 합니다. 보
통 '왜냐하면, ～ 때문에, 그 이유는
～' 등이 포함되면 전제에 해당하고,
'그러므로, 따라서, ～(이)므로' 등이
포함되면 결론에 해당합니다.

3 추론 推 밀 추, 論 논할 론

- 어떠한 판단을 근거로 삼아 다른 판단을 이끌어 내는 것임
- 이미 알고 있는 것을 바탕으로 알지 못하는 것을 ① ㅁㄹㅇ 생각하는 것임

3-❶ 연역 추론 演 펼 연, 繹 풀 역

- 이미 알고 있는 명제를 ② ㅈㅈ로 하여 결론을 이끌어 내는 방법임
- 일반적인 사실이나 원리를 전제로 하여 개별적인 사실이나 보다 특수한 다른 원리를 이끌어 내는 추론으로, 삼단 논법이 연역 추론의 전형임
- '모든 사람은 죽는다.(대전제)', '나는 사람이다.(소전제)', '나는 죽는다.(결론)' 와 같은 형태임

예 ❶

추론은 이미 제시된 명제인 전제를 토대로, 다른 새로운 명제인 결론을 도출하는 사고 과정이다. 논리학에서는 어떤 추론이 전제가 참일 때 결론이 거짓일 가능성이 없으면 그 추론은 '타당하다'고 말한다. "서울은 강원도에 있다. 따라서 당신이 서울에 가면 강원도에 간 것이다."라는 추론은 전제가 참이라고 할 때 결론이 거짓이 되는 경우는 전혀 생각할 수 없으므로 타당하다. 반면에 "비가 오면 길이 젖는다. 길이 젖어 있다. 따라서 비가 왔다."라는 추론은 전제들이 참이라 해도 결론이 반드시 참이 되지는 않으므로 타당하지 않은 추론이다.

– 〈추론의 여러 유형과 개념〉

3-❷ 귀납 추론 歸 돌아갈 귀, 納 들일 납

- 개별적이고 특정한 사실이나 원리로부터 공통적으로 나타난 현상을 뽑아서 ③ ㅇㅂㅈ인 원리를 이끌어 내는 것임
- 귀납 추론으로 얻어진 결론은 절대적인 것이 아니라 개연적 확실성만 가짐

탐구 하기 다음 글을 읽고 귀납 추론에 대해 생각해 보자.

가 귀납은 현대 논리학에서 연역이 아닌 모든 추론, 즉 전제가 결론을 개연적으로 뒷받침하는 모든 추론을 가리킨다. 귀납은 기존의 정보나 관찰 증거 등을 근거로 새로운 사실을 추가하는 지식 확장적 특성을 지닌다. 이 특성으로 인해 귀납은 근대 과학 발전의 방법적 토대가 되었지만, 귀납 자체의 논리적 한계를 지적하는 문제들에 부딪히기도 한다.

나 먼저 흄은 과거의 경험을 근거로 미래를 예측하는 귀납이 정당한 추론이 되려면 미래의 세계가 과거에 경험해 온 세계와 동일하다는 자연의 일양성, 곧 한결같음이 가정되어야 한다고 보았다. 그런데 자연의 일양성은 선험적으로 알 수 있는 것이 아니라 경험에 기대어야 알 수 있는 것이다. 즉 "귀납이 정당한 추론이다."라는 주장은 "자연은 일양적이다."라는 다른 지식을 전제로 하는데 그 지식은 다시 귀납에 의해 정당화되어야 하는 경험적 지식이므로 귀납의 정당화는 순환 논리에 빠져 버린다는 것이다. 이것이 귀납의 정당화 문제이다.

☆ **개념을 완성하는 문제**

1 〈보기 1〉과 〈보기 2〉를 통해 추론할 수 있는 내용으로 적절한 것은?

▸ 보기1 ◂

- 열에너지는 온도가 높은 곳에서 낮은 곳으로 전달됨
- 열에너지는 두 물체 사이의 접촉면을 통해서만 전달되며, 접촉면이 클수록 전달되는 열에너지의 양은 커짐
- 길이가 L배 커지면 면적은 L^2, 부피는 L^3만큼 비례하여 커짐(제곱−세제곱 법칙)

▸ 보기2 ◂

일반적으로 동물이 생산하는 열에너지는 동물의 무게와 부피에 비례한다. 코끼리는 무게와 부피가 육상 동물 중 가장 크다. 그래서 코끼리는 때때로 커다란 귀를 흔들어 부채질을 해야만 체온을 일정하게 유지할 수 있는데, 이는 귀에 수많은 모세 혈관이 있어 귀를 흔들면 혈액의 온도를 낮출 수 있기 때문이다.

① 코끼리는 외부 기온이 체온보다 높아지면 체온을 유지하기가 쉬울 것이다.
② 코끼리는 다른 육상 동물에 비해 몸에서 만들어 내는 열에너지가 부족할 것이다.
③ 더운 지역에 사는 코끼리는 다른 지역에 사는 코끼리보다 귀의 면적이 작을 것이다.
④ 코끼리는 다른 육상 동물에 비해 열에너지 방출에 필요한 피부 면적이 충분하지 않을 것이다.
⑤ 평균보다 몸무게가 많이 나가는 코끼리는 평균적인 코끼리보다 귀를 펄럭거리는 횟수가 적을 것이다.

답 ④ **해** 〈보기 1〉에서 길이가 L배 커지면 면적은 L^2배, 부피는 L^3만큼 커진다고 하였으므로, 면적이 늘어나는 것보다 부피가 늘어나는 비율이 훨씬 크다는 것을 알 수 있다. 따라서 크기가 커지면 면적보다 부피가 훨씬 큰 비율로 늘어나므로, 코끼리는 열에너지를 방출하는 데 필요한 피부 면적이 열에너지를 생산하는 양에 비해 충분하지 않을 것임을 알 수 있다.

다 귀납의 또 다른 논리적 한계로 어떤 현대 철학자는 미결정성의 문제를 지적한다. 이 문제는 관찰 증거만으로는 여러 가설 중에 어느 하나를 더 나은 것으로 결정할 수 없다는 것이다. 가령 「몇 개의 점들이 발견되었을 때 그 점들을 모두 지나는 곡선은 여러 개이기 때문에 어느 하나로 결정되지 않는다. 예측의 경우도 마찬가지이다. 다음에 발견될 점을 예측할 때, 기존에 발견된 점들만으로는 다음에 찍힐 점이 어디에 나타날지 확정할 수 없다. 아무리 많은 점들을 관찰 증거로 추가하더라도 하나의 예측이 다른 예측보다 더 낫다고 결정하는 것은 불가능하다는 것이다.」

라 그러나 미결정성의 문제가 있다고 하더라도 대부분의 현대 철학자들은 귀납을 과학의 방법으로 인정하고 있다. 이들은 귀납의 문제를 직접 해결하려 하기보다 확률을 도입하여 개연성이라는 귀납의 특징을 강조하려 한다. 이에 따르면 「관찰 증거가 가설을 지지하는 정도 즉 전제와 결론 사이의 개연성은 확률로 표현될 수 있다. 또한 하나의 가설이 다른 가설보다, 하나의 예측이 다른 예측보다 더 낫다고 확률적 근거에 의해 판단할 수 있다는 것이다.」 이러한 시도는 귀납의 문제를 근본적으로 해결하는 것은 아니지만, 귀납은 여전히 과학의 방법으로서 그 지위를 지킬 만하다는 사실을 보여 준다.

– 〈귀납의 논리적 한계와 그 해소 방안〉

[문제 2] 이 글을 바탕으로 할 때, 〈보기〉의 (ㄱ), (ㄴ)에 대한 A와 B의 입장을 추론한 것으로 적절하지 **않은** 것은?

> ● 보기 ●
>
> • 어떤 천체의 표면 온도를 매년 같은 날 관측했더니 100, 110, 120, 130, 140℃로 해마다 10℃씩 높아졌다. 이로부터 과학자들은 다음 두 가지 예측을 제시하였다.
>
> (ㄱ) 1년 뒤 관측한 그 천체의 표면 온도는 150℃일 것이다.
> (ㄴ) 1년 뒤 관측한 그 천체의 표면 온도는 200℃일 것이다.
>
> • A와 B는 예측의 방법으로 귀납을 인정한다. 하지만 귀납의 미결정성의 문제에 대해 A는 확률 논리에 따라 해결할 수 있다는 입장인 반면, B는 어떤 방법으로도 해결할 수 없다는 입장이다.

① A와 B는 둘 다 과학자들이 예측한 (ㄱ)과 (ㄴ)이 모두 기존의 관찰 근거에 따른 것이라고 보겠군.
② A는 (ㄱ)과 (ㄴ) 중 하나가 더 나은 예측임을 결정할 수 있다고 하겠군.
③ A는 그 천체의 표면 온도가 100℃이기 1년 전에 90℃였다는 정보를 추가로 얻으면 (ㄱ)이 옳을 개연성이 더 높아진다고 판단하겠군.
④ B는 (ㄱ)에 대해서 가능한 예측이라고 할지언정 (ㄴ)보다 더 나은 예측이라고 결정하지는 않겠군.
⑤ B는 그 천체의 표면 온도가 100℃이기 1년 전에 60℃였다는 정보를 추가로 얻으면 (ㄴ)을 (ㄱ)보다 더 나은 예측으로 채택하겠군.

답 ⑤ **해** 〈보기〉의 B는 귀납의 미결정성의 문제에 대해 어떤 방법으로도 해결할 수 없다는 입장이다. 따라서 B는 천체의 표면 온도가 100℃이기 1년 전에 60℃였다는 정보를 추가로 얻더라도 (ㄴ)을 (ㄱ)보다 더 나은 예측으로 채택하지는 않을 것이다.

1 이 글의 내용 전개에 대한 설명으로 가장 적절한 것은?

① 귀납에 대한 흄의 평가를 병렬적으로 소개하고 있다.
② 귀납이 지닌 장단점을 연역과 비교하여 설명하고 있다.
③ 귀납의 위상이 격상되어 온 과정을 역사적으로 고찰하고 있다.
④ 귀납의 다양한 유형을 소개하고 각각의 특징을 상호 비교하고 있다.
⑤ 귀납에 내재된 논리적 한계와 그에 대한 해소 방안을 검토하고 있다.

답 ⑤ **해** 이 글은 (가)에서 귀납의 개념과 특성을 밝힌 다음, (나)와 (다)에서 귀납에 내재된 논리적 한계를, (라)에서 그에 대한 해소 방안을 검토하고 있다.

2 이 글을 이해한 내용으로 적절하지 **않은** 것은?

① 많은 관찰 증거를 확보하면 귀납의 정당화에서 나타나는 순환 논리 문제는 해소된다.
② 직관에 들어맞는 확률 논리라 하더라도 귀납의 논리적 문제를 근본적으로 해결하지 못한다.
③ 관찰 증거가 가설을 지지하는 정도를 확률로 표현할 수 있다는 입장은 귀납을 옹호한다.
④ 흄에 따르면, 귀납의 정당화는 귀납에 의한 정당화를 필요로 하는 지식에 근거해야 가능하다.
⑤ 귀납의 지식 확장적 특성은 이미 알고 있는 사실을 근거로 아직 알지 못하는 사실을 추론하는 데에서 비롯된다.

답 ① **해** 귀납은 다른 지식을 전제로 하는데 그 지식은 다시 귀납에 의해 정당화되어야 하는 경험적 지식이어서 결국 귀납의 정당화는 순환 논리에 빠져 버린다고 하였다. 따라서 많은 관찰 증거를 확보한다고 해서 귀납의 정당화에서 나타나는 순환 논리 문제가 해소되는 것은 아니다.

04 발문 용어로 보는 독해 원리

개념 열기 ① 톡톡! 발문 용어

발문 용어: 발문에 쓰이는 용어. '발문'은 선택형 문제에서 질문에 해당하는 부분을 뜻함

1 중심 화제 話 말씀 화, 題 제목 제

- ①ㅎㅈ는 글의 이야깃거리임. 제재 또는 소재라고 함. 중심 화제는 글에서 중심적으로 다루는 핵심어임

> **예 ❶**
> 최근 들어 도시의 경쟁력 향상을 위한 새로운 전략의 하나로 창조 도시에 (중심 화제) 대한 논의가 활발하게 진행되고 있다. 창조 도시는 창조적 인재들이 창의성을 발휘할 수 있는 환경을 갖춘 도시이다. (창조 도시의 개념) 즉, 창조 도시는 인재들을 위한 문화 및 거주 환경의 창조성이 풍부하며, (창조 도시의 구성 요건 ①) 혁신적이고도 유연한 경제 시스템을 (창조 도시의 구성 요건 ②) 구비하고 있는 도시인 것이다.
> – 〈도시 경쟁력 향상을 위한 창조 도시〉

2 논지 전개 방식 論 논할 논, 旨 뜻 지, 展 펼 전, 開 열 개

- 각 문단의 역할을 바탕으로 글 전체의 ②ㅉㅇ을 파악하는 것임
- 설명문은 '도입(화제 제시, 흥미 유발) – 구체적 설명 – 요약, 정리'로 전개됨
- 논설문은 '서론(논지 제시) – 본론(주장, 근거 제시) – 결론(요약, 마무리)'으로 전개됨

> **예 ❷**
> **가** 일반적으로 동식물에서 종(種)이란 '같은 개체끼리 교배하여 자손을 남길 수 있는' 또는 '외양으로 구분이 가능한' 집단을 뜻한다. (동식물에서 종의 개념) 그렇다면 세균처럼 한 개체가 둘로 분열하여 번식하며 외양의 특징도 많지 않은 미생물에서는 종을 어떤 기준으로 구분할까? 〈중략〉
> (문제 제기 – 미생물의 종 구분)
>
> **나** 유전적 특성을 이용한 미생물의 종 구분은 학술적 연구 외에도 의학이나 미생물 산업 분야에서 중요하게 활용되고 있다. (미생물 종 구분의 의의) 향후 유전체 분석 기술이 더욱 발전하면 미생물의 종을 보다 정밀하게 구분할 수 있을 것이다.
> (미생물 종 구분의 전망)
> – 〈미생물의 종 구분〉

❖ **'중심 화제'를 찾는 요령**

중심 화제는 글에서 중요하게 다루고 있는 대상이므로, 먼저 글쓴이가 '무엇'에 대해 말하고 있는지 생각해 봅니다. 중심 화제를 찾기 위해서는 반복되는 단어, 개념이 설명되어 있는 단어, 사례가 제시되어 있는 단어, 첫 문단이나 마지막 문단에서 강조하는 단어에 주목하는 것이 좋습니다.

☆ 개념을 완성하는 문제

1 **예 ❶**에서 중심 화제를 찾아 2어절로 쓰시오.

답 창조 도시

2 **예 ❶**에 제시된 창조 도시의 구성 요건을 〈보기〉와 같이 정리할 때, 빈칸에 들어갈 말을 쓰시오.

> ─ 보기 ─
> 〈창조 도시의 구성 요건〉
> ① 문화 및 거주 환경의 풍부한 (창조성)
> ② 혁신적이고 (유연한) 경제 시스템

답 ① 창조성 ② 유연한

3 **예 ❷**에 제시된 (가)와 (나)의 역할을 바르게 파악한 것은?

① 주장 – 근거 제시
② 문제 제기 – 마무리
③ 도입 – 구체적 설명
④ 구체적 설명 – 결론
⑤ 화제 제시 – 논지 제시

답 ② 해 (가)에서는 미생물의 종 구분에 대해 문제를 제기하며 글을 시작하고 있고, (나)에서는 논의를 정리하며 글을 마무리하고 있다.

> ① 화제 ② 전개

3 서술상의 특징 敍 펼 서, 述 펼 술

- 자신의 생각을 효과적으로 전달하기 위해 사용하는 서술 ①ㅈㄹ임
- 글의 내용 조직 방법이나 설명 방법, 전개 방식, 글쓰기 전략 등과 관련됨

> **예③** 그대들 향교(鄕校)·목사(牧使)·수령(守令)들과 무릇 사·농·공·상으로서 진실로 한푼 반푼의 사람 마음이 있다면, 오백 년 종국(宗國)을 어찌 잊을 수 있으랴! <u>28대의 현성(賢聖)</u>이 차례로 계승하였으며, 이 나라 비록 쇠하였다 하나 삼천리 산천이 달라지지 않았다. 대신(大臣) 직을 맡은 자는 적의 앞잡이 노릇 아니하는 자 없고, 상투 자르고 얄궂은 말하는 놈은 모두 왜놈의 배짱을 가진 자들이다. 비록 천벌에는 오랫동안 빠졌으나, 어찌 잠깐인들 사람의 베임에서 벗어나랴!
> — 〈한말(韓末) 의병을 모집하는 격문(檄文)〉

4 전제 前 앞 전, 提 끌 제

- 결론에 앞서 제시되는 ②ㄱㄱ, 원인, 이유 등을 말함

> **예④** 그러나 이 큰 천하에 무엇인들 없겠는가? 내가 지나가 본 곳은 중국의 한 모퉁이인 유주(幽州), 연주(燕州)이고, 만난 사람도 문인 몇 사람일 뿐이니 도(道)를 물려받은 큰 선비는 실상 보지 못했다. 하지만 ㉠반드시 그런 사람이 없다고 감히 말하지 못하는 것은 천하의 서적을 다 읽지 못했고 천하의 지역을 두루 돌아보지 못한 때문이다. 지금 중국에는 뛰어난 학자들과 걸출한 문인들이 있는데도 우리나라 사람들은 중국의 학문과 문학을 볼 것 없다고 하는데 도대체 무얼 믿고 그러는지 알 수 없다.
> — 박제가, 〈북학의〉

5 비판 批 비평할 비, 判 판단할 판

- 일정한 기준을 가지고 글의 내용이나 주장에 대해 ③ㅍㄷ, 평가하는 것임

> **예⑤** **가** <u>사물놀이의 옹호자들</u>은 사물놀이가 풍물이나 무악(巫樂)과 같은 전통 음악의 어법을 창조적으로 계승했음을 강조한다. 〈중략〉 현대적인 공연의 방식을 취함으로써 사물놀이는 무대 공연물 관람에 익숙한 대중들에게 효과적으로 다가설 수 있었다는 것이다.
> — 김헌선, 〈사물놀이 이야기〉
>
> **나** 그러나 문화계 일각에서는 <u>사물놀이에 대한 비판적 관점</u>도 제기되고 있다. 특히 전통 풍물을 살리기 위한 노력을 전개하는 쪽에서 적지 않은 우려를 나타내고 있다. 그들은 무엇보다도 사물놀이가 풍물놀이의 굿 정신을 잃었거나 또는 잃어 가고 있다는 데 주목한다. 〈중략〉
>
> 사물놀이에 대한 우려는 그것이 창조적 발전을 거듭하지 못한 채 타성에 젖어 들고 있다는 측면에서도 제기된다.
> — 김원호, 〈풍물굿 연구〉

---

4 예③의 서술상의 특징으로 가장 적절한 것은?
① 구체적 근거를 들어 주장을 강화하고 있다.
② 다양한 해석을 근거로 통념을 비판하고 있다.
③ 문제점을 나열하고 해결 방법을 제시하고 있다.
④ 사례를 통해 주장의 타당성을 뒷받침하고 있다.
⑤ 영탄적 어법을 반복하여 독자에게 호소하고 있다.
> 답 ⑤ 해 [예③]에서는 '~ 잊을 수 있으랴!', '~ 베임에서 벗어나랴!' 등과 같은 영탄적 어법을 반복하여 독자에게 각성할 것을 호소하고 있다.

5 예④의 ㉠과 같은 진술을 뒷받침할 수 있는 것은?
① 조물주의 존재 여부와 같은 신념의 문제는 사실의 진위와는 관계없다.
② 유럽의 백조가 희다고 해서 전 세계의 백조가 희다고 주장할 수는 없다.
③ 소 꼬리를 다리라고 부른다고 해서 소의 다리가 다섯 개가 되는 것은 아니다.
④ 이곳에서 키가 큰 사람이라고 하여 저곳에서도 키가 크다고 보장할 수는 없다.
⑤ 바닷물이 짠지 짜지 않은지를 알기 위해 모든 바닷물을 다 마셔 볼 필요는 없다.
> 답 ② 해 ㉠은 부분만을 보고 전체가 그렇다고 단정할 수는 없다는 의미이므로, 유럽의 백조가 희다(부분)고 해서 전 세계의 백조가 희다(전체)고 주장할 수는 없다는 ②가 이를 뒷받침하기에 가장 적절하다.

6 예⑤의 (가)의 입장에서 (나)의 입장을 반박하기 위해 활용할 수 있는 논거로 가장 적절한 것은?
① 현대는 종합 예술의 시대이다.
② 현대적인 공연의 방식은 타성에 젖어 있다
③ 관객의 호응이 없는 예술은 죽은 예술이다.
④ 전통 풍물을 살리려는 노력이 사물놀이의 대중화보다 중요하다.
⑤ 전통의 원형을 지키는 것이 전통의 창조적 계승보다 중요하다.
> 답 ③ 해 (가)의 입장에서는 사물놀이의 성과로 대중들에게 효과적으로 다가설 수 있었다는 점을 꼽았으므로, 관객의 호응이 없는 예술은 죽은 예술이라고 (나)의 입장을 반박할 수 있다.

6 유추 類 비슷할 유, 推 추측할 추

- 비슷한 것, 같은 종류의 것에 바탕을 두어 다른 사물을 미루어 추측하는 것임
- 두 개의 사물이 여러 면에서 비슷하다는 것을 근거로 다른 속성도 ① ㅇ ㅅ 할 것이라고 미루어 짐작하는 것임
- 'A는 ○, △, □, ◇이다.'와 'B는 ○, △, □이다.'에서 'B는 ◇이다.'라고 추리하는 방식이 유추임
- 유추는 비교되는 대상이 모든 면에서 동일하지는 않다는 점에 주의해야 함

탐구 하기 다음 글을 읽고 유추의 방식에 대해 생각해 보자.

가 유비 논증은 두 대상이 몇 가지 점에서 유사하다는 사실이 확인된 상태에서 어떤 대상이 추가적 특성을 갖고 있음이 알려졌을 때 다른 대상도 그 추가적 특성을 가지고 있다고 추론하는 논증이다. 유비 논증은 이미 알고 있는 전제에서 새로운 정보를 결론으로 도출하게 된다는 점에서 유익하기 때문에 일상생활과 과학에서 흔하게 쓰인다. 특히 의학적인 목적에서 포유류를 대상으로 행해지는 동물 실험이 유효하다는 주장과 그에 대한 비판은 유비 논증을 잘 이해할 수 있게 해 준다. ▶ 유비 논증의 개념과 유용성

나 유비 논증을 활용해 동물 실험의 유효성을 주장하는 쪽은 『인간과 ⓐ실험동물이 ⓑ유사성을 보유하고 있기 때문에 신약이나 독성 물질에 대한 실험동물의 ⓒ반응 결과를 인간에게 안전하게 적용할 수 있다고 추론한다.』 이를 바탕으로 이들은 동물 실험이 인간에게 명백하고 중요한 이익을 준다고 주장한다. ▶ 동물 실험의 유효성을 주장하는 쪽의 입장 ①

다 도출한 새로운 정보가 참일 가능성을 유비 논증의 개연성이라 한다. 개연성이 높기 위해서는 비교 대상 간의 유사성이 커야 하는데 이 유사성은 단순히 비슷하다는 점에서의 유사성이 아니고 새로운 정보와 관련 있는 유사성이어야 한다. 예를 들어 ㉠동물 실험의 유효성을 주장하는 쪽은 실험동물로 많이 쓰이는 포유류가 인간과 공유하는 유사성은 실험 결과와 관련 있는 유사성으로 보기 때문에 자신들의 유비 논증은 개연성이 높다고 주장한다. 반면에 인간과 꼬리가 있는 실험동물은 꼬리의 유무에서 유사성을 갖지 않지만 그것은 실험과 관련이 없는 특성이므로 무시해도 된다고 본다. ▶ 동물 실험의 유효성을 주장하는 쪽의 입장 ②

라 그러나 ㉡동물 실험을 반대하는 쪽은 유효성을 주장하는 쪽을 유비 논증과 관련하여 두 가지 측면에서 비판한다. 첫째, 인간과 실험동물 사이에는 위와 같은 유사성이 있다고 말하지만 그것은 기능적 차원에서의 유사성일 뿐이라는 것이다. 인간과 실험동물의 기능이 유사하다고 해도

---

1 (가)~(마)에 대한 이해로 적절하지 **않은** 것은?

① (가): 유비 논증의 개념과 유용성을 소개하고 있다.

② (나): 동물 실험의 유효성 주장에 유비 논증이 활용되고 있음을 언급하고 있다.

③ (다): 동물 실험을 예로 들어 유비 논증이 높은 개연성을 갖기 위한 조건을 설명하고 있다.

④ (라): 동물 실험 유효성 주장이 유비 논증을 잘못 적용하고 있다는 비판을 소개하고 있다.

⑤ (마): 동물 실험 유효성 주장이 갖는 현실적 문제들을 유비 논증의 차원을 넘어서 살펴보고 있다.

답 ⑤ **해** (마)에서 동물 실험을 반대하는 쪽은 동물 실험의 유효성을 주장하는 쪽의 유비 논증이 개연성이 낮으며 일관되지 않게 쓰였다고 비판하고 있다. 따라서 (마)에서는 동물 실험 유효성 주장이 갖는 문제들을 유비 논증의 차원에서 살펴보고 있음을 알 수 있다.

2 이 글을 바탕으로 추론한 내용으로 가장 적절한 것은?

① 유비 논증의 개연성은 비교 대상 간의 유사성이 단순할 때 높아진다.

② 인간은 실험동물이 고통을 느낀다는 점에서 실험 결과를 자신들에게 적용할 수 있다고 본다.

③ 인간과 실험동물의 기능적 유사성은 동물 실험의 유효성을 주장하는 논증의 개연성을 낮춘다.

④ 동물 실험이 인간에게 명백한 이익을 가져다준다는 것은 동물 실험의 유효성과 상관없이 알 수 있다.

⑤ 동물 실험의 윤리적 문제를 제기하는 주장에는 인간과 동물의 고통을 공평한 기준으로 고려해야 한다는 생각이 전제되어 있다.

답 ⑤ **해** 동물 실험을 반대하는 쪽은 동물 실험의 윤리적 문제를 제기하고 있다. 그 이유는 인간과 동물 모두 고통을 느끼는데 인간에게 고통을 끼치는 실험은 해서는 안 되고 동물에게 고통을 끼치는 실험은 해도 된다는 것은 공평하지 않다고 생각하기 때문이다.

① 쌍사

그 기능을 구현하는 인과적 메커니즘은 동물마다 차이가 있다는 과학적
근거가 있는데도 말이다. 둘째, 기능적 유사성에만 주목하면서도 막상 인
_{동물 실험을 반대하는 근거 ①}
간과 동물이 고통을 느낀다는 기능적 유사성에는 주목하지 않는다는 것
_{동물 실험을 반대하는 근거 ②}
이다.
▶ 동물 실험을 반대하는 쪽의 입장 ①

마 요컨대 『첫째 비판은 동물 실험의 유효성을 주장하는 유비 논증의 개연
_{「 」: (라)의 내용 요약}
성이 낮다고 지적하는 반면 둘째 비판은 동물 실험의 윤리적 문제를 제기
하는 것이다.』 인간과 동물 모두 고통을 느끼는데 인간에게 고통을 끼치는
실험은 해서는 안 되고 동물에게 고통을 끼치는 실험은 해도 된다고 생각
하는 것은 공평하지 않다고 생각하기 때문이다. 결국 윤리성의 문제도 일
관되지 않게 쓰인 유비 논증에서 비롯된 것이다.
▶ 동물 실험을 반대하는 쪽의 입장 ②

– 〈유비 논증의 개념과 유용성〉

[문제] 〈보기〉는 유비 논증의 하나이다. 유비 논증에 대한 이 글의 설명을 참고할
때, ⓐ~ⓒ에 해당하는 것을 ㉮~㉱ 중에서 골라 알맞게 짝지은 것은?

• 보기 •

> 내가 알고 있는 ㉮어떤 개는 ㉯몹시 사납고 물려는 버릇이 있다. 나는
> 공원에서 산책을 하다가 그 개와 ㉰비슷하게 생긴 ㉱다른 개를 만났다. 그
> 래서 이 개도 사납고 물려는 버릇이 있을 것이라고 추측했다.

	ⓐ	ⓑ	ⓒ			ⓐ	ⓑ	ⓒ
①	㉮	㉯	㉱		✓②	㉮	㉰	㉯
③	㉱	㉮	㉰		④	㉱	㉯	㉰
⑤	㉱	㉰	㉯					

답 ② **해** ⓐ는 인간을 대신하는 '실험 대상', ⓑ는 인간과 실험 대상 간의 '유사성', ⓒ는 실험 대상에서 얻은
'반응 결과'라고 할 수 있다. 이를 〈보기〉에 적용해 보면 ㉮는 실험 대상이므로 ⓐ에, ㉯는 실험 대상에서 얻은
반응 결과이므로 ⓒ에, ㉰는 유사한 성질이므로 ⓑ에 대응된다.

⊕ 개념을 완성하는 활동

3 ㉠과 ㉡에 대한 설명으로 가장 적절
한 것은?

① ㉠과 ㉡은 모두 인간과 동물이
기능적으로 유사하면 인과적 메
커니즘도 유사하다고 생각한다.

② ㉠이 ㉡의 비판에 적절히 대응하
기 위해서는 인간과 동물이 기능
적으로 유사하지 않다는 것을 보
여 주면 된다.

✓③ ㉡은 ㉠이 인간과 동물 사이의
기능적 차원의 유사성과 인과적
메커니즘의 차이점 중 전자에만
주목한다고 비판한다.

④ ㉡은 ㉠과 달리 인간과 동물이
유사하지 않으면 동물 실험 결과
는 인간에게 적용할 수 없다고
생각한다.

⑤ ㉡은 ㉠과 달리 인간이 고통을
느끼는 것과 동물이 고통을 느끼
는 것은 기능적으로 유사하지 않
다고 생각한다.

답 ③ **해** '동물 실험을 반대하는 쪽'은 인간과 실
험동물의 기능이 유사하다고 해도 그 기능을 구현
하는 인과적 메커니즘은 동물마다 차이가 있음에
도 불구하고, '동물 실험의 유효성을 주장하는 쪽'
이 기능적 차원에서의 유사성에만 주목한다고 비
판하고 있다.

 # 여러 가지 글

1 설명문 說 말씀 설, 明 밝을 명

- 어떤 대상에 대한 ① ㅈㅂ 나 지식을 쉽게 풀이하여 독자에게 알려 주는 글임
- 설명 대상에 대해 정확히 파악하며 읽어야 함

> **예 ①** 압축 과정에서 공기와 연료가 혼합되지 않기 때문에 디젤 엔진은, 최대 12 :
> <설명 대상>
> 1의 압축 비율을 갖는 가솔린 엔진보다 훨씬 더 높은 25 : 1 정도의 압축 비율
> <가솔린 엔진과 디젤 엔진의 효율 비교>
> 을 갖는다. 압축 비율이 높다는 것은 그만큼 효율이 좋다는 것을 의미한다.
> <디젤 엔진의 장점 설명>
> – 〈디젤 엔진의 작동 원리와 특성〉

1 **예 ①** 에서 설명하고 있는 디젤 엔진의 장점을 〈보기〉와 같이 정리할 때, 빈칸에 들어갈 말을 쓰시오.

> ┌─ 보기 ─
> 디젤 엔진은 (압축 비율)이 높아서 그만큼 효율이 좋다.

답 압축 비율

2 논설문 論 논의할 논, 說 말씀 설

- 설득력 있는 ② ㄱㄱ 를 바탕으로 자신의 주장을 논리적으로 전개한 글임
- 객관적인 사실과 주관적인 의견을 구분하며 읽어야 함

> **예 ②** 자신들에게 유리하도록 기사가 보도되게 하려는 외부 세력이 있으므로 진
> <진실 보도를 어렵게 하는 세력 – 주장의 근거>
> 실 보도는 일반적으로 수난의 길을 걷게 마련이다. 〈중략〉 신문은 스스로 자
> 신들의 임무가 '사실 보도'라고 말한다. 그 임무를 다하기 위해 신문은 자신
> <글쓴이의 주장>
> 들의 이해관계에 따라 진실을 왜곡하려는 권력과 이익 집단, 그 구속과 억압
> 의 논리로부터 자유로워져야 한다.
> – 송건호, 〈신문과 진실〉

2 **예 ②** 와 같은 글이 갖추어야 할 요건으로 적절하지 않은 것은?

① 글쓴이의 주관적인 의견이 드러나야 한다.
② 독자들에게 유용하고 정확한 정보를 제공해야 한다.
③ 주장을 뒷받침하는 근거가 타당하고 논리적이어야 한다.
④ 출처가 분명하고 믿을 만한 내용을 근거로 제시해야 한다.
⑤ 글이 '서론 – 본론 – 결론'에 따라 짜임새 있게 구성되어야 한다.

답 ② 해 논설문은 독자에게 정보를 제공하기 위한 글이 아니라 독자를 설득하기 위한 글이다. ②는 설명문이 갖추어야 할 요건이다.

3 논평 論 논의할 논, 評 평할 평

- 어떤 사건이나 대상에 대해 자신의 ③ ㅇㄱ 을 담아 논리적으로 비평한 글임
- 사회 문제에 대한 글쓴이의 입장을 정확히 파악하며 읽어야 함

> **예 ③** 지금의 사회는 구매자의 예의는 전혀 고려하지 않고 과도하게 일방적인 서
> <글쓴이가 비판하고자 하는 사회 현상>
> 비스를 강요한다. 휴대 전화 서비스 센터에 전화를 걸면 상담원은 "고객님, 사
> 랑합니다."라고 예쁜 목소리로 답변한다. 얼굴 한 번 보지 못한 사람의 사랑 고
> <강요된 친절을 바라보는 글쓴이의 비판적 시각>
> 백이 부담스럽다고 생각하는 것은 정녕 나쁜가? – 우효경, 〈친절 강요하는 사회〉

3 **예 ③** 에 드러난 글쓴이의 태도로 가장 적절한 것은?

① 비판적　② 예찬적
③ 중립적　④ 체념적
⑤ 반성적

답 ① 해 글쓴이는 지나치게 친절을 강요하는 사회를 비판적으로 바라보고 있다.

4 연설문 演 펼 연, 說 말씀 설

- 개인이 특정한 문제나 사회적 상황에 대해 다수의 ④ ㅊㅈ 에게 자신의 견해를 일방적으로 전달하는 말하기의 원고임
- 연설을 들을 때는 주장과 근거가 타당한지 판단해야 함

> **예 ④** 나에게는 꿈이 있습니다. 언젠가는 불의와 억압의 열기에 신음하던 저 미시
> <청중의 공감을 이끌어 내기 위한 의도적 반복>
> 시피 주가 자유와 평등의 오아시스가 되는 꿈입니다.
> <꿈 ①>
> 나에게는 꿈이 있습니다. 내 아이들이 피부색을 기준으로 사람을 평가하지
> 않고 인격에 따라 사람을 평가하는 그런 나라에서 살게 되는 꿈입니다.
> <꿈 ②>
> – 마틴 루터 킹, 〈나에게는 꿈이 있습니다〉

4 **예 ④** 에서 반복되는 표현을 자주 사용하는 이유로 가장 적절한 것은?

① 흥겨운 분위기를 만들기 위해
② 연설의 단조로움을 피하기 위해
③ 주장의 허술함을 보완하기 위해
④ 주어진 연설 시간을 맞추기 위해
⑤ 연설자의 의지를 청중들에게 강조하기 위해

답 ⑤ 해 [예4]에서는 '나에게는 꿈이 있습니다.'라는 표현이 반복되고 있는데, 이를 통해 연설자는 자신의 강한 의지를 청중들에게 각인시킴으로써 주장을 강조하고 있다.

┌──────────────┐
│ ① 정보 ② 근거 ③ 의견 ④ 청중 │
└──────────────┘

[01~03] 다음 글을 읽고 물음에 답하시오.

가 네 소원이 무엇이냐 하고 하느님이 내게 물으시면, 나는 서슴지 않고

"내 소원은 대한 독립이오."

하고 대답할 것이다. 그 다음 소원은 무엇이냐 하면, 나는 또

"우리나라의 독립이오."

할 것이요, 또 그 다음 소원이 무엇이냐 하는 세 번째 물음에도, 나는 더욱 소리를 높여서

"나의 소원은 우리나라 대한의 완전한 자주독립이오."

하고 대답할 것이다.

▶ 나의 소원은 대한의 완전한 자주독립임

나 세계 인류가 네오 내오 없이 한 집이 되어 사는 것은 좋은 일이요, 인류의 최고요 최후의 희망이요 이상이다. (ⓐ) 이것은 멀고 먼 장래에 바랄 것이요, 현실의 일은 아니다. 사해동포의 크고 아름다운 목표를 향하여 인류가 향상하고 전진하는 노력을 하는 것은 좋은 일이요 마땅히 할 일이나, 이것도 현실을 떠나서는 안 되는 일이니, 현실의 진리는 민족마다 최선의 국가를 이루고 최선의 문화를 낳아 길러서, 다른 민족과 서로 바꾸고 서로 돕는 일이다. 이것이 내가 믿고 있는 민주주의요, 이것이 인류의 현 단계에서는 가장 확실한 진리이다.

▶ 인류의 이상과 현실

다 그러므로 우리 민족으로서 하여야 할 최고의 임무는, 첫째로 남의 절제도 아니 받고 남에게 의뢰도 아니 하는, 완전한 자주독립의 나라를 세우는 일이다. (ⓑ) 이것이 없이는 우리 민족의 생활을 보장할 수 없을뿐더러, 우리 민족의 정신력을 자유로 발휘하여 빛나는 문화를 세울 수가 없기 때문이다. 이렇게 완전한 자주독립의 나라를 세운 뒤에는, 둘째로 이 지구상의 인류가 진정한 평화와 복락을 누릴 수 있는 사상을 낳아, 그것을 먼저 우리나라에 실현하는 것이다.

▶ 우리 민족 최고의 임무

라 나는 오늘날의 인류의 문화가 불완전함을 안다. 나라마다 안으로는 정치상, 경제상, 사회상으로 불평등, 불합리가 있고, 밖으로 국제적으로는 나라와 나라의, 민족과 민족의 시기, 알력, 침략, 그리고 그 침략에 대한 보복으로 작고 큰 전쟁이 끊일 사이가 없어서 많은 생명과 재물을 희생하고도, 좋은 일이 오는 것이 아니라 인심의 불안과 도덕의 타락은 갈수록 더하니, 이래 가지고는 전쟁이 끊일 날이 없어, 인류

는 마침내 멸망하고 말 것이다. (ⓒ) 인류 세계에는 새로운 생활 원리의 발견과 실천이 필요하게 되었다. 이야말로 우리 민족이 담당한 천직이라고 믿는다.

▶ 새로운 생활 원리의 발견과 실천의 필요성

주제 우리나라의 완전한 자주독립과 이상적인 나라 건설에 대한 염원

01

이 글의 특징으로 적절하지 <u>않은</u> 것은?

① 단정적 어조를 통해 내용을 드러내고 있다.

② 설득력과 호소력을 지닌 문체를 사용하고 있다.

③ 우리나라의 독립과 민족의 임무에 대해 말하고 있다.

④ 의미를 점층적으로 강화하여 소망의 절실함을 드러내고 있다.

⑤ 상반된 견해를 제시한 후 이를 절충하는 방식으로 논지를 전개하고 있다.

답 ⑤ 해 이 글에서는 우리나라의 자주독립에 대한 염원과 우리 민족의 임무, 천직에 대해 단정적, 설득적 어조로 말하고 있으나, 상반된 견해를 제시한 후 이를 절충하고 있지는 않다.

02

문장의 관계를 고려할 때, ⓐ~ⓒ에 들어갈 접속어끼리 바르게 묶인 것은?

	ⓐ	ⓑ	ⓒ
①	그러나	그러므로	그런데
②	그래서	그리고	환언하면
③	그러나	왜냐하면	그러므로
④	그리고	더구나	왜냐하면
⑤	그래서	왜냐하면	예를 들면

답 ③ 해 ⓐ는 앞 문장에서 '인류가 하나 되는 것은 좋은 일'이라고 하면서도 뒤 문장에서 '이것은 현실의 일은 아니다'라고 하였으므로 역접 관계, ⓑ는 문장 끝의 '~ 때문이다'와 호응되어야 하므로 인과 관계, ⓒ에서도 앞 문장에 따른 해결책이 뒤 문장에 이어지므로 인과 관계의 접속어가 들어가는 것이 적절하다.

03

(다)에서 글쓴이가 주장하고 있는 우리 민족 최고의 임무와 관련이 없는 것은?

① 완전한 자주독립 국가의 건설

② 우리 민족의 자유로운 생활 보장

③ 진정한 평화와 복락의 사상 실현

④ 우리 민족의 정신력을 발휘한 문화의 창조

⑤ 문화 발전 수준이 뒤떨어진 나라에 대한 원조

답 ⑤ 해 (다)에서 우리 민족 최고의 임무로 ①과 ③을 언급하고 있으며, ①을 실현해야 하는 이유로 ②와 ④를 제시하고 있다. 그러나 ⑤는 다른 나라에 의존하지 말 것을 강조하는 글쓴이의 주장과 거리가 멀다.

[04~05] 다음 글을 읽고 물음에 답하시오.

가 「한 아이가 길을 가다가 골목에서 갑자기 튀어나온 큰 개에게 발목을 물렸다고 하자. 아이는 이 일을 겪은 뒤 개에 대한 극심한 불안에 시달렸다. 멀리 있는 강아지만 봐도 몸이 경직되고 호흡 곤란을 느꼈으며 심할 경우 응급실을 찾기도 하였다.」이것은 한 번의 부정적인 경험이 공포증으로 이어진 경우라고 할 수 있다.
「」: 부정적 경험이 공포증으로 이어진 상황에 대한 예시
▶ 공포증이 생긴 구체적 상황

나 '공포증'이란 위의 경우에서 보듯이 특정 대상에 대한 과도한 두려움으로 그 대상을 계속해서 피하게 되는 증세를 말한다. 특정한 동물, 높은 곳, 비행기나 엘리베이터 등이 공포증을 유발하는 대상이 될 수 있다. 물론 일반적인 사람들도 이런 대상을 접하여 부정적인 경험을 할 수 있지만 공포증으로까지 이어지는 경우는 드물다.
공포증의 개념(정의) / 공포증을 유발하는 대상
▶ 공포증을 유발하는 대상과 개념

다 심리학자 와이너는 부정적인 경험을 한 상황을 어떻게 해석하느냐에 따라 이러한 공포증이 생길 수도 있고 그렇지 않을 수도 있으며, 공포증이 지속될 수도 있고 극복될 수도 있다고 했다. 그는 상황을 해석하는 방식을 설명하기 위해 상황의 원인을 어디에서 찾느냐, 상황의 변화 가능성에 대해 어떻게 인식하느냐의 두 가지 기준을 제시했다. 상황의 원인을 자신에게서 찾으면 '내부적'으로 해석한 것이고, 자신이 아닌 다른 것에서 찾으면 '외부적'으로 해석한 것이다. 또 상황이 바뀔 가능성이 전혀 없다고 생각하면 '고정적'으로 인식한 것이고, 상황이 충분히 바뀔 수 있다고 생각하면 '가변적'으로 인식한 것이다.
전문가의 이론 적용 / 상황 해석 방식의 기준 ① / 상황 해석 방식의 기준 ②
▶ '와이너'가 제시한 상황 해석의 기준

라 와이너에 의하면, 큰 개에게 물렸지만 공포증에 시달리지 않는 사람들은 개에게 물린 상황에 대해 '내 대처 방식이 잘못되었어.'라며 내부적이고 가변적으로 해석한다. 이것은 나의 대처 방식에 따라 상황이 충분히 바뀔 수 있다고 생각하는 것이므로 이들은 개와 마주치는 상황을 굳이 피하지 않는다. 그 후 개에게 물리지 않는 상황이 반복되면 '나도 어떤 경우라도 개를 감당할 수 있어.'라며 내부적이고 고정적으로 해석하는 단계로 나아가게 된다.
상황의 원인을 자신에게서 찾고, 상황의 변화 가능성이 있다고 인식함
▶ 공포증을 겪지 않는 사람들의 상황 해석의 방식

마 반면에 공포증을 겪는 사람들은 「개에 물린 상황에 대해 '나는 약해서 개를 감당하지 못해.'라며 내부적이고 고정적으로 해석하거나 '개는 위험한 동물이야.'라며 외부적이고 고정적으로 해석한다.」 자신의 힘이 개보다 약하다고 생각하거나
대조
「」: 상황의 원인을 다른 것에서 찾거나, 상황의 변화 가능성이 없다고 인식함

개를 맹수로 여기는 것이므로 이들은 자신이 개에게 물린 것을 당연한 일로 받아들인다. 「하지만 공포증에 시달리지 않는 사람들처럼 상황을 해석하고 개를 피하지 않는 노력을 기울이면 공포증에서 벗어날 수 있다.」 ▶ 공포증을 겪는 사람들의 상황 해석 방식
「」: 공포증에서 벗어나는 방법
주제 상황 해석 방식에 따른 공포증의 극복 방법

04

(가)~(마)의 핵심 내용으로 적절하지 <u>않은</u> 것은?

① (가): 공포증이 생긴 구체적 상황
② (나): 공포증을 유발하는 대상과 개념
③ (다): '와이너'가 제시한 상황 해석의 기준
④ (라): 공포증을 겪지 않는 사람들의 상황 해석의 방식
⑤ (마): 공포증을 겪는 사람들의 행동 유형

답 ⑤ 해 (마)는 공포증을 겪는 사람들의 상황 해석 방식과 공포증에서 벗어나는 방법이 핵심 내용이다. 공포증을 겪는 사람들의 행동 유형은 나타나 있지 않다.

05

'공포증'에 대한 글쓴이의 관점을 첨가하려고 한다. 가장 적절한 것은?

① 공포증은 시간이 지나면 자연스럽게 사라진다.
② 자신의 의지와 노력으로 공포증을 통제할 수 있다.
③ 감정을 숨김없이 발산시킬 때 공포증을 극복할 수 있다.
④ 주변 사람의 도움이 있어야만 공포증에서 벗어날 수 있다.
⑤ 공포증에서 벗어나려면 유사한 상황에 일관되게 반응해야 한다.

답 ② 해 '와이너'의 이론을 적용하면, 상황의 해석 방식에 따라 공포증이 생길 수도 있고 그렇지 않을 수도 있으며, 공포증이 지속될 수도 있고 공포증을 극복할 수도 있다. 그런데 공포증이 생겨 지속되더라도 상황을 해석하는 방식을 바꾸려고 노력하면 공포증에서 벗어날 수 있다.

[06~07] 다음 글을 읽고 물음에 답하시오.

전통은 물론 과거로부터 이어 온 것을 말한다. 이 전통은 대체로 그 사회 및 그 사회의 구성원인 개인의 몸에 배어 있는 것이다. 그러므로 스스로 깨닫지 못하는 사이에 전통은 우리의 현실에 작용하는 경우가 있다. 그러나 과거에서 이어 온 것을 무턱대고 모두 전통이라고 한다면, 인습(因襲)이라는 것과의 구별이 서지 않을 것이다. 우리는 인습을 버려야 할 것이라고는 생각하지만, 계승해야 할 것이라고는 생각하지 않는다. 여기서 우리는, 과거에서 이어 온 것을 객관화하고, 이를 비판하는 입장에 서야 할 필요를 느끼게 된다. 그 비판을 통해서 현재의 문화 창조에 이바지할 수 있다고 생각되는 것만을 우리는 전통이라고 불러야 할 것이다. 이같이 전통은 인습과 구별될 뿐더러, 또 단순한 유물과도 구별되어야 한다. 현재의 문화를 창조하는 일과 관계가 없는 것을 우리는 문화적 전통이라고 부를 수가 없기 때문이다.
전통, 인습, 유물의 공통점(비교)
예전의 풍습, 습관, 예절 따위를 그대로 따름
전통의 개념 – 주제문(정의)
대조
전통과 인습의 차이 – 창조성의 유무
▶ 전통과 인습의 차이점을 통해 본 전통의 본질

그러므로 어느 의미에서는 고정불변의 신비로운 전통이라는 것이 존재한다기보다 오히려 우리 자신이 전통을 찾아내고 창조한다고도 할 수가 있다. 따라서, 과거에는 훌륭한 문화적 전통의 소산으로 생각되던 것이, 후대에는 버림을 받게 되는 예도 허다하다. 한편, 과거에는 돌보아지지 않던 것이 후대에 높이 평가되는 일도 한두 가지가 아니다. 『연암의 문학은 바로 그러한 예인 것이다. 비단 연암의 문학만이 아니다. 우리가 현재 민족 문화의 전통과 명맥(命脈)을 이어 준 것이라고 생각하는 것의 대부분이 그러한 것이다. ㉠ 신라의 향가, ㉡ 고려의 가요, 조선 시대의 ㉢ 사설시조, ㉣ 백자, ㉤ 풍속화 같은 것이 다 그러한 것이다.』

06

이 글에 나타난 진술 방식이 아닌 것은?

① 국민이 권력을 가지고 그 권력을 스스로 행사하는 제도를 민주주의라고 한다.

② 셰익스피어 시대에는 서정시나 서사시가 귀족들의 예술이었고, 연극은 평민의 예술이었다.

③ 이기주의와 탐욕이 팽배한 세상에는 끔찍스러운 사건의 반복뿐이다. 납치, 폭탄 투척, 인질극, 대량 학살……

④ 오늘날처럼 급속하게 발전하는 사회에 살면서 오래된 전통 세계에만 집착하는 것은 현대 문명 생활을 버리고 산이나 동굴 속으로 파고드는 것과 비슷하다.

⑤ 유인원은 혈연적 유대를 기초로 하는 가족·집단 생활을 하고, 성에 의한 분업을 하며, 새끼를 위한 공동 작업을 하는 등 인간의 가족 생활과 유사한 생활을 한다.

답 ④ 해 ④에는 유추의 진술 방식이 쓰였는데, 이 글에는 유추의 진술 방식이 나타나지 않는다. / ① 정의 ② 대조 ③ 예시 ⑤ 비교

07

㉠~㉤이 전통으로 인정될 수 있는 논거를 제시할 때, 적절하지 않은 것은?

① ㉠: 주체적인 문학 작품을 창작하여 신라인의 정서를 표현하였다.

② ㉡: 한문학이 융성하던 시대에 자유롭고 진솔하게 민중의 정서를 담아내었다.

③ ㉢: 조선 전기 시조의 정형화된 형식을 파괴하고 서민들의 의식을 자유롭게 드러내었다.

④ ㉣: 귀족적 문화에서 벗어나 소박한 아름다움과 실용적인 멋을 이루어 내었다.

⑤ ㉤: 중국화의 모방에서 벗어나 자연의 아름다움을 사실적으로 그려 내었다.

답 ⑤ 해 ㉤은 중국화의 모방에서 벗어나 우리의 현실 생활(풍속)을 제재로 한 그림이며, 이러한 창조적 정신에서 전통으로서의 가치를 찾을 수 있다.

[08~09] 다음 글을 읽고 물음에 답하시오.

『아무리 튤립이 귀하다 한들 알뿌리 하나의 값이 요즈음 돈으로 쳐서 45만 원이 넘는 수준까지 치솟을 수 있을까? 엄지손가락만 한 크기의 메추리알 하나의 값이 달걀 한 꾸러미 값보다도 더 비싸질 수 있을까? 이 두 물음에 대한 대답은 모두 '그렇다'이다. 역사책을 보면 1636년 네덜란드에서는 튤립 알뿌리 하나의 값이 정말로 그 수준으로 뛰어오른 적이 있었다. 그리고 그때를 기억하는 사람은 알겠지만, 실제로 1950년대 말 우리나라에서 한때 메추리알 값이 그렇게까지 비쌌던 적이 있었다.』

어떤 상품의 가격은 기본적으로 수요와 공급의 힘에 의해 결정된다. 시장에 참여하고 있는 경제 주체들은 자신이 갖고 있는 정보를 기초로 하여 수요와 공급을 결정한다. 이들이 똑같은 정보를 함께 갖고 있으며 이 정보가 아주 틀린 것이 아닌 한, 상품의 가격은 어떤 기본적인 수준에서 크게 벗어나지 않을 것이라고 예상할 수 있다. 예를 들어 튤립 알뿌리 하나의 값은 수선화 알뿌리 하나의 값과 비슷하고, 메추리알 하나는 달걀 하나보다 더 쌀 것으로 짐작해도 무방하다는 말이다.

그러나 『현실에서는 사람들이 서로 다른 정보를 갖고 시장에 참여하는 경우가 많다. 어떤 사람은 특정한 정보를 갖고 있는데 거래 상대방은 그 정보를 갖고 있지 못한 경우도 있다. 뿐만 아니라 이들 사이에 거래에 참여하는 목적이나 재산 등의 측면에서 큰 차이가 존재하는 것이 보통이다.』 이런 경우에는 어떤 상품의 가격이 우리의 상식으로는 도저히 이해하기 힘든 수준까지 일시적으로 뛰어오르는 현상이 나타날 가능성이 있다. 이런 현상은 특히 투기의 대상이 되는 자산의 경우에 자주 목격되는데, 우리는 이를 '거품(bubbles)'이라고 부른다.

일반적으로 거품이란 것은 어떤 상품 – 특히 자산 – 의 가격이 지속적으로 급격히 상승하는 현상을 가리킨다. 이와 같은 지속적인 가격 상승이 일어나는 이유는 애초에 생긴 가격 상승이 추가적인 가격 상승의 기대로 이어져 투기 바람이 형성되기 때문이다. 어떤 상품의 가격이 올라 그것을 미리 사 둔 사람이 재미를 보았다는 소문이 돌면 너도나도 사려고 달려들기 때문에 가격이 천정부지로 뛰어오르게 된다. 물론 ㉠ 이 같은 거품이 무한정 커질 수는 없고 언젠가는 터져 정상적인 상태로 돌아올 수밖에 없다. 이때 거품이 터지는 충격으로 인해 경제에 심각한 위기가 닥칠 수도 있다.

08

이 글의 서술 방식으로 적절한 것은?

① 구체적인 예시를 통해 중심 화제의 개념을 설명하고 있다.
② 전문가의 말을 인용하여 주장의 타당성을 확보하고 있다.
③ 일반적인 상식을 제시한 후 논리적으로 비판하고 있다.
④ 대상의 문제점을 지적하고 해결 방안을 모색하고 있다.
⑤ 단계적인 순서에 따라 개념의 차이를 부각하고 있다.

답 ① **해** 이 글은 거품 현상의 개념, 거품 현상이 일어나는 원인과 결과를 설명하고 있다. 특히 튤립과 메추리알을 구체적 사례로 들어서 거품 현상이 무엇인지 설명하고 있다.

09

㉠의 사례로 적절한 것은?

① A 회사는 신기술이 적용된 휴대폰을 개발하여 기존의 휴대폰보다 가격을 3배 올려서 판매하기 시작했다.
② 작년 봄에는 수요에 비해 공급이 부족하여 배추 가격이 한 포기에 2천 원에서 1만 4천 원까지 올랐다가 가을이 되자 본래 가격으로 돌아왔다.
③ 경제 개발로 석유 수요가 지속적으로 늘어나고 있는 상황에 중동 전쟁까지 겹쳐 원유 수입이 어려워지자 B 석유 회사는 석유 가격을 50% 인상했다.
④ 1990년대 일본에서는 땅을 사면 돈을 번다는 소문 때문에 너도나도 땅을 사기 시작하자, 상상하기 힘든 수준까지 땅값이 치솟았다가 얼마 후 급격히 떨어져 경제가 어렵게 되었다.
⑤ 생고무 생산국인 브라질에 기상 이변이 일어나자 C 회사는 이미 수입한 생고무로 타이어를 만들어 기존의 가격보다 2배나 올려 판매하다 1년이 지나서야 정상적인 가격으로 환원했다.

답 ④ **해** 거품 현상은 어떤 상품의 가격이 우리의 상식으로는 도저히 이해하기 힘든 수준까지 일시적으로 뛰어오르는 현상인데, 특히 투기의 대상이 되는 자산의 경우에 자주 목격된다고 하였다. 이러한 현상이 일어난 구체적인 사례에 해당하는 것은 ④이다.

10

다음 글을 통해 추론할 수 있는 내용이 <u>아닌</u> 것은?

자연과 함께 조화를 이룬 한옥의 아름다움, 특히 그 절정을 이루는 지붕에 대해 알아보자. 한옥 지붕의 아름다움은 유연한 곡선미에서 온다. 이는 대부분의 산봉우리가 부드러운 곡선으로 되어 있는 노년기 산지로 둘러싸인 우리나라의 자연환경에서 연유된 것이라고 할 수 있다. 『한옥의 지붕은 그 형태에 따라 맞배지붕, 우진각 지붕, 팔작지붕, 그리고 모임지붕 등으로 나뉜다.』

▶ 한옥의 아름다움 ① – 지붕

이번에는 한옥의 재료에 대해서도 살펴보자. 한옥의 주요 뼈대는 나무를 사용하였으며 이 나무는 우리 주변에서 얻어진 자연 재료들이었다. 나무는 먼지와 같은 미세한 부유 물

질을 흡입하여 실내 공기 오염을 정화해 주며, 『방사선 물질인 라돈의 방출량 역시 콘크리트 건축물에 비해 반 이하로 줄어들게 하여 새집 증후군을 예방하는 데 탁월한 효과를 발휘한다.』 하지만 단점도 있다. 나무는 살아 있을 때 형성된 세포 조직들로 구성되어 있기 때문에 벌채 후에도 수분의 침투와 발산이 활발하게 이루어진다. 이런 나무의 성질은 주변의 습도나 기온의 변화에 따라 수축, 팽창, 휘어짐, 갈라짐 등의 변형을 일으킬 수도 있다.

▶ 한옥의 아름다움 ② – 재료

한옥의 장점은 건축물 자체가 자연환경을 이용해서 실내외의 환경을 조절하고 그 속에 사는 사람의 건강까지도 고려하는 능력이 있다는 점이다. 이처럼 『우리의 한옥이 자연을 이해하고 자연과 하나가 되려는 인간 본성의 철학을 담아내려는 그릇이었다는 점에서 『현대 문명이 안고 있는 문제에 대한 답을 한옥에서 찾을 수도 있지 않을까 한다.』

▶ 자연 친화적인 한옥의 장점

주제 한옥의 특성과 아름다움

① 현대 문명은 자연과 조화를 이루지 못하고 있다.
② 목조 건축을 위해서는 건조가 잘된 나무를 써야 한다.
③ 한옥은 자연을 이용하였기에 건강한 삶에 도움을 준다.
④ 현대 콘크리트 건축물은 인간의 삶을 풍요롭게 만들었다.
⑤ 현대 문명의 위기를 극복하는 데 한옥이 도움을 줄 수 있다.

답 ④ **해** '나무는 ~ 콘크리트 건축물에 비해 반 이하로 줄어들게 하여 새집 증후군을 예방하는 데 탁월한 효과를 발휘한다.'라는 부분에서 알 수 있듯이, 이 글은 현대의 콘크리트 건축물에 대해 부정적인 입장을 취하고 있으므로, ④는 적절하지 않다.

11

다음 글의 중심 화제로 적절한 것은?

철수가 어떤 사물을 이모저모 살펴본 후 그것이 육면체라 판단한다고 하자. 그는 특정 시점 t_1에서 그것의 특정 속성을 관찰한 자료 d_1을 획득하고, 특정 시점 t_2에서 그것의 또 다른 속성을 관찰한 자료 d_2를 더해 가는 방식으로 관찰을 계속 진행한다. 그래서 그는 최종 판단 시점 t_N에서 그때까지 그 사물의 모든 속성을 관찰하여 얻은 자료들, 즉 d_1부터 d_N까지를 토대로 '이것은 육면체이다.'라고 판단한다.

▶ 인간의 사고가 사물을 관념적으로 모사하는 과정

우리가 관찰을 통해 어떤 사물에 대한 지식을 얻을 경우, 일반적으로 그러한 지식은 서로 다른 시점에서 획득한 자료들을 토대로 한다. 그러한 자료들은 관찰이 진행되면서 각각 특정 시점에서 사물의 속성들로부터 추상된 것들, 즉 의식 속에 기억으로 남아 있는 관념들에 불과한 것이다. 이러한 관념들은 시간의 제약 속에 있지 않으므로 변하지 않는다. 결과적으로 『최종 판단 시점에서는 실제로 그 이전까지의 사물의 모든 속성들이 이미 변했음에도 불구하고 그 속성들의

관념은 그대로 보존되어 있으며, 우리의 사고는 바로 그러한 관념들을 종합하여 지식을 구성하게 된다.
▶ 사고가 사물을 관념적으로 모사할 때의 한계
이로부터 사고가 사물을 관념적으로 모사할 때 어떤 한계에 부딪히는지 알 수 있다. 최종 판단에 필요한 거의 모든 자료들은 어디까지나 최종 판단 시점 이전에 획득한 것들이다. 그것들은 과거의 속성들로부터 얻은 것이기에 최종 판단 시점의 사물에 대해서는 어떠한 정보도 알려 주지 않는다. 그것들이 최종 판단의 자료로 유효하려면 t_1에서 t_N까지 사물의 속성들에 아무런 변화가 없었다는 점이 전제되어야 한다. 결국 『우리의 사고는 시공 속에서 연속적으로 변화하는 현실을 추상 작용을 통해 변화하지 않는 것으로 고정시킴으로써 지식을 부분적이고 일면적인 것으로 만든다.』
▶ 부분적이고 일면적인 지식만을 소유하는 우리의 사고
주제 인간의 사고 과정이 가지는 한계

① 감각과 분리된 사고의 한계
② 시간의 흐름 속에서 변하는 사물의 한계
③ 인간의 감각 기관의 발달 과정과 그 한계
☑ 경험적 지식 형성 과정에서의 사고의 한계
⑤ 인간의 의식 발달의 조건과 생물학적 한계

답 ④ 해 이 글은 경험적 지식의 형성 과정을 구체적 사례로 들어 관찰을 통해 얻은 종합적 지식의 한계를 제시하고 있다.

12

다음 글의 서술상 특징을 바르게 설명한 것끼리 묶은 것은?

발명의 이론으로 알려진 트리즈(TRIZ)는 창의적 문제 해결을 위한 이론으로서, 구소련의 겐리히 알츠슐러에 의하여 탄생하였다. 그는 4만 건의 특허를 분석한 결과, 우수한 특허는 모두 모순을 극복했다는 공통점을 발견하였다. 그 후, 알츠슐러는 모순의 극복이라는 관점에서 연구를 계속한 끝에 모순을 기술적 모순과 물리적 모순으로 유형화하여 그 구체적인 해결책을 제시하게 되었다. ▶ 특허 분석의 결과 탄생한 트리즈 이론

기술적 모순이란 두 개의 기술적 변수의 값이 서로 충돌하는 것이다. 가령 비행기의 속도를 높이려면 출력이 높은 엔진을 장착해야 한다. 그런데 출력을 높이려면 엔진이 커져야 하고, 그에 따라 엔진은 무거워진다. 결국 『출력이 높은 엔진을 장착하면 비행기의 무게가 증가하여 속도는 떨어지게 된다.』 그렇다고 가벼운 엔진을 장착하면 출력의 한계 때문에 속도를 증가시키기 어렵다. ▶ 기술적 모순의 개념과 예

한편 물리적 모순이란 하나의 변수가 서로 다른 값을 동시에 가져야 하는 것이다. 예컨대, 비행기는 이착륙 시에 바퀴가 반드시 있어야 하지만, 비행 중에는 공기의 저항을 최소

화하기 위하여 바퀴가 없어야 하는 모순을 갖는다. 비행 중에도 바퀴가 동체에 그대로 붙어 있는 초창기 비행기의 모습을 떠올릴 수 있는데, 『오늘날 초음속 비행기에서 동체의 바퀴는 엄청난 공기 저항을 유발하여 치명적인 사고를 불러일으킬 수 있으므로,』 비행 중에는 반드시 없어져야 한다.
▶ 물리적 모순의 개념과 예
주제 트리즈 이론과 관련된 기술적 모순과 물리적 모순

— 보기 —
㉠ 비유적 진술을 활용하고 있다.
㉡ 구체적인 사례를 들어 설명하고 있다.
㉢ 개념에 대한 설명을 통해 이해를 돕고 있다.
㉣ 대상의 변화를 공간 순서대로 전개하고 있다.

① ㉠, ㉡　　☑ ㉡, ㉢　　③ ㉢, ㉣
④ ㉡, ㉣　　⑤ ㉠, ㉢

답 ② 해 ㉡ 비행기를 예로 들어 기술적 모순과 물리적 모순을 설명하고 있다. ㉢ 기술적 모순과 물리적 모순의 개념을 정의하고 있다.

13

다음 글의 논지 전개 방식으로 가장 적절한 것은?

음악에서 연주라는 개념이 본격적으로 의미를 갖게 된 것은 18세기부터이다. 당시 유행하였던 영향 미학에 따라 음악은 '내용'을 가지고 있어야 한다고 생각되었다. 여기서 내용은 누구나 느낄 수 있는 객관적인 감정을 의미했는데, 이 시기의 연주는 그 감정을 청중에게 정확하게 전달하는 것으로 이해되었다. 따라서 작곡자들은 악곡 속에 그 감정들을 담아내었고, 연주자들은 자신의 생각이나 주관을 드러내기보다는 작품이 갖고 있는 감정을 청중에게 정확하게 전달하는 역할을 했다. 즉 연주란 연주자가 소리를 통해 악보를 객관적으로 표현하는 작업을 의미했으며, 당시에 청중들은 연주를 통하여 작곡자가 제시한 감정을 감상하였던 것이다.
▶ 18세기 음악 연주의 의미

그러나 이러한 연주의 개념은 19세기에 들어 영향 미학이 작품 미학으로 전환되면서 바뀌게 된다. 작품 그 자체가 지니는 의미와 가치에 관심을 갖는 작품 미학의 영향에 따라 작곡자들은 음악이 내용을 지시하거나 표상하도록 할 필요가 없게 되었고, 오로지 음악 그 자체로서 고유한 가치를 갖는 절대 음악을 탄생시켰다. 작곡자들은 어떤 내용이나 감정을 표현하는 대신 동기, 악구, 악절, 주제의 발전과 반복 등을 조화롭게 구성하여 작곡함으로써 형식에 의한 음악의 아름다움을 추구하게 된 것이다. 이렇게 음악에서 지시하는 내용이나 감정이 없어지자 연주자는 작품을 구성하는 형식에

의한 아름다움의 의미들을 재구성하여 표현하려 했고, 이에
따라 연주는 해석으로 이해되었다.
19세기 연주자들이 추구하던 것
▶ 19세기 음악 연주의 의미
주제 시대에 따라 변화된 음악 연주의 의미

① 기존의 주장들을 논리적으로 비판하고 있다.
☑ 중심 개념의 변천을 역사적으로 개관하고 있다.
③ 서로 대비되는 견해를 절충하여 결론을 도출하고 있다.
④ 다양한 사례를 동원하여 대상의 효용성을 예찬하고 있다.
⑤ 통념의 문제점을 지적하고 새로운 주장을 내세우고 있다.
답 ② 해 이 글은 음악에서 연주라는 개념이 어떻게 변화되어 왔는지를 18세기, 19세기 등의 시대적 흐름에 따라 살펴보고 있다. 즉, 연주라는 개념의 변천을 역사적으로 개관하고 있는 것이다.

14

⊙의 전제로 가장 적절한 것은?

우리는 일상생활이나 학문 활동에서 '진리' 또는 '참'이라는
말을 자주 사용한다. 예를 들어 '그 이론은 진리이다'라고 말
하거나 '그 주장은 참이다'라고 말한다. 그렇다면 우리는 무
엇을 '진리'라고 하는가? 이 문제에 대한 대표적인 이론에는
대응설이 있다.   ▶ 진리 판단에 사용되는 대응설 이론

대응설은 어떤 판단이 사실과 일치할 때 그 판단을 진리
대응설의 개념(정의)
라고 본다. '내 말을 믿지 못하겠거든 가서 보라.'라는 말에
는 이러한 대응설의 관점이 잘 나타나 있다. 「감각을 사용하
♪ 대응설의 특성 ①
여 확인했을 때 그 말이 사실과 일치하면 참이고, 그렇지 않
으면 거짓이라는 것이다.」 대응설은 일상생활에서 참과 거짓
을 구분할 때 흔히 취하고 있는 관점으로 ⊙ 우리가 판단과
사실의 일치 여부를 알 수 있다고 여긴다. 우리는 특별한 장
애가 없는 한 대상을 있는 그대로 정확하게 지각한다고 생각
한다. 예를 들어 책상이 네모 모양이라고 할 때 감각을 통해
예시
지각된 '네모 모양'이라는 표상은 책상이 지니고 있는 객관적
성질을 그대로 반영한 것이라고 생각한다. 그래서 '그 책상
은 네모이다'라는 판단이 지각 내용과 일치하면 그 판단은 참
이 되고, 그렇지 않으면 거짓이 된다는 것이다. 이러한 대응
설은 새로운 주장의 진위를 판별할 때 관찰이나 경험을 통한
대응설의 특성 ②
사실의 확인을 중시한다.   ▶ 대응설의 개념과 사례
주제 진리 판단을 다루는 이론인 대응설의 개념과 사례

① 우리의 지식이나 판단은 항상 참이다.
☑ 우리의 감각은 대상을 있는 그대로 반영한다.
③ 우리는 사물의 전체를 알면 부분을 알 수 있다.
④ 우리의 주관은 서로 다른 인식 구조를 갖고 있다.
⑤ 우리의 감각적 지각 능력은 대상을 변화시킬 수 있다.
답 ② 해 ⊙의 앞에서 '감각을 사용하여 확인했을 때 그 말이 사실과 일치하면 참이고, 그렇지 않으면 거짓이라는 것이다.'라고 하였고, ⊙의 뒤에서 '우리는 대상을 있는 그대로 정확하게 지각한다고 생각한다.'라고 하였다. 이 두 문장을 고려하면 ②가 적절

  한 답이 된다.

15

글쓴이의 태도에 대해 비판한 내용으로 가장 적절한 것은?

생물다양성의 가장 기본적인 가치로 생태적 봉사 기능을
중심 화제
들 수 있다. 생물은 생태계의 엔지니어라 불릴 정도로 환경
생태계를 조절, 유지하는 역할을 함
을 조절하고 유지하는 커다란 힘을 가지고 있다. 예를 들어
숲의 다양한 생명체는 서로 유기적인 관계를 형성하면서 생
예시
태계의 환경을 조절하고 유지하는 역할을 담당하는 것이다.
▶ 생물다양성의 생태적 가치
또한 생물다양성은 경제적으로도 커다란 가치가 있다. 대
표적인 사례로 의약품 개발을 꼽을 수 있다. 자연계에 존재
예시
하는 수많은 식물 중에서 인류는 약 20,000여 종의 식물을
약재로 사용해 왔다. 그 가운데 특정 약효 성분을 추출하여
상용화한 것이 이제 겨우 100여 종에 불과하다는 사실을 고
일상적으로 사용되는 것
려하면, 전체 식물이 가지고 있는 잠재적 가치는 상상을 뛰
어넘는다.   ▶ 생물다양성의 경제적 가치
생물다양성은 학술적으로도 매우 중요하다. 모든 생물종
은 고유한 형태적 특성을 가지고 있어서 생물 진화의 과정을
생명 과학의 기초 ①
추적하는 데 중요한 정보를 제공해 준다. 형태적 특성 외에
도 각각의 생물종이 지닌 독특한 생리적, 유전적 특성 등에
생명 과학의 기초 ②
대한 비교 연구를 통해 생물을 더 깊이 있게 이해할 수 있다.
그리고 이렇게 축적된 정보는 오늘날 눈부시게 성장하고 있
는 생명 과학의 기초가 된다.   ▶ 생물다양성의 학술적 가치
이와 같이 인간은 생물다양성에 기초하여 무한한 생태적,
경제적 이익을 얻고 과학 발전의 토대를 구축한다. 그런데
생태적, 경제적 가치   학술적 가치
최근 급격한 기후 변화와 산업화 및 도시화에 따른 자연 파
생물다양성 감소의 원인
괴로 생물다양성이 크게 감소하고 있다. 따라서 이를 억제하
기 위한 생태계 보존 대책을 시급히 마련해야 한다.
▶ 생태계의 보존 대책 마련의 필요성
주제 생물의 다양성에 대한 가치와 생태계 보존 대책의 필요성

① 문제 해결을 위한 실천 의지가 전혀 없다.
② 생물다양성의 경제적 가치를 지나치게 강조하고 있다.
☑ 생물다양성 문제를 주로 인간 중심적 시각으로 해석하고
있다.
④ 자연을 우선시하여 자연과 인간의 공존 가능성을 모색하고
있다.
⑤ 인간과 자연을 대립 관계로 보면서 문제를 단편적으로 해
석하고 있다.
답 ③ 해 이 글은 생물다양성의 가치를 생태적 가치, 경제적 가치, 학술적 가치의 범주로 나누어 설명하고 있다. 이 중 경제적 가치와 학술적 가치는 생태계를 인간 중심적 시각에서 파악하고 이를 경제적, 학술적으로 활용하는 데 초점을 맞춰 그 중요성을 분석하고 있다. 따라서 이와 같은 글쓴이의 태도에 대해 인간 중심적 시각이라는 비판은 적절하다.

[16~20] 다음 글을 읽고 물음에 답하시오.

[A]　정보 통신 기술의 발달로 개인에 대한 정보가 데이터베이스화되면서 개인 정보 유출로 인한 피해가 증가하고 있다. 이에 따라 최근 개인 정보를 보호해야 한다는 사회적 인식이 커지고 있다. 개인은 자신에 관한 정보가 언제, 누구에게, 어느 범위까지 알려지고 이용될 것인지를 스스로 결정할 수 있는 권리를 가지는데, 이러한 권리를 '개인 정보 자기 결정권'이라고 한다. 이는 타인에 의해 개인 정보가 함부로 공개되지 않도록 보장받을 권리와 개인 정보에 대해 열람, 삭제, 정정 등의 행위를 요구할 수 있는 권리 등을 포함한다. 우리나라는 헌법 제17조에 명시된 사생활의 비밀과 자유가 보장되어야 한다는 내용을 주된 근거로 개인 정보 자기 결정권이 기본권 중 하나임을 인정하고 있다.

　이러한 개인 정보 자기 결정권을 보호하기 위해 제정된 법률이 개인 정보 보호법이다. ⓐ 개인 정보 보호법에서 규정하는 개인 정보는 살아 있는 개인에 관한 정보이다. 사망자에 관한 정보나 단체 혹은 법인에 관한 정보는 개인 정보에 포함되지 않는다. 또한 성명, 주민 등록 번호, 사진이나 동영상 등과 같이 개인을 알아볼 수 있는 정보여야 한다. 그리고 주어진 정보만으로 특정 개인을 알아볼 수 없더라도 다른 정보와 쉽게 결합하여 알아볼 수 있다면 이 역시 법적 보호 대상으로서의 개인 정보에 포함된다. 가령 휴대 전화 번호의 뒷자리 숫자를 집 전화번호와 같은 다른 정보와 결합하여 사용자를 식별할 수 있다면 개인 정보에 해당한다.

　개인 정보 보호법에 따른 사전 동의 제도는 정보 주체인 개인이 개인 정보에 대한 자기 결정을 표현할 수 있다는 점에서 개인 정보 자기 결정권을 보호하는 중요한 수단이다. 개인 정보를 처리하는 개인이나 단체를 의미하는 개인 정보 처리자는, 정보 주체의 동의를 구할 때 정보 수집·이용의 목적, 수집 항목, 보유 및 이용 기간 등을 고지해야 한다. 또한 동의를 거부할 권리가 있다는 사실과, 동의 거부에 따른 불이익이 있는 경우 그 불이익의 내용 역시 알려야 한다.

　수집·이용하려는 개인 정보 중 고유 식별 정보와 민감 정보는 별도로 동의를 받아야 한다. 고유 식별 정보는 여권 번호와 같이 개인을 고유하게 구별하기 위해 부여된 정보이며, 민감 정보는 건강 정보나 정치적 견해와 같이 주체의 사생활을 현저히 침해할 우려가 있는 정보이다. 이때 정보 주체가 알아보기 쉽도록 수집하려는 고유 식별 정보와 민감 정보의 항목을 밑줄이나 큰 글씨로 강조해야 한다.

　개인 정보 보호법에서는 개인이 수집·이용에 동의했더라도 개인 정보가 무분별하게 이용되어 개인의 권리가 침해되는 것을 막기 위해 수집 목적을 달성할 수 있는 한에서 개인 정보를 ㉠ 익명 정보로 처리하여 보존하거나 이용하도록 하고 있다. 익명 정보란 다른 정보를 사용하더라도 더 이상 개인을 알아볼 수 없는 정보를 의미한다. 익명 정보는 시간이나 비용, 현재의 기술 수준이나 충분히 예견될 수 있는 기술의 발전 등을 고려했을 때 원래의 개인 정보로 복원되는 것이 불가능하다고 판단되는 정보로, 익명 처리를 마친 정보는 수집 목적 이외의 분야에서 활용하기 어렵다는 제약이 있다.

　최근 정보 활용의 중요성이 커지면서 개인 정보 활용의 유연성을 높여야 한다는 주장이 대두되었다. 이에 개인 정보 보호법에서는 개인 정보를 익명 정보가 아닌 가명 정보로 가공하여 활용할 수 있도록 하는 방안을 마련하였다. ㉡ 가명 정보는 개인 정보의 일부를 삭제 혹은 대체한 것으로, 추가 정보와 비교적 쉽게 결합하여 개인을 식별할 수 있으므로 개인 정보 보호법의 보호 대상이 된다. 이러한 가명 정보는 통계 작성, 과학적 연구, 공익적 기록 보존 등을 위해 정보 주체의 동의 없이 이용·제공될 수 있다. 단, 가명 정보는 익명 정보와 달리 개인 정보와 일대일 대응이 가능하기 때문에 가명 정보를 제3자에게 제공하는 경우 특정 개인을 알아보는 데 사용될 수 있는 정보를 포함해서는 안 된다.

16

이 글에서 알 수 있는 내용으로 적절하지 않은 것은?

① 개인 정보 자기 결정권의 개념
☑ 개인 정보를 익명 처리하는 과정
③ 개인 정보 보호법을 제정하게 된 목적
④ 개인 정보 활용의 유연성을 높이는 방안
⑤ 개인 정보 보호에 대한 인식이 확산된 배경

답 ② **해** 이 글에 개인 정보를 익명 처리하는 과정은 언급되어 있지 않다. / ① 1문단 ③ 2문단 ④ 6문단 ⑤ 1문단

17

[A]를 참고할 때, 〈보기〉의 빈칸에 들어갈 내용으로 가장 적절한 것은?

　　헌법 제17조에서는 타인에 의해 자유를 제한받지 않을 권리를 보장하는데, 이러한 권리는 일반적으로 소극적 성격의 권리로 해석된다. 이는 적극적으로 타인에게 일정한 행위를 요구할 수 있는 청구권적 성격을 포괄하기 어려워, 헌법 제17조만으로는 개인 정보 자기 결정권을 보장하는 근거가 불충분하다는 견해가 있다. 그것은 개인 정보 자기 결정권이 (　　　　　)하기 때문이다.

① 공익을 목적으로 타인의 개인 정보를 자유롭게 이용할 수 있는 권리에 해당

② 특정 대상에 대한 개인적 견해와 같은 사적인 정보를 보호받을 권리를 포함

③ 개인 정보가 정보 주체의 동의가 없더라도 개인 정보 처리자에게 제공되도록 허용

④ 정보 주체의 이익보다 개인 정보의 활용으로 인한 사회적 이익을 우선하여 보장

☑ 개인 정보에 대한 열람, 삭제, 정정 등을 적극적으로 요구할 수 있는 권리를 포함

답 ⑤ 해 〈보기〉에서 헌법 제17조에서 보장하는 타인에 의해 자유를 제한받지 않을 권리는 소극적 성격의 권리로 해석된다고 했는데, 이에 반해 [A]에서 개인 정보 자기 결정권은 적극적인 성격을 띤다고 하였다. 따라서 헌법 제17조만으로는 개인 정보 자기 결정권을 보장하는 근거가 불충분한 이유는, 개인 정보 자기 결정권이 개인 정보에 대한 열람, 삭제, 정정 등의 행위를 요구할 수 있는 권리를 포함하고 있기 때문이다.

18

ⓐ의 사례에 해당하지 않는 것은?

① 학교 홈페이지에 담임을 맡은 학급과 함께 게시된, ‘김○우’라는 교사의 이름

② 국가에서 설립한 기관에서 장(長)의 직책을 맡고 있는 사람의 휴대 전화 번호

③ 의사자를 추모하기 위한 행사에서 추도사를 읽는 유족의 얼굴을 촬영한 동영상

④ 원격 수업에 참여한 학생들의 얼굴을 모두 확인할 수 있도록 컴퓨터 화면을 캡처한 이미지

☑ 생전에 모은 재산 전액을 기증한 ‘이부자’를 기리기 위해 만들어진 ‘이부자 장학 재단’이라는 명칭

답 ⑤ 해 2문단에 따르면 사망자나 단체에 관한 정보는 개인 정보에 포함되지 않는다. 따라서 사망자인 ‘이부자’의 이름이나 단체인 ‘이부자 장학 재단’의 명칭은 개인 정보에 해당하지 않는다.

19

㉠과 ㉡에 대한 설명으로 적절한 것은?

① ㉠은 익명 처리되기 전의 개인 정보와 일대일로 대응한다.

② ㉡은 이용 목적에 상관없이 정보 주체의 동의가 필수적이다.

☑ ㉠은 ㉡과 달리 개인 정보 보호법의 보호 대상이 아니다.

④ ㉡은 ㉠과 달리 수집 목적 이외의 분야에서 활용되기 어렵다.

⑤ ㉠과 ㉡은 모두 개인 정보 처리자가 제3자에게 제공할 수 없다.

답 ③ 해 2문단에 따르면, 개인 정보는 개인을 알아볼 수 있는 정보여야 한다. 그런데 5문단에서 익명 정보는 더 이상 개인을 알아볼 수 없는 정보라고 하였으므로, 익명 정보는 개인 정보 보호법의 보호 대상이 아니다. 반면 6문단에서 가명 정보는 추가 정보와 결합하여 개인을 식별할 수 있는 정보라고 하였으므로, 가명 정보는 개인 정보 보호법의 보호 대상이 된다.

20

이 글을 바탕으로 인터넷 사이트에서 회원 가입 시 제시하는 다음 동의서를 이해한 내용으로 적절하지 않은 것은?

가. 개인 정보 수집 및 이용 동의

주식회사 ○○(이하 ‘회사’)는 ○○ 서비스 회원(이하 ‘회원’)의 권리를 적극적으로 보장합니다.
　1. 수집 항목 : 아이디, 비밀번호
　　　　　　　　　⋮
　4. 개인 정보 수집 및 이용 동의를 거부할 권리
　　4-1. 회원은 개인 정보의 수집 및 이용 동의를 거부할 권리가 있습니다.
　　4-2. 수집 및 이용 동의를 거부할 경우, 서비스 이용이 제한됩니다.
　☐ 개인 정보를 수집하고 이용하는 것에 동의합니다.

나. 건강 정보 수집 및 이용 동의
1. 수집 항목 : <u>건강 정보</u>
　　　　　　⋮
☐ 건강 정보를 수집하고 이용하는 것에 동의합니다.

① ‘가’에서 ‘회사’는 개인 정보 처리자, ‘회원’은 개인 정보의 주체에 해당하겠군.

② ‘가’의 4-2는 정보 제공 동의를 거부할 경우 정보 주체가 받을 수 있는 불이익에 해당하겠군.

③ ‘가’에서 ‘회원’의 동의 여부를 확인하는 것은 ‘회원’의 개인 정보 자기 결정권을 보호하기 위한 수단이겠군.

☑ ‘나’의 1은 개인의 건강 정보가 고유 식별 정보에 해당하기 때문에 수집 항목을 강조하여 표시한 것이겠군.

⑤ ‘나’는 정보 주체의 사생활이 현저히 침해되는 것을 방지하는 차원에서 ‘가’와 별도로 동의를 받는 것이겠군.

답 ④ 해 4문단에 따르면, 건강 정보는 고유 식별 정보가 아니라 민감 정보에 해당한다. 이러한 정보는 정보 주체가 알아보기 쉽게 해당 항목을 밑줄이나 큰 글씨로 강조해야 한다.

mEmO

mEmo

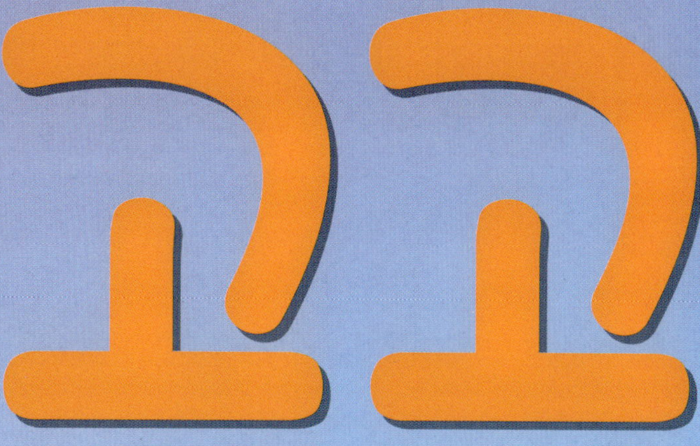

고등 국어 학습, 시작이 중요합니다!

■ 고등학교 공부는 중학교 공부에 비해 훨씬 더 사고력, 독해력, 어휘력이 필요합니다.
■ 국어 공부는 모든 교과 학습의 기초가 됩니다.

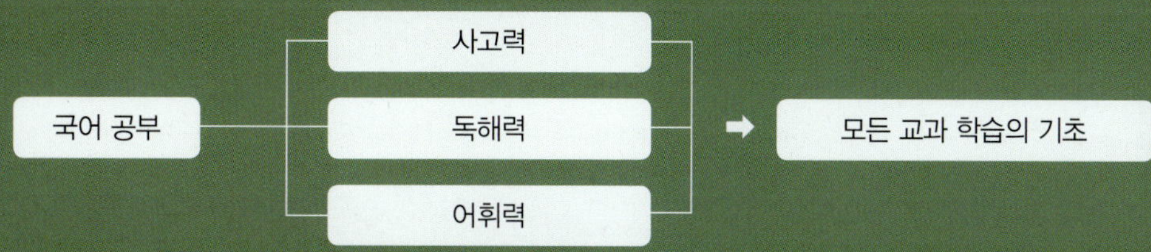

'고고 시리즈'로 고등 국어 실력을 키우세요!

■ 국어 핵심 개념, 교과서 필수 문학 작품, 주요 비문학 지문, 문법 이론 등 고등학교 국어 공부에 필요한 모든 내용을 알차게 정리하였습니다.
■ 내신 대비는 물론 수능 기초를 다질 수 있는 토대를 마련할 수 있습니다.

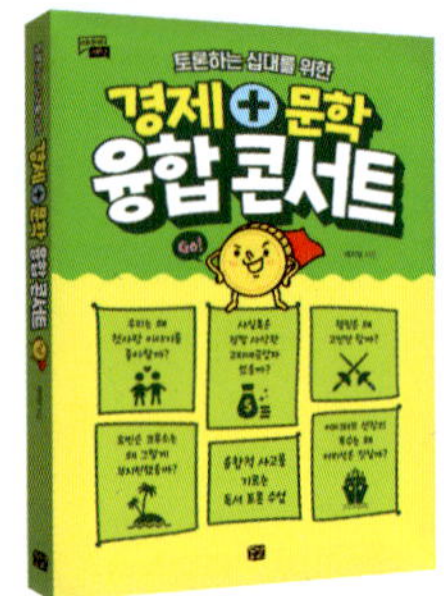

융합적 사고를 기르는 독서 토론 수업

토론하는 십대를 위한
경제+문학 융합 콘서트

태지원 지음 | 236쪽 | 14,800원

〈소나기〉 속 첫사랑 이야기가 사랑받는
이유가 '한계효용체감의 법칙' 때문이라고?

꿈결 토론 시리즈

생각하는 십대를 위한 **토론 콘서트**
(사회/문화/환경/과학/한국사/윤리/문학/경제/예술/정치/법)

꿈결 진로 직업 도서

십대를 위한 이공계 진로 콘서트
이공계에서 미래를 찾아라
십대를 위한 진로 콘서트 / 내 꿈을 열어 주는 진로 독서
십대를 위한 직업 콘서트 / 꿈을 디자인하라
나도 간다! 유럽 직업학교

서울시 영등포구 당산로 50길 3 꿈을담는빌딩 6층 | 전화 1544-6533 | 홈페이지 dreamybook.co.kr